➥ Pour décrire une **planche de BD**, rendez-vous p. 353.
➥ Pour décrire une **œuvre d'art**, rendez-vous p. 354.

## 5 Le jeu des comédiens

↑ Page 237

↑ Page 237

↑ Page 221

Les **comédiens** donnent vie au texte grâce à des **jeux scéniques**.
L'**attitude du comédien** interprétant Sganarelle, qui vient d'être battu par deux valets, **prête à rire**.
Les comédiens portant des masques **amplifient leurs gestes** pour être bien compris par les spectateurs.
La différence de caractère entre le Coq et le Renard est accentuée par les **mimiques** des comédiens.

## À vous d'analyser une mise en scène

Ces deux personnages sont Sganarelle et sa femme Martine. Cette dernière lui reproche de dépenser leur argent et d'avoir vendu tous leurs meubles.

1. Décrivez les costumes des personnages. À votre avis, pourquoi le metteur en scène a-t-il choisi de les moderniser ?
2. Quels sont les éléments de décor suspendus au-dessus de la scène ? Que représentent-ils selon vous ?
3. Comment la lumière renforce-t-elle l'impression de vide sur le plateau ?
4. Qu'est-ce qui montre que les deux personnages s'opposent l'un à l'autre ?
5. Avez-vous envie de voir cette mise en scène ? Pourquoi ?

↑ Page 225

# Collège

20 ... - 20 ... ..................................................

20 ... - 20 ... ..................................................

20 ... - 20 ... ..................................................

20 ... - 20 ... ..................................................

20 ... - 20 ... ..................................................

MANUELS SCOLAIRES
Groupe Tézenas du Montcel

| Année scolaire | Classe | Nom – Prénom de l'élève | Etat du livre |
|---|---|---|---|
| 2021 2022 | 6°B | Marchiche chahinez | Neuf |
| 2023-2024 | 6e | GONNET Laureline | Bon sauf couverture |
| | | | |
| | | | |
| | | | |
| | | | |

FRANÇAIS

6e Cycle 3

# L'archipel littéraire

Édition 2021, conforme aux ajustements et modifications de programme

Coordination d'ouvrage
Claire Montanari

**Frank Guillou**
*Certifié Lettres modernes*
Collège Pierre Brossolette – Villeneuve-Saint-Georges (94)

**Fabienne Avoledo**
*Certifiée Lettres modernes*
Collège Blaise Pascal – Villemoisson-sur-Orge (91)

**Hélène Deaucourt**
*Certifiée Lettres modernes*
Collège Michel Vignaud – Limours (91)

**Claire Montanari**
*Agrégée et docteure en Lettres modernes*
Collège Molière – Chennevières-sur-Marne (94)

**Julien Moyal**
*Certifié Lettres modernes*
Collège Pierre Puget – Marseille (13)

Éditions maison des langues

# Les ressources associées de *L'archipel littéraire*

Au fil de ce manuel, retrouvez des pictos qui vous signalent une ressource associée :

**Ressource audio** : des textes littéraires ou des œuvres intégrales lus par des comédiens et des comédiennes, des poèmes mis en voix, des extraits musicaux ou des bruitages.

**Ressource à télécharger** : des textes complémentaires, des grilles d'évaluation, des critères de réussite ou des textes à surligner pour préparer la mise en voix des élèves.

**Ressource vidéo** : des extraits de film, des captations de théâtre ou d'opéra.

Vidéo littéraire

**Ressource vidéo littéraire et documentaire** : des vidéos inédites pour mieux comprendre le contexte d'une œuvre ou de personnages, découvrir le travail d'écrivains comme Victor Hugo ou Jean de La Fontaine.

**Lien Internet** : une sélection d'œuvres d'art, d'extraits filmiques ou de sites pédagogiques.

**Dictées et leçons de langue** : des podcasts qui permettent aux élèves de s'entrainer à la dictée et d'écouter l'essentiel de chaque notion (Grammaire, Orthographe, Conjugaison, Vocabulaire).

Des ressources sont disponibles gratuitement sur Espace langues : **espacelangues.emdl.fr**.




***L'archipel littéraire***, c'est le résultat d'échanges avec plus de 1 000 professeur·e·s de Lettres partout en France. Les auteurs et les Éditions Maison des Langues les remercient vivement pour ce partage qui a permis la mise au point du manuel papier et de ses versions numériques !

Éditions maison des langues
www.emdl.fr

MIXTE
Papier issu de sources responsables
FSC® C022854





ISBN : 978-2-35685-657-9
ISBN spécimen : 3260500006477
Dépôt légal : B 2495-2021

CHAPITRE 1

Le monstre, aux limites de l'humain

# Monstres de contes et de légendes

- Qu'est-ce qui caractérise un conte merveilleux ?
- Pourquoi raconte-t-on des histoires de monstres ?

CHAPITRE 2

Le monstre, aux limites de l'humain

# Monstres antiques et combats héroïques

▸ Comment les monstres mettent-ils en valeur les héros de l'Antiquité ?
▸ Quels sont les procédés d'écriture des récits épiques ?

CHAPITRE 3

Récits d'aventures

# Jeunes aventuriers, grandes aventures

▸ Comment les aventures dévoilent-elles le héros ou l'héroïne ?

▸ Qu'est-ce qui tient le lecteur en haleine ?

CHAPITRE 4

Récits de création ; création poétique

# Des récits pour répondre aux questions des Hommes

▸ Pourquoi les récits de création fascinent-ils ?

▸ Comment les récits de création influencent-ils les créations artistiques ?

CHAPITRE 5

Récits de création ; création poétique

# L'art de jouer avec les mots

▸ Comment les poètes expriment-ils leur rapport au monde et à la nature ?
▸ Peut-on créer le monde avec des mots ?

CHAPITRE 6

Résister au plus fort : ruses, mensonges et masques

# Renards et dindons de la fable

▸ Quels sont les caractéristiques des fables ?
▸ Toutes les ruses sont-elles morales ?

Chapitre 7

Résister au plus fort : ruses, mensonges et masques

# Des personnages rusés sur scène

▸ Quels sont les ressorts de la ruse au théâtre ?

▸ Comment analyser des mises en scène ?

# Étude de la langue

## Les classes grammaticales

### Le verbe



### Le nom



### Les déterminants



### L'adjectif qualificatif



### Le groupe nominal



### Le pronom



### Les mots invariables



## Les fonctions grammaticales

### Les fonctions au sein du groupe nominal



### La fonction Sujet



### La fonction Complément du verbe



### Les fonctions dans la phrase



## Phrases et propositions

### La phrase



### Les types et formes de phrase

## La conjugaison

### Les temps simples



### Les temps composés de l'indicatif



## Le lexique

### L'origine des mots



### Les relations entre les mots

# *L'archipel littéraire 6e*
# un manuel très interactif !

Passez facilement du **manuel feuilletable enrichi** au **manuel format Web** et profitez des mêmes enrichissements

## Choisir la version numérique de *L'archipel littéraire*, c'est accéder en un clic à tous les enrichissements du manuel ainsi qu'à des fonctionnalités très pratiques !

- ✓ Deux versions numériques pour le prix d'une : le manuel numérique feuilletable enrichi et le manuel numérique format Web
- ✓ Une navigation très intuitive
- ✓ Des activités réalisables sur tablettes et ordinateurs
- ✓ Un accès immédiat aux ressources associées (audio, vidéo, PDF, etc.)
- ✓ De nombreux exercices autocorrectifs

Utilisez le **mode de lecture adapté** aux élèves en difficulté de lecture ou dyslexiques

Accédez aux **notes de vocabulaire**, texte ou image

Visionnez des **mises en scène** de théâtre ou d'opéra

Écoutez des textes mis en voix par des **comédiens**

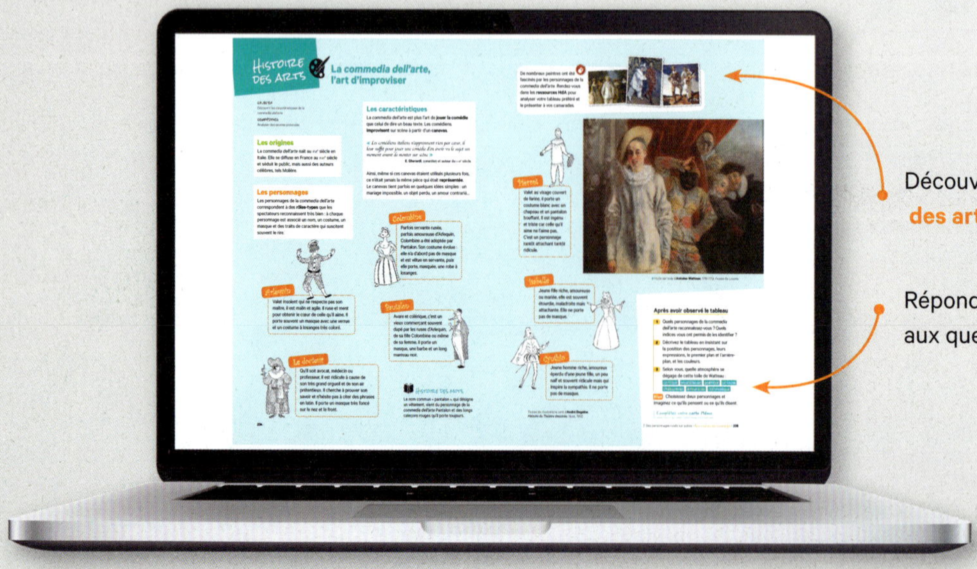


Découvrez les **ressources histoire des arts** associées au manuel

Répondez de **manière interactive** aux questionnaires

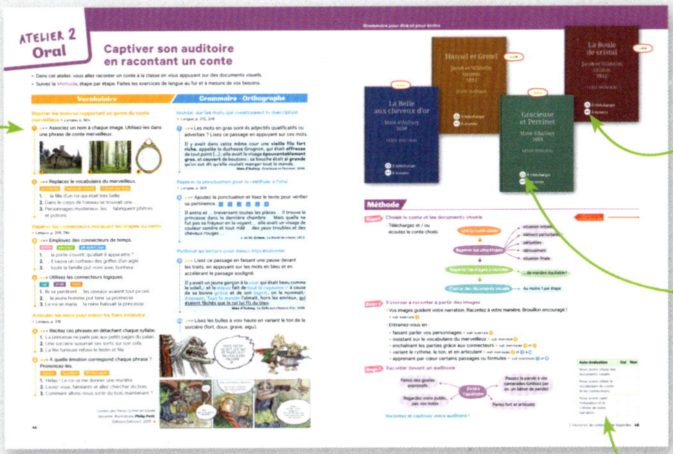


Utilisez la **grande variété d'exercices** : relier, glisser-déposer, sélectionner, compléter, classer, jouer avec les mots, les mots croisés… !

Écoutez les **œuvres intégrales** lues par des comédiens pour **progresser vous aussi** à la mise en voix de texte

Découvrez de nouveaux textes grâce aux liens pour **télécharger rapidement**

Retrouvez des **critères d'auto-évaluation** qui favorisent l'autonomie

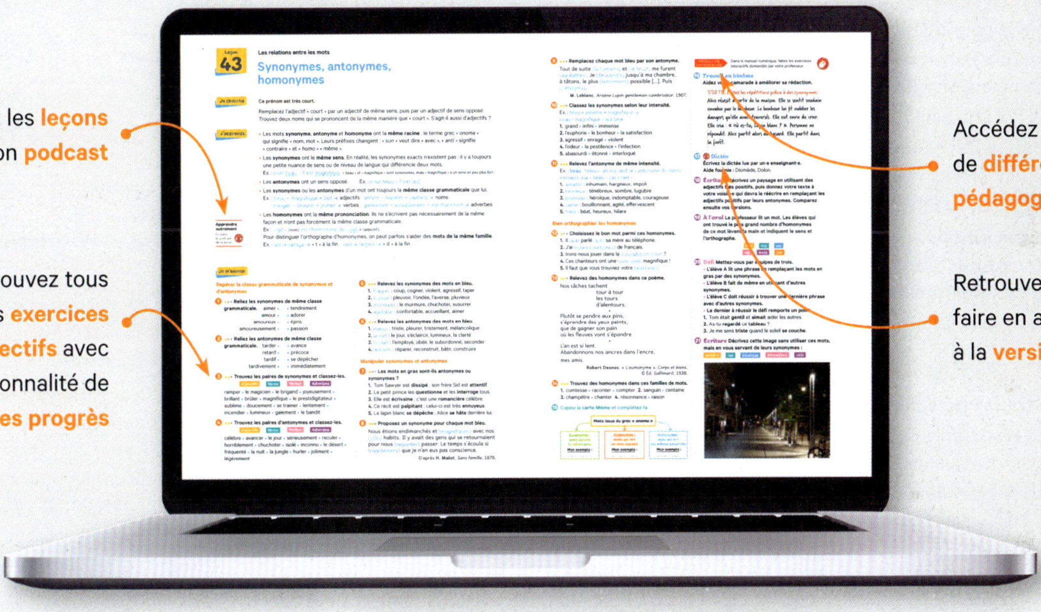


Écoutez les **leçons** en version **podcast**

Retrouvez tous les **exercices autocorrectifs** avec la fonctionnalité de **suivi des progrès**

Accédez aux exercices de **différenciation pédagogique**

Retrouvez des **dictées** à faire en autonomie grâce à la **version audio**

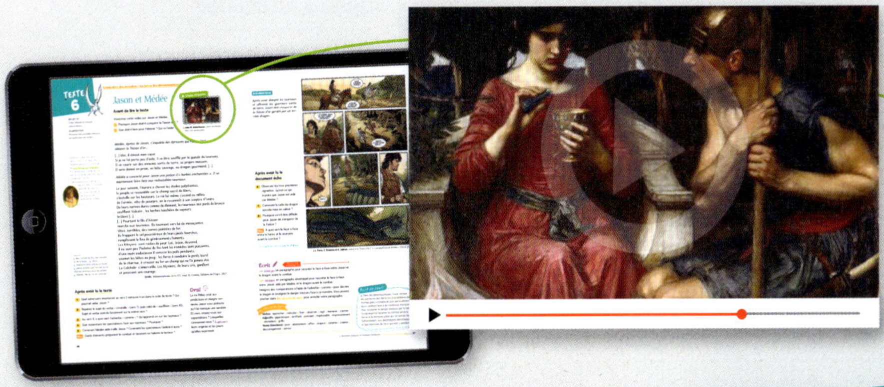


Visionnez les **vidéos littéraires** pour en découvrir davantage sur le contexte et les personnages

## Tous ces enrichissements et toutes ces fonctionnalités sont disponibles depuis votre manuel numérique sur Educadhoc.

**Pour savoir plus sur notre offre numérique : rendez-vous sur www.emdl.fr/lettres.**

## Vous utilisez uniquement le manuel en format imprimé ?

**Accédez à des ressources (audio, vidéo, à télécharger, etc.) gratuitement sur Espace langues : espacelangues.emdl.fr !**

CHAPITRE 1

Le monstre, aux limites de l'humain

# Monstres de contes et de légendes

▸ Qu'est-ce qui caractérise un conte merveilleux ?
▸ Pourquoi raconte-t-on des histoires de monstres ?



**Joann Sfar**, « La Maison de la terreur qui fait peur », *Le Petit Vampire*, t. 2, pl. 17, Éditions Rue de Sèvres, 2018. →

# MISE EN CONTEXTE

# Les contes, toujours un succès monstre !

## Depuis l'Antiquité

« Veillée de contes autour de la cheminée » (détail), lithographie **Ch. Guilbert**, affiche pour les *Contes populaires de l'Allemagne*, 1845, BnF.

Le conte est d'abord **une histoire divertissante** donnée **à l'oral**. Il apparaît avec les premières sociétés humaines, dans **le monde entier** !
Il propose des explications aux **phénomènes naturels** (comment est née la Terre ?...) ou **sociaux** (pourquoi faut-il être généreux ?...).
Inspiré du monde réel, le conte peut prendre différents tons : moral, humoristique, effrayant, poétique. Il intègre le plus souvent du **merveilleux** (magie, monstres, etc.).

**K. Atkins Wilson**, *Le conteur*, acrylique, © 1992 Kathleen A. Wilson.

En **Afrique**, on appelle les conteurs des **griots**. Au fil du temps, certains **contes traditionnels évoluent** et se transforment. C'est le cas du récit de la princesse qui épouse un monstre : le mari monstrueux, diable masqué dans un conte ivoirien, devient un lépreux patient dans la version algérienne.

**T. Yoshitoshi**, « Susanoo no Mikoto combattant le monstre Yatama » (XIXe s.), Hieda no Are et Ô no Yasumaro, *Kojiki*, 712.

Des **monstres légendaires** se retrouvent dans les contes de tous les continents.
En **Asie**, l'Oiseau à neuf têtes en Chine ou le serpent à huit têtes Yatama au Japon provoquent la peur en racontant le combat de l'humain contre la sauvagerie.
L'apparence des monstres marque **l'imagination** et contribue à tenir l'auditoire en haleine !

## XVIIe siècle

En **Europe**, les contes de fées sont à la mode et mis à l'écrit par de grands auteurs. On y retrouve les figures traditionnelles **du dragon, de l'ogre, de la sorcière** au physique et aux intentions monstrueux.
En France, **Charles Perrault** (1628-1703) s'appuie sur des contes populaires pour écrire le recueil *Contes de ma mère l'Oye* (1697) qui rend célèbres *Le Petit Poucet* et *La Barbe bleue* !

← Gravure colorisée de **G. Doré** pour *Barbe bleue*, 1862.

## XVIIIe et XIXe siècles

↑ **E. Eriksen**, *La Petite Sirène*, bronze, 1913, Copenhague (Danemark).

En 1757, Mme Leprince de Beaumont **s'inspire** d'une histoire antique pour écrire *La Belle et la Bête*. Au XIXe siècle, les frères Grimm, en Allemagne (*Hansel et Gretel*, 1812), et H. C. Andersen au Danemark (*La Petite Sirène*, 1837) mettent à l'écrit des contes oraux venus du **folklore germanique ou nordique** en utilisant toujours les mêmes figures traditionnelles de monstres.

## Du XXe siècle à aujourd'hui

↑ Affiche *La Belle et la Bête*, Walt Disney Studio, 2017.

Aujourd'hui, dans **le monde entier**, de nombreux auteurs continuent à **transmettre et réinventer** des contes, avec grand succès, comme Patrick Chamoiseau dans *Veilles et merveilles créoles*. Au cinéma, les réalisateurs aussi s'emparent des contes : l'image du monstre et le genre merveilleux sont ainsi au centre des films de Tim Burton, tels que *Edward aux mains d'argent*, et de Hayao Miyazaki, *Le Voyage de Chihiro*.

Vocabulaire

## Autour du monstre

**Le mot « monstre » désigne un comportement ou une apparence hors normes, incroyable voire surnaturelle. Ainsi, le monstre est très surprenant et peut à la fois attirer, repousser ou effrayer.**

1. **Choisissez pour chacune de ces phrases un adjectif qui éclairera le sens du mot « monstre ».**
   incroyable • sanguinaire • gigantesque • petit (sens affectueux)
   **a)** Tout à coup surgit de l'ombre un monstre ….
   **b)** … ! Ce manga a un succès monstre !
   **c)** Ce chaton est un vrai … monstre !
   **d)** Ce pirate sans cœur est un monstre ….
2. **En vous aidant de la double page et de vos lectures, citez le nom de trois monstres de conte.**

# TEXTE 1

**OBJECTIF**
Définir la notion de monstre

**COMPÉTENCE**
Confronter le texte à l'image pour affiner sa compréhension

## Avant de lire le texte

Le mot « bravoure » vient de l'italien *bravura*, le courage, surtout au combat.

- Retrouvez le sens de chaque mot de cette famille.

| | |
|---|---|
| bravo • | • courageusement |
| braver • | • interjection pour applaudir quelqu'un |
| bravement • | • se comporter sans crainte |

- L'expression « braves gens » désigne-t-elle des gens courageux ou modestes ?

# Le Monstre Yatama

**Claudius Ferrand** (1868-1930), prêtre français, s'installe à Nagasaki au Japon en 1892.
Il étudie la langue et la culture japonaises et entreprend de traduire en français des **contes et légendes** de l'Empire du soleil levant.

*Susanoonomikoto, le fort et grand héros, aperçoit une cabane délabrée.*

Susanoonomikoto s'approche en étouffant le bruit de ses pas, et à travers les fentes d'une porte mal jointe regarde l'intérieur. Il y voit un vieillard grisonnant, une vieille plus grisonnante encore et une jeune fille de dix-huit à vingt ans. Le vieux et la vieille pleuraient, assis auprès de leur petit brasero[1]. Ils paraissaient comme accablés sous le poids d'un immense chagrin. La jeune fille ne pleurait point, mais sur son visage se lisait sans peine l'expression d'une grande mélancolie[2] et d'une douce résignation[3] [...].

Susanoonomikoto était beau, beau d'une beauté divine. Son visage respirait la force et la santé. Sa taille gigantesque commandait le respect. S'approchant des trois personnages, il leur demanda d'une voix douce et sympathique quelle était la cause de leurs larmes et du chagrin dans lequel ils paraissaient plongés. Ce fut le vieillard qui prit la parole pour répondre :

– Noble voyageur, dit-il, nous ignorons qui vous êtes, mais votre sympathie nous émeut et nous touche. Je m'appelle Ashinazuchi ; ma femme se nomme Katazuchi, et notre fille que vous voyez là répond au nom de Inadahimé ; nous avons eu huit enfants depuis notre mariage et tous ces enfants étaient des filles. Celle que vous voyez là est la dernière qui nous reste.

Or, vous allez juger de notre malheur et connaître la cause de nos larmes. Tout près d'ici habite le monstre Yatama, le serpent à huit têtes, qui a trente pieds[4] de long. Ce serpent vient tous les ans dans ces parages, et nous emporte chaque fois une de nos enfants qu'il dévore. Nos sept premières filles ont ainsi disparu l'une après l'autre, il ne nous reste plus maintenant que celle qui est devant vous.

C'est aujourd'hui que le monstre doit venir. Il viendra à la nuit tombante et nous emportera notre dernière enfant pour la dévorer. Voilà, noble voyageur, le récit de notre infortune, et le motif de notre chagrin.

– Braves gens, répond alors Susanoonomikoto, ému jusqu'aux larmes, remerciez le ciel de m'avoir aujourd'hui envoyé près de vous. Je vais rester jusqu'à la nuit tombante. J'attendrai le serpent. Je le tuerai de ma main, et sauverai votre fille.

Le vieillard le regarda, et lui sourit tristement :

– J'admire, lui dit-il, votre bravoure et votre bonté. Mais, hélas ! vous ignorez à qui vous avez à faire. Non, non ; ne vous exposez pas ; vous y perdriez inutilement votre précieuse vie.

**Claudius Ferrand**, « Le Monstre Yatama », *Fables et légendes du Japon*, 1903.

1. appareil en métal rempli de braises pour se chauffer.
2. profonde tristesse.
3. attitude consistant à accepter une chose pénible perçue comme inévitable.
4. Un pied équivaut à trente centimètres environ.

↑ **Masashi Kishimoto**, *Naruto*, tome 43, ép. 392 « Susanô... !! », trad. par S. Bigini, Kana, « Shonen Kana », 2009.
• Dans le manga, le monstre est appelé Yamata.
• Le sens de lecture va de droite à gauche.

## Après avoir lu le texte et observé le manga

**1** De quel pays ce conte est-il issu ? Citez trois indices relevés sur la double page.

**2** L. 4 à 8, quels sentiments les habitants de la cabane éprouvent-ils ?

**3** **a.** L. 23 à 26, quel temps verbal montre que la situation racontée par le vieillard se répète ? ▸ Langue, p. 314-320
**b.** Depuis combien de temps dure-t-elle ?

**4** Selon vous, le héros a-t-il des chances de vaincre le monstre ? Pourquoi ?

**5** Choisissez comment travailler sur le monstre. PÉDAGOGIE DIFFÉRENCIÉE

**Yamata dans le manga** : **a.** Comment le monstre est-il présenté vignette 1 : en gros plan • en plan moyen • en plan large ? Pourquoi ?
**b.** Par quels moyens le dessinateur représente-t-il son agressivité ?

**Yatama dans le texte** : Remplissez la fiche d'identité du monstre.

**Nom :**
**Taille :**
**Description physique :**
**Activité nocturne :**

**Bilan** Expliquez pourquoi le monstre est une créature effrayante.

Réalisez une **carte Mémo** pour restituer les caractéristiques du monstre que vous avez découvertes. Vous compléterez cette carte au fur et à mesure du chapitre.

## Oral

Pour être plus effrayant encore, un monstre est souvent mystérieux... **Dévoilez l'un de ses secrets** en imaginant une faiblesse cachée du serpent géant, en commençant par : « Ce que l'on ne sait pas à propos de Yatama, c'est que... »

## Écrit

Donnez vie à une créature monstrueuse et hors du commun en vous rendant à l'**Atelier 1**, p. 42 !

## Point de cours

• L'apparence et la férocité extraordinaires du monstre en font un personnage central des contes et légendes. Plus il est redoutable, plus son image marque l'esprit de ceux qui entendent ou lisent son histoire.

TEXTE 2

# Khodumodumo et Senkatana

**OBJECTIF**
Comprendre la peur qu'inspire le monstre

**COMPÉTENCE**
Comparer divers documents pour construire une notion

**Jacques Cassabois**, né en 1947 et instituteur de profession, a adapté plusieurs contes issus **du monde entier**.

C'était un grand serpent, très long, très gros. Un monstre dévoreur qui se nourrissait de chair. Celle des animaux, mais celle des humains aussi, dont il raffolait, des enfants surtout, tant elle était délicate et goûteuse. Il en faisait bombance[1].

Son arrivée dans les villages déclenchait toujours la panique, et le premier qui l'apercevait donnait l'alerte :

– Khodumodumo ! Sauve qui peut ! Khodu...

On n'avait pas le temps d'en dire plus. Le serpent vous avait déjà mangé. Tous fuyaient pour échapper à la bête. C'était la débandade. Les piétinements des fuyards soulevaient la poussière et faisaient trembler la terre. Personne ne pouvait lui échapper. Pas un homme, pas un animal. Malgré sa taille gigantesque, Khodumodumo était vif, rapide, et ses coups infaillibles. Partout à la fois, sa gueule se jetait en avant, béante, pareille à une caverne, picorait les proies comme un oiseau des graines. Les malheureux hurlaient d'horreur quand il les engouffrait dans sa gorge. Ensuite, ils tombaient dans la nuit. On ne les entendait plus [...].

*Une femme enceinte trompe la vigilance du monstre. Elle donne naissance à son enfant, Senkatana. Ce dernier connait une croissance fabuleuse et acquiert sa taille adulte le jour-même. C'est lui qui s'adresse à sa mère :*

– Je n'entends pas les vaches meugler, ni les moutons bêler, fit-il remarquer à nouveau, toujours intrigué. Pourquoi ?

– Parce que Khodumodumo les a mangés aussi, mon fils.

– Je n'entends pas non plus les poules caqueter, ni les chiens aboyer...

– Toujours le même, mon fils. Khodumodumo ! Je suis la seule survivante, car je l'ai berné[2] !

– Cet animal est un monstre sans pitié ! s'exclama Senkatana. Je vais aller lui réclamer des comptes.

– Ne t'approche pas de lui, malheureux ! Il va te tuer.

– Non, mère. Je vais lui montrer tout le mal qu'il a fait, et il se repentira[3]. Où est-il ?

– Parti je ne sais où. Porter la ruine dans d'autres villages.

– Alors, je le retrouverai [...].

Il retrouva les traces de Khodumodumo sans difficulté et suivit sa piste jusqu'à la montagne, où il le découvrit, toujours prisonnier du défilé[4]. Le monstre, sentant l'homme approcher, recouvra toute sa vigueur. La partie de son corps qui restait libre se tortilla, cinglant l'air au hasard et battant

1. mangeait abondamment.
2. trompé.
3. regrettera.
4. passage naturel étroit.
5. lance, javelot.

← **Edmond Dulac** (ill.), *Sindbad le marin et autres contes*, éd. H. Piazza, 1919.

## Après avoir lu le texte

**1** L. 1 à 4, relevez les adjectifs employés pour décrire Khodumodumo.

**2** L. 13-14, relevez deux comparaisons et expliquez-les. ▸ Langue, p. 342

**3** L. 5 à 11 **a.** Relevez les mots appartenant au champ lexical de la panique. **b.** Quel est le temps verbal le plus utilisé ? Expliquez pourquoi. > Langue, p. 314-320

**4** Senkatana écoute-t-il les mises en garde de sa mère ? Fait-il comme les autres habitants ?

**5** L. 23 à 27, quels éléments montrent que Senkatana ne veut pas forcément abattre le monstre ?

**Bilan** Que pensez-vous de la façon dont Senkatana l'emporte sur le monstre ?

la terre furieusement, arrachant des pierres à la montagne, cherchant à ensevelir cet adversaire, à l'aveugler par des nuages de poussière.

Senkatana comprit qu'il était impossible de discuter.

– Cette bête n'acceptera pas ses torts et ne regrettera jamais ses crimes ! Il faut en finir avec elle.

Il escalada un versant afin de se placer hors de portée du monstre, qui continuait de se débattre, lui lança une sagaie[5] en pleine tête, et le tua net.

**Jacques Cassabois**, *Khodumodumo et autres contes de monstres*, Le Livre de Poche,


# Le Voyage de Chihiro

FILM ÉCHO

**Hayao Miyazaki** (né en 1941) est un réalisateur japonais de **films d'animation**. Ses œuvres explorent nos rêves et nos peurs.

**Observez l'affiche :** quels personnages apparaissent ? Lequel se nomme le Sans-Visage d'après vous ? Pourquoi ?

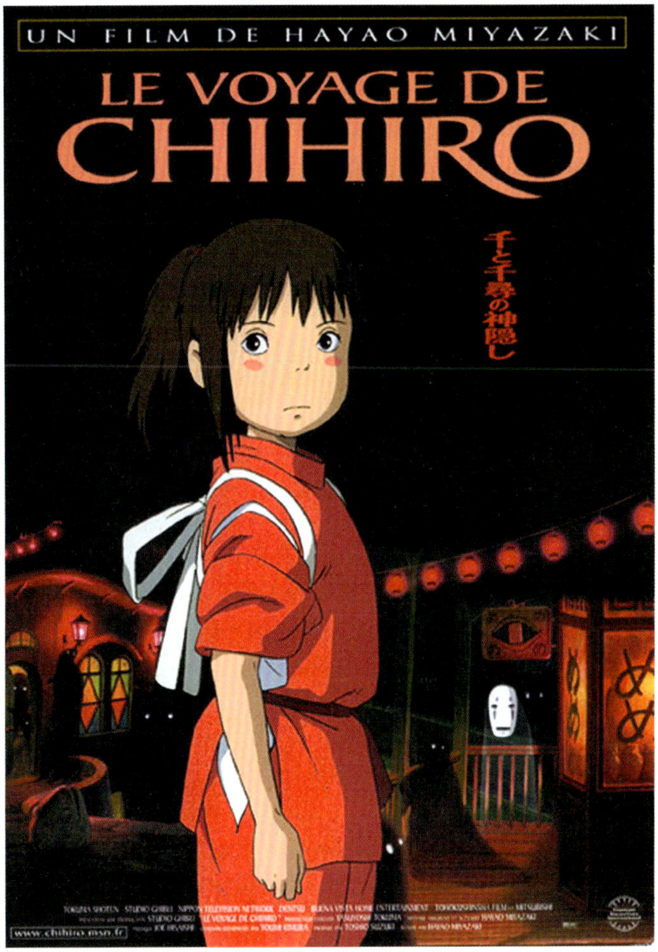


↑ **Hayao Miyazaki**, *Le Voyage de Chihiro*, Studio Ghibli, 2001.

## Après avoir visionné les scènes

**Scène 1** Le Sans-Visage sème la panique 01:11:23 à 01:13:31

**6** Quels sont les points communs entre Khodumodumo et le Sans-Visage ?

**7** À la fin de l'extrait, que se passe-t-il ? Quel mot du texte permettrait de résumer la situation ?

**Scène 2** Chihiro face au Sans-Visage 01:28:11 à 01:30:53

**8** Observez le plan à 01:29:30 : comparez les deux personnages et leur place dans l'image.

**9** Au cours de cette scène, **a.** Que fait Chihiro : elle le prend de haut • elle lui fait face • elle fuit son regard ? **b.** Comment qualifieriez-vous l'attitude de l'héroïne ?

**Bilan** Qu'ont en commun les héros de cette double page, Senkatana et Chihiro ?

Complétez votre **carte Mémo**.

## Oral

PÉDAGOGIE DIFFÉRENCIÉE

**Comparez** l'attitude de Senkatana (l. 23-24 et 36-38) à celle de Chihiro (scène 2). Aidez-vous de **Ma réserve de mots** : les élèves du groupe A ★★★ utilisent le maximum de mots **verts** et les élèves du groupe B ★★★ utilisent le maximum de mots **bleus**.

### Ma réserve de mots

**Verbes :** affronter • accepter • convaincre • raisonner • obtempérer • se repentir

**Noms :** arme • risque • attention • détermination • conviction • sang-froid

**Connecteurs :** contrairement à • comme • de la même manière que • à la différence de

## Écrit

Imaginez un monstre redoutable grâce à l'**Atelier 1**, p. 42 !

### Point de cours

• Le monstre fait régner la terreur et provoque la panique parmi la population. Certains osent lui faire face pour essayer de mieux le comprendre et l'affronter.

# TEXTE 3

**OBJECTIF**
Découvrir la structure du conte

**COMPÉTENCE**
Lire un conte intégral

**Joanna Konatowicz**, autrice et illustratrice contemporaine d'origine polonaise, s'intéresse aux **folklores polonais et portugais** qu'elle explore dans ses contes.

TEXTE INTÉGRAL

# Le Dragon de Wawel

Il y a très, très longtemps, le sage roi Krak construisit un grand château fort au bord du fleuve Vistule, sur la colline Wawel. Une belle et riche ville naquit, appelée du nom du roi Krak : Cracovie. Les ateliers d'artisans et les boutiques de commerçants fleurissaient. Les habitants vivaient dans la paix et le bonheur et ils aimaient profondément leur vieux et bon roi. La ville était entourée de champs fertiles et de forêts peuplées d'animaux sauvages.

Un des ateliers de la place du marché appartenait au vieux cordonnier Jean. Il cousait les plus belles chaussures de toute la région. Il avait un jeune apprenti, Skuba – un garçon doué et assidu. C'était lui qui livrait à la cour du roi les chaussures de son maître : des bottes pour les soldats, des souliers pour les servantes et même d'élégants escarpins pour la princesse, la fille de Krak.

Le printemps venait d'arriver à Cracovie et les habitants préparaient leurs boutiques pour le marché annuel. Soudain, un jour ensoleillé et tranquille, le ciel se noircit et un violent battement d'ailes se fit entendre. Une bête effrayante – couverte d'écailles et crachant le feu – se posa au bord de la Vistule. C'était un dragon ! Il se jeta en rugissant sur les troupeaux de vaches et de moutons qui étaient en train de paître dans les prés. Il dévora plusieurs animaux, but l'eau du fleuve puis se cacha dans la grotte au pied du château de Wawel.

→ **Apolonia Stankiewicz**, « The Wawel Dragon », Baïka Magazine n° 14, printemps 2019.

Les jours suivants, cette terrible histoire se répéta. La bête était affamée et avalait plusieurs animaux par jour. La terreur régnait dans la ville. Que ferons-nous quand il n'y aura plus de vaches et de moutons dans les fermes ? Le dragon mangera-t-il les hommes ?! Les habitants les plus sages se réunirent à l'Hôtel de Ville. Ils se demandaient depuis plusieurs jours comment tuer le monstre et sauver la ville.

Plus d'un brave tenta de combattre le dragon, mais en vain. La peau de la bête était si dure que ni les épées des chevaliers ni les flèches des tireurs n'arrivaient à la percer. Le vent de ses ailes faisait tomber les cavaliers de leurs chevaux et la flamme de sa gueule et sa longue queue tenaient à l'écart les soldats. Chacun

## Après avoir lu le texte

PÉDAGOGIE DIFFÉRENCIÉE

Choisissez une partie du texte à étudier.

### Paragraphes 1-2-3

**1** **a.** Où et quand se déroule l'histoire ?
**b.** L. 6 à 22, quel temps verbal domine ? ► Langue, p. 314-320

**2** Qui est Skuba ? Quelle est son activité ?

**3** Quel événement perturbe le calme de la ville ? Pourquoi ?

### Paragraphes 4-5-6

**1** Pourquoi les sages de la ville se réunissent-ils ?

**2** Quelles actions tentent les chevaliers, les tireurs et les cavaliers ? Cela est-il efficace ?

**3** Qui a un autre plan ?

### Paragraphes 7-8-9

**1** Quelle solution Skuba propose-t-il ? Expliquez.

**2** De quelles qualités le héros fait-il preuve ?

**3** Qu'arrive-t-il finalement à la ville ? Et à Skuba ?

**Bilan** • Déterminez les cinq grandes étapes de ce conte et donnez-leur un titre.
• Quelle(s) illustration(s) correspond(ent) au passage que vous avez étudié ?

Complétez votre **carte Mémo**.

revenait en ville vaincu et le monstre continuait de répandre la terreur.

Le roi s'arrachait les cheveux de chagrin. Son peuple était terrifié et lui ne pouvait pas le protéger contre cette terrible bête. Les gens s'enfermaient dans leurs maisons ou fuyaient la ville et la princesse pleurait à longueur de journées. Il semblait qu'il n'y avait plus d'espoir pour Cracovie.

Un jour pourtant, un brave jeune homme se présenta. Ce n'était pas un chevalier en armure de fer, mais un garçon ordinaire, l'apprenti du cordonnier Jean – Skuba ! Il avait trouvé une ruse pour tuer le dragon. Mais il demanda d'abord à voir le roi pour lui présenter son plan. Lorsque Krak l'entendit, il se réjouit immédiatement et embrassa le jeune cordonnier. Skuba commença son travail sur-le-champ. Il rembourra une peau de mouton avec du goudron bouillant et du soufre et la plaça sur quatre bâtons en bois de telle façon que cela ressembla à un vrai animal. Ensuite, il mit ce faux mouton devant la tanière du dragon, se cacha et attendit.

Le lendemain à l'aube, le dragon sortit de sa grotte. Il était si vorace que dès qu'il vit le mouton, il l'avala. Tout de suite après, il sentit une douleur affreuse dans les entrailles et rugit avec rage. Il courut jusqu'à la Vistule et se mit à boire avidement de l'eau pour apaiser son estomac en feu. Il buvait et buvait sans pouvoir s'arrêter. Son ventre gonfla de plus en plus et... subitement « boum » ! Le monstre éclata en mille morceaux !

Toute la ville se réjouit et surtout le roi Krak. La fête dura toute la semaine et le brave cordonnier devint le héros de Cracovie. Reconnaissant, le roi Krak le couvrit d'or et de cadeaux. Et le cordonnier fit pour le roi et la princesse de belles bottes en peau de dragon. Le calme revint dans la ville et les habitants purent de nouveau vivre heureux.

**Joanna Konatowicz**, *Le Dragon de Wawel*, © Éd. L'Harmattan, 2006.

**Les contes sont habituellement construits en cinq grandes étapes.**

- la **situation initiale** : elle décrit le lieu et présente les personnages et leur quotidien.
- l'**élément perturbateur** : il raconte l'événement qui perturbe le quotidien.
- les **péripéties** : il s'agit d'un enchainement d'actions.
- le **dénouement** : c'est la solution permettant de retrouver une situation apaisée.
- la **situation finale** : c'est le retour à une situation équilibrée, calme.

## Écrit

À votre tour, **inventez** un conte dans lequel le héros ou l'héroïne surmontera une grande épreuve. Pour cela, rendez-vous à l'**Atelier 3**, p. 46 !

### Point de cours

- Les contes, qu'ils soient longs ou courts, commencent par présenter les personnages et leur quotidien dans une situation initiale. Un élément perturbateur intervient qui entraine des péripéties (actions). Une solution se présente alors, provoquant le dénouement qui conduit à la situation finale sur laquelle se conclut l'histoire.

TEXTE 4

**OBJECTIF**
Étudier les procédés du conteur pour captiver son auditoire

**COMPÉTENCE**
Repérer des informations dans un texte

Né à Fort-de-France, **Patrick Chamoiseau** fait ses études en France métropolitaine puis retourne en Martinique où il s'intéresse à sa langue maternelle, le créole, dont il explore **l'oralité**, en particulier dans les contes *Veilles et merveilles créoles.*

# Le Musicien Petit Bonhomme

TEXTE INTÉGRAL

La compagnie dort-elle ? Non ? Alors, le conte est bon ! Il est bon d'avoir confiance en soi mais sans exagérer, car en trop de confiance on perd toute mesure. Une parole ancienne rappelle aux crapauds qui se gonflent d'importance le malheur du merveilleux petit bonhomme musicien que nous connûmes à terre là, par ici. Ce négrillon était né à l'heure où un cyclone s'achevait en soupir. Ce souffle sidéral rôda au-dessus du bourg, grisaillant le ciel, étêtant les grands arbres, répandu comme une fourmilière brisée. Parfois, il frôlait une falaise, transmettant à l'écho une valse de tristesse. D'autres fois, il fusait dans les bambous dorés, cuits d'un trop d'âge, et il les habitait de mélodies fibreuses.

Les vieux nègres (téteurs de pipe sur le pas de leur case) le suivaient avec des yeux de minéral. Ils ne baissaient la paupière que pour s'avouer, en un plaisir inquiet : « Ce vent est musicien, Van tala sémizik... »

Un jour, ils sortirent les tambours, développèrent quelque violon, ramenèrent d'un oubli des mandolines d'antan. Grimpés à la hauteur d'un morne, ils jouèrent des cadences pour honorer le vent. Cela donna musique. Un genre de musique qu'aucun musicien (même génial au tafia[1]) n'avait jamais rêvé. Ô musique de terre, de mer et de ciel ! Des vols d'oiseaux vibraient les solos. Des insectes célébrants frissonnaient le refrain. De partout, nègres des champs ou des villes, nègres à sueurs ou à parfums, se mirent à danser, ô danser, danser oui, au cependant des hasards de la vie. Mais, le temps que je dis tout cela, le négrillon avait grandi et on l'appelait Petit Bonhomme. Son oreille sitôt ouverte entendit la musique. Il dit à ses parents : « Il leur manque la flûte, Mantyéyo pipo-a... » En un rien de temps, le Petit Bonhomme cueillit le bon bambou, y perça les bons trous, fit tous les bons gestes inventeurs ici-là des bonnes flûtes de bambou. Il rejoignit les vieux musiciens sur les mornes. Ses sons s'inscrivirent bientôt dans le concert du vent. Ô beauté ! Le dernier soupir du cyclone en perdit sa mélancolie : il tourbillonna d'une vie neuve, bouscula vingt nuages, et s'en alla comme s'en vont les cyclones : avec bon vent.

De cette affaire, les nègres d'ici conservèrent et la musique et la danse. L'on honora le Petit Bonhomme de toutes les manières possibles. On l'appela musicien. Puis le plus grand des musiciens. Puis Maestro. Puis je ne sais quelle autre idiotie. Le Petit Bonhomme en oublia que son âge se résumait à une pluie et deux saisons-mangots. Il en oublia aussi que son ignorance était plus grande que lui. À tel point, c'est pour dire, qu'on le vit désobéir à ses parents. Ces derniers disant tribord, il allait à bâbord. Ces derniers jouaient une biguine, il dansait mazurka. Pour éteindre les représailles[2], il lui suffisait de dégarer sa flûte, de souffler musique. Cela calmait les rages, décrispait les sourcils, ouvrait les poings sur le geste du tempo pacifique.

Le musicien Petit Bonhomme était intouchable. Il se crut invincible. Alors (c'est ici l'affaire) il advient que ses parents revenaient avec lui d'une fouille d'ignames[3] sauvages dans le lointain d'un bois. Ils s'étaient attardés. L'ombre gagnait déjà. Or le bois, par ici, est une porte des enfers. Ses parents lui dirent alors : « Cours afin de te sauver d'ici. » Et eux-mêmes commencèrent à courir. À mesure qu'ils s'éloignaient, ses parents l'imploraient de ne pas cette fois leur désobéir. Lui répondait : « Qui peut vaincre ma musique ? Saki pélévélan min douvanmizikmwen an ?... » Et il ne courait pas. Et même : il flânait, l'œil arrogant sur l'ombre en épaisseur. Bientôt, il fit tout noir. Du noir des bas de bois où rien n'est immobile tant les vies de l'autre-vie s'exercent à y revivre. Le Petit Bonhomme musait tranquille sans même savoir que les lucioles qui le voyaient passer voyaient aussi ce qui allait venir. Mourir il faillit en découvrant, au détour d'une herbe folle, un cheval à grandes cornes qui barrait le sentier. Sa flûte au creux de la main le rassura. Il attendit. Immobile. Il savait inutile de fuir ce qui possédait plus de deux pattes. Les lucioles même s'étaient éteintes. Le petit vent, chatouilleur des feuilles, avait levé le pied. Ne demeuraient que le silence et le silence, le noir et le noir, et réciproquement. Alors, le cheval lui dit comme cela : « La ou sôti, ti mal ? D'où sors-tu petit mâle... ? » Il lui dit aussi qu'à cette heure les bons enfants étaient dans la case de leur mère. Le Petit Bonhomme porta le bambou à sa lèvre et souffla :

*Péla man lou, Péla man li*
*Péla man li, Péla man lou*
*Corali belli, corali belli*
*Pélipélapélipéla*
*Plam !*

Ô, le cheval pleura de cette musique ! Brillaient sous ses larmes les lumières de la joie ou bien du contentement. C'est preuve qu'il n'était pas vraiment mauvais malgré son pelage de plumes, ses sabots palmés, sa queue de tire-bouchon prolongée en poisson, et ses cornes impossibles à décompter, tant il est vrai qu'un cheval se prenant d'avoir des cornes n'a aucune raison d'en arrêter le nombre. Il lui dit enfin, comme ça, d'une voix rafraîchie : « Pasémonfi, mélapli bel anbala bay, Passe mon fils, mais le plus beau reste à venir... » Ce serait mentir de prétendre qu'après le Petit Bonhomme marcha. Disons qu'il galopa. Qu'il se prit de cavalcade. À peine cent mètres plus loin, il buta sur une vieille espère de vent chaud et fétide, sorte de relents d'huile frite et de fleurs fanées. Droit devant lui, s'approchant, yeux de feu brillants comme lumière de citadelle, il vit une calamité de chair, d'écailles, de couenne cornée, jaunâtre de soufre et de flammes frémissantes. Quelquefois, on appelle ça dragon, mais avec ou sans ce nom, l'effet demeure le même. La calamité hurla : « O ou sôti ti mal ? D'où sors-tu petit mâle ?... » Elle lui cria aussi qu'à cette heure les bons enfants se trouvaient dans la case de leur mère. Sans répondre, le Petit Bonhomme se trouva une débrouillardise à sept manœuvres afin de se porter le bambou à la lèvre, et souffler :

*Pélamarilou, Péla man li*
*Péla man li, Péla man lou*
*Corali belli, corali belli*
*Pélipélapélipéla*
*Plam !*

Ô, la calamité sortit de très belles dents. Un plaisir l'épanouissant. Ses petites flammes s'exaltaient en vapeurs. Par l'abîme de ses narines, elle reniflait l'odeur laiteuse du Petit Bonhomme. L'envie de l'avaler était l'huile de sa langue. Charmée de la musique, elle lui dit tout de même : « Passe mon fi, mais le plus beau reste à venir... » Comment dire ? Le Petit Bonhomme partit vite, oui !... Pieds dans la tête, yeux dans les poches, bras dans des ailes imaginaires, il courut, oui ! Mais il eut beau courir (et courir autant que courir peut s'écrire), il ne parvint jamais à dépasser son destin. Tout craquait aux alentours : arbres, branches, miroirs d'ombre, grandes noirceurs et petits gris. Un désordre de trente-deux volcans où se discernaient parfois des craquements de brindilles dont l'importance étant sans doute négligeable. Que vit-il devant lui comme j'aurais pu vous voir si je vous voyais ? Que vit-il, ho ? Que vit-il ce petit arrogant, cet entêté qui semblait un mulet malgré son peu d'oreilles ? Hum ?

La Bête à sept têtes.

Quatorze yeux d'éclairs et de tonnerres. Dents d'aiguilles, plus épaisses que des arbres, plus longues que des bambous, plus jaunes que

↑ **G. G. Belfi**, Le Square Éditeur, 2014.

la jaunisse. Une queue lui ceinturait sept fois le ventre avant d'aller serpenter sur sept autres lieues[4]. Ooo, on la connaissait celle-là ! À la place du cœur, elle n'avait qu'un peu de graisse. Son âme n'était qu'une ombre de cactus noyé. Et elle n'avait pas plus de sentiment que l'une de ces vagues envoyées par la mer. La Bête fit la ronde autour du Petit Bonhomme. Le regarda de haut. Le regarda d'en bas. Le regarda de biais, puis tout soudain de face. En un chœur de sept voix, elle lui grogna : « D'où sors-tu, petit mâle ? À cette heure où les serpents sont en bal dans les bois, où les zombis galopent, les bons enfants sont dans la case de leur manman... » Mais le Petit Bonhomme déjà soufflait musique comme jamais il ne l'avait soufflée, rappelant même dans son bambou ce soupir de cyclone qu'autrefois il avait libéré. Ô musique divine ! Ô sirop pour l'oreille ! La Bête à sept têtes reçut l'harmonie avec des larmes à tous ses yeux, elle eut même une suée de plaisir qu'elle laissa s'achever avant d'ouvrir ses sept gueules, de sortir ses sept langues, et d'avaler, flouaammm ! d'une seule gorge notre Petit Bonhomme. Cette bête-là avait plus d'appétit que de goût musical. Il paraît qu'elle rôde encore dans les bois et que parfois on s'en souvient, mais quant au Petit Bonhomme, avec ou sans musique, il est plus oublié aujourd'hui que le lac de palmistes[5] que portait le cratère de la montagne Pelée[6].

**Patrick Chamoiseau**, « Le Musicien Petit Bonhomme »,
*Veilles et merveilles créoles*, Le Square Éditeur, 2014.

**1.** alcool fabriqué avec de la canne à sucre. **2.** pour supprimer les reproches. **3.** cueillette de patates douces. **4.** unité de mesure. **5.** et **6.** ancien lac situé dans le cratère de la montagne Pelée en Martinique.

## Après avoir lu le texte

**1** Par quel type de phrase le texte débute-t-il ? Pourquoi ?

**2** Combien de voix entend-on dans ce conte ?

**3** Quelles interjections ou onomatopées sont utilisées dans le texte ? Pourquoi ?

**4** Qu'est-ce qui se répète dans ce conte ?

**Bilan** Comment le conteur parvient-il à captiver son auditoire ?

*Complétez votre **carte Mémo**.*

## Oral

PÉDAGOGIE DIFFÉRENCIÉE

Vous allez sélectionner un extrait du conte de Patrick Chamoiseau et l'enregistrer.

- Pour préparer votre mise en voix, choisissez de travailler sur **différents jeux autour du langage** et retrouvez l'**oralité du conte** !

| ★★★ **Jeux sur les sonorités et les syllabes** | ★★★ **Jeux sur les mots et le rythme** |
|---|---|
| • L. 28-29, « Des vols d'oiseaux vibraient les solos. » : quel son se répète ?<br>• L. 30-33, Que font les vieux hommes ?<br>• L. 98, « Péla man lou, Péla man li », combien y a-t-il de syllabes de chaque côté de la virgule ? Quels sons se répètent ? Lesquels changent ?<br>• L. 149 à 151, « Tout craquait... petits gris. », comptez les syllabes entre chaque respiration (virgule). Que constatez-vous? | • Le conte s'ouvre par le jeu de mots « le conte est bon ! ». Expliquez-le.<br>• L. 58 à 60, « Ces derniers... mazurka. » : quels mots s'opposent ? Quels mots vont ensemble ?<br>• L. 78-79, « Et même... tout noir. » : comparez la longueur des deux phrases. Laquelle montre que la nuit tombe vite ?<br>• L. 86 à 88, « Sa flûte... Immobile. » : quel effet provoquent les deux dernières phrases et pourquoi ? |

- Entrainez-vous à **mettre en voix** l'extrait choisi en prêtant attention à ces jeux sur la langue et **enregistrez-vous** !

## Oral

Si la mise en voix de ce conte vous a plu, rendez-vous à l'**Atelier 2**, p. 44, un nouveau conte vous y attend !

### Point de cours

- Les contes ont une origine orale et sont destinés à être dits à voix haute. La répétition des verbes évoquant la parole, des mots ou des formules, l'intervention du narrateur, l'apostrophe au lecteur, la ponctuation expressive, les interjections, les onomatopées, le jeu sur le langage, comme le recours aux différentes voix, accentuent cette volonté d'ancrer le conte dans l'oralité.

Écrivains allemands, les frères **Jacob Grimm** (1785-1863) et **Wilhelm Grimm** (1786-1859) mettent à l'écrit des contes populaires transmis oralement et publient, en 1812, *Contes de l'enfance et du foyer* dont *Blanche-Neige* et *Hansel et Gretel*.

**OBJECTIF**
Comprendre le rôle de la sorcière malveillante

**COMPÉTENCE**
Savoir repérer des caractéristiques du conte merveilleux

# Dame Trude

TEXTE INTÉGRAL

Il était une fois une petite fille extrêmement têtue et imprudente qui n'écoutait pas ses parents et qui n'obéissait pas quand ils lui avaient dit quelque chose. Pensez-vous que cela pouvait bien tourner ?

Un jour, la fillette dit à ses parents : « J'ai tellement entendu parler de Dame Trude que je veux une fois aller chez elle : il paraît que c'est fantastique et qu'il y a tant de choses étranges dans sa maison, alors la curiosité me démange. »

Les parents le lui défendirent rigoureusement et lui dirent : « Écoute : Dame Trude est une mauvaise femme qui pratique toutes sortes de choses méchantes et impies[1] ; si tu y vas, tu ne seras plus notre enfant ! »

La fillette se moqua de la défense de ses parents et alla quand même là-bas. Quand elle arriva chez Dame Trude, la vieille lui demanda :

« Pourquoi es-tu si pâle ?

– Oh ! dit-elle en tremblant de tout son corps, c'est que j'ai eu si peur de ce que j'ai vu.

– Et qu'est-ce que tu as vu ? demanda la vieille.

– J'ai vu sur votre seuil un homme noir, dit la fillette.

– C'était un charbonnier[2], dit la vieille.

– Après, j'ai vu un homme vert, dit la fillette.

– Un chasseur dans son uniforme, dit la vieille.

– Après, j'ai vu un homme tout rouge de sang.

– C'était un boucher, dit la vieille.

– Ah ! Dame Trude, dans mon épouvante, j'ai regardé par la fenêtre chez vous, mais je ne vous ai pas vue : j'ai vu le Diable en personne avec une tête de feu.

– Oh oh ! dit la vieille, ainsi tu as vu la sorcière dans toute sa splendeur ! Et cela, je l'attendais et je le désirais de toi depuis longtemps : maintenant tu vas me réjouir. »

Elle transforma la fillette en une grosse bûche[3] qu'elle jeta au feu, et quand la bûche fut bien prise et en train de flamber, Dame Trude s'assit devant et s'y chauffa délicieusement en disant : « Oh ! le bon feu, comme il flambe bien clair pour une fois ! »

**Jacob** et **Wilhelm Grimm,** « Dame Trude »,
*Contes de l'enfance et du foyer* (1812), trad. A. Guerre, Flammarion 1967.

**1.** contre la religion. **2.** qui transporte du charbon. **3.** bois à brûler.

## Après avoir lu le texte

PÉDAGOGIE DIFFÉRENCIÉE

Étudiez l'un des deux personnages du conte, puis répondez collectivement aux deux questions Bilan.

### La fillette

**1** Relevez la formule traditionnelle du conte au début du texte. Quel personnage présente-t-elle ?

**2** **a.** Choisissez trois termes qui définissent la fillette : bornée effrontée déterminée entêtée rétive.
**b.** Dévoilent-ils une qualité ou un défaut ?

**3** Quels personnages effraient la fillette devant chez Dame Trude ? A-t-elle raison d'avoir peur ?

**4** Qu'arrive-t-il à la fillette à la fin du conte ?

### La vieille

**1** L. 1-5, relevez la phrase interrogative. Qu'annonce cette phrase sur la suite de l'histoire ?

**2** Combien de fois les dénominations « Dame Trude » et « la vieille » apparaissent-elles dans le texte ? Que nous laissent-ils penser sur le personnage ?

**3** À quel moment la sorcière se révèle-t-elle ? Relevez une phrase dévoilant sa véritable intention.

**4** Comment Dame Trude parvient-elle à tromper la fillette ?

**Bilan** À quoi reconnait-on que *Dame Trude* est un conte merveilleux ? Quelle morale pourrait-on ajouter à la fin du conte ?

Complétez votre **carte Mémo.**
▸ **Découvrez** une autre sorcière, p. 242.

### Point de cours

- La sorcière est une figure traditionnelle du conte et un personnage important dans l'imaginaire européen. Elle entraine le héros ou l'héroïne à mal agir ou attire les enfants dans un piège pour mieux commettre ses actions malfaisantes.

**TEXTE 6**

# La Petite Sirène

**OBJECTIF**
Saisir la manipulation par la parole

**COMPÉTENCE**
Confronter un texte à des interprétations visuelles

À onze ans, **Hans Christian Andersen** (1805-1875) perd son père et doit travailler. Remarqué par la qualité de ses écrits, il rencontre de grands auteurs et voyage. C'est ainsi qu'il **puise l'inspiration** pour ses *Contes*, récits pleins d'imagination, de sensibilité et de poésie.

*Fille du roi de la mer, la petite sirène veut prendre forme humaine pour retrouver le prince qu'elle a sauvé et dont elle est amoureuse. Alors, elle se rend chez la sorcière de la mer.*

« Je sais ce que tu veux ! [...] tu voudrais te débarrasser de ta queue de poisson et la remplacer par deux moignons pour pouvoir marcher comme les hommes [...]. Je vais te préparer un breuvage [...]. Tu conserveras ta démarche légère et gracieuse, nulle danseuse ne pourra l'égaler, mais chaque pas que tu feras te causera autant de douleur que si tu marchais sur un couteau bien affilé qui ferait couler ton sang. Si tu es prête à endurer toutes ces souffrances, je consens[1] à t'aider.

– Oui ! dit la petite sirène d'une voix tremblante en pensant au prince et à l'âme immortelle qu'elle voulait gagner.

– Mais souviens-toi, dit la sorcière, qu'une fois changée en être humain, jamais tu ne pourras redevenir sirène ! Jamais tu ne pourras traverser l'eau pour retourner auprès de tes sœurs dans le château de ton père, et si tu ne gagnes pas l'amour du prince [...] ton cœur se brisera et tu ne seras plus que de l'écume[2] sur l'eau.

– J'accepte ! dit la petite sirène, pâle comme une morte.

– En ce cas, il faut aussi que tu me paies, dit la sorcière, et ce n'est pas peu de chose que je te demande. Ta voix est la plus belle parmi celles du fond de la mer, tu penses avec elle ensorceler le prince mais cette voix, tu dois me la donner. Je veux que ce que tu as de plus beau en échange de mon précieux breuvage, car c'est mon propre sang que je dois y mettre pour qu'il soit coupant comme une épée à double tranchant !

– Mais si tu prends ma voix, demanda la petite sirène, que me restera-t-il ?

– Ta charmante silhouette, dit la sorcière, ta démarche gracieuse et

↑ *La Petite Sirène*, mise en scène **Géraldine Martineau**, Comédie-Française, 2019.

**HISTOIRE DES ARTS**

Au fil des siècles, son conte *La Petite Sirène* n'a cessé d'inspirer les artistes : graveur, illustrateur, créateur de dessins animés, metteuse en scène... Chaque artiste s'approprie le texte et offre au lecteur ou au spectateur sa vision de la sorcière.

1

2

tes yeux expressifs, c'est assez pour séduire le cœur d'un homme. Et alors, as-tu perdu courage ? Tire ta langue afin que je la coupe pour me payer, et je te donnerai le breuvage merveilleux !

– Soit ! dit la petite sirène, et la sorcière mit son chaudron sur le feu pour préparer le breuvage magique. »

**Hans Christian Andersen**, « La Petite Sirène » (1837), *Contes*, 1876.

**1.** accepte. **2.** mousse blanche à la surface des vagues.

3

→ **1. Charles Albert Bertall**, *La Petite Sirène*, gravure, vers 1880. **2. Ivan Bilibine**, *La Petite Sirène*, illustration, 1937. **3. John Musker** et **Ron Clements**, *La Petite Sirène*, film d'animation W. Disney, 1989.

## Après avoir lu le texte et observé les trois documents

PÉDAGOGIE DIFFÉRENCIÉE

Choisissez un document, comparez-le au texte en répondant aux 3 questions, puis débattez collectivement sur la question Bilan.

### Doc. 1 - C. A. Bertall

**1** Lisez l'introduction et le début du texte. Où se déroule la scène ? Quels détails de la gravure en rendent compte ?

**2** Sur la gravure, que donne la sorcière à la petite sirène ? Citez le mot du texte.

**3** Citez le texte pouvant illustrer le doigt tendu de la sorcière de la mer.

### Doc. 2 - I. Bilibine

**1** L. 1 à 4, que souhaite la petite sirène ? Comment l'illustrateur montre-t-il sa « démarche légère et gracieuse » ?

**2** Que montre la petite sirène avec sa main ? Quel sacrifice doit-elle faire ? Citez le texte.

**3** Relevez trois termes indiquant que la petite sirène accepte ce que lui propose la sorcière.

### Doc. 3 - J. Musker et R. Clements

**1** Quel sentiment lit-on sur le visage de la petite sirène ? Expliquez-le en vous aidant du texte.

**2** Pourquoi le dessinateur cadre-t-il sur la bouche de la sorcière ? L. 1 à 14, pourquoi la sorcière emploie-t-elle le futur ?

**3** Quel pacte unit la sorcière et la petite sirène ? Que gagne chacune d'elles ? Cela vous parait-il équilibré ?

**Bilan** Débattez : selon vous, quel document illustre le mieux la personnalité de la sorcière ?

Complétez votre **carte Mémo**.

## Oral

Préparez **une argumentation** : la petite sirène explique à l'une de ses sœurs ce qui l'attire dans le monde des humains tandis que sa sœur, choquée par les propos de la sorcière, veut la convaincre de rester dans le monde sous-marin.

Pour construire votre propos, aidez-vous des arguments de **Ma réserve de mots**.

Vous pouvez commencer ainsi :
« Tu sais, chère sœur, j'aime ma famille et ... mais je ... »
« Chère sœur, ce monde qui t'attire est ... »

### Ma réserve de mots

| | |
|---|---|
| **monde humain** | **avantages :** monde intrigant et attirant • amour d'un homme, un prince • forme humaine élégante... |
| | **inconvénients :** monde inconnu et dangereux • seule l'apparence compte • perte de la voix... |
| **monde sous-marin** | **avantages :** monde rassurant et magnifique • château du père et amour de sa famille • possibilité de s'exprimer... |
| | **inconvénients :** monde déjà connu • désir de sortir du monde familial • pas de musique... |

### Point de cours

• Le personnage de conte merveilleux est confronté à de dangereuses épreuves pour accéder à ce qu'il désire et peut être amené à pactiser avec un monstre. Le choix difficile de l'héroïne, la personnalité forte de la sorcière, le décor sous-marin inspirent les artistes qui mettent en valeur ce qui les marque le plus dans *La Petite Sirène*.

# TEXTE 7

**OBJECTIF**
Définir l'ogre comme personnage clé du conte merveilleux

**COMPÉTENCE**
Confronter deux contes pour identifier des similitudes

Après une carrière d'avocat, **Charles Perrault** (1628-1703) travaille à la cour du roi Louis XIV. Lorsqu'il se retire de la vie publique, il met à l'écrit les contes folkloriques français, comme *Le Chat botté*, *La Barbe bleue*... transmis jusqu'alors **à l'oral**. Il défend publiquement l'importance qu'ont, selon lui, les **contes merveilleux**.

## Oral

▶ **Transposez** à la scène un extrait de ***Barbe bleue*, Atelier 4**, p. 48.

▶ **Découvrez** une pièce de théâtre qui s'inspire du ***Petit Poucet***, p. 242.

## Avant de lire le texte

**Découvrez** le conte jusqu'à cet extrait. Que pensez-vous de l'attitude de l'Ogresse ?

# Le Petit Poucet

*Poucet et ses six frères, abandonnés par leurs parents, se retrouvent chez l'Ogre qui veut les dévorer.*

L'Ogre avait sept filles qui n'étaient encore que des enfants. Ces petites ogresses avaient toutes le teint fort beau, parce qu'elles mangeaient de la chair fraîche comme leur père, mais elles avaient de petits yeux gris et tout ronds, le nez crochu et une fort grande bouche avec de longues dents fort aigües et fort éloignées l'une de l'autre. Elles n'étaient pas encore méchantes ; mais elles promettaient beaucoup, car elles mordaient déjà les petits enfants pour en sucer le sang.

On les avait fait coucher de bonne heure, et elles étaient toutes sept dans un grand lit, ayant chacune une couronne d'or sur la tête. Il y avait dans la même chambre un autre lit de la même grandeur : ce fut dans ce lit que la femme de l'Ogre mit coucher les sept petits garçons ; après quoi, elle s'alla coucher auprès de son mari.

Le Petit Poucet qui avait remarqué que les filles de l'Ogre avaient des couronnes d'or sur la tête, et qui craignaient qu'il ne prît à l'Ogre quelque remords de ne les avoir pas égorgés dès le soir même, se leva vers le milieu de la nuit, et prenant les bonnets de ses frères et le sien, il alla tout doucement les mettre sur la tête des sept filles de l'Ogre, après leur avoir ôté leurs couronnes d'or qu'il mit sur la tête de ses frères et sur la sienne, afin que l'Ogre les prît pour ses filles, et ses filles pour les garçons qu'il voulait égorger.

La chose réussit comme il l'avait pensé ; car l'Ogre s'étant éveillé sur le minuit eut regret d'avoir différé[1] au lendemain ce qu'il pouvait exécuter la veille ; il se jeta donc brusquement hors du lit, et prenant son grand couteau : « Allons voir, dit-il, comment se portent nos petits drôles[2] ; n'en faisons pas à deux fois[3]. »

Il monta donc à tâtons[4] à la chambre de ses filles et s'approcha du lit où étaient les petits garçons, qui dormaient tous, excepté le Petit Poucet, qui eut bien peur lorsqu'il sentit la main de l'Ogre qui lui tâtait la tête, comme il avait tâté celles de tous ses frères. L'Ogre, qui sentit les couronnes d'or : « Vraiment, dit-il, j'allais faire là un bel ouvrage[5] ; je vois bien que je bus trop hier au soir. »

Il alla ensuite au lit de ses filles, où ayant senti les petits bonnets des garçons : « Ah ! les voilà, dit-il, nos gaillards ! »

**Charles Perrault**, « Le Petit Poucet », *Contes de ma mère l'Oye*, 1697.

← **Gustave Doré**, *Le Petit Poucet*, gravure colorisée, 1862.

1. reporté. 2. curieux. 3. n'hésitons pas. 4. en tâtant dans l'obscurité. 5. un travail.

# L'homme qui épousa une ogresse **TEXTE ÉCHO**

Jadis, malgré la mise en garde des siens, un homme épousa une très belle femme rencontrée dans la forêt. Il ne pouvait se douter que c'était une ogresse. Le jour, elle pétrissait le pain, roulait le couscous et vaquait[1] aux occupations ménagères telles les autres femmes. Mais la nuit, elle se faufilait dans l'enclos où les bergers enfermaient leurs troupeaux et dévorait une brebis. Les hommes de la tribu, très inquiets, se réunirent pour trouver une solution à ces disparitions. Le père du mari de l'ogresse se proposa :

– Pour bien surveiller le troupeau, cette nuit, je m'envelopperai dans ma djellaba[2] noire et me dissimulerai au milieu des brebis.

L'ogresse, qui ignorait que son beau-père était dans l'enclos, se glissa comme à son habitude pour se rassasier[3] de la brebis la plus grasse. Dans l'obscurité, elle saisit le vieux qui cria :

– Lâche-moi immonde créature ! Lâche-moi !

Elle retira sa main en bafouillant :

– Mais ce n'est que moi, ta belle-fille ! J'ai entendu un agneau bêler et je suis venue voir s'il y avait un voleur.

Le vieux fit mine de la croire tant il avait peur et dès le lever du jour, il alerta son fils :

– Malheur ! Ta femme est une ogresse ! Sauvons-nous pendant qu'il est encore temps. Quand elle aura décimé nos troupeaux, elle s'attaquera à nous.

Le fils protesta :

– C'est impossible ! Elle m'a donnée une fille, elle ne peut être une ogresse. [...]

Un jour, il revint plus tôt des champs et, horreur, découvrit sa femme, la tête plongée dans les entrailles d'une pouliche[4]. Avant qu'elle ne l'aperçoive, il déposa sa fille sur ses épaules et s'enfuit à toutes jambes.

Soudain, alors qu'il reprenait son souffle, sa fillette l'attrapa par les oreilles et lui dit :

– Hum ! Oh papa ! J'ai faim et je grignoterais bien tes belles oreilles !

– Quoi ? Ma propre enfant serait une ogresse ?

« L'homme qui épousa une ogresse », *Contes et traditions d'Algérie*, trad. Nora Aceval, Flies France, 2005.

1. se consacrait. 2. longue tunique traditionnelle d'Afrique du nord. 3. manger à sa faim. 4. jument.

## Après avoir lu le texte 7

**1** Qu'est-ce qui fait de la maison de l'Ogre une maison comme les autres ?

**2** Classez les caractéristiques des petites ogresses.

| Traits et comportements humains | Traits et comportements monstrueux |
|---|---|

**3** De quelles qualités morales le Petit Poucet fait-il preuve ?

**4** L. 19, « afin que l'Ogre **les** prît pour ses filles » : donnez la classe grammaticale de « **les** ». Quel terme remplace-t-il ? ▸ Langue, p. 282

**5** Expliquez la ruse de Poucet.

**Bilan** Que ressentez-vous à l'égard de l'Ogre ? Et de l'Ogresse ?

*Complétez votre carte Mémo.*

## Après avoir lu le texte écho

**6** Quelles sont les activités de la femme le jour ? Et la nuit ?

**7** Selon vous, l'ogresse est-elle vraiment cruelle ?

**8** Le mari croit-il que sa femme est une ogresse ? Quel événement à la fin du texte l'amène à douter ?

**Bilan** Comparez les ogres (texte 7 et texte écho). Qu'est-ce qui les rapproche de l'humain ? Qu'est-ce qui les rend monstrueux ?

## Écrit

PÉDAGOGIE DIFFÉRENCIÉE

★ **Imaginez** la suite du texte 7 en racontant la réaction de l'Ogre quand il découvre ce qu'il a commis, sa colère et sa vulnérabilité soudaine.

★★ **Imaginez** une suite plus développée du texte 7. Après avoir raconté la réaction de l'Ogre quand il découvre ce qu'il a commis, **poursuivez** par le récit de la fuite du Petit Poucet et de ses frères, et leur reconnaissance envers leur petit frère.

*Ma réserve de mots*

| | L'Ogre | Le Petit Poucet |
|---|---|---|
| **Verbes** | devenir rouge de colère • être fou de rage • tourner en rond • rugir • vociférer • s'époumoner • s'emporter | être transporté de joie • se tomber dans les bras • s'étreindre • se féliciter • congratuler • faire des louanges |
| **Noms** | courroux • fureur • emportement • impuissance • désespoir | soulagement • délivrance • allégresse • joie • satisfaction |
| **Adjectifs qualificatifs** | furieux • déchaîné • ulcéré • furibond • berné • impuissant | comblé • heureux • fraternel • soulagé • fier • reconnaissant |

### Point de cours

• L'ogre et l'ogresse sont des créatures effrayantes par leur taille gigantesque et leur voracité. Ils peuvent aussi se rapprocher de l'humain par les émotions qu'ils expriment comme l'amour ou la colère. Ainsi, ces personnages provoquent parfois la sympathie mais le plus souvent l'inquiétude et la répulsion.

# TEXTE 8

**OBJECTIF**
Définir un comportement monstrueux

**COMPÉTENCE**
Lire un conte où la monstruosité apparaît chez l'humain

## Avant de lire le texte

Dans les contes, la métamorphose contribue à créer un univers merveilleux. Ce changement de forme peut permettre d'aider, de tester ou parfois de punir le héros ou l'héroïne.

- Que signifie « être ingrat » ? Selon vous, la métamorphose dans le conte *Le Fils ingrat* permettra-t-elle d'aider le héros, de le tester ou bien de le punir ?

# Le Fils ingrat

TEXTE INTÉGRAL

Un jour, un homme était assis devant sa porte avec sa femme ; ils avaient devant eux un poulet rôti dont ils s'apprêtaient à se régaler. L'homme vit venir de loin son vieux père ; aussitôt il se hâta de cacher le plat pour n'avoir pas à en donner au vieillard. Celui-ci but seulement un coup et s'en retourna.

À ce moment, le fils alla chercher le plat pour le remettre sur la table ; mais le poulet rôti s'était changé en un gros crapaud qui lui sauta au visage et s'y attacha pour toujours.

Quand on essayait de l'enlever, l'horrible bête lançait sur les gens un regard venimeux, comme si elle allait se jeter dessus, si bien que personne n'osait en approcher. Le fils ingrat était condamné à la nourrir, sans quoi elle lui aurait dévoré la tête ; et il passa le reste de ses jours à errer misérablement sur la terre.

**Jacob** et **Wilhelm Grimm**, *Contes choisis* (1813), trad. F. Baudry, 1864.

## Après avoir lu le texte

**1** **a.** Quelle situation le père vient-il interrompre ? **b.** Par quels termes le père est-il désigné ? Quelle image cela donne-t-il de lui ?

**2** Le lecteur est-il surpris de l'attitude du fils ? Pourquoi ?

**3** En quoi se métamorphose le poulet ? Pourquoi ce nouvel animal ?

**4** Pourquoi désormais personne n'ose approcher le fils ? Quel défaut ne peut-il plus masquer ?

**5** Relevez un GN qui montre que la situation du fils est définitive. ▸ Langue, p. 278

**Bilan** La fin du conte a-t-elle une vocation morale ? Laquelle ?

↑ Illustration de **C. A. Bertall**, 1900.

## Écrit

En prenant appui sur l'histoire du *Fils ingrat*, **imaginez un conte** d'une douzaine de lignes dans lequel le défaut de votre personnage rejaillira sur son physique.

- Choisissez d'abord le défaut moral (paresse, mensonge, égoïsme...), la partie du corps (le nez, les oreilles, la langue...) et la nature de la transformation (disparition, métamorphose...).
- Pensez à utiliser les formules du conte (« Il était une fois »), des indicateurs de temps (« aussitôt », « à ce moment »...) et des mots de liaison (« et », « ensuite », « ainsi »...).

## Oral

Devenez aussi conteur ou conteuse en vous reportant à l'**Atelier 2**, Captiver son auditoire, p. 44.

TEXTE INTÉGRAL

# La Princesse orgueilleuse

Un roi voulait marier sa fille, mais celle-ci ne trouvait aucun prétendant à son goût. Les hommes les plus beaux, les plus riches, les plus nobles, les plus valeureux faisaient en vain leur cour. En vain, ils déposaient fleurs et cadeaux à ses pieds, qu'elle avait menus et fins, reconnaissons-le, et c'était soudain en les regardant comme si le reste du monde n'était peuplé que de palmipèdes. Elle contemplait dans les yeux des hommes sa beauté hautaine et implacable. Une telle perfection n'est pas de ce monde, pensait-elle. Qui sont-ils tous pour se prétendre dignes de moi ? Par orgueil, elle se mura dans le silence et ne prononça bientôt plus un mot. Était-elle devenue muette ? Le roi au désespoir promit d'accorder sa main à celui qui saurait dissiper ce funeste sortilège et lui rendre la parole. Mais les multiples tentatives de ses courtisans échouèrent les unes après les autres. Ni les sacrifices ni les prières ne lui firent desserrer les lèvres.

Un jour, un lépreux[1] se présenta devant la princesse. Il était vêtu de haillons[2] comme si son habit aussi avait contracté le mal hideux qui le dépouillait[3]. Tout le monde alentour se mit à rire et se moquer. – Comment ! Les hommes les plus beaux du pays, les plus riches, les plus nobles, les plus valeureux n'ont su réjouir son cœur et lui rendre la parole, et toi, chien galeux, lépreux immonde, guenillard, tu prétends y parvenir ! La fille du roi elle-même sembla se rembrunir[4] davantage, mais le lépreux ne dit rien. Il accorda à peine un regard à la princesse. Il s'assit sur ses talons et commença à dresser un petit feu pour faire bouillir l'eau de son thé. Il ne mit que deux pierres dans le foyer si bien que la théière mal assurée se renversa sur le sable. Il l'emplit d'eau à nouveau, à nouveau il la posa sur les deux pierres, à nouveau elle se renversa. Patiemment, il recommença, deux fois, trois fois encore et deux fois, trois fois encore la théière se renversa. À la cinquième tentative, la princesse excédée[5] s'écria : – Mets donc une troisième pierre dans ton feu pour assurer l'équilibre ! Et c'est ainsi qu'une très orgueilleuse princesse épousa un lépreux.

**Éric Chevillard**, *La Princesse orgueilleuse*, Les Éditions des Braques, 2010.

**1.** homme atteint de la lèpre. **2.** vêtements déchirés. **3.** la maladie répugnante qui lui faisait perdre sa peau. **4.** prendre un air sombre. **5.** fortement agacée.

*La Princesse orgueilleuse* est un **conte traditionnel du Mali**. Au début des années 2000, l'écrivain français Éric Chevillard rencontre des conteurs maliens dont Ousmane Diarra, entend ce conte et l'adapte en français.

↑ Illustrations **Vincent Farges**.

## Après avoir lu le texte écho

**6** Quelle opinion la princesse a-t-elle d'elle-même ?

**7** Quelle décision prend le père de la princesse face au mutisme de sa fille ?

**8** **a.** Que cherche à faire le lépreux ? **b.** De quelle qualité fait-il preuve ? Citez l'adverbe qui justifie votre réponse. ▸ Langue, p. 286

**9** Qu'est-ce qui pousse la jeune femme à prendre la parole ?

**10** Que pensez-vous de la fin de ce conte ?

**Bilan** Après avoir lu les deux contes, dites quels comportements y sont condamnés. Quelle attitude les contes encouragent-ils au contraire ?

Complétez votre carte Mémo.

**Point de cours**

• Le comportement monstrueux n'est pas toujours réservé aux actions d'une créature maléfique. Le merveilleux dans un conte permet de s'interroger sur des comportements humains.

TEXTE 9

# La Belle et la Bête

ÉCOUTE INTÉGRALE

**OBJECTIF**
Comprendre les sources d'inspiration d'une œuvre

**COMPÉTENCE**
Repérer des motifs analogues dans deux œuvres

## Avant de lire le texte

Dans les pages 34 à 39, vous allez écouter l'intégralité du conte ***La Belle et la Bête***, comparer l'étude d'extraits du conte à des scènes du film *Edward aux mains d'argent*, et ainsi confronter une œuvre à sa source d'inspiration.

**Écoutez** le début du conte en relevant l'identité des personnages, leur situation et leurs relations.

## Extrait 1

Tout d'un coup, en regardant au bout d'une longue allée d'arbres, il vit une grande lumière, mais qui paraissait bien éloignée. Il marcha de ce côté-là, et vit que cette lumière sortait d'un grand palais, qui était tout illuminé. Le marchand remercia Dieu du secours qu'il lui envoyait, et se hâta d'arriver à ce château ; mais il fut bien surpris de ne trouver personne dans les cours. Son cheval, qui le suivait, voyant une grande écurie ouverte, entra dedans ; et, ayant trouvé du foin et de l'avoine, le pauvre animal, qui mourait de faim, se jeta dessus avec beaucoup d'avidité. Le marchand l'attacha dans l'écurie, et marcha vers la maison, où il ne trouva personne ; mais, étant entré dans une grande salle, il y trouva un bon feu et une table chargée de viande, où il n'y avait qu'un couvert. Comme la pluie et la neige l'avaient mouillé jusqu'aux os, il s'approcha du feu pour se sécher, et disait en lui-même : « Le maître de la maison, ou ses domestiques, me pardonneront la liberté que j'ai prise, et sans doute ils viendront bientôt. » Il attendit pendant un temps considérable ; mais onze heures ayant sonné, sans qu'il vît personne, il ne put résister à la faim, et prit un poulet qu'il mangea en deux bouchées et en tremblant. Il but aussi quelques coups de vin, et, devenu plus hardi[1], il sortit de la salle et traversa plusieurs grands appartements magnifiquement meublés. À la fin, il trouva une chambre où il y avait un bon lit ; et, comme il était minuit passé et qu'il était las[2], il prit le parti de fermer la porte, et de se coucher.

Il était dix heures du matin quand il s'éveilla le lendemain, et il fut bien surpris de trouver un habit fort propre à la place du sien, qui était tout gâté. « Assurément, dit-il en lui-même, ce palais appartient à quelque bonne fée qui a eu pitié de ma situation. » Il regarda par la fenêtre et ne vit plus de neige, mais des berceaux de fleurs qui enchantaient la vue. Il rentra dans la grande salle, où il avait soupé la veille, et vit une petite table où il y avait du chocolat. – Je vous remercie, madame la fée, dit-il tout haut, d'avoir eu la bonté de penser à mon déjeuner. Le bonhomme, après avoir pris son chocolat, sortit pour aller chercher son cheval ; et comme il passait sous un berceau de roses, il se souvint que la Belle lui en avait demandé, et cueillit une branche, où il y en avait plusieurs. En même temps, il entendit un grand bruit, et vit venir à lui une bête si horrible, qu'il fut tout prêt de s'évanouir.

À suivre...

1. audacieux. 2. fatigué.

## Après avoir lu le texte

**1** L. 2, quel personnage le pronom « il » désigne-t-il ? Que lui est-il arrivé ?

**2** **a.** Relevez dans le texte les groupes de mots qui indiquent la situation du marchand et ce qu'il trouve dans le palais. Ex : « mouillé jusqu'aux os » → « un bon feu » **b.** Qualifiez l'accueil que reçoit le marchand. **c.** Que peut-on en conclure sur le propriétaire du château ?

**3** Par qui le marchand croit-il être accueilli ? Citez le texte.

**4** L. 52, quel GN est utilisé pour nommer le propriétaire ? Pourquoi ce dernier ne se montrait-il pas ?

**Bilan** Pourquoi, comme le marchand, sommes-nous surpris par la révélation finale ?

### Écrit

La Bête est folle de rage puisque le père de Belle a coupé plusieurs de ses précieuses roses. **Imaginez un mini-conte** qui expliquera les raisons qui poussent la Bête à chérir ses roses plus que tout. Vous utiliserez les cinq étapes du conte (p. 23) en vous limitant à une ou deux phrases par étape.

# Edward aux mains d'argent

Réalisateur américain, **Tim Burton** (né en 1958) ancre ses créations dans des univers **merveilleux** et **fantastiques**. Il a adapté plusieurs contes ou romans de jeunesse comme *Charlie et la chocolaterie* (2005), *Alice au pays des merveilles* (2010).

Affiche française du film *Edward aux mains d'argent* de **Tim Burton**, →
20th Century Fox, États-Unis, 1990.

## Oral

Observez l'affiche.

- Comment est-elle structurée (place du titre, typographie) ?
- D'après vous, qui sont les personnages ?
- Relevez deux adjectifs antonymes. Quelles hypothèses faites-vous sur l'histoire du film ?

## Extrait 1

### Étudier la scène du film

PÉDAGOGIE DIFFÉRENCIÉE

**Visionnez** la scène 0:09:10 à 0:13:39.

Vous pourrez concentrer votre travail sur le personnage de Peggy ou sur le travail du réalisateur.

**Peggy**

**5** Ph. 1 Comment Peggy réagit-elle en découvrant le jardin ? Pourquoi ? Décrivez précisément l'image du film.

**6** Ph. 2 **a.** Que découvre Peggy en entrant ? Que ressent-elle ?
**b.** Que fait Edward quand Peggy monte l'escalier ? Pourquoi ?

**Le travail du réalisateur**

**5** Ph. 1 Comment comprend-on que c'est Peggy qui voit le jardin ? Quels éléments nous montrent ce qu'elle ressent ?

**6** Ph. 2 **a.** Comparez le jardin et l'intérieur du château (lumière, musique, jeu de l'actrice). Pourquoi les ambiances s'opposent-elles ?
**b.** Comment Edward passe-t-il de l'ombre à la lumière ?

**Bilan** À quel personnage de *La Belle et la Bête* Peggy vous fait-elle penser ? Et Edward ? Justifiez en expliquant les points communs et les différences.

Complétez votre carte Mémo.

1

2

**Point de cours**

- Les artistes puisent très souvent leur inspiration dans des œuvres déjà existantes. Il ne s'agit pas de copier mais de reprendre certains thèmes. On observe ici comment Tim Burton a réinterprété l'arrivée au château.

## Écrit

Apprenez à analyser une scène de film dans l'**Atelier 5**, p. 50.

# TEXTE 10

**OBJECTIF**
Percevoir l'humanité sous des apparences monstrueuses

**COMPÉTENCE**
Saisir l'implicite à travers les paroles et l'attitude d'un personnage

Après avoir suivi les cours d'une école religieuse normande, **Jeanne-Marie Leprince de Beaumont** (1711-1780) devient préceptrice et gouvernante auprès de jeunes enfants. Parallèlement, elle écrit de nombreux **contes destinés aux enfants**, dont *La Belle et la Bête*.

## Avant de lire le texte

**Poursuivez** l'écoute du conte jusqu'à cet extrait en accordant une attention particulière à l'attitude de Belle.

## Extrait 2

À midi, elle trouva la table mise, et pendant son dîner, elle entendit un excellent concert, quoiqu'elle ne vît personne. Le soir, comme elle allait se mettre à table, elle entendit le bruit que faisait la Bête, et ne put s'empêcher de frémir.

– La Belle, lui dit ce monstre, voulez-vous bien que je vous voie souper ?

– Vous êtes le maître, répondit la Belle, en tremblant.

– Non, répondit la Bête ; il n'y a ici de maîtresse que vous : vous n'avez qu'à me dire de m'en aller si je vous ennuie ; je sortirai tout de suite. Dites-moi : n'est-ce pas que vous me trouvez bien laid ?

– Cela est vrai, dit la Belle, car je ne sais pas mentir ; mais je crois que vous êtes fort bon.

– Vous avez raison, dit le monstre ; mais, outre que je suis laid, je n'ai point d'esprit : je sais bien que je ne suis qu'une bête.

– On n'est pas bête, reprit la Belle, quand on croit n'avoir point d'esprit : un sot n'a jamais su cela.

– Mangez donc, la Belle, lui dit le monstre, et tâchez de ne vous point ennuyer dans votre maison ; car tout ceci est à vous. J'aurais du chagrin si vous n'étiez pas contente.

– Vous avez bien de la bonté, dit la Belle. Je vous avoue que je suis bien contente de votre bon cœur : quand j'y pense, vous ne me paraissez plus si laid.

– Oh ! dame, oui, répondit la Bête, j'ai le cœur bon, mais je suis un monstre.

– Il y a bien des hommes qui sont plus monstres que vous, dit la Belle ; et je vous aime mieux avec votre figure que ceux qui, avec la figure d'homme, cachent un cœur faux, corrompu, ingrat.

*À suivre...*

## Après avoir lu le texte

**1** L. 1 à 7, la Belle est-elle à l'aise en présence de la Bête ? Relevez les deux termes qui le montrent. Pourquoi réagit-elle ainsi ?

**2** La Bête énumère ses défauts. Que lui répond la Belle ? Complétez le tableau en citant le texte.

| Le regard de la Bête sur elle-même | Le regard de Belle sur la Bête |
|---|---|
| « bien laid » | → ... |
| « je n'ai point d'esprit » | → ... |

**3** Citez des exemples de la bonté de la Bête envers la Belle.

**4** Au fur et à mesure, la Belle parle-t-elle plus ou moins ? Que peut-on en conclure sur la manière dont elle se sent ?

**5** L. 26, relevez trois adjectifs qualificatifs. Que signifient-ils ? Qualifient-ils le cœur de la Bête ? ▸ Langue, p. 272

**Bilan** Pourquoi, selon vous, la Belle dit-elle « vous ne me paraissez plus si laid. » ?

*Complétez votre **carte Mémo**.*

## Oral

Par groupes de trois élèves, **mettez en voix** cet extrait. Attribuez un rôle à chacun : le conteur, la Belle, la Bête. Délimitez les interventions de chacun et réfléchissez au ton adéquat :

- **le conteur :** un ton traduisant le divertissement de Belle puis son humeur plus sombre quand la Bête approche.
- **la Bête :** son inquiétude du début laissant place au doute puis à l'émotion.
- **la Belle :** sa frayeur du début laissant place à l'assurance.

## Extrait 2

### Étudier les trois scènes du film

**6 Kim rencontre Edward**
Visionnez la première scène 0:40:39 à 0:41:58.
Comment réagit Kim à la découverte d'Edward ? Quel mot utilise-t-elle pour le désigner ?

**7 L'émission de télévision**
Visionnez la deuxième scène 0:54:45 à 0:56:57.
À quel moment de l'interview Edward hésite-t-il à répondre ? Quel « mouvement de caméra » est utilisé ? Pourquoi ?

**8 Le repas à table**
Visionnez la troisième scène 1:11:45 à 1:13:38.
Au cours du repas, qui prend la défense d'Edward ? Pourquoi ?

**Bilan** Finalement, que ressent Kim à l'égard d'Edward ?

*Complétez votre **carte Mémo**.*

## Écrit

« Elle ne voit que la beauté. » Cette phrase sur l'affiche du film *Edward aux mains d'argent* peut-elle s'appliquer à Kim et à la Belle ?

• Pour répondre, comparez l'évolution du comportement et des sentiments de Kim envers Edward et de la Belle envers la Bête. Utilisez cette structure :
- les circonstances de leur rencontre,
- les premières réactions des deux héroïnes face au « monstre »,
- le moment où elles ont découvert l'humanité derrière la laideur.

• Présentez votre réponse sous la forme qui vous convient le mieux. PÉDAGOGIE DIFFÉRENCIÉE

★★★ un paragraphe que vous rédigerez ou que vous enregistrerez

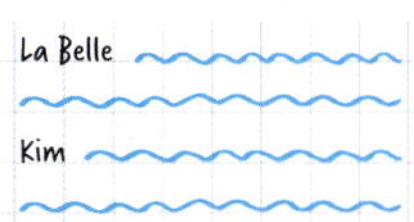


★★★ un tableau comparatif

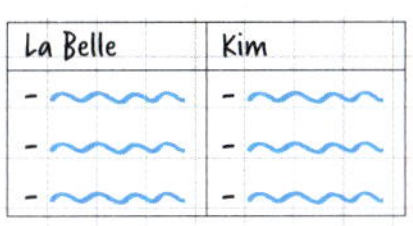


★★★ un schéma ou une carte Mémo

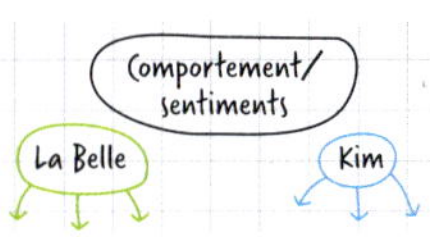


• Vous pourrez utiliser ces connecteurs pour bâtir votre comparaison :

| | | |
|---|---|---|
| premièrement | alors que | finalement |
| tout d'abord | tandis que | pour conclure |
| ensuite | contrairement à | en guise de conclusion |

**Point de cours**

• L'apparence du monstre difforme et repoussante crée la peur et le rejet chez celui qui le regarde. Derrière le masque de la laideur, l'humanité cherche à se dévoiler. Le héros pris de pitié pour la créature surmonte sa peur, perçoit alors ses qualités morales et rend au monstre sa dimension humaine.

# TEXTE 11

**OBJECTIF**
Percevoir la monstruosité sous des apparences humaines

**COMPÉTENCE**
Confronter deux œuvres pour en dégager les points communs

1

2

3

## Avant de lire le texte

**Menez une écoute** attentive de la suite du conte en notant le comportement et les réactions des sœurs de la Belle.

## Extrait 3

– La Belle, lui dit cette dame qui était une grande fée, venez recevoir la récompense de votre bon choix : vous avez préféré la vertu[1] à la beauté et à l'esprit[2], vous méritez de trouver toutes ces qualités réunies en une même personne. Vous allez devenir une grande reine : j'espère que le trône ne détruira pas vos vertus. Pour vous, mesdemoiselles, dit la fée aux deux sœurs de la Belle, je connais votre cœur et toute la malice qu'il renferme. Devenez deux statues mais conservez toute votre raison sous la pierre qui vous enveloppera. Vous demeurerez à la porte du palais de votre sœur, et je ne vous impose point d'autre peine que d'être témoins de son bonheur. Vous ne pourrez revenir dans votre premier état qu'au moment où vous reconnaîtrez vos fautes ; mais j'ai bien peur que vous ne restiez toujours statues. On se corrige de l'orgueil[3], de la colère, de la gourmandise et de la paresse : mais c'est une espèce de miracle que la conversion[4] d'un cœur méchant et envieux.

**Madame Leprince de Beaumont**, « La Belle et la Bête », *Le Magasin des enfants*, 1756.

**1.** bonté. **2.** aptitude à parler et à réfléchir. **3.** amour excessif de soi-même. **4.** transformation.

## Après avoir lu le texte

PÉDAGOGIE DIFFÉRENCIÉE

Analysez l'extrait seulement ou analysez l'extrait et le texte que vous venez d'entendre.

### Questions sur l'extrait

**1** Pourquoi la Belle est-elle récompensée par la fée ?

**2** Quel sort est réservé aux sœurs de la Belle ? Pourquoi ?

**3** « Vous demeurerez à la porte du palais de votre sœur ». Quel temps verbal est utilisé ? Le sort de la fée est-il irréversible ?

**4** Pourquoi la fée se montre-t-elle pessimiste quant aux sœurs ?

**5** Relisez la dernière phrase de l'extrait 2 (p. 36), comparez les trois adjectifs employés avec ceux de la ligne 14. Qu'en pensez-vous ?

### Questions sur l'extrait et l'écoute

**1** Pouvez-vous donner trois exemples de la vertu de Belle au cours de l'histoire ?

**2** Avez-vous noté des exemples de « la malice » des sœurs de la Belle au cours de votre écoute ?

**3** « Je ne vous impose d'autre peine que d'être témoins de son bonheur. » Quel défaut des sœurs de Belle est ici mis à l'épreuve ?

**4** Les sœurs ont-elles trouvé le bonheur dans le mariage ?

**5** Quel souhait des sœurs à l'encontre de la Belle confirme qu'elles ont un « cœur méchant » ?

**Bilan** Finalement qui sont véritablement les monstres dans *La Belle et la Bête* ? Pourquoi ?

## Oral

Observez le regard des personnages sur chaque affiche. Que constatez-vous ? Laquelle, selon vous, traduit le mieux les relations entre la Belle et la Bête ?

## Écrit

Imaginez la suite du conte en vous intéressant au sort des deux sœurs changées en statues mais toujours conscientes. Vous rédigerez deux paragraphes :

- un premier où vous décrirez ce qu'elles voient et ce qu'elles ressentent.
- un second où vous raconterez si elles reconnaissent leurs fautes et redeviennent humaines ou si elles restent statues.

# Extrait 3

## Étudier les trois scènes du film

**6 La foule**
Visionnez la première scène 01:26:30 à 01:27:27.
Observez la foule. Comment agit-elle ? Faites attention à la manière dont elle bouge et au son. Qu'en dites-vous ?

**7 L'intervention du policier**
Visionnez la deuxième scène 01:27:27 à 01:28:12.
La foule écoute-t-elle le policier ? Décrivez les visages des habitants et leur attitude. Que veulent-ils ?

**8 L'affrontement**
Visionnez la troisième scène 01:28:12 à 01:33:00.
À la fin de la scène, qu'arrive-t-il ? Qui est responsable de cette situation ?

**Bilan** À quels personnages de *La Belle et la Bête* les habitants d'*Edward aux mains d'argent* vous font-ils penser ? Pourquoi ? Qui est finalement le « monstre » dans chacune des œuvres ?

## Oral Débat

D'après la fée « on se corrige de l'orgueil, de la colère, de la gourmandise et de la paresse. » Êtes-vous d'accord avec les propos de la fée ?

• Préparez votre participation au **débat** en réfléchissant à ces questions :
  - certains défauts sont-ils plus graves que d'autres ?
  - peut-on combattre nos défauts ? Lesquels ? Comment faire ?

• Après avoir réfléchi au brouillon, participez au débat en piochant dans votre **réserve de mots**.

### Ma réserve de mots

**Verbes :** penser • croire • être convaincu·e que • sembler • constater • être sûr·e que
**Connecteurs :** d'abord • mais • contrairement à • et • parce que • à cause de • même si
**Adjectifs :** orgueilleux • colérique • gourmand • paresseux • modeste • humble • calme • serein • modéré • dynamique • serviable

## Écrit

Écrivez votre conte : donnez-lui un cadre merveilleux ou plus réaliste, dans l'**Atelier 3**, p. 46.

### Points de cours

• Le véritable monstre peut se dissimuler sous les apparences les plus respectables et les plus séduisantes. Ainsi les habitants dans *Edward aux mains d'argent* chassent Edward parce qu'il est différent. Ils révèlent ainsi leur cruauté et leur intolérance. De même, dans *La Belle et la Bête*, les sœurs de Belle lui font croire qu'elles l'aiment alors que, jalouses, elles souhaitent sa mort.

• Le succès de *La Belle et la Bête* ne cesse pas, comme le prouvent les nombreuses adaptations ou réinterprétations en films, BD, opéras.

DÉFI
**Récits merveilleux**

# Arpenter des univers merveilleux à la rencontre de monstres !

S'agira-t-il de sorcières, de loups-garous ou de dragons ? À vous de choisir vos lectures.

## Participez au défi !

### Choix d'une première thématique

Formez des groupes de 4 élèves. Chaque groupe choisit une thématique : *Sorcières*, *Loups-garous* ou *Dragons*. Chacun choisit un livre à lire parmi les 4 proposés (deux élèves ne peuvent pas lire le même livre). Les titres sont classés par « ceinture de lecture » indiquant le degré de compétence.

| | Ceinture verte | Ceinture bleue | Ceinture marron | Ceinture noire |
|---|---|---|---|---|
| Thématique Sorcières | 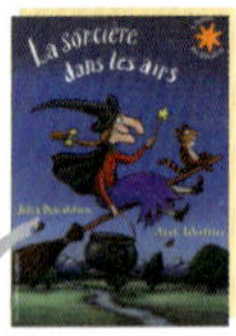 *La Sorcière dans les airs*, J. Donaldson et A. Scheffler, Gallimard Jeunesse, 2016. |  « Sortilège », *Mélusine*, t. 1, Clarke et Gilson, Dupuis, 2014. |  *Verte*, M. Desplechin, L'école des loisirs, 2015. |  *Les Contes du miroir*, Y. Rivais, L'école des loisirs, 1990. |
| Thématique Loups-garous |  « Le Loup-Garou », *Contes de la nuit*, M. Ocelot, Nathan, 2010. |  *Loup-garou !*, C. Funke, Rageot, 2017. |  *Louis Pasteur contre les loups-garous*, F. Vesco, Didier Jeunesse, 2016. |  *Un Loup-garou dans la maison !*, R.L. Stine, Bayard Jeunesse, 2018. |
| Thématique Dragons |  *La Belle aux cheveux d'or*, Mme d'Aulnoy, Librio, 2017. |  « Le Dragon de feu », *Beast Quest*, vol. 1, A. Blade, Hachette Jeunesse, 2008. |  « D'un monde à l'autre », *La Quête d'Ewilan*, t. 1, P. Bottero, Rageot, 2015. |  *Harry Potter et la coupe de de feu*, t. 4, J.K. Rowling, Folio Junior, 2017. |

### Préparation du défi – 1re lecture

- Après avoir lu le livre, chaque élève rédige une fiche avec au recto cinq questions et au verso les cinq réponses, réparties ainsi : 1. Lieu et époque de l'histoire / 2. Qualité ou défaut du personnage principal / 3. Monstre(s) affronté(s) / 4. Dénouement de l'histoire / 5. Éléments merveilleux du récit
- Notez au verso une citation et/ou le numéro de la page qui prouve la justesse de chacune de vos réponses. Cela permettra de régler d'éventuels désaccords et d'attribuer les points ! Remettez vos fiches au professeur pour qu'il les photocopie.

### Déroulement du défi – 2de lecture

- Chaque équipe choisit une nouvelle thématique et se répartit la lecture des quatre titres.
- En classe, les élèves s'assoient par équipe. Chacun reçoit les questions sur le second livre qu'il a lu et y répond par écrit en 15 min !
- Il est temps de vérifier les réponses : les élèves ayant rédigé les questions « Sorcières » se réunissent et corrigent les fiches Réponse en suivant le barème. Les élèves ayant écrit les questions « Loups-garous » et « Dragons » font de même. L'équipe qui a traversé avec le plus d'attention l'univers de monstres **remporte le défi** !

| Ceinture | Point(s) par réponse juste | TOTAL |
|---|---|---|
| Verte | 1 point | ... / 5 |
| Bleue | 2 points | ... / 10 |
| Marron | 3 points | ... / 15 |
| Noire | 4 points | ... / 20 |
| | Total de l'équipe ... / 50 | |

# BILAN

# Monstres de contes et de légendes

| XVII^e SIÈCLE | XVIII^e SIÈCLE | XIX^e SIÈCLE | XX^e SIÈCLE | XXI^e SIÈCLE |
| --- | --- | --- | --- | --- |
| *Le Petit Poucet*, **C. Perrault** | *La Belle et la Bête*, **Mme Leprince de Beaumont** | *La Petite Sirène*, **H. C. Andersen** | *Edward aux mains d'argent*, **T. Burton** | *Le Dragon de Wawel*, **J. Konatowicz** |

Mon carnet de 6^e

Complète une dernière fois **ta carte Mémo** et colle-la dans ton carnet.

Dans la page des **« Auteurs du XVII^e siècle »**, rédige une petite biographie de Charles Perrault.

Consacre une page à ton conte préféré dans **« Mes coups de cœur ! »**.

Dans tes pages **« Histoire des Arts »**, crée une mini-fiche sur Tim Burton et le merveilleux.

Indique dans **« Mes prestations orales »** la date et le sujet de ton oral.

## Le monstre, créature effrayante

- Monstre = **être effrayant** par **son apparence** et **sa sauvagerie**.
- Créature hybride et gigantesque, il s'attaque aux êtres humains et sème la **panique** (ex. : Yatama, Khodumodumo ou le Sans-Visage).
- **Monstre de légende**, il n'est vaincu que par des personnages au courage ou à l'intelligence hors du commun.

## Il était une fois un monstre

- Le monstre des contes peut avoir une **apparence proche de celle des êtres humains**.
  - Ainsi la petite fille ne se méfie pas de *Dame Trude* car sa qualité de **sorcière** n'est visible qu'à condition d'y prêter attention.
  - De même, Poucet et ses frères croient pouvoir apitoyer l'**ogre** chez qui ils se sont réfugiés.
- L'ambiguïté des personnages de monstres est inquiétante : leur attachement à leur famille leur donne une dimension humaine mais leur voracité est terrifiante.

## Des monstres parmi les hommes

- **La monstruosité est parfois uniquement morale** et invisible au premier regard.
- Dans le conte merveilleux, la **métamorphose** peut révéler la monstruosité aux yeux de tous :
  - une bête hideuse dans *Le Fils ingrat*,
  - les sœurs jalouses de Belle changées en statues.
- Le véritable monstre n'est donc pas toujours celui que l'on croit : un **physique effrayant** peut **s'accompagner de bonté**, comme Edward ou la Bête qui finissent par se faire aimer.
- Les contes dénoncent souvent des **comportements immoraux** et permettent aussi au lecteur de s'interroger sur la nature humaine.

## Transmission et structure du conte

- Transmises **de bouche à oreille**, ces histoires évoluent, suivant les conteurs et leur mémoire.
- **Mis à l'écrit**, certains contes reprennent les marques de cette **oralité** visant à maintenir l'attention.
- Le conte débute souvent par **une formule d'accroche** : « Il était une fois » ou « Jadis ».
- Il est traditionnellement construit en cinq étapes :
  - **situation initiale**
  - **élément perturbateur**
  - **péripéties**
  - **dénouement**
  - **situation finale**

# ATELIER 1 Écrit

# Donner vie à une créature monstrueuse

- Dans cet atelier, vous apprendrez à rédiger le portrait d'une créature monstrueuse dont la vision provoque la peur.
- Commencez par prendre connaissance de la Méthode et selon vos besoins, faites les exercices de langue.

## Vocabulaire

### Utiliser du vocabulaire précis pour mieux décrire

► Langue, p. 338

**1** ★★★ Employez six mots de la corolle dans des phrases.

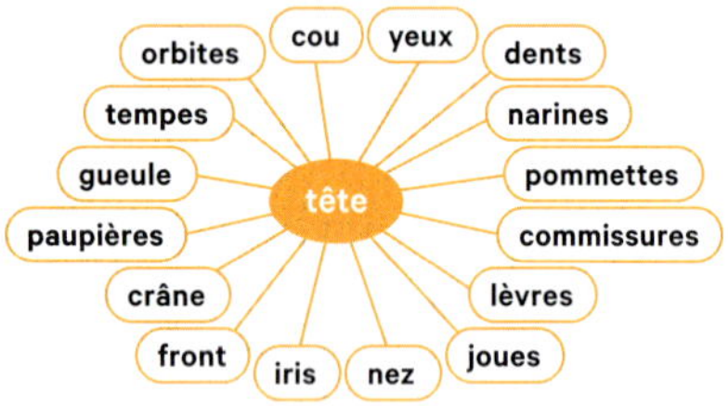


**2** ★★★ Employez six mots de la corolle dans des phrases.

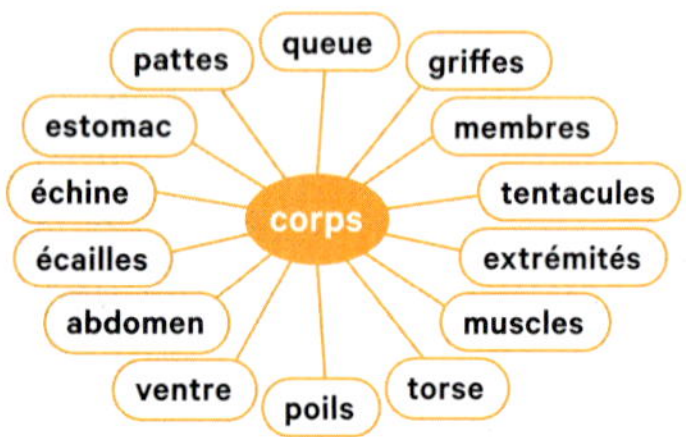


**3** ★★★ Complétez la description à l'aide des mots.

griffes · tête · mains · visage · mâchoires · pattes · corps · épaules · échine · fourrure · poils

La ... de Lupin s'allongeait. Son ... également. Ses ... se voûtaient. Des ... apparaissaient sur son ... et ses ... qui se recourbaient pour former des ... dotées de ... Pattenrond recula, sa ... dressée sur son .... Le loup-garou se cabra en faisant claquer ses longues ....

J. K. **Rolling**, *Harry Potter et le Prisonnier d'Azkaban*, Folio junior, 1999.

**4** ★★★ Quels mots utiliserez-vous pour une description générale ?

| Description générale | Description particulière |
| --- | --- |
| *silhouette* | *gencives* |

silhouette • gencives • profil • allure • pupilles • apparence • griffes • œil • physionomie • nuque • corpulence • orbite • peau • forme • canine

### Varier son vocabulaire pour enrichir la description

► Langue, p. 288, 290

**5** ★★★ Reliez chaque GN à son complément du nom.

| | |
| --- | --- |
| Une gueule | de fer |
| Un regard | à l'haleine fétide |
| Des mâchoires | sans vie |

**6** ★★★ Complétez les GN avec des épithètes évoquant la monstruosité. Ex. : *Cet être repoussant.*

1. sa physionomie ...
2. une face ...
3. son grognement ...
4. des mandibules ...

## Grammaire - Orthographe

### Utiliser les déterminants pour la progression du portrait

► Langue, p. 268, 270

**7** ★★★ Complétez les phrases avec les bons articles et déterminants.

la · le · cet · un · une · sa · sa · ses

... ombre avançait. C'était ... profil aux contours flous. ... silhouette monstrueuse se précisa dans le brouillard et je vis ... corps d'une bête. ... animal avait ... tête surmontée de cornes. ... mâchoire saillante laissait dépasser ... dents pointues.

### Réviser l'accord sujet/verbe et l'accord dans le GN

► Langue, p. 288, 292

**8** ★★★ Utilisez chaque GN comme sujet dans une phrase.

le monstre • la créature • le colosse • le géant • la bête

**9** ★★★ Choisissez la bonne orthographe.

La (prodigieux / prodigieuse) créature poussa un cri (aigue / aigu). De (simple / simples) et (légers / légères) oscillations la faisaient avancer. L'éclat de ses écailles (dorés / dorées) aveuglait. Elle se précipita sur sa proie (chétif / chétive). Une fois la victime (englouti / engloutie), elle s'assoupit.

### Écrire une description à l'imparfait

► Langue, p. 316

**10** ★★★ Accordez les verbes à l'imparfait.

C'étai... un calmar de dimensions colossales. Il marchai... à reculons avec une extrême vélocité et regardai... de ses énormes yeux fixes. Ses huit bras, implantés sur sa tête avai... un développement prodigieux et se tordai... comme la chevelure des Furies. On voyai... distinctement les deux cent cinquante ventouses.

D'après **Jules Verne**, *Vingt mille lieues sous les mers*, 1870.

**11** ★★★ Choisissez un verbe pour remplacer le verbe *être* et conjuguez-le à l'imparfait.

se dresser · luire · demeurer · pointer

1. Il était sur ses deux longues pattes.
2. Des os saillants étaient sous la peau.
3. La bête était-elle immobile ?
4. Deux crocs blancs étaient dans sa gueule.

**12** ★★★ Choisissez un verbe pour remplacer le verbe *avoir* et conjuguez-le à l'imparfait.

mesurer · compter · lancer

1. Les yeux de la créature avaient un éclat féroce.
2. La queue avait dix mètres.
3. Son corps n'avait que neuf tentacules.

**Katsushika Hokusai** (1760-1849), *La Manga de Hokusai* « Somobesaemon Yoritane et l'araignée géante ». ↑

« Pieuvre géante surgissant d'un champ de lotus ». →

## Méthode

### Étape 1 Choisir sa source d'inspiration pour créer le monstre

- Choisissez une des deux illustrations de K. Hokusai et inspirez-vous en pour créer le portrait d'une créature monstrueuse.
- Vous décrirez votre créature et son comportement de manière à la rendre effrayante :
  ★ en vous limitant à une seule partie : sa silhouette, son corps **ou** sa tête.
  ★★ en décrivant toute la créature : sa silhouette, son corps **et** sa tête.

PÉDAGOGIE DIFFÉRENCIÉE

- Choisissez la construction de votre description : du général au particulier ou l'inverse.

Silhouette → Partie(s) du corps ou Partie(s) du corps → Silhouette

### Étape 2 Écrire sa description au brouillon

- Rédigez votre description à l'imparfait.
- Variez les verbes pour rendre votre description plus effrayante. ▸ voir exercices 10 à 12
- Utilisez la progression des déterminants désignant le monstre. ▸ voir exercice 7
- Selon votre choix de construction, pensez à nommer précisément chaque partie du monstre. ▸ voir exercices 1 à 4
- Variez les dénominations de la créature pour éviter le pronom « il » ou « elle ». ▸ voir exercice 8
- Enrichissez votre portrait (adjectifs épithètes et compléments du nom). ▸ voir exercices 5 et 6

### Étape 3 Mettre votre texte au propre

- Une fois votre texte préparé au brouillon, recopiez-le au propre en :
  – vérifiant les accords dans le groupe nominal. ▸ voir exercice 9
  – vérifiant les accords sujet/verbe. ▸ voir exercices 8 et 10
- Vous pouvez ajouter des termes lors de la copie au propre. Le brouillon est là pour être complété et enrichi.

**Lisez votre description et faites frissoner votre auditoire !**

| Auto-évaluation | Oui | Non |
|---|---|---|
| J'ai organisé mon portrait. | | |
| J'ai utilisé du vocabulaire varié. | | |
| J'ai vérifié les accords (GN et GV). | | |

# ATELIER 2 Oral

# Captiver son auditoire en racontant un conte

• Dans cet atelier, vous allez raconter un conte à la classe en vous appuyant sur des documents visuels.

• Suivez la Méthode, étape par étape. Faites les exercices de langue au fur et à mesure de vos besoins.

## Vocabulaire

### Repérer les mots se rapportant au genre du conte merveilleux

► Langue, p. 304

**1** ★★★ Associez un nom à chaque image. Utilisez-les dans une phrase de conte merveilleux.

1

2

3

**2** ★★★ Replacez le vocabulaire du merveilleux.

sorcières | boule de cristal | il était une fois

1. ... la fille d'un roi qui était très belle.
2. Dans le corps de l'oiseau se trouvait une ....
3. Personnages mystérieux, les ... fabriquent philtres et potions.

### Repérer les connecteurs marquant les étapes du conte

► Langue, p. 285, 286

**3** ★★★ Employez des connecteurs de temps.

enfin | soudain | un autre jour

1. ..., la porte s'ouvrit, qu'allait-il apparaitre ?
2. ..., il sauva un corbeau des griffes d'un aigle.
3. ..., toute la famille put vivre avec bonheur.

**4** ★★★ Utilisez les connecteurs logiques.

car | ainsi | mais

1. Ils se perdirent ... les oiseaux avaient tout picoré.
2. ... le jeune homme put tenir sa promesse.
3. Le roi se maria ... la reine haïssait la princesse.

### Articuler les mots pour mieux les faire entendre

► Langue, p. 310

**5** ★★★ Récitez ces phrases en détachant chaque syllabe.

1. La princesse ne parle pas aux petits pages du palais.
2. Une sorcière susurrait ses sorts sur son sofa.
3. La fée furieuse refuse le festin et file.

**6** ★★★ À quelle émotion correspond chaque phrase ? Prononcez-les.

la peur | la colère | le désespoir

1. Hélas ! Le roi va me donner une marâtre.
2. Levez-vous, fainéants et allez chercher du bois.
3. Comment allons-nous sortir du bois maintenant ?

## Grammaire - Orthographe

### Insister sur les mots qui construisent la description

► Langue, p. 272, 286

**7** ★★★ Les mots en gras sont-ils adjectifs qualificatifs ou adverbes ? Lisez ce passage en appuyant sur ces mots.

> Il y avait dans cette même cour une **vieille** fille **fort riche**, appelée la duchesse Grognon, qui était **affreuse** de tout point [...] ; elle avait le visage **épouvantablement gros**, et **couvert** de boutons ; sa bouche était **si grande** qu'on eut dit qu'elle voulait manger tout le monde.
>
> **Mme d'Aulnoy**, *Gracieuse et Percinet*, 1698.

### Repérer la ponctuation pour la restituer à l'oral

► Langue, p. 306

**8** ★★★ Ajoutez la ponctuation et lisez le texte pour vérifier sa pertinence. . . , , , :

> Il entra et ... traversant toutes les pièces ... il trouva la princesse dans la dernière chambre ... Mais quelle ne fut pas sa frayeur en la voyant ... elle avait un visage de couleur cendre et tout ridé ... des yeux troubles et des cheveux rouges ...
>
> **J. et W. Grimm**, *La Boule de cristal*, 1812.

### Rythmer sa lecture pour mieux impressionner

**9** ★★★ Lisez ce passage en faisant une pause devant les traits, en appuyant sur les mots en bleu et en accélérant le passage souligné.

> Il y avait un jeune garçon à la **cour** qui était beau comme le soleil,/ et le **mieux** fait de **tout le royaume** :/ à cause de sa bonne **grâce** et de son **esprit**, on le nommait/ **Avenant**. **Tout le monde** l'aimait, hors les envieux, qui étaient fâchés que le roi lui fît du bien.
>
> **Mme d'Aulnoy**, *La Belle aux cheveux d'or*, 1698.

**10** ★★★ Lisez les bulles à voix haute en variant le ton de la sorcière (fort, doux, grave, aigu).

*Contes des frères Grimm* en bande dessinée, illustrations **Philip Petit**, Éditions Delcourt, 2015. →

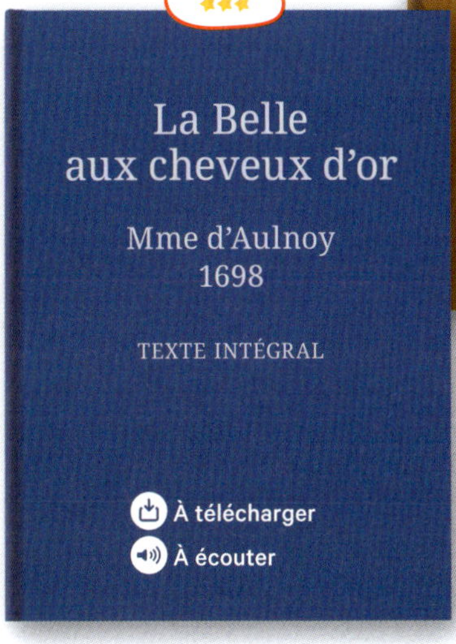


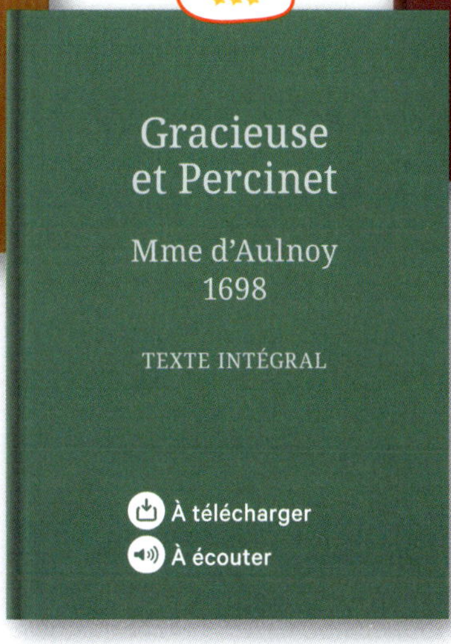


## Méthode

PÉDAGOGIE DIFFÉRENCIÉE

### Étape 1 Choisir le conte et les documents visuels

- Téléchargez et / ou écoutez le conte choisi.

**Lire le conte choisi**
↓
**Repérer les cinq étapes** → situation initiale / élément perturbateur / péripéties / dénouement / situation finale
↓
**Répartir les étapes à raconter** → ... de manière équitable !
↓
**Choisir des documents visuels** → Au moins 1 par étape

### Étape 2 S'exercer à raconter à partir des images

- Vos images guident votre narration. Racontez à votre manière. Brouillon encouragé !
  ▸ voir exercice 1
- Entrainez-vous en :
  - faisant parler vos personnages ▸ voir exercice 6
  - insistant sur le vocabulaire du merveilleux ▸ voir exercice 2
  - enchaînant les parties grâce aux connecteurs ▸ voir exercices 3 et 4
  - variant le rythme, le ton, et en articulant ▸ voir exercices 5 et 7 à 10
  - apprenant par cœur certains passages ou formules ▸ voir exercices 7 et 8

### Étape 3 Raconter devant un auditoire

**Face à l'auditoire** :
- Faites des gestes expressifs
- Passez la parole à vos camarades (utilisez par ex. un bâton de parole)
- Regardez votre public, pas vos notes
- Parlez fort et articulez

**Racontez et captivez votre auditoire !**

| Auto-évaluation | Oui | Non |
|---|---|---|
| Nous avons choisi des documents visuels. | | |
| Nous avons utilisé le vocabulaire du conte et les connecteurs. | | |
| Nous avons varié l'intonation et le rythme de notre narration. | | |

ATELIER 3
Écrit

# Devenir auteur ou autrice de conte

- Dans cet atelier, vous rédigerez un conte selon une structure en cinq étapes. Vous pourrez choisir entre deux images pour développer votre histoire, soit dans un cadre merveilleux, soit dans un cadre plus réaliste.
- Lisez la première étape de la Méthode. Selon vos besoins, aidez-vous des exercices pour les étapes 2 et 3.

## Vocabulaire

### Employer le lexique des qualités et des défauts

▸ Langue, p. 334, 338

**1** ★★★ Classez ces noms selon qu'ils désignent une qualité ou un défaut, qu'ils s'appliquent au portrait physique ou moral.
difformité • grâce • charme • bassesse • verrue • beauté • horreur • ignominie • générosité • noblesse • joliesse • hideur • bonté • vice • perfection • magnificence • malhonnêteté • élégance • vilenie

| | Qualités | Défauts |
|---|---|---|
| **Portrait physique** | | |
| **Portrait moral** | | |

**2** ★★★ Choisissez six mots de l'exercice 1 et trouvez un maximum de mots de la même famille.
Ex. : charme, charmeur, charmeuse, charmer, charmant.

**3** ★★★ Retrouvez les couples d'antonyme parmi ces mots. Attention à la classe grammaticale.
avare • cruelle • doux • jalousie • bonté • cruauté • générosité • généreux • méchanceté • bienveillante • tendresse • dur

**4** ★★★ Trouvez les quatre synonymes de chaque nom.
Cruauté | gentillesse | orgueil | paresse | lâcheté
suffisance • méchanceté • bassesse • fierté • apathie • prévenance • frousse • inhumanité • arrogance • peur • affabilité • bonté • fainéantise • dureté • prétention • mollesse • férocité • amabilité • lenteur • couardise

### Relier les étapes d'un conte

▸ Langue, p. 300

**5** ★★★ Voici les cinq étapes d'un conte. Pour mieux le comprendre, reliez chaque étape à l'aide d'expressions que vous choisirez dans la liste.
finalement • il était une fois • un jour • en guise de récompense • c'est alors que • il y avait une fois • par un beau matin • c'est ainsi que • par la suite

- Un vieux lutin était doué de pouvoirs magiques.
- Une meunière vint lui demander de l'aide.
- Le lutin lui imposa de réussir trois épreuves.
- La meunière réussit chaque épreuve.
- Le lutin transforma la meunière en reine.

## Grammaire - Orthographe

### Utiliser imparfait et passé simple dans un récit

▸ Langue, p. 316, 318

**6** ★★★ **a.** Dans cet extrait, relevez les verbes à l'imparfait et au passé simple.

> Elle se demandait [...] si le plaisir de tresser une guirlande de pâquerettes valait la peine de se lever et d'aller cueillir les pâquerettes, lorsque, soudain, un Lapin Blanc aux yeux roses passa en courant tout près d'elle.
>
> **L. Carroll**, *Alice au pays des merveilles*, 1865.

**b.** Quelle différence faites-vous entre l'utilisation des deux temps ?

**7** ★★★ Choisissez entre l'imparfait et le passé simple. Vous justifierez vos choix à l'oral.
Jadis, un vieux lutin (vivait/vécut) dans une forêt mystérieuse. Il ne (sortait/sortit) jamais de cette forêt et ne (voyait/vit) personne. Un jour cependant, il (recevait/reçut) la visite d'une jeune meunière qui lui (demandait/demanda) de l'aider : elle (voulait/voulut) devenir riche !

### Enrichir des GN et faire les accords ▸ Langue, p. 274, 278

**8** ★★★ Accordez les adjectifs avec les noms soulignés.
1. Cette (royal) forêt (mystérieux) abrite-t-elle de (nombreux) créatures (étrange) ?
2. La (téméraire) et (audacieux) héroïne n'a jamais oublié les (sage) paroles de ses ancêtres.
3. Cette (affreux) sorcière, très (âgé), piège les enfants (innocent) mais aussi trop (curieux).

**9** ★★★ Complétez les noms en gras en piochant dans la réserve d'adjectifs. Faites les bons accords.
1. La **princesse** attendait devant la **grotte** du **dragon**.
2. Le **chevalier** n'a pas battu le **monstre**, c'est la **reine** qui l'a chassé.

Réserve d'adjectifs : preux, courageuse, petit, mystérieux, magnifique, inquiète, sombre, terrible, surprenante, terrifiant, cruelle, dangereux.

### Utiliser des reprises nominales et pronominales

▸ Langue, p. 294

**10** ★★★ Recopiez en variant la façon de désigner la sorcière.
Cette sorcière vit dans les bois du ponant. Cette sorcière habite dans une misérable hutte. Tout le monde craint cette sorcière mais ceux qui ont croisé cette sorcière ne peuvent plus en parler ! Voulez-vous voir cette sorcière ?

**Ikkyo**, *Oiwa*, musée du quai Branly-Jacques Chirac, photo. Claude Germain. →

A

**Malcom Patterson**, *The Witch*, 1972.

B

**Shigeru Mizuki**, *Kitaro le repoussant*, 2011.
Le petit Kitaro résout les conflits entre les « yokai » (créatures surnaturelles) et les humains, et nous entraine dans un monde plein de frissons, d'humour et de poésie.

# Méthode

## Étape 1 Bâtir la structure du conte

- Choisissez l'illustration du conte que vous voulez écrire et préparez votre brouillon.

PÉDAGOGIE DIFFÉRENCIÉE

### Image A

**Univers merveilleux**

- Vous raconterez l'histoire de la petite fille présente sur l'image dans un univers merveilleux.
- Suivez ces étapes :

**Situation initiale :** Commencez par une expression telle que « Il était une fois » pour présenter l'héroïne, son caractère, son quotidien.
**Élément perturbateur :** Vous pouvez continuer ainsi : « Un jour, la fillette quitta son foyer pour aller s'aventurer dans la forêt… »
**Péripéties :** Poursuivez l'histoire : « Tout à coup, elle découvrit une maison… » ou « Soudain, elle rencontra la sorcière… »
**Dénouement :** « La fillette échappa à la sorcière en… »
**Situation finale :** « Elle retourna chez elle… »

### Image B

**Univers réaliste**

- Vous raconterez l'histoire du petit garçon présent sur l'image dans un univers réaliste.
- Suivez ces étapes :

**Situation initiale :** Vous présentez le héros, atteint d'une difformité (il n'a qu'un œil), son caractère et son quotidien.
**Élément perturbateur :** Le héros déménage et entre dans un nouveau collège.
**Péripéties :** La rencontre avec les nouveaux camarades. Les moqueries, la difficulté de s'intégrer.
**Dénouement :** L'amitié avec des camarades qui comprennent qu'il ne faut pas s'arrêter à l'apparence physique.
**Situation finale :** Le héros devient populaire dans son collège. Ceux qui se moquaient comprennent leur erreur.

## Étape 2 Rédiger au brouillon

- Caractérisez les personnages physiquement et moralement, en utilisant le vocabulaire de la description et celui des qualités et des défauts. Faites attention aux accords des adjectifs. ▸ voir exercices 1 à 4, 8 et 9
- Soignez la conjugaison en employant au bon moment le passé simple ou l'imparfait de l'indicatif. ▸ voir exercices 6 et 7
- Utilisez des mots de liaison pour faire comprendre le lien entre les étapes de votre conte. ▸ voir exercice 5

## Étape 3 Mettre au propre le conte

- Mettez au propre votre conte, il est encore temps de varier les reprises nominales et pronominales. ▸ voir exercice 10
- Pensez à faire un paragraphe pour chaque étape. Relisez-vous et vérifiez vos accords.

**Faites vibrer votre lecteur !**

| Auto-évaluation | Oui | Non |
|---|---|---|
| J'ai respecté les étapes liées à l'image choisie. | | |
| J'ai correctement conjugué et utilisé l'imparfait et le passé simple. | | |
| J'ai enrichi mon texte grâce à des adjectifs et des reprises. | | |

# ATELIER 4 Écrit et Oral

# Transposer un extrait de conte à la scène

- Dans cet atelier, vous apprendrez à transposer un extrait de conte en scène de théâtre.
- Commencez par lire la Méthode. Suivez les étapes et faites les exercices de langue en fonction de vos besoins.

## Vocabulaire

### Repérer les caractéristiques du texte de théâtre

► Langue, p. 304, 306

**1** ★★★ Reliez le vocabulaire du théâtre à sa définition.

- un dialogue
- une réplique
- des didascalies
- un personnage

- un héros ou héroïne de l'histoire
- un échange entre des personnages
- des paroles prononcées sans être interrompues
- une indication scénique (geste, ton de voix, déplacement)

**2** ★★★ **a.** Nommez chaque élément.

La Barbe bleue (A) *(d'une voix forte).* (B) – Vous pouvez inviter vos amis, profitez-en ! (C)

1. réplique 2. personnage 3. didascalie

**b.** Repérez chaque élément dans cet extrait.

Le Gentilhomme *(en colère).* – Qu'avez-vous fait ?

**3** ★★★ Lisez ces répliques, puis recopiez-les dans le bon ordre en plaçant le nom du personnage.

BARBE BLEUE et BELLE

... – Tout à l'heure ?
... – Il y a du sang sur cette clef. Point d'autre issue : il faut mourir, Madame, et tout à l'heure.
... – Trop tard, Madame, il faut mourir.
... – Ici et maintenant.
... – Pardon, pardon, pardon...

**Bruno Castan**, *Coup de bleu*, Éditions Théâtrales, 2001.

### Manipuler les didascalies ► Langue, p. 302

**4** ★★★ Replacez les didascalies manquantes.

à genoux • en attrapant la jeune femme par le bras • d'une voix terrible • en joignant les mains • sur un ton menaçant

L'Homme (...). – Je suis en colère contre vous !
La femme (...). – Je vous en supplie, ne criez pas.
L'Homme (...). – Inutile de me supplier, relevez-vous.
La femme (...). – Je promets de ne plus recommencer.
L'Homme (...). – Je vous le conseille vivement.

**5** ★★★ À quel sentiment correspondent ces didascalies ?
en tremblant • avec menace • en sautillant • en s'effondrant • le visage dans les mains • en s'égosillant • avec allégresse • rouge de colère • se jetant dans ses bras

La joie | La peur | La colère

## Grammaire - Orthographe

### Écrire des didascalies ► Langue, p. 272, 278

**6** ★★★ Classez les didascalies selon leur forme grammaticale
d'une voix autoritaire • en pleurant • inquiète • surprise • avec une grande joie • s'écriant

| Groupe nominal | Adjectif qualificatif | Forme verbale en « ant » |
| --- | --- | --- |
| | | |

**7** ★★★ Transformez les phrases en didascalies.
1. L'homme hurlait.
2. La femme se jeta à ses pieds.
3. Il lui montra la clé.
4. Elle monta dans la tour.

### Transformer le récit en texte théâtral ► Langue, p. 304, 306

**8** ★★★ Modifiez le passage souligné en réplique. Notez le nom du personnage en gras devant chacune d'elle.
Ex. : **Le gentilhomme** dit <u>à sa femme qu'il va partir.</u>
→ Le gentilhomme. – Ma chère femme, je vais partir.
1. **Barbe Bleue** annonça <u>son prochain voyage</u>.
2. **Le gentilhomme** proposa <u>à son épouse de se divertir</u>.
3. **Le mari** demanda <u>les clés à sa jeune femme</u>.

### Connaitre le temps utilisé au théâtre ► Langue, p. 280, 314

**9** ★★★ Réécrivez les phrases en utilisant le pronom « je » et le présent de l'indicatif.
Ex. : Elle demanda pardon. → Je vous demande pardon.
1. Il était obligé de partir.
2. Elle promit d'être sage.
3. Il insista pour avoir ses clés.
4. Elle accepta de faire de ce qui était ordonné.

### Utiliser des phrases impératives ► Langue, p. 310, 324

**10** ★★★ Transformez ces phrases en phrases impératives.
1. Je vous demande de descendre de là.
2. Je vous interdis d'ouvrir cette porte.
3. Je ne vous permets pas de rentrer ici.
4. Vous n'êtes pas autorisé à aller dans toutes les pièces.

**11** ★★★ Classez ces mots selon qu'ils expriment une émotion modérée ou forte : humeur • fureur • impatience • hargne • irritation • mécontentement.

| Colère | |
| --- | --- |
| Émotion forte | Émotion modérée |
| | |

# La Barbe bleue

ÉCOUTE INTÉGRALE

### Extrait 1

*Barbe bleue, gentilhomme riche et laid, épouse une jeune femme.*

Au bout d'un mois la Barbe bleue dit à sa femme, qu'il était obligé de faire un voyage en Province de six semaines au moins, pour une affaire de conséquence ; qu'il la priait de se bien divertir pendant son absence, qu'elle fît venir ses bonnes amies, qu'elle les menât à la campagne si elle voulait, que partout elle fît bonne chère[1].

« Pour cette petite clef-ci, c'est la clef du cabinet au bout de la grande galerie de l'appartement bas : ouvrez tout, allez partout, mais pour ce petit cabinet, je vous défends d'y entrer, et je vous le défends de telle sorte, que s'il vous arrive de l'ouvrir il n'y a rien que vous ne deviez attendre de ma colère. »

Elle promit d'observer exactement tout ce qui lui venait d'être ordonné.

1. bien manger.

### Extrait 2

*La femme de Barbe bleue a ouvert le cabinet interdit.*

Le lendemain il lui redemanda les clefs, et elle les lui donna, mais d'une main si tremblante, qu'il devina sans peine tout ce qui s'était passé.

« Pourquoi y a-t-il du sang sur cette clef ?

– Je n'en sais rien, répondit la pauvre femme, plus pâle que la mort.

– Vous n'en savez rien, reprit la Barbe bleue, je le sais bien, moi ; vous avez voulu entrer dans le cabinet ! Hé bien, Madame, vous y entrerez, et irez prendre votre place auprès des Dames que vous y avez vues. »

Elle se jeta aux pieds de son mari, en pleurant et en lui demandant pardon, avec toutes les marques d'un vrai repentir de n'avoir pas été obéissante.

### Extrait 3

*La jeune femme demande l'aide de sa sœur, Anne.*

Lorsqu'elle fut seule, elle appela sa sœur, et lui dit : « Ma sœur Anne (car elle s'appelait ainsi), monte, je te prie, sur le haut de la Tour pour voir si mes frères ne viennent point ; ils m'ont promis qu'ils me viendraient voir aujourd'hui, et si tu les vois, fais-leur signe de se hâter. »

La sœur Anne monta sur le haut de la Tour, et la pauvre affligée lui criait de temps en temps : « Anne, ma sœur Anne, ne vois-tu rien venir ? »

Et la sœur Anne lui répondait : « Je ne vois que le soleil qui poudroie[2], et l'herbe qui verdoie. » [...] « Ne veux-tu pas descendre ? criait la Barbe bleue.

– Encore un moment, répondait sa femme ; et puis elle criait : « Anne, ma sœur Anne, ne vois-tu rien venir ?

– Je vois, répondit-elle, deux Cavaliers qui viennent de ce côté-ci, mais ils sont bien loin encore... Dieu soit loué, s'écria-t-elle un moment après, ce sont mes frères, je leur fais signe tant que je puis de se hâter. »

2. réduit la terre en poussière.

**Charles Perrault**, *Les Contes de ma mère l'Oye*, 1697.

## Méthode

### Étape 1 Organiser votre travail de groupe

- Répartissez-vous par groupes et choisissez un des trois extraits à transformer en scène de théâtre.

PÉDAGOGIE DIFFÉRENCIÉE

**Extraits 1 et 2**

Chaque extrait deviendra une scène à deux personnages avec des répliques et des didascalies courtes et simples.

**Extrait 3**

Il deviendra une scène à trois personnages avec plus de répliques et de didascalies.

- Repérez les personnages et leur rôle. Formulez oralement tout ce que les personnages disent dans l'extrait choisi.

« Barbe bleue » illustré par **C. Riffard**, *Contes et légendes pour enfants*, Fleurus, 2014.

### Étape 2 Transposer le conte en scène et ajouter des didascalies

- Réécrivez, modifiez et simplifiez si nécessaire les paroles en répliques de théâtre. Pensez à relire aussi le récit pour trouver toutes les paroles à prononcer. ▸ voir exercices 1 et 2, 8 et 9
- Avant chaque réplique, indiquez le nom des personnages (donnez un nom à la femme de Barbe bleue). Écrivez les répliques au présent de l'indicatif. Pensez à la forme impérative pour l'ordre ou la demande. ▸ voir exercices 3, 9 et 10
- Ajoutez des didascalies pour préciser les émotions et les gestes. Variez la forme de vos didascalies (GN, adj., forme verbale en *-ant*). ▸ voir exercices 4, 5, 6, 7 et 11

### Étape 3 Jouer la scène écrite

- Distribuez-vous les rôles. Copiez chacun votre texte pour mieux l'apprendre.
- Vous pouvez proposer un décor et des idées d'accessoires. Jouez votre scène devant vos camarades en insistant sur le ton et l'expression corporelle.

**Vous voilà à la fois dramaturge et comédien !**

| Auto-évaluation | Oui | Non |
|---|---|---|
| J'ai transposé les paroles en répliques. | | |
| J'ai ajouté des didascalies. | | |
| J'ai écrit un texte expressif qui peut se jouer. | | |

# ATELIER 5 Écrit

# Réaliser un storyboard pour comprendre une scène de film

• Dans cet atelier, vous allez réaliser en groupe le storyboard d'une scène du film *Elephant Man* de David Lynch.

## Vocabulaire

### Exprimer une émotion

▸ Langue, p. 334, 338

**1** Classez les mots selon l'émotion qu'ils expriment.

| | Émotion modérée | Émotion forte |
|---|---|---|
| 1. Surprise | | |
| 2. Tristesse | | |
| 3. Peur | | |

1. étonnement, stupéfaction, ahurissement, stupeur
2. désespoir, chagrin, découragement, mélancolie
3. épouvante, appréhension, inquiétude, terreur

**2** Reliez une voix à l'émotion qu'elle peut indiquer.

- voix monotone et peu audible
- voix forte avec un ton vif
- voix tremblante

- peur, angoisse
- tristesse
- colère, agressivité

### Connaitre le vocabulaire du cadrage

**3** Observez ce schéma puis indiquez pour chaque photogramme le plan qui a été utilisé pour montrer le docteur Treves.

1. ...

2. ...

3. ...

### Connaitre quelques mouvements de caméra

**4** Associez chaque mot à sa définition.

- Zoom
- Travelling

- Mouvement d'une caméra qui se déplace sur un rail au sol ou dans les airs grâce à un bras articulé ou à un câble.
- Rapprochement ou éloignement effectué grâce à la caméra, sans que celle-ci bouge.

## Grammaire - Orthographe

### Utiliser les valeurs du présent de l'indicatif

▸ Langue, p. 314

**5** **a.** Conjuguez les verbes au présent de l'indicatif.

Le film *Elephant Man* (s'inspirer) de la vie de J. Merrick. Merrick (naitre) dans une famille pauvre. Adolescent, il (essayer) de travailler mais (devoir) renoncer car ses difformités (constituer) un handicap. Merrick (devenir) alors « Elephant Man » et (se produire) dans des foires. C'(être) là qu'il (rencontrer) le Dr Treves qui le (recueillir).

**b.** Qu'apporte l'utilisation du présent à ce texte ?

**6** Apprenez à éviter l'emploi du pronom « on ».

Ex. : On voit à son visage que le docteur est impatient.
→ L'impatience du docteur se voit sur son visage.

1. On comprend à ses gestes qu'Elephant Man souffre.
2. On remarque à son regard que le docteur est attentif.
3. On entend à ses gémissements qu'Elephant Man est malade.

### Créer sa grammaire visuelle et sonore

**7** **a.** Comme avec des mots, on peut associer une signification à un dessin. Quel verbe associez-vous à chaque dessin ?

**b.** Comment représenteriez-vous le docteur ? Elephant Man ?

**8** Quelques traits peuvent donner des informations. À votre avis, que font ces personnages ? Quel indice vous a renseigné ?

**9** **a.** Quels indices peuvent apporter ces bruitages ?

Ex. : bruit de vagues → La scène a lieu en bord de mer.

1. bruit de klaxons et de moteurs
2. hululement d'un hibou
3. bruits de machines industrielles

**b.** Quel instrument de musique pourraient illustrer :

1. une course-poursuite en voitures ?
2. une rencontre amoureuse ?
3. une scène d'adieu sur le quai d'une gare ?

# Elephant Man,

## film de David Lynch, 1980

**Visionnez** la rencontre entre le docteur Treves et Elephant Man 00:11:31 à 00:14:25 sur Lumni. http://cinema.lumni.fr/edutheque/

Cette scène se déroule en trois moments :

**1. L'arrivée dans la pièce** | **2. Le discours de Bytes** | **3. La découverte**

## Méthode

### Étape 1 Découvrir la scène et choisir son groupe

- Visionnez une première fois la scène. Notez individuellement ce que vous avez compris et ce que vous avez ressenti. ▸ voir exercices 1 et 2
- Constituez votre groupe de quatre élèves et décidez du travail que vous souhaitez mener :
  – ★ Travail sur un seul moment de la scène, validez lequel.
  – ★★ Travail sur deux moments de la scène, validez lesquels.
  – ★★★ Travail sur l'ensemble de la scène.

PÉDAGOGIE DIFFÉRENCIÉE

### Étape 2 Élaborer le storyboard

- Téléchargez la grille du storyboard.

| | Moments de la scène | | |
|---|---|---|---|
| **Éléments à travailler** | **L'arrivée dans la pièce** | **Le discours de Bytes** | **La découverte** |
| **A.** Description de ce que l'on voit | | | Le rideau s'ouvre, on découvre l'homme-éléphant et la réaction du docteur. |
| **B.** Réalisation du croquis et sa légende |  Bytes, Treves et le petit garçon avancent. | | |
| **C.** Repérage des mouvements de caméra et des cadrages | | Caméra fixe. Plans américains sur Bytes. Plans poitrine sur Treves. | |
| **D.** Analyse du son - musique - voix et intonation - bruitages | | | |

- Répartissez-vous le travail au sein de chaque groupe : A, B, C, D, selon le(s) moment(s) étudié(s).
- Visionnez une seconde fois la scène : chaque membre du groupe complète au crayon le storyboard.
  ▸ voir exercices 2 à 4, 5 à 9

### Étape 3 Analyser la scène

- En groupe et grâce à votre storyboard complété, analysez la scène en répondant à ces questions :
  1. Que ressent le spectateur au début de la scène ? Pourquoi ?
  2. Que ressent le docteur à la fin de la scène ? Par quels moyens le comprend-on ?
  3. Qui qualifieriez-vous de « monstrueux » ? Pourquoi ?
- Grâce à la réalisation de ce storyboard, **décryptez le travail du réalisateur du prochain film que vous regarderez !**

| Auto-évaluation | Oui | Non |
|---|---|---|
| J'ai noté mes impressions avant de travailler le storyboard. | | |
| J'ai effectué le travail demandé au sein de mon groupe. | | |
| J'ai réfléchi à la manière dont cette scène provoque un effet chez le spectateur. | | |

CHAPITRE 2

Le monstre, aux limites de l'humain

# Monstres antiques et combats héroïques

▸ Comment les monstres mettent-ils en valeur les héros de l'Antiquité ?

▸ Quels sont les procédés d'écriture des récits épiques ?





**Edmond Dulac**, *La Toison d'or*, 1921, L'Édition de l'Art H. Piazza, Paris. →

# MISE EN CONTEXTE

# Dans le sillage des héros antiques

**En Grèce,**
**VIIIe siècle avant notre ère**

## L'*Odyssée*

L'*Odyssée* aurait été créée par Homère. C'est un récit d'aventures plein de rebondissements, où les événements, les monstres et les héros sont extraordinaires ! Cette épopée composée de 24 chants (longs poèmes en vers) était récitée lors des grandes fêtes grecques de l'Antiquité. Elle a connu un tel succès que ses personnages sont encore aujourd'hui connus dans le monde entier.

**Philippe-Laurent Roland**, *Homère*, marbre blanc, 1812, musée du Louvre, Paris.

### Comment commence cette histoire ?

- Par la guerre de Troie ! Elle est racontée dans une autre épopée : l'***Iliade***.
  → Pour en savoir plus, et en images, visionnez la vidéo p. 56.

- Le fils d'Ulysse s'inquiète : où son père est-il depuis tant d'années ? reviendra-t-il un jour ?
  En réalité Ulysse est bien vivant et il veut rentrer chez lui, retrouver sa femme Pénélope et son fils Télémaque ! Depuis qu'il a quitté Troie, il n'a vécu qu'un long enchainement de péripéties et d'aventures. Il les raconte au chant IX.
  
  Le héros se présente ainsi à ceux qui lisent son récit et à ceux qui l'écoutent :

**Grec ancien**

εἴμ' **Ὀδυσεὺς** Λαερτιάδης,
ὃς πᾶσι δόλοισιν ἀνθρώποισι μέλω,
καί μευ κλέος οὐρανὸν ἵκει.

**Français**

Je suis Ulysse, fils de Laërte,
dont les ruses sont fameuses partout,
et dont la gloire touche au ciel.

→ Rendez-vous p. 56 pour entendre Ulysse prendre la parole !

Vocabulaire

### Autour des monstres et des héros

1. **Le nom d'Ulysse a été mis en gras dans les vers en grec de l'*Odyssée*. Recopiez-le : que remarquez-vous ?**
2. **Avez-vous bien lu : pourquoi Jason et les marins qui l'accompagnent sont-ils surnommés « les Argonautes » ?**

À Rome,
Ier siècle de notre ère

**Ettore Ferrari**, *Ovide*, → 1887, bronze, Constance (Roumanie).

# Les *Métamorphoses*

Ovide est romain. Après ses études, il part en voyage pour parfaire son éducation. En Grèce et en Sicile, il est fasciné par les sculptures et les peintures murales représentant les aventures mythologiques. Il fait lui-même de nombreux dessins des lieux et des gens qu'il croise.
Il écrit les *Métamorphoses* en 12 000 vers latins dans lesquels il raconte à sa façon les mythes qui le passionnent.

## Quels personnages mythologiques rencontre-t-on dans ces poèmes ?

- Jason doit conquérir la Toison d'or. Pour cela, il embarque à bord de l'Argo avec ses compagnons. Il échappe à Charybde et Scylla et, grâce à l'aide de Médée, il combat les taureaux aux sabots d'airain.
  → Rendez-vous p. 66 pour en savoir plus sur le couple de Jason et la sorcière Médée.

- Persée, victorieux de Méduse, est amoureux d'Andromède.
  Découvrez Persée revenant de son combat contre Méduse :

  **Latin**

  viperei referens spolium memorabile monstri,
  aera tenerum carpebat stridentibus alis

  **Français**

  rapportant la célèbre dépouille du monstre à la tête hérissée de serpents,
  il traversait avec des ailes bruissantes l'air léger

  Pour sauver la princesse éthiopienne, il doit vaincre un monstre marin qui s'apprête à la dévorer !
  → Rendez-vous p. 68 pour en découvrir davantage en images...

- Thésée est tiré au sort pour être sacrifié et donné en pâture au terrible Minotaure... Prisonnier du Labyrinthe, avec l'aide d'Ariane, le héros affronte le monstre !
  → Rendez-vous p. 70 pour faire connaissance avec Thésée et Ariane.

← **Constantine Volanakis**, *Argo* (détail), XIXe siècle, huile sur toile, collection privée.

**L. Ferry, C. Bruneau, M. De Luca**, → *Thésée et le Minotaure*, « La sagesse des mythes », Glénat, 2019.

**3 Méduse est un monstre capable de changer ceux qui rencontrent son regard en statue de pierre. Que peut alors signifier aujourd'hui « être médusé » ?**
a) être fatigué et amolli b) avoir été empoisonné
c) être pétrifié, stupéfait

**TEXTE 1**

# Odyssée

**OBJECTIF**
Percevoir la situation d'énonciation

**COMPÉTENCE**
Écouter un épisode de l'*Odyssée* et découvrir les personnages

Récit de plus de 12 000 vers, l'*Odyssée* raconte le **voyage semé d'embûches** d'Ulysse et ses compagnons pour rentrer chez eux, à Ithaque. Ce récit **grec** est attribué à **Homère**.

## Avant d'entrer dans le récit

**Visionnez la présentation** pour en savoir plus sur l'*Iliade* et la guerre de Troie. Vous y découvrirez pourquoi Ulysse a quitté son palais et commencé son voyage.

- Qu'est-ce qui a déclenché la guerre de Troie ?
- Grâce à quelle ruse les Grecs parviennent-ils à conquérir la ville de Troie ?

▶ Vidéo littéraire

# Le voyage d'Ulysse

Au cours de son périple, Ulysse rencontre des dieux et des déesses, des monstres et des êtres humains, parfois ennemis, parfois alliés.

① Ulysse quitte **Troie**. ► p. 56

② Ulysse et ses marins pillent l'île des **Cicones**.

③ L'équipage arrive au pays des **Lotophages**.

④ Les compagnons débarquent sur l'**île des Cyclopes**. **Poséidon** est furieux contre l'équipage qui a blessé son fils **Polyphème**. ► p. 58-61, p. 79

⑤ Passage par l'île d'**Éole**, le dieu du vent.

⑥ Ulysse et ses compagnons abordent l'île des **Lestrygons**, géants cannibales. ► p. 81

⑦ L'équipage découvre l'île de la magicienne **Circé**. ► p. 62-63

⑧ Rencontre en mer avec **les Sirènes**... ► p. 64

⑨ ... puis **Charybde** et **Scylla**. ► p. 64-65

⑩ Arrivée sur l'île de la nymphe **Calypso**, où **Ulysse** reste captif sept ans.

⑪ Le héros est accueilli par les Phéaciens : **Nausicaa**, **Alcinoos** et **Arété**. ► p. 57

⑫ Retour d'Ulysse à **Ithaque**, où l'attendent **Pénélope**, **Télémaque** et des princes ennemis... ► p. 65

↑ **John Flaxman**, *Illustration de l'Odyssée*, 1810.

# Ulysse prend la parole

*Retrouvé sur une plage après avoir fait naufrage, Ulysse est secouru par Nausicaa et accueilli par ses parents, la reine Arété et le roi Alcinoos. Des jeux et un banquet sont donnés en son honneur, mais personne ne connait encore son nom. L'aède Démodocos, invité par le roi pour divertir l'assemblée, chante un épisode de la célèbre guerre de Troie. À ce récit, Ulysse fond en larmes ; le roi le presse alors de raconter pourquoi.*

**Écoutez** le début du chant IX pour entendre la parole d'Ulysse. Après de nombreuses années d'isolement, il dévoile son identité et raconte les aventures qui lui sont arrivées depuis son départ de Troie.

## Après avoir attentivement écouté le texte

1. Où se trouve Ulysse et à qui s'adresse son récit ?
2. Quels personnages ont essayé de le retenir prisonnier au cours de son voyage : Alcinoos • Circé • Démodocos • Laërte • Calypso ?
3. Pourquoi Ulysse est-il triste ?

## Vocabulaire de l'Odyssée

- **Aède :** poète contant et chantant des récits épiques.
- **Achéens :** peuples grecs.
- **Agamemnon :** roi qui mène les peuples grecs faire la guerre à Troie.
- **Cratère :** vase contenant le mélange d'eau et de vin.
- **Échanson :** celui qui sert le vin.
- **Ithaque :** ville dont Ulysse est roi.
- **Troyens :** habitants de Troie. – **Troade :** région de Troie.

## Oral

Rendez-vous à l'**Atelier 1** p. 78 pour devenir un aède comme Démodocos et conter les aventures d'Ulysse !

TEXTE 2

**OBJECTIF** Saisir l'opposition entre monstruosité et civilisation

**COMPÉTENCE** Comprendre comment le dialogue révèle le caractère des personnages

## Avant de lire le texte

Qu'est-ce qu'un hôte ? Connaissez-vous des mots de la même famille ?

# Arrivée chez Polyphème

*Ulysse et ses compagnons arrivent sur une ile peuplée de Cyclopes[1]. Ils y découvrent une grotte, l'antre de Polyphème, fils de Poséidon. Celui-ci étant absent, ils entrent et se nourrissent de ses fromages quand soudain, le Cyclope arrive.*

« Qui êtes-vous ? d'où venez-vous par les routes humides ?
Êtes-vous des marchands, ou errez-vous à l'aventure,
tels les pirates sur les eaux qui vont rôdant[2],
risquant leur vie en attaquant les nations d'autre langue ? »
À ces mots, notre cœur éclata de nouveau,
effrayés par sa voix profonde et par sa grande taille.
Néanmoins, je lui dis en guise de réponse :
« Nous sommes, oui, des Achéens venant de Troie, chassés
par tous les vents du ciel sur le grand gouffre de la mer ;
regagnant nos maisons, d'autres routes, d'autres chemins
nous ont conduits ici ; sans doute Zeus l'aura voulu.
Et nous nous honorons d'être soldats d'Agamemnon,
l'Atride[3] dont la gloire de nos jours emplit le monde,
si vaste fut la ville qu'il pilla, et si nombreux
les guerriers qu'il tua ; nous voici donc à tes genoux
dans l'espoir que tu nous accueilles et que, de plus,
tu nous fasses un don, selon la coutume des hôtes.
Crains les dieux, bon seigneur : car nous sommes tes suppliants.
Zeus défend l'étranger comme le suppliant,
il est l'hospitalier, l'ami des hôtes respectables ! »
À ces mots, aussitôt, il repartit d'un cœur cruel :
« Es-tu sot, inconnu, ou viens-tu de fort loin,
pour m'inviter à craindre, à respecter les dieux ?

Les Cyclopes n'ont pas de souci du Porte-égide[4]
ni des dieux bienheureux : nous sommes les plus forts.
Et ce n'est pas la peur de la haine de Zeus
qui me ferait vous épargner, si je n'y songe ! »
[...] sautant sur mes gens en étendant les bras,
il en prit deux d'un coup, et comme des chiots, sur le sol
les assomma. La cervelle en giclant mouilla le sol.

*À suivre...*

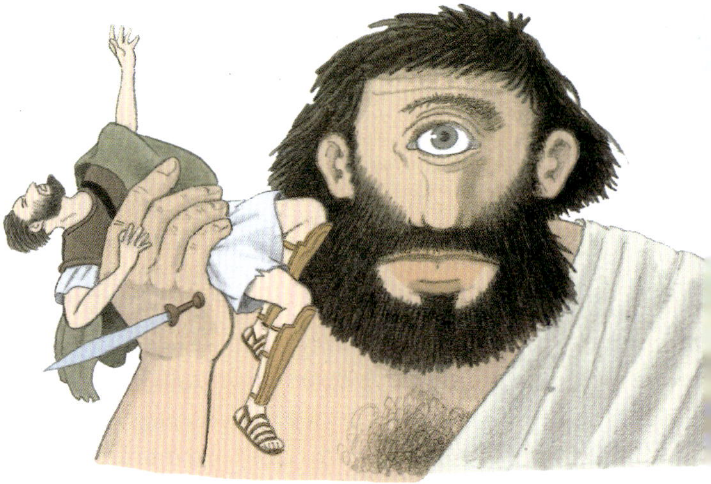

1. géant monstrueux doté d'un œil, au milieu du front. 2. errer, avec de mauvaises intentions. 3. descendant d'Atrée, le père d'Agamemnon.
4. Zeus, qui porte une égide : une arme puissante.

## Après avoir lu le texte

PÉDAGOGIE DIFFÉRENCIÉE

Travaillez sur la perception d'Ulysse et ses compagnons ou sur celle du Cyclope, puis répondez ensemble à la question Bilan.

### Le Cyclope

1. Vers 1-4, que veut savoir le Cyclope ? Redoute-t-il les nouveaux arrivants ?
2. Vers 21-27, le Cyclope adopte-t-il la même attitude qu'au début de l'extrait ?
3. Selon le Cyclope, pourquoi n'a-t-il pas à craindre les dieux ?
4. Vers 29, à quoi sont comparés les hommes d'Ulysse ? Que révèle cette comparaison sur le Cyclope ?

### Ulysse et ses compagnons

1. Vers 5-6, que ressentent Ulysse et ses compagnons ?
2. Vers 8-15, quels mots Ulysse emploie-t-il pour désigner son équipage ?
3. Vers 15-20, quelle attitude Ulysse adopte-t-il alors devant le Cyclope ? Pourquoi selon vous ?
4. Quelle coutume Ulysse rappelle-t-il au Cyclope ? Expliquez-en les règles.

**Bilan** Qui incarne la civilisation ? Qui incarne la sauvagerie ? Pourquoi ?

*Créez une **carte Mémo** sur les caractéristiques du héros et du monstre. Vous compléterez cette carte au fur et à mesure du chapitre.*

**Jacob Jordaens**, *Ulysse et Polyphème*, vers 1635, huile sur toile collée sur bois, musée des Beaux-Arts Pouchkine, Moscou.

## Oral

Par groupe, répartissez-vous les personnages de l'extrait et lisez le **dialogue à voix haute**. Montrez les émotions d'Ulysse et de ses compagnons ainsi que le caractère du Cyclope en mettant bien le ton et en respectant la ponctuation.

### Point de cours

- La rencontre entre Ulysse et Polyphème met face à face humanité et sauvagerie. Malgré les paroles polies du héros, le Cyclope bafoue les règles de l'hospitalité et n'obéit qu'à la loi du plus fort.

**TEXTE 3**

# Les ruses d'Ulysse

**OBJECTIF**
Découvrir l'importance de la ruse contre la violence du monstre

**COMPÉTENCE**
Comprendre l'enjeu de la rencontre d'Ulysse et du Cyclope

Lithographie d'après **Alexander Zick**, 1897.

*Le Cyclope ferme son antre d'un énorme bloc, Ulysse a échafaudé une ruse pour tenter de s'échapper : avec ses compagnons, il a taillé un pieu aiguisé dans le bâton en bois d'olivier de Polyphème.*

C'est alors que je m'approchai pour lui parler,
tenant entre les mains la jatte de vin noir :
« Tiens, Cyclope, bois ça pour arroser ces chairs humaines,
que tu saches quelle boisson notre vaisseau
dissimulait ; c'était ma libation[1], si ta pitié
nous avait reconduits ; mais ta rage passe les bornes.
Malheureux ! quel mortel viendra encore te voir
en suppliant, maintenant que tu fis cela ? »
Je dis. Il prit la jatte, la vida, le doux nectar
le ravit à tel point qu'il en redemanda :
« Sois gentil, donne-m'en encore, et puis dis-moi ton nom,
tout de suite, que je te fasse un cadeau qui te plaise ! » [...]
Ainsi dit-il, et je lui reversai du vin de feu ;
trois fois je l'en servis, et trois fois l'imprudent le but.
Puis quand le vin lui eut embrumé[2] les esprits,
je lui soufflai ces mots aussi doux que du miel :
« Cyclope, tu t'enquiers de[3] mon illustre nom. Eh bien,
je répondrai : mais tu n'oublieras pas le don promis !
Je m'appelle Personne, et Personne est le nom
que mes parents et tous mes autres compagnons me donnent. »
À ces mots, aussitôt, il repartit d'un cœur cruel :
« eh bien, je mangerai Personne le dernier
et les autres d'abord. Voilà le don que je te fais ! » [...]

*Le Cyclope endormi, Ulysse et ses hommes mettent leur plan à exécution et enfoncent leur pieu aiguisé dans son unique œil.*

Il poussa un rugissement, la roche en retentit,
nous nous enfuîmes apeurés ; alors, il arracha
le pieu qu'un sang nombreux salissait de son œil,
le jeta loin de lui de ses mains, affolé,
et à grands cris héla[4] les Cyclopes qui habitaient

## Histoire des Arts

Si les historiens de l'art ne connaissent pas le nom de l'artiste ayant peint ce vase, ils savent que la même personne a peint un autre héros mythologique : Thésée. On constate ainsi que, 300 ans après la création de l'*Iliade* et l'*Odyssée*, cet artiste connait bien les personnages d'Homère et interprète les scènes avec finesse.

**1.** Quel objet nous rappelle que Polyphème est berger ?

**2.** Observez sa posture. Polyphème semble-t-il conscient du sort qu'Ulysse et ses compagnons lui réservent ?

**Débattez :** cette représentation souligne-t-elle plutôt la monstruosité du Cyclope ou son humanité ?

**Peintre de Thésée**, *Ulysse et ses compagnons aveuglant le Cyclope*, œnochoé à figures noires, vers -500.

dans les grottes des alentours, sur les cimes venteuses.
En entendant ses cris, ils accoururent de partout
et, demeurés dehors, lui demandèrent ses ennuis :
« Quel mal t'accable, Polyphème, pour que tu cries ainsi
dans la céleste nuit, et nous empêches de dormir ?
Serait-ce qu'un mortel emmène malgré toi tes bêtes ?
Serait-ce qu'on te tue par la ruse ou la force ? »
Du fond de l'antre, le grand Polyphème répondit :
« Par ruse, et non par force, amis ! Mais qui me tue ?
Personne ! »
« Si tu es seul et si nul ne te fait violence,
contre la maladie qui vient de Zeus[5], on ne peut rien.
Implore donc plutôt le seigneur Poséidon, ton père ! »

Ils s'éloignèrent sur ces mots, et mon âme riait
de les voir abusés[6] par mon nom et par ma personne.
Le Cyclope, geignant et torturé par la douleur,
vint enlever en tâtonnant le bloc d'entrée,
puis s'assit dans l'entrée en étendant les bras
pour nous prendre si nous sortions parmi les bêtes :
il me croyait dans ses entrailles assez sot pour cela !
Mais je me demandais comment nous en tirer au mieux,
cherchant quelque moyen, pour mes compagnons et pour moi,
d'échapper à la mort. J'ourdissais[7] cent tours et cent ruses,
car notre vie était en jeu, et le désastre proche.
Or voici le projet que mon cœur jugea le plus sage :
il avait des béliers bien nourris, d'épaisse toison,
beaux et grands, qui portaient une laine foncée :
sans bruit, je les liai avec ces osiers bien tressés
sur lesquels le géant sans justice dormait,
trois par trois ; celui du milieu porterait l'homme,
les deux autres le flanqueraient[8], sauvant mes gens.
Ainsi chaque homme était porté par trois béliers. [...]

*À suivre...*

*Ulysse s'échappant de l'antre du Cyclope*, vase attique à figures noires, fin -500, 33 × 35,5 × 30 cm, Athènes (Grèce).

1. le cadeau qu'Ulysse souhaitait offrir au Cyclope.
2. troublé.
3. tu demandes.
4. appela.
5. la folie.
6. trompés.
7. complotais, imaginais, inventais.
8. les deux autres seraient placés sur les côtés.

## Oral

Imaginez la réponse qu'Ulysse et ses compagnons font au Cyclope lorsque celui-ci leur annonce le don qu'il leur fera : « eh bien, je mangerai Personne le dernier et les autres d'abord. Voilà le don que je te fais ! ». Quel reproche pourraient-ils lui faire ? Qu'éprouveraient-ils ? **Jouez** ensuite votre texte par groupe **en étant expressifs**.

## Après avoir lu le texte

**1** Pourquoi Ulysse n'essaie-t-il pas d'attaquer le Cyclope avec son épée ?

**2** **a.** Vers 3 à 20, quels sont les deux mots caractérisés par l'adjectif « doux » ? ▸ Langue, p. 272

**b.** Selon vous, que cherche à faire Ulysse grâce à ces deux « douceurs » ?

**3** Quel nom Ulysse se donne-t-il ? Pourquoi ?

**4** Vers 42-43, pourquoi Ulysse est-il amusé ? Expliquez ce jeu de mots : « abusés par mon nom et par ma personne ».

**Bilan** Selon vous, ces ruses étaient-elles cruelles ou nécessaires ? Auraient-elles pu prendre une autre forme ?

Complétez votre **carte Mémo**.

## Histoire des mots

Emprunt à l'italien *disastro*, le nom commun « **désastre** » (v. 52) est composé du préfixe péjoratif *dis-* (devenu *dés-*) et du radical « astre ». Proposez un synonyme qui pourrait remplacer ce nom dans l'extrait.

## Point de cours

• Le terrifiant Cyclope a une attitude impulsive et cruelle. Plein de sang-froid, Ulysse élabore avec ses compagnons une ruse qui leur permet de se venger et de lui échapper. Les ruses d'Ulysse s'avèrent plus puissantes que la force physique de Polyphème.

# TEXTE 4

**OBJECTIF**
Saisir l'ambivalence d'une créature monstrueuse

**COMPÉTENCE**
Comparer deux passages du récit pour nuancer son point de vue

## Écrit — PÉDAGOGIE DIFFÉRENCIÉE

Ulysse et ses compagnons ont échappé à l'impitoyable Polyphème. Ce n'est que pour mieux rencontrer à nouveaux des géants belliqueux ! Pour découvrir les Lestrygons et inventer vous-mêmes un combat épique, rendez-vous à l'**Atelier 2**, p. 80.

# Sur l'ile de Circé

*Après avoir échappé aux Lestrygons, les survivants accostent en Aiaié. Épuisés et effrayés par leurs mésaventures précédentes, ils n'osent pas explorer l'ile. Ulysse décide alors de tirer au sort ceux qui s'y rendront.*

Au fond d'un val[1], ils virent les demeures de Circé
faites de pierre lisse en un lieu découvert.
Autour étaient des loups des montagnes et des lions
qu'elle avait su ensorceler avec ses drogues ;
Ils ne bondirent pas sur les hommes, tout au contraire :
ils s'approchaient pour les flatter de leur puissante queue.
Comme lorsque les chiens flattent leur maître qui revient
d'un banquet, car toujours il leur apporte des douceurs,
ces loups de forte griffe et ces lions les entouraient,
flatteurs. Mes gens tremblaient devant ces affreux fauves.
Ils s'arrêtèrent dans l'entrée de la déesse ;
Ils entendaient Circé chanter dedans à belle voix
en tissant de la toile, un de ces fins ouvrages
gracieux et brillants, tels qu'en font les déesses.
Alors prit la parole Politès, le capitaine,
qui m'était le meilleur et le plus cher des compagnons :
« Amis, quelqu'un tisse une grande toile là-dedans
et chante un si beau chant que toute la salle en bourdonne :
est-ce une femme, une déesse ? Appelons-la ! »
Comme il avait parlé, ils poussèrent des cris d'appel.
Elle, accourant, ouvrit ses portes scintillantes
et les héla[2] ; tous ces imprudents la suivirent.
Seul Euryloque ne bougea, flairant l'embûche.
Elle les conduisit vers les sièges et les fauteuils,
puis leur mêla du miel, de la farine et du fromage
dans du vin de Pramnos, ajoutant ensuite au mélange
un philtre qui devait leur faire oublier la patrie.
Elle avança la coupe, qu'ils vidèrent ; peu après,
sur un coup de baguette, ils étaient bouclés dans les tects[3].
Des cochons, ils avaient les groins, les grognements, les soies,
tout enfin, sauf l'esprit, qui resta esprit de mortel.
Ainsi bouclés, ils larmoyaient ; et Circé leur jetait
des glands, des faînes et des fruits de cornouiller[4],
tout ce que mangent les cochons vautrés à terre.
Euryloque revint en hâte au croiseur noir[5]
pour m'informer du sort sans douceur de nos gens. [...]

↑ **Wright Barker**, *Circé* (détail), 1889, huile sur toile, galerie d'art Cartwright Hall, Bradford (Royaume-Uni).

## Après avoir lu le début du texte

**1** Que pensez-vous de la magicienne Circé ? Justifiez vos impressions en vous aidant de ces adjectifs : hospitalière, cruelle, maligne, enchanteresse, sournoise, séductrice.

*Ulysse se rend chez Circé pour sauver ses amis. Protégé par le dieu Hermès, il évite le piège tendu par la déesse. Elle accueille alors le voyageur comme un véritable hôte et lui offre un repas.*

« Ô Circé, quel est l'homme ayant quelque justice
qui oserait toucher à ce pain ou au vin
avant d'avoir revu, sauvé ses compagnons ?
Si c'est loyalement que tu m'invites à manger,
délivre-les d'abord, que je revoie mes compagnons ! »
Tels furent mes propos. Circé sortit de la grand-salle,
sa baguette à la main, ouvrit les portes de l'étable
et fit sortir mes gens, pareils à des porcs de neuf ans.
Ils se dressèrent devant elle ; et passant parmi eux,
elle enduisit le corps de chacun d'eux d'une autre drogue.
Ils perdirent alors les soies dont les avait couverts
le premier philtre de Circé la souveraine.
Ils redevinrent des mortels, plus jeunes qu'ils n'étaient,
beaucoup plus beaux encore et plus grands d'apparence.
Chacun me reconnut, ils me prenaient la main,
tous sentaient le désir des pleurs, et la maison
retentissait de cris : Circé même s'attendrissait… […]

*À suivre…*

**1.** une vallée entre des montagnes. **2.** appeler d'une voix forte. **3.** enclos. **4.** un arbuste. **5.** le bateau.

↑ **John W. Waterhouse**, *Circe Invidiosa*, 1892, huile sur toile, galerie d'art d'Australie du Sud.

## Après avoir lu le texte

**2** Vers 1 à 10, quels indices auraient pu alerter les voyageurs sur les pouvoirs de Circé ?

**3** Qu'est-ce qui attire Politès et ses compagnons dans sa demeure ?

**4** Après que les compagnons d'Ulysse ont mangé et bu, que leur arrive-t-il ?

**5** « baguette » (v. 43), « philtre » (v. 48) :
**a.** À quel champ lexical appartiennent ces mots ? ▸ Langue, p. 338
**b.** À quel personnage de conte de fées vous font-ils penser ?

**6** Comment Circé réagit-elle aux paroles d'Ulysse ? Était-ce prévisible ?

**Bilan** Discutez l'impression que Circé vous a faite au début puis à la fin de l'extrait : est-elle monstrueuse ? Pourquoi ?

Complétez votre **carte Mémo.**

## Histoire des arts

L'opéra italien *Ulisse all'Isola di Circe* de Gioseffo Zamponi fut créé en 1650 à Bruxelles, à l'occasion d'un mariage royal. Cet opéra comporte de nombreux changements de décors. Circé, Ulysse, Mercure ou Neptune monté sur son char apparaissent avec des effets spéciaux impressionnants.

**1. Écoutez** le chant de Circé dialoguant avec Ulysse. Quelles émotions percevez-vous ?

Extrait

**2. Imaginez** le mariage royal : pensez-vous que cet opéra était un bon choix pour ces festivités ? Pourquoi ?

### Point de cours

- Circé, à la fois humaine, à la fois magicienne, a de grands pouvoirs. Si elle se montre redoutable envers les marins de passage, elle s'attendrit face à l'attitude fraternelle d'Ulysse envers ses compagnons.

TEXTE 5

**OBJECTIF** Saisir les qualités dont le héros fait preuve **COMPÉTENCE** Percevoir l'enchainement de péripéties

# Des Sirènes à Charybde et Scylla

*Circé a alerté Ulysse des dangers qu'il va rencontrer. Son équipage et lui sont prêts à les affronter.*

Moi, coupant en morceaux un grand cercle de cire,
avec le glaive aigu, je le pétris de mes mains fortes ;
il s'amollit bientôt, comme le voulait la puissance
du Soleil et les feux du roi fils d'Hypérion[1].
J'en bouchai les oreilles à l'un de mes gens après l'autre.
Ils me lièrent pieds et mains dans le bateau,
debout sur l'emplanture[2], en m'y attachant avec cordes ;
puis, aux bancs, on battit des rames les eaux grises.
Mais, quand on s'en trouva à la portée du cri,
passant en toute hâte, ce navire bondissant
ne leur échappa point, qui entonnèrent un chant clair :
« Viens, Ulysse fameux, gloire éternelle de la Grèce,
arrête ton navire afin d'écouter notre voix !
Jamais aucun navire noir n'est passé là
sans écouter de notre bouche de doux chants.
Puis, on repart, charmé, lourd d'un plus lourd
[trésor de science.
Nous savons en effet tout ce qu'en la plaine de Troie
les Grecs et les Troyens ont souffert par ordre des dieux,
nous savons tout ce qui advient sur la terre féconde... »
Elles disaient, lançant leur belle voix, et dans mon cœur,
je brûlais d'écouter, priai mes gens d'ôter mes liens
d'un signe des sourcils : ils se courbèrent sur leurs rames.
Aussitôt, Euryloque et Périmède se levèrent,
multipliant mes liens et leur donnant un nouveau tour.
Quand nous les eûmes dépassées et quand enfin
nous n'entendîmes plus ni leur voix ni leur chant,
mes braves compagnons enlevèrent la cire
dont j'avais bouché leurs oreilles, et défirent mes liens.

Mais nous avions à peine doublé l'île que soudain
je vis des vagues, des vapeurs, et perçus des coups sourds.
Des mains de mes gens effrayés les rames s'envolèrent

## Oral

PÉDAGOGIE DIFFÉRENCIÉE

Les sirènes séduisent aussi les artistes !
Rendez-vous à l'**Atelier 3** p. 82 pour réaliser en groupe une **exposition virtuelle** d'œuvres d'art représentant ces personnages légendaires.

Toutes les illustrations sont extraites d'*Ulysse aux milles ruses* de **Yvan Pommaux**, l'école des loisirs, 2011.

et claquèrent sur le courant ; le bateau s'arrêta
sur place, les mains ayant lâché les longues rames.
Parcourant le bateau, j'encourageai mes compagnons
en allant l'un à l'autre avec ces douces paroles :
« Amis, serions-nous donc nouveaux dans le malheur ?
Ce danger-ci n'est pas plus grand que lorsque le Cyclope,
dans son antre profond, nous tenait par force enfermés !
Et même de ce pas, ma valeur, mes plans, mon esprit
avaient su nous tirer : vous vous en souviendrez, je pense.
Maintenant donc, courage ! Et croyez ce que je vous dis.
Vous, fermes aux tolets[3], que vos rames frappent la mer
dans ses profonds remous, gardant l'espoir que Zeus
nous permette de nous tirer de ce désastre !
Pour toi, voici mes ordres, timonier[4] : garde-les bien
en tête, car c'est toi qui barres ce navire.
Écarte le bateau de ces vapeurs et de ces vagues,
mets le cap sur l'écueil, de peur que dérivant,
il ne t'échappe, et n'aille causer notre perte ! »
Je dis, et ils cédèrent aussitôt à mes paroles.
Je me taisais encor sur Scylla, monstre inévitable,
afin qu'ils n'aillent pas, de terreur, arrêter
de ramer et se blottir tous à fond de cale[5].
C'est alors qu'oubliant le conseil malaisé à suivre
de Circé, qui m'avait défendu de m'armer,
revêtant ma glorieuse armure et prenant dans les mains
deux grandes lances, je montai sur le gaillard d'avant[6]
du navire ; et de là, je m'attendais à voir paraître
Scylla dans son rocher, qui devait nous être fatale.
Mais je ne pus l'apercevoir ; mes yeux se fatiguaient
à fouiller en tous sens les roches embrumées.
Nous avançâmes vers la passe en gémissant :
d'un côté attendait Scylla et l'autre Charybde
terrible, engloutissant la saumure de mer[7].
Quand elle la vomit, comme un chaudron sur un grand feu
en mugissant elle bouillonne toute ; et de l'écume
jaillit et couvre les deux cimes des écueils.
Mais, quand elle engloutit la saumure de mer,
elle apparaît dans le dedans troublée, et le rocher
tonne terrible autour ; tout en bas apparaît le fond
de sable sombre ; et la peur verte prit mes gens.
Nous regardions ainsi de son côté, craignant la mort,
et cependant, Scylla ravissait au profond navire
six compagnons, les meilleurs bras et les plus forts.
Ramenant mon regard au prompt navire et à mes gens,
je ne vis que leurs pieds et leurs mains au-dessus
enlevés dans les airs ; ils m'appelaient encore,
criant mon nom pour la dernière fois avec tristesse.

**Homère**, *Odyssée*, trad. Ph. Jaccottet,
La Découverte, 2004.

1. Titan, fils d'Hypérion. 2. socle sur lequel est fixé le mât du bateau. 3. tiges en métal ou en bois soutenant les rames. 4. marin en charge de guider le navire. 5. au fond du navire. 6. espace surélevé à l'avant du bateau. 7. eau de mer très salée.

## Après avoir lu le texte

1. À quels dangers l'équipage est-il confronté ? Comment Ulysse se comporte-t-il avec ses compagnons pour faire face aux différents dangers ?
2. Le monstre représenté ci-dessus est-il Charybde ou Scylla ?
3. Quelles émotions les hommes éprouvent-ils ?

**Bilan** Expliquez l'expression « tomber de Charybde en Scylla ».

*Complétez votre **carte Mémo**.*

## Après avoir lu les textes du groupement

**Visionnez** les images du retour d'Ulysse à Ithaque après vingt ans d'absence.

▶ Vidéo littéraire

### Point de cours

- Pour survivre à la rencontre des monstres qu'ils croisent l'un après l'autre et soutenir son équipage, Ulysse a dû développer de nombreuses qualités : ruse, courage, constance, force, fidélité… Homère, le plus célèbre des aèdes, a fait naître un héros légendaire, source d'inspiration pour des générations d'écrivains et d'écrivaines !

TEXTE 6

**OBJECTIF**
Créer l'attente du combat chez le lecteur

**COMPÉTENCE**
Percevoir des procédés littéraires en confrontant les textes

# Jason et Médée

## Avant de lire le texte

▶ Vidéo littéraire

↑ **John W. Waterhouse**, *Jason et Médée*, 1907, coll. particulière.

Visionnez cette vidéo sur Jason et Médée.

- Pourquoi Jason doit-il conquérir la Toison d'or ?
- Que doit-il faire pour l'obtenir ? Qui va l'aider ?

Ovide est un poète latin né en 43 av. J.-C. Dans les *Métamorphoses*, il parcourt les **mythes gréco-romains**. Il y raconte les aventures de héros, en particulier de Jason, Persée et Thésée. L'écrivaine Marie Cosnay (née en 1965) a travaillé près de dix ans sur la traduction de ce texte pour en restituer la poésie.

*Médée, éprise de Jason, s'inquiète des épreuves qui l'attendent pour obtenir la Toison d'or…*

[…] Moi, il émeut mon cœur.
Si je ne lui porte pas d'aide, il va être soufflé par la gueule du taureau,
Il va courir sur des ennemis sortis de terre, sa propre moisson,
Il sera donné en proie, en bête sauvage, au dragon gourmand. […]

*Médée a concocté pour Jason une potion d'« herbes enchantées ». Il va maintenant faire face aux redoutables taureaux.*

Le jour suivant, l'aurore a chassé les étoiles palpitantes,
le peuple se rassemble sur le champ sacré de Mars,
s'installe sur les hauteurs. Le roi lui-même s'assied au milieu
de l'armée, vêtu de pourpre, on le reconnaît à son sceptre d'ivoire.
De leurs narines dures comme du diamant, les taureaux aux pieds de bronze
soufflent Vulcain[1], les herbes touchées de vapeurs
brûlent […]
[…] Pourtant le fils d'Aéson[2]
marche aux taureaux. Ils tournent vers lui de menaçantes
têtes, terribles, des cornes pointées de fer,
ils frappent le sol poussiéreux de leurs pieds fourchus,
remplissent le lieu de gémissements fumants.
Les Minyens[3] sont raides de peur. Lui, Jason, descend,
il ne sent pas l'haleine de feu tant les remèdes sont puissants,
d'une main audacieuse il caresse les poils pendants,
soumet les bêtes au joug[4], les force à conduire le poids lourd
de la charrue, à creuser au fer un champ qui ne l'a jamais été.
La Colchide[5] s'émerveille. Les Myniens, de leurs cris, gonflent
et poussent son courage.

**Ovide**, *Métamorphoses*, livre VII, trad. M. Cosnay, Éditions de l'Ogre, 2017.

1. dieu romain du feu, des volcans et de la forge.
2. Jason.
3. habitants de la cité du roi Eétès.
4. pièce de bois que l'on met sur la tête des animaux pour les atteler.
5. Médée, fille du roi de Colchide.

## Après avoir lu le texte

**1** Quel adversaire mentionné au vers 2 retrouve-t-on dans la suite du texte ? Qui pourrait aider Jason ?

**2** Repérez le sujet du verbe « s'installe » (vers 7), puis celui de « soufflent » (vers 10). Sujet et verbe sont-ils forcément sur le même vers ?

**3** Au vers 9, à quoi sert l'adverbe « comme » ? Qu'apprend-on sur les taureaux ?

**4** Que ressentent les spectateurs face aux taureaux ? Pourquoi ?

**5** Comment Médée aide-t-elle Jason ? Comment les spectateurs l'aident-il aussi ?

**Bilan** Quels éléments préparent le combat et tiennent en haleine le lecteur ?

## Oral

Le roi Pélias croit aux prédictions et éloigne son neveu Jason sous prétexte qu'il lui manque une sandale. Et vous, croyez-vous aux superstitions ? Lesquelles connaissez-vous ? **Expliquez** leurs origines et les peurs qu'elles expriment.

DOCUMENT ÉCHO

*Après avoir dompté les taureaux et affronté les guerriers sortis de terre, Jason doit s'emparer de la Toison d'or gardée par un terrible dragon…*

↑ **L. Ferry, C. Bruneau et A. Jubran**, *Jason et la Toison d'or*, t. 3 « Les Maléfices de Médée », Glénat, 2019.

## Après avoir lu le document écho

**6** Observez les trois premières vignettes : qu'est-ce qui montre que Jason est aidé par Médée ?

**7** Comment la taille du dragon est-elle mise en valeur ?

**8** Pourquoi va-t-il être difficile pour Jason de s'emparer de la Toison ?

**Bilan** À quoi sert le face-à-face entre le héros et le monstre avant le combat ?

Complétez votre **carte Mémo.**

## Écrit

PÉDAGOGIE DIFFÉRENCIÉE

★★★ **Rédigez** un paragraphe pour raconter le face-à-face entre Jason et le dragon avant le combat.

★★★ **Rédigez** un paragraphe développé pour raconter le face-à-face entre Jason, aidé par Médée, et le dragon avant le combat.

Intégrez des comparaisons à l'aide de l'adverbe « comme » pour décrire le dragon et soulignez le danger encouru face à ce monstre. Vous pouvez piocher dans **Ma réserve de mots** pour enrichir votre paragraphe.

### Ma réserve de mots

**Verbes :** approcher • redouter • fixer • observer • rugir • menacer • s'armer
**Adjectifs :** gigantesque • terrifiant • puissant • impitoyable • impressionnant • intimidant • griffu
**Noms (émotions) :** peur • abattement • effroi • stupeur • surprise • crainte • découragement • terreur

### Point de cours

• Dans les *Métamorphoses*, Ovide retrace les aventures des héros les plus célèbres des mythes gréco-romains et plus particulièrement leurs combats face à de nombreux monstres. Pour souligner le danger encouru par le héros, Ovide exprime l'attente du combat entre le héros et le monstre grâce aux annonces de l'affrontement, aux descriptions des créatures et aux réactions de ceux qui vont y assister.

**TEXTE 7**

# Persée et Andromède

**OBJECTIF**
Percevoir la dimension épique d'un combat

**COMPÉTENCE**
Réinvestir des procédés d'écriture

## Avant de lire le texte

Visionnez cette vidéo sur Persée et Andromède.

- Pourquoi Persée rencontre-t-il Andromède ?
- Pourquoi Andromède est-elle enchainée à un rocher ?

▶ Vidéo littéraire

↑ Danaé et son fils Persée.

*Andromède est enchainée à un rocher. Elle sait que le monstre arrive…*

La fille hurle. Le père endeuillé avec
la mère arrive, les deux malheureux, mais leur fille à plus juste titre. [...]
Voici que, comme un navire excité, éperon[1] en proue,
laboure les eaux, poussé, par les bras des garçons en sueur,
la bête, les eaux tranchées sous le choc de sa poitrine,
s'est approchée du rocher : aussi proche qu'est le ciel
de la fronde des Baléares, quand on lance le plomb :
soudain le garçon, des pieds poussant la terre,
droit, aux nuages s'élève. Dès qu'à la surface de l'eau
on voit l'ombre de l'homme, la bête fonce sur l'ombre qu'elle voit.
Comme l'oiseau Vole-Vite de Jupiter[2], quand il voit dans un champ vide
un serpent qui offre à Phœbus[3] son dos blanc,
l'attaque dans le dos et, pour que sa gueule cruelle ne se retourne contre lui,
plante ses griffes avides dans le cou d'écailles.
Ici, d'un vol rapide, tête en avant, jeté dans l'espace,
Persée tombe sur le dos de la bête tremblante : dans son épaule droite,
il fourre le fer, jusqu'au crochet courbé.
La bête lourde, blessée, parfois soulevée dans les airs,
se dresse, parfois se cache sous les eaux, parfois féroce
tourne comme un sanglier qu'une meute de chiens bruyante effraie.
Persée, lui, échappe, d'ailes vives, aux morsures avides.
Partout où il peut, sur le dos couvert de coquillages creux,
sur les flancs, à l'endroit où la queue très mince
finit en poisson, il frappe, de son épée arquée.
Le monstre vomit par la bouche des flots mêlés
de sang pourpre. Les ailes de Persée, alourdies, se mouillent,
éclaboussées, à ses talonnières imbibées d'eau il n'ose plus
se fier. Il aperçoit un rocher. Le bout du sommet
émerge quand les eaux reposent, est couvert quand la vague remue.
Il s'y appuie, de sa main gauche se tient à la pointe du rocher,
Trois fois, quatre fois, pousse le fer dans les flancs du monstre, encore.
Alors clameur et applaudissements remplissent le rivage et les maisons
supérieures des dieux, ils se réjouissent - saluent leur gendre,
leur soutien, le sauveur de leur maison, ils l'avouent,
Cassiope[4] et le père, Céphée. Libérée de ses chaînes,
la fille s'avance, prix et cause de l'épreuve.
Lui, il lave d'eau puisée ses mains de vainqueur.

**Ovide**, *Métamorphoses*, livre IV, trad. M. Cosnay, Éditions de l'Ogre, 2017.

**1.** pointe renforcée qui sert d'arme sur la proue du navire. **2.** l'aigle. **3.** le Soleil. **4.** mère d'Andromède.

## Après avoir lu le texte

**1** Identifiez qui est désigné par ces GN : « la fille » (v. 1), « le père » (v. 1), « la mère » (v. 2), « les deux malheureux » (v. 2), « la bête » (v. 5), « le garçon » (v. 8), « l'homme » (v. 10).

**2** Vers 8 à 10, relevez les mots qui montrent que les actions s'enchainent rapidement.

**3** Étudiez trois comparaisons. **a.** Qui se déplace dans l'eau « comme un navire excité » (v. 3) ? Lisez le vers 5 pour trouver la réponse. **b.** « Persée tombe sur le dos de la bête tremblante » (v. 16). À quoi la manière de Persée de sauter sur son adversaire est-elle comparée ? Vers 11 à 13, quel mot indique le début de la comparaison ? **c.** Vers 18 à 21, relevez la comparaison. Que nous permet-elle de comprendre ?

**4** Vers 21 à 31, comment se comporte Persée ? Relevez les mots qui soulignent la violence du combat.

**5** Vers 32 à 37, comment la victoire de Persée est-elle célébrée ?

**Bilan** Qu'est-ce qui rend ce combat frappant pour le lecteur ?

# Méduse TEXTE ÉCHO

*Persée s'approche du repaire de la Gorgone Méduse…*

Dans les champs, un peu partout,
sur les chemins, il a vu des simulacres d'hommes et de bêtes
transformés, car ils ont vu Méduse, en pierres.
Lui, la beauté de l'horrible Méduse, dans le reflet du bronze
du bouclier qu'il porte à la main gauche, il l'a aperçue.
Pendant que le sommeil la tenait, elle et ses serpents,
il a tranché la tête du cou, et Pégase, fugueur
ailé, et son frère[1] Chrysaor, sanglier ailé sont nés du sang
de cette mère.

**Ovide**, *Métamorphoses*, IV, trad. M. Cosnay, Éditions de l'Ogre, 2017.

1. Chrysaor, sanglier ailé.

## Après avoir lu le texte écho

**6** Quel est le pouvoir de Méduse ?

**7** Comment Persée est-il parvenu à la vaincre ?

**8** À qui la mort de Méduse donne-t-elle naissance ?

**Bilan** De quelles qualités Persée a-t-il fait preuve ?

*Complétez votre carte Mémo.*

## Oral

Observez le tableau de Gustave Moreau et **décrivez** très précisément Persée, en particulier son casque (pétase), ses sandales et son bouclier.

← **Gustave Moreau**, *Persée et Andromède*, 1882, aquarelle, coll. particulière.

## Oral ou Écrit — PÉDAGOGIE DIFFÉRENCIÉE

**Aède** ou **Écrinaute** ? Choisissez votre présentation : à l'oral ou sur traitement de texte.

Persée s'approche de Méduse endormie, mais celle-ci se réveille ! Imaginez le combat en impressionnant votre auditeur ou votre lecteur grâce :

- aux mots de liaison (soudain, tout à coup, alors, ensuite, c'est alors que…).
- aux répétitions et aux exagérations pour souligner l'intensité du combat.
- à des comparaisons pour illustrer le combat.

### Point de cours

- Le combat contre les monstres est l'occasion de moments épiques mettant en valeur les prouesses des héros grâce aux images (comparaisons, exagérations), à l'enchainement des actions et au lexique de la violence.

HISTOIRE DES ARTS

Questionner monstruosité et héroïsme avec le Minotaure

# Regards d'artistes sur le Minotaure

**OBJECTIF**
Comprendre la fascination des artistes pour le Minotaure

**COMPÉTENCE**
Comparer des œuvres de différentes époques

## Le mythe du Minotaure

▶ Vidéo littéraire

Visionnez cette vidéo.

**1** Où est enfermé le Minotaure ?

**2** Qui aide Thésée à affronter le Minotaure ? Comment ?

*Pasiphaé et le Minotaure*, kylix attique à figures rouges, 340-320 av. J.-C., BnF. →

## Reconstituer le mythe

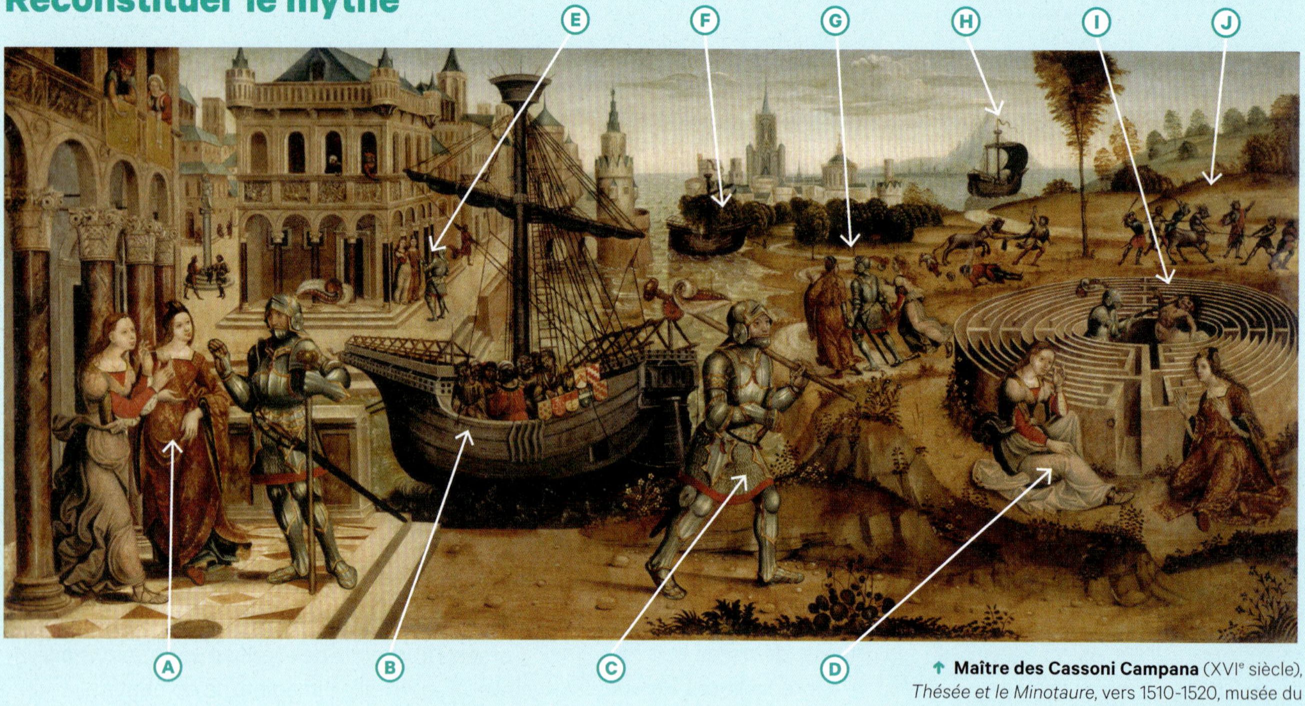


↑ **Maître des Cassoni Campana** (XVIe siècle), *Thésée et le Minotaure*, vers 1510-1520, musée du Petit-Palais, Avignon.

Observez ce tableau.

**3** Thésée ressemble-t-il à un héros antique ? À quoi ressemble-t-il davantage ? Relevez la date de réalisation de la peinture.

**4** Repérez le Minotaure. Comment est-il représenté ?

**5** Retrouvez les dix moments du mythe sur le tableau.

1. Thésée affronte le Minotaure dans le labyrinthe.
2. Ariane et sa sœur Phèdre attendent Thésée à l'entrée du labyrinthe.
3. Le Minotaure est capturé par les hommes.
4. Ariane et sa sœur accueillent Thésée en Crète.
5. Les sept jeunes filles et sept jeunes hommes embarquent pour rejoindre le labyrinthe.
6. Ariane remet la bobine de fil à Thésée.
7. Ariane, Phèdre et Thésée s'éloignent du labyrinthe.
8. Le bateau avec Thésée, Ariane et Phèdre quitte la Crète.
9. L'embarcation est en route vers Athènes.
10. Thésée part combattre le Minotaure.

Œuvre 1

## Comparer diverses représentations

PÉDAGOGIE DIFFÉRENCIÉE

Par groupe, choisissez une des trois œuvres et analysez la représentation du monstre.

**6** Identifiez le titre de l'œuvre, la technique utilisée, l'artiste (s'il est connu) et l'époque de création.

**7** Quel passage du mythe est illustré ? Quels indices vous ont aidé ?

**8** Décrivez précisément le Minotaure. Quelle image du personnage l'œuvre véhicule-t-elle ?

Œuvre 2

Œuvre 3

**1** *Thésée et Minotaure dans le Labyrinthe* (début IIIe siècle), mosaïque d'une villa romaine, université de Miséricorde, Fribourg (Suisse).

**2** **Jean-Baptiste Peytavin**, *Les Sept Athéniennes livrées au Minotaure* (détail), 1802, huile sur toile, musée des Beaux-Arts, Chambéry.

**3** **George Frederic Watts**, *Le Minotaure*, 1885, huile sur toile, Tate Gallery, Londres.

TEXTE 8

# Ariane contre le Minotaure

**OBJECTIF**
Comprendre les enjeux de la réécriture d'un mythe

**COMPÉTENCE**
Comparer des textes antiques à leur réécriture moderne

Comédienne, dramaturge, professeure, Marie-Odile Hartmann, née en 1952, s'intéresse aux mythes qui, comme la poésie ou la musique, nous parlent autrement (mieux, dit-elle) du monde. La **mythologie grecque** l'a toujours fascinée par sa puissance d'évocation.

*Arrivé en Crète pour être livré au Minotaure avec d'autres jeunes Athéniens, Thésée s'entretient avec Ariane, fille du roi Minos…*

Thésée reprit la parole :

– La servante m'a dit aussi que tu voulais m'aider… Je te préviens tout de suite : je suis venu pour tuer le Minotaure ou pour mourir.

– Tu es vraiment très courageux, lui dit-elle, pleine d'admiration. Je le savais déjà, car la renommée de tes exploits est parvenue jusqu'en Crète ! Seulement, soupira-t-elle, le monstre que tu veux tuer est presque invincible !

– Il est invaincu mais pas invincible !

– C'est là que mon aide te sera précieuse, répliqua Ariane, les yeux brillants. Car une fois dans le Labyrinthe, deux problèmes vont se poser : d'abord, tu n'auras pas d'arme pour affronter le Minotaure. Comment t'y prendras-tu ? Et ensuite, comment feras-tu pour sortir du Labyrinthe ?

– Je dois compter sur ma force et sur l'aide des dieux…

– À lui seul, le monstre pèse autant que trois beaux taureaux réunis. Sa puissance est redoutable. Même ton cousin Héraclès n'en viendrait pas à bout sans une arme. Quant au Labyrinthe, c'est un enchevêtrement inextricable de couloirs et de salles de toutes les tailles ! Et le pire, c'est qu'il est mouvant !

– Comment cela mouvant ?

– Oui ! Il change de forme ! Dédale l'a conçu ainsi, il l'a animé d'un mécanisme qui en fait pour ainsi dire un organisme vivant, imprévisible. Personne n'en est jamais sorti.

Elle vit que Thésée se tassait sur le banc, gagné par le découragement.

– Mais ne t'inquiète pas, s'écria-t-elle triomphalement, j'ai la solution ! […]

Ariane se dépêcha d'indiquer à Thésée où serait cachée l'épée destinée à combattre le Minotaure. Elle lui explique aussi comment sortir du Labyrinthe, à l'aide d'une pelote de fil qu'il trouverait avec l'épée, et qu'il déroulerait au fur et à mesure de sa progression.

*Thésée s'est engagé dans le Labyrinthe et, avec l'aide d'Ariane, il est parvenu jusqu'au Minotaure qu'il a vaincu. Il entame le chemin pour sortir du bâtiment…*

Il mit un certain temps à parcourir en sens inverse toutes les circonvolutions[1] de l'aller. Quand il repassa par la salle décorée, il examina de plus près les peintures murales et fut frappé par leur finesse. Dans un coin, il trouva de petits tas de différentes couleurs : de la roche pilée, des végétaux écrasés. C'étaient tous les pigments utilisés pour réaliser les fresques. Il y avait aussi de petits instruments fabriqués à partir de bois, de pierre, de poils… Qui, à part le Minotaure, pouvait avoir travaillé dans cette pièce ? Après tout, il avait un corps d'homme, des mains qui pouvaient être habiles, et Thésée se souvint du regard si humain qu'il avait surpris dans cette tête de taureau avant le combat !

« Allons, je ne vais tout de même pas m'attendrir sur le sort de ce monstre, grommela-t-il. Il m'aurait dévoré si je ne l'avais pas tué ! »

Il reprit sa route et fut bientôt accueilli par les cris de joie des jeunes Athéniens, tous sains et saufs.

**Marie-Odile Hartmann**, *Ariane contre le Minotaure*, Nathan, 2004.

**HISTOIRE DES MOTS**

Que désigne l'expression « un fil d'Ariane » ? Faites une recherche et indiquez ses différents sens, en particulier dans les domaines de la navigation, du cirque et de la plongée.

1. tours et détours.

## Après avoir lu le texte

PÉDAGOGIE DIFFÉRENCIÉE

Attachez-vous à l'un des personnages, puis répondez collectivement au Bilan.

### Thésée

1 Dans ses deux premières répliques, qu'est-ce qui montre la détermination de Thésée (vocabulaire, forme de phrase) ?

2 L. 14 à 22, qu'est-ce qui traduit cependant qu'il commence à douter ?

3 Comment Thésée manifeste-t-il physiquement son découragement ? Pourquoi ?

4 L. 30 à 38, que découvre Thésée en rebroussant chemin ? Qu'est-ce que cela montre du Minotaure ?

### Ariane

1 L. 11-12, dans quel but Ariane pose-t-elle ces questions à Thésée ?

2 L. 14 à 18, quels dangers Ariane évoque-t-elle pour convaincre Thésée d'accepter son aide ?

3 L. 24, Ariane s'écrie « triomphalement » : qu'a-t-elle réussi ? Que propose-t-elle alors ?

4 Ariane appelle le Minotaure un « monstre ». Pourquoi Thésée est-il sur le point de « s'attendre » sur lui à la fin du texte ?

**Bilan** Le titre du livre est *Ariane contre le Minotaure*. Est-ce vraiment Ariane qui affronte le Minotaure ? En quoi le titre peut-il se justifier ?

↑ **Moebius**, *Le Fil d'Ariane*, 2005, aquarelle, collection privée de l'artiste


Voici trois textes datant de l'Antiquité qui mentionnent l'épisode étudié. TEXTES ÉCHOS

Et l'on charge de couronnes l'image sainte et vénérée de l'antique Cypris[1] que Thésée consacra, avec les jeunes enfants, au retour de Crète : échappés au monstre mugissant, rejeton féroce de Pasiphaé, sortis des détours du tortueux labyrinthe, ils dansaient en cercle, autour de ton autel [...].

**Callimaque**, *Hymne à Délos*, IIIe siècle av. J.-C., 307-310.

Lorsqu'ils eurent débarqué en Crète, Ariane, la fille de Minos, s'éprit de Thésée qui se distinguait par sa belle apparence, et Thésée, après s'être entretenu avec elle, et avoir reçu son assistance, tua le Minotaure, puis, ayant appris d'elle comment sortir du Labyrinthe, il sortit sain et sauf.

**Diodore de Sicile**, *Bibliothèque historique*, Ier siècle av. J.-C., IV, 61, 4-5, trad. A. Bianquis, CUF, 1997.

Thésée une fois arrivé en Crète, fut l'objet, de la part d'Ariane, fille de Minos, d'un amour tel qu'elle trahit son frère et sauva son hôte ; elle indiqua en effet à Thésée la sortie du Labyrinthe. Une fois qu'il y fut entré et qu'il eut tué le Minotaure, il regagna l'extérieur en suivant à rebours un fil, sur le conseil d'Ariane.

**Hygin**, *Fables*, XLII, Ier siècle av. J.-C., trad. J.-Y. Boriaud, CUF, 1997.

1. autre nom d'Aphrodite, déesse de l'amour.

## Après avoir lu les textes échos

5 Dans les extraits, comment sont désignés Ariane ou le Minotaure ?

6 Comparez les extraits : lequel ne mentionne pas Ariane ? lequel est le plus précis sur la manière dont Ariane a aidé Thésée ?

**Bilan** Comparez la réécriture moderne aux versions antiques : quel rôle Ariane a-t-elle ? Comment évolue le personnage du Minotaure ?

Complétez votre carte Mémo.

### Écrit

Thésée retrouve Ariane en sortant du labyrinthe. **Imaginez le dialogue** au cours duquel Ariane questionne Thésée à propos du combat avec le Minotaure et son chemin pour retrouver la sortie.

### Point de cours

- Les mythes, comme celui du Minotaure, sont réinterprétés en fonction des époques pour mettre en relief leur complexité : Ariane acquiert une grande importance dans celle de M.-O. Hartmann. Son aide est déterminante dans la victoire de Thésée contre le monstre.

TEXTE 9

# Thésée affronte le Minotaure

**OBJECTIF**
Réfléchir sur la monstruosité

**COMPÉTENCE**
Confronter ses hypothèses de lecture à un texte

## Avant de lire le texte

À votre avis comment va se dérouler le combat entre Thésée et le Minotaure ?

Muriel Szac, autrice et journaliste, s'est intéressée aux **mythes antiques et à leur dimension universelle** dont elle **fait résonner la puissance** dans nos sociétés actuelles.

*Thésée et ses compagnons ont pénétré dans le labyrinthe. Ils se perdent dans les couloirs, tandis qu'Ariane guette à la sortie, en tenant sa pelote de fil.*

Ce que Thésée venait de voir dépassait l'imagination. Le Minotaure était doté d'une énorme tête de taureau, posée sur un corps d'homme. Une longue chevelure broussailleuse lui descendait jusqu'au milieu du dos. Il avait des muscles si saillants qu'on aurait dit une cuirasse. Malgré sa répulsion, Thésée ne put s'empêcher d'éprouver une sorte de fascination pour le monstre, comme il avait admiré le taureau blanc de Marathon, le père du Minotaure, avant de le vaincre.

Mais ce qui impressionna surtout Thésée, ce furent les deux énormes cornes que le Minotaure était en train d'affûter. Il frottait ses cornes contre la paroi rocheuse, frottait, frottait. Des étincelles parfois en jaillissaient. « C'était ça, le raclement que j'entendais », murmura Thésée, et un frisson lui parcourut le dos. La bête se préparait pour son festin de chair humaine. Thésée, blotti contre la paroi, osait à peine respirer. De longues minutes s'écoulèrent. [...]

Le Minotaure avait cessé d'aiguiser ses cornes. Il s'était assis, dans une posture quasi humaine. De son large mufle sortait ce que Thésée prit d'abord pour des grognements. Cela ressemblait plutôt à des gémissements, presque à une plainte. Le Minotaure laissait le menton de sa monstrueuse tête reposer sur sa poitrine ; il avait l'air de pleurer. [...]

Bouleversé, Thésée trébucha légèrement. Le Minotaure, surpris, redressa la tête. Son regard, d'une tristesse infinie, croisa celui de Thésée. L'instant d'après, le Minotaure était debout, prêt à se battre. Le voile de la tristesse dans ses yeux avait disparu. Ils étaient maintenant injectés de sang. Face à un homme, il ne connaissait que l'affrontement à mort. Il baissa la tête et bondit vers Thésée, ses cornes pointées comme des épées. Thésée n'eut que le temps de se jeter sur le côté pour éviter de se faire embrocher. Le Minotaure se retourna, et se rua à nouveau sur lui. Il poussait des mugissements sauvages. Toute trace d'humanité l'avait quitté.

Thésée chercha longtemps à éviter leur corps-à-corps. Quelque chose en lui se refusait au combat. Il se contentait d'esquiver les assauts du Minotaure, sans le frapper. Cette lutte, qui n'en était pas une, durait. Le Minotaure était puissant, mais Thésée était rapide. Il l'évitait. Le Minotaure commença à s'essouffler. Peu à peu, il chargea moins furieusement.

C'est alors que se produisit un événement tout à fait extraordinaire : brusquement, le Minotaure cessa ses attaques. Il fixa Thésée avec intensité, comme s'il voulait lui dire quelque chose. Dans la caverne, on n'entendait plus que le souffle rauque du monstre. Et Thésée eut l'impression qu'il parlait. Sans un mot, le Minotaure lui adressait une supplique. Il n'en pouvait plus. Il n'avait plus envie de vivre cette vie.

Thésée comprit le message. Il hocha la tête pour faire signe qu'il acceptait le combat. Alors, le Minotaure se rua sur lui. Et cette fois, Thésée ne chercha pas à l'éviter. Lorsque le Minotaure arriva à sa hauteur, le jeune homme bondit, l'agrippa par les cheveux et lui tordit brutalement le cou. Les cornes pointues manquèrent une nouvelle fois leur cible. Thésée se battait à mains nues. Il se mit à frapper le monstre juste entre les deux cornes. Une pluie de coups de poing, de plus en plus violents. Thésée frappait comme si le Minotaure lui avait transmis sa propre sauvagerie. Le Minotaure ne se dégagea pas. Il poussa un mugissement de bête blessée et s'affaissa sur le sol. Thésée crut voir de la reconnaissance dans son regard. Mais peut-être l'espérait-il seulement...

Le Minotaure ferma les yeux pour toujours.

*Le Feuilleton de Thésée, La mythologie grecque en cent épisodes,*
Murielle Szac © 2011 Bayard Éditions.

## Après avoir lu le texte

PÉDAGOGIE DIFFÉRENCIÉE

Par groupe de deux élèves, répondez au court questionnaire sur l'un des personnages, puis, à quatre, répondez ensemble aux questions d'interprétation.

### Le Minotaure

**1** Dans un tableau, classez les GN décrivant le Minotaure de la ligne 1 à 21.

| Éléments humain | Éléments animaux |
| --- | --- |

**2** L. 22 à 40, quels détails donnent au Minotaure une apparence humaine ? L. 38-39, quelle comparaison montre que cette humanité disparait ?

**3** Mettez dans l'ordre les attitudes du Minotaure en lisant l. 41 à la fin du texte.
**a)** Le Minotaure cesse ses attaques. **b)** Le Minotaure multiplie ses assauts. **c)** Le monstre fixe le héros. **d)** Le Minotaure ne se dégage pas des attaques. **e)** Le monstre se rue sur Thésée. **f)** Le Minotaure s'affaisse au sol.

### Thésée

**1** L. 1 à 21, relevez les expressions qui traduisent la peur du héros.

| Manifestations physiques | Manifestations psychologiques |
| --- | --- |

D'après Thésée à quoi se prépare le Minotaure ?

**2** Relisez l. 22 à 32, pourquoi Thésée est-il « bouleversé » ?

**3** L. 41 à la fin du texte, pourquoi Thésée refuse-t-il le combat puis frappe-t-il violemment le Minotaure ? Relevez la comparaison. Qu'arrive-t-il à Thésée ?

### Interprétation

**1** En quoi le Minotaure et le héros s'opposent-ils ?

**2** Pourquoi le Minotaure n'est-il pas si monstrueux ?

**3** Quel transfert (échange) a eu lieu entre le monstre et le héros ?

**Bilan** En quoi le héros et le monstre se ressemblent-ils finalement ?

# Minotaure

TEXTE ÉCHO

À manger son propre sang
En tartine sur du pain

À boire l'eau de l'étang
Où les morts prennent leur bain

À prononcer des paroles
Nées de cœurs empoisonnés

À fréquenter les écoles
Des esprits emprisonnés

À marcher sur le chemin
Où l'on marche avec les mains

Le Minotaure a vieilli
Loin des siens et du pays

Il va retrouver les sphinx
Les licornes et les lynx

Qui lui disent il est tard
Déjà l'on ferme l'enceinte

L'homme salera ton lard
Dans un coin du labyrinthe

Mugis encore si tu peux
Minotaure de rien, Minotaure de peu

**Robert Desnos**, *Destinée Arbitraire*, Éditions Gallimard, 1975.

## Après avoir lu le texte écho

**4** Vers 1 à 10, sur quelle atmosphère commence le poème ? Justifiez.

**5** Quels éléments du texte étudié retrouvez-vous dans ce poème ?

**Bilan** Quelle image ce poème donne-t-il du monstre ?

*Complétez votre carte Mémo.*

## Oral

**Observez** précisément le tableau de Paul Reid.

- Que ressentez-vous face à ce tableau ?
- Décrivez le Minotaure :
  - quel élément ramène à son origine royale ?
  - en quoi est-il monstrueux ?
  - qu'est-ce qui souligne son humanité ?
- Proposez un autre titre à ce tableau.

← **Paul Reid**, *Minotaure II*, huile sur toile, 2005, coll. particulière.

### Point de cours

- La confrontation entre le monstre et le héros permet de mettre en évidence la part humaine du monstre et la part monstrueuse du héros. Humains et monstres sont donc plus proches qu'il n'y parait.

**DÉFI Mythologie**

# Qui est-ce ?

Vous connaissez bien les personnages de la mythologie grecque et romaine. Il est temps de relever le défi : lancez le dé, posez les bonnes questions et soyez les plus rapides à trouver qui se cache derrière les indices !

## Participez au défi !

### Préparation du défi

- Formez cinq groupes et trouvez-vous un nom d'équipe.
- Chaque équipe choisit deux personnages de la mythologie antique à faire deviner parmi :
  - Jason
  - Polyphème
  - Circé
  - Scylla
  - Médée
  - le Minotaure
  - Orphée
  - Ulysse
  - Ariane
  - une Sirène
  - Athéna
  - Hercule
  - un Lestrygon
  - Perséphone
  - Hadès
  - Zeus
  - Persée
  - Hercule
  - Poséidon
  - Pégase
  - Pénélope
  - un autre personnage de l'Antiquité de votre choix

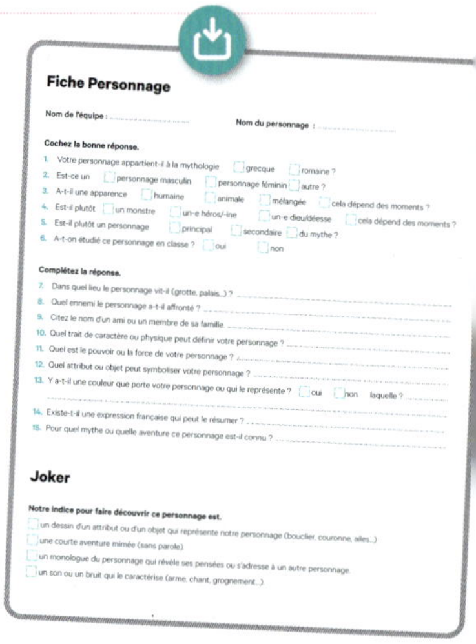

**Fiche Personnage**

**Nom de l'équipe :** ..................... **Nom du personnage :** .....................

**Cochez la bonne réponse.**

1. Votre personnage appartient-il à la mythologie ☐ grecque ☐ romaine ?
2. Est-ce un ☐ personnage masculin ☐ personnage féminin ☐ autre ?
3. A-t-il une apparence ☐ humaine ☐ animale ☐ mélangée ☐ cela dépend des moments ?
4. Est-il plutôt ☐ un monstre ☐ un-e héros/-ine ☐ un-e dieu/déesse ☐ cela dépend des moments ?
5. Est-il plutôt un personnage ☐ principal ☐ secondaire ☐ du mythe ?
6. A-t-on étudié ce personnage en classe ? ☐ oui ☐ non

**Complétez la réponse.**

7. Dans quel lieu le personnage vit-il (grotte, palais...) ? .....................
8. Quel ennemi le personnage a-t-il affronté ? .....................
9. Citez le nom d'un ami ou un membre de sa famille. .....................
10. Quel trait de caractère ou physique peut définir votre personnage ? .....................
11. Quel est le pouvoir ou la force de votre personnage ? .....................
12. Quel attribut ou objet peut symboliser votre personnage ? .....................
13. Y a-t-il une couleur que porte votre personnage ou qui le représente ? ☐ oui ☐ non laquelle ? .....................
14. Existe-t-il une expression française qui peut le résumer ? .....................
15. Pour quel mythe ou quelle aventure ce personnage est-il connu ? .....................

**Joker**

**Notre indice pour faire découvrir ce personnage est.**

☐ un dessin d'un attribut ou d'un objet qui représente notre personnage (bouclier, couronne, ailes...)
☐ une courte aventure mimée (sans parole)
☐ un monologue du personnage qui révèle ses pensées ou s'adresse à un autre personnage
☐ un son ou un bruit qui le caractérise (arme, chant, grognement...)

- Chaque équipe fait des recherches et remplit une « fiche Personnage » pour les deux personnages choisis. Il s'agit d'une liste d'informations pour répondre aux questions des autres équipes et d'un joker pour donner des indices supplémentaires.

### Déroulement du défi

Il est possible de gagner des points en devinant le nom d'un personnage mais aussi en le faisant deviner. C'est le/la professeur·e qui comptera les points au cours du défi.

| **Règles** | |
|---|---|
| L'équipe qui pose les cinq questions en premier gagne 5 points en trouvant le personnage | **+ 5 points** |
| Les équipes suivantes gagnent 3 points en trouvant le personnage | **+ 3 points** |
| L'utilisation du joker coûte 2 points | **– 2 points** |
| L'équipe qui présente le joker gagne 2 points si l'équipe trouve le personnage | **+ 2 points** |
| Parler en même temps que d'autres élèves fait perdre 1 point à l'équipe | **– 1 point** |

- Le/la professeur·e écrit le nom des équipes au tableau.
- 1re manche : 1. Les équipes lancent **le dé** à tour de rôle. La première obtenant « 1 » fait deviner ; celle qui obtient le chiffre le plus élevé pose les questions.

2. À tour de rôle, chaque membre de l'équipe **pose une question**. Après concertation, l'équipe peut proposer **un nom** de personnage ou demander le joker pour s'aider.
*Note* : il est possible de poser les mêmes questions que celles qui se trouvent sur la « fiche Personnage ».

3. **Si l'équipe n'a pas trouvé**, les équipes restantes lancent le dé : celle qui obtient le chiffre le plus élevé pose de nouvelles questions. Si l'équipe trouve le personnage, elle remporte la manche.

- Le jeu se poursuit jusqu'à ce que tous les personnages aient été trouvés. L'équipe ayant le plus de points à la fin de la partie remporte le défi !

BILAN

# Monstres antiques et combats héroïques

ANTIQUITÉ GRECQUE — ANTIQUITÉ ROMAINE — … — XXIe SIÈCLE

- *Odyssée*, **Homère**
- *Métamorphoses*, **Ovide**
- *Le Feuilleton de Thésée*, **M. Szac**
- *Ariane contre le Minotaure*, **M.-O. Hartmann**

Mon carnet de 6e

Complète une dernière fois **ta carte Mémo** et colle-la dans ton carnet.

Dans la page des **« Œuvres de l'Antiquité »**, rédige une présentation d'Ulysse.

Consacre une page à ton extrait préféré dans **« Mes coups de cœur ! »**.

Dans tes pages **« Histoire des Arts »**, crée une mini-fiche sur le peintre John W. Waterhouse et la mythologie.

Indique dans **« Mes prestations orales »** la date et le sujet de ton oral.

## Parler des monstres : le récit d'un héros, Ulysse

- Dans l'*Odyssée*, c'est Ulysse qui **raconte lui-même** ses aventures. Il rencontre des **monstres** :
  - cruels et mangeurs de chair humaine (Polyphème, les Lestrygons, Scylla)
  - séduisants et trompeurs (Sirènes, Circé)
  - puissants comme des phénomènes naturels (Charybde).
- Les **aventures** d'Ulysse mettent en scène des dieux qui ressemblent à des humains par leurs émotions et leurs attitudes. Si Athéna et Hermès aident le héros, Poséidon l'attaque.
- Ulysse adapte son attitude aux monstres qui lui font face. Le courage, l'écoute, l'intelligence et la ruse lui permettent de survivre et font de lui un **héros**.

## Combattre des monstres : les héros des *Métamorphoses*

- La confrontation avec le monstre permet au héros de révéler **ses qualités** car il faut affronter le danger et faire preuve de **hardiesse**.
- Le héros se construit aussi grâce à l'aide d'**héroïnes** : Andromède amène Persée à se démener face au monstre marin, Médée la magicienne permet la victoire de Jason face aux taureaux et au dragon.

## Questionner monstruosité et héroïsme avec le Minotaure

- Les **mythes** sont sans cesse réinterprétés car les questions qu'ils soulèvent résonnent à **toutes les époques**.
- Dans *Ariane contre le Minotaure* ou *Le Feuilleton de Thésée*, les autrices **revisitent** le mythe du Minotaure et interrogent la monstruosité et l'héroïsme. Monstres et humains sont plus proches qu'il n'y parait.

## Les ingrédients de l'épopée

Contant les aventures d'un héros confronté à de nombreuses épreuves, **l'épopée** se caractérise par :

- des scènes de **combat** et de violence
- la présence du **merveilleux** (avec l'intervention des dieux)
- des **épithètes homériques** : expressions poétiques soulignant les qualités ou les caractéristiques d'un personnage (ex. : Poséidon aux cheveux bleus).

← *Ulysse offrant du vin à Polyphème*, vers 320, mosaïque, Villa romaine de Casale (Italie).

ATELIER 1
Oral

# Devenir un aède aux paroles ailées

- Prenez la parole comme un aède : incarnez les personnages et adoptez la posture qui impressionnera votre auditoire !
- Lisez la Méthode et faites les exercices de langue dont vous avez besoin.

## Vocabulaire

### Mettre le ton et jouer avec sa voix

**1** ★★★ Associez les répliques au ton de voix que l'aède adoptera : agressif • suppliant • plaintif.

1. Venge-moi, ô mon Père, de cet affront.
2. Quoi ? Crois-tu que je te crains ?
3. Pauvres de nous… nous allons mourir…

**2** ★★★ Qualifiez la voix employée par Polyphème pour chaque passage. gémissante • méprisante

… Hélas ! voilà les vieilles prédictions réalisées !
… et c'est un petit homme, un lâche, un rien du tout qui vient me crever l'œil en me noyant de vin !

**3** ★★★ Écoutez l'extrait et notez comment l'aède utilise sa voix pour mettre en valeur les mots en gras.

montante | descendante | insistante | ralentie | précipitée

**Écoute**, Poséidon aux cheveux bleus, **maître des terres !** si je suis **vraiment** ton fils, **toi** qui prétends **m'avoir fait**, **empêche** de rentrer chez lui **cet Ulysse**, **Fléau des villes !**

### Jouer les émotions

**4** ★★★ **a.** Devinez l'émotion exprimée par ce visage.

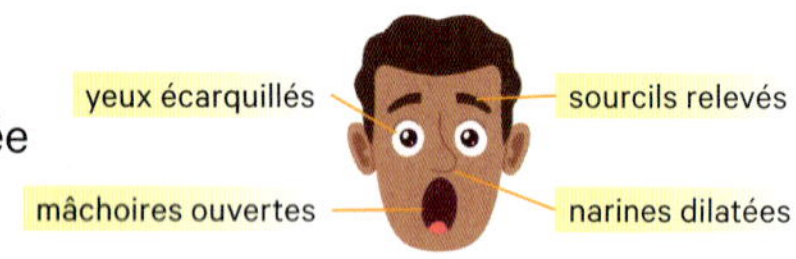


**b.** Dessinez un visage exprimant la colère à l'aide de la description : regard figé, sourcils froncés, mâchoires serrées, front plissé.

**5** ★★★ Copiez la corolle et placez-y les mots appartenant au champ lexical de la rancune : ressentiment • jalousie • animosité • amertume • peur • pardon • colère • hostilité • vengeance • rancœur • envie • aigreur

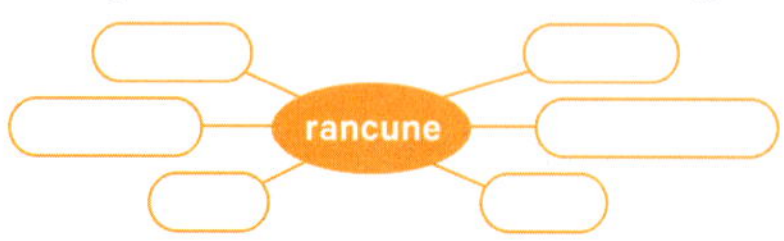


**6** ★★★ Identifiez l'attitude adoptée par l'aède : quelle émotion ou intention exprime-t-elle ?

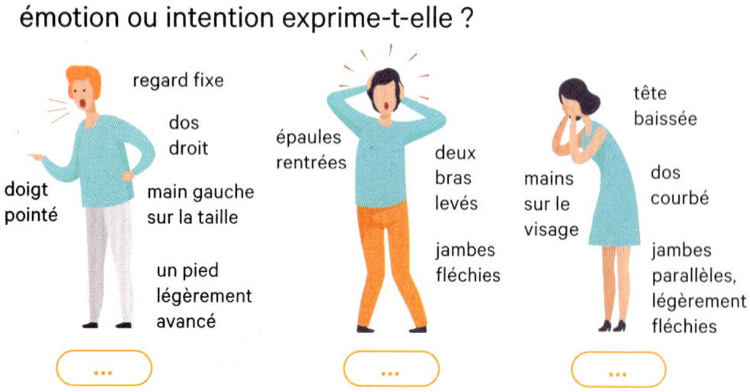


## Grammaire - Orthographe

### Enrichir des groupes nominaux ▸ Langue, p. 278, 290

**7** ★★★ Attribuez à chaque personnage les expressions qui le désignent.

Polyphème | Ulysse

1. fils de Laërte
2. fils de Poséidon
3. un grand et beau guerrier
4. noble citoyen d'Ithaque
5. le cyclope aveuglé
6. ce sauvage
7. Fléau des villes
8. briseur de crânes

**8** ★★★ Créez quatre épithètes homériques pour mettre en évidence un aspect physique (yeux, bras, muscles…) et un trait de caractère (ruse, vengeance, détermination…) d'Ulysse ou de Polyphème selon le modèle :

Poséidon **aux** cheveux bleus.

### Utiliser les pronoms personnels ▸ Langue, p. 280

**9** ★★★ Associez chaque pronom personnel au personnage qu'il remplace : Polyphème | Ulysse | un mortel

Ces mots ne persuadaient pas mon âme fière
et **je** repris, **l'**interpellant plein de rancune :
« Cyclope, si jamais quelque mortel
**t'**interroge sur ton affreuse cécité,
dis-**lui** que **tu** la dois à Ulysse »

### S'appuyer sur les déterminants ▸ Langue, p. 270

**10** ★★★ Quel geste peut accompagner chaque déterminant ?

**Ces** mots ne persuadaient pas **mon** âme fière

### Comprendre la ponctuation ▸ Langue, p. 306

**11** ★★★ Lisez ces vers avec une pause légère après chaque virgule et une pause longue pour le point.

Il y avait ici un noble et grand devin,
un nommé Télémos, fils d'Eurymos, très bon prophète,
qui vieillit parmi nous en nous prédisant l'avenir.

**12** ★★★ Copiez le passage du texte vers 20 à 24 (p. 79). Ajoutez-y / pour marquer une pause légère et // une pause longue.

### Employer des compléments circonstanciels ▸ Langue, p. 300, p. 302

**13** ★★★ Citez les adverbes de manière et les compléments de lieu indiquant comment l'aède joue.

L'aède entra lentement pour attirer l'attention de son auditoire. Il se plaça au centre de la scène et s'éclaircit la voix. Posément, il commença son récit. Son regard balayait régulièrement la salle. Il regardait vers la gauche, vers la droite, au fond, il n'oubliait personne.

# Le départ de l'ile du Cyclope

*Parvenus à sortir de la grotte du Cyclope, Ulysse et ses compagnons regagnent leur navire. C'est alors qu'Ulysse s'adresse à Polyphème. Un compagnon le supplie d'arrêter.*

« Malheureux, que vas-tu irriter ce sauvage ?
le voilà qui, jetant ce roc dans l'eau, a ramené
le bateau vers le bord, et nous avons failli périr !
Si jamais il entend une voix ou des cris,
il brisera nos crânes avec les poutres du bateau
de quelque âpre rocher : car il peut encor nous atteindre ! »
Ces mots ne persuadaient pas mon âme fière
et je repris, l'interpellant plein de rancune :
« Cyclope, si jamais quelque mortel
t'interroge sur ton affreuse cécité[1],
dis-lui que tu la dois à Ulysse, Fléau[2] des villes,
fils de Laërte et noble citoyen d'Ithaque ! »
À ces mots, il me répondit en gémissant :
« Hélas ! voilà les vieilles prédictions réalisées !
Il y avait ici un noble et grand devin,
un nommé Télémos, fils d'Eurymos, très bon prophète,
qui vieillit parmi nous en nous prédisant l'avenir.
C'est lui qui me prédit tout ce qui vient de m'arriver,
à savoir que des mains d'Ulysse, je perdrais la vue...
Mais moi je m'attendais à voir venir ici
un grand et beau guerrier, doué d'une extrême vigueur ;
et c'est un petit homme, un lâche, un rien du tout
qui vient me crever l'œil en me noyant de vin ! [...]
Écoute, Poséidon aux cheveux bleus, maître des terres[3] !
si je suis vraiment ton fils, toi qui prétends m'avoir fait,
empêche de rentrer chez lui cet Ulysse, Fléau des villes ! »

**Homère**, L'*Odyssée*, chant IX, trad. Ph. Jaccottet, La Découverte, 2004.

**1.** aveuglement. **2.** catastrophe, danger, menace. **3.** dieu des mers, il maitrise toutes les terres que ses eaux entourent.

**G. Moreau**, *Polyphème épiant Galatée* (détail), 1880.

## Méthode

### Étape 1 Comprendre la structure du texte

- Lisez le texte et vérifiez votre compréhension.

| | Un compagnon | Ulysse | Polyphème |
|---|---|---|---|
| **1.** Qui raconte cet épisode ? | | | |
| **2.** Qui prend la parole dans ce récit ? | Vers ... à ... | Vers ... à ... | Vers ... à ... |
| **3.** Quel ton chaque personnage emploie-t-il ? | | | |
| **4.** Quelles émotions chaque personnage éprouve-t-il ? | | | |
| **5.** À quel personnage peut-on associer ces mots : haineux, prudent, fier, méprisant, provocateur, rancunier, inquiet ? | | | |

### Étape 2 Définir le cadre du travail

- Pour devenir un aède aux paroles ailées, vous pouvez travailler individuellement ou en groupe et choisir de :

PÉDAGOGIE DIFFÉRENCIÉE

★ Lire le texte. ★★ Raconter l'extrait avec ses propres mots. ★★★ Apprendre par cœur le texte.

### Étape 3 Se mettre dans la peau de l'aède

- Dessinez ce schéma et complétez-le en notant des informations pour chaque personnage, des indications sur certains vers ou passages du texte.

**Pour devenir un aède**

**Incarner les personnages** → montrer leurs émotions
- varier l'intonation de la voix
  - ▸ voir exercices 1, 2
- utiliser son visage et ses gestes
  - ▸ voir exercices 4, 5, 10

**Captiver l'attention des spectateurs** → préparer son entrée en scène / sa sortie
- travailler la posture de l'aède
  - ▸ voir exercice 6
- jouer avec le regard
  - ▸ voir exercice 13

**Révéler le caractère des personnages** → définir leur attitude
- qualifier chaque personnage
  - ▸ voir exercices 7 à 9
- faire entendre chaque voix
  - ▸ voir exercices 1, 2

**Faire comprendre les mots importants** → placer sa voix
- s'appuyer sur la ponctuation
  - ▸ voir exercices 11, 12
- moduler le volume de la voix
  - ▸ voir exercice 3

| Auto-évaluation | Oui | Non |
|---|---|---|
| J'ai joué les émotions avec le ton de ma voix, des pauses et le volume. | | |
| J'ai fait attention à ma posture et à mon regard. | | |
| J'ai respecté/révélé le caractère des personnages. | | |

**Impressionnez votre auditoire qui restera bouche bée et à l'écoute !**

**ATELIER 2 Écrit**

# Raconter un combat épique

- Dans cet atelier, prenez la place d'Ulysse et contez le combat qu'il a mené contre des géants mangeurs d'hommes !
- Commencez par prendre connaissance de la Méthode et selon vos besoins, faites les exercices de langue.

## Vocabulaire

### Décrire personnages et combat ▸ Langue, p. 278, 290

**1** ★★★ Selon le modèle, créez des épithètes homériques pour décrire les Lestrygons.

Les Lestrygons › à la taille imposante
› ... regard ... › ... bouche ...
› ... muscles ... › ... mouvements ...

↑ **J. Flaxman**, *Odyssée*, 1810.

**2** ★★★ Quels mots s'appliquent aux hommes d'une armée vaillante ? d'une armée en déroute ?
désespérés • ragaillardis • atterrés • décidés • abattus • accablés • enhardis • déterminés • réconfortés • anéantis

**3** ★★★ **a.** Classez les verbes selon qu'ils correspondent à la stratégie ou au combat. Il y a parfois 2 possibilités.
Fléchir, réfléchir, bondir, ourdir, concevoir, jaillir, gravir, concocter, surgir, trancher, frapper, imaginer, prévoir, attaquer, planifier, répartir, structurer, asséner, encercler.

**b.** Faites une phrase avec deux verbes de stratégie et une autre phrase avec deux verbes de combat.

**4** ★★★ Classez les armes selon leur emploi.
fronde • épée • pierre • arc et flèches • couteau • bouclier • lance

Combat à distance
Corps-à-corps

### Manier les figures de style pour exprimer l'intensité du combat ▸ Langue, p. 342

**5** ★★★ **a.** Associez une phrase de la liste A à une phrase de la liste B.

**Liste A :**
1. Je casse son bouclier.
2. Je me bats avec vigueur.
3. Nous les frappons à plusieurs reprises.
4. Je vaincs plusieurs ennemis.

**Liste B :**
a. Nous leur assénons une pluie de coups.
b. Je brise son bouclier en mille morceaux.
c. Je provoque un véritable carnage.
d. Je me démène avec une rage de lion.

**b.** Quelle liste vous parait la plus efficace pour exprimer un combat intense ?

**6** ★★★ Créez des comparaisons. Aidez-vous du nom entre parenthèses.
Ex. : Les hommes criaient comme .... (bêtes)
→ Les hommes criaient comme des bêtes affolées.
1. Les lames claquaient dans l'air comme .... (foudre)
2. Le sang coulait comme .... (cascade)
3. Les bras virevoltaient comme .... (armée de guêpes)
4. Les soldats combattaient comme .... (lions)

## Grammaire - Orthographe

### Varier les temps verbaux pour plonger le lecteur au cœur du combat ▸ Langue, p. 314, 316, 318

**7** ★★★ **a.** Relevez et classez les verbes au passé simple et ceux à l'imparfait de l'indicatif.

Du haut des rocs, de blocs trop pesants pour un homme
ils nous criblèrent ; des bateaux monta le bruit affreux
des mortels massacrés et des navires fracassés :
les harponnant comme poissons, ils emportaient [l'affreux festin !
Pendant qu'ils les massacraient dans la profondeur [du port,
je tirai le long de ma cuisse mon épée

**b.** Dans cette phrase expliquez pourquoi l'un des verbes est à l'imparfait et l'autre au passé simple.

Pendant qu'ils les massacraient dans la profondeur du port,/ je tirai le long de ma cuisse mon épée [...]

**8** ★★★ **a.** Copiez cet extrait en mettant les verbes en gras au présent de l'indicatif.

Arrivés au palais, ils y **trouvèrent** une femme
plus haute que montagne, et cette vue les **atterra**.
Vite, elle **rappela** de l'agora Antiphatès,
son époux, qui leur **préparait** un triste sort :
sans attendre, il en **broya** un pour son repas.

**b.** Quelle version plonge le lecteur au cœur de l'action ?

### Utiliser des compléments de temps ▸ Langue, p. 300

**9** ★★★ Réécrivez le texte en insérant ces adverbes ou locutions pour structurer le récit et accélérer le rythme.
aussitôt • sur le champ • tout de suite • immédiatement.

Je regarde mes compagnons. Je vois que l'un d'eux est attrapé par un Lestrygon au visage déformé par la haine. Je cours vers ce monstre, je le frappe au pied d'un coup d'épée. Il lâche mon compagnon. Nous déguerpissons pour échapper à sa colère.

### Exprimer l'urgence du combat grâce à la forme exclamative ▸ Langue, p. 312

**10** ★★★ Mettez ces phrases à la forme exclamative.
Ex. : Les Lestrygons réalisent un carnage.
→ Quel carnage réalisé par les Lestrygons !
1. Mes compagnons déploient une énergie formidable.
→ Quelle ... !
2. Mes hommes affrontent de redoutables ennemis.
→ Que d'... !
3. Nous comptons beaucoup de morts parmi les nôtres.
→ Combien de ... !

# Les Lestrygons

*Alors qu'Ulysse et ses compagnons viennent d'échapper au Cyclope, une violente tempête les conduit sur l'île des Lestrygons, un peuple de géants.*

Arrivés au palais, ils y trouvèrent une femme
plus haute que montagne, et cette vue les atterra.
Vite, elle rappela de l'agora Antiphatès,
son époux, qui leur préparait un triste sort :
sans attendre, il en broya un pour son repas.
Les deux autres s'enfuirent pour rejoindre les navires.
Alors, son cri de guerre emplit la ville ; en l'entendant,
les vaillants Lestrygons accoururent de toutes parts
par milliers, et plus proches des Géants que des humains.
Du haut des rocs, de blocs trop pesants pour un homme
ils nous criblèrent ; des bateaux monta le bruit affreux
des mortels massacrés et des navires fracassés :
les harponnant comme poissons, ils emportaient l'affreux festin !
Pendant qu'ils les massacraient dans la profondeur du port,
je tirai le long de ma cuisse mon épée [...]

**Homère**, L'*Odyssée*, chant X, trad. Ph. Jaccottet, La Découverte, 2004.

↑ **Roger Payne**, *Les Géants Lestrygons*, 1980.

## Méthode

### Étape 1 Bien lire le sujet

- Vous allez poursuivre l'épisode contre les Lestrygons en rédigeant en prose deux paragraphes. Dans le premier, vous expliquerez le plan inventé par Ulysse. Dans le second, vous raconterez le combat épique.
- Vous pouvez laisser libre court à votre imagination ★★★ ou utiliser les aides et suggestions ★★★.

PÉDAGOGIE DIFFÉRENCIÉE

### Étape 2 Bâtir son brouillon

**1er § : La stratégie d'Ulysse pour contre-attaquer**

- Ulysse, chef de troupe, doit trouver un plan pour contre-attaquer car ses compagnons se font dévorer les uns après les autres !
  - Expliquez la stratégie inventée par Ulysse. ▸ voir exercice 3
  - Décrivez l'état d'esprit de ses compagnons. ▸ voir exercice 2
  - Rédigez ce paragraphe aux temps du passé. ▸ voir exercice 7
  - Liez votre travail avec la fin du texte : « je tirai le long de ma cuisse mon épée ... »

**Idées de stratégies :**
- se munir d'arcs et de flèches pour aveugler les géants
- encercler les Lestrygons et les attaquer sur leur point faible
- demander l'aide d'Athéna

**2e § : Au cœur de la mêlée !**

- Racontez l'affrontement entre Ulysse, aidé de ses compagnons, et les Lestrygons.
  - Décrivez les hommes et les Lestrygons de manière précise. ▸ voir exercices 1 et 2
  - Veillez à utiliser le vocabulaire du combat pour décrire la lutte au corps-à-corps ou à distance. ▸ voir exercices 3 à 5
  - Utilisez le présent et des phrases exclamatives pour immerger le lecteur ! ▸ voir exercices 8, 10
- Le combat s'achève avec le repli des hommes d'Ulysse vers les navires à cause des géants trop nombreux. Revenir aux temps du passé.

**Aide pour introduire le § :**
« Aussitôt ragaillardis, mes compagnons se jettent dans la mêlée, prêts à affronter... »

**Aide pour amener la phrase finale :**
« Enfin devant leur supériorité numérique, je décidai... »

### Étape 3 Apporter le souffle épique

- Reprenez votre brouillon :
  - en insérant des figures de style pour amplifier le combat. ▸ voir exercices 5, 6
  - en utilisant des adverbes pour souligner l'urgence de la situation. ▸ voir exercice 9

**À vous de faire vibrer votre lecteur en signant un combat au souffle épique !**

| Auto-évaluation | Oui | Non |
|---|---|---|
| J'ai respecté le plan en deux paragraphes. | | |
| J'ai décrit les combats avec du vocabulaire précis. | | |
| J'ai retravaillé mon brouillon pour insuffler une dimension épique avec des figures de style. | | |

# ATELIER 3 Oral

# Créer un musée virtuel

- Dans cet atelier, vous allez créer un musée virtuel sur le thème des Sirènes et servir de guide à vos visiteurs !
- Lisez la Méthode. Selon vos besoins, faites les exercices de langue.

## Vocabulaire

### Décrire une œuvre musicale

**1** ★★★ **a.** Associez chaque image au nom qui convient.

chœur | harpe | clarinette | violon | cor

**b.** Écoutez chaque son émis. Décrivez-le et les sensations qu'il vous fait ressentir.

a. b. c. d. e.

**2** ★★★ Voici l'extrait où Ulysse rencontre les Sirènes. Écoutez-le, notez vos impressions et les instruments que vous reconnaissez. Comment les Sirènes apparaissent-elles ?

*Nocturnes*
Partie 3, Sirènes
**Claude Debussy**

0-03:36

### Décrire une œuvre picturale

**3** ★★★ Reliez le mot à sa définition. Dictionnaire autorisé !

| | |
|---|---|
| mosaïque • | • peinture dont le liant est de l'huile |
| aquarelle • | • assemblage de petits morceaux |
| peinture à l'huile • | • peinture à l'eau sur papier |
| plans • | • opposition de 2 couleurs, 2 formes... |
| contraste • | • structure de l'espace en profondeur |
| composition • | • position des éléments dans l'œuvre |
| couleurs chaudes • | • nuances du vert au bleu |
| couleurs froides • | • nuances du jaune au rouge |

**4** ★★★ Observez cette toile du peintre John W. Waterhouse. Quels éléments sont mis en valeur dans chaque image ? les plans | la composition | le contraste

a b c

↑ *Ulysse et les Sirènes*, 1891, huile sur toile, 100 x 200 cm, National Gallery of Victoria, Melbourne.

## Grammaire - Orthographe

### Varier la construction des phrases ▸ Langue, p. 288

**5** ★★★ Modifiez la construction de la phrase : le complément souligné devient le sujet.

Ex. : On voit les Sirènes au premier plan.
→ Les Sirènes se détachent au premier plan.

1. On peut remarquer le ciel très chargé.
2. On note de nombreux contrastes sur la toile.
3. On entend un chœur féminin dans ce morceau.
4. On relève principalement des couleurs froides.
5. On observe l'utilisation de la harpe.

### Varier les types de phrase pour maintenir l'attention des visiteurs de l'exposition ▸ Langue, p. 310, 324

**6** ★★★ Formez des phrases interrogatives.

Ex. : On remarque la présence d'une lyre.
→ Avez-vous remarqué la présence d'une lyre ?

1. On note que les Sirènes n'ont pas d'ailes.
2. On aperçoit le héros au second plan.
3. On perçoit le bruit et le mouvement de la mer.
4. On identifie une métaphore dans ce poème.
5. On constate de nombreux points communs.

**7** ★★★ Mettez les verbes à l'impératif présent.

(Regarder) chers visiteurs, ce tableau représente l'épisode d'Ulysse et des Sirènes. (Tenir) compte de la composition : (voir) comment le héros est mis en valeur, (faire) attention au jeu de contrastes. (Ne pas oublier) d'examiner l'arrière-plan qui contient un détail important !

### Enrichir un texte ▸ Langue, p. 314

**8** ★★★ Replacez et conjuguez les groupes verbaux au présent de l'indicatif. Plusieurs possibilités ! valorise | souligne | met en relief | nous permet de comprendre

La teinte du ciel dans des couleurs chaudes ... son importance. Le fort contraste entre la couleur des Sirènes et celle de la mer ... le bruit de la mer. La composition avec le héros au centre ... leurs mouvements vers Ulysse. L'utilisation de cet instrument ... que la scène se déroule le soir.

**9** ★★★ Complétez le texte pour établir une continuité dans l'analyse : de même que | à la différence | contrairement | de la même manière

Sur cette toile, ... au tableau précédent, les Sirènes ne semblent pas menaçantes. Et ... des vases antiques, elles n'ont pas d'ailes ! Cependant, ... sur les mosaïques, elles ont aussi une lyre. Elles semblent vouloir séduire le héros ....

# Ulysse et les Sirènes

1

2

4 *Nocturnes*
Sirènes
0-03:36

3

5

1 **Python**, *L'Odyssée*, cratère à figures rouges, céramique, IVe s. av. J.-C., musée de Pergame, Berlin.
2 *Ulysse et les Sirènes*, mosaïque, IIIe s., musée du Bardo, Tunis.
3 « Ulysse et les Sirènes », dans *Le Roman de Troie* de B. de Sainte-Maure, enluminure, vers 1340, BnF, Paris.
4 **Claude Debussy**, *Nocturnes*, « III. Sirènes », 1899.
5 **Herbert James Draper**, *Ulysse et les Sirènes*, peinture à l'huile, 1909, Ferens Art Gallery, Hull (Angleterre).
6 Poème de **Louis Guillaume** (1907-1971), « Ulysse ».
7 **Marc Chagall**, *Ulysse et les Sirènes*, lithographie, 1974-1975, BnF, Paris.

Ulysse, Ulysse, arrête-toi,
Écoute la voix des sirènes
Plonge, va trouver notre reine,
Dans son palais, deviens le roi

Mais Ulysse préfère au toit
Des vagues celui des nuages,
Dans la direction d'Ithaque
Son regard reste fixé droit

Et les filles aux longs cheveux
Ont beau nager dans son sillage,
Il demeure sourd, il ne veut

Que la chanson, que le visage
Conservé au fond de ses yeux,
De Pénélope toujours sage.

6

7

## Méthode

### Étape 1 Préparer l'exposition virtuelle

- Une fois le groupe constitué, choisissez le nombre d'œuvres étudiées :

★ trois œuvres picturales | ★★ cinq œuvres picturales | ★★★ cinq œuvres picturales, l'œuvre musicale, le poème

PÉDAGOGIE DIFFÉRENCIÉE

- Créez le mur de votre musée dans un logiciel d'affichage virtuel (Padlet, Lino…). Épinglez-y les œuvres choisies. Pour l'œuvre musicale, insérez un fichier son à une photo d'orchestre.

### Étape 2 Travailler chaque œuvre choisie

- Étudiez chaque œuvre selon ce fil directeur : « Qu'est-ce qu'une Sirène et quels sont ses pouvoirs ? »

**1. Présenter l'œuvre et l'artiste :** Mentionnez le titre, l'artiste, la technique utilisée, la date de création, les dimensions, le lieu de conservation.

**2. Décrire l'œuvre :** Commentez l'œuvre de manière précise, utilisez le vocabulaire approprié, variez la structure de vos phrases.
► voir exercices 3, 4, 5, 8

**3. Expliquer l'œuvre :** Précisez comment les Sirènes sont représentées, comment leur pouvoir est montré. Faites des liens entre les œuvres et pensez à interpeller votre auditoire. ► voir exercices 6 à 9

- Prévoyez la récitation du poème ainsi que l'écoute musicale et son analyse.
► voir exercices 1 et 2

### Étape 3 Devenir guide

- En classe ou au CDI, accueillez vos visiteurs.
- Par groupes, lancez votre exposition virtuelle et prenez la parole à tour de rôle.

**À vous de passionner vos visiteurs !**

| Auto-évaluation | Oui | Non |
|---|---|---|
| Nous avons présenté les œuvres choisies en trois étapes. | | |
| Nous avons utilisé un vocabulaire précis. | | |
| Nous avons maintenu l'attention des visiteurs en variant la construction des phrases. | | |

# ATELIER 4 Oral

# Mener une joute verbale

- Dans cet atelier, vous allez défier un camarade à l'oral : prouvez grâce à votre discours que vous êtes le héros/héroïne le/la plus extraordinaire !
- Lisez la Méthode. Selon vos besoins, faites les exercices de langue.

## Vocabulaire

### Exprimer une image valorisante ou dévalorisante
▸ Langue, p. 338

**1** ★★★ Classez ces adjectifs selon leur sens.

Image valorisante | Image dévalorisante

*Liste :* valeureux, loyal, ignoble, lent, lâche, vif, inerte, fulgurant, fourbe, honnête, puissant, rusé, fluet, naïf, vulnérable, robuste.

**2** ★★★ Décrivez votre héros·héroïne et donnez-lui un nom.

honorés • loyal·e • agile • vif/vive • détermination • astuce • fulgurants • valeureux/se • puissants • victoire • fierté

Je m'appelle *(nom)*. Je suis ..., ... et .... Toujours ..., j'enchaine les mouvements ... et ... qui entrainent la ... à coup sûr ! Mon ... n'a d'égale que ma ... et tous sont ... de me compter parmi les leurs. Je suis la ... de mon peuple !

### Utiliser des hyperboles pour exagérer ▸ Langue, p. 342

**3** ★★★ Glissez une hyperbole dans une phrase exclamative.

Ex. : Tu ne pourras pas me battre ! → *(ne faire qu'une bouchée)* Je ne ferai qu'une bouchée de toi !

1. Me combattre sera très difficile !
→ *(être un jeu d'enfant)* ... !
2. Prépare-toi à une très longue bataille !
→ *(réussir en un clin d'œil)* ... !
3. Tu n'as aucune chance !
→ *(l'emporter à la vitesse de la lumière)* ... !

**4** ★★★ Créez des hyperboles valorisantes ou dévalorisantes en ajoutant adjectifs et adverbe. Aidez-vous de l'exercice 1 et des adverbes.

**Ex. :** Je suis une magicienne *(adjectif)* qui connait *(adverbe)* les sortilèges.
→ valorisante Je suis une magicienne **extraordinaire** qui connait **parfaitement** les sortilèges.

1. Je suis un héros *(adjectif)* qui sait manier *(adverbe)* l'épée. → valorisante
2. Tu as terrassé *(adverbe)* des ennemis *(adjectifs)*.
→ dévalorisante
3. Mes muscles *(adjectifs)* sont *(adverbe)* impressionnants. → valorisante
4. Tu es un adversaire *(adjectif)* et tu maitrises *(adverbe)* le secret des potions. → dévalorisante

Adverbes : parfaitement, complètement, adroitement, mal, peu, difficilement...

## Grammaire - Orthographe

### Utiliser les formes de phrase pour impressionner son adversaire ▸ Langue, p. 313

**5** ★★★ Mettez la phrase à la forme négative et changez le sujet pour accentuer les défauts de votre adversaire.

Ex. : Ulysse, tu es orgueilleux. → Contrairement à toi Ulysse, je ne suis pas orgueilleux.

1. Circé, tu es perfide. → Moi au moins, ...
2. Persée, tu es téméraire. → Je ne suis pas comme toi, ...
3. Ariane, tu es imprudente. → À ta différence, ...
4. Thésée, tu es lâche. → Ne me confonds pas avec toi, ...

**6** ★★★ Employez la forme négative pour répliquer.

Ex. : Je suis bien plus rusé que toi !
→ Ne crois pas que tu sois plus rusé que moi !

1. Je suis bien plus rapide que toi ! →
2. Je suis plus douée que toi ! →
3. J'ai plus de chances de gagner ! →
4. J'ai vaincu plus de monstres que toi ! →

**7** ★★★ Reliez ces propositions à l'aide de « alors que », « tandis que », « à l'inverse ». Variez les constructions.

- Je maitrise toutes les techniques...
- Je sais me battre avec ma tête...
- Tu n'es qu'un piètre ennemi...
- Tu m'inspires de la pitié...
- Je n'ai pas de point faible...

- toi, tu n'as pas de point fort !
- toi, tu n'es doué que pour le corps-à-corps !
- moi, j'inspire le respect !
- moi, je suis le plus valeureux de tous !
- toi, tu ne sais même pas utiliser tes poings !

### Manier les types de phrase pour faire douter son adversaire ▸ Langue, p. 310

**8** ★★★ Enchainez par une phrase impérative.

Ex. : Te moques-tu de moi ? → Arrête de ricaner !

| | |
|---|---|
| Ainsi, tu oses m'injurier ? • | • Cesse tes menaces ridicules ! |
| Me sous-estimes-tu ? • | • Excuse-toi tout de suite ! |
| Est-ce une tentative d'intimidation ? • | • Méfie-toi de mes pouvoirs, imprudent(e) ! |

**9** ★★★ Répliquez par une phrase interrogative en ajoutant l'un de ces adverbes : réellement | sincèrement | franchement.

Ex. : Tu penses que tu pourras me battre.
→ Penses-tu **vraiment** que tu pourras me battre ?

1. Tu crois que tu es plus rusé que moi.
2. Tu prétends avoir vaincu des ennemis plus redoutables que moi.
3. Tu imagines être assez véloce pour venir à bout de moi.

# Acheloüs et Hercule

*Acheloüs est un dieu-fleuve qui a la capacité de se métamorphoser.*
*Avant le combat avec Hercule, les deux ennemis s'affrontent verbalement.*
*C'est Acheloüs qui prend la parole.*
Je réponds : « Honte à un dieu de céder devant un mortel,
(il n'était pas encore dieu). Tu me vois, je suis le roi des eaux,
je coule de ma course oblique à travers ton royaume.
Je ne suis pas un gendre immigré, venu de rivages étrangers,
je suis de ton peuple, je fais partie de tes biens.
Que ceci ne me porte pas tort : la reine Junon[1]
ne me déteste pas, je n'ai jamais été condamné aux travaux forcés[2].
Tu te vantes, fils d'Alcmène, de qui t'a fait naître ?
Mais ou Jupiter est un faux père ou il en est un vrai – et c'est un crime. [...]
[Hercule] lâche ses paroles : « Ma main est plus forte que ma langue.
Moi je gagne au combat, toi tu gagnes en paroles. » [...]
*Acheloüs se métamorphose alors en serpent pour combattre Hercule, qui lui dit alors :*
« Quand j'étais au berceau, c'était mon travail de dompter les serpents »,
dit-il. « Et même si tu es plus fort que d'autres dragons,
petit serpent, quelle partie de l'hydre de Lerne[3] seras-tu ? [...]
Qu'est-ce que tu crois, toi qui te transformes en faux serpent [...] ? »

**Ovide**, *Métamorphoses*, livre IX, trad. Marie Cosnay, Éditions de l'Ogre, 2017.

1. Junon, épouse de Jupiter, était furieuse contre Hercule, fils de Jupiter et d'Alcmène.
2. référence aux douze travaux d'Hercule.
3. redoutable dragon à plusieurs têtes que Hercule a vaincu.

## Méthode

### Étape 1 Choisir son héros ou héroïne

- Lisez le texte et répondez à ces questions.
  **1.** En utilisant quelle forme de phrase Acheloüs attaque-t-il Hercule aux vers 4 à 7 ?
  **2.** Aux vers 10 et 11, quelle opposition Hercule fait-il entre lui et Acheloüs ? Comment construit-il sa réplique pour montrer l'opposition ?
- Parmi les héros ou héroïnes évoqués·es dans le chapitre, faites votre choix. Copiez et complétez le schéma.

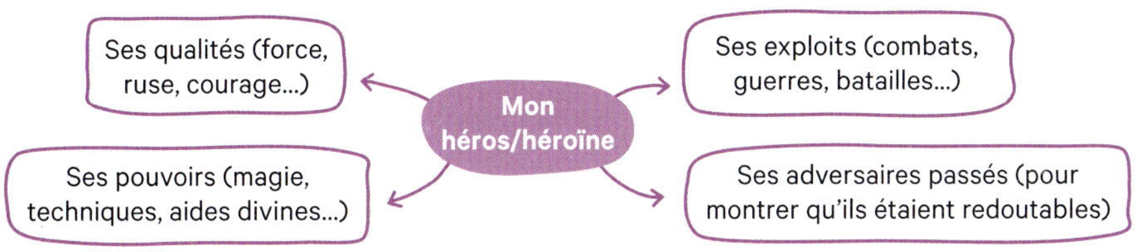


### Étape 2 Affuter ses répliques

- Demandez à votre camarade l'identité du héros ou héroïne que vous allez affronter et préparez la joute verbale au brouillon en :
  – dressant un portrait valorisant de votre héros. ▸ voir exercices 1 et 2
  – exagérant ses qualités et ses exploits au moyen d'hyperboles ou de phrases négatives. ▸ voir exercices 3, 4, 5 et 6
  – dévalorisant votre adversaire. ▸ voir exercices 1, 7
  – insérant des répliques vives pour le faire douter. ▸ voir exercices 7 à 9
- Avec votre camarade, ordonnez vos répliques pour qu'elles s'enchainent fluidement.

### Étape 3 L'emporter pour de bon !

- Le 1er héros se présente et affirme une qualité. Son adversaire enchaine en donnant son identité et répond à la qualité. La joute se poursuit à tour de rôle.

PÉDAGOGIE DIFFÉRENCIÉE

★ Vous pouvez garder votre travail préparatoire sous les yeux.
★★ Essayez de mémoriser plusieurs répliques pour donner plus de naturel à la joute verbale.

- Jouez la colère et la volonté de faire peur à l'autre sans perdre le contrôle !

**À vous de défier votre adversaire !**

| Auto-évaluation | Oui | Non |
|---|---|---|
| J'ai mis en avant mon héros/héroïne. | | |
| J'ai usé d'hyperboles impressionnantes. | | |
| J'ai rebondi sur les répliques de mon adversaire. | | |

CHAPITRE 3

Récits d'aventures

# Jeunes aventuriers, grandes aventures

▸ Comment les aventures dévoilent-elles le héros ou l'héroïne ?

▸ Qu'est-ce qui tient le lecteur en haleine ?



**Geco Hirasawa**, *Bibliomaniacs*, 2009, et *Histoires sans fin*, Ki-oon, 2019. →

MISE EN CONTEXTE

# Petite histoire du roman pour la jeunesse

## XVIIIe siècle

Louis Aubert, *La Leçon de lecture*, XVIIIe siècle, musée de Picardie, Amiens.

Jusqu'au XVIIIe **siècle**, on imprimait peu de livres pour les enfants : l'impression était très coûteuse et on n'accordait pas de statut particulier aux jeunes lecteurs.
Les enfants français découvrent cependant les **traductions de romans anglais**, écrits pour des adultes mais qui leur sont accessibles : *Robinson Crusoé* de D. Defoe (1719) ou *Les Voyages de Gulliver* de J. Swift (1726).

« *Robinson Crusoé dans son île, seul, dépourvu de l'assistance de ses semblables et des instruments de tous les arts, pourvoyant cependant à sa subsistance, à sa conservation, et se procurant même une sorte de bien-être, voilà un objet intéressant pour tout âge, et qu'on a mille moyens de rendre agréable aux enfants.* »

écrit ainsi Jean-Jacques Rousseau dans *Émile ou De l'éducation*, en 1762.

## XIXe siècle

Auguste Renoir, *Les Enfants de Martial Caillebotte*, huile sur toile, 1895, coll. particulière.

L'histoire de la littérature jeunesse ne commence vraiment qu'au XIXe **siècle**. Les progrès de l'imprimerie facilitent la publication de livres et de journaux pour enfants. Lewis Carroll publie *Les Aventures d'Alice au pays des merveilles* en 1865 en Angleterre ; quelques années plus tard, on découvre *Les Aventures de Tom Sawyer* (1876) de Mark Twain aux États-Unis. En France, Hector Malot fait paraitre *Sans famille* (1878), puis *En famille* (1893), chez le célèbre éditeur Hetzel, qui publie les œuvres de Victor Hugo et Jules Verne. La collection, rouge et or, richement illustrée, n'est cependant pas à la portée de tous les budgets.

« *Pendant que j'ai écrit ce livre, j'ai constamment pensé à toi, mon enfant, et ton nom m'est venu à chaque instant sur les lèvres. – Lucie sentira-t-elle cela ? – Lucie prendra-t-elle intérêt à cela ? Lucie, toujours.* »

écrit Hector Malot à sa fille, Lucie, dans la dédicace de *Sans famille*.

## XXe et XXIe siècles

Depuis le début du XXe **siècle**, des maisons d'édition, grâce aux progrès de l'imprimerie, publient des **livres de poche**, peu coûteux et accessibles à tous. De nouvelles collections réservées aux jeunes lecteurs sont créées. Les romans pour la jeunesse se multiplient et de grands auteurs se distinguent par leur imaginaire séduisant : Daniel Pennac, Jean-Claude Mourlevat, Eva Ibbotson, J. K. Rowling, Marie Desplechin... Aujourd'hui se tiennent de nombreux **festivals** dédiés à la lecture, dont certains exclusivement consacrés à la **littérature jeunesse**.

Alors qu'auparavant, les enfants lisaient des romans destinés initialement à des adultes, les adultes se plaisent parfois à se plonger dans les **récits écrits pour la jeunesse** parce qu'ils cachent fantaisie et profondeur derrière la simplicité de leur apparence.

« *Je demande pardon aux enfants d'avoir dédié ce livre à une grande personne. J'ai une excuse sérieuse : cette grande personne est le meilleur ami que j'ai au monde. J'ai une autre excuse : cette grande personne peut tout comprendre, même les livres pour enfants.* »

écrit Antoine de Saint-Exupéry pour dédier *Le Petit Prince* (1943) à son ami Léon Werth.

Grâce à tous ces romans, vous pouvez dire avec Jules Renard :

« Quand je pense à tous les livres qu'il me reste à lire, j'ai la certitude d'être encore heureux. »

↑ **Henri Rousseau**, *Surpris ! Ou jungle dans la forêt tropicale* (1891, National Art Gallery, Londres), affiche du festival « Étonnants voyageurs », Saint-Malo, 2019. – **Zep**, affiche du festival « Partir en Livre », 2019. – **Catherine Meurisse**, affiche du festival international de la bande dessinée d'Angoulême, 2020.

**Vocabulaire**

## Autour du roman

1. **D'où vient le mot « roman » ? Choisissez la bonne étymologie :**
   a) *romanice* (latin pop.) : au XIe s., langue populaire (par opposition au latin) dans laquelle sont écrites les aventures de héros mythiques.
   b) *romanus* (latin, dérivé de *Roma*) : provenant de la capitale de l'Empire Romain.

2. **Qu'est-ce qu'un roman ? Faites une phrase en vous servant des mots-clés suivants.**
   récit • personnages • aventures • long • imaginaire

3. **Trouvez les mots de la même famille que le mot « roman » et donnez leur définition.**
   romanesque • récit • livre • romancer • romancier • ramener

**TEXTE 1**

En route pour l'aventure

# Les Aventures de Tom Sawyer

**OBJECTIF**
Découvrir la première apparition du héros dans un roman

**COMPÉTENCE**
Comprendre comment susciter la curiosité du lecteur

→ **Lefèbvre**, **Morvan**, **Voulyzé**, *Les Aventures de Tom Sawyer*, t. 1, pl. 1, Delcourt, 2007.

**Mark Twain** (1835-1910), comme son héros le plus célèbre, Tom Sawyer, a grandi sur les rives du fleuve Mississippi aux États-Unis. Dans la préface du roman, il dit s'être inspiré de **faits réels de son enfance** : Tom Sawyer serait issu du mélange de trois garçons qu'il a bien connus.

## Extrait 1

*Cet extrait constitue l'incipit du roman, c'est-à-dire ses premières lignes.*

« Tom ! »

Pas de réponse.

« Tom ! »

Pas de réponse.

« Je me demande où a bien pu passer ce garçon... Allons, Tom, viens ici ! »

La vieille dame abaissa ses lunettes sur son nez et lança un coup d'œil tout autour de la pièce, puis elle les remonta sur son front et regarda de nouveau. Il ne lui arrivait pratiquement jamais de se servir de ses lunettes pour chercher un objet aussi négligeable qu'un jeune garçon. D'ailleurs, elle ne portait ces lunettes-là que pour la parade et les verres en étaient si peu efficaces que deux ronds de fourneau[1] les eussent avantageusement remplacés, mais elle en était très fière. La vieille dame demeura un instant fort perplexe[2] et finit par reprendre d'une voix plus calme, mais assez haut cependant pour se faire entendre de tous les meubles :

« Si je mets la main sur toi, je te jure que... »

Elle en resta là, car, courbée en deux, elle administrait maintenant de furieux coups de balai sous le lit et avait besoin de tout son souffle. Malgré ses efforts, elle ne réussit qu'à déloger le chat.

« Je n'ai jamais vu un garnement pareil ! »

La porte était ouverte. La vieille dame alla se poster sur le seuil et se mit à inspecter les rangs de tomates et les mauvaises herbes qui constituaient tout le jardin. Pas de Tom.

« Hé ! Tom », lança-t-elle, assez fort cette fois pour que sa voix portât au loin.

Elle entendit un léger bruit derrière elle et se retourna juste à temps pour attraper par le revers de sa veste un jeune garçon qu'elle arrêta net dans sa fuite.

« Je te tiens ! J'aurais bien dû penser à ce placard. Que faisais-tu là-dedans ?

– Rien.

– Rien ? Regarde-moi tes mains, regarde-moi ta bouche. Que signifie tout ce barbouillage ?

– Je ne sais pas, ma tante.

– Eh bien moi, je sais. C'est de la confiture. Je t'ai répété sur tous les tons que si tu ne laissais pas ces confitures tranquilles, tu recevrais une belle correction. Donne-moi cette badine[3]. »

La badine tournoya dans l'air. L'instant était critique.

« Oh ! mon Dieu ! Attention derrière toi, ma tante ! »

La vieille dame fit brusquement demi-tour en serrant ses jupes contre elle pour parer à tout danger. Le gaillard, en profitant, décampa[4], escalada la clôture en planches du jardin et disparut par le chemin. Dès qu'elle fut revenue de sa surprise, tante Polly éclata de rire.

« Maudit garçon ! Je me laisserai donc toujours prendre ! J'aurais pourtant dû me méfier. Il m'a joué assez de tours pendables[5] comme cela. [...] »

*À suivre...*



**1.** plaque au-dessus d'un four. **2.** pleine d'incertitude, ne sachant que faire. **3.** baguette, bâton. **4.** s'enfuit (familier). **5.** de mauvais tours.

## Après avoir lu le texte

PÉDAGOGIE DIFFÉRENCIÉE

Choisissez le personnage que vous voulez étudier en répondant à un de ces groupes de questions.

### Tom Sawyer

**1** L. 1 à 15, Tom est-il présent au début du texte ? Justifiez votre réponse.

**2** L. 16 à 24, comment Tom est-il qualifié par la vieille dame ?

**3** L. 25 à 37, montrez que Tom ment à sa tante.

**4** L. 38 à 51, quelle ruse Tom emploie-t-il ? Quels adjectifs utiliseriez-vous pour le qualifier : effronté • taquin • introverti • docile • malicieux ?

▸ Langue, p. 272

### Tante Polly

**1** L. 1 à 15, d'après vous, tante Polly a-t-elle une bonne opinion de Tom ? Citez le texte.

**2** L. 16 à 24, que ressent la vieille dame en cherchant Tom ? Justifiez votre réponse.

**3** L. 25 à 37, comment tante Polly comprend-elle ce que faisait Tom dans le placard ?

**4** L. 38 à 51, qu'est-ce qui montre que, malgré les apparences, tante Polly aime beaucoup Tom ?

**Bilan** Tom Sawyer, personnage principal du roman, est beaucoup moins présent que sa tante dans l'incipit. Pourquoi Mark Twain a-t-il fait ce choix à votre avis ?

Réalisez une **carte Mémo** sur les caractéristiques du roman d'aventures. Vous compléterez cette carte au fur et à mesure du chapitre.

## Lecture-poursuite

**Écoutez** la suite et découvrez une nouvelle facette de l'espiègle Tom. Lisez-en un passage en BD p. 353.

## Oral

**Imaginez** ce que peut bien faire Tom une fois qu'il a échappé à sa tante. Servez-vous de ce que vous avez appris de lui dans le texte.

### Point de cours

• Mark Twain parvient, dans l'incipit de *Tom Sawyer*, à susciter la curiosité de son lecteur : le héros du roman semble en effet insaisissable. Quelques indices cependant nous renseignent sur son passé et son caractère et en font un personnage piquant et attachant.

**OBJECTIF**

Percevoir les rêves d'aventure d'un personnage

**COMPÉTENCE**

Distinguer les perceptions d'un héros de la réalité

## Extrait 2

*Amoureux malheureux de Becky Thatcher, Tom Sawyer fugue avec ses deux amis, Joe et Huckleberry Finn : ils quittent leur ville, Saint-Petersburg, pour aller sur l'île Jackson, de l'autre côté du Mississippi.*

Vers minuit, Tom arriva au lieu du rendez-vous avec un jambon fumé et autres menus objets. Il s'allongea sur l'herbe drue qui recouvrait un petit tertre[1]. Il faisait nuit claire. Les étoiles brillaient. Tout était calme et silencieux. Le fleuve puissant ressemblait à un océan au repos. Tom prêta l'oreille : aucun bruit. Il siffla doucement. Un sifflement lui répondit, puis un autre. Une voix s'éleva :

« Qui va là ?

– Tom Sawyer, le Pirate noir de la mer des Antilles. Et vous, qui êtes-vous ?

– Huck Finn, les Mains Rouges, et Joe Harper, la Terreur des mers. »

C'était Tom qui avait trouvé ces noms-là en s'inspirant de sa littérature favorite.

« Parfait, donnez-moi le mot de passe. »

Deux ombres lancèrent en chœur dans la nuit complice le mot sinistre[2] : SANG !

Alors Tom fit dévaler son jambon et le suivit, non sans déchirer ses vêtements et s'écorcher la peau. Il existait un chemin facile et confortable le long de la rive, sous la butte, mais il n'offrait pas la difficulté et le danger chers aux pirates.

La Terreur des mers avait apporté un gros quartier de lard. Finn les Mains Rouges avait volé une poêle, des feuilles de tabac et des épis de maïs pour en faire des pipes [...]. Ils partirent à la recherche du radeau sur lequel ils avaient jeté leur dévolu[3]. Ils avançaient à pas feutrés[4], la main sur le manche d'un poignard imaginaire et se transmettaient leurs instructions à voix basse : « Si l'ennemi se montre, enfoncez-lui votre lame dans le ventre jusqu'à la garde. Les morts ne parlent pas. » Ils savaient parfaitement que les hommes du radeau étaient allés boire au village et qu'ils n'avaient rien à craindre. Mais ce n'était pas une raison pour oublier qu'il fallait agir en vrais pirates. Lorsqu'ils eurent trouvé leur embarcation, ils montèrent à bord.

Huck s'empara d'un aviron. Joe en fit autant. Le premier se mit à l'avant, le second à l'arrière et Tom, les bras croisés, les sourcils froncés, s'installa au milieu du navire et prit le commandement.

« Lofez[5] ! Amenez au vent.

– On lofe, commandant.

– Droit comme ça.

– Droit comme ça », répéta l'équipage.

Tous ces ordres n'étaient donnés que pour la forme, mais chacun prenait son rôle au sérieux et le radeau avançait sans encombre.

[...] Les garçons redressèrent, puis reposèrent les avirons. Le fleuve n'était pas haut, il n'y avait donc de courant que sur cinq ou six kilomètres. Pas un mot ne fut prononcé pendant trois quarts d'heure. Au loin, une ou deux lumières signalaient le village qui dormait paisiblement au-delà de la vaste et vague étendue d'eau semée d'étoiles.

Le Pirate noir adressa un « dernier regard au pays » où il s'était amusé et surtout où il avait souffert. Il aurait bien voulu que Becky pût le voir cinglant[6] vers le large, vers le danger et peut-être vers la mort, filant plein vent arrière, un sourire désabusé[7] au coin des lèvres. Les deux autres pirates adressaient, eux aussi, un « dernier regard au pays ». Ils avaient tous assez d'imagination pour allonger dans des proportions considérables la distance qui séparait l'île Jackson de Saint-Petersburg.

Leurs rêves d'aventure les accaparaient à tel point qu'ils faillirent dépasser leur but.

**Mark Twain,** *Les Aventures de Tom Sawyer*, (1876), trad. P. F. Caillé, Hachette, © Le Livre de Poche Jeunesse, 2002.

**1.** butte de terre, petite colline. **2.** sombre, effrayant. **3.** qu'ils voulaient prendre. **4.** discret, silencieux. **5.** dirigez le gouvernail. **6.** filant grâce à la force du vent. **7.** triste, désenchanté.

↑ **Jean-Luc Istin, Julien et Mathieu Akita**, *Les Aventures de Tom Sawyer*, Soleil, 2019.

## Après avoir lu le texte

PÉDAGOGIE DIFFÉRENCIÉE

Répondez au groupe de questions de votre choix pour analyser le jeu des enfants.

### L'univers des pirates

**1** Quels sont les surnoms des trois enfants ? Quelle impression donnent-ils ?

**2** Pourquoi Tom Sawyer prend-il un chemin risqué pour rejoindre ses amis ?

**3** L. 62 à 74, quels dangers les « pirates » courent-ils d'après Tom ?

### Le monde réel

**1** L. 1 à 15, relevez les mots appartenant au champ lexical de la tranquillité.

**2** L. 31 à 41, montrez que les trois amis ne courent aucun danger.

**3** Est-il difficile d'atteindre l'île Jackson d'après vous ?

**Bilan** À votre avis, pourquoi le narrateur alterne-t-il entre l'univers des pirates et le monde réel ? Quel effet cherche-t-il à produire sur le lecteur ?

*Complétez votre **carte Mémo**.*

## Écrit

Lorsque vous étiez plus jeune, avez-vous joué comme Tom Sawyer à être dans un autre univers ? **Racontez** en quelques lignes l'un de ces jeux en soulignant le contraste entre ce que vous imaginiez et le décor réel dans lequel vous vous trouviez.

## Écrit

Pour poursuivre le récit et imaginer en **bande dessinée** comment Tom Sawyer et ses amis ont retrouvé leurs proches après leur fugue, rendez-vous à l'**Atelier 1**, p. 116.

## Lecture-poursuite

Et vous, auriez-vous peur de Joe l'Indien ? Lisez le roman pour connaitre tous les rebondissements des aventures de Tom Sawyer...

## Point de cours

- Le personnage de Tom Sawyer rêve d'ailleurs et échappe à son quotidien grâce à des jeux inspirés de ses lectures. Mark Twain en fait un personnage amusant et attachant : le lecteur suit ses aventures tout en ayant un regard amusé et distancié.

TEXTE 2

# Reine du fleuve

## Extrait 1

**OBJECTIF**
Montrer la singularité de l'héroïne d'un récit d'aventures

**COMPÉTENCE**
Comprendre le caractère d'un personnage

Autrice de récits pour adultes et pour enfants, **Eva Ibbotson** (1925-2010) publie *Reine du fleuve* (*Journey to the River Sea*) en 2001. L'intrigue se situe en Amazonie en 1910. Son roman obtient de nombreux prix.

*Orpheline, la jeune Maia est accueillie par de lointains parents, les terribles Carter, qui vivent avec leurs jumelles Béatrice et Gwendolyn au Brésil, sur les bords du fleuve Amazone. Mlle Milton, la préceptrice*[1] *des enfants, voyant que Maia s'ennuie pendant les leçons répétitives qu'elle doit donner aux jumelles, fait croire que son élève n'a pas le niveau pour les suivre : elle est ainsi autorisée à avoir un enseignement différent.*

Ainsi tous les matins, Maia se mettait au travail sur la véranda, sur une petite table en rotin. Mlle Minton lui donnait à faire des exercices et des projets, et, parfois, elle abandonnait momentanément les jumelles [...] pour voir si sa protégée avait besoin d'aide. Mais la plupart du temps, Maia travaillait seule et elle adorait ça.

Elle étudia les aventures de ces explorateurs qui avaient bravé[2] des dangers indescriptibles pour tracer les cartes des rivières et des montagnes du Brésil, elle recopia les planches dessinées par les premiers naturalistes, des croquis de ouistitis, de tapirs, d'anacondas... et de ces grands arbres qui fournissaient au monde entier un bois précieux et des remèdes rares. C'était comme si les livres de Mlle Minton lui restituaient le pays qu'elle aspirait[3] tant à voir, et dont elle était maintenue à l'écart par les Carter. Mlle Minton lui demanda d'écrire des histoires sur n'importe quel sujet qui l'intéressait, elle apprit des poèmes par cœur, et en écrivit elle-même.

De temps à autre, elle frappait à la porte de la salle à manger où les jumelles suivaient leurs leçons, et demandait l'orthographe d'un mot, en faisant bien attention à en choisir un facile pour que les jumelles puissent

mieux la considérer avec mépris.

« Comment est-ce qu'on écrit "table" ? » demandait Maia, en affectant[4] un air inquiet, et Béatrice lui fournissait la réponse, en disant : « Mon Dieu, tu ne sais même pas écrire ça ! »

Mais le plus souvent, personne ne prêtait attention à ce que Maia était en train de faire. L'enseignement que Maia avait reçu était excellent, et Mlle Minton avait un talent naturel de professeur. Ce qui n'impliquait pas pour autant que toutes les leçons plaisaient à Maia. Mlle Minton tenait à ce qu'elle fasse une heure de mathématiques par jour. Elle l'obligeait toujours à apprendre le portugais et Maia allait commencer à s'en plaindre quand elle essaya de dire quelques mots à Tapi la domestique à l'air renfrogné[5]. Elle se rendit compte alors que Tapi la comprenait et qu'elle avait même failli sourire.

**1.** professeur particulier. **2.** affronté. **3.** espérait. **4.** en faisant semblant. **5.** fermé.

*À suivre...*

## Après avoir lu le texte

PÉDAGOGIE DIFFÉRENCIÉE

Choisissez un des questionnaires pour mieux percevoir la singularité de Maia.

### Les jumelles

1. Où les jumelles travaillent-elles ?
2. L. 6 à 15, relevez un passage qui montre que la famille Carter manque de curiosité.
3. L. 16 à 19, quel sentiment les jumelles expriment-elles à l'égard de Maia quand elle leur demande de l'aide ? Citez le texte.
4. Les jumelles s'intéressent-elles à ce que fait Maia ? Justifiez.

### Maia

1. Où Maia travaille-t-elle ? Citez un complément de lieu. ▸ Langue, p. 300
2. Relevez au moins trois activités faites par Maia en classe.
3. L. 16 à 22, relevez deux expressions qui montrent que Maia fait exprès de passer pour une élève ignorante.
4. Comment Maia se rend-elle compte qu'il est intéressant d'apprendre le portugais ?

**Bilan** Quels sont les traits de caractère des jumelles et de Maia ? À qui le lecteur a-t-il envie de s'identifier ? Pourquoi ?

Complétez votre **carte Mémo**.

## Oral

Participez au **débat** : quelle méthode d'instruction préférez-vous, celle que suivent les jumelles ou celle de Maia ? Pourquoi ? Trouvez-vous que l'on vous laisse assez de liberté dans la façon dont on vous demande de travailler à l'école ?

### Point de cours

- Comme Maia, comme Tom Sawyer, le héros d'un récit d'aventures a quelque chose de différent des autres. Il ne suit pas les routes tracées et préfère se risquer dans des chemins inconnus à la découverte d'un monde ignoré.

**OBJECTIF**
Découvrir un lieu emblématique du récit d'aventures

**COMPÉTENCE**
Étudier une description

On perçoit, dans *Reine du fleuve*, l'amour qu'Eva Ibbotson porte à **la nature**. Ayant fait des études scientifiques, elle a renoncé à sa carrière en comprenant qu'elle devrait faire des tests sur des animaux. Devenue enseignante, elle s'est ensuite consacrée à la littérature.

### Histoire des mots

- Quelle est la différence entre une jungle et une forêt ?
- Rédigez une phrase dans laquelle « jungle » sera employé au sens figuré.

## Extrait 2

*Les relations entre les Carter et Maia sont de plus en plus mauvaises : Mme Carter refuse que la jeune fille les accompagne à Manaus voir une pièce de théâtre. Mais Maia n'obéit pas et décide de pénétrer seule dans la jungle pour les rejoindre.*

Maia s'enfonça dans la jungle. [...] Les grands arbres devenaient plus denses, des plantes grimpantes s'enroulaient autour de leurs troncs gigantesques, recherchant la lumière, une orchidée[1] écarlate[2] qui pendait d'une branche étincela[3] comme un bijou dans un rayon de soleil.

« Que c'est beau ! » s'exclama-t-elle à haute voix, en respirant profondément ce parfum de terre humide.

Mais elle avait bien tort de se perdre dans la contemplation des beautés de la nature, car il n'était pas aussi simple de suivre ce chemin qu'elle avait pu le croire en consultant la carte. [...] Elle n'aurait pu dire à quel moment exactement elle s'était perdue. Elle eut tout d'abord un doute quand elle arriva à un embranchement. Puis ce doute fit place à la peur, la peur devint une véritable panique, et elle s'obligea à respirer profondément pour ne pas se mettre à crier. [...]

Elle aurait donné n'importe quoi pour être de retour [chez les Carter]. Elle essaya de retrouver ses esprits[4] et accéléra le pas. [...] Retenant ses larmes, elle continua d'un pas décidé. Puis son pied se prit dans une liane, une longue branche qui pendait depuis le faîte d'un arbre, et elle tomba.

La chute avait été rude, son pied était prisonnier et, en essayant de se retenir, elle s'était accrochée à des ronces. Furieuse contre elle-même, blessée, perdue, elle resta allongée sur le sol quelques instants.

Quand elle se releva, elle assista à un étrange spectacle. Le ruisseau qu'elle avait suivi disparaissait derrière un rideau de verdure ; plus qu'un rideau, c'était un mur de roseaux, de plantes grimpantes et d'arbres à moitiés submergés. Et pourtant un canoë apparaissait au milieu de cet obstacle de verdure, avançant lentement et silencieusement vers elle, comme dans un rêve.

Un jeune indien se tenait à la proue[5] du canoë [...]. Il le dirigeait avec une telle aisance[6] [...] qu'il ne causait pas un seul remous à la surface de l'eau. Maia l'observa quelques instants sans en croire ses yeux, puis elle se remit péniblement sur pied.

**Eva Ibbotson**, *Reine du fleuve*, trad. d'E. Robert-Nicoud, Le Livre de Poche Jeunesse, 2008.

1. fleur tropicale très colorée. 2. rouge très vif. 3. brilla. 4. se calmer. 5. à l'avant. 6. facilité.

## Après avoir lu le texte

**1** **a.** Lisez les l. 1 à 4 et complétez le tableau. ▸ Langue, p. 278

| Noms | Adjectifs qualificatifs |
|---|---|
| arbres, ... | grands, ... |

**b.** Quelle image ces adjectifs donnent-ils de la jungle ?

**2** « Que c'est beau ! » (l. 5) : qu'est-ce qui rend la jungle si belle aux yeux de Maia ?

**3** L. 7 à 13 **a.** Qu'arrive-t-il à Maia ? **b.** L. 12, « peur » et « panique » signifient-ils exactement la même chose ?
▸ Langue p. 338

**4** L. 14 à 19 : montrez que Maia fait preuve de courage.

**5** L. 20 à 36, quel personnage apparaît ? Relevez trois expressions qui montrent que cette apparition a une dimension magique.

**Bilan** « La jungle est notre ennemie » disent les Carter. Après avoir lu ce texte, êtes-vous d'accord avec eux ?

Complétez votre **carte Mémo.**

**Henri Rousseau**, *Femme se promenant dans une forêt exotique*, 1905, huile sur toile.

## Écrit et dessin

PÉDAGOGIE DIFFÉRENCIÉE

Par groupes, **décrivez** et **illustrez** un lieu naturel propice à l'aventure, magnifique puis inquiétant. Travaillez ensemble pour enrichir dessin et description.

| Illustrateur-Illustratrice | Auteur-Autrice |
|---|---|
| • Être attentif·ive aux détails du texte pour l'illustrer.<br>• Créer une atmosphère à la fois magnifique et inquiétante.<br>• Être soigneux | • Décrire un espace naturel tout d'abord magnifique puis qui devient inquiétant.<br>• Utiliser des adjectifs qualificatifs pour enrichir la description.<br>• Savoir relire ses écrits. |

## Oral

**Décrivez** ce tableau de Henri Rousseau. Illustre-t-il bien le texte que vous avez lu selon vous ? Expliquez.

## Oral

**Participez** à une émission littéraire, **Atelier 2**, p. 118.

## Lecture-poursuite

Une fois remise sur pied, Maia va-t-elle parvenir à Manaus ? Qui est ce mystérieux jeune indien ? Qui est la « reine du fleuve » ? Si vous voulez connaitre la réponse à toutes ces questions, lisez la suite de *Reine du fleuve* d'Eva Ibbotson !

### Point de cours

• Dans de nombreux récits d'aventures, la nature occupe une place très importante : souvent hostile, elle est un danger constant pour les personnages ; elle peut être parfois au contraire magnifique, un vrai paradis.

**TEXTE 3**

**OBJECTIF**
Comprendre le caractère d'un personnage

**COMPÉTENCE**
Percevoir l'implicite d'un texte

Dans ses romans *Sans famille* et *En famille*, **Hector Malot** (1830-1907) raconte les aventures d'orphelins confrontés à la dureté de la société du XIXe siècle. L'héroïne d'*En famille*, Perrine, donnera son nom à la petite-fille d'Hector Malot, née un an après la parution du roman.

# En famille

*Orpheline, Perrine cherche pour survivre à se faire embaucher à l'usine d'un village et obtient de dormir dans le dortoir des ouvrières.*

Quand elle se réveilla une lueur blanchissait les vitres, mais si pâle qu'elle n'éclairait pas la chambre ; au-dehors des coqs chantaient, par l'ouverture du papier pénétrait un air froid ; c'était le jour qui pointait.

Malgré ce léger souffle qui venait du dehors, la mauvaise odeur de la chambrée n'avait pas disparu ; s'il était entré un peu d'air pur, l'air vicié[1] n'était pas du tout sorti, et en s'accumulant, en s'épaississant, en s'échauffant, il avait produit une moiteur asphyxiante[2]. Cependant tout le monde dormait d'un sommeil sans mouvements que coupaient seulement de temps en temps quelques plaintes étouffées [...].

Alors son parti fut pris. Tout doucement elle décrocha ses vêtements, les passa lentement, sans bruit, et, prenant ses souliers à la main, les pieds nus, elle se dirigea vers la porte, dont l'aube lui indiquait la direction. Fermée simplement par une clenche[3], cette porte s'ouvrit silencieusement et Perrine se trouva sur le palier, sans que personne ne se fût aperçu de sa sortie. Alors elle s'assit sur la première marche de l'escalier et, s'étant chaussée, descendit.

Ah ! le bon air ! la délicieuse fraîcheur ! jamais elle n'avait respiré avec pareille béatitude[4] ; et par la petite cour elle allait la bouche ouverte, les narines palpitantes, battant des bras, secouant la tête : le bruit de ses pas éveilla un chien du voisinage qui se mit à aboyer, et aussitôt d'autres chiens lui répondirent furieux.

Mais que lui importait : elle n'était plus la vagabonde contre laquelle les chiens avaient toutes les libertés, et puisqu'il lui plaisait de quitter son lit, elle en avait bien le droit sans doute, – un droit payé de son argent.

Comme la cour était trop petite pour son besoin de mouvement, elle sortit dans la rue par la barrière ouverte, et se mit à marcher au hasard, droit devant elle, sans se demander où elle allait. L'ombre de la nuit emplissait encore le chemin, mais au-dessus de sa tête elle voyait l'aube blanchir déjà la cime des arbres et le

## Après avoir lu le texte

PÉDAGOGIE DIFFÉRENCIÉE

Répondez au groupe de questions de votre choix puis construisez ensemble le Bilan.

### Questions de repérage

1. Relevez un passage qui montre que l'air est irrespirable dans le dortoir.
2. Relevez trois phrases exclamatives. Que montrent-elles ? ▸ Langue p. 312
3. Qu'est-ce qui rappelle à Perrine qu'il ne lui reste que trois heures pour vagabonder ?
4. Relevez dans le texte la définition de l'« aumuche » qu'elle est heureuse d'avoir trouvée.

### Questions d'analyse

1. Que ressent Perrine dans le dortoir des ouvrières ? Justifiez en citant le texte.
2. L. 17-21, quel sentiment l'attitude de Perrine traduit-elle ?
3. Qu'est-ce qui donne l'impression que l'horloge de l'usine s'adresse directement à Perrine ?
4. Pourquoi est-elle heureuse d'avoir trouvé l'aumuche ?

**Bilan** Définissez le caractère de Perrine en réfléchissant à son attitude depuis son réveil. Vous pouvez utiliser certains de ces adjectifs. volontaire · timide · courageuse · libre · peureuse · responsable Justifiez votre réponse.

faîte des maisons ; dans quelques instants il ferait jour. À ce moment une sonnerie éclata au milieu du profond silence : c'était l'horloge de l'usine qui, en frappant trois coups, lui disait qu'elle avait encore trois heures avant l'entrée aux ateliers. Qu'allait-elle faire de ce temps ? [...]

De minute en minute, le ciel s'était éclairci et les choses autour d'elle avaient pris, sous la lumière rasante qui les frappait, des formes assez distinctes pour qu'elle reconnût où elle était. [E]lle aperçut au bord de l'entaille[5] qu'elle dominait une de ces huttes en branchages et en roseaux qu'on appelle dans le pays des aumuches et qui servent l'hiver pour la chasse aux oiseaux de passage. Alors l'idée lui vint que, si elle pouvait gagner cette hutte, elle s'y trouverait bien cachée, sans que personne pût se demander ce qu'elle faisait dans les prairies à cette heure.

**Hector Malot,** *En famille*, 1893.

**1.** malsain, pollué. **2.** chaleur humide et irrespirable. **3.** pièce d'un loquet qui se soulève. **4.** bonheur. **5.** partie d'un marais, point d'eau.

## Sans famille TEXTE ÉCHO

*Orphelin, Rémi traverse la France avec son ami Matthia et son chien Capi. Ils sont accueillis quelques jours chez l'oncle de son ami Alexis, qui travaille dans une mine de charbon. Alexis se blesse et n'a plus de salaire : Rémi propose alors de le remplacer.*

Le lendemain matin on me donna les vêtements de travail d'Alexis.

Après avoir une dernière fois recommandé à Matthia et à Capi d'être bien sages dans leur expédition, je suivis l'oncle Gaspard.

« Attention ! dit-il en me remettant ma lampe, marche dans mes pas, et en descendant les échelles ne lâche jamais un échelon sans auparavant en bien tenir un autre. »

Nous nous enfonçâmes dans la galerie[1], lui marchant le premier, moi sur ses talons.

« Si tu glisses dans les escaliers, continua-t-il, ne te laisse pas aller, retiens-toi, le fond est loin et dur. »

Je n'avais pas besoin de ces recommandations pour être ému car ce n'est pas sans un certain trouble qu'on quitte la lumière pour entrer dans la nuit, la surface de la terre pour ses profondeurs. Je me retournai instinctivement en arrière ; mais déjà nous avions pénétré assez avant dans la galerie, et le jour, au bout de ce long tube noir, n'était plus qu'un globe blanc comme la lune dans un ciel sombre et sans étoiles. J'eus honte de ce mouvement machinal[2], qui n'eut que la durée d'un éclair, et je me remis bien vite à emboîter le pas.

**Hector Malot**, *Sans famille*, 1878.

**1.** tunnel creusé dans la terre. **2.** involontaire.

### Après avoir lu le texte écho

**5** L. 12-13, relevez les verbes à l'impératif. Pourquoi ces conseils sont-ils inquiétants ?

**6** L. 14 à 24, relevez le champ lexical de l'obscurité.

**7** Quels sont les sentiments successifs éprouvés par Rémi lorsqu'il descend dans la mine ? Justifiez votre réponse.

**Bilan** Comment définiriez-vous le caractère du jeune Rémi ? Pourquoi ?

Complétez votre **carte Mémo**.

### Oral

Retrouvez d'autres héros en quête de leur famille et participez à une **émission littéraire**, **Atelier 2**, p. 118.

### Oral Débat

Est-il important que l'instruction soit obligatoire jusqu'à 16 ans aujourd'hui en France ?

**Point de cours**

• Dans ses romans, Hector Malot défend la cause des enfants qui, au XIXe siècle, étaient souvent obligés de travailler. Ses héros sont de jeunes adolescents qui, malgré leur situation très difficile, font preuve de droiture et de courage. Les romans ont donc une forte dimension morale.

Un récit haletant pour le lecteur

# Le Roi de Mazy May

TEXTE INTÉGRAL

**OBJECTIF**
Découvrir un personnage hors du commun

**COMPÉTENCE**
Comprendre à l'écoute l'essentiel d'un extrait

John Griffith Chaney, le futur **Jack London**, est né en 1876 à San Francisco, aux États-Unis. Parce que sa famille tombe dans la pauvreté, il doit très vite travailler et se débrouiller seul. Parmi ses nombreux métiers, il devient **chercheur d'or dans le Grand Nord canadien**. Cette expérience lui inspire de très nombreux récits, dont *Le Roi de Mazy May* (1899) que vous allez lire et écoutez dans son intégralité.

Routes suivies par les chercheurs d'or jusqu'à Dawson.

## Avant d'écouter le texte

La Mazy May est une rivière imaginée par Jack London. Elle se jette dans l'un des cinq plus grands fleuves d'Amérique du Nord, le Yukon.

Visionnez le film pour comprendre le contexte de la nouvelle de Jack London et découvrir ce que fut la célèbre ruée vers l'or du Klondike.

← Chercheurs d'or franchissant le col Chikoot, photographie, 1898.

▶ Vidéo littéraire

## Extrait 1

Montagne et fleuve Yukon gelés, Whitehorse, Yukon, Canada. →

## Après avoir attentivement écouté la lecture

**1** Complétez cette fiche d'identité.

```
Nom, Prénom : ................................
Âge : ........................................
Lieu de naissance : ..........................
Situation familiale : ........................
Adresse : ....................................
```

**2** Décrivez le caractère du jeune homme à l'aide d'au moins trois adjectifs. ▸ Langue p. 272

généreux | prétentieux | courageux | timide | différent | égoïste | civilisé | débrouillard | maladroit

**Bilan** D'après vous, qu'est-ce qui rend ce personnage surprenant et hors du commun ?

Choisissez de mener par deux un travail d'écriture ou d'oral. PÉDAGOGIE DIFFÉRENCIÉE

### Écrit et dessin

Walt Master n'est pas décrit physiquement dans l'incipit de Jack London. À quoi pourrait-il ressembler ? L'un d'entre vous rédigera **le portrait physique** de Walt tandis que l'autre l'illustrera.

### Oral

« Oyez, oyez ! », **transformez-vous en conteurs** : racontez à votre classe une aventure que Walt et son père auraient pu vivre avant d'arriver sur les rives de la Mazy May et d'y installer leur concession.

# Extrait 2

*Loren Hall, le voisin de Walt, se rend à la ville de Dawson pour déclarer sa concession, conscient que de nombreux chercheurs d'or se sont déjà fait voler la leur.*

Loren Hall était vieux, il n'avait pas de chien, il devait donc voyager très lentement. Quelque temps après son départ, une nouvelle fut transmise en remontant le cours du fleuve : il était passé à travers la glace à Rosebud Creek, il avait les pieds si grièvement[1] gelés qu'il ne serait pas en mesure de voyager avant deux semaines. Alors Walt Master apprit que le vieux Loren allait à présent parfaitement bien et se préparait à se diriger vers Dawson aussi vite que pouvait se le permettre un homme affaibli.

Walt se faisait tout de même du mauvais sang[2] : la concession était, en raison du temps qui avait été perdu, susceptible d'être à tout moment prise par quelqu'un d'autre, et une nouvelle expédition était en route en direction de Mazy May. Il n'aimait guère l'aspect de ces nouveaux arrivants ; un jour, cinq d'entre eux étant arrivés avec des attelages de chiens d'élite[3] et le plus léger des matériels de campement, il put s'apercevoir qu'ils se préparaient à aller très vite, et il résolut[4] de les garder à l'œil. Il verrouilla donc la porte de la cabane et les suivit, tout en prenant en même temps bien soin de ne pas être vu.

Il n'eut pas besoin de les surveiller bien longtemps pour s'apercevoir que c'était des professionnels, prêts à s'emparer[5] de toutes les concessions qu'ils pouvaient et dont les titulaires étaient absents.

*À suivre...*

**OBJECTIF**
Comprendre comment instaurer du suspense

**COMPÉTENCE**
Être sensible aux indices annonçant la suite

1. gravement.
2. était très inquiet.
3. excellents.
4. il décida.
5. s'approprier.

## Après avoir lu le texte

PÉDAGOGIE DIFFÉRENCIÉE

Répondez au groupe de questions de votre choix et faites un bilan collectif.

### Loren Hall

**1** Quel est le problème rencontré par Loren Hall ? Pourquoi est-ce très contrariant ?

**2** Quel adjectif le qualifiant est répété deux fois ? Pourquoi ?

**3** Montrez que Loren Hall a encore un espoir de faire enregistrer sa concession.

### Les nouveaux arrivants

**1** Qui sont ces nouveaux arrivants et que veulent-ils ?

**2** Remplaceriez-vous « guère » (l. 11) par « pas beaucoup » ou « pas du tout » ?

**3** Montrez que ces hommes semblent dangereux.

**Bilan** Complétez ce texte : Dans cet extrait, le narrateur insiste sur la ... du vieux Loren Hall qui semble ne pas pouvoir lutter contre ceux qui voudraient s'emparer de sa .... Face à cette menace, le vieil homme aura sûrement besoin d'.... Viendra-t-elle de Walt ?

*Complétez votre carte Mémo.*

# Extrait 3

## Avant de découvrir la suite...

Selon vous, comment Walt pourrait-il venir en aide à Loren Hall ? **Écoutez** la suite du texte pour vérifier vos hypothèses.

### Point de cours

- Les premières lignes d'un récit apportent des informations essentielles (qui sont les personnages ? Où se déroule l'histoire ?...) et cherchent à donner aux lecteurs l'envie de continuer la lecture. Elles doivent donc créer du suspense.

**OBJECTIF**
Comprendre comment le narrateur tient le lecteur en haleine

**COMPÉTENCE**
Être sensible aux procédés d'écriture créant du suspense

## Avant de lire le texte

Pour mieux connaître l'univers de Walt et imaginer l'aventure qui va suivre, associez les mots à leur place sur l'image.

**Conducteur du traineau**
**Un traineau en pleine accélération**
**Chien de flèche**
**Traineau**

Comme beaucoup de chercheurs d'or, London ne s'est pas enrichi en or mais est revenu **riche d'histoires** à raconter qui lui ont permis de gagner beaucoup d'argent. Journaliste et écrivain célèbre, il lutte contre les injustices en les mettant en scène dans ses récits.

## Extrait 4

*Walt n'a plus beaucoup de temps pour prendre une décision. Que va-t-il donc faire ?*

Walt était couché dans la neige, mais ses pensées allaient très vite. Il n'était qu'un tout jeune garçon, mais en face de l'injustice donc ce pauvre Loren Hall était menacé il sentait qu'il devait faire quelque chose. Il attendit, regarda, sa décision prise [...]. Il se retira en rampant jusqu'à ce qu'il se trouve assez loin pour ne pas être entendu, et il se mit à courir en direction du camp des prospecteurs pirates. Le père de Walt avait emmené leurs chiens dans sa tournée et le jeune garçon savait qu'il lui était impossible, sans disposer de chiens, d'entreprendre le voyage de plus de soixante-dix milles[1] pour se rendre à Dawson.

Dès son arrivée au camp, il choisit, d'un œil expérimenté le traîneau le plus facile à conduire et se mit à y atteler les chiens des intrus. Il y avait trois attelages de chiens, il choisit dix des meilleurs. Il se rendait compte de la nécessité d'avoir un excellent chien de flèche[2], il s'efforça de trouver parmi eux une bête qui pût leur servir de chef ; car il entendait déjà les voix des hommes qui revenaient. Vers le moment où l'attelage était en ordre et où tout se trouvait prêt, les voleurs de concessions apparurent dans un endroit découvert qui ne se trouvait pas à plus de cent mètres de la piste, qui suivait le lit[3] du torrent. Ils l'interpellèrent, mais il n'y prit pas garde, il s'empara d'un de leurs sacs de couchage en fourrure abandonné sur la neige, et il se hissa sur le traîneau. « En marche ! En avant ! Allons-y ! », cria-t-il aux animaux en faisant claquer au milieu des chiens la lanière cinglante du fouet.

Les chiens exercèrent leur effort de traction sur les lanières du joug[4], le traîneau fut porté en avant si brutalement qu'il faillit être projeté à terre. Puis il pénétra dans le lit du torrent, en se mettant dangereusement en équilibre sur un seul patin. Walt en avait presque le souffle coupé, mais le traîneau finit par se remettre d'aplomb et repartit en avant. La berge du torrent était élevée, il ne voyait rien, mais il entendait le cri des hommes, il savait qu'ils étaient en train de courir pour lui barrer le passage. Il n'osait penser à ce qui lui arriverait s'ils s'emparaient de lui. Il se contentait de se cramponner au traîneau, le cœur battant furieusement, et de surveiller le bord neigeux de la berge au-dessus de lui.

Soudain, un corps passa en planant au-dessus de ce bord : c'était l'[un des voleurs] qui avait sauté tout droit en direction du traîneau dans un effort désespéré pour le capturer ; mais il s'y était pris un tout petit peu

1. environ 113 km.
2. chien en tête de traineau.
3. le cours d'un torrent.
4. pièce de bois reliant les chiens au traîneau.

trop tard. Il tomba tout à fait à l'arrière, perdit l'équilibre, et partit en arrière dans la neige. Cependant, avec l'agilité d'un chat, il avait réussi à se saisir d'une main l'extrémité du traîneau, il se retourna, et se laissa tirer à plat ventre, en injuriant le jeune garçon, en le menaçant de choses épouvantables s'il n'arrêtait pas ses chiens ; mais Walt lui donna de grands coups de manche de fouet sur les phalanges jusqu'à ce qu'il lâche prise.

*À suivre...*

## Après avoir lu le texte

PÉDAGOGIE DIFFÉRENCIÉE

Choisissez un paragraphe sur lequel travailler pour comprendre comment Walt réagit face au danger. Répondez ensuite collectivement au Bilan.

**Paragraphe 1** **Paragraphe 2** **Paragraphe 3** **Paragraphe 4**

1. Que risque Walt ?
2. Que fait-il pour échapper au danger ?
3. À votre avis, que ressent-il face au danger ?
4. Quel est le temps le plus utilisé dans votre extrait ? Pourquoi ? ▸ Langue, p. 314 à 324

**Bilan** Comment, d'après vous, le narrateur a-t-il fait pour rendre ce texte sans cesse captivant ?

*Complétez votre **carte Mémo**.*

## Extrait 5

**Écoutez** la suite de la nouvelle.

- Le narrateur se fonde-t-il sur les mêmes procédés pour créer du suspense ?

## Écrit

À l'aide des rubriques **Contexte** (p. 100 à 104) et de vos propres recherches, faites un exposé sur J. London :

*I L'enfance et la formation*
*Où et quand Jack London est-il né ? Pourquoi a-t-il pris ce pseudonyme ?*

*II Les aventures*
*Quels sont les parties du monde que Jack London a traversées ? Citez au moins sept métiers qu'il a exercés.*

*III Les œuvres*
*Quels sont les titres et les sujets de ses romans les plus célèbres ? Lequel vous parait le plus intéressant ?*

### Point de cours

- Le rythme rapide du récit et le danger omniprésent tiennent en haleine le lecteur. Bien que risquant sa vie, Walt ne cède jamais à la peur et parvient à échapper, pour l'instant, aux terribles voleurs : c'est un véritable héros !

**OBJECTIF**
Étudier le dénouement d'un récit d'aventures

**COMPÉTENCE**
Percevoir les effets de rythme dans un récit

Jack London écrit beaucoup : il publie deux cents nouvelles (*Le Roi de Mazy May*, *Bâtir un feu*, *L'Homme et le Loup*...), de nombreux romans (*L'Appel de la forêt*, *Croc-Blanc*, *Martin Eden*...) et **voyage** autour du monde. La santé abîmée par sa **vie aventurière**, il meurt jeune, à 40 ans, le 22 novembre 1916.

# Extrait 6

*La course poursuite entre Walt et les voleurs dure donc depuis des heures, comment va-t-elle s'achever ?*

En s'élevant sur la crête d'un grand embâcle[1] à la hauteur de la Rivière Indienne, Walt Master eut son premier accident. Une balle lui siffla aux oreilles et vint toucher le chien de tête inefficace.

La pauvre bête plongea, comme une masse, et le reste de l'équipage lui arriva dessus.

À la vitesse de l'éclair, Walt se trouva à côté du chien de tête. Il coupa les traits avec son couteau, tira l'animal mourant sur le côté et remit l'attelage d'aplomb.

Il regarda derrière lui. L'autre traîneau arrivait sur lui à la vitesse d'un train express. Avec la moitié des chiens qui s'insurgeaient[2] encore, il s'écria : « En avant ! » et sauta sur le traîneau au moment précis où l'équipage qui le poursuivait parvenait à sa hauteur.

L'[un des voleurs] s'apprêtait justement à lui sauter dessus – ils étaient si sûrs d'avoir raison de lui[3] qu'ils ne tiraient pas – lorsque Walt les prit farouchement[4] à partie avec son fouet.

Il les frappa au visage, les obligeant à se protéger avec leurs mains. Plus question de tirer. Avant qu'ils aient eu le temps de se remettre de cette averse cuisante de coups, Walt se pencha hors de son traîneau, saisit par les pattes de devant leur chien de queue en plein élan et le renversa d'un effort puissant. Cela provoqua un enchevêtrement complet de l'attelage, fit chavirer le traîneau et sema un magnifique désordre parmi ses ennemis.

Walt reprit la fuite, les chiens de son traîneau bondirent en hurlant sur la surface gelée. Et ce qu'il avait pris pour un accident se révéla comme une bénédiction. Le chien qu'il aurait fallu placer en tête s'y trouvait à présent. Il partit ventre à terre[5] en aboyant de joie et en entraînant ses camarades.

Lorsqu'ils atteignirent Ainslie's Creek, à vingt kilomètres de Dawson, Walt avait semé ses poursuivants qui n'étaient plus, au loin, qu'une minuscule tache. À Monte Cristo Island, il ne les voyait plus. Et à Swede Creek alors que la lumière du jour commençait à argenter les sapins, il entra tout droit, à toute vitesse, dans le camp du vieux Loren Hall.

En moins de temps qu'il n'en faut pour le dire, Loren avait roulé son sac de couchage en fourrure et rejoint Walt sur le traîneau. Ils permirent aux chiens de ralentir leur allure, comme ils ne voyaient plus, derrière eux, trace de ses poursuivants, et, au moment précis où ils s'arrêtaient à Dawson devant le bureau du Commissaire à l'Or, Walt, qui avait réussi à garder les yeux ouverts jusqu'au dernier moment, tomba endormi.

En raison de ce qu'il avait fait au cours de cette nuit mémorable, les hommes du Yukon sont devenus très fiers de Walt Master et ils n'en parlent plus autrement à présent qu'en le désignant sous le nom du Roi de Mazy May.

**Jack London**, *Le Roi de Mazy May* (1899), trad. J. Parsons, Robert Laffont, 1983.

1. petite montagne de neige.
2. s'énervaient.
3. de l'attraper.
4. brutalement.
5. à toute vitesse.

## Après avoir lu le texte

**1** Quel est l'« accident » dont Walt est victime au début du texte ?

**2** L. 6 à 35, relevez quatre expressions qui montrent que la course poursuite s'effectue à vive allure.

**3** **a.** Combien de paragraphes le narrateur consacre-t-il aux vingt derniers kilomètres ? **b.** Est-ce peu ou beaucoup par rapport au reste de la course-poursuite ?

**4** À quel temps le dernier verbe du texte est-il conjugué ? Quel effet cela produit-il ? ▸ Langue, p. 314

**Bilan** Pensiez-vous au début que Walt serait « le roi de Mazy May » ? Pourquoi est-il désormais appelé ainsi ?

*Complétez votre **carte Mémo**.*

## Oral

Si vous le souhaitez, **réécoutez** l'intégralité de la nouvelle.
Aimez-vous la façon dont se termine cette histoire ?
Y a-t-il des informations qui vous ont manqué ? À votre avis, pourquoi l'auteur ne les a-t-il pas ajoutées ?

↑ *Croc-blanc* adapté du roman de Jack London par **Randal Kleiser**, Walt Disney, 1991.

## Oral

PÉDAGOGIE DIFFÉRENCIÉE

Vous avez écouté la nouvelle lue par un comédien. À votre tour de **lire** l'extrait 6 en insistant sur le **suspense**.
Mettez-vous en groupe, répartissez-vous les paragraphes, entraînez-vous à la lecture puis **enregistrez-vous**.

| ★★★ Lignes 1 à 5 | ★★★ Lignes 6 à 27 | ★★★ Lignes 28 à 42 |
|---|---|---|
| Posez votre voix. Faites une petite pause après la 1re phrase. Insistez sur la 2e. Montrez de la pitié pour l'animal blessé. | Faites une lecture énergique, qui monte en puissance. Mettez en valeur les phrases qui créent du suspense. Faites preuve d'ironie sur le mot « magnifique ». | Faites une lecture énergique pour évoquer la fin de la course. Le dernier paragraphe doit être plus lent pour mettre en valeur la situation finale. |

## Écrit

**Inventez** un récit haletant en aidant le jeune Herman, héros de *L'Apache aux yeux bleus*, à capturer un cheval malgré le danger. Rendez-vous à l'**Atelier 3**, p. 120 !

## Lecture-poursuite

Découvrez l'histoire de Croc-blanc, le chien-loup du Grand Nord, racontée par Jack London !

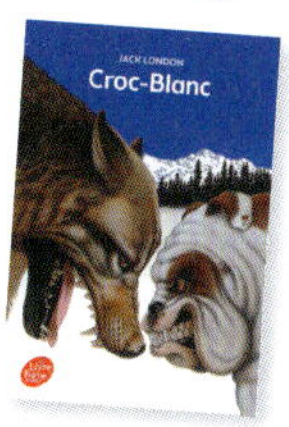


## Point de cours

• On appelle « dénouement » le moment où les problèmes d'un héros se résolvent. Dans cette nouvelle haletante de Jack London, le dénouement est rapide : Walt triomphe et est nommé le « roi » de Mazy May.

TEXTE 5

# La Rivière à l'envers

**OBJECTIF**
Plonger dans un univers imaginaire

**COMPÉTENCE**
Être sensible aux émotions d'un personnage

Né en 1952, **Jean-Claude Mourlevat** est auteur de littérature jeunesse. Son roman le plus célèbre, *La Rivière à l'envers*, est composé de deux tomes qui racontent la même aventure selon deux points de vue différents, celui de Tomek et celui d'Hannah.

*Orphelin de 13 ans, Tomek quitte son ami grand-père Icham pour retrouver la jeune Hannah. Il rencontre Marie et son âne Cadichon. À la lisière de la Forêt de l'Oubli, elle lui explique les risques qu'il y a à poursuivre son chemin.*

– Icham n'aura plus le moindre souvenir de toi. Pour lui, tu n'auras jamais existé, et si on lui demande des nouvelles de Tomek, ce qui est d'ailleurs impossible [...], eh bien, il répondra : « Des nouvelles de qui ? » Et cela aussi longtemps que tu resteras dans la forêt. À l'inverse, dès que tu en sortiras, si tu en sors, tout sera comme avant et ton ami Icham pourra se demander : « Tiens, et ce bandit de Tomek, qu'est-ce qu'il peut bien fabriquer à l'heure qu'il est ? »

– Et... si je n'en sors pas ? demanda faiblement Tomek.

– Si tu n'en sors pas, alors tu seras oublié pour l'éternité. Ton nom ne dira rien à personne. Ce sera comme si tu n'avais pas vécu.

Jamais Tomek n'aurait imaginé qu'une chose aussi horrible puisse exister. Il termina en silence sa tartine de beurre et son gobelet de café [...] et tout à coup, il eut une idée folle.

– Mais alors, Marie, si tu entrais tout de suite dans la forêt, d'un mètre seulement, tu n'existerais plus pour moi ?

– Exactement, Tomek. Ça t'amuserait d'essayer ?

Le mot « amuser » ne convenait pas vraiment. Cela lui faisait même un peu peur, mais il accepta tout de même et tous les deux se hâtèrent[1] de ranger ce qui restait du petit déjeuner et d'éteindre le feu. Puis Marie attela la carriole à Cadichon comme à un vrai petit cheval. [...]

– Voilà, je vais m'avancer de quelques mètres dans la forêt avec Cadichon. J'y resterai trois minutes environ puis je ressortirai. J'espère seulement que tu n'auras pas l'idée d'entrer à ton tour dans la forêt, car on n'en aurait pas fini de se chercher. Ou plutôt de ne pas se chercher, justement ! [...] À tout à l'heure, Tomek ! Hue, Cadichon !

L'âne se mit en marche, tirant la carriole, Marie fit un dernier signe du bras et elle disparut entre les troncs noirs de la Forêt de l'Oubli.

Tomek recula d'une dizaine de pas pour mieux voir l'impressionnant mur d'arbres qui se dressait devant lui. C'était une variété de sapins très sombres et très touffus, hauts de quatre-vingts mètres au moins. Sans même entrer dans la forêt, on en sentait la fraîcheur. Il doit faire bien noir là-dessous, se dit Tomek avec inquiétude. [...] Si seulement il avait eu avec lui un compagnon de voyage, évidemment, il aurait vu les choses d'une autre manière. À deux, on s'encourage, on s'entraîne, on peut rire ensemble, se porter secours s'il le faut. Or, depuis son départ, il n'avait rencontré personne. Et il avait fini par dormir sous cet arbre là-bas, tout seul, enroulé dans sa couverture. Sa couverture ! Il avait oublié sa couverture !

Il courut à toutes jambes vers l'arbre et plongea sous les branches. Ouf ! Elle était encore là. Il se promit d'être plus vigilant[2] désormais. Un aventurier ne doit pas perdre ses affaires, surtout quand il en a si peu. Ce n'est qu'en sortant de sa cachette qu'il vit les restes d'un feu tout près de l'arbre. Il aurait pourtant juré qu'il n'y avait rien la veille quand il était arrivé là. Et personne n'était venu depuis. Voilà qui était bien étrange.

Il roula la couverture sur ses épaules et fit quelques pas en direction de la forêt. Après tout, elle n'était peut-être pas aussi grande que cela. En partant tout de suite et en marchant d'un bon pas, il en serait sorti avant midi peut-être, au plus tard avant la nuit.

**Jean-Claude Mourlevat**, « Tomek », *La Rivière à l'envers*, t. 1, Pocket Jeunesse, 2000.

**1.** se dépêchèrent. **2.** attentif.

## Après avoir lu le texte

PÉDAGOGIE DIFFÉRENCIÉE

Choisissez le groupe de questions auxquelles vous souhaitez répondre puis confrontez vos réponses dans la question Bilan afin de mieux comprendre ce que risque Tomek dans la Forêt de l'Oubli.

### l. 1-27 Sur la Forêt de l'Oubli

**1** Que se passe-t-il si on ne parvient pas à sortir de la Forêt de l'oubli ?

**2** Relevez un signe de ponctuation et un adverbe qui montrent que Tomek est très inquiet.
▸ Langue, p. 306, p. 286

**3** Quelle expérience Marie propose-t-elle à Tomek ?

**4** À votre avis, pourquoi l'auteur a-t-il choisi de sauter une ligne entre les deux paragraphes (l. 27) ?

### l. 28-57 L'absence de Marie

**1** Relevez des indices qui montrent que Tomek a oublié Marie quand elle est entrée dans la Forêt.

**2** Pourquoi est-il comique que Tomek se reproche d'avoir oublié sa couverture ?

**3** L. 45 à 53, relevez les compléments de temps et de lieu montrant que Tomek cherche à se repérer.
▸ Langue, p. 300

**4** À qui appartient le feu que Tomek découvre ?

**Bilan** Pourquoi le lecteur croit-il aux pouvoirs de la Forêt de l'Oubli ?

*Complétez votre carte Mémo.*

## Oral

À vous d'**imaginer un lieu magique** comme ceux de la « Forêt de l'Oubli ». Choisissez **un lieu** et **un complément du nom** puis, comme Marie, expliquez les caractéristiques de cet endroit.

| Lieu | Complément du nom |
|---|---|
| Le Château | des Souvenirs |
| La Clairière | de la Joie |
| Le Désert | de la Peur |
| L'Océan | de l'Enfance |

## Écrit

Les personnages de Tomek et d'Hannah rencontrent de nombreuses aventures dans *La Rivière à l'envers*. Lisez un des deux tomes de ce roman et **devenez éditeurs** : rendez-vous à l'**Atelier 4** (p. 122) pour préparer une couverture qui donnera envie à vos camarades de le lire à leur tour !

## Point de cours

- Le monde dans lequel évolue Tomek est fondé sur l'imaginaire. Le lecteur y croit cependant, le temps de la lecture, car le narrateur le rend réaliste et décrit précisément les émotions des personnages.

TEXTE 6

# Alice au pays des merveilles

**OBJECTIF**
Lire le manuscrit d'un roman conçu comme un album

**COMPÉTENCE**
Saisir les relations entre image et écrit

## Avant d'écouter le texte

Pour découvrir le manuscrit du roman et l'importance que Lewis Carroll accordait aux images, **regardez cette vidéo** et répondez ensuite aux questions.

**1** Essayez de traduire la dédicace de Lewis Carroll à Alice Liddell.

**2** Pourquoi n'a-t-on pas conservé les dessins de l'auteur dans l'édition originale ?

**3** Qu'est-ce qui montre que Lewis Carroll s'inspire d'Alice Liddell dans son roman ?

Professeur de mathématiques en Angleterre, Charles Dogson (1832-1898) choisit un pseudonyme, **Lewis Carroll**, pour écrire *Alice au pays des merveilles*. L'héroïne de son récit s'inspire de la fille d'un de ses amis, Alice Liddell.
En juillet 1862, Lewis Carroll lui avait raconté les aventures de la petite héroïne. Alice Liddell, très enthousiaste, lui avait demandé de les mettre par écrit. Lewis Carroll lui offre pour Noël, deux ans plus tard, le manuscrit de la première version d'*Alice au pays des merveilles* : *Les Aventures d'Alice sous terre*.
Les illustrations sont aussi de sa main.

## Extrait 1

Voici l'incipit des *Aventures d'Alice sous terre*, c'est-à-dire le début du roman. Observez-le et écoutez sa traduction.

Chapter I

Alice was beginning to get very tired of sitting by her sister on the bank, and of having nothing to do: once or twice she had peeped into the book her sister was reading, but it had no pictures or conversations in it, and where is the use of a book, thought Alice, without pictures or conversations? So she was considering in her own mind, (as well as she could, for the hot day made her feel very sleepy and stupid,) whether the pleasure of making a daisy-chain was worth the trouble of getting up and picking the daisies, when a white rabbit with pink eyes ran close by her.

There was nothing very remarkable in that, nor did Alice think it so very much out of the way to hear the rabbit say to itself "dear, dear! I shall be too late!" (when she thought it over afterwards, it occurred to her that she ought to have wondered at this, but at the time it all seemed quite natural); but when the rabbit actually took a watch out of its waistcoat-pocket, looked at it, and then hurried on, Alice started to her feet, for

## Après avoir observé le manuscrit et écouté la traduction

**4** Qui sont les deux personnages représentés sur le manuscrit ?

**5** À votre avis, pourquoi Lewis Carroll a-t-il commencé son chapitre par une illustration ?

**6** **a.** Quel est le défaut d'Alice selon vous ? **b.** Qu'est-ce qui tire Alice de l'ennui ? Qu'en pensez-vous ?

**Bilan** Pourquoi selon vous Lewis Carroll a-t-il choisi de ne pas illustrer tout de suite cet événement ?

Complétez votre carte Mémo.

## Oral Débat

Alice s'interroge : « À quoi bon un livre sans images ni dialogue ? ». Et vous, **pensez-vous comme elle ?** Les illustrations et les dialogues sont-ils nécessaires pour qu'un livre soit intéressant selon vous ? Pourquoi ?

## Extrait 2

*Poursuivant le Lapin blanc, Alice tombe dans son terrier et, après une longue chute, atterrit dans une mystérieuse pièce.*

Les murs étaient percés de plusieurs portes, mais elles étaient toutes fermées à clef. Lorsque Alice eut fait le tour de la salle en les essayant une par une, elle s'avança tristement vers le centre, en se demandant comment elle pourrait bien ressortir un jour.

Soudain elle découvrit une petite table à trois pieds, toute en verre : il n'y avait dessus rien d'autre qu'une minuscule clef d'or. Alice pensa d'abord qu'elle ouvrait peut-être l'une des portes de la salle, mais, hélas ! soit les serrures étaient trop grandes, soit la clef était trop petite, en tout cas elle n'ouvrait aucune d'entre elles. Cependant, en refaisant le tour de la pièce, Alice trouva un rideau qu'elle n'avait pas remarqué auparavant, et qui masquait une petite porte d'environ quarante centimètres de haut. Elle introduisit la clef d'or dans la serrure : à sa grande joie, la clef s'y emboîtait parfaitement !

Alice ouvrit la porte, qui donnait dans un petit couloir, à peine plus grand qu'un trou de souris. Elle s'agenouilla et vit alors, au bout du corridor, le plus joli jardin qu'on ait jamais vu. Elle avait bien envie de sortir de cette pièce sombre pour aller se promener parmi ces parterres de fleurs superbes et ces frais jets d'eau, mais elle ne pouvait pas même passer la tête dans l'encadrement de la porte. « Et même si ma tête y passait, songea la pauvre Alice, cela ne me servirait guère, sans mes épaules. Oh, comme j'aimerais me recroqueviller[1] comme un télescope ! Je crois que je pourrais, si seulement je savais par où commencer. » Car, voyez-vous, Alice avait vécu depuis peu tant d'événements hors du commun qu'elle en venait à penser que bien rares étaient les choses véritablement impossibles.

Comme il semblait inutile d'attendre devant la petite porte, elle retourna à la table, espérant presque y découvrir une autre clef, ou du moins un livre sur l'art de replier les gens comme des télescopes. Elle y trouva cette fois une petite bouteille (« qui n'était certainement pas là avant », dit Alice), au goulot de laquelle était attachée une étiquette où les mots BOIS-MOI étaient joliment imprimés en grands caractères.

C'était bien beau de dire « Bois-moi », mais la petite Alice était assez intelligente pour ne pas se hâter[2] d'obéir. « Non, dit-elle, je vais d'abord regarder s'il est marqué "poison" ou non » [...].

*À suivre...*

**D. Chauvel, X. Collette**, *Alice au pays des merveilles*, Drugstore, 2010.

1. se replier. 2. se dépêcher.

### Oral

Tim Burton a adapté cette scène dans son **film** *Alice au pays des merveilles*. Analysez-la dans l'**Atelier 5**, p. 124, puis créez votre court-métrage !

## Après avoir lu le texte

PÉDAGOGIE DIFFÉRENCIÉE

Choisissez un groupe de questions pour mettre en valeur deux aspects du texte.

### Un monde absurde...

**1** Que voit Alice lorsqu'elle ouvre la petite porte ? Est-ce logique étant donné le lieu où elle se trouve ?

**2** Quelle étrange idée Alice a-t-elle pour pouvoir passer par la petite porte ? Qu'en pensez-vous ?

**3** Qu'est-ce qui rend la bouteille qu'elle a trouvée particulièrement inquiétante ? Donnez deux raisons.

### ... et rassurant

**1** Alice s'inquiète-t-elle quand elle voit ce qu'il y a de l'autre côté de la petite porte ? Qu'a-t-elle envie de faire ?

**2** L. 19 à 25, citez un passage qui montre que le narrateur s'adresse aux lecteurs pour les rassurer sur Alice.

**3** L. 32 à 34, citez un adjectif attribut qualifiant Alice et montrant que le narrateur a confiance en elle. ▸ Langue, p. 296

**Bilan** Alice agit-elle de façon logique ou absurde dans ce texte ? Agiriez-vous de la même manière dans cette situation ?

**OBJECTIF** Étudier des dialogues absurdes

**COMPÉTENCE** Être sensible à l'humour

# Extrait 3

*Après avoir quitté la pièce dans laquelle elle était enfermée, Alice rentre dans la maison du Lapin blanc en son absence et boit une potion qui la fait tellement grandir qu'elle ne peut plus sortir.*

Le Lapin arriva alors à la porte et tenta de l'ouvrir. Comme il fallait la pousser vers l'intérieur, c'est-à-dire contre le coude d'Alice, il en fut incapable. Alice l'entendit marmonner[1] :

– Alors je vais faire le tour et passer par la fenêtre.

« Certainement pas ! » pensa Alice. Après avoir attendu jusqu'au moment où elle crut entendre le Lapin sous la fenêtre, elle tendit tout à coup la main et la referma dans l'air. Elle ne put rien attraper, mais elle entendit un petit cri, une chute, un bruit de verre brisé, d'où elle conclut que le Lapin était peut-être tombé sur un châssis[2] à concombres ou quelque chose de ce genre.

Vint ensuite une voix irritée[3] (celle du Lapin) :

– Pat ! Pat ! Où es-tu ?

Et une autre voix, qu'elle n'avait pas encore entendue :

– Pour sûr que j'suis là ! J'déterrions les poires, votre honneur !

– Il est bien temps de déterrer les poires ! répliqua le Lapin furieux. Viens ici ! Aide-moi à me tirer de là !

(Nouveaux bruits de verre brisé.)

– Et maintenant, Pat, dis-moi quelle est cette chose à la fenêtre !

– Pardi, c'est un bras, vot'honneur !

(Il prononçait « brôs ».)

– Un bras, âne bâté ! Qui a jamais vu un bras de cette taille ? Tu ne vois pas qu'il remplit tout l'encadrement de la fenêtre ?

– Si, pour sûr, vot'honneur. Mais tout de même, c'est un bras.

– Eh bien, en tout cas, il n'a rien à faire là ! Enlève-le-moi d'ici !

Il y eut ensuite un long silence. Alice n'entendait que des chuchotements de temps à autre : « Pour sûr que ça me plaît pas, vot'honneur, pas du tout du tout ! » ou : « Fais ce que je te dis, pleutre[4] ! » Finalement, elle passa de nouveau sa main par la fenêtre pour essayer de saisir quelque chose. Cette fois, il y eut deux petits cris et de nouveaux bruits de verre cassé.

**Lewis Carroll**, *Alice au pays des merveilles*, trad. Laurent Bury, Le Livre de Poche, 2009.

1. murmurer d'un air mécontent. 2. sorte de serre pour les légumes. 3. agacée. 4. lâche.

## Après avoir lu le texte

**1** Pour mieux visualiser la position des personnages, faites un croquis de la scène.

**2** L. 1 à 15, qu'est-ce qui montre qu'Alice ne voit rien, mais entend tout ? Citez le texte.

**3** Qu'arrive-t-il au Lapin ? Avez-vous de la peine pour lui ? Pourquoi ?

**4** L. 16 à 36, quels types de phrase le Lapin utilise-t-il ? Dans quel état d'esprit est-il ? ▸ Langue, p. 310

**5** À votre avis, qui est Pat pour le Lapin ? Que pensez-vous de son activité (l. 20-21) ?

**Bilan** Choisissez les mots qui vous permettent de définir ce texte, puis justifiez votre réponse.

comique · tragique · réaliste · absurde · dialogué

*Complétez votre carte Mémo.*

## Oral

Alice ne fait qu'entendre ce qui se passe autour d'elle. Par groupe, **enregistrez** tout ce qu'elle perçoit de cette scène. Répartissez-vous les rôles :

| Rôles | Compétences |
|---|---|
| **Bruitages** | Introduire les bruitages pertinents au bon moment. |
| **Voix du Lapin et de Pat** | Soigner l'intonation des personnages et gérer les silences. |
| **Enregistrement** | Organiser l'enregistrement et le montage (par ex. avec Audacity®). |

Vous pouvez utiliser **Ma réserve de bruits**.

*Ma réserve de bruits*

**Porte :** poignée • coups • ouverture
**Mouvements de corps :** froissement de vêtements • pas
**Chute :** verre
**Voix :** cris • soupirs

# Oral

• Connaissez-vous ces personnages ?

Le Chapelier fou · La Reine · La Duchesse · Le Chat de Chester

Associez leur nom à la bonne illustration : A B C ou D.

• **Écoutez** ces quatre extraits : qui parle avec Alice ?

Extrait 1 · Extrait 2 · Extrait 3 · Extrait 4

• Quel est le dialogue le plus absurde selon vous ? Et le plus amusant ?

A

B

C

D

↑ **D. Chauvel, X. Collette**, *Alice au pays des merveilles*, Drugstore, 2010.

# Écrit

• Mettez-vous par deux et choisissez chacun un personnage différent : le Chat ou la Reine.

• **Écrivez** chacun un court dialogue sur ce modèle :

– Pourquoi as-tu l'air en colère ?, demanda Alice.
– …, répondit « nom de votre personnage ».
– J'ai une solution pour toi, s'exclama Alice : … .

• **Échangez** la fin de vos deux textes : la solution d'Alice pour le Chat sera donnée à la Reine, et inversement !

• **Lisez** vos textes à la classe et choisissez ceux qui pourraient figurer dans *Alice au pays des merveilles*.

# Lecture-poursuite

Si vous voulez savoir ce que devient Alice, à vous de lire la suite du roman !

## Point de cours

• *Alice au pays des merveilles* a des caractéristiques du conte de fées mais s'en différencie aussi car l'héroïne ne tire pas vraiment de leçon de ce qu'elle vit. Le lecteur s'amuse de l'absurdité des dialogues et des situations inattendues sans qu'il y ait de morale.

## TEXTE 7

**OBJECTIF**
Comprendre comment une aventure fait réfléchir

**COMPÉTENCE**
Percevoir l'opposition de deux personnages dans un dialogue

Né en 1900, **Antoine de Saint-Exupéry** est un écrivain français et grand aviateur. Il publie son œuvre la plus célèbre, *Le Petit Prince*, en 1943 et disparaît en mer, au large de Marseille, en 1944.

### Avant d'écouter le texte

Vocabulaire

Faites une recherche lexicale sur le mot « absurde ».

- Quelle est son étymologie ?
- Qu'est-ce qu'il signifie ? Rédigez une phrase dans laquelle vous utiliserez cet adjectif.
- Avez-vous déjà été confronté à une situation absurde ? Racontez votre histoire à la classe.

# Le Petit Prince

*Le Petit Prince a quitté sa planète et voyage de planète en planète. La 5e est étrange car elle est minuscule et ne compte qu'un seul habitant, l'allumeur de réverbère.*

Le petit prince ne parvenait pas à s'expliquer à quoi pouvaient servir, quelque part dans le ciel, sur une planète sans maison, ni population, un réverbère[1] et un allumeur de réverbères. Cependant, il se dit en lui-même :

« Peut-être bien que cet homme est absurde. Cependant, il est moins absurde que le roi, que le vaniteux, que le businessman et que le buveur[2]. Au moins son travail a-t-il un sens. Quand il allume son réverbère, c'est comme s'il faisait naître une étoile de plus, ou une fleur. Quand il éteint son réverbère, ça endort la fleur ou l'étoile. C'est une occupation très jolie. C'est véritablement utile puisque c'est joli. »

Lorsqu'il aborda la planète il salua respectueusement l'allumeur :

– Bonjour. Pourquoi viens-tu d'éteindre ton réverbère ?

– C'est la consigne, répondit l'allumeur. Bonjour.

– Qu'est-ce que la consigne ?

– C'est d'éteindre mon réverbère. Bonsoir.

Et il le ralluma.

– Mais pourquoi viens-tu de le rallumer ?

– C'est la consigne, répondit l'allumeur.

– Je ne comprends pas, dit le petit prince.

– Il n'y a rien à comprendre, dit l'allumeur. La consigne c'est la consigne. Bonjour.

Et il éteignit son réverbère. Puis il s'épongea le front avec un mouchoir à carreaux rouges.

– Je fais là un métier terrible. C'était raisonnable autrefois. J'éteignais le matin et j'allumais le soir. J'avais le reste du jour pour me reposer, et le reste de la nuit pour dormir...

– Et, depuis cette époque, la consigne a changé ?

– La consigne n'a pas changé, dit l'allumeur. C'est bien là le drame ! La planète d'année en année a tourné de plus en plus vite, et la consigne n'a pas changé !

– Alors ? dit le petit prince.

– Alors maintenant qu'elle fait un tour par minute, je n'ai plus une seconde de repos. J'allume et j'éteins une fois par minute !

– Ça c'est drôle ! Les jours chez toi durent une minute !

– Ce n'est pas drôle du tout, dit l'allumeur. Ça fait déjà un mois que nous parlons ensemble.

## Oral

Rendez-vous à l'**Atelier 2** (p. 118) pour découvrir de nouveaux récits. Vous **débattrez** à leur sujet en devenant les présentateurs, les auteurs et les chroniqueurs d'une véritable **émission littéraire** !

– Un mois ?

– Oui. Trente minutes. Trente jours ! Bonsoir.

Et il ralluma son réverbère.

Le petit prince le regarda et il aima cet allumeur qui était tellement fidèle à la consigne. Il se souvint des couchers de soleil que lui-même allait autrefois chercher, en tirant sa chaise. [...]

« Celui-là, se dit le petit prince, tandis qu'il poursuivait plus loin son voyage, celui-là serait méprisé par tous les autres, par le roi, par le vaniteux, par le buveur, par le businessman. Cependant, c'est le seul qui ne me paraisse pas ridicule. C'est, peut-être, parce qu'il s'occupe d'autre chose que de soi-même. »

Il eut un soupir de regret et se dit encore :

« Celui-là est le seul dont j'eusse pu faire mon ami. Mais sa planète est vraiment trop petite. Il n'y a pas de place pour deux... »

Ce que le petit prince n'osait pas s'avouer, c'est qu'il regrettait cette planète bénie à cause, surtout, des mille quatre cent quarante couchers de soleil par vingt-quatre heures !

**Antoine de Saint-Exupéry**, *Le Petit Prince*, chapitre XIV, Éditions Gallimard, 1943.

↑ Illustration de **Saint-Exupéry**, aquarelle, 1943, Éditions Gallimard.

**1.** lampadaire que l'on devait allumer à la main. **2.** personnages peu sympathiques rencontrés par le petit prince.

## Après avoir lu le texte

PÉDAGOGIE DIFFÉRENCIÉE

Choisissez le personnage que vous voulez étudier, puis répondez ensemble à la question Bilan.

### L'allumeur de réverbère

**1** Pourquoi son métier est-il « terrible » (l. 25) ?

**2** L. 25, à quel temps sont conjugués les verbes ? Pourquoi ? ▸ Langue p. 314-324

**3** Parmi ces adjectifs, lequel décrit le mieux l'allumeur de réverbère : heureux • amical • agressif • naïf • obéissant • drôle ? Expliquez votre réponse.

**4** Pourquoi peut-on dire que « cet homme est absurde » (l. 5) ?

### Le petit prince

**1** Quel type de phrase utilise le petit prince ? Pourquoi ? Citez une phrase du texte. ▸ Langue, p. 310

**2** De quelle manière s'adresse-t-il à l'allumeur de réverbère ?

**3** Quel sentiment a-t-il pour l'allumeur de réverbère ? Expliquez votre réponse.

**4** Pour le petit prince, le métier de l'allumeur de réverbère est-il vraiment absurde ? Pourquoi ?

**Bilan** À quoi cette aventure du petit prince nous fait-elle réfléchir ?

## Oral

**Débattez** autour de cette question : « comme l'allumeur de réverbère, pensez-vous qu'il faut toujours obéir à une consigne ? » Pour vous aider, réfléchissez : quelles seraient les bonnes raisons pour ne pas obéir à une consigne ?

## Lecture-poursuite

Après cette étrange planète, le petit prince en découvrira une 6$^{e}$, tout aussi étrange. Et puis la septième planète : la Terre. Quelles nouvelles rencontres y fera-t-il ? Lisez *Le Petit Prince* pour le savoir.

## Point de cours

• Dans de nombreux récits, les dialogues permettent à des personnages de confronter leurs opinions. Le lecteur réfléchit alors en même temps qu'eux à des questions philosophiques ou à des problèmes de société.

DÉFI Manga 漫画

# Que d'aventures !

Vous aimez les récits d'aventures ? Vous aurez sans doute envie de dévorer ces trois mangas. Ceux qui les connaitront le mieux remporteront le défi !

## Participez au défi !

**Préparation du défi**

- Lisez le tome 1 de chacune de ces séries.

Coco rêve d'être une sorcière. Un jour, elle comprend comment faire de la magie mais elle provoque malgré elle un grand malheur…

***L'Atelier des Sorciers***, Kamone Shirahama, Pika Édition, 2019.

Emma, Norman et Ray vivent heureux dans un orphelinat jusqu'au jour où ils comprennent qu'ils y sont en danger…

***The Promised Neverland***, Kaiu Shirai, Posuka Demizu, Kazé, 2019.

Luffy, un jeune garçon, rêve de devenir roi des pirates. Un jour, il mange un fruit du démon qui lui donne un super pouvoir…

***One Piece***, Eiichiro Oda, Glénat, 2013.

- Préparez trois questions et leur réponse sur chacun des trois mangas, puis donnez-les à votre professeur. Vos questions peuvent porter sur :

le nom des personnages

leurs caractéristiques physiques

les lieux qu'ils traversent

les aventures qu'ils vivent

les raisons qui les poussent à agir

Pensez à faire des questions originales et inventives.

**Création du défi**

À partir de vos questions, votre professeur crée trois questionnaires de dix questions, c'est-à-dire un questionnaire pour chacune des trois manches du défi.

**Le défi**

Mettez-vous par groupes de 3 ou 4.

- 1re manche : 1. Le professeur distribue le questionnaire sur *L'Atelier des Sorciers*, et vous indique quand vous pouvez commencer.
  2. Quand une équipe lève la main pour dire qu'elle a fini, tout le monde arrête d'écrire et on ramasse les questionnaires.
  3. La correction se fait immédiatement : chaque groupe corrige le questionnaire d'un autre groupe et annonce le nombre de points remportés sur dix.
- Procédez de même pour les manches 2 et 3 sur *The Promised Nerveland* et *One Piece*.

**Résultats**

Une fois les trois manches menées, le professeur annonce le groupe qui a remporté le plus de points au total, mais aussi le groupe qui connaît le mieux tel ou tel manga. Bravo à tous les participants !

BILAN

# Jeunes aventuriers, grandes aventures

**XIXe SIÈCLE**

- *Alice au pays des merveilles*, **L. Carroll**
- *Tom Sawyer*, **M. Twain**
- *Le Roi de Mazy May*, **J. London**

**XXe SIÈCLE**

- *Le Petit Prince*, **A. de Saint-Exupéry**

**XXIe SIÈCLE**

- *La Rivière à l'envers*, **J.-C. Mourlevat**
- *Reine du fleuve*, **E. Ibbotson**

Mon carnet de 6e

Complète une dernière fois **ta carte Mémo** et colle-la dans ton carnet.

Dans la page des **« Auteurs du XXe siècle »**, rédige une petite biographie sur Saint-Exupéry.

Consacre une page à ton roman préféré dans **« Mes coups de cœur ! »**.

Dans tes pages **« Histoire des Arts »**, note des informations sur des adaptations filmiques des *Aventures d'Alice au pays des merveilles*.

Indique dans **« Mes prestations orales »** la date et le sujet de ton oral.

## En route pour l'aventure

- De nombreux romans de littérature jeunesse ont pour héros de **jeunes orphelins** :
  - Tom Sawyer vit chez sa tante.
  - Maia, dans *Reine du fleuve*, est recueillie par les Carter.
  - Perrine, dans *En Famille*, cherche à survivre seule.
- **Le lecteur s'identifie** facilement à aux personnages : ces romans, très **réalistes**, s'attachent en effet à décrire la vie quotidienne des héros et leur désir de s'évader.
- La **nature** devient souvent pour eux un **refuge** ou un **lieu de liberté**. Tom Sawyer et Maia y fuient leur quotidien rébarbatif, tandis que Perrine y oublie la misère.

## Un récit haletant pour le lecteur : *Le Roi de Mazy May*

- Dans cette nouvelle, **Jack London** s'inspire de son expérience de chercheur d'or pour raconter une course-poursuite entre un jeune garçon, Walt, et des voleurs de concession.
- Il utilise plusieurs procédés d'écriture pour **créer du suspense et tenir le lecteur en haleine** :
  - des **indices** sur les dangers futurs ;
  - l'**alternance de dangers et de solutions** ;
  - un **rythme de plus en plus haletant**.

## Vocabulaire autour des récits d'aventures

- **Un narrateur :** voix qui prend en charge le récit.
- **Un roman :** long récit en prose.
- **Une nouvelle :** court récit en prose.
- **Un album :** livre dans lequel illustrations et texte s'entremêlent.
- **Un incipit :** premières lignes d'un récit..

## Bienvenue dans un monde imaginaire

- Certains romans se fondent sur l'imaginaire et font rêver le lecteur en l'éloignant de son quotidien.
- Jean-Claude Mourlevat imagine un **univers merveilleux** dans ***La Rivière à l'envers***, mais ses personnages ont une **psychologie plus complexe** que ceux d'un conte, ce qui les rend très attachants.
- L'héroïne d'***Alice au pays des merveilles*** vit des situations très étranges qui ont inspiré de nombreux albums. Le lecteur s'amuse de cette **absurdité**, traitée avec humour par le narrateur.
- Saint-Exupéry, enfin, fait **réfléchir le lecteur** sur le sens de la vie grâce à la poésie du personnage du petit prince.

# ATELIER 1 Écrit

# Créer une planche de BD

- Dans cet atelier, vous inventerez sous forme de BD un épisode des *Aventures de Tom Sawyer* de Mark Twain.
- Lisez la Méthode puis faites les exercices de langue en fonction de vos besoins.

## Vocabulaire

### Revoir le vocabulaire de la bande dessinée

**1** Reliez ces mots avec leur définition.

| | |
|---|---|
| Une planche • | • page de BD |
| Une vignette • | • synonyme de « bulle » |
| Une bulle • | • case de BD |
| Un phylactère • | • récit d'un narrateur encadré |
| Un cartouche • | • forme contenant les paroles d'un personnage |

**2** Les trois garçons vivent sur l'île déserte. Placez la vignette, le phylactère et le cartouche.

**3** Je travaille dans la BD, quel est mon métier ?
Je suis scénariste lettreur auteur coloriste encreur.

1. Je colorise les vignettes : ...
2. J'écris le scénario de la BD : ...
3. J'installe les lettres dans les bulles : ...
4. Je repasse les dessins à l'encre : ...
5. Scénariste et dessinateur, je crée toute la BD : ...

### Maitriser le vocabulaire d'analyse de l'image

**4** Becky et les familles des garçons se rendent à leurs funérailles. À quel plan correspond chaque vignette : gros plan plan moyen plan rapproché ?

**5** Complétez le texte avec ces noms de plan : plan moyen • gros plan • plan rapproché • plan d'ensemble.

On utilise un ... pour montrer de près l'émotion d'un personnage. Le ... est souvent employé lors des dialogues. Le ... offre plus de recul : on voit les personnages en entier avec une partie du décor. Dans le ..., les personnages sont petits dans un vaste décor.

## Grammaire - Orthographe

### Conjuguer au présent de l'indicatif pour rédiger les cartouches ► Langue, p. 314

**6** Conjuguez ces phrases, qui pourraient figurer dans des cartouches, au présent de l'indicatif.

1. Tout (être) calme dans l'église.
2. Une sorte de grincement (se faire) entendre.
3. Les trois enfants (se cacher) dans un recoin.
4. Ils (écouter) leur oraison funèbre.

### Repérer les sujets des verbes pour préparer des vignettes ► Langue, p. 292

**7** Repérez les sujets des verbes en gras.

Si les gens **avaient été moins accaparés** par leur chagrin, ils eussent distingué comme une sorte de grincement au fond de l'église. Le pasteur **releva** la tête et regarda à travers ses larmes du côté de la porte. Il parut soudain pétrifié. Quelqu'un **se retourna** pour voir ce qui le troublait tant. Une autre personne **fit** de même, et bientôt tous les fidèles, debout et médusés, **purent** voir Tom qui s'avançait [...].

**M. Twain**, *Les Aventures de Tom Sawyer*, trad. P. Caillé, Hachette, 2002.

### Revoir la ponctuation et les types de phrase

► Langue, p. 306, 310

**8** Utilisez la ponctuation de votre choix pour ces paroles qui pourraient figurer dans une bulle.

Impossible • Quoi • Non • Je ne parviens pas à y croire • Je deviens fou • Oh • Tom c'est toi • Regardez

**9** Quel est le type de phrase de ces répliques ?
déclaratif interrogatif impératif

1. Écoutez-moi.
2. Est-ce bien toi ?
3. J'ai eu si peur !
4. Viens dans mes bras.
5. Pourquoi as-tu fait ça ?
6. J'étais sur l'île Jackson.

### Accorder les adjectifs pour préparer la colorisation

► Langue, p. 274-277

**10** Complétez en accordant les adjectifs.
gris • lumineux • terne • profond • inattendu

Les vignettes représentant les funérailles des enfants sont .... La couleur ... prédomine. Les dessinateurs insistent sur la ... tristesse des proches de Tom. Au contraire, les vignettes représentant les enfants sur l'île Jackson sont .... Et vous, quelle couleur choisiriez-vous pour le retour ... des trois fugueurs ?

# Les Aventures de Tom Sawyer

Si les gens avaient été moins accaparés par leur chagrin, ils eussent distingué comme une sorte de grincement au fond de l'église. Le pasteur[1] releva la tête et regarda à travers ses larmes du côté de la porte. Il parut soudain pétrifié[2]. Quelqu'un se retourna pour voir ce qui le troublait tant. Une autre personne fit de même, et bientôt tous les fidèles, debout et médusés[3], purent voir Tom qui s'avançait au milieu de la nef[4], escorté de Joe et de Huck aussi déguenillés que lui. Les trois morts s'étaient cachés dans un recoin et avaient écouté d'un bout à l'autre leur oraison funèbre.

Tante Polly, Mary et les Harper se jetèrent sur leurs enfants retrouvés, les étouffèrent de baisers et se répandirent en actions de grâce[5] tandis que le pauvre Huck, ne sachant que faire, songeait déjà à rebrousser chemin devant les regards peu accueillants.

« Tante Polly, murmura Tom. Ce n'est pas juste. Il faut que quelqu'un se réjouisse aussi de revoir Huck.

– Mais, voyons, Tom, je suis très heureuse de le revoir, le pauvre petit. Viens, Huck, que je t'embrasse. »

Les démonstrations de la vieille dame ne firent qu'augmenter la gêne du garçon.

**Mark Twain**, *Les Aventures de Tom Sawyer*, trad. P. F. Caillé, Hachette, 

**1.** prêtre protestant. **2.** figé. **3.** incapables de parler.
**4.** espace principal de l'église où se tiennent les fidèles. **5.** en remerciements au Ciel.

Toutes les illustrations p. 116 - 117 sont extraites des *Aventures de Tom Sawyer* de **J.-L. Istin**, **J.** et **M. Akita**, Soleil, 2019.

## Méthode

### Étape 1 Analyser le texte

- Lisez attentivement le texte pour construire le scénario de votre BD.
- Mettez-vous par groupes et repérez les différentes étapes du texte. Vous pourrez changer de vignette à chaque fois qu'un nouveau personnage fait une action. ▸ voir exercice 7
- Notez le nombre de vignettes que vous dessinerez. ▸ voir exercices 1 et 2

### Étape 2 Préparer le brouillon des vignettes

- Indiquez pour chaque vignette le type de plan dont vous aurez besoin. Pensez aux émotions que vous voulez transmettre. ▸ voir exercices 4 et 5
- Inventez éventuellement le texte narratif de vos cartouches. ▸ voir exercice 6
- Trouvez les paroles qui pourraient être prononcées à ce moment-là dans des phylactères. ▸ voir exercices 8 et 9
- Réfléchissez aux couleurs que vous pourriez utiliser. ▸ voir exercice 10

### Étape 3 Créer la bande dessinée

- Répartissez-vous les tâches pour mettre en œuvre votre bande dessinée en fonction de vos compétences respectives ! ▸ voir exercices 3 et 10

PÉDAGOGIE DIFFÉRENCIÉE

**Dessinateur**
Sait adapter le scénario en dessin. Est habile pour représenter des personnages et les lieux.

**Encreur**
Fait preuve de soin pour respecter les illustrations du dessinateur en les repassant à l'encre.

**Lettreur**
A une belle écriture pour mettre en valeur les textes dans les bulles et les cartouches.

**Coloriste**
Est capable de maîtriser les couleurs mettant en valeur le scénario. Fait preuve de soin.

**Relecteur**
Est capable de relire des textes avec attention pour trouver les éventuelles erreurs.

- Vous pouvez exposer vos créations au CDI pour créer une exposition de bande dessinée.

**À vos crayons !**

| Auto-évaluation | Oui | Non |
|---|---|---|
| Nous avons mis en valeur les étapes du texte dans notre BD. | | |
| Le texte de nos bulles et de nos cartouches est bien rédigé. | | |
| Notre BD est propre et soignée. | | |

ATELIER 2
Oral

# Participer à une émission littéraire

- Dans cet atelier, vous allez mettre en scène une véritable émission littéraire en vous répartissant les rôles de présentateur, auteur et chroniqueur.
- Prenez connaissance de la Méthode et préparez-vous à réaliser l'émission grâce aux exercices de langue.

## Vocabulaire

### Connaitre les synonymes du mot « livre » ▸ Langue, p. 338

**1** ★★★ Parmi ces mots, lesquels peuvent être employés pour désigner un livre ?
un ouvrage • un album • une fabrique • un roman • un chantier • une œuvre • un tome • un volume • un épisode • un tableau.

**2** ★★★ Aidez-vous de l'exercice 1 pour compléter ces mots croisés.

**Horizontalement**
2. Création artistique.
4. Livre illustré.

**Verticalement**
1. Synonyme d'écrivain.
3. Long récit fictionnel.
5. Partie d'un roman publiée séparément.
6. Synonyme de « livre » qui signifie au sens premier « travail ».

### Manipuler le champ lexical du jugement

**3** ★★★ Rangez ces verbes du plus faible au plus fort.
1. J'aime • J'adore • J'apprécie.
2. Je déteste • J'exècre • Je n'aime pas.
3. J'admire • Je vénère • J'estime.

**4** ★★★ Classez les adjectifs selon qu'ils sont péjoratifs ou mélioratifs.
passionnant • banal • palpitant • ennuyeux • répétitif • inventif • drôle • captivant • attachant • haletant • poussif • intéressant • original • soporifique.

| Adjectifs péjoratifs | Adjectifs mélioratifs |
|---|---|
| banal ... | passionnant ... |

### Utiliser le lexique d'analyse de l'image

**5** ★★★ Complétez les phrases avec ces mots.
illustrations | aquarelle | illustratrice | paysage | monochrome

1. L'... a fait attention aux détails.
2. Cette couverture est ... car elle est faite d'une seule couleur.
3. François Place utilise les couleurs délicates de l'....
4. Les ... sont en noir en blanc.
5. Les images sont horizontales : c'est un format ....

## Grammaire - Orthographe

### Maitriser la conjugaison pour organiser l'émission
▸ Langue, p. 320, 322

**6** ★★★ Conjuguez ces verbes au conditionnel présent.
1. J'(aimer) vous présenter un invité.
2. Je (vouloir) vous dire mon admiration !
3. Je (pouvoir) en parler pendant des heures.
4. Je (souhaiter) faire un petit résumé.
5. (Pouvoir)-vous nous en dire plus ?
6. Je (préférer) parler de mon nouveau roman.
7. Nous (vouloir) vous remercier.

**7** ★★★ Conjuguez ces verbes au futur simple de l'indicatif.
1. Je (donner) la parole à mes invités.
2. Nous (écouter) d'abord Daniel Pennac.
3. Vous nous (dire) ce que vous en pensez.
4. Vous (présenter) votre chronique.
5. Je (attendre) votre prochain roman avec impatience.
6. Vous nous (raconter) votre parcours.
7. Je (recevoir) d'autres invités la semaine prochaine.

### Manipuler la négation pour donner son avis
▸ Langue, p. 313

**8** ★★★ Mettez ces phrases à la forme négative en utilisant les adverbes qui conviennent : ne ... jamais • ne ... pas • ne ... plus rien • ne ... guère • ne ... pas encore.
1. Lisez ce livre !
2. Ce livre m'a beaucoup plu.
3. Il y a encore des choses à dire.
4. J'ai déjà lu le deuxième tome.
5. Il y a du suspense.

### Revoir la formulation des interrogatives ▸ Langue, p. 310

**9** ★★★ Posez des questions à partir de ces groupes de mots. Qualités du personnage principal | Une fin malheureuse | Morale du récit | Autres romans | Titre de l'œuvre

### Varier la désignation d'un personnage ▸ Langue, p. 294

**10** ★★★ Lors de son intervention, l'auteur ne peut employer qu'une fois « mon héros ». Copiez la carte Mémo, placez-y ces quatre reprises et ajoutez-y au moins six autres reprises. celui-ci • le protagoniste • mon personnage principal • l'intrépide aventurier

**Pour éviter une répétition, on utilise :**
- **une reprise nominale** : nom générique | synonyme | périphrase
- **une reprise pronominale** : pronom personnel, démonstratif...

# Sélection littéraire de l'émission

Si vous avez été fascinés par les curieuses rencontres faites par le petit prince (p. 112) et que vous appréciez les albums illustrés, vous aimerez sans doute aussi *Les Derniers Géants* de François Place. Un aventurier découvre, au cours d'une expédition, un peuple de géants que personne n'avait encore rencontré…

Si vous avez aimé la façon dont Maia (p. 94) s'oppose aux lointains parents qui cherchent à profiter de son héritage, vous aimerez sans doute aussi *Les Désastreuses Aventures des orphelins Baudelaire* : Violette, Klaus et Prunille, orphelins, sont recueillis par le terrible comte Olaf…

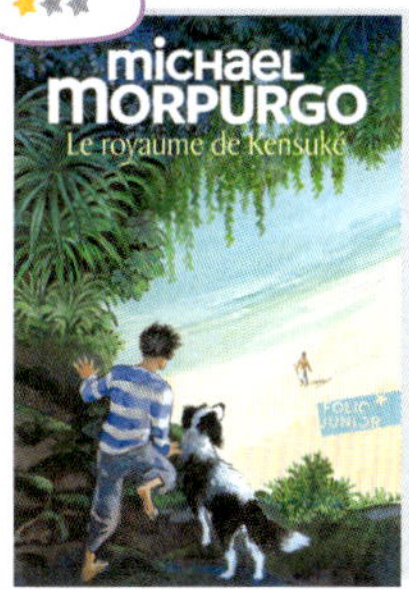


Si vous avez apprécié de voir Perrine ou Rémi (p. 98) se débrouiller seuls, vous aimerez sans doute aussi *Le Royaume de Kenzuké* : Michael perd ses parents dans un naufrage et se retrouve tout seul sur une île déserte avec sa chienne Stella. Il doit trouver des moyens de survivre.

Si vous avez été fasciné par les aventures de Walt et ses chiens de traineaux (p. 100), vous lirez sans doute aussi avec plaisir *L'Œil du loup* de Daniel Pennac. Un petit garçon nommé Afrique fixe l'œil d'un loup enfermé dans un zoo et découvre la vie qu'il a menée auparavant en Alaska.

Si vous voulez protéger la nature et que vous aimez l'univers merveilleux de *La Rivière à l'envers* (p. 106), vous serez sans doute aussi fascinés par le monde de *Tobie Lolness* : les hommes n'y font que deux millimètres et vivent dans des arbres. Le héros, Tobie, est poursuivi pour une raison mystérieuse.

## Méthode

### Étape 1 Lire un roman ou un album

PÉDAGOGIE DIFFÉRENCIÉE

- Regardez les résumés et choisissez par binôme le ou les livres que vous préférez.
- Lisez attentivement ce(s) livre(s) en prenant quelques notes :

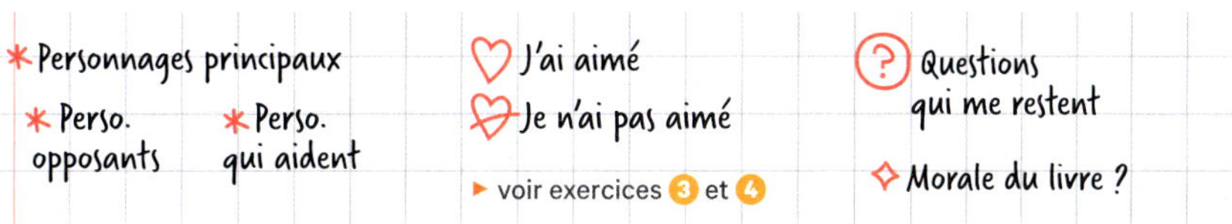


- Faites une rapide recherche sur les auteurs des livres que vous avez choisis. Ont-ils écrit d'autres livres ? Savez-vous pourquoi ils ont écrit ceux-là ?

### Étape 2 Se répartir les rôles

- Chaque émission réunit **un présentateur** (coordonne l'émission) et **des binômes chroniqueur/auteur** (prennent la parole à tour de rôle).

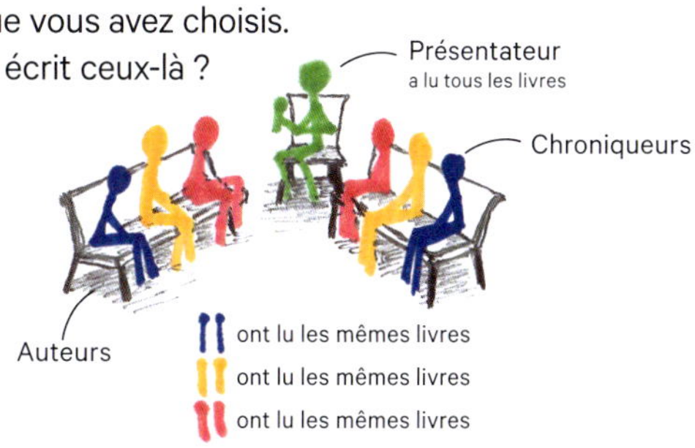


### Étape 3 Mener l'émission

- Le **présentateur** salue le public, présente les chroniqueurs, les auteurs et leurs œuvres. ▸ voir exercices 1, 2, 6 et 7
  Il donne la parole à un **auteur**, qui résume son œuvre, explique quand il l'a écrite et raconte ce qu'il voulait y montrer. ▸ voir exercices 6 et 10
  Le **chroniqueur** en binôme avec l'auteur donne ensuite son avis sur le livre et ses illustrations. ▸ voir exercices 3 à 5, 8 et 9
- Quand le premier binôme s'est exprimé, le présentateur introduit un nouvel auteur, et ainsi de suite.
- Pour clore l'émission, le présentateur montre une dernière fois au public les œuvres qui ont été présentées.

**Prenez place sur le plateau de l'émission !**

| Auto-évaluation | Oui | Non |
|---|---|---|
| Je montre que je connais bien le livre que j'ai lu. | | |
| Je m'exprime correctement à l'oral. | | |
| Je joue bien le rôle que j'ai choisi. | | |

ATELIER 3
Écrit

# Devenir écrivain·e d'une suite de roman

- Comme Jack London dans *Le Roi de Mazy May*, vous allez écrire une aventure haletante !
- Avant de réaliser l'activité décrite en Méthode, vous pouvez vous entraîner grâce aux exercices de langue.

## Vocabulaire

### Utiliser le champ lexical de l'équitation ▸ Langue, p. 334

**1** ★★★ Complétez ces phrases avec les bons mots en faisant les accords nécessaires.
jument • étalon • galop • mustang • monter à cru • selle • étrier • hennir • ruer

1. La femelle du cheval est la ....
2. Le ... de ce splendide ... est un spectacle magnifique.
3. Le ... est un cheval de l'Ouest américain que les indiens ... c'est-à-dire sans ... ni ....
4. J'entends les chevaux ... et les vois ... dans tous les sens.

**2** ★★★ Complétez le schéma à l'aide de ces mots : naseaux • croupe • dos • sabots • queue • chanfrein • poitrail • patte • crinière

### Exprimer les émotions d'un personnage ▸ Langue, p. 338

**3** ★★★ Complétez les expressions à l'aide de ces mots : les jambes • le cœur • des dents • les cheveux.
Avoir ... qui bat à tout rompre. – Avoir ... en coton. – Avoir ... qui se dressent sur la tête. – Claquer ....

**4** ★★★ Classez ces synonymes suivant leur intensité.
panique • inquiétude • panique • angoisse

... ≤ ... ≤ peur ≤ ...

**5** ★★★ Classez ces synonymes suivant leur intensité.
euphorie • bonheur • plaisir • extase

... ≤ joie ≤ ... ≤ ... ≤ ...

**6** ★★★ Créez votre réserve de mots en donnant :
➥ 5 verbes de mouvement Ex. : courir
➥ 3 expressions de la vitesse Ex. : rapide comme

## Grammaire - Orthographe

### Choisir des mots de liaison pour exprimer l'enchainement des actions ▸ Langue, p. 286, 308

**7** ★★★ Classez ces mots de liaison selon leur place dans un récit d'aventure.
soudain • ensuite • d'abord • enfin • tout à coup • tout d'abord • finalement • puis • c'est ainsi que

Début du texte | Milieu du texte | Fin du texte

### Reconnaitre et utiliser l'imparfait et le passé simple ▸ Langue, p. 316, 318

**8** ★★★ **a.** Relevez les verbes conjugués et classez-les en fonction du temps auquel ils sont conjugués.

Imparfait | Passé simple

Herman prit une grande inspiration. Carnoviste le surveillait de très près. Le cheval était là, immense... Carnoviste et Chiwat regardaient le garçon blanc. Herman réfléchit une dernière fois, très vite.

**b.** Associez-les à ce qu'ils servent à exprimer : description • action qui dure • action rapide.

**9** ★★★ Conjuguez les verbes à la 3ᵉ personne (sing. et plur.) à l'imparfait puis au passé simple.

| | Imparfait | | Passé simple | |
|---|---|---|---|---|
| | 3ᵉ pers. sing. | 3ᵉ pers. plur. | 3ᵉ pers. sing. | 3ᵉ pers. plur. |
| monter | | | | |
| être | | | | |
| avoir | | | | |
| bondir | | | | |
| prendre | | | | |
| faire | | | | |

**10** ★★★ Pour chaque verbe, choisissez la forme la plus adaptée : à l'imparfait ou au passé simple.

Quand il (reprenait/reprit) connaissance, Herman (était/fut) à moitié allongé sur l'encolure du cheval. Il (se redressait/se redressa) péniblement. Un homme qui (sentait/sentit) mauvais le (tenait/tint) contre lui. Quand le garçon (essayait/essaya) de bouger, le bras de l'inconnu (se serrait/se serra) autour de lui.

### Bien ponctuer une phrase ▸ Langue, p. 306

**11** ★★★ Replacez la ponctuation à l'intérieur de la phrase:

, , :

Sur ces chevaux il y avait des hommes comme il n'en avait jamais vu leurs visages étaient peints d'une bande blanche leurs cheveux longs flottaient sur leurs épaules.

# L'Apache aux yeux bleus

*À onze ans, Herman a été enlevé par des Indiens d'Amérique du Nord, les Apaches, et s'est attaché à eux. Le chef de la tribu, Carnoviste, veut faire de lui son fils adoptif. Pour cela, Herman doit réussir la dernière épreuve : le vol d'un cheval. Carnoviste et Chiwat, un autre Apache, l'observent.*

Herman prit une grande inspiration. C'était la dernière épreuve, la plus terrible. Et Carnoviste le surveillait de [très] près. […] Le cheval était là, immense… Carnoviste et Chiwat regardaient le garçon blanc[1]. Herman réfléchit une dernière fois, très vite. Il ne connaissait pas ces fermiers. Et puis il ne voulait pas décevoir Chiwat. Sa décision était prise.

**Christel Mouchard**, *L'Apache aux yeux bleus*, Flammarion jeunesse, 2019.

1. Herman.

*L'Apache aux yeux bleus.*
Surprise et suspense garantis ! Hermann a 11 ans et vit dans une ferme au Texas. Il n'écoute ni sa mère ni sa sœur. Lorsqu'il croise la route des Indiens de la célèbre et redoutée tribu apache du grand chef Carnoviste, il ne sait pas ce qui l'attend…

## Méthode

### Étape 1 Chercher des idées

- Au brouillon, réfléchissez :
  - aux réactions du cheval : va-t-il se laisser faire ? Ruer ? Hennir et donner l'alerte ?
  - à l'apparition de dangers supplémentaires (ex. : un fermier intervient – un chien surveille le cheval, etc.).
  - aux émotions ressenties par Herman.

### Étape 2 Construire le déroulement de l'aventure

- Organisez votre texte en plusieurs étapes : imaginez comment Herman va s'avancer vers le cheval, réussir à le monter et parvenir à sortir de l'enclos. ▸ voir exercices 1 et 2
- Pour créer du suspense, pensez à chaque fois à introduire un élément de danger qu'Herman doit dépasser.
- Décrivez les émotions ressenties par Herman et les spectateurs de la scène, Carnoviste et Chiwat. ▸ voir exercices 3 à 5

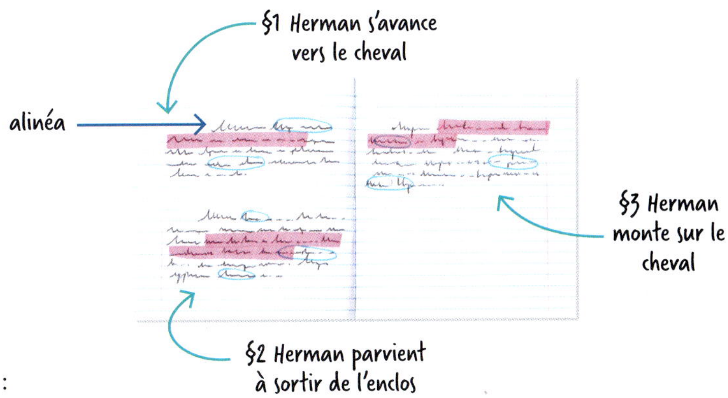


### Étape 3 Rédiger l'aventure

- Lancez-vous dans l'écriture en pensant bien à :
  - utiliser des verbes de mouvement. ▸ voir exercice 6
  - employer des adverbes qui insistent sur la vitesse de l'action. ▸ voir exercice 6
  - organiser le texte avec des mots de liaison. ▸ voir exercice 7
  - faire des phrases courtes et rythmées. ▸ voir exercice 11
  - conjuguer les verbes au passé simple et à l'imparfait. ▸ voir exercices 8 à 10
- Relisez-vous attentivement.

**À vous de faire frissonner vos lecteurs !**

| Auto-évaluation | Oui | Non |
| --- | --- | --- |
| J'ai réussi à donner du rythme à mon récit. | | |
| J'ai réussi à créer du suspense. | | |
| J'ai respecté les règles de la syntaxe et de l'orthographe. | | |

ATELIER 4
Écrit

# Travailler pour une maison d'édition

- Dans cet atelier, vous allez devenir éditeur·trice et créer la couverture d'un tome de *La Rivière à l'envers*.
- Découvrez comment vous procéderez dans la Méthode et faites les exercices de langue qui vous sont utiles.

## Vocabulaire

### Revoir le vocabulaire de l'édition

**1** ★★★ Indiquez où se trouvent dans un livre :

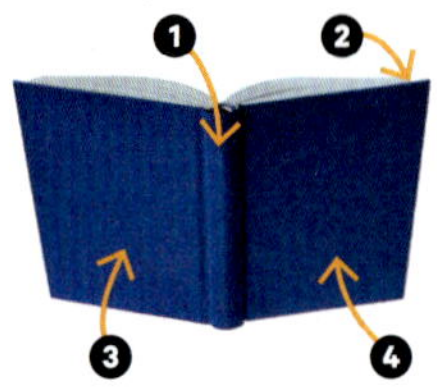


la tranche · le dos · la quatrième de couverture · la première de couverture

**2** ★★★ Repérez où se trouvent le titre, le nom du romancier, le tome, le nom de la maison d'édition et l'illustration.

© Pocket Jeunesse, 2002.

**3** ★★★ Complétez le texte avec ces noms.
éditeur • maison d'édition • tome • première de couverture • couverture • résumé • illustratrice
Le métier d'... consiste à mettre en valeur l'œuvre d'un auteur. L'éditeur accorde de l'importance à la ... car c'est la première chose qu'un lecteur voit. Il fait appel à une ... à qui il commande une image représentative de l'histoire. Elle figurera sur la .... Sur la quatrième de couverture, on retrouve le titre, le ... si le livre est en plusieurs épisodes, ainsi qu'un ... de l'histoire. Enfin, on y trouve le nom de la ... qui publie le livre.

**4** ★★★ Remettez dans l'ordre les actions de l'illustratrice.

1 Je rencontre l'éditrice qui me présente le projet.
2 Je découvre mon illustration placée dans la couverture.
3 Je réalise un croquis pour mettre en place les personnages dans le décor.
4 Je fais des recherches pour mieux connaitre la période historique.
5 Mon dessin finalisé, je passe à la mise en couleurs.
6 J'effectue les améliorations demandées par l'éditrice.
7 J'envoie le croquis à l'éditrice pour qu'elle valide ma proposition.
8 Je questionne l'éditrice sur le format précis de l'illustration à réaliser.

### Connaitre les règles typographiques d'un livre imprimé

**5** ★★★ Dans un texte rédigé à l'ordinateur, le titre d'un livre est toujours en italique. Recopiez les phrases et soulignez les titres qui devraient être en italique.
1. Tomek est un garçon qui rêve de voyager.
Le titre du tome 1 est Tomek.
2. J'ai lu La Rivière à l'envers.
Hannah trouve la rivière à l'envers.
3. Le tome 2, Hannah, est passionnant.
Hannah voudrait sauver son oiseau.

## Grammaire - Orthographe

### Savoir conjuguer au présent de l'indicatif pour écrire un résumé

▸ Langue, p. 314

**6** ★★★ Conjuguez ces phrases au présent de l'indicatif.
1. L'héroïne de ce roman (s'appeler) Hannah.
2. Le héros de ce roman (être) un garçon de 13 ans.
3. Elle (vouloir) prendre de l'eau de la rivière Qjar.
4. Il (chercher) à retrouver Hannah.
5. Un matin, il (quitter) son ami Icham.
6. Ils (pénétrer) dans la Forêt de l'Oubli.

**7** ★★★ Conjuguez ce résumé au présent de l'indicatif.

Une nuit, Yann (réveiller) ses six frères aînés, tous jumeaux. Il (falloir) fuir : leur père a menacé de les tuer. Irrésistiblement attirés par l'Océan, les sept enfants (marcher) vers l'Ouest.
De l'assistante sociale au routier qui les (prendre) en stop, du gendarme alerté de leur disparition à la boulangère qui leur (offrir) du pain, chacun nous (raconter) à sa façon un peu de leur incroyable équipée.

4e de couverture **J.-C. Mourlevat**, *L'Enfant-Océan*, Pocket jeunesse, 1999.

### Manipuler des adjectifs qualificatifs pour décrire des personnages

▸ Langue, p. 274, 276

**8** ★★★ Reliez ces noms aux adjectifs qui conviennent.

| | |
|---|---|
| un âne • | • cruelle |
| des ours • | • vénéneuses |
| des fleurs • | • aveugles |
| une sorcière • | • borgne |

**9** ★★★ Accordez les adjectifs qualificatifs.
Pourquoi Hannah part-elle à la recherche de la (fameux) rivière Qjar ? Cette héroïne, (curieux) et (déterminé), nous entraine dans une (beau) et (long) aventure faite de rencontres (surprenant) et (émouvant). Avec des mots (simple) et (familier), J.-C. Mourlevat crée une (prodigieux) et (palpitant) histoire.

### Maitriser la forme interrogative pour préparer la fin d'un résumé

▸ Langue, p. 310

**10** ★★★ Posez des questions à partir de ces groupes nominaux. Pensez à bien inverser sujet et verbe.
Ex. : Tomek – les mots qui éveillent. → Tomek reprendra-t-il conscience grâce aux mots qui éveillent ?
1. Hannah – son oiseau, la passerine
2. Tomek – la rivière Qjar
3. Le héros – Hannah
4. Hannah – les dangers
5. Tomek – Icham
6. Jean-Claude Mourlevet – un troisième tome

# Couverture d'*Hannah*

Rabat — Quatrième de couverture — Dos — Première de couverture — Rabat

Couverture de *La Rivière à l'envers* de **Jean-Claude Mourlevat**, Pocket Jeunesse, 2002. Illustration **G. Garufalo**, 2009.

## Méthode

### Étape 1 Réfléchir aux éléments essentiels de la couverture

- Par groupes, décidez quel tome vous souhaitez lire : *Tomek* ou *Hannah*. Vous allez créer sa couverture.
- Choisissez ensemble l'épisode que vous avez préféré dans le roman : vous l'illustrerez en première de couverture. ▸ voir exercice 1
- Réfléchissez au moment où vous arrêterez votre résumé pour laisser du suspense et ne pas dévoiler toute l'histoire.

### Étape 2 Préparer l'illustration et le résumé du roman

PÉDAGOGIE DIFFÉRENCIÉE

- Choisissez la tâche que vous préférez et commencez le travail de création. ▸ voir exercices 1 à 5

**Illustration de la première de couverture**

- Faites en sorte que votre image ne ressemble pas à celle de l'édition originelle : soyez inventif·ve.
- Soignez votre illustration.
- Veillez à ce que l'on reconnaisse bien les personnages.
- Réfléchissez aux couleurs qui soulignent l'atmosphère que vous souhaitez représenter.

**Résumé de la quatrième de couverture**

- Ne recopiez pas les résumés de vos livres, mais inventez le vôtre.
- Rédigez votre texte au présent. ▸ voir exercices 6 et 7
- Utilisez des adjectifs pour qualifier les personnages que vous évoquerez. ▸ voir exercices 8 et 9
- Terminez votre résumé par une question créant du suspense. ▸ voir exercice 10

- Relisez-vous mutuellement pour voir si votre illustration ou votre résumé sont efficaces. N'oubliez pas que les titres de livres cités dans le résumé doivent être en italique s'ils sont dactylographiés ou soulignés s'ils sont écrits à la main. ▸ voir exercice 5

### Étape 3 Mettre en page votre couverture

- Préparez une grande feuille de papier qui constituera la couverture de votre livre. Sur le modèle de la couverture d'*Hannah* (ci-dessus), placez tous les éléments que vous avez préparés :

nom de l'auteur, titre et tome — illustration — résumé

- Pensez aux petits détails qui rendront votre couverture réaliste (le nom de votre maison d'édition, les autres romans de l'auteur…). ▸ voir exercices 2 et 3

**À vous de devenir éditeurs !**

| Auto-évaluation | Oui | Non |
|---|---|---|
| Mon illustration représente un épisode du roman. | | |
| Mon résumé est clair et donne envie de lire le livre. | | |
| Ma couverture est bien composée. | | |

# ATELIER 5 Oral

# Réaliser une scène de film

- Dans cet atelier, vous tournerez un court extrait de film inspiré d'*Alice au pays des merveilles* de Tim Burton.
- Lisez la Méthode et faites les exercices de langue que vous souhaitez. À vous de tourner !

## Vocabulaire

### Jouer avec les différents sens d'un mot

**1** ★★★ Choisissez les définitions qui ont un rapport avec le cinéma.

**a. Plan**
- ☐ Carte permettant de se repérer.
- ☐ Images tournées par une caméra sans coupure.

**b. Prise**
- ☐ Enregistrement d'un plan.
- ☐ Élément servant à brancher un appareil électrique.

**c. Plateau**
- ☐ Lieu de tournage.
- ☐ Planche permettant de transporter des objets.

### Connaitre les métiers du cinéma

**2** ★★★ Rattachez chaque métier à son activité.

| | |
|---|---|
| Réalisateur·trice • | • écrit l'histoire d'un film. |
| Clapman·woman • | • assemble les images. |
| Acteur·trice • | • joue un personnage. |
| Scénariste • | • crée et dirige le film. |
| Cadreur·euse • | • tient la caméra. |
| Monteur·euse • | • prend des notes et veille à la cohérence du tournage. |
| Scripte • | • se charge du clap pour lancer une prise. |

### Maitriser le vocabulaire de l'analyse filmique

**3** ★★★ Voici des images tirées de la bande dessinée *Alice au pays des merveilles*. Associez chaque image à un type de plan :

plan rapproché poitrine · gros plan · vue en plongée · plan large · gros plan · vue en contre-plongée

## Grammaire - Orthographe

### Maitriser la phrase impérative ▸ Langue, p. 310, p. 324

**4** ★★★ Voici des phrases qui permettent d'organiser un tournage sur un plateau de cinéma. Trouvez leur signification. Tout le monde sur le plateau ! • Silence ! • Moteur ! • Ça tourne ! • Action ! • Coupez !

1. Il faut venir sur le lieu de tournage.
2. Les comédiens doivent commencer à jouer.
3. Il faut se taire pendant le tournage.
4. Il faut arrêter de filmer.
5. Il faut commencer à filmer.
6. Ma caméra est bien en train d'enregistrer.

**5** ★★★ Voici des conseils pour un tournage.

**a.** Complétez les phrases avec ces verbes en les conjuguant à la 2e personne du singulier et au présent de l'impératif. approcher · se taire · écrire · commencer · tourner · tenir · faire · placer · réfléchir

1. ... à enregistrer.
2. ... sur les plans que tu filmeras.
3. ... la caméra au-dessus pour être en plongée.
4. ... la caméra pour faire un gros plan.
5. ... un beau scénario.
6. ... le montage avec un camarade.
7. ... doucement la caméra pour faire un panoramique.
8. ... bien la caméra pour ne pas bouger pendant le travelling.
9. ... pendant que l'on filme.

**b.** Classez les 9 phrases dans un ordre qui vous semble cohérent lors d'un tournage. Plusieurs réponses sont acceptées.

↑ **D. Chauvel, X. Collette**, *Alice au pays des merveilles*, Drugstore, 2010.

# *Alice au pays des merveilles* de Tim Burton

**Lisez** l'extrait p. 109.
**Visionnez** le passage d'*Alice au pays des merveilles* de Tim Burton qui lui correspond 00:13:15 à 00:14:30.
Vous vous en inspirerez pour tourner votre propre film.

*Alice aux pays des merveilles*, film américain de **Tim Burton**, Walt Disney, 2010. →

## Méthode

### Étape 1 Écrire un scénario

- Par groupes, écrivez un court scénario : votre personnage principal essaie d'ouvrir plusieurs portes dans un couloir avec une clé. Il réussit finalement à ouvrir l'une d'entre elles, mais ce qu'il voit à travers la porte est complètement inattendu... À vous d'imaginer ce que c'est.

### Étape 2 Faire le découpage technique

- Vous devez faire entre 6 et 8 plans différents. Avant de commencer le tournage, notez la façon dont vous allez positionner votre caméra. ▸ voir exercices 1 et 3

| Étapes du scénario | Plans |
|---|---|
| Le personnage marche dans le couloir. Il pousse une porte. | 1. Plan large. Caméra au fond du couloir. |
| Il essaie de l'ouvrir. | 2. Gros plan sur les mains. |
| ... | 3. ... |

### Étape 3 Tourner le film

- Répartissez-vous les rôles pour le tournage. ▸ voir exercices 2 et 4

PÉDAGOGIE DIFFÉRENCIÉE

Il faut :

**Un acteur ou une actrice** pour jouer le personnage.

**Un cadreur ou une cadreuse** pour tenir la caméra. Il ou elle dit « Ça tourne ! » lorsque la caméra filme.

**Un réalisateur ou une réalisatrice** pour diriger le film et dire « Silence ! », « Moteur ! », « Action ! » et « Coupez ! ».

**Un monteur ou une monteuse** pour choisir les prises à garder et monter les plans.

**Un ou une scripte** pour rappeler la position de la caméra et l'enchainement des plans pendant le tournage.

**Un clapman ou une clapwoman** pour noter le numéro du plan et de la prise.

- Concentrez-vous pendant le tournage : le plateau doit être toujours silencieux pour faciliter le jeu des acteurs et limiter le nombre de prises. ▸ voir exercice 5

**Tout le monde sur le plateau !**

| Auto-évaluation | Oui | Non |
|---|---|---|
| Nous avons respecté les consignes du scénario. | | |
| Nous avons varié les plans. | | |
| Notre montage est cohérent. | | |

CHAPITRE

# 4

Récits de création ; création poétique

# Des récits pour répondre aux questions des Hommes

▸ **Pourquoi les récits de création fascinent-ils ?**

▸ **Comment les récits de création influencent-ils les créations artistiques ?**



« Saint prophète Abraham, père des croyants », inspiré d'une enluminure de la bible de Souvigny du XII^e^ siècle, tempera et feuille d'or sur levka, atelier de la Theotokos, 2014. →

ST PR
AB RA HAM

MISE EN CONTEXTE

# À l'origine des récits fondateurs

## L'Épopée de Gilgamesh

Cette épopée antique conte les aventures de Gilgamesh, roi d'Uruk (dans le sud de l'actuelle Irak) et fils de la déesse Nisun. Elle a été rédigée au XVIIIe siècle avant J.-C. en caractères cunéiformes, sur des tablettes d'argile. La plupart de ces tablettes ont été découvertes au XIXe siècle dans la ville antique de Ninive (Irak). Cette épopée a inspiré certains passages de la Bible.

↑ Tablette d'argile, extrait de *L'Épopée de Gilgamesh* racontant le déluge, XIIIe siècle av. J.-C., British Museum, Londres.

## La Bible

Les premiers manuscrits de la Bible ont été trouvés en actuelle Cisjordanie. Son nom vient du grec « biblia », qui signifie « les livres ». La Genèse, premier livre de la Bible, est généralement datée du VIIIe siècle avant J.-C. mais il s'agit d'une compilation de récits rédigés à des époques différentes. Lue par les juifs et les chrétiens, la Genèse raconte notamment la création du monde et de l'humanité, le Déluge et l'épisode de la tour de Babel.

Codex Sinaïticus, vers 350. Bible la plus ancienne retrouvée à ce jour, découverte au XIXe siècle. →

↑ Bible de Souvigny, « La création », XIIe siècle, enluminure sur parchemin, Bibliothèque de Moulins.

## Les Métamorphoses

Ce long poème de douze mille vers a été rédigé en latin par Ovide à partir de l'an 1. Il retrace les origines du monde en les expliquant par une série de métamorphoses orchestrées par les dieux des mythologies grecque et romaine.

← Manuscrit sur parchemin, « Le char de Phaéton », XIe siècle, monastère de San Benedetto di Bari, bibliothèque nationale de Naples, Italie.

## Le Coran

↑ Manuscrit du Coran de l'université de Birmingham, sourates 18 et 19, fin du XIIe siècle.

Le Coran, qui signifie « récitation », constitue le livre sacré de l'Islam et date de 632-634. Le manuscrit le plus ancien a été découvert au Yémen actuel. Selon la tradition musulmane, le Coran réunit les paroles divines adressées à Mahomet, le messager de Dieu. On y retrouve de nombreux prophètes présents dans la Bible.

## Le Kojiki

Ce livre, dont le titre peut se traduire par « Chronique des faits anciens », est un ensemble de mythes qui retracent l'origine des kami (esprits divins peuplant la mythologie japonaise) et des différentes îles constituant le Japon.
Écrit en 712, il s'agit du texte japonais le plus ancien, mélangeant les genres (récit, poème, chanson). Le Kojiki a fortement influencé la culture nippone.

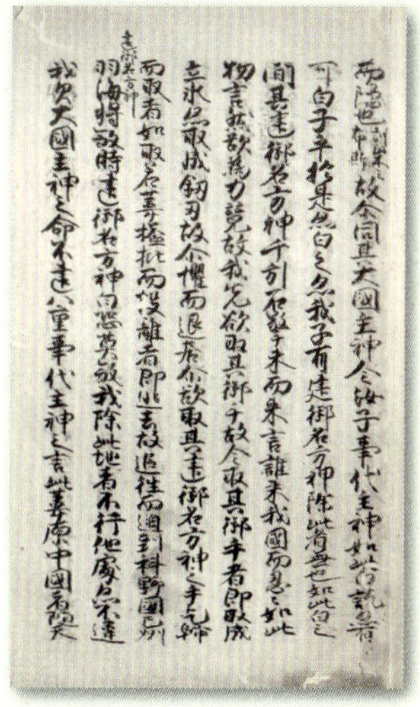

↑ *Kojiki*, manuscrit Shinpukuji du XIVe siècle, encre sur papier.

## L'Edda

Rédigé à partir de 1220 par le poète et historien islandais Snorri Sturluson, l'*Edda* compile les épisodes de la mythologie nordique. Son titre, signifiant « arrière-grand-mère », souligne la volonté de l'auteur d'organiser les mythes anciens. S. Sturluson cite ainsi régulièrement le poème « Voluspa », composé vers le Xe siècle. Évoquant les dieux Odin, Loki et les Valkyries, ce texte a inspiré de nombreux artistes, dont le compositeur Wagner.

← Hár, Jafnhár et Þriði conversant avec Gangleri (Odin), illustration tirée d'un manuscrit islandais de l'*Edda*, XVIIIe siècle.

**Vocabulaire**

### Autour des textes fondateurs

**1** **a. *Theos* signifie « dieu » en grec. Que signifient les adjectifs « monothéiste » et « polythéiste » ?**

**b. Parmi les textes présentés ici, lesquels sont polythéistes ? Lesquels appartiennent au monothéisme ?**

**2** **Les mots « athée », « théologie » et « théocratie » appartiennent à la même famille. Que signifient-ils ?**

**3** **Où ont été trouvés les manuscrits de ces textes fondateurs ?**

a. **Complétez la légende pour situer les lieux mentionnés dans cette double page.** N'hésitez pas à vous aider d'un atlas.

b. **Maintenant que vous savez où se situent tous ces pays, associez-leur le bon manuscrit.**
Épopée de Gilgamesh · Bible · Coran · Métamorphoses · Kojiki · Edda

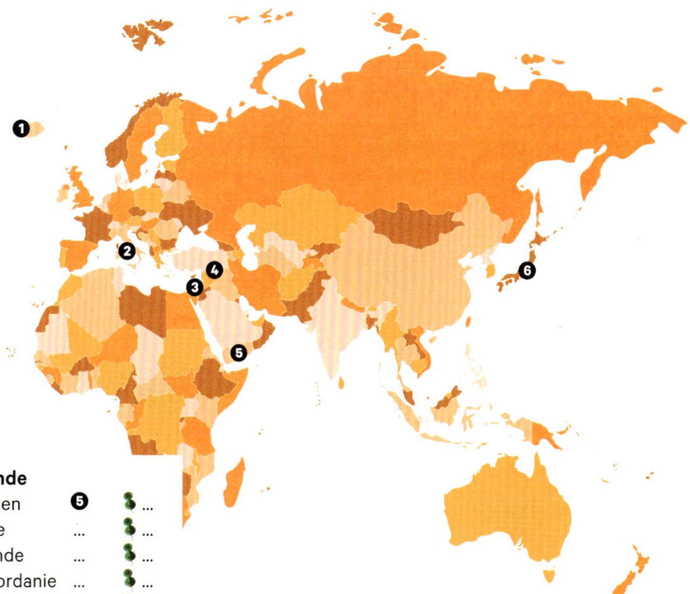


**Légende**
- Yémen 5 ...
- Italie ... ...
- Islande ... ...
- Cisjordanie ... ...
- Japon ... ...
- Irak ... ...

**Origine géographique des manuscrits**

# TEXTE 1

**OBJECTIF**
Saisir la poésie d'un récit de création

**COMPÉTENCE**
Repérer les effets de répétition

# L'œuvre des six jours

La Genèse est le premier livre de la Torah (première partie de la Bible hébraïque, texte sacré des juifs) et de l'Ancien Testament (première partie de la Bible, livre sacré des chrétiens). Elle raconte la **création du monde** par Dieu et l'histoire des **premiers hommes**. On pense qu'elle a été écrite à partir du VIIIe siècle av. J.-C. et modifiée jusqu'au IIIe siècle av. J.-C.

Au commencement, Dieu créa le ciel et la terre.

Or la terre était vide et vague, les ténèbres couvraient l'abîme[1] et un souffle de Dieu agitait la surface des eaux.

Dieu dit : « Que la lumière soit » et la lumière fut.

Dieu vit que la lumière était bonne, et Dieu sépara la lumière et les ténèbres.

Dieu appela la lumière « jour » et les ténèbres « nuit ». Il y eut un soir, il y eut un matin : premier jour.

Dieu dit : « Qu'il y ait un firmament[2] au milieu des eaux et qu'il sépare les eaux d'avec les eaux » et il en fut ainsi.

Dieu fit le firmament, qui sépara les eaux qui sont sous le firmament d'avec les eaux qui sont au-dessus du firmament,

et Dieu appela le firmament « ciel ». Il y eut un soir, il y eut un matin : deuxième jour.

Dieu dit : « Que les eaux qui sont sous le ciel s'amassent en un seul endroit et qu'apparaisse le continent » et il en fut ainsi.

Dieu appela le continent « terre », et la masse des eaux « mer », et Dieu vit que cela était bon.

Dieu dit : « Que la terre verdisse de verdure : des herbes portant semence et des arbres fruitiers donnant sur la terre selon leur espèce des fruits contenant leur semence » et il en fut ainsi.

La terre produisit de la verdure : [...] et Dieu vit que cela était bon.

Il y eut un soir, il y eut un matin : troisième jour.

Dieu dit : « Qu'il y ait des luminaires au firmament du ciel pour séparer le jour et la nuit ;

qu'ils servent de signes tant pour les fêtes que pour les jours et les années [...] » et il en fut ainsi.

Dieu fit les deux grands luminaires majeurs : le grand luminaire comme puissance du jour

et le petit luminaire comme puissance de la nuit, et les étoiles.

Dieu les plaça au firmament du ciel pour éclairer la terre, pour commander au jour et à la nuit, pour séparer la lumière et les ténèbres, et Dieu vit que cela était bon.

Il y eut un soir, il y eut un matin : quatrième jour.

Dieu dit : « Que les eaux grouillent d'un groupement d'êtres vivants et que les oiseaux volent au-dessus de la terre contre le firmament du ciel » et il en fut ainsi.

Dieu créa les grands monstres marins et tous les êtres vivants qui glissent : les eaux les firent grouiller selon leur espèce, et toute la gent ailée selon son espèce, et Dieu vit que cela était bon. [...]

Il y eut un soir, il y eut un matin : cinquième jour.

## Histoire des arts

L'enluminure est un art consistant à décorer ou à illustrer un texte à la main. Très répandue au Moyen Âge, cette technique disparait quasiment avec l'invention de l'imprimerie. On peut distinguer deux types d'enluminures : les lettres peintes (lettrines) ou les miniatures.

- Ces enluminures sont-elles des lettrines ou des miniatures ?
- À quelle forme artistique, surnommée le 9e art, peut-on les comparer ?

↑ Bible française de Saint-Jean-d'Acre, XIIIe siècle, enluminure sur parchemin (détail), BnF, Paris.

Dieu dit : « Que la terre produise des êtres vivants selon leur espèce : bestiaux, bestioles, bêtes sauvages selon leur espèce » et il en fut ainsi.

Dieu fit les bêtes sauvages selon leur espèce, les bestiaux selon leur espèce et toutes les bestioles selon leur espèce, et Dieu vit que cela était bon.

Dieu dit : « Faisons l'homme à notre image, comme notre ressemblance, et qu'ils dominent sur les poissons de la mer, les oiseaux du ciel, les bestiaux, toutes les bêtes sauvages et toutes les bestioles qui rampent sur la terre. »

Dieu créa l'homme à son image, à l'image de Dieu il le créa, homme et femme il les créa.

Dieu les bénit et leur dit : « Soyez féconds, multipliez, emplissez la terre et soumettez-la ; dominez sur les poissons de la mer, les oiseaux du ciel et tous les animaux qui rampent sur la terre. » [...]

Dieu vit tout ce qu'il avait fait : cela était très bon. Il y eut un soir, il y eut un matin : sixième jour.

Ainsi furent achevés le ciel et la terre, avec toute leur armée.

Au septième jour Dieu avait terminé tout l'ouvrage qu'il avait fait et le septième jour, il chôma[3], après tout l'ouvrage qu'il avait fait.

Dieu bénit le septième jour et le sanctifia, car il avait chômé après tout son ouvrage de création.

Telle fut l'histoire du ciel et de la terre, quand ils furent créés.

La Bible, Genèse, I, versets 1-31 et II, verset 1-4,
trad. École biblique de Jérusalem, Le Cerf, 2000.

**1.** gouffre très profond. **2.** espace séparant le ciel de la terre. **3.** il se reposa.

## Après avoir lu le texte

PÉDAGOGIE DIFFÉRENCIÉE

Choisissez le groupe de questions auquel vous souhaitez répondre. Collectivement, échangez sur la question Bilan.

### ★★★ Sur le texte et les images

**1** Faites correspondre chaque image à un jour et trouvez les passages du texte qui ont été illustrés.

**2** Quelles sont les ressemblances entre les différentes images ? Observez l'attitude de Dieu.

**3** Pourquoi n'y a-t-il pas de septième image ?

### ★★★ Sur le texte

**1** Pour chaque jour, indiquez les éléments créés.

| Jour | Éléments créés |
| --- | --- |

**2** **a.** Avec quel type de phrase Dieu s'exprime-t-il : impératif, déclaratif ou interrogatif ? ▸ Langue, p. 310

**b.** Quel pouvoir sa parole a-t-elle dans le texte ?

**3** Pourquoi Dieu chôme-t-il le septième jour ?

**Bilan** Qu'est-ce qui rend le récit de création du monde poétique ?

*Créez une **carte Mémo** sur les récits de création que vous compléterez au fur et à mesure du chapitre.*

## Oral

**4** Comment cet extrait de la Bible nous permet-il de mieux comprendre l'organisation de la semaine en occident ?

**5** Dans toutes les religions monothéistes, un jour est souvent chômé. Faites une recherche pour expliquer pourquoi il s'agit du vendredi pour les musulmans, du samedi pour les juifs.

### Point de cours

• Le texte de la Genèse, qui décrit la création du monde et a influencé notre calendrier, est fondé sur de nombreuses répétitions qui lui donnent un aspect poétique. Le retour des mêmes formules est courant dans les textes sacrés souvent transmis oralement car la répétition facilite la mémorisation.

# TEXTE 2

# Le récit du Paradis

**OBJECTIF**
Percevoir l'influence d'un texte fondateur

**COMPÉTENCE**
Établir des liens entre un texte et ses échos culturels

↑ **Lucas Cranach l'Ancien,** *Adam et Ève*, 1526, huile sur bois, Institut Courtauld, Londres.

Le serpent était le plus rusé de tous les animaux des champs que Yahvé Dieu avait faits. Il dit à la femme : « Alors, Dieu a dit : Vous ne mangerez pas de tous les arbres du jardin ? »

La femme répondit au serpent : « Nous pouvons manger du fruit des arbres du jardin.

Mais du fruit de l'arbre qui est au milieu du jardin, Dieu a dit : “Vous n'en mangerez pas, vous n'y toucherez pas sous peine de mort.”»

Le serpent répliqua à la femme : « Pas du tout ! Vous ne mourrez pas !

Mais Dieu sait que, le jour où vous en mangerez, vos yeux s'ouvriront et vous serez comme des dieux, qui connaissent le bien et le mal. »

La femme vit que l'arbre était bon à manger et séduisant à voir, et qu'il était, cet arbre, désirable pour acquérir le discernement[1]. Elle en donna aussi à son mari, qui était avec elle, et il mangea.

Alors leurs yeux à tous deux s'ouvrirent et ils connurent qu'ils étaient nus ; ils cousirent des feuilles de figuier et se firent des pagnes[2].

Ils entendirent le pas de Yahvé Dieu qui se promenait dans le jardin à la brise du jour, et l'homme et sa femme se cachèrent devant Yahvé Dieu parmi les arbres du jardin.

Yahvé Dieu appela l'homme : « Où es-tu ? » dit-il.

« J'ai entendu ton pas dans le jardin, répondit l'homme ; j'ai eu peur parce que je suis nu et je me suis caché. »

Il reprit : « Et qui t'a appris que tu étais nu ? Tu as donc mangé de l'arbre dont je t'avais défendu de manger ! »

L'homme répondit : « C'est la femme que tu as mise auprès de moi qui m'a donné de l'arbre, et j'ai mangé ! »

Yahvé Dieu dit à la femme : « Qu'as-tu fait là ? » Et la femme répondit : « C'est le serpent qui m'a séduite et j'ai mangé ! ».

Alors Yahvé Dieu dit au serpent : « Parce que tu as fait cela, maudit sois-tu entre tous les bestiaux et toutes les bêtes sauvages. Tu marcheras sur ton ventre et tu mangeras de la terre tous les jours de ta vie.

Je mettrai une hostilité entre toi et la femme, entre ton lignage et le sien. Il t'écrasera la tête et tu l'atteindras au talon. »

À la femme, il dit : « Je multiplierai les peines de tes grossesses, dans la peine tu enfanteras des fils [...] ».

À l'homme il dit : « [...] maudit soit le sol à cause de toi ! À force de

## Après avoir lu le texte

**1** Avec quel type de phrase le serpent engage-t-il le dialogue avec la femme ? Pourquoi ?

**2** Comment le serpent arrive-t-il à convaincre Ève de manger un fruit de l'arbre de la connaissance ? Relevez les raisons qu'il avance.

**3** Comment Dieu comprend-il qu'Adam et Ève lui ont désobéi ?

**4** Comment Adam se défend-il ? Et Ève ? Qu'en pensez-vous ?

**5** **a.** L. 28 à 39, relevez les punitions pour compléter le tableau.

| Le serpent | Ève | Adam |
|---|---|---|
| ... | « Je multiplierai les peines de tes grossesses, dans la peine tu enfanteras des fils » | ... |

**b.** À quel temps Dieu énonce-t-il ses punitions ?

▸ Langue, p. 320

**Bilan** Pourquoi le serpent est-il qualifié de « rusé » au début de l'extrait ? Que représente-t-il ?

peines tu en tireras subsistance tous les jours de ta vie. [...]

À la sueur de ton visage tu mangeras ton pain jusqu'à ce que tu retournes au sol, puisque tu en fus tiré. Car tu es glaise et tu retourneras à la glaise » [...].

Et Yahvé Dieu le renvoya du jardin d'Éden pour cultiver le sol d'où il avait été tiré.

La Bible, Genèse, I, 3, 1 à I, 3, 23, trad. École biblique de Jérusalem, Le Cerf, 2000.

1. capacité à juger.
2. vêtement allant de la taille aux genoux.

DOCUMENTS ÉCHO

## Et Dieu chassa Adam...

Et Dieu chassa Adam à coups de canne à sucre
Et ce fut le premier rhum sur la terre

Et Adam et Ève trébuchèrent
dans les vignes du Seigneur
la sainte Trinité[3] les traquait
mais ils s'obstinaient à chanter
d'une enfantine voix d'alphabet
Dieu et Dieu quatre
Dieu et Dieu quatre
Et la sainte Trinité pleurait
Sur le triangle isocèle et sacré
un biangle isopoivre brillait
et l'éclipsait.

**Jacques Prévert**, *Histoires et d'autres histoires*, Éditions Gallimard, 1992.

3. chez les chrétiens, ensemble formé par Dieu le père, son fils Jésus-Christ et le Saint-Esprit, et représenté symboliquement par un triangle.

← **Jean Effel**, *Le roman d'Adam et Ève*, Éditions Cercle d'art, Paris, 1959.

## Après avoir lu les documents écho

PÉDAGOGIE DIFFÉRENCIÉE

Travaillez par groupe sur l'illustration ou sur le poème, puis présentez le résultat de votre étude en échangeant sur le Bilan.

### Illustration de Jean Effel

**6** Repérez le premier jeu de mots : que désignent les « vignettes » ? Observez l'élément au premier plan.

**7** « Affranchi » peut signifier à la fois « libéré » et « timbré » (pour une lettre). Quel jeu de mots comprenez-vous ?

**8** Effel reprend-il avec sérieux le récit de la Genèse ? Qu'en pensez-vous ?

### Poème de Jacques Prévert

**6** Lisez le second vers à haute voix pour expliquer le jeu de mots.

**7** Les mots « biangle » et « isopoivre » existent-ils ? Relisez le vers précédent pour expliquer leur construction.

**8** Prévert reprend-il avec sérieux le récit de la Genèse ? Qu'en pensez-vous ?

**Bilan** Auriez-vous pu comprendre les documents sans avoir lu l'extrait de la Bible ? Pourquoi ?

*Complétez votre **carte Mémo**.*

## Oral

Les textes de la Genèse ont donné lieu à des **expressions courantes**, « en tenue d'Adam », « croquer le fruit défendu »... Rendez-vous à l'**Atelier 1** p. 150 pour les analyser.

### Point de cours

- Cet épisode de la « tentation », comme de nombreux autres textes issus de la Bible, constitue une source d'inspiration constante pour les artistes. La connaissance de ces textes nous permet donc de décrypter de nombreuses œuvres constitutives de notre culture commune.

HISTOIRE DES ARTS

# Adam et Ève au Paradis

**OBJECTIF**
Comprendre l'influence de la Bible sur les arts et l'architecture

**COMPÉTENCE**
Réinvestir ses connaissances littéraires

La Sainte-Chapelle et ses vitraux mesurant jusqu'à 15 mètres de haut, photographiés par Pascal Lemaître.

## CONTEXTE

La Sainte-Chapelle est une chapelle édifiée sur l'île de la Cité à Paris à la demande du roi Louis IX (Saint Louis) pour y abriter divers objets religieux. L'architecture est dite « gothique » et se caractérise par une recherche de hauteur (en particulier grâce à l'utilisation de l'ogive) et une multiplication de jeux de lumières, ce qui explique la présence de nombreux vitraux. Elle fut achevée en 1248.

## L'art du vitrail

Remontant à l'Antiquité, **l'art du vitrail se développe particulièrement au Moyen Âge**. Il a pour but, à une époque où les gens sachant lire et écrire sont peu nombreux, de **diffuser le message biblique** mais aussi et surtout d'**accompagner la prière** et d'**évoquer le monde céleste par le scintillement des milliers d'éclats lumineux** que les vitraux renvoient quand ils sont traversés par la lumière.

## La réalisation de vitraux

Elle nécessite cinq étapes :

**1 Fabrication du verre :** on le **teinte**, le plus souvent avec des oxydes métalliques. On **souffle** le verre et on l'étale.

**2 Conception du vitrail :** on **dessine** un modèle du vitrail pour visualiser les parties en plomb et déterminer les couleurs.

**3 Découpe du verre :** on promène à sa surface un fer rouge puis on plonge le verre dans l'eau glacée pour qu'il **casse** par choc thermique.

**4 Peinture du verre :** on **peint** le verre en soignant les détails, en particulier les visages des personnages, puis on le cuit pour en fixer les couleurs.

**5 Construction du vitrail :** on **dispose du plomb**, très malléable, autour des morceaux de verre, et on consolide la verrière obtenue par une armature de fer.

Il ne reste plus qu'à intégrer le vitrail à l'emplacement prévu dans le bâtiment !

1

2

3

4

## Après avoir pris connaissance des images et des textes

Les vitraux de la Sainte-Chapelle reprennent **1 113 scènes de l'Ancien et du Nouveau Testament**.

**1** Quels sont les matériaux essentiels pour construire des vitraux ?

**2** Observez les vitraux présentés ici. Quel symbole royal fait référence à Louis IX ?

**3** Ces huit vitraux, représentant le mythe d'Adam et Ève, ont été mélangés ! À vous d'en retrouver l'ordre en vous aidant de ces conseils :

**a.** Relisez les textes p. 132 et 133.

**b.** Observez chaque vitrail attentivement : qui sont les personnages ?

**c.** Faites attention aux détails cruciaux : Adam est-il seul ? Le serpent est-il présent ? Adam et Ève sont-ils nus ou habillés ?

Concertez-vous pour vous mettre d'accord sur le bon ordre.

Lorsque vous entrerez dans une église, vous y trouverez sans doute des vitraux évoquant le mythe d'Adam et Ève. À vous d'essayer de les interpréter !

5

6

7

8

↑ Vitraux de la Sainte-Chapelle, reproduction Philippe Berthé-CMN, Paris.

TEXTE 3

**Le Déluge, des sources communes**

**OBJECTIF**
Découvrir le premier texte fondateur évoquant le Déluge

**COMPÉTENCE**
Analyser l'émotion que suscite le texte

## Avant de lire le texte

**Vocabulaire**

« Pour mes enfants, un téléphone fixe est un objet antédiluvien ! » : que signifie à votre avis l'adjectif « antédiluvien » ? À partir de quel nom est-il formé ?

### Histoire des arts

*L'Épopée de Gilgamesh* rapporte les aventures de Gilgamesh, roi légendaire d'Uruk, ancienne capitale en Mésopotamie, Irak.

Cette histoire a été écrite à partir du XVIIIe siècle av. J.-C. sur des tablettes d'argile en écriture cunéiforme (du latin *cuneus* qui signifie « coin »).

- À votre avis, quelle difficulté rencontrent les archéologues pour étudier ces tablettes ?

↑ Tablette d'argile, extrait de *L'Épopée de Gilgamesh* racontant le Déluge, XIIIe siècle av. J.-C., British Museum, Londres.

# Le Déluge

*Après la mort de son ami Enkidu, Gilgamesh va voir Utanapishtî pour connaitre le secret de l'immortalité. Cet homme lui raconte comment, alors que des dieux voulaient engloutir l'humanité entière dans un déluge, le dieu Ea lui a ordonné de construire un bateau de forme carrée pour sauver sa famille et toutes les espèces animales.*

Au lendemain tout ce que je possédais
Je l'en chargeai ;
Tout ce que j'avais d'argent,
Tout ce que j'avais d'or
Tout ce que j'avais
D'animaux domestiques de toute sorte.
J'embarquai ma famille
Et ma maisonnée entière,
Ainsi que gros et petits animaux sauvages [...]
J'examinai
L'aspect du temps :
Il était
Effrayant à voir !
Je m'introduisis donc dans le bateau,
Et j'en obturai l'écoutille[1] [...]
Lorsque brilla
Le point du jour,
Monta de l'horizon
Une noire nuée
Dans laquelle
Tonnait Adad[2]. [...]
Nergal[3]
Arracha les étais des vannes célestes[4]
Et Ninurta[5] se mit
À faire déborder les barrages d'en haut,
Tandis que les dieux infernaux,
Brandissant des torches,
Incendiaient, de leur embrasement,
Le pays tout entier.
Adad déploya dans le ciel
Son silence-de-mort,
Réduisant en ténèbres
Tout ce qui avait été lumineux. [...]
Personne
Ne voyait plus personne :
Du ciel, les multitudes n'étaient plus discernables,
Parmi ces trombes d'eau.
Les dieux
Étaient épouvantés par ce Déluge :
Prenant la fuite,
Ils grimpèrent jusqu'au plus haut du ciel,
Où, tels des chiens, ils demeuraient pelotonnés
Et accroupis au sol. [...]
Six jours,
Et sept nuits durant,
Bourrasques[6], Pluies battantes,
Ouragans et Déluge
Continuèrent de saccager la terre.
Le septième jour arrivé,
Tempête, Déluge et Hécatombe[7] cessèrent [...].
Je regardai alentour :
Le silence régnait !
Tous les hommes avaient été
Retransformés en argile [...].

*L'Épopée de Gilgamesh*, « Le grand homme qui ne voulait pas mourir », tablette XI, trad. J. Bottéro, Éditions Gallimard, 1992.

1. bouchai l'entrée. 2. dieu du tonnerre. 3. dieu de l'Enfer. 4. cloisons retenant l'eau du ciel. 5. dieu de la guerre. 6. violents coups de vent. 7. massacre.

Illustrations de **Ludmila Zeman** pour *La Dernière Quête de Gilgamesh*, Éditions Grandir, 1995.

## Après avoir lu le texte

PÉDAGOGIE DIFFÉRENCIÉE

Choisissez le groupe de questions auquel vous souhaitez répondre. Collectivement, échangez sur la question Bilan.

### Questions de relevé

**1** Qu'est-ce qu'Utanapishtî emporte sur son bateau ? Citez le texte.

**2** **a.** Qui sont les dieux responsables du déluge ?

**b.** Relevez les verbes désignant leurs actions. À quel temps sont-ils conjugués ? ▸ Langue, p. 318

**3** Combien de temps la tempête dure-t-elle ?

### Questions d'interprétation

**1** Qu'est-ce qui donne l'impression qu'Utanapishtî emporte beaucoup de choses avec lui ? Observez la structure des vers.

**2** Tous les dieux souhaitent-ils la destruction de l'humanité ?

**3** Quand Utanapishtî utilise-t-il le pronom « je » ? Pourquoi ne l'emploie-t-il pas tout le temps ?

**Bilan** Quelles émotions ce texte cherche-t-il à susciter chez le lecteur à votre avis ? Échangez en classe.

*Complétez votre **carte Mémo**.*

## Oral DÉFI MATHÉMATIQUE

• Utanapishtî est un vrai mathématicien. Il explique à Gilgamesh comment il a fait pour construire son bateau, de forme carrée. Son récit semble alors très réaliste :

« Puis j'en établis et aménageai
  Le cadre intérieur,
Le plafonnant
  À six reprises,
Pour le subdiviser
  En sept étages,
Dont je décomposai le volume
  En neuf compartiments. »

S'il y a neuf compartiments à chacun des sept étages du bateau, combien y a-t-il de compartiments en tout d'après vous ?

• Utanapishtî prévoit des litres de bitume pour rendre étanche le bateau :

« Les porte-baquets ayant transporté
  Ces dix mille huit cents litres,
Déduction faite des trois mille six cents
  Que prit le calfatage,
Le Nocher en mit donc
  .... en réserve. »

Si Utanapishtî a fait fabriquer 10 800 litres de bitume, et qu'il en a utilisé 3 600 pour le calfatage (l'étanchéité) du bateau, combien lui en reste-t-il en réserve ?

## Écrit

Rendez-vous à l'**Atelier 2** p. 152 et **aidez Gilgamesh** à poursuivre sa quête !

### Points de cours

• Le récit des aventures de Gilgamesh met en scène un épisode que l'on retrouvera dans de très nombreux récits : un déluge. Sous l'influence des dieux, les éléments naturels se déchainent contre les hommes qui sont menacés de destruction.

• Selon certains scientifiques, l'origine de ce récit proviendrait d'une brusque montée des eaux survenue à la fin de la période glaciaire, au 12e millénaire avant J.-C.

**TEXTE 4**

**OBJECTIF**
Comprendre les étapes d'un récit biblique

**COMPÉTENCE**
Percevoir le style propre à la Bible

## Avant de lire le texte

**Vocabulaire**

- Le mot « arche » a deux sens en français moderne, chacun ayant son histoire. Reliez chaque définition à son étymologie :

| | |
|---|---|
| Latin *arcus* (arc) • | • Bateau fermé. |
| Latin *arca* (coffre, caisse fermée) • | • Voûte arrondie s'appuyant sur les piles d'un pont. |

- Selon vous, de quelle arche le texte suivant parle-t-il ?

La **structure de la Bible** a évolué avec le temps. Au XIIIe siècle, Étienne Langton l'a divisée en chapitres. Le découpage en versets proposé par l'imprimeur Robert Estienne au XVIe siècle perdure aujourd'hui. Les versets sont de petits paragraphes ayant en général une unité de sens..

# Le Déluge

*Dieu voit que la méchanceté règne sur la Terre. Il décide donc de détruire toute vie. Cependant, il confie au seul homme bon de l'humanité, Noé, la mission de construire une arche pour y faire monter toute sa famille et un couple de chaque espèce animale. Noé obéit. Un déluge s'abat alors sur la Terre pendant quarante jours, détruisant les êtres vivants.*

Alors Dieu se souvint de Noé et de toutes les bêtes sauvages et de tous les bestiaux qui étaient avec lui dans l'arche ; Dieu fit passer un vent sur la terre et les eaux désenflèrent[1].

Les sources de l'abîme et les écluses du ciel furent fermées ; — la pluie fut retenue de tomber du ciel

et les eaux se retirèrent petit à petit de la terre ; — les eaux baissèrent au bout de cent-cinquante jours

et, au septième mois, au dix-septième jour du mois, l'arche s'arrêta sur les monts d'Ararat[2].

Les eaux continuèrent de baisser jusqu'au dixième mois et, au premier du dixième mois, apparurent les sommets des montagnes.

Au bout de quarante jours, Noé ouvrit la fenêtre qu'il avait faite à l'arche

et il lâcha le corbeau, qui alla et vint en attendant que les eaux aient séché sur la terre.

Alors il lâcha d'auprès de lui la colombe pour voir si les eaux avaient diminué à la surface du sol.

↓ Mosaïques du XIIe siècle, cathédrale Santa Maria Nuova de Monreale, Sicile.

La colombe, ne trouvant pas un endroit où poser ses pattes, revint vers lui dans l'arche, car il y avait de l'eau sur toute la surface de la terre ; il étendit la main, la prit et la fit rentrer auprès de lui dans l'arche.

Il attendit encore sept autres jours et lâcha de nouveau la colombe hors de l'arche.

La colombe revint vers lui sur le soir et voici qu'elle avait dans le bec un rameau tout frais d'olivier ! Ainsi Noé connut que les eaux avaient diminué à la surface de la terre.

Il attendit encore sept autres jours et lâcha la colombe, qui ne revint plus vers lui.

C'est en l'an six-cent-un de la vie de Noé, au premier mois, le premier du mois, que les eaux séchèrent sur la terre.

Noé enleva la couverture de l'arche ; il regarda, et voici que la surface du sol était sèche !

La Bible, Genèse, VIII, versets 1-13, trad. École biblique de Jérusalem, Le Cerf, 2000.

## Après avoir lu le texte

PÉDAGOGIE DIFFÉRENCIÉE

Choisissez le groupe de questions auquel vous souhaitez répondre, puis collectivement complétez le Bilan.

### Un récit très structuré

1. Relevez un passage précis qui montre que le Déluge est fini.
2. L. 6 à 25, relevez les compléments de lieu ou de temps. Qu'apportent-ils au récit ? ▸ Langue, p. 300
3. Comment Noé a-t-il compris que la Terre est de nouveau habitable ?

### Un récit très poétique

1. L. 1 à 5, relevez deux métaphores qui pourraient désigner les nuages. ▸ Langue, p. 342
2. Une anaphore est la répétition d'un mot en début de vers. Quelle conjonction de coordination est répétée en début de verset pour créer une anaphore ?
3. Relevez d'autres anaphores et répétitions dans ce texte. Quel effet produisent-elles ?

**Bilan** Complétez le texte à l'aide de ces mots ou groupes de mots.

anaphores • structuré • verset • compléments de temps • métaphores

Dans la Bible, le récit de la fin du Déluge est très ... grâce à l'emploi de nombreux .... Les figures de style (..., ..., répétitions...) ainsi que la forme du ... peuvent donner au lecteur le sentiment qu'il lit un poème.

*Complétez votre carte Mémo.*

## Oral

**Expliquez** à vos camarades pourquoi ce texte nous permet de comprendre ce que symbolisent aujourd'hui la colombe et le rameau d'olivier.

## Histoire des arts

Très utilisée dans l'Antiquité, la mosaïque est également typique des églises byzantines : les tesselles, petits morceaux de pierre ou de faïence, sont souvent recouvertes d'or autour des scènes religieuses représentées.

1. Donnez au moins deux indices qui prouvent que la 1re mosaïque illustre le texte étudié.

2. La 2e mosaïque représente la suite de l'épisode du Déluge. En une dizaine de lignes, **racontez** cet épisode en vous inspirant de la façon dont est écrit l'extrait de la Bible que vous avez étudié.

### Point de cours

• Le récit biblique du Déluge est très détaillé et suit une chronologie rigoureuse, accentuée par les figures de style récurrentes. L'anaphore, qui consiste à répéter un même mot en début de phrase ou de vers, permet d'insister de façon poétique sur les étapes du récit.

**TEXTE 5**

**OBJECTIF**
Découvrir et étudier un texte extrait du Coran

**COMPÉTENCE**
Comprendre les relations entre les personnages d'un texte

## Avant de lire le texte

La langue du Coran est difficile à traduire car elle est poétique et très concise.

- Observez le verset **44** de la sourate 11 en arabe.
  وَهِيَ تَجْرِي بِهِمْ فِي مَوْجٍ كَالْجِبَالِ وَنَادَىٰ نُوحٌ ابْنَهُ وَكَانَ فِي مَعْزِلٍ يَا بُنَيَّ ارْكَبْ مَعَنَا وَلَا تَكُنْ مَعَ الْكَافِرِينَ
  Comparez sa longueur à celle de sa traduction ci-dessous. Que constatez-vous ?
- L'arabe s'écrit de droite à gauche. Les lettres du nom « Noé » sont inversées par rapport au français : نُوحٌ. Retrouvez ce nom dans le verset.
- Quels signes de ponctuation n'apparaissent pas dans le texte original ? Pourquoi cela peut-il rendre la traduction difficile ?

# Le Déluge

## Sourate 11

*Noé a essayé de convaincre les autres hommes « de n'adorer que Dieu » mais ces derniers ne l'écoutent pas. Dieu s'adresse alors à Noé.*

39 – « Construis un vaisseau[1] sous nos yeux [...] et ne nous parle plus pour les méchants. Ils seront submergés[2]. Ne t'afflige[3] point de leurs actions. »

40 – Et il construisit un vaisseau, et, chaque fois que les chefs de son peuple passaient auprès de lui, ils le raillaient[4]. « Ne me raillez pas, dit Noé, je vous raillerai à mon tour comme vous me raillez.

41 – Et vous apprendrez sur qui tombera le châtiment [...]. Ce châtiment restera perpétuellement sur sa tête. »

42 – Et il fut ainsi jusqu'au moment où notre ordre fut donné et où la fournaise creva. Nous dîmes à Noé : « Emporte dans ce vaisseau un couple de chaque espèce, ainsi que ta famille, excepté celui sur qui le jugement est prononcé[5]. Prends aussi tous ceux qui ont cru » ; et il n'y eut qu'un petit nombre qui aient cru.

43 – Noé leur dit : « Montez dans le vaisseau. Il voguera et il s'arrêtera au nom de Dieu. Dieu est indulgent et miséricordieux[6]. »

**44** – Et le vaisseau voguait avec eux au milieu des flots soulevés comme des montagnes. Noé cria à son fils qui était à l'écart : « Ô mon enfant ! monte avec nous, et ne reste pas avec les incrédules[7]. »

45 – « Je me retirerai sur une montagne, dit-il, qui me mettra à l'abri des eaux. » Noé lui dit : « Nul ne sera aujourd'hui à l'abri des arrêts[8] de Dieu, excepté celui dont il aura eu pitié ». Les flots les séparèrent et le fils de Noé fut submergé.

46 – Et il fut dit : « Ô terre ! Absorbe tes eaux. Ô ciel ! Arrête ! » Et les eaux diminuèrent ; l'arrêt fut accompli. Le vaisseau s'arrêta sur la montagne Djoudi, et il fut dit : « Loin d'ici les méchants ! »

Coran, sourate 11, versets 39-46, d'après la traduction de Kasimirski, 1844.

↑ Plafond de la mosquée de Cordoue.

1. arche, bateau.
2. engloutis par la mer.
3. ne sois pas triste.
4. se moquait.
5. l'un des fils de Noé qui ne veut pas monter dans l'arche.
6. qui pardonne facilement.
7. qui ne croient pas en Dieu.
8. décisions.

## Après avoir lu le texte

**1** Verset 39, relevez les quatre verbes conjugués. À quel mode sont conjugués trois d'entre eux ? Pourquoi ? ▸ Langue, p. 324

**2** Qui est désigné par le déterminant « nos » et le pronom « nous » ? Pourquoi la 1re personne du pluriel est-elle employée ? ▸ Langue, p. 280

**3** Noé obéit-il ? Citez le texte pour justifier.

**4** Quel mot se répète à plusieurs reprises en début de verset ? Quel est l'effet produit ? ▸ Langue, p. 285

**Bilan** Le déluge est-il précisément détaillé dans ces versets ? Sur quoi le texte cherche-t-il à insister ?

# Histoire des arts

# Créations autour du Déluge

**OBJECTIF**
Reconnaître dans des œuvres l'inspiration des récits de création

**COMPÉTENCE**
Analyser des œuvres d'art

Nombreux sont les artistes à s'être inspirés de cet épisode célèbre développé dans différents récits de création. Leur vision contemporaine du Déluge est variée...

→ *Le Jour d'après*, film américain de **Roland Emmerich**, 2004, 20th Century Fox.

© Olivier Houeix

↑ *Noé*, ballet de **Thierry Malandain**, musique Messa di Gloria de **G. Rossini**, Chaillot – Théâtre National de la Danse (Paris), 10-24 mai 2017.

Affiche © Yocom & Olivier Houeix

Photo : MBAM, Jean-François Brière

↑ **Jim Dine** (né à Cincinnati en 1935), *Cœur* dit « *Après le Déluge* », 2011, bronze, peinture émail alkyde, 175 x 174 x 77 cm, musée des beaux-arts de Montréal.

## Après avoir observé les documents

PÉDAGOGIE DIFFÉRENCIÉE

Choisissez une de ces œuvres et présentez-la.

**1** Identifiez précisément la nature de l'œuvre choisie.

**2** Décrivez-la. Qu'est-ce qui montre qu'elle fait référence au Déluge ?

**3** Qu'est-ce qui renvoie, dans cette œuvre, au monde contemporain ?

**4** Vous semble-t-elle optimiste ou pessimiste ? Expliquez.

**Bilan** D'après vous, pourquoi la question du déluge inspire-t-elle les artistes ?

## Oral

Relisez les **trois textes** consacrés au Déluge dans ce chapitre, puis échangez sur les **points communs** et les **différences** que vous constatez.

## Point de cours

• Comme dans *L'Épopée de Gilgamesh* et dans la Bible, on trouve dans le *Coran* un récit du Déluge. Cet épisode, qui traduit les craintes humaines face aux catastrophes naturelles, trouve de nombreux échos dans les arts. L'inquiétude liée au réchauffement climatique rend en effet le récit très actuel.

TEXTE 6

# Conseils du Soleil à son fils

**OBJECTIF**
Découvrir un mythe antique dans un dialogue

**COMPÉTENCE**
Percevoir la force de conviction d'un discours

## Avant de lire le texte

Vocabulaire

La mère de Phaéton, Clymène, lui certifie qu'il est le fils du Soleil, Phœbus. Le jeune Phaéton, désireux de rencontrer son père, le retrouve dans son palais. À côté du trône du Soleil se trouvent Automne, Hiver, Printemps et Été.

Les vers de la traduction ont été mélangés. À vous de les remettre dans l'ordre à partir du texte latin. Quels mots vous ont aidés ?

Verque novum stabat cinctum florente corona
Stabat nuda Aestas et spicea serta gerebat,
Stabat et Autumnus calcatis sordidus uvis
Et glacialis Hiems canos hirsuta capillos.

**a.** là l'Automne, sale de raisins piétinés
**b.** et l'Hiver glacial, hirsute de cheveux blancs
**c.** Le Printemps nouveau était là, avec sa couronne fleurie
**d.** là l'Été nu, qui portait des guirlandes d'épis

Au milieu, épouvanté par la nouveauté des choses,
le jeune homme. Le Soleil, de ses yeux qui voient tout, l'aperçoit.
« Quelle est la cause de ton voyage, dit-il, que cherches-tu dans les hauteurs,
Enfant Phaéton, qu'un père ne peut renier ? »
Celui-ci répond : « Ô lumière commune du monde immense, [...]
donne des signes, père, je veux me croire ton vrai
fils, de mon esprit retire l'erreur. »
Il dit. Le père dépose des rayons brillants
tout autour de sa tête, lui demande d'avancer
et l'embrasse : « On ne peut pas le nier, tu es mon fils [...].
Ne doute pas, demande en cadeau ce que tu veux, je te le
donnerai, tu le prendras. [...] »
À peine il a fini, Phaéton demande le char paternel,
pour un jour le droit de conduire les chevaux ailés.
Le père regrette d'avoir juré. Trois fois, quatre fois
Il secoue sa tête claire. « Paroles folles, dit-il,
que les miennes, dictées par les tiennes. Ce que j'ai promis, si je pouvais
ne pas le donner ! J'avoue, c'est la seule chose, enfant, que je te refuserais. [...]
Tu cherches plus que ce que peuvent les dieux,
ignorant ; tu as confiance en toi, d'accord,
mais personne n'est assez fort pour s'installer sur le char de feu,
sauf moi [...].
La route du début est escarpée[1] et avec peine, frais au matin,
mes chevaux la gravissent[2] ; au milieu, elle est très haute dans le ciel.
De là, moi-même, souvent, de voir mer et terres
j'ai peur, ma poitrine tremble d'une terreur épouvantable.
À la fin la route descend, il faut une conduite sûre [...].
Imagine, je te donne le char : que feras-tu ? Pourras-tu aller
contre les pôles qui tournent, sans que l'axe leste[3] du ciel t'entraîne ?
Là-bas il y a des bois sacrés et des villes de dieux ?
Tu rêves ! Des sanctuaires[4] riches d'offrandes,
peut-être ? On fait le chemin à travers des pièges et des figures de bêtes.
Même si tu tiens ta route, si tu ne fais aucune erreur,
il te faudra passer par les cornes du Taureau qui fait face,
par l'arc d'Haémonie[5], par la bouche du Lion fauve,

1. raide, difficile à monter.
2. grimpent, escaladent.
3. rapide.
4. lieux sacrés.
5. centaure représentant le signe du Sagittaire.

par celui qui plie ses bras cruels en longue courbe,
le Scorpion et, par celui qui les plie dans l'autre sens, le Cancer. [...]
Toi, ne fais pas de moi l'auteur du cadeau de ta mort,
mon fils, attention, il en est temps, change de vœu.
Pour croire que tu es enfant de mon sang,
tu veux des signes sûrs ? Ma crainte est un signe sûr,
par une peur de père je prouve que je suis père. [...] ».

**Ovide**, *Métamorphoses*, II, traduit du latin par Marie Cosnay, Éditions de l'Ogre, 2017.

↑ **Gustave Moreau,** *Chute de Phaéton*, 1878, étude à l'aquarelle et mine de plomb sur papier, musée du Louvre, Paris.

## Après avoir lu le texte

**1** Copiez et complétez le tableau pour les dix premiers vers du texte.

▸ Langue, p. 278

| GN désignant Phaéton | GN désignant Phœbus |
| --- | --- |

**2** Pourquoi le Soleil, Phœbus, veut-il faire un cadeau à son fils ? Que lui demande ce dernier ?

**3** Qu'est-ce qui montre que Phœbus tient à son fils ?

**4** Vers 23 à 27, que décrit Phœbus ? Réalisez un croquis pour mieux vous représenter la scène.

**5** Vers 33 à 37, à quels dangers Phaéton s'expose-t-il ? À quels éléments de l'astrologie vous font-ils penser ?

**Bilan** Trouvez-vous le discours de Phœbus convaincant ? Pourquoi ? Que feriez-vous à la place de Phaéton ?

Complétez votre **carte Mémo.**

### Histoire des arts

Gustave Moreau accorde beaucoup d'importance à la couleur et aux détails dans ses tableaux mythologiques.

1. Par quoi votre regard est-il attiré sur le tableau ? Pourquoi ?
2. Décrivez Phaéton. Qu'est-ce qui renforce sa fragilité ?
3. Quel signe du zodiaque évoqué dans le texte identifiez-vous ? Au contraire quelle créature parait étonnante ?

## Écrit

PÉDAGOGIE DIFFÉRENCIÉE

Choisissez votre sujet d'écriture.

★★★ **Imaginez** la suite du **dialogue** entre Phaéton et son père.

- Poursuivez le dialogue : Phaéton ne veut pas écouter son père et explique ses raisons.
- Vous traduirez l'enthousiasme de Phaéton à l'aide de phrases exclamatives.
- Vous multiplierez les mises en garde du père au mode impératif.

★★★ **Imaginez** la suite du **dialogue** entre Phaéton et son père ainsi que le **récit** qui s'ensuit.

- Continuez le dialogue entre les deux personnages en utilisant des phrases exclamatives.
- Racontez ce qui se passe lorsque Phaéton commence à conduire le char du Soleil.
- Servez-vous du texte d'Ovide pour imaginer les problèmes que rencontre Phaéton.

## Oral

Découvrez un extrait des *Métamorphoses*, Ovide explique l'apparition des araignées.
Imitez-le dans l'**Atelier 3**, p. 154 et transformez-vous en **conteurs** !

### Point de cours

- Les mythes antiques cherchent à expliquer de manière poétique les grands principes qui régissent l'univers. Ici, Ovide invente un dialogue émouvant entre un père, Phœbus, et son fils, Phaéton, en mobilisant tous les savoirs et les croyances de son époque sur le système solaire et le mouvement des constellations.

# TEXTE 7

**OBJECTIF**
Comprendre un mythe fondateur japonais

**COMPÉTENCE**
Observer les différences entre deux langues

Le *Kojiki*, « récit des choses anciennes », date de 712. Il est composé de trois parties : la première relate la naissance et la vie des divinités, les deux suivantes retracent l'histoire de la Maison Impériale du Japon.

## Avant de lire le texte

Vocabulaire

De nombreuses divinités, les kami, apparaissent dans le texte. Familiarisez-vous avec leur nom et leur fonction, et amusez-vous à décrypter le japonais !

| | | |
|---|---|---|
| ♪ Amaterasu-ô-mi-kami | あまてらすおみかみ | auguste divinité qui illumine le ciel |
| ♪ Ame-no-uzume-no-mikoto | あめ-の-うずめ-の-みこと | divinité de la bonne humeur |
| ♪ Ame-no-koyane-no-mikoto | あめ-の-こやね-の-みこと | ancêtre et divin seigneur |
| ♪ Ame-no-tajikara-onokami | あめ-の-たじから-おのかみ | divinité de la main céleste |
| ♪ Futodama-no-mikoto | ふとだま-の-みこと | divinité porteuse du miroir |
| ♪ Tama-no-oya-no-mikoto | たま-の-おや-の-みこと | divinité des pierres précieuses |

Pouvez-vous retranscrire le nom de ce kami grâce au tableau ? Il s'agit de la divinité des miroirs :
いしこりどめ-の-みこと

| | | | | | | | | | | | | |
|---|---|---|---|---|---|---|---|---|---|---|---|---|
| a あ | ta た | da だ | ya や | ma ま | ka か | ra ら | o お | to と | do ど | no の | ko こ | i い |
| shi し | ji じ | mi み | ni に | ri り | u う | su す | zu づ | fu ふ | bu ぶ | me め | te て | ne ね |

# Amaterasu sort de la grotte

*La déesse solaire Amaterasu-ô-mi-kami assiste à la violence de son frère : il saccage les rizières, bouche les ruisseaux et va même jusqu'à souiller son palais.*

En voyant cela, Amaterasu-ô-mi-kami prit peur, ouvrit la porte de la Céleste Caverne de Roc et s'y cloîtra. À cause de cela, la Plaine des Hauts Cieux devint entièrement sombre et le Pays Central des Plaines de Roseaux fut aussi plongé dans l'obscurité totale. Ainsi les ténèbres duraient-elles éternellement. Puis, les voix excitées de toutes les divinités maléfiques emplirent le monde comme des mouches en été, produisant en même temps toutes les calamités.

Face à cette situation, tous les kami se réunirent dans le lit de la rivière céleste Yasu [...].

Alors, ils rassemblèrent d'abord les oiseaux au long cri du Pays Éternel et les firent chanter. Ensuite, ils prirent le rocher dur en amont de la rivière céleste Yasu ; prirent du fer de la mine céleste ; allèrent chercher le forgeron [...] ; ordonnèrent à Ishikoridome-no-mikoto de fabriquer un miroir ; ordonnèrent à Tama-no-oya-no-mikoto de confectionner un long cordon de joyaux [...].

Puis ils déracinèrent complètement le *sakaki*[1] au luxuriant feuillage du céleste mont Kagu. Sur les branches du dessus, ils accrochèrent le long cordon de joyaux ; sur les branches du milieu, ils accrochèrent le miroir de huit *ata*[2] ; sur les branches du bas, ils suspendirent des étoffes blanches de mûrier et des étoffes bleues de chanvre. [...]

Ame-no-uzume-no-mikoto [...] posant à l'envers un seau devant la porte de la Céleste Caverne de Roc, elle le martela des pieds [...]. De ce fait, la Plaine des Hauts Cieux résonna alors que les huit cents myriades[3] de dieux se mirent subitement à rire tous ensemble.

Alors, trouvant cela étrange, Amaterasu-ô-mi-kami entrebâilla la porte de la Céleste Caverne de Roc et dit de l'intérieur : « Comme je me suis recluse ici, je pensais que le monde sur le Ciel était devenu naturellement ténèbres, de même que le Pays Central des Plaines de Roseaux était complètement plongé dans l'obscurité.

Pourquoi donc Ame-no-uzume danse-t-elle et tous les kami semblent-ils se réjouir ? ». Alors, Ame-no-uzume dit : « Nous chantons et dansons allégrement car il se trouve ici un kami plus noble que vous ». Pendant qu'elle parlait, Ame-no-koyane-no-mikoto et Futodama-no-mikoto sortirent le miroir de huit ata et, lorsqu'ils le montrèrent à Amaterasu-ô-mi-kami, cette dernière trouvant cela de plus en plus étrange, sortit progressivement de derrière la porte de la Céleste Caverne de Roc et regarda dans le miroir à la dérobée. Ame-no-tajikara-onokami, qui se tenait caché debout à côté de la porte, prit l'auguste main de la déesse et la tira au dehors.

Aussitôt, Futodama-no-mikoto étira un *shimenawa*[4] derrière la déesse et dit : « Vous ne pourrez pas retourner à l'intérieur à partir de cette corde ». Ainsi, Amaterasu-ô-mi-kami étant sortie, le Soleil brilla naturellement sur la Plaine des Hauts Cieux et le Pays Central des Plaines de Roseaux, qui devinrent lumineux.

**Joffrey Chassat**, *Kojiki, Mythes choisis* (p. 55-65), Éditions du Cénacle de France, 978-2-916537-15-3, 2016.

1. arbre poussant dans les régions chaudes du Japon. 2. unité de mesure, « huit ata » signifie de « grande taille ». 3. très grand nombre. 4. corde servant à délimiter un espace sacré.

## Après avoir lu le texte

PÉDAGOGIE DIFFÉRENCIÉE

Choisissez de travailler sur Amaterasu ou sur le rôle des kami puis répondez à la question Bilan.

### Amaterasu la déesse

1 L. 1 à 10, la déesse du soleil s'enferme dans une caverne. Relevez les deux conséquences que cela entraine.

2 L. 30-44, qu'est-ce qui attire la déesse ? Quel type de phrase montre sa curiosité ?

3 L. 47-53, Amaterasu regarde quelque chose qui la pousse à sortir de la caverne. De quoi s'agit-il ?

### Les kami

1 Connait-on les sentiments des kami ? À quelles divinités évoquées l. 1 à 10 s'opposent-ils ?

2 L. 11-21, relevez les verbes d'action concernant les kami. Comprend-on ce qu'ils font ?

3 Quel est en vérité ce « kami plus noble » dont parlent les kami à Amaterasu ? Expliquez leur ruse.

**Bilan** Pourquoi peut-on dire que la ruse pour faire sortir la déesse de la caverne ressemble à une fête ?

## Après avoir observé le document écho

4 Quels éléments du texte pouvez-vous identifier sur cette estampe ?

5 Quel moment précis du texte l'image représente-t-elle ?

6 Comparez cette estampe aux images des drapeaux. Que remarquez-vous ?

drapeau japonais

pavillon de la marine japonaise

**Bilan** Pourquoi dit-on que le drapeau japonais représente le soleil ?

Complétez votre carte Mémo.

DOCUMENT ÉCHO

**Shunsai Toshimasa**, *La déesse du Soleil Amaterasu sortant de la caverne*, estampe (encre et couleur sur papier), XIXe siècle.

## Oral

Vidéo littéraire

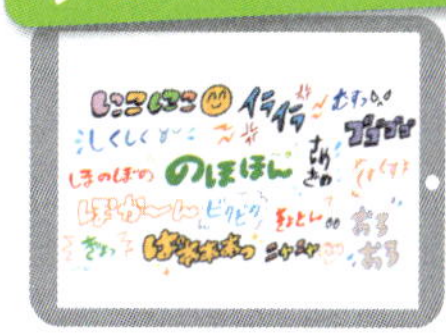

Pour en apprendre davantage sur la langue japonaise, visionnez cette présentation.

- Quels sont les trois types de caractères utilisés dans l'écriture japonaise ?
- Quelles différences avez-vous notées entre la langue française et la langue japonaise ?
- Connaissez-vous d'autres langues que le français ? Quelles différences grammaticales avez-vous remarquées ?

## Oral

Découvrez un mythe fondateur issu de la tradition coréenne dans l'**Atelier 4** p. 156 et apprenez à le **mettre en voix**. À vous de faire du bruit !

### Point de cours

- Dans le mythe d'Amaterasu, les kami organisent un vrai spectacle pour attirer la déesse solaire hors de sa grotte. Cette fête joyeuse, à l'image du théâtre, empêche le monde d'être plongé dans les ténèbres.

# TEXTE 8

**OBJECTIF**
Découvrir une légende nordique sur la course du soleil

**COMPÉTENCE**
Associer un phénomène naturel à son explication poétique

Rédigé au début du XIIIe siècle par l'historien islandais Snorri Sturluson, l'*Edda* est le recueil le plus complet des **mythes nordiques** : l'auteur se fonde sur des poèmes anciens qu'il cite régulièrement pour les expliquer et les conserver.

## Avant de lire le texte

Observez le texte : combien de parties différentes pouvez-vous remarquer ? Quels éléments vous ont guidé ? Comment appeler chacune des parties ?

# Gangleri et la fuite du soleil

*L'*Edda *débute par un dialogue entre Gangleri, un roi qui régnait en Suède, et trois personnages (le Haut, le Très-Haut et le Troisième) : c'est l'occasion de présenter la création du monde et le fonctionnement de l'univers.*

Gangleri déclara alors : « Le soleil progresse si rapidement que c'est presque comme s'il avait peur. Il ne se hâterait pas davantage s'il craignait de mourir. »

Le Très-Haut répondit alors : « Il n'est pas étonnant qu'il progresse vivement : celui qui le poursuit est tout proche de lui, aussi le soleil n'a-t-il d'autre issue que la fuite. »

Gangleri demanda : « Qui donc lui cause ce désagrément ? ».

Le Très-Haut répondit : « Ce sont deux loups. Celui qui le poursuit s'appelle Sköll ; il remplit d'effroi le soleil et il finira aussi par l'attraper. Celui qui court devant lui s'appelle Hati, fils de Hrodvitnir[1] ; il veut attraper la lune, et c'est aussi ce qui arrivera. »

Gangleri demanda : « De quelle race sont ces loups ? »

Le Très-Haut répondit : « Il est une géante qui habite à l'est de Midgard, dans la forêt appelée Iarnvid (« forêt de fer »). C'est là également qu'habitent les femmes-trolls qui sont appelées les Iarnvidiur (« femmes de la forêt de fer »). La vieille géante met au monde de nombreux fils, tous des géants à forme de loups, et ce sont d'eux que proviennent ces [deux] loups. On raconte qu'un membre de cette race, appelé Managarm, « chien de la lune », deviendra très puissant. Il se rassasiera du sang de tous les hommes à l'agonie, puis il dévorera la lune et aspergera de sang le ciel et l'air tout entier. Suite à cela, le soleil perdra son éclat, tandis que les vents se déchaîneront et mugiront avec fureur dans toutes les directions. Voici ce qui est dit dans la Voluspa[2] :

À l'est habite la vieille
Dans la Forêt de fer,
Et là elle met au monde
Les enfants de Fenrir.
Parmi eux tous,
L'un deviendra,
Sous la forme d'un monstre,
De l'astre le destructeur.

Il se rassasiera du sang
Des hommes à la mort voués.
Il rougira de sang pourpre
La demeure des dieux.
Noirs deviendront les rayons du soleil
Tout au long des étés suivants,
Et terribles seront les tempêtes.
En savez-vous davantage, vraiment ? »

**Snorri Sturluson**, L'*Edda, récits de mythologie nordique*, trad. François-Xavier Dillmann, Éditions Gallimard, 1991.

1. autre nom de Fenrir, loup gigantesque.
2. poème mythologique écrit vers l'an 1000.

**J. Charles Dollman** (ill.), « Les Loups poursuivant Sol et Man » dans *Myths of the Norsemen*, Harrap, Londres, 1909.

## Après avoir lu le texte

PÉDAGOGIE DIFFÉRENCIÉE

Lisez le texte entier, choisissez le passage que vous voulez étudier puis répondez tous ensemble à la question Bilan.

### Sur le passage en prose

**1** Au début du texte, qui a « peur » et craint « de mourir » ? En quoi cela peut-il paraitre étonnant ?

**2** Qui est la cause de cette peur ? Quel autre astre se retrouve dans la même situation ?

**3** L. 19 à 22, à quel temps les verbes sont-ils conjugués ? Quelle impression l'utilisation de ce temps donne-t-elle ?
► Langue, p. 314

### Sur le passage en vers

**1** Quels éléments des lignes 13 à 23 retrouve-t-on dans le poème ?

**2** Inversez l'ordre des groupes de mots :
« De l'astre le destructeur »
Que constatez-vous ? Quel est cet astre ?

**3** Observez les vers 37 et 39, où les sujets se trouvent-ils ? et les attributs du sujet ? Quel est l'effet produit ?
► Langue, p. 278, 292

**Bilan** Comment l'auteur s'y prend-il pour accentuer l'aspect prophétique de ce texte ?

# Le Soleil et la Lune poursuivis

TEXTE ÉCHO

*Dans cet essai, Jacob Grimm, le célèbre auteur de contes, évoque le mythe islandais du Soleil et de la Lune.*

Deux loups les pourchassent : Sköll poursuit le Soleil, Hati la Lune ; ils sont issus d'une lignée de géants et Managarm, le Chien de la Lune, le plus puissant d'entre eux (sans doute s'agit-il seulement d'une autre manière de nommer Hati), atteindra un jour la Lune et la dévorera. [...] J'affirme qu'on trouve les mêmes représentations et superstitions autour des éclipses chez de nombreux peuples, anciens et nouveaux. Selon la croyance indienne, un serpent mange le soleil et la lune quand ils sont envahis par l'ombre, ou un démon les avale. Aujourd'hui encore, les hindous pensent qu'un géant s'en prend à ce moment-là aux astres et veut les dévorer. Les Chinois appellent l'éclipse de soleil « shischi » (*solis devoratio*[1]), l'éclipse de lune « jueschi » (*lunae devoratio*[2]) et les associent toutes deux à la présence d'un dragon menaçant. Cette conception est répandue chez presque tous les peuples du Nord de l'Asie [...]. En Europe, les Finnois ont les mêmes croyances, les Estoniens disent : « Le Soleil et la Lune sont dévorés », et autrefois, on cherchait à éviter tout cela par des implorations.

**Jacob Grimm**, *Mythologie allemande*, 1844, trad. Claire Montanari, 2021.

1. dévoration du soleil en latin. 2. dévoration de la lune en latin.

↑ **Guilia Vetri,** *Renard de feu*, mythe sur l'aurore boréale en Finlande, 2018.

## Après avoir lu le texte écho

**4** Quels animaux évoqués dans l'*Edda* retrouve-t-on dans le texte de Grimm ?

**5** D'après Grimm, dans quelles autres cultures a-t-on peur de la dévoration des astres ?

**6** À quel phénomène naturel la dévoration de la lune ou du soleil renvoie-t-elle ?

**Bilan** Que nous apprennent ces mythes sur les peurs humaines ?

Complétez votre **carte Mémo.**

## Oral

Imaginez un dialogue entre Gangleri et le Très-Haut pour expliquer un **phénomène naturel** (arc-en-ciel, aurore boréale, orage...). Gangleri posera des questions sur le phénomène choisi et le Très-Haut y répondra en apportant des explications poétiques.

### Point de cours

- Le mythe de Sköll et Hati peut se lire comme l'évocation de peurs humaines ancestrales dont celle de la mort du soleil. Illustrant un phénomène naturel, ce mythe rappelle que l'homme est à la recherche de réponses aux grandes questions qui le hantent.

DÉFI
**Publicité**

# Décrypter la publicité

Vous maitrisez bien les textes étudiés sur la Genèse ?
Vous êtes maintenant capables de décrypter les publicités qui s'en inspirent.
À vous de développer votre esprit critique !

## Participez au défi !

### Choix d'une publicité

- Chaque élève de la classe trouve une **publicité qui s'inspire de la Genèse** et qui comporte **quatre éléments**, comme sur l'exemple, quel que soit leur ordre.
- Le professeur conserve les publicités qu'il juge pertinentes.

### Déroulement du défi

- Formez des équipes de 3 ou 4 élèves. Prenez connaissance de l'analyse de cet exemple et téléchargez le tableau.

| Pub | Produit présenté / Nom et logo de la marque / Slogan | Épisode de la Bible | Éléments faisant référence à cet épisode | Analyse de la publicité | Avis sur la publicité |
|---|---|---|---|---|---|
| Ex. | Il s'agit d'une publicité pour des voitures de la marque Chrysler. Le logo est en bas à droite. Le slogan est : « Journées nouveautés Chrysler, impossible de résister ». | On reconnait le fruit défendu du jardin d'Éden, croqué par Adam et Ève. | La pomme croquée en haut à gauche et l'expression « impossible de résister » renvoient à la tentation à laquelle Adam et Ève ont succombé. | Les voitures Chrysler sont comparées à la pomme très tentante du jardin d'Éden. Ces voitures sont jugées si belles qu'il sera « impossible de résister » à la tentation de les acheter. | - C'est une bonne idée de penser à cet épisode de la Bible dans une publicité car l'objectif d'une publicité est de donner envie aux gens d'acheter un produit. La publicité est bien l'art de créer de la « tentation ». - La marque de dents sur la pomme est en forme de voiture, ce qui est amusant. - Le fond blanc derrière les voitures est un peu froid et ne fait pas penser au jardin d'Éden. |
| 1re pub | | | | | |
| Points | .../ 3 points | .../ 3 points | .../ 4 points | .../ 5 points | .../ 5 points |

- L'enseignant-e projette la 1re **publicité choisie**. Chaque groupe **complète ce tableau** le plus rapidement possible.
- Dès qu'une **équipe a terminé**, le défi s'arrête. On procède à la lecture des réponses. Chaque colonne rapporte des points. Au tableau, on note le score de chaque équipe : .../20 points.
- L'enseignant·e projette une autre **publicité** et le défi reprend.
- L'équipe gagnante est celle qui a le plus de points à la fin du défi.

BILAN

# Des récits pour répondre aux questions des Hommes

ANTIQUITÉ — MOYEN ÂGE — ...

- *L'Épopée de Gilgamesh*, XVIIIe siècle av. J. C.
- La Bible, La Genèse, VIIIe au IIIe siècle av. J.-C.
- *Métamorphoses*, **Ovide,** Ier siècle ap. J.-C.
- Le Coran, 632-634
- *Kojiki*, 712
- *Edda*, 1220

Mon carnet de 6e

Complète une dernière fois **ta carte Mémo** et colle-la dans ton carnet.

Dans tes pages **« Histoire des Arts »**, crée une mini-fiche sur les vitraux.

Consacre une page à ton épisode préféré dans **« Mes coups de cœur ! »**.

Indique dans **« Mes prestations orales »** la date et le sujet de ton oral.

Dans la page des **« Auteurs de l'Antiquité »**, rédige une petite biographie d'Ovide.

## La Genèse, une histoire de création

- Constituant le début de la Bible, les premiers chapitres de la Genèse racontent :
  - la **création du monde** et des hommes,
  - **Adam et Ève**, chassés du Paradis.
- Le texte se fonde sur de nombreuses **répétitions**, qui le rendent **poétique** et facilitent sa mémorisation.
- Les récits de la Genèse ont nourri la langue en donnant lieu à diverses **expressions**. Ils ont été très souvent **réinterprétés** dans les arts, voire dans la publicité.
- L'organisation même de la semaine en Occident, avec le **dimanche** comme jour chômé, provient de la Bible.

## Le Déluge, des sources communes

- On trouve le récit du **Déluge** dans des textes fondateurs qui se sont influencés : ***L'Épopée de Gilgamesh***, la **Bible** et le **Coran**.
- Cela exprime la permanence des **peurs humaines** liées aux phénomènes naturels : ceux-ci sont expliqués par la colère divine qui punit les hommes.
- Les trois textes se distinguent cependant par la manière dont le récit est mené :
  - *L'Épopée de Gilgamesh* s'attarde sur la façon dont le héros **fabrique** l'arche.
  - La Bible décrit très précisément la **chronologie** du Déluge.
  - Le Coran, plus allusif, insiste sur la **relation** entre Dieu et Noé.

## Mythes sur le Soleil

- De nombreux mythes soulignent l'importance du **soleil** et la dépendance des hommes à son égard :
  - en expliquant ce qui pourrait arriver si le soleil ne suivait plus sa course (***Métamorphoses***)
  - en imaginant un monde sans soleil, et voué à sa perte (***Kojiki***)
  - en annonçant la catastrophe à venir si le soleil venait à être dévoré (***Edda***).
- Ces mythes montrent que l'homme cherche à **donner du sens** aux phénomènes qui le dépassent, particulièrement à des époques où la science était encore balbutiante.

## Des textes symboliques et poétiques

- On dit que des récits sont **fondateurs** lorsqu'ils contribuent à construire une **culture commune** ou sont à l'origine de **symboles** :
  - La colombe rapportant le rameau d'olivier à Noé est devenue symbole de paix.
  - Le drapeau japonais est issu du *Kojiki*.
- Les figures de style qui les irriguent (métaphores, anaphores, répétitions...) en font des **textes riches et poétiques**.

**Michel-Ange**, *La Création d'Adam*, v. 1511, fresque, voûte de la Chapelle Sixtine, musée du Vatican, Rome. →

ATELIER 1
Oral

# Révéler le sens d'une expression d'origine biblique

- Vous allez expliquer une expression que l'on utilise couramment en français et qui tire son origine de la Bible.
- Commencez par prendre connaissance de la Méthode et, selon vos besoins, faites les exercices de langue.

## Vocabulaire

### Manier du vocabulaire précis pour donner une explication ▸ Langue, p. 338

**1** Pour exprimer l'origine ou la signification de quelque chose, quel groupe verbal utiliserez-vous?

Exprimer l'origine | Exprimer le sens

avoir pour origine • vouloir dire • désigner • provenir de • venir de • signifier • découler de • être issu de • avoir pour sens • émaner de • avoir pour signification • tirer son origine de

### Retrouver la signification et l'origine d'expressions courantes

**2** Complétez le tableau.

| Expression | Signification | Origine dans la Bible |
|---|---|---|
| Croquer le fruit défendu | Succomber à une tentation | Adam et Ève ont succombé à la tentation malgré l'interdiction |
| Être en tenue d'Adam | Être nu | |
| Un vrai jardin d'Éden | | Adam et Ève vivaient dans un splendide jardin en harmonie avec végétaux et animaux |
| Un déluge de paroles | Des paroles qui ne semblent jamais s'arrêter | |
| C'est un vrai déluge ! | | |
| C'est une tour de Babel | | |

### Décrire une image pour expliquer une expression

**3** Relisez le récit de la tour de Babel (p. 151) puis décrivez la gravure dessinée par Gustave Doré.

**a.** Distinguez les plans, du plus proche au plus éloigné. Que se passe-t-il sur chaque plan ?

**b.** Observez les contrastes. Comment la hauteur de la tour est-elle mise en valeur ? Pourquoi l'artiste insiste-t-il ainsi sur sa grandeur ?

**c.** Interprétez la scène représentée. Comment expliquez-vous l'attitude des personnages au premier plan ?

**d.** À partir de vos réponses, dites quel est le sens de l'expression « c'est une tour de Babel ».

← **G. Doré**, « La confusion des langues », gravure C. Maurand dans *La Sainte Bible selon la Vulgate*, 1866.

## Grammaire - Orthographe

### Repérer la ponctuation pour bien lire ▸ Langue, p. 306

**4** Écoutez ce texte mis en voix et notez les moments de pause (=), les arrêts (/), l'intonation montante (↗) ou descendante (↘).

Tout le monde se servait d'une même langue et des mêmes mots. Comme les hommes se déplaçaient à l'orient, ils trouvèrent une vallée au pays de Shinéar et ils s'y établirent. Ils se dirent l'un à l'autre : Allons ! Faisons des briques et cuisons-les au feu ! La brique leur servit de pierre et le bitume leur servit de mortier.

**5** Entrainez-vous à dire ce texte en incluant des pauses (=), des arrêts (/) et des intonations (↗) ou (↘).

Ils dirent : Allons ! Bâtissons-nous une ville et une tour dont le sommet pénètre les cieux ! Faisons-nous un nom et ne soyons pas dispersés sur toute la terre ! Or Yahvé descendit pour voir la ville et la tour que les hommes avaient bâties.

**6** Transformez ces phrases déclaratives en phrases interrogatives et vice-versa pour varier vos formules.

| Phrases déclaratives | Phrases interrogatives |
|---|---|
| Vous connaissez l'expression « un vrai jardin d'Éden ». | Connaissez-vous l'expression « un vrai jardin d'Éden » ? |
| | Savez-vous de quel épisode biblique provient l'expression ? |
| Vous savez ce que signifie cette expression. | |
| | Avez-vous en tête des situations où l'on utilise cette expression ? |

### Structurer son propos pour maintenir l'attention

**7** Placez ces connecteurs exprimant la cause.

grâce à | comme | en raison de | c'est pourquoi | parce qu'

D'après la Bible, le Déluge a châtié les hommes ... ils se montraient violents. Les descendants de Noé ont repeuplé la terre. Ils se comprenaient facilement ... l'utilisation d'une seule langue. ... ils voulaient être réunis, ils ont construit une tour. Yahvé les punit ... leur orgueil : Il détruit la tour et les hommes ne se comprennent plus. ... l'expression « une tour de Babel » évoque un lieu où les gens ont du mal à se comprendre, mais aussi un lieu où l'on parle diverses langues.

**8** Structurez le texte en plaçant des connecteurs :

ensuite | tout d'abord | pour conclure | puis

..., je vais lire l'extrait de la Bible. ... je vais expliquer l'origine de l'expression qui s'y trouve, ... je vais montrer comment on l'utilise. ..., je vous présenterai une affiche de film qui y fait référence.

# Méthode

## Étape 1 Choisir une expression biblique

PÉDAGOGIE DIFFÉRENCIÉE

- Choisissez l'expression sur laquelle vous travaillez :
  - ★ « C'est une tour de Babel » (extrait dans cet atelier).
  - ★★ « Être en tenue d'Adam et Ève », « croquer le fruit défendu » ou « un vrai jardin d'Éden » (manuel p. 132-135).
  - ★★★ « Un déluge de paroles » ou « c'est un vrai déluge ! » (extrait téléchargeable).
- Relisez ensuite l'extrait de la Bible d'où provient l'expression choisie.

## Exemple de La tour de Babel

*Après le Déluge, les descendants de Noé ont repeuplé la terre.*

Tout le monde se servait d'une même langue et des mêmes mots. Comme les hommes se déplaçaient à l'orient, ils trouvèrent une vallée au pays de Shinéar et ils s'y établirent. Ils se dirent l'un à l'autre : Allons ! Faisons des briques et cuisons-les au feu ! La brique leur servit de pierre et le bitume leur servit de mortier. Ils dirent : Allons ! Bâtissons-nous une ville et une tour dont le sommet pénètre les cieux ! Faisons-nous un nom et ne soyons pas dispersés sur toute la terre ! Or Yahvé descendit pour voir la ville et la tour que les hommes avaient bâties. Et Yahvé dit : Voici que tous font un seul peuple et parlent une seule langue, et tel est le début de leurs entreprises ! Maintenant, aucun dessein ne sera irréalisable pour eux. Allons ! Descendons ! Et là, confondons leur langage pour qu'ils ne s'entendent plus les uns les autres. Yahvé les dispersa de là sur toute la face de la terre et ils cessèrent de bâtir la ville. Aussi la nomma-t-on Babel, car c'est là que Yahvé confondit le langage de tous les habitants de la terre et c'est de là qu'il les dispersa sur toute la face de la terre.

La Bible, Genèse, 11, 1-9, trad. EBAF, Éditions du Cerf, 2000.

↑ **Pieter Brueghel l'Ancien,** *La Tour de Babel* (détail), v. 1563, musée d'Histoire de l'art de Vienne (Autriche).

## Étape 2 Réaliser sa prestation orale

- Pour commencer, indiquez **quelle expression vous avez choisie**. Veillez à utiliser un vocabulaire précis. ▸ voir exercice 1

« Je vais vous présenter une expression d'origine biblique… Savez-vous ce que signifie une tour de Babel ? … »

- **Lisez** l'extrait. Pensez à soigner votre lecture. ▸ voir exercices 4 et 5 Captez l'attention de vos auditeurs ! ▸ voir exercice 6

« Cette expression provient de… Je vais donc d'abord lire l'extrait… »

- **Expliquez l'origine** de l'expression : comment apparait-elle dans l'extrait que vous avez lu ? Organisez votre explication pour maintenir l'attention de votre auditoire. ▸ voir exercice 8

« Grâce à cet extrait, on comprend que la tour de Babel désigne d'abord un bâtiment… »

- Vous pouvez vous appuyer sur **une image** (œuvre d'art, affiche, publicité…) pour illustrer vos propos. Pensez à utiliser du vocabulaire d'analyse de l'image. ▸ voir exercice 3

« Cette tour a pris le nom de Babel puisque ce mot désigne… »

- **Expliquez le sens** de l'expression dans le langage courant : montrez le lien entre l'extrait et le contexte dans lequel on utilise l'expression de nos jours. Utilisez des connecteurs exprimant la cause. ▸ voir exercices 2 et 7

« Je vais à présent vous expliquer le sens de l'expression "une tour de Babel" dans le langage courant. Cette expression désigne… »

**À vous de captiver votre auditoire en lui révélant l'origine insoupçonnée d'expressions courantes !**

| Auto-évaluation | Oui | Non |
|---|---|---|
| J'ai expliqué le sens et l'origine d'une expression biblique. | | |
| J'ai soigné ma lecture. | | |
| J'ai construit mon exposé. | | |

ATELIER 2
Écrit

# Rédiger la suite d'un épisode fondateur

- Vous allez imaginer puis écrire la suite immédiate d'une aventure de Gilgamesh, ce héros en quête d'immortalité.
- Commencez par lire la Méthode proposée à droite. N'hésitez pas à vous aider également des exercices de langue !

## Vocabulaire

### Savoir exprimer surprise et tristesse ▸ Langue, p. 334, 338

**1** ★★★ Classez ces synonymes de « triste » en fonction de l'intensité de l'émotion exprimée :

désespéré · abattu · accablé

... ≤ triste ≤ ... ≤ ...

**2** ★★★ Trouvez le nom correspondant à chaque adjectif.
1. désespéré > le ...
2. abattu > l' ...
3. triste > la ...
4. accablé > l' ...

*Aide* : voici des suffixes qui servent à construire des noms. Certains peuvent vous aider !

-eur · -esse · -ment · -tion · -ier · -ain

**3** ★★★ **a.** Retrouvez quatre synonymes de « surpris » parmi ces adjectifs : arrogant • médusé • curieux • stupéfait • silencieux • pétrifié • insolent • ébahi • effrayé.

**b.** Employez ces quatre adjectifs dans des phrases de votre invention.

### Utiliser des périphrases pour éviter les répétitions
▸ Langue, p. 294, 342

**4** ★★★ Associez chaque nom à une périphrase.

| | |
|---|---|
| Le serpent • | • Le roi d'Uruk |
| Gilgamesh • | • L'animal rampant et sournois |
| Utanapishtî • | • La ville entourée de remparts |
| Uruk • | • Le survivant du Déluge |
| La plante • | • Le moyen d'obtenir l'immortalité |

### Maitriser le champ lexical associé au serpent

**5** ★★★ Complétez ces mots croisés.

**Verticalement**
1. Éléments de la peau du serpent.
2. Qui agit en dissimulant ses mauvaises intentions.
3. qui rampe.
4. reptile, souvent associé à la trahison.

**Horizontalement**
5. bruit produit par le serpent.

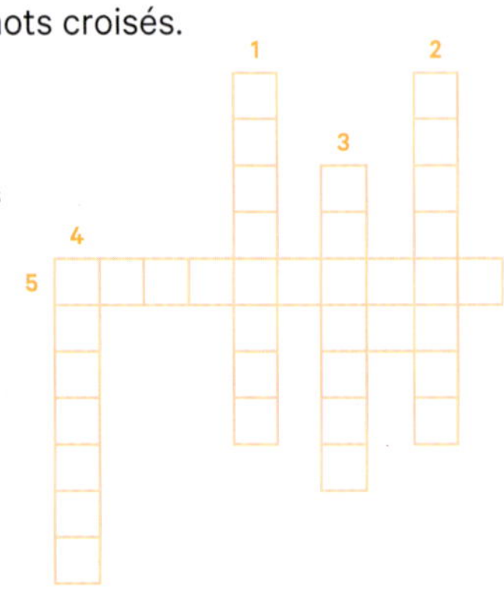


## Grammaire - Orthographe

### Revoir la conjugaison du passé simple ▸ Langue, p. 318

**6** ★★★ **a.** Recopiez les verbes au passé simple et donnez leur infinitif.

Puis je pris son corbeau
Et le lâchai.
Le corbeau s'en fut,
Mais, ayant trouvé le retrait des eaux,
Il picora, il croassa, il s'ébroua,
Mais ne s'en revint plus.
Alors je dispersai tout aux quatre vents
Et fis un banquet pour les dieux [...].

**b.** À quel groupe les verbes dont la terminaison contient un « a » appartiennent-ils ?

**7** ★★★ Conjuguez les verbes au passé simple.
1. Gilgamesh (se précipiter) vers la rive.
2. L'animal (disparaitre) sans un bruit.
3. Gilgamesh et UrSanabi (prendre) leurs épées.
4. Les deux amis (se lancer) à sa poursuite.

### Reconnaitre la forme exclamative ▸ Langue, p. 312

**8** ★★★ Recopiez les phrases exclamatives.
1. Gilgamesh a-t-il vu le voleur ?
2. Retourne-toi Gilgamesh et fais attention !
3. Quelle horreur, la plante a disparu !
4. Le serpent s'est enfui.
5. Où s'est-il caché ?
6. Mon ami, je suis désespéré, anéanti !

### Utiliser la troisième personne ▸ Langue, p. 280

**9** ★★★ Complétez les phrases avec les pronoms de la 3e personne qui conviennent. l' · lui · il · se · ils

1. Gilgamesh ... mit à penser à son retour à Uruk.
2. Lorsque le serpent le vit entrer dans l'eau, ... s'approcha.
3. Gilgamesh, qui ne voyait plus son ami, ... appela.
4. UrSanabi ... dit : « Viens, partons à sa recherche ! »
5. Tous les deux se mirent en route. ... marchèrent longtemps.

# Le grand homme qui ne voulait pas mourir

*Grâce à Utanapishtî, l'homme qui a survécu au Déluge, Gilgamesh trouve une plante qui rend immortel. Avec un compagnon de voyage, UrSanabi, Gilgamesh rentre donc heureux à Uruk.*

Après deux cents kilomètres,
Ils mangèrent un morceau ;
Puis après trois cents autres,
Ils bivouaquèrent[1].
Or, Gilgamesh, ayant aperçu
Un trou d'eau fraîche,
S'y jeta
Pour se baigner.
Mais un serpent,
À l'odeur de la plante,
Sortit furtivement[2] de son terrier

*L'Épopée de Gilgamesh*, trad. J. Bottéro, Éditions Gallimard, 1992.

↑ **G. de Bonneval et F. Duchazeau**, *Gilgamesh*, Dargaud, 2017, p. 152 et 153.

1. camper. 2. discrètement.

## Méthode

### Étape 1 Découvrir et analyser le texte

• Lisez l'extrait de *L'Épopée de Gilgamesh* puis choisissez les bonnes réponses.

1. De quoi Gilgamesh et UrSanabi sont-ils capables ?

porter des poids extrêmement lourds — voler — parcourir des distances immenses en peu de temps

2. Quel objet précieux Gilgamesh rapporte-t-il de son voyage ?

 une formule magique
 plante rendant immortel
 un philtre d'amour

3. Selon vous, lorsqu'il se jette à l'eau, Gilgamesh a-t-il l'air : réfléchi • insouciant • impulsif • calme ?

4. Quel animal apparait à la fin de l'extrait ?

5. Quel caractère prête-t-on habituellement à cet animal ?

sociable généreux — sournois intelligent — gourmand impatient

• Relevez les 4 verbes conjugués du texte. Quel est leur temps ?

### Étape 2 Imaginer la suite du texte

• Imaginez la suite du texte en réfléchissant à ces questions.

Que va faire le serpent ? — Comment Gilgamesh réagira-t-il ? Quelles seront ses émotions ? — Sera-t-il aidé par son ami UrSanabi ? — Deviendra-t-il finalement immortel ?

### Étape 3 Rédiger la suite du texte en travaillant sa cohérence

• Écrivez votre texte à la 3e personne. ▸ voir exercice 9
• Veillez à bien utiliser le passé simple. ▸ voir exercices 6 et 7
• Insistez sur les émotions éprouvées par Gilgamesh et son ami grâce à des phrases exclamatives. ▸ voir exercices 1, 2, 3 et 8
• Utilisez des périphrases pour éviter les répétitions. ▸ voir exercices 4 et 5
• Terminez votre texte par une courte phrase expliquant si Gilgamesh est finalement devenu immortel ou non.

**Que votre imagination s'envole et que votre stylo s'enflamme !**

| Auto-évaluation | Oui | Non |
|---|---|---|
| J'ai écrit une suite cohérente du texte de départ. | | |
| J'ai exprimé les sentiments de Gilgamesh. | | |
| J'ai respecté la grammaire et l'orthographe. | | |

ATELIER 3
Oral

# Expliquer l'origine d'un animal à la manière des récits fondateurs

- Comment les araignées sont-elles apparues ? Le poète latin Ovide raconte qu'elles sont nées d'une métamorphose. Vous allez, dans cet atelier, devenir conteurs et révéler à vos camarades comment sont nées les cigales !
- Pour cela, lisez d'abord la Méthode à droite puis aidez-vous de ces exercices si besoin.

## Vocabulaire

### Reconnaitre les dieux grecs

**1** ★★★ **Associez les thèmes au dieu ou à la déesse qui les représente :** Le ciel • La sagesse • Les arts et la musique • La beauté et l'amour • La nature et la chasse • La mer.

Aphrodite

Zeus

Athéna

Poséidon

Artémis

Apollon

### Maitriser le vocabulaire de la métamorphose

**2** ★★★ **Cherchez le verbe qui signifie :**

| | | | |
|---|---|---|---|
| Devenir mou | ➜ s'amollir | Devenir long | ➜ ... |
| Devenir rond | ➜ ... | Devenir noir | ➜ ... |
| Devenir grand | ➜ ... | Devenir blanc | ➜ ... |
| Devenir petit | ➜ ... | Devenir dur | ➜ ... |
| Devenir gros | ➜ ... | Devenir fin | ➜ ... |

### Savoir décrire un insecte

**3** ★★★ **Indiquez où se trouvent ces mots.**

abdomen | ailes | œil | antennes | pattes

**4** ★★★ **Identifiez dans cette liste les six mots qui peuvent se rapporter à la cigale :** insecte • fourmi • hiver • été • chanter • poison • stridulation • pelage • mue • Méditerranée.

## Grammaire - Orthographe

### Savoir conjuguer au présent de l'indicatif ▸ Langue, p. 314

**5** ★★★ **Conjuguez ces phrases au présent de l'indicatif.**

1. Cet homme (chanter) magnifiquement bien.
2. Un dieu, très jaloux, le (défier).
3. D'un seul coup, sa peau (durcir).
4. Ses oreilles (s'allonger).
5. Son visage (se transformer).
6. C'(être) une cigale !
7. Il (finir) par ne plus se reconnaitre.
8. Le dieu le (punir) ainsi.

**6** ★★★ **a. Réécrivez ce texte en conjuguant les verbes soulignés au présent de l'indicatif.**

> Une lourde torpeur s'empara de ses membres ; une mince écorce entoura son sein délicat ; ses cheveux qui s'allongèrent se changèrent en feuillage ; ses bras, en rameaux ; ses pieds, tout à l'heure si agiles, adhérèrent au sol par des racines incapables de se mouvoir ; la cime d'un arbre couronna sa tête ; de ses charmes il ne resta plus que l'éclat.
>
> **Ovide**, *Métamorphoses*, d'après trad. G. Lafaye, Éd. Gallimard, 1992.

**b.** Relisez le texte initial puis celui que vous venez d'écrire. Quel effet produit sur le texte cette transformation au présent ?

### Identifier phrase simple et phrase complexe

▸ Langue, p. 304, 308

**7** ★★★ **Recopiez les phrases simples (avec un seul verbe conjugué).**

1. Ses bras s'allongent subitement.
2. La divinité entend l'homme chanter.
3. Il vient et demande qui est cet homme.
4. À son arrivée, il ne voit personne.
5. Il sent des ailes pousser dans son dos.
6. Il n'entend plus car ses oreilles s'étirent.

**8** ★★★ **Classez ces phrases complexes selon qu'il s'agit d'une juxtaposition ou d'une coordination.**

1. Il se lève et commence à chanter.
2. Il a terminé son chant : tous applaudissent.
3. Le public acclame le chanteur, on crie son nom.
4. Sur l'Olympe, les dieux entendent ce chant et veulent rencontrer son auteur.
5. Il salue ; la fierté l'envahit.
6. C'est un magnifique concert mais cela déplait fortement à la divinité.

# Arachné

*La déesse Athéna est jalouse de la jeune mortelle Arachné, qui est très habile de ses mains. Athéna lui lance un défi, celui de tisser la plus belle tapisserie. Lorsqu'elle comprend qu'Arachné tisse mieux qu'elle, elle est furieuse et la frappe violemment.*

La malheureuse[1] ne supporte pas. Désespérée, d'un lacet elle se noue
La gorge. Elle est pendue, Pallas[2] a pitié et la soulage :
« Que tu vives, mais vives pendue pauvre fille ! dit-elle. [...] »
Elle s'éloigne et l'arrose des sucs[3] d'une herbe d'Hécate[4],
Aussitôt les cheveux touchés du triste poison
Tombent, et avec eux le nez et les oreilles,
La tête devient minuscule, elle est toute petite de corps,
À son flanc des doigts maigres s'accrochent comme des jambes,
Tout le reste est ventre. Il lui reste pourtant de quoi
Tisser, l'araignée travaille comme autrefois sa toile. »

**Ovide**, *Métamorphoses*, VI, trad. Marie Cosnay, Les Éditions de l'Ogre, 2017.

1. Arachné. 2. Athéna. 3. sève d'une plante. 4. déesse des ombres et des morts.

**Paul Véronèse**, *Arachné ou la dialectique*, 1520, fresque, palais ducal de Venise (Italie).

## Méthode

### Étape 1 Comprendre le texte d'Ovide

- À quel temps sont conjugués les verbes du texte ?
- Comment les phrases sont-elles construites : par juxtaposition ou coordination ? Quelle impression cela produit-il ? ▸ voir exercice 8
- Complétez ce résumé à l'aide des mots du texte :

*Les cheveux, le nez et les oreilles d'Arachné ... ; sa tête devient.... Des doigts maigres .... Le reste de son corps est .... Elle est devenue ... !*

### Étape 2 Inventer une nouvelle métamorphose

- Vous inventerez la métamorphose d'un humain en cigale.
  - Le mot « cigale » vient du latin *cicada*. À partir de ce mot, inventez le nom d'un homme ou d'une femme : c'est son histoire que vous allez raconter.
  - La cigale étant une excellente chanteuse, qui pourrait, parmi ces dieux grecs, être jaloux d'elle ? ▸ voir exercice 1

Athéna — Apollon — Poséidon — Aphrodite — Artémis — Zeus

- Réfléchissez aux quatre parties de votre récit. La 4e doit être la plus développée :

| Présentation du personnage | Jalousie du dieu ou de la déesse | Confrontation des deux | **Métamorphose** : le personnage se transforme en cigale. |
|---|---|---|---|

  - Préparez votre récit au brouillon en notant des mots-clés à utiliser pour décrire la métamorphose de votre personnage en cigale. ▸ voir exercices 2, 3 et 4

### Étape 3 Devenir conteur ou conteuse

- Pensez à raconter votre histoire au présent de l'indicatif pour la rendre vivante.
  ▸ voir exercices 5 et 6
- Utilisez des phrases simples ou des phrases complexes par juxtaposition pour décrire la métamorphose : plus vos phrases seront courtes, plus elles seront percutantes ! ▸ voir exercices 7 et 8
- Regardez vos camarades et appuyez-vous sur des formules qui vous aideront à capter leur attention.

« Aujourd'hui, je vais vous conter une histoire que vous n'oublierez pas... »

« Et que pensez-vous qu'il est arrivé ensuite ? »

« Savez-vous quelle est sa réaction ? »

« Vous croyez qu'il s'est arrondi ? Non... »

- N'hésitez pas à mimer la métamorphose. Ne parlez pas trop vite.

**À vous de captiver votre auditoire !**

| Auto-évaluation | Oui | Non |
|---|---|---|
| J'ai su raconter une histoire claire et cohérente. | | |
| J'ai développé le moment de la métamorphose au présent. | | |
| J'ai su m'adresser avec aisance à mon auditoire. | | |

ATELIER 4
Oral

# Donner vie à un conte des origines

- Dans cet atelier, vous allez, par groupes de trois camarades, mettre en voix un conte des origines pour lui donner vie.
- Commencez par prendre connaissance de la Méthode et, selon vos besoins, faites les exercices de langue.

## Vocabulaire

### Moduler sa voix en fonction des émotions

1 ★★★ Associez ces verbes de parole aux cinq émotions. Attention, des verbes peuvent exprimer plus d'une émotion !

| | |
|---|---|
| Crier • | Peur |
| Vociférer • | Surprise |
| S'exclamer • | Joie |
| Chuchoter • | Colère |
| Se réjouir • | Tristesse |
| S'étonner • | |
| Grommeler • | |
| Se lamenter • | |

2 ★★★ **a.** Classez ces verbes de parole en fonction de l'intensité de la voix utilisée : chuchoter • s'écrier • assurer • gronder • souffler • déclarer • s'emporter • murmurer • hurler • proclamer.

| Voix faible | Voix assurée | Voix forte |
|---|---|---|
| | | |

**b.** Ajoutez une ligne à votre tableau et indiquez les émotions que ces volumes de voix peuvent traduire.

3 ★★★ Quelle intensité de voix (faible, assurée ou forte) utiliseriez-vous pour :
→ raconter les déplacements discrets d'un voleur la nuit ?
→ décrire la joie d'un voleur qui a réussi à attraper ce qu'il voulait ?
→ présenter le lieu et le personnage d'une histoire ?

### Dynamiser sa mise en voix à l'aide de sons

4 ★★★ Allez sur le site lasonotheque.org. Quels bruits pourraient accompagner les mots soulignés dans cet extrait ? Consultez-vous pour utiliser les bons mots dans le moteur de recherche.

En ce temps-là, le maire du village possédait une paire de meules en pierre magiques. Si l'on disait à la meule : « Qu'apparaisse du riz ! »
Du riz apparaissait.

5 ★★★ Quels éléments du texte pourriez-vous mettre en valeur à l'aide de sons ? Quels sons pourriez-vous utiliser ?

La meule tourne *ping-ping*, et produit sans cesse du sel, blanc de neige.
« *Olssigu-cholsigu*, quelle joie ! Enfin, je deviens riche ! »
Ravi, le voleur danse *tongshil-tongshil* de joie. Mais il oublie d'arrêter la meule. Le sel s'entasse dans la barque : une vraie montagne de sel. La barque chavire, le voleur se noie.

## Grammaire - Orthographe

### Repérer la ponctuation pour bien faire entendre le texte ► Langue, p. 306

6 ★★★ Écoutez l'extrait mis en voix et notez les moments de pause (=), les arrêts (/), l'intonation montante (↗) ou descendante (↘).

Jadis vivait un voleur célèbre, dans l'île de Wan, province de Cholla. En ce temps-là, le maire du village possédait une paire de meules en pierre magiques. Si l'on disait à la meule : « Qu'apparaisse du riz ! »
Du riz apparaissait. On pouvait faire pareillement surgir de l'or.

7 ★★★ Entrainez-vous à dire ce texte en incluant des pauses (=), des arrêts (/) et des intonations (↗) ou (↘).

Le vieux s'approche du trône pour faire ses adieux, le roi lui dit : « Vieux ! que désirez-vous ?
– Oh ! Ce n'est pas la peine ! Je veux seulement la perle qui est dans la boîte.
– Tout sauf cela ! » dit le roi-dragon, ahuri.

« Le chien, le chat et la perle », Éditions Gallimard, 2015.

8 ★★★ Dans un traitement de texte, disposez le conte en « drapeau », c'est-à-dire faites un retour à la ligne à chaque moment de respiration.

Jadis
vivait un voleur célèbre,
dans l'île de Wan,
province de Cholla.

### Repérer les formes de phrase pour s'exprimer avec dynamisme ► Langue, p. 312

9 ★★★ Pour mettre en valeur ces phrases exclamatives, utiliserez-vous l'intonation montante (↗) ou descendante (↘) ? Soulignez les mots sur lesquels appuyer.

1. « Ne vous faites pas tant de bile ! dites-moi votre chagrin ! »
2. « Sublime ! Ah ! L'honorable cheval ! Grâce à toi le pays est sauvé ! »
3. « Ma chérie ! Oublie donc cette affaire ! De toute façon, ce cheval sera bien traité ! »
4 « Oh ! êtes-vous les réincarnations de ma pauvre fifille ! ma princesse ! »

« L'origine des vers à soie », Éditions Gallimard, 2015.

### Respecter les liaisons pour s'exprimer avec fluidité

10 ★★★ Symbolisez par un trait les liaisons à prononcer.

Quelques années plus tard, ces vers se sont répandus dans tout le pays, des vers à soie. La peau du cheval s'était accrochée à un mûrier. On dit que les vers ont hérité de la princesse leur immense talent à tisser la soie. Dans certaines régions, des femmes avalent crus les vers à soie, afin de devenir belles comme la princesse.

# Pourquoi l'eau de mer est-elle salée ?

TEXTE INTÉGRAL

Jadis vivait un voleur célèbre, dans l'île de Wan, province de Chŏlla. En ce temps-là, le maire du village possédait une paire de meules[1] en pierre magiques. Si l'on disait à la meule :

« Qu'apparaisse du riz ! »

Du riz apparaissait. On pouvait faire pareillement surgir de l'or. Le voleur étudie plusieurs années les moyens de voler cette meule extraordinaire. Une nuit, il a enfin réussi à voler la meule sans se faire remarquer. Il va au bord de la mer, de peur de se faire arrêter s'il reste dans l'île. Une fois parvenu en pleine mer, le voleur arrête sa barque :

« Je suis en sûreté ici. Ces jours-ci, le sel coûte très cher. Je vais faire sortir du sel de la meule ; et ainsi je vais devenir riche. »

Avec cette petite idée dans le crâne, le voleur crie en direction de la meule :

« Qu'apparaisse du sel ! »

La meule tourne *ping-ping*, et produit sans cesse du sel, blanc de neige.

« *Ŏlssigu-chŏlsigu*, quelle joie ! Enfin, je deviens riche ! »

Ravi, le voleur danse *tŏngshil-tŏngshil* de joie. Mais il oublie d'arrêter la meule. Le sel s'entasse dans la barque : une vraie montagne de sel. La barque chavire, le voleur se noie. Cette meule tourne encore au fond de la mer, faisant jaillir sans cesse du sel. Voilà pourquoi l'eau de mer est salée.

*Tigre et kaki et autres contes de Corée*, réunis et traduits du coréen par Maurice Coyaud et Jin-Mieung Li, « Connaissance de l'Orient », Éditions Gallimard, 2015.

1. roue en pierre qui permet de broyer des céréales.

## Méthode

### Étape 1 Lire et comprendre le conte

- Par groupe de trois élèves, **choisissez** le conte des origines que vous mettrez en voix.

PÉDAGOGIE DIFFÉRENCIÉE

★☆☆ « Pourquoi l'eau de mer est-elle salée ? »
★★☆ « Le chien, le chat et la perle »
★★★ « L'origine des vers à soie »

- **Lisez** votre conte et expliquez :

1. Qu'est-ce qui motive le personnage principal ? Que souhaite-t-il ?
2. Comment s'y prend-il pour arriver à ses fins ?
3. Qu'arrive-t-il finalement ?

- **Résumez** l'histoire en débutant par le phénomène expliqué. Par exemple : « L'eau de mer est salée car … ».
- En groupe, **réorganisez** ensemble le texte téléchargé en « drapeau », voir exercice 8. Distinguez bien les parties de récit et celles de dialogue, en changeant de couleur.
- **Repérez** les formules en coréen : elles jouent le rôle d'onomatopées. Quel bruit, quelle émotion ou quelle action traduisent-elles ?

### Étape 2 Se répartir les rôles

- Choisissez votre rôle dans le groupe et préparez-vous :

**le / la narrateur•trice**
Racontez l'histoire, en respectant la ponctuation et en adaptant votre voix aux situations.
▸ voir exercices 3, 6 et 7

**le ou les personnage(s)**
Faites parler le ou les personnages en traduisant leurs émotions grâce à l'intensité de la voix.
▸ voir exercices 1, 2 et 9

**l'ingénieur•e du son**
Sélectionnez les moments du texte qui seront accompagnés d'un son (bruitage, musique) et téléchargez-les depuis le site lasonotheque.org.
▸ voir exercices 4 et 5

### Étape 3 S'entrainer

- **Répétez** ensemble votre prestation, afin que les rôles s'enchainent de manière fluide. N'oubliez pas de jouer avec les formules en coréen !
- Le narrateur et le personnage vérifient les liaisons. ▸ voir exercice 10
- L'ingénieur du son télécharge les fichiers audio et s'entraine à les déclencher aux moments-clés.

**À vous d'émerveiller votre public en travaillant à l'unisson !**

| Auto-évaluation | Oui | Non |
|---|---|---|
| Nous avons fait entendre les différences entre récit et dialogue. | | |
| Nous avons traduit les émotions et les ambiances grâce à nos voix et à des sons. | | |

CHAPITRE 5

Récits de création ; création poétique

# L'art de jouer avec les mots

▸ Comment les poètes expriment-ils leur rapport au monde et à la nature ?
▸ Peut-on créer le monde avec des mots ?



**Claude Monet**, *Giverny, Le Printemps* (détail), 1900, huile sur toile, 90 x 92 cm, New Haven, Yale University Art Gallery (États-Unis). →

# MISE EN CONTEXTE

# Petite histoire du vers

## Moyen Âge

↑ Le duc Charles d'Orléans en habits de chevalier de l'ordre de la Toison d'or, vers 1473, Pays-Bas.

Les **vers de 8 et 10 syllabes** sont les plus courants au Moyen Âge. On utilise en particulier le vers de 10 syllabes dans les épopées (longs récits héroïques) écrites en ancien français. **L'alexandrin**, vers de 12 syllabes, développé aux XIIe et XIIIe siècles, tombe en désuétude au XIVe siècle. Les vers impairs (5, 7 ou 9 syllabes) sont rarement employés seuls à cette époque.

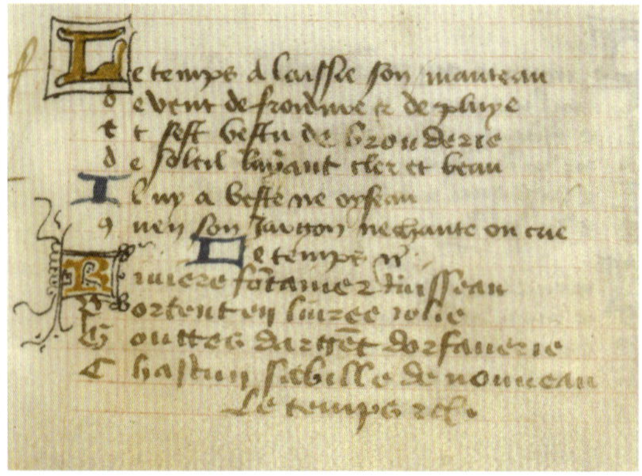

↑ **Charles d'Orléans**, *Album poétique*, milieu XVe s., manuscrit en partie autographe, BnF, Paris.

Facile à retenir, **l'octosyllabe** est le vers parfait pour chanter, raconter des histoires et les partager à l'oral !

## XVIe siècle

L'**alexandrin** devient plus courant à partir du **XVIe siècle**. Ronsard et Du Bellay, poètes de la Pléiade, le mettent à l'honneur dans leurs **sonnets** : des poèmes composés de **deux quatrains** (strophes de 4 vers) et de **deux tercets** (strophes de 3 vers).

*Je n'escris point d'amour, n'estant point amoureux,*
*Je n'escris point de beauté, n'aiant belle maistresse,*
*Je n'escris de douceur, n'esprouvant que rudesse,*
*Je n'escris de plaisir, me trouvant douloureux :*

*Je n'escris de bon heur, me trouvant malheureux,*
*Je n'escris de faveur, ne voyant ma Princesse,*
*Je n'escris de trésors, n'ayant point de richesse,*
*Je n'escris de santé, me sentant langoureux :*

*Je n'escris de la cours, estant loing de mon Prince,*
*Je n'escris de de la France, en estrange province,*
*Je n'escris de l'honneur, n'en voiant point icy :*

*Je n'escris d'amitié, ne trouvant que feintise,*
*Je n'escris de vertu, n'en trouvant point aussi,*
*Je n'escris de de scavoir, entre les gens d'Église.*

Le vers de 12 syllabes est appelé l'**alexandrin** parce qu'il figurait dans un récit très connu au XIIe siècle, *Le Roman d'Alexandre*. C'est le plus long vers de la langue française.

D'après **David d'Angers**, *Portrait de Joachim du Bellay*, vers 1840, BIU Santém Paris. →

## XIXe siècle

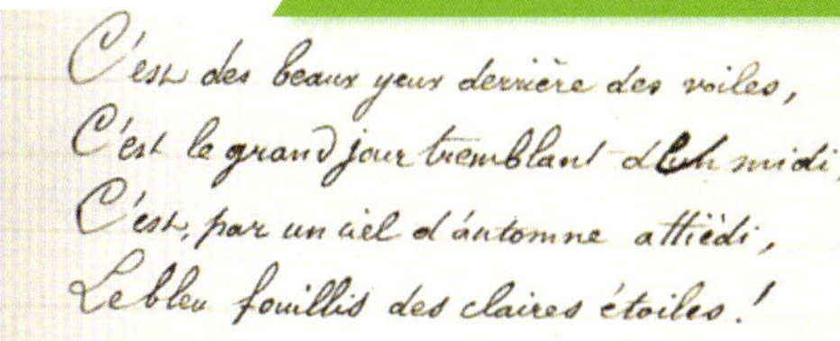
C'est des beaux yeux derrière des voiles,
C'est le grand jour tremblant de midi,
C'est, par un ciel d'automne attiédi,
Le bleu fouillis des claires étoiles !

↑ Manuscrit de l'« Art poétique » de **Paul Verlaine** (1884), publié dans *Verlaine emprisonné*, Éditions Gallimard, musée des lettres et manuscrits, 2013.

L'alexandrin est très utilisé jusqu'au **XIXe siècle**. Cependant, à la même époque, certains poètes réintroduisent régulièrement des **vers impairs**, de sept ou neuf syllabes. C'est le cas de Paul Verlaine.

La poésie est une affaire de rythme et de mélodie ! Un **nombre impair** de syllabes dans un vers retient l'attention de celui qui l'écoute…

↑ **Frédéric Bazille**, *Paul Verlaine*, 1867, huile sur toile, collection privée.

## XXe siècle à aujourd'hui

↑ **Blaise Cendrars**, *La Prose du Transsibérien et de la petite Jehanne de France*, illustration de **Sonia Delaunay** (détail), Princeton University Art Museum.

Au **XXe siècle**, de nombreux poètes se libèrent de la forme traditionnelle des vers et créent **le vers libre**. Les vers ne sont plus fondés sur le retour d'un même nombre de syllabes. Chaque vers a sa propre longueur et les rimes ne sont plus présentes.

**Le vers libre** n'obéit qu'à ses propres règles !

Vocabulaire

### Autour du vers

1. Le mot « vers » vient du latin *versus*, qui signifie initialement « fait de tourner la charrue au bout du sillon ». **Donnez une définition du mot « vers » en français.**

2. **Rattachez les vers suivants au nom qui convient.**

| | |
|---|---|
| six syllabes • | • heptasyllabe |
| sept syllabes • | • décasyllabe |
| huit syllabes • | • octosyllabe |
| dix syllabes • | • hexasyllabe |

3. **Comment appelle-t-on un groupe de vers formant une unité ?**

un paragraphe | une strophe | un chapitre

4. **Observez ces vers de Charles d'Orléans.**

Le temps a laissé son manteau
De vent de froidure et de pluie
Et s'est vêtu de broderie,
De soleil luisant clair et beau.

**De quel type de vers s'agit-il ?**
**Quels mots sont à la rime ?**

**OBJECTIF** Lire des poèmes qui célèbrent la nature

**COMPÉTENCE** Être sensible aux effets de la versification

Victor Hugo (1802-1885), dans *L'Art d'être grand-père*, met en scène ses petits-enfants, Georges et Jeanne, et donne **une image de la création** divine qui ressemble à sa conception de la poésie : le « grotesque » (ce qui est étrange ou ridicule) côtoie le « sublime » (ce qui est magnifique).

# Le poème du Jardin des plantes

[...] C'est un éden[1] où juin rayonne, où les fleurs luisent,
Où l'ours bougonne, et Jeanne et Georges m'y conduisent.
C'est du vaste univers un raccourci complet.
Je vais dans ce jardin parce que cela plaît
À Jeanne, et que je suis contre elle sans défense.
J'y vais étudier deux gouffres, Dieu, l'enfance
Le tremblant nouveau-né, le créateur flagrant
L'infiniment charmant et l'infiniment grand,
La même chose au fond ; car c'est la même flamme
Qui sort de l'astre immense et de la petite âme.

Je contemple, au milieu des arbres de Buffon[2],
Le bison trop bourru, le babouin trop bouffon,
Des bosses, des laideurs, des formes peu choisies,
Et j'apprends à passer à Dieu ses fantaisies. [...]
Il a d'affreux vautours qui nous tombent des nues ;
Il nous impose un tas d'inventions cornues,
Le bouc, l'auroch[3], l'isard[4] et le colimaçon[5] ;
Il blesse le bon sens, il choque la raison ;
Il nous raille[6] ; il nous fait avaler la couleuvre !
Au moment où, contents, examinant son œuvre,
Rendant pleine justice à tant de qualités,
Nous admirons l'œil d'or des tigres tachetés,
Le cygne, l'antilope à la prunelle bleue,
La constellation qu'un paon a dans sa queue,
D'une cage insensée il tire le verrou,
Et voilà qu'il nous jette au nez le kangourou ! [...]

**Victor Hugo**, *L'Art d'être grand-père*, 1877.

1. jardin merveilleux où la Bible situe le Paradis.
2. naturaliste et intendant du Jardin des plantes au XVIIIe s.
3. bovidé ressemblant au bison, aujourd'hui disparu.
4. chamois des Pyrénées.
5. escargot.
6. se moque de nous.

## Oral

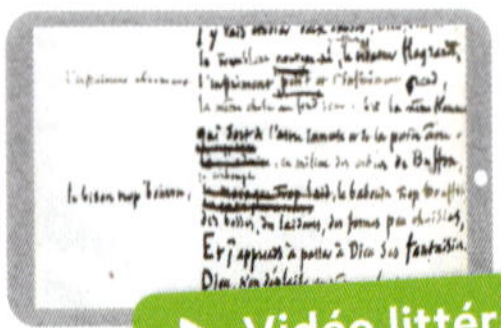

Vidéo littéraire

**Visionnez** la vidéo et **découvrez** ce poème.

- Avec quel outil le poète écrivait-il ?
- Pourquoi ses marges étaient-elles très larges ?
- Qu'est-ce que V. Hugo avait écrit à la place de « Le bison trop bourru » ? Selon vous, pourquoi a-t-il changé ?

## Après avoir lu le texte

PÉDAGOGIE DIFFÉRENCIÉE

Répondez à un groupe de questions en vous aidant si besoin du **Vocabulaire de la poésie**.

### La fascination pour la création

**1** Vers 1 à 10, citez un vers qui donne une définition du jardin visité par le poète.

**2** Vers 11 à 26, classez les animaux que le poète trouve dans le jardin. Animaux magnifiques / Animaux surprenants

**3** Qu'est ce qui donne l'impression selon V. Hugo que Dieu s'est amusé pendant la création ?

### Le langage poétique

**1** **a.** Quel type de vers le poète a-t-il choisi ? **b.** Pourquoi convient-il bien pour décrire le « vaste univers » ?

**2** Écoutez le vers 12 : quel son se répète ? Pourquoi à votre avis ?

**3** Avec quels mots riment : « Buffon » (v. 11) ; « raison » (v. 18) ; « verrou » (v. 25) ? Qu'en pensez-vous ?

**Bilan** Quelle image de la nature le poète donne-t-il dans ce poème ?

## Avant de lire le texte

À quelle saison associez-vous les papillons ? Qu'évoquent-ils pour vous ?

Gérard Labrunie (1808-1855) tire son pseudonyme, Gérard de Nerval, du « clos de Nerval », où son grand-père avait un champ. Il s'inspire de **la campagne** où il a grandi pour composer les poèmes des *Odelettes*, pleins de fantaisie et de rêve.

# Les papillons

De toutes les belles choses
Qui nous manquent en hiver,
Qu'aimez-vous mieux ? – Moi, les roses ;
– Moi, l'aspect d'un beau pré vert ;
– Moi, la moisson blondissante,
Chevelure des sillons[1] ;
– Moi, le rossignol qui chante ;
– Et moi, les beaux papillons !
Le papillon, fleur sans tige,
Qui voltige,
Que l'on cueille en un réseau[2] ;
Dans la nature infinie,
    Harmonie
Entre la plante et l'oiseau ! [...]

**Gérard de Nerval**, *Poésies et Souvenirs*, « Odelettes », 1831.

---

1. lignes tracées par une charrue. 2. un filet.

## Histoire des arts

Les couleurs, appliquées par de longues touches de pinceau, donnent du mouvement à ce massif de fleurs peint par V. van Gogh (1853-1890).

**1.** Où se trouvent les papillons les plus visibles ? Avec quoi peut-on les confondre ?

**2.** On place souvent les éléments importants d'un tableau aux **intersections** de ces droites (règle des tiers). V. van Gogh respecte-t-il cette règle avec les papillons que vous avez repérés ?

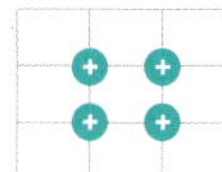

**3.** À quel vers du poème de Nerval ce tableau vous fait-il penser ?

**Vincent van Gogh**, *Hautes herbes aux papillons*, 1890, National Art Gallery, Londres. ↓

## Après avoir lu le texte

**4** À quoi servent les tirets ? À quel type de texte le poème ressemble-t-il ?

**5** Quelle figure de style désigne le papillon ?
► Langue, p. 342

**6** Que veut dire « harmonie » (v. 13) ? Comment le mot est-il mis en valeur visuellement ?

**Bilan** Gérard de Nerval donne-t-il la même image de la nature que Victor Hugo dans son poème ? Justifiez votre réponse.

*Complétez votre carte Mémo.*

## Vocabulaire de la poésie

Pour compter les syllabes d'un vers, il faut faire attention aux « e » en fin de mot. Si le mot suivant commence par une voyelle, le « e » reste muet ; si le mot commence par une consonne, on le fait entendre. Ex. : Le/ cy/gne,/ l'an/ti/lo/pe à/ la/ pru/nel/le/ bleue = **12 syllabes**.

## Point de cours

• La célébration de la nature est un sujet récurrent en poésie. V. Hugo joue avec les sonorités de l'alexandrin (vers de 12 syllabes) pour dire la diversité de la création. G. de Nerval utilise l'heptasyllabe (vers de 7 syllabes) pour évoquer la légèreté du vol d'un papillon.

# TEXTE 2

**OBJECTIF**
Percevoir dans un poème les sensations liées à la nature

**COMPÉTENCE**
Saisir l'importance des rimes

La poésie de Marceline Desbordes-Valmore (1786-1859), simple et musicale, contraste avec sa vie mouvementée : partie avec sa mère rejoindre un cousin fortuné en **Guadeloupe**, elle en est revenue seule et malade. Comédienne à 16 ans, puis cantatrice, elle joue en **France** et en **Belgique** puis se consacre à l'écriture.

## Avant de lire le texte

L'ordre des mots habituel n'est pas toujours respecté en poésie. Par exemple :
« Chaque fleur, /de sa tête /inclinait /le fardeau »
→ Chaque fleur inclinait le fardeau **de sa tête**.
sujet — verbe — COD — Complément du nom « fardeau »

Quel mot cet ordre poétique met-il en valeur ? Pourquoi selon vous ?

# Soir d'été

Le soleil brûlait l'ombre, et la terre altérée[1]
Au crépuscule[2] errant demandait un peu d'eau ;
Chaque fleur, de sa tête inclinait le fardeau
Sur la montagne encor[3] dorée.

Tandis que l'astre en feu descend et va s'asseoir
Au fond de sa rouge lumière,
Dans les arbres mouvants frissonne la prière,
Et dans les nids : bonsoir ! bonsoir !

Pas une aile à l'azur[4] ne demande à s'étendre,
Pas un enfant ne rôde aux vergers obscurcis,
Et dans tout ce grand calme et ces tons adoucis,
Le moucheron pourrait s'entendre.

**Marceline Desbordes-Valmore**, *Poésies inédites*, 1860.

1. assoiffée. 2. moment du coucher de soleil. 3. encore. 4. dans le ciel.

↑ **Paul Sérusier**, *Champ de blé*, v. 1900, huile sur toile, musée d'Orsay, Paris.

## Après avoir lu le texte

PÉDAGOGIE DIFFÉRENCIÉE

Choisissez un questionnaire pour expliquer le poème ou en préparer une lecture, puis faites le Bilan en commun.

### Analyse du poème

**1** Relevez dans chaque strophe un ou plusieurs termes justifiant le titre du poème.

**2** Quel temps est employé dans la 1re strophe ? Et dans les deux suivantes ? Quel est l'effet produit ? ▸ Langue, p. 316

**3** Relevez les mots à la rime insistant sur les couleurs d'un coucher de soleil. Comment évoluent-elles ?

### Préparation de la lecture orale

**1** Le soleil est-il encore puissant dans la 1re strophe ? Quel ton pourrez-vous utiliser ?

**2** Vers 8, qui parle selon vous ? Comment prononcerez-vous « bonsoir ! » ?

**3** Vers 9 à 12, quels sont les indices qui montrent que tout est silencieux ? Comment lire cette strophe ?

**Bilan** Comment la poétesse fait-elle sentir au lecteur le silence et l'ombre croissante du crépuscule ?

*Complétez votre **carte Mémo**.*

## Vocabulaire de la poésie

**La rime** est le retour de sonorités en fin de vers. Les rimes se regroupent par paires en suivant une combinaison :
- les rimes **suivies ou plates** AABB ;
- les rimes **embrassées** ABBA ;
- les rimes **croisées ou alternées** ABAB

## Oral

**Cherchez** avec un camarade au moins **trois périphrases** désignant le soleil couchant sur le modèle de « l'astre en feu » (v. 5). Vous pouvez penser à sa forme, sa couleur, son importance ou son rayonnement. ▸ Langue, p. 294

# Fenêtres ouvertes

Le matin – En dormant

J'entends des voix. Lueurs à travers ma paupière.
Une cloche est en branle[1] à l'église Saint-Pierre.
Cris des baigneurs. Plus près ! plus loin ! non, par ici !
Non, par là ! Les oiseaux gazouillent, Jeanne aussi.
Georges l'appelle. Chant des coqs. Une truelle
Racle un toit. Des chevaux passent dans la ruelle.
Grincement d'une faux qui coupe le gazon.
Chocs. Rumeurs. Des couvreurs[2] marchent sur la maison.
Bruits du port. Sifflement des machines chauffées.
Musique militaire arrivant par bouffées.
Brouhaha sur le quai. Voix françaises. Merci.
Bonjour. Adieu. Sans doute il est tard, car voici
Que vient tout près de moi chanter mon rouge-gorge.
Vacarme de marteaux lointains dans une forge.
L'eau clapote. On entend haleter un steamer[3].
Une mouche entre. Souffle immense de la mer.

**Victor Hugo**, *L'Art d'être grand-père*, 1877.

1. qui sonne fortement. 2. personnes qui réparent les toits. 3. bateau à vapeur.

↑ **Henri Matisse**, *La fenêtre ouverte à Collioure*, 1905, huile sur toile, National Gallery of Art, Washington (États-Unis).

## Après avoir lu le texte

**4** À quel moment de la journée la scène se déroule-t-elle ? Où semble se trouver le poète ?

**5** Relevez et classez le champ lexical du bruit. noms … verbes …
► Langue, p. 334, 338

**6** Repérez-vous beaucoup de rimes riches (d'au moins 3 sons communs) ? Citez-en.

**7** « Sifflement des machines chauffées » (v. 9) : sur quels sons le poète insiste-t-il ? Pourquoi à votre avis ? Cherchez un autre vers où le poète joue avec les sonorités.

**Bilan** Quels sens Victor Hugo et Marceline Desbordes-Valmore privilégient-ils ? À quel poème êtes-vous le/la plus sensible ? Pourquoi ? Justifiez votre réponse.

Exilé pendant quinze ans à **Guernesey, île anglo-normande**, dans la maison Hauteville House qu'il acheta en 1856 à Saint-Pierre-Port, Victor Hugo y écrit notamment *Les Misérables* (1862) et *Les Travailleurs de la mer* (1866).

## Oral

Pour apprendre à **mémoriser** et **mettre en voix** un poème, retrouvez Anna de Noailles dans l'**Atelier 1** p. 182.

## Écrit

Fermez les yeux, imaginez un lieu et **décrivez-le** à l'aide des sons que vous entendez. Commencez par : « J'entends... ».
Pour vous aider, utilisez **Ma réserve de mots**.

### Ma réserve de mots

**Noms :** bruissement • murmure • clameur • fracas • sirène • écho • rumeur
**Adjectifs :** lointain • strident • assourdissant • perçant • aigu • mélodieux
**Verbes :** claquer • résonner • détoner • bruire • grésiller • gronder • retentir

### Point de cours

• Le choix des vers et l'ordre même des rimes soulignent l'atmosphère du poème. V. Hugo emploie des rimes suivies (AABB) pour insister sur les sonorités d'un monde qui s'éveille, tandis que M. Desbordes-Valmore privilégie des rimes embrassées (ABBA), dont les échos sont plus lointains, pour décrire un soir qui tombe.

# TEXTE 3

**OBJECTIF**
Rêver d'ailleurs et d'harmonie avec la nature

**COMPÉTENCE**
Comparer deux poèmes rapportant des rêves de voyage

Arthur Rimbaud (1854-1891) écrit dès son adolescence. Très vite, son **désir d'évasion** pour échapper à sa ville natale, Charleville-Mézières, et à la morne vie familiale le pousse à partir. La campagne environnante, qu'il parcourt à pied, lui inspire ses premiers vers dans lesquels il note ses **sensations** et ses espoirs. « Je m'entête affreusement à aimer la liberté libre » écrira le poète.

**Paul Cézanne**, *Sous-bois*, 1890-1892, huile sur toile, White House Washington (D.C.) collection.

## Avant de lire le texte

Qu'est-ce qu'une sensation ? Donnez un exemple personnel de sensation agréable et désagréable.

# Sensation

Par les soirs bleus d'été, j'irai dans les sentiers,
Picoté par les blés, fouler[1] l'herbe menue :
Rêveur, j'en sentirai la fraîcheur à mes pieds.
Je laisserai le vent baigner ma tête nue.

Je ne parlerai pas, je ne penserai rien :
Mais l'amour infini me montera dans l'âme,
Et j'irai loin, bien loin, comme un bohémien[2],
Par la Nature, — heureux comme avec une femme.

**Arthur Rimbaud**, *Poésies*, 1870.

1. marcher sur. 2. personne nomade.

## Après avoir lu le texte

PÉDAGOGIE DIFFÉRENCIÉE

Choisissez de répondre à un groupe de questions en vous aidant du **Vocabulaire de la poésie**.
Mettez en commun vos réponses puis réfléchissez à la question Bilan.

### Questions de repérage

1. Quel verbe est répété deux fois dans le poème ? Où se situe-t-il ?
2. **a.** Relevez le champ lexical du toucher. **b.** Ces sensations sont-elles agréables ou désagréables selon vous ?
3. Vers 6, repérez l'allitération. Sur quoi permet-elle d'insister ?

### Questions d'analyse

1. Pourquoi le poète répète-t-il deux fois un des verbes du poème ? Sur quoi cherche-t-il à insister ?
2. **a.** Le poète utilise-t-il le futur de l'indicatif ou le conditionnel ? **b.** Pourquoi selon vous ? Quelle est la différence entre ces deux modes ? ► Langue, p. 320, 322
3. Le poète précise-t-il le lieu où il souhaite se rendre ? Est-ce important pour lui d'après vous ?

**Bilan** À quoi le poète compare-t-il son désir d'évasion ? Qu'en pensez-vous ?

*Complétez votre carte Mémo.*

# Îles

Îles
Îles
Îles où l'on ne prendra jamais terre
Îles où l'on ne descendra jamais
Îles couvertes de végétations
Îles tapies comme des jaguars
Îles muettes
Îles immobiles
Îles inoubliables et sans nom
Je lance mes chaussures par-dessus bord
[car je voudrais bien aller jusqu'à vous

**Blaise Cendrars**, « Feuilles de route »,
*Du monde entier au cœur du monde*, Denoël, 1958.

À l'âge de seize ans, Frédéric Sauser (1887- 1961), dit Blaise Cendrars, quitte la Suisse pour **partir à l'aventure** en Russie. Il retranscrira cette expérience en 1913 dans son célèbre poème « La prose du Transsibérien et de la petite Jehanne de France ». Sa poésie retrace son goût du voyage et de l'aventure.

## Vocabulaire de la poésie

- On appelle **allitération** la répétition d'une consonne (Ex. : « Rêveur, j'en sentirai la fraicheur à mes pieds »).
- Une **assonance** est la répétition d'une voyelle (Ex. : « Îles immobiles »).
- L'**anaphore**, répétition d'un mot ou groupe de mots en début de vers, crée une musicalité et renforce l'idée du poète (Ex. : « Îles »).

## Après avoir lu le texte

**4** Observez la structure des 9 premiers vers : que constatez-vous ?

**5** Relevez les adjectifs qualifiant les « îles ». Quelle image le poète donne-t-il d'elles ? ▸ Langue, p. 272

**6** Quels mots donnent l'impression que les « îles » sont vivantes, c'est-à-dire personnifiées ?

**Bilan** Qu'est-ce qui rend le dernier vers du poème très différent des autres ? Quelle image donne-t-il du poète ? Comparez-le avec les derniers vers de « Sensation ».

*Complétez votre carte Mémo.*

↑ **Henri-Edmond Cross**, *Les Îles d'or*, v. 1891, huile sur toile, musée d'Orsay, Paris.

## Écrit

Écrivez cinq phrases associant **un lieu** et **une sensation**.
Aidez-vous de **Ma réserve de mots**.
Ex. : J'irai sur la plage **sentir** la **douce chaleur** du sable. (toucher)

**Ma réserve de mots**

| | verbes | noms | adjectifs |
|---|---|---|---|
| **vue** | admirer, observer, contempler… | le bleuté, la rondeur… | uniforme, coloré, lumineux… |
| **ouïe** | percevoir, ouïr, tendre l'oreille… | le clapotis, le murmure… | harmonieux, léger, assourdissant… |
| **odorat** | humer, respirer, flairer… | les senteurs, l'exhalaison… | délicat, capiteux, fruité… |
| **toucher** | **sentir**, effleurer, caresser… | la **chaleur**, la rugosité… | **doux**, lisse, piquant… |
| **goût** | déguster, dévorer, se délecter… | la saveur, l'acidité, l'âcreté… | velouté, amer, âcre… |

## Point de cours

- Le rêve de départ et de voyage pour découvrir un ailleurs est un thème privilégié chez Rimbaud et, plus tard, chez Cendrars. Tous deux jouent avec les ressorts du langage poétique, allitérations, assonances, répétitions ou anaphores, pour souligner la force de leur désir.

**TEXTE 4**

**OBJECTIF**
Souligner la petitesse de l'homme face à la nature

**COMPÉTENCE**
Comprendre un poème qui donne à réfléchir

# Nature

C'est un oiseau qui s'approche en pleurant
c'est un nuage qui parle en rêvant
un rocher roule pour passer le temps
un roseau s'admire dans le miroir d'un étang
les arbres de la forêt
sont là comme des gens et des gens.
Tout cela fait une foule qui attend,
– mais l'homme, – absent, absent, absent...

**Jean Tardieu**, *Histoires obscures*, Éditions Gallimard, 1961.

Sous la plume de Jean Tardieu (1903-1995), le langage du quotidien devient poétique grâce à des **associations de mots inattendues** et des **jeux sur le sens**. Le ton léger et humoristique de sa poésie ne cache pas la complexité du monde et de l'homme.

# Conversation

*(Sur le pas de la porte avec bonhomie[1])*

Comment ça va sur la terre ?
– Ça va ça va, ça va bien.

Et les petits chiens sont prospères[2] ?
– Mon Dieu oui merci bien.

Et les nuages ?
– Ça flotte.

Et les volcans ?
– Ça mijote.

Et les fleuves ?
– Ça s'écoule.

Et le temps ?
– Ça se déroule.

Et votre âme ?
– Elle est malade

le printemps était trop vert
elle a mangé trop de salade.

**Jean Tardieu**, *Monsieur, Monsieur*, Éditions Gallimard, 1951.

1. simplicité.
2. en bonne santé.

## Après avoir lu le texte

PÉDAGOGIE DIFFÉRENCIÉE

Lisez les deux poèmes de Tardieu. Choisissez-en un, répondez aux questions puis échangez collectivement sur le Bilan.

### Nature

1. Qu'est-ce qui donne l'impression que le poète décrit un paysage qu'il a sous les yeux ? Observez les temps utilisés.
2. À quoi les « arbres de la forêt » sont-ils comparés ?
3. L'homme fait-il partie de la nature selon Tardieu ? Justifiez votre réponse.

### Conversation

1. Le langage utilisé dans la conversation est-il familier, courant, soutenu ? ▸ Langue, p. 340
Quelle pourrait être la relation entre les personnages ?
2. Le mot « salade » désigne une plante mais signifie « mensonge » au sens figuré. Quel sens a-t-il ici ?
3. Comment se porte la nature dans le poème ? Et l'homme ?

**Bilan** Tardieu valorise-t-il les hommes ? Que leur reproche-t-il à votre avis ?

Complétez votre **carte Mémo.**

← **René Magritte**, *La Reconnaissance infinie*, vers 1963, huile sur toile, 46 x 38 cm, coll. privée.

### Histoire des arts

Les toiles surréalistes de René Magritte (1898-1967) détournent la réalité avec fantaisie et humour.

1. Qu'est-ce qui vous parait surprenant ? Magique ?
2. Quel poème ce tableau pourrait-il illustrer ? Pourquoi ?

### Écrit

Rendez-vous à l'**Atelier 2** (p. 184) pour composer de courts poèmes japonais, **des haïkus**, fondés sur l'opposition entre l'immensité et la petitesse. **À vos plumes !**

# La poésie pour célébrer le monde

FLORILÈGE

## Mon cœur

MON CŒUR RÊVE DE BEAU CIEL PAVOISÉ DE BLEU
d'une mer déchaînée
contre l'homme
l'inconnu à la barque
qui se rit au grand large
de mon cœur qui toujours rêve
rêve et rêve
de beau ciel
sur une mer de bonheurs impossibles

**Léon Gontran Damas**, *Black-Label et autres poèmes*,
« Graffiti », Éditions Gallimard, 2011.

## Le jardin vivant

Quand je n'étais encore au monde qu'une enfant
Qui vivait au jardin et croyait au feuillage,
J'allais souvent revoir, dans un jardin vivant,
Tous ces perroquets bleus qui font tant de tapage.

Je suivais, sur le bord d'un ruisseau palpitant,
Le canard mandarin, cet arc-en-ciel qui nage ;
Et, lorsque je tendais du pain à l'éléphant,
Je lui tendais mon cœur encor bien davantage.

Le singe était partout ; l'ours était dans un coin ;
Sur un petit rocher méditait le pingouin ;
Le monde était absent du rêve qui m'effleure.

Je respirais un chant. Je comprenais un cri.
Et puis, je rapportais quelque lilas fleuri...
Et je n'ai beaucoup changé depuis cette heure !

**Rosemonde Gérard Rostand**, *Les Muses françaises*,
Éditions Charpentier, 1943.

## Aquarelle en cinq minutes

Oh ! oh ! le temps se gâte,
L'orage n'est pas loin,
Voilà que l'on se hâte
De rentrer les foins !...

L'abcès perce !
V'l'à l'averse !
Ô grabuges
Des déluges !....

Oh ! ces ribambelles
D'ombrelles !....

Oh ! cett' Nature
En déconfiture ! ....

Sur ma fenêtre,
Un fuchsia
À l'air paria
Se sent renaître....

**Jules Laforgue**,
*Des fleurs de bonne volonté*, 1890.

## La beauté

La beauté est une rencontre
Mais nous ramassons le caillou
Sur le chemin
Le tenant à peine dans la main
Puis sans y penser
le jetons plus loin

Pendant que le couchant
Effleurant le mont
S'attarde un bref instant
Puis sans se retourner
va son chemin

**François Cheng**, *À l'Orient de tout*,
« Le livre du vide médian »,
Éditions Gallimard, 2005.

## Encore...

Encore
Un dimanche à rêver
Sur les collines
Encore
Au jardin
L'ombre du frêne
Et la longue lecture
Des riches heures
De l'été
Quand le monde à notre porte
Nous verse en milliers d'éclats
Sa beauté.

**Hélène Cadou**, *Si nous allions vers les plages*, Éditions Rougerie, 2003.

TEXTE 5

# Je n'écris point…

**OBJECTIF**
S'interroger sur les causes de l'écriture poétique

**COMPÉTENCE**
Être sensible à l'implicite

Je n'écris point d'amour, n'étant point amoureux,
Je n'écris de beauté, n'ayant belle maîtresse,
Je n'écris de douceur, n'éprouvant que rudesse,
Je n'écris de plaisir, me trouvant douloureux :

Je n'écris de bonheur, me trouvant malheureux,
Je n'écris de faveur[1], ne voyant ma princesse[2],
Je n'écris de trésors, n'ayant point de richesse,
Je n'écris de santé, me sentant langoureux[3] :

Je n'écris de la cour, étant loin de mon prince,
Je n'écris de la France, en étrange province[4],
Je n'écris de l'honneur, n'en voyant point ici :

Je n'écris d'amitié, ne trouvant que feintise[5],
Je n'écris de vertu, n'en trouvant point aussi,
Je n'écris de savoir, entre les gens d'Église.

**Joachim du Bellay**, *Les Regrets*, sonnet 79, 1558
modernisé par S. de Sacy, Éditions Gallimard, 1967.

**1.** protection, privilège.
**2.** la princesse Marguerite.
**3.** malade, abattu.
**4.** étant à l'étranger.
**5.** mensonge, hypocrisie.

Né en 1522, Joachim du Bellay est encouragé dans sa **vocation poétique** par la princesse Marguerite de France, sœur du roi Henri II. Le poète suit son cousin, le cardinal Jean du Bellay, à Rome pour être l'intendant de sa maison. **Nostalgique** de la cour de France, il compose son plus célèbre recueil, *Les Regrets*, qu'il publie en 1558.

**Agnolo Bronzino**, *Portrait d'Ugolino Martelli*, v. 1540, huile sur bois, Pinacothèque de Berlin.

## Après avoir lu le texte

PÉDAGOGIE DIFFÉRENCIÉE

Choisissez un groupe de questions puis réfléchissez en commun sur le Bilan.

### Questions de repérage

**1** Quelle répétition structure le poème entier ? Citez le texte.

**2** Rattachez chaque titre à une strophe du poème :

| | |
|---|---|
| La nostalgie de la cour • | • Quatrain 1 |
| Une triste vie privée • | • Quatrain 2 |
| Un entourage indigne • | • Tercet 1 |
| Une situation compliquée • | • Tercet 2 |

**3** Trouvez trois adjectifs placés à la rime et soulignant la tristesse du poète. ▸ Langue, p. 272

### Questions d'analyse

**1** Quel effet les répétitions produisent-elles ? Que ressent-on à la lecture ?

**2** Le poète est très critique à l'égard de son entourage à Rome. Que lui reproche-t-il exactement dans les deux tercets ?

**3** Quelle image le poète donne-t-il de lui-même ? Choisissez parmi ces adjectifs et justifiez vos choix : solitaire • misanthrope • enthousiaste • pessimiste • mélancolique • optimiste • critique • nostalgique.

**Bilan** Le poète insiste beaucoup sur les sujets qu'il n'a pas envie d'aborder ; à votre avis, pourquoi éprouve-t-il malgré tout le besoin d'écrire ?

Complétez votre **carte** Mémo.

## Vocabulaire de la poésie

Le **sonnet** est une forme poétique très utilisée au XVIe siècle. Il est composé de deux quatrains (quatre vers) et de deux tercets (trois vers).

## Écrit

Écrivez deux quatrains **dans le style du sonnet de Du Bellay**. Commencez chacun de vos vers par ces mots « Je n'écris pas sur... ». Utilisez un verbe au participe présent (se terminant par « *-ant* ») pour formuler votre explication.

Romancière, dramaturge et poétesse d'origine égypto-libanaise, Andrée Chedid (1920-2011) souligne dans ses œuvres la **beauté du monde** mais aussi la **fragilité de l'être humain**.

# Je m'écris

J'interprète ma page de vie
J'en use comme plaque de cuivre
Je la grène[1] de plaisirs
Je la crible[2] d'années
Je la saisis en verte saison
Je la racle de nuits d'hiver

Je la ronge en creux d'angoisses
Je m'y taille espace libre
Je l'attaque en matière noire
Je progresse d'épreuves en épreuves
Je la creuse de vaines morsures
Je la burine[3] d'émotions

Je l'entame
Pour nier le temps
Je m'écris
Pour durer.

**Andrée Chedid**, *Rythmes*, Éditions Gallimard, 2003.

**1.** Je la rends rugueuse. **2.** Je lui fais de multiples taches. **3.** Je la grave avec un outil.

## Avant de lire le texte

Dans ce poème, Andrée Chedid compare sa vie à l'écriture et au travail d'un graveur. Elle joue sur le double sens des mots.

**1** Cherchez le sens que le mot « épreuve » a dans le vocabulaire de l'édition.

**2** Pour produire une gravure, un acide ronge la plaque de cuivre. Dans le domaine des sentiments, que veut dire « ronger » lorsqu'il est précédé du pronom « se » ?

## Après avoir lu le texte

**3** Quelles ressemblances trouvez-vous entre ce poème et celui de Du Bellay ?

**4** Relevez tous les verbes d'action. Quelle image donnent-ils d'Andrée Chedid ?

**5** Dans les derniers vers, quelle explication la poétesse donne-t-elle à son besoin d'écrire ?

**Bilan** Que pensez-vous du titre du poème, « Je m'écris » ? Est-ce une formulation habituelle ?

*Complétez votre carte Mémo.*

## Oral

**Débattez** : pensez-vous, comme Du Bellay, qu'on ne peut écrire sur un sujet que s'il nous concerne étroitement ? Est-il nécessaire, par exemple, d'être amoureux pour écrire sur l'amour ?

### Point de cours

• Dans *Les Regrets*, J. du Bellay utilise la forme traditionnelle du sonnet mais revendique de s'éloigner des sujets habituels traités par les poètes de son temps. Au lieu de célébrer l'amour, il exprime sa nostalgie et sa souffrance. La poésie a pour lui un pouvoir consolateur. A. Chedid écrit ici pour résister au temps qui passe.

## Oral

Découvrez, dans l'**Atelier 4** « Créer une anthologie sonore » (p. 188), le poète Tahar Ben Jelloun qui explique pourquoi il a besoin d'écrire. À vous d'**illustrer** et d'**enregistrer ses poèmes lumineux** !

**T. Ben Jelloun**, *Poèmes-peintures*, 2016. →

# TEXTE 6

**OBJECTIF**
Saisir le pouvoir de l'imaginaire

**COMPÉTENCE**
Percevoir la richesse du vers libre

Né en 1907 et mort en 1997, le poète Guillevic a reçu en 1976 le grand prix de poésie de l'Académie française et en 1988 le prix Goncourt de la poésie. Ses poèmes se distinguent par leur grande **sobriété**, qui fait parfois penser aux **haïkus** japonais, voir p. 185.

# Je suis à Paris

Je suis à Paris,
Dans mon appartement,
Et la mer me berce.

Je suis allongé dans l'eau,
Je monte et je descends
Avec les vagues,

Je me laisse porter
Par la marée.
Jamais la mer ne me manque.

Elle m'accompagne
Dans le poème
Qui se fera peut-être.

**Guillevic**, *Art poétique*, Éditions Gallimard, 1989.

## Après avoir lu le texte

**1** Vers 1 à 3, la situation décrite est-elle réaliste ? Pourquoi ?

**2** Relevez le champ lexical de la mer dans le poème.

**3** Quel mouvement naturel les tercets imitent-ils à votre avis ?

**4** Vers 9, quel son est répété ? Pourquoi est-ce intéressant ?

**5** Par quel pronom personnel sujet les trois premières strophes commencent-elles ? Et la dernière ? ▸ Langue, p. 280

**6** Vers 10 à 12, le poète donne-t-il l'impression que c'est lui qui compose le poème ?

**Bilan** Montrez que Guillevic fait confiance aux mots et à leur pouvoir.

Complétez votre **carte Mémo**.

## Histoire des arts

Yves Klein (1928-1962) est un artiste plasticien très connu pour son usage de la couleur bleue. On parle même du « bleu Klein ».

**1.** La plupart des œuvres de Klein sont monochromes. Que signifie ce mot ?

**2.** Quels matériaux les deux œuvres présentées ici ont-elles en commun ?

**3.** Y. Klein n'a pas donné de titre à ces œuvres et laisse ainsi le spectateur imaginer ce qu'il veut. À quoi vous font-elles penser ?

← **Yves Klein**, *Sculpture éponge bleue sans titre* (SE 89), 1960, pigment pur et résine synthétique sur éponge naturelle, tige métallique et socle en pierre, succession Yves Klein, Paris.

# Je dis velours...

je dis velours[1]
mais je ne sens pas sur ma joue
la douceur du tissu
côtelé

je dis barbe à papa
mais je n'ai pas dans la bouche
le goût rose et miellé
du sucre
effilé

les mots au lieu des choses
des ombres seulement
et quand il est midi
l'ombre aura disparu

les mots au lieu des choses
des ombres seulement
et quand il est minuit
l'ombre a tout envahi

**Bernard Friot**, *Peut-être oui*, La Martinière, 2006.

---

1. tissu doux et épais porté l'hiver.

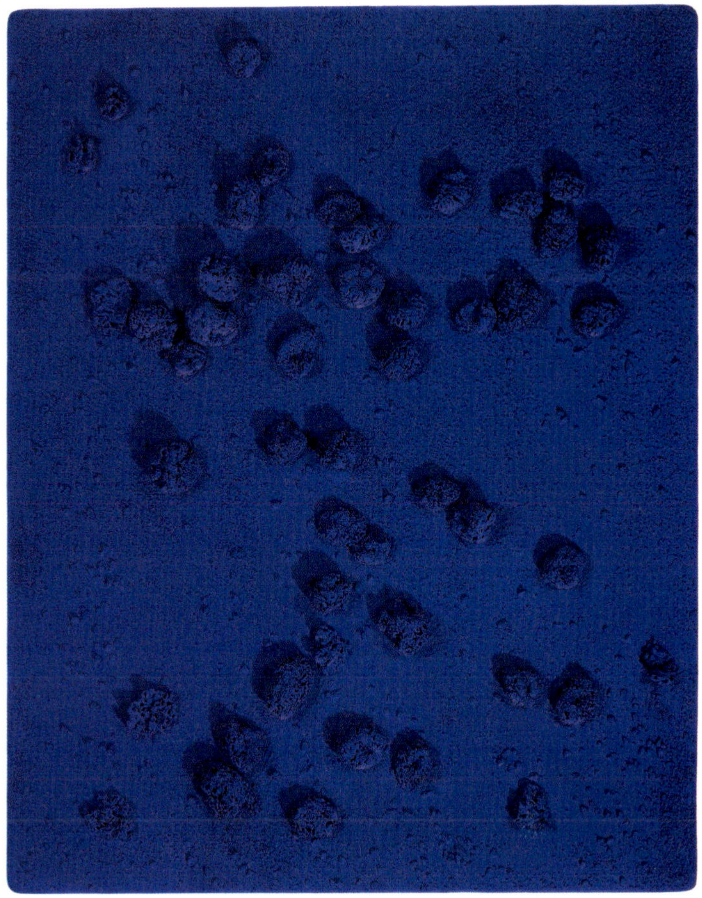

↑ **Yves Klein**, *Relief Eponge bleue sans titre* (RE 6), 1960, pigment pur et résine synthétique, éponges naturelles et cailloux sur panneau, Bild-Kunst, Bonn (Allemagne).

## Après avoir lu le texte

**1** Vers 1 à 9, le poète considère-t-il que les mots ont du pouvoir ? Justifiez votre réponse.

**2** Vers 10 et 11 : à quoi les mots sont-ils comparés dans ce refrain ? S'agit-il d'une métaphore ou d'une comparaison ?
▸ Langue, p. 340

**3** Vers 12 à 17 : à quelle heure les mots reprennent-ils tout leur pouvoir ? Expliquez votre réponse.

**Bilan** Et vous, avez-vous ressenti la douceur du velours ou le goût de la barba à papa en lisant ce poème ? Les mots ont-ils du pouvoir selon vous ?

*Complétez votre **carte Mémo**.*

## Oral

PÉDAGOGIE DIFFÉRENCIÉE

• Relisez les deux premières strophes du poème de B. Friot en faisant attention à leur structure : « je dis.../ mais je... ».

• Créez à l'oral des strophes sur le même modèle. Un élève inventera un premier vers (ex. : « Je dis barbe à papa »), et un autre, volontaire, devra improviser immédiatement la suite.

| **Élèves** | ★★★ « je dis... » | ★★★ « ... mais je ... » |
|---|---|---|
| **Compétences** | Être capable de trouver des sujets variés et originaux. | Savoir improviser en insistant sur les sensations. |

• La classe élira le plus beau poème improvisé.

## Écrit

Rendez-vous à l'**Atelier 3** p. 186 pour découvrir le poète Francis Ponge, qui réfléchit au rapport entre les mots et les choses. Vous apprendrez à utiliser le **traitement de texte** pour imprimer vos créations.

### Point de cours

• Guillevic et B. Friot conservent dans ces poèmes une forme strophique, mais ils n'utilisent pas de rimes ni des vers réguliers. On dit alors que leurs poèmes sont en vers libres. Cette forme convient bien ici pour exprimer le pouvoir de l'imaginaire.

# L'anniversaire

**RÉCRÉATION THÉÂTRALE**

**OBJECTIF**
Jouer avec l'imaginaire

**COMPÉTENCE**
Comprendre la puissance créatrice des mots

G. Chevrolet (1955-2011) compose la pièce *Miche et Drate, Paroles blanches* pour son jeune filleul, Arthur, qui s'était pris un jour les pieds dans un décor encombrant. Pour le consoler, l'auteur lui promet « **une petite histoire** à deux personnages, qu'il pourra jouer avec son frère, sans accessoires, sans décors, sans costumes et, surtout, sans peine [...] ».

*Drate a les yeux fermés et trépigne d'impatience.*

DRATE. – Alors, alors, alors... est-ce que je peux les ouvrir, Miche ?

MICHE. – Tu m'as dit quelque chose de grand ?

DRATE. – Oui.

MICHE. – Quelque chose de beau ?

DRATE. – Oui.

MICHE. – Quelque chose de précieux, quelque chose d'extraordinaire ?

DRATE. – Oui, oui !

MICHE. – Alors tu peux ouvrir les yeux, Drate, lentement.

*Drate ouvre les yeux. Miche fait un grand geste devant lui.*

MICHE. – Joyeux anniversaire, Drate !

DRATE. – Mais... je ne vois rien, Miche !...

MICHE. – Regarde bien, Drate.

DRATE. – Je vois le pré et plus haut la montagne et encore plus haut le ciel.
Je vois la forêt.
Je vois la plage. La mer qui vient de sauter contre le rocher...

MICHE. – Le monde... Drate.
Est-ce qu'il n'est pas grand, et beau, et précieux, et extraordinaire ?

*Drate reste pensif et regarde l'immensité devant lui.*

DRATE. – Oh, si ! Merci, Miche. Merci.

**Gérald Chevrolet**, *Miche et Drate, Paroles blanches*, Éditions Théâtrales Jeunesse, 2006.

## Après avoir lu le texte

**1** À votre avis, quel ton de voix Miche utilise-t-il au fur et à mesure de ses questions (l. 2 à 6) ?

**2** Qu'est-ce qui prouve que Drate est de plus en plus excité à l'idée de recevoir son cadeau ?

**3** Que ressent-il d'abord lorsqu'il ouvre les yeux ?

**4** Qu'est-ce que Miche lui demande de faire ? Pourquoi cela le fait-il changer d'avis ?

**Bilan** Pourquoi peut-on dire que Miche et Drate sont de vrais poètes ?

Complétez votre **carte Mémo**.

## Oral

À vous de **jouer cet extrait** ! Comme il n'y a pas de décor, votre regard est très important : lorsque Miche présente le monde à Drate, pensez à être face au public et à regarder au loin en montrant petit à petit votre émerveillement. De cette manière, le public aura l'impression, lui aussi, de faire partie du paysage.

Affiche pour la pièce de **G. Chevrolet**, mise en scène par la compagnie Dromolo, de et avec Sarah Dropsy et Laurianne Pirozzelli, 2014.

# La poésie pour dire la puissance des mots

FLORILÈGE

## Tu dis

Tu dis sable
Et déjà
La mer est à tes pieds

Tu dis forêt
Et déjà
Les arbres te tendent leurs bras

Tu dis colline
Et déjà
Le sentier court avec toi vers le sommet

Tu dis nuage
Et déjà
Un cumulus[1] t'offre la promesse du voyage

Tu dis poème
Et déjà
Les mots volent et dansent comme
[des étincelles dans ta cheminée.

**Joseph Paul Schneider**,
*Entre l'arbre et l'écorce*, Grassin, 1965.

1. gros nuage.

## Le lecteur pressé

Que viens-tu faire ici
lecteur ?
Tu as ouvert sans ménagement
ce livre
et tu remues fébrilement le sable des pages
à la recherche
de je ne sais quel trésor enfoui
Es-tu là pour pleurer
ou pour rire
N'as-tu personne d'autre
à qui parler
Ta vie
est-elle à ce point vide ?
Alors referme vite ce livre
Pose-le loin du réveille-matin
et de la boite à médicaments
Laisse-le mûrir
au soleil du désir
sur la branche du beau silence

**Abdellatif Laâbi**, *L'arbre à poèmes, anthologie personnelle*, La Différence, 2016.

## Dans ma pièce à imaginer…

Dans ma pièce à imaginer
des morceaux de prairie s'installent

parfois un arbre, ramassé dans sa force

parfois des gens qui vivent
une destinée toute chaude, traversable de la main.

Je vous invite

peut-être n'avez-vous pas de place chez vous
pour ouvrir les murs, inciter
une montagne, une bataille, un grand amour
à s'emménager, bien à l'aise dans votre espace.

**Marie-Claire Bancquart**, *Terre énergumène et autres poèmes*, Le Castor astral, 2019.

## Suppose…

Suppose et supposons une supposition :
que le mot *ver luisant* se prononce *escarcelle*,
que le mot *chocolat* se prononce *violon*,
que le mot *tirelire* se prononce *hirondelle*.

Les dictées tout à coup ont un air bien bizarre.
On regarde voler les tirelires en l'air,
on regarde briller l'escarcelle très tard,
on mange à son goûter du pain et du violon.

Tu me dis *baluchon* : ça veut dire *grosse bête*.
*Fourbi* ? C'est un poisson. *Lézard* ? Saule pleureur.
Les mots ne savent plus où donner de la tête :
friture de fourbis, ou lézard rose en fleurs ?

Est-ce escarcelle ou escargot ? Est-ce cargo
ou tire-l'air, ou tire-l'eau, ou tire-d'aile ?
Est-ce chacal ou chocolat ? Est-ce hirondelle ?
[Est-ce rondeau ?
Est-ce vole-au-vent ? Est-ce violoncelle ?

Si on commence à faire trop de suppositions
tout s'en va de travers et rien ne va plus droit ;
personne ne demande aux mots la permission
et je signe *Hérisson* – qui veut dire : *Claude Roy*.

**Claude Roy**, *Nouvelles enfantasques*, Éditions Gallimard, 1974.

**OBJECTIF**
Comprendre ce qu'est un art poétique

**COMPÉTENCE**
S'attacher au sens général d'un texte complexe

# Art poétique

## Extrait A

[...] Un auteur quelquefois trop plein de son objet[1]
Jamais sans l'épuiser n'abandonne un sujet.
S'il rencontre un palais, il m'en dépeint la face ;
Il me promène après de terrasse en terrasse ;
Ici s'offre un perron ; là règne un corridor,
Là ce balcon s'enferme en un balustre d'or. [...]
Je saute vingt feuillets[2] pour en trouver la fin,
Et je me sauve à peine au travers du jardin.
Fuyez de ces auteurs l'abondance stérile[3],
Et ne vous chargez point d'un détail inutile.
Tout ce qu'on dit de trop est fade et rebutant[4] ;
L'esprit rassasié le rejette à l'instant.
Qui ne sait se borner[5] ne sut jamais écrire. [...]

1. trop intéressé par ce qu'il veut dire. 2. pages. 3. la richesse inutile. 4. sans intérêt et ennuyeux. 5. celui qui ne sait pas se limiter.

## Extrait B

[...] Il est certains esprits[1] dont les sombres pensées
Sont d'un nuage épais toujours embarrassées ;
Le jour de la raison ne le saurait percer[2].
Avant donc que d'écrire apprenez à penser.
Selon que notre idée est plus ou moins obscure,
L'expression la suit, ou moins nette, ou plus pure.
Ce que l'on conçoit bien s'énonce clairement[3],
Et les mots pour le dire arrivent aisément. [...]

1. il y a certaines personnes. 2. la logique ne parvient pas à éclairer leur obscurité. 3. ce que l'on imagine bien se dit facilement.

## Extrait C

[...] Travaillez à loisir, quelque ordre qui vous presse[1],
Et ne vous piquez point d'une folle vitesse ;
Un style si rapide, et qui court en rimant,
Marque moins trop d'esprit, que peu de jugement.
J'aime mieux un ruisseau qui sur la molle arène
Dans un pré plein de fleurs lentement se promène,
Qu'un torrent débordé qui, d'un cours orageux,
Roule, plein de gravier, sur un terrain fangeux[2].
Hâtez-vous lentement ; et, sans perdre courage,
Vingt fois sur le métier remettez votre ouvrage[3] :
Polissez-le sans cesse et le repolissez ;
Ajoutez quelquefois, et souvent effacez. [...]

1. tranquillement, même si on vous dit de vous dépêcher. 2. boueux. 3. Retravaillez vingt fois votre œuvre, comme une tapisserie.

**Nicolas Boileau**, *Art poétique*, 1674.

## Après avoir lu les textes

PÉDAGOGIE DIFFÉRENCIÉE

Choisissez l'un des trois extraits et répondez aux questions.

1. Quel type de vers Boileau a-t-il choisi ?
2. Quelle image utilise-t-il pour critiquer certains auteurs ? Choisissez un tableau qui illustre votre extrait.
3. Relevez les verbes à l'impératif. ▸ Langue, p. 324
4. Quel résumé correspond le mieux à votre extrait ? Prenez votre temps et retravaillez votre texte • N'écrivez pas de trop longs textes • Réfléchissez à ce que vous voulez dire avant d'écrire

**Bilan** Qu'est-ce qu'un « art poétique » ?

1

2

3

← 1 **Claude Lorrain**, *Le Gué*, 1644, huile sur toile, musée national du Prado, Madrid (Espagne). – 2 **Gaspard Dughet**, *Paysage d'orage* (détail), vers 1650, huile sur toile, Université d'Édimbourg. – 3 Anonyme, *Vue du château de Versailles, du côté des jardins*, avant 1678, huile sur toile, château de Versailles.

# Art poétique

De la musique avant toute chose,
Et pour cela préfère l'Impair
Plus vague et plus soluble dans l'air,
Sans rien en lui qui pèse ou pose.

Il faut aussi que tu n'ailles point
Choisir tes mots sans quelque méprise :
Rien de plus cher que la chanson grise
Où l'Indécis au Précis se joint.

C'est des beaux yeux derrière des voiles,
C'est le grand jour tremblant de midi,
C'est par un ciel d'automne attiédi
Le bleu fouilli des claires étoiles ! [...]

De la musique encore et toujours !
Que ton vers soit la chose envolée
Qu'on sent qui fuit d'une âme en allée
Vers d'autres cieux à d'autres amours.

Que ton vers soit la bonne aventure
Éparse au vent crispé du matin
Qui va fleurant la menthe et le thym...
Et tout le reste est littérature.

**Paul Verlaine**, *Jadis et Naguère*, 1884.

↑ **William Turner**, *Paysage avec une rivière et une baie au loin*, huile sur toile, vers 1845, musée du Louvre, Paris.

## Histoire des arts

Peintre anglais du XIXe siècle, William Turner est souvent vu comme le précurseur des peintres impressionnistes, qui peignent en juxtaposant des touches de couleur.

• Comparez le paysage de Turner aux tableaux du XVIIe siècle présentés p. 176. Quels changements constatez-vous ?

• Pourquoi, selon vous, ce paysage pourrait-il plaire à Verlaine ? Relisez son poème pour répondre.

La poésie de Verlaine (1844-1896) refuse l'excès et la grandiloquence : dans toute son œuvre, le poète cherche la légèreté et la simplicité. Il refuse même qu'on lise son « Art poétique » comme une leçon à suivre, et la qualifie simplement de « chanson ».

## Après avoir lu le texte

**5** P. Verlaine vouvoie-t-il son lecteur comme N. Boileau ? Quel effet cela produit-il ?

**6** Comptez le nombre de syllabes par vers. Que veut dire P. Verlaine lorsqu'il écrit : « préfère l'Impair » ?

**7** Vers 1 à 8, relevez le champ lexical du désordre et du flou. Sont-ils valorisés ?
▸ Langue, p. 338

**8** Quelle est la chose la plus importante pour P. Verlaine dans un poème ?

**Bilan** P. Verlaine est-il en accord avec l'*Art poétique* de N. Boileau ? Justifiez votre réponse.

Complétez votre **carte Mémo**.

## Écrit

Choisissez dans les poèmes que vous avez étudiés des vers qui vous semblent **donner de bons conseils** pour l'écriture. Recopiez-les sur des affiches que vous accrocherez dans la classe pour constituer un **art poétique visuel**.

## Vocabulaire de la poésie

Les alexandrins, décasyllabes ou octosyllabes sont qualifiés de « **vers pairs** » car le nombre de leurs syllabes est pair. Ce sont les plus courants dans la poésie française. Les vers de 7 ou 9 syllabes, eux, sont appelés « **vers impairs** »

## Point de cours

• Un art poétique est un texte qui donne des conseils sur la création littéraire. Tandis que N. Boileau cherche à définir une discipline, P. Verlaine insiste, deux cents ans plus tard, sur la liberté du poète et sur la musicalité de ses vers.

TEXTE 8

**OBJECTIF**
Découvrir des arts poétiques parodiques

**COMPÉTENCE**
Percevoir l'humour d'un poème

# Pour un art poétique (suite)

Prenez un mot prenez-en deux
Faites-les cuire comme des œufs
prenez un petit bout de sens
puis un grand morceau d'innocence
faites chauffer à petit feu
au petit feu de la technique
versez la sauce énigmatique
saupoudrez de quelques étoiles
poivrez et puis mettez les voiles[1]

où voulez-vous donc en venir ?
À écrire
vraiment ? à écrire ???

**Raymond Queneau**, *Le Chien à la mandoline*,
Éditions Gallimard, 1965.

1. partez (expression familière).

# Pour faire un poème dadaïste

Prenez un journal
Prenez des ciseaux
Choisissez dans ce journal un article ayant la longueur
que vous comptez donner à votre poème.
Découpez l'article
Découpez ensuite avec soin chacun des mots
qui forment cet article et mettez-le dans un sac.
Agitez doucement
Sortez ensuite chaque coupure[1] l'une après l'autre
dans l'ordre où elles ont quitté le sac.
Copiez consciencieusement.
Le poème vous ressemblera.
Et vous voilà un écrivain infiniment original et d'une
sensibilité charmante, encore qu'incomprise du vulgaire[2].

**Tristan Tzara**, « Sept manifestes dada », 1924,
*Œuvres complètes*, t. 1, Flammarion, 1975.

1. morceau de journal découpé. 2. de « monsieur tout-le-monde ».

← **Juan Gris**, *Journal et fruits*, 1916, huile sur toile, galerie d'art de l'université de Yale.

## Après avoir lu les textes

PÉDAGOGIE DIFFÉRENCIÉE

Choisissez un des deux poèmes et répondez aux questions pour pouvoir ensuite le présenter à vos camarades.

**« Pour un art poétique »** de R. Queneau

1. Recopiez tous les verbes conjugués à l'impératif.
2. À quel type de texte peu poétique ce texte vous fait-il penser ? Pourquoi ?
3. Observez les derniers vers, qui semblent former un dialogue. Qui pourrait parler à votre avis ?

**« Pour faire un poème dadaïste »** de T. Tzara

1. Au début des v. 1 à 8, quel est le mode des verbes ? Relevez-les. ▸ Langue, p. 324
2. À quel type de texte ce poème vous fait-il penser ? Pourquoi ?
3. À votre avis, Tristan Tzara prend-il au sérieux son lecteur ou se moque-t-il gentiment de lui ? Justifiez.

**Bilan** Pourquoi le poème que vous avez étudié peut-il se lire comme une parodie d'art poétique ? L'appréciez-vous ? Pourquoi ?

Complétez votre carte Mémo.

Tristan Tzara (1896-1963), Raymond Queneau (1903-1976) et Jacques Prévert (1900-1977) ont tous trois côtoyé le milieu du **surréalisme**, qui cherchait à utiliser **le hasard et les rêves** pour créer. Tristan Tzara appartenait plus précisément au mouvement dadaïste, qui avait pour but de déranger l'ordre établi en cassant les traditions et les conventions.

# Pour faire le portrait d'un oiseau

TEXTE ÉCHO

Prenez une feuille blanche et un crayon, puis **écoutez** le poème de **Jacques Prévert**. Essayez de suivre tous les conseils du poète pour dessiner, au fur et à mesure de l'écoute, un oiseau.

## Après avoir écouté le texte écho

**1** Qu'avez-vous pu dessiner ? Pourquoi n'avez-vous pas pu faire tout ce que demandait J. Prévert ?

**2** Quelle forme verbale le poète utilise-t-il pour donner ses conseils ?

**3** Le poète aime-t-il les oiseaux en cage ? Que symbolise l'oiseau pour lui à votre avis ?

**Bilan** Finalement, le poème de J. Prévert peut-il se lire comme une leçon de dessin ? Qu'avez-vous ressenti en l'écoutant ?

## Histoire des arts

Le mouvement surréaliste a touché tous les arts dans la première moitié du XXe siècle. Il a inspiré de nombreux peintres.

**1.** Observez cette image. Il s'agit d'un cadavre-exquis. Quelle est l'origine de ce terme ? Faites une petite recherche.

**2.** Cherchez des informations sur les quatre auteurs du dessin. Qui était écrivain·e ? Et peintre ?

**3.** Quelle impression cette œuvre produit-elle sur le spectateur ? Est-elle selon vous : étrange • inquiétante • sereine • abstraite • onirique • amusante ? Justifiez votre point de vue.

**Valentine Hugo**, **André Breton**, **Tristan Tzara** et **Greta Knutson**, *Cadavre-exquis*, 1933, crayons sur papier de couleur, MoMa, Londres.

## Oral

Par quatre, vous composerez des **« cadavres-exquis »**, c'est-à-dire des créations surréalistes qui se fondent sur le hasard.

• Prenez chacun une feuille. À chaque fois que vous écrirez quelque chose, vous la replierez et vous la ferez circuler dans le sens des aiguilles d'une montre.

→ **Étape 1 :** Écrivez un GN.

→ **Étape 2 :** Notez un verbe qui peut être suivi d'un COD.

→ **Étape 3 :** Écrivez à nouveau un GN.

→ **Étape 4 :** Ajoutez un complément de temps, de lieu ou de cause.

• Dépliez vos quatre feuilles et lisez vos phrases à la classe. Qu'en pensez-vous ?

## Oral

Rendez-vous à l'**Atelier 4** « Créer une anthologie sonore » (p. 188) pour découvrir des poèmes de Tahar Ben Jelloun pensés pour être accompagnés de peintures. À vous d'**illustrer** et d'**enregistrer** ses lumineux poèmes !

### Point de cours

• Au début du XXe siècle, de nouveaux mouvements artistiques apparaissent (le dadaïsme, puis le surréalisme) qui cherchent à jouer avec les mots. R. Queneau, T. Tzara et J. Prévert s'inspirent de la tradition de l'art poétique mais s'en détournent pour amuser le lecteur ou le faire rêver.

# DÉFI Calligramme

# Dessiner un poème

Réalisez les plus beaux calligrammes et ornez les murs de votre classe avec vos créations poétiques !

## Participez au défi !

### Découverte des calligrammes

Savez-vous ce que signifie le mot « calligramme » ? Il a été inventé par le poète Guillaume Apollinaire, qui a mêlé les mots « calligraphie » et « idéogramme ». En grec, *kalos* signifie « beau » et *gramma*, « lettre, écriture ». Le calligramme est un poème dont les mots figurent un dessin.

« Comme l'on s'amuse bien » : Apollinaire, dans ce calligramme, joue avec le lecteur en créant des énigmes.

Le mot « cravate » permet de dessiner le haut de la cravate. Il est en majuscules pour qu'on le voie bien.

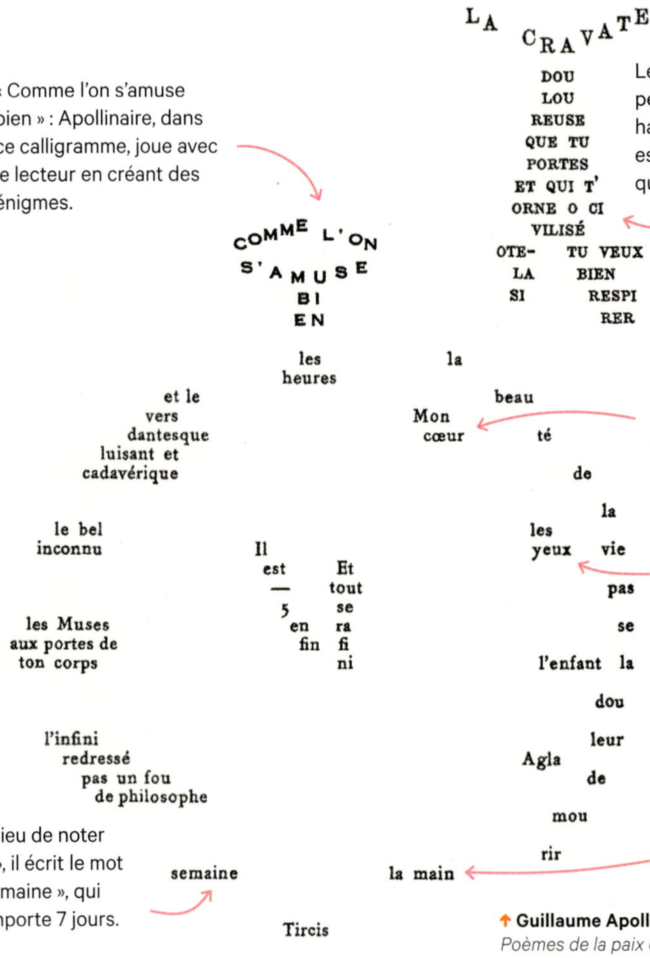


Au lieu de noter le chiffre « 1 » sur la montre, il écrit « mon cœur » car il n'en a qu'un.

Au lieu de noter « 2 », il écrit « les yeux ».

Au lieu de noter « 7 », il écrit le mot « semaine », qui comporte 7 jours.

Pourquoi écrit-il « la main » au lieu de 5 ?

↑ **Guillaume Apollinaire**, *Calligrammes, Poèmes de la paix et de la guerre*, 1913-1916.

### Préparation et déroulement du défi

- Notez sur une fiche le nom d'un objet, d'un animal ou d'un personnage et 3 mots qui devront figurer dans le poème.
  Exemple : **Titre :** La montre. **Mots obligatoires :** cœur • yeux • semaine
  Le/la professeur·e ramasse les fiches et choisit celles qui figureront dans le défi.
- Mettez-vous par trois ou quatre et piochez une fiche.
  Répartissez-vous les rôles : ceux qui tracent au crayon sur une feuille blanche la forme de l'élément à représenter, ceux qui réfléchissent sur les phrases du poème. N'oubliez pas d'utiliser les 3 mots obligatoires.
- Mettez au propre votre calligramme. Jouez avec la taille des lettres et les couleurs.

### Vote

- Votre professeur·e présente vos calligrammes à un jury composé d'autres enseignants ou d'élèves d'une autre classe.
- Le jury doit voter pour : 1 Le calligramme le plus beau visuellement.
  2 Le texte le plus poétique.

À vos crayons !

BILAN

# L'art de jouer avec les mots

| XVIe SIÈCLE | XVIIe SIÈCLE | … | XIXe SIÈCLE | XXe SIÈCLE | XXIe SIÈCLE |
|---|---|---|---|---|---|

- *Les Regrets*, **J. du Bellay**
- *Art poétique*, **N. Boileau**
- *L'Art d'être grand-père*, **V. Hugo**
- *Art poétique*, **P. Verlaine**
- *Monsieur monsieur*, **J. Tardieu**
- *Rythmes*, **A. Chedid**

Mon carnet de 6e

Complète une dernière fois **ta carte Mémo** et colle-la dans ton carnet.

Indique dans **« Mes prestations orales »** la date et le sujet de ton oral.

Dans la page des **« Auteurs du XXe siècle »**, rédige une petite biographie d'Andrée Chedid.

Consacre une page à ton poème préféré dans **« Mes coups de cœur ! »**.

Dans tes pages **« Histoire des Arts »**, crée une mini-fiche sur l'artiste que tu as préféré dans ce chapitre.

## La poésie pour célébrer le monde

- De nombreux poètes célèbrent la **beauté du monde** :
  - Victor Hugo souligne le **contraste** et la **richesse de la création**.
  - Il s'attache, comme Marceline Desbordes-Valmore dans « Soir d'été », à décrire les **sensations liées à un instant privilégié** de la journée dans « Fenêtres ouvertes ».
- Rimbaud et Cendrars font rêver de voyages et de **liberté**.
- Tardieu insiste sur la **petitesse de l'homme** face à la nature.

## La poésie pour dire la puissance des mots

- Pour certains poètes, la poésie a un **pouvoir consolateur** :
  - Du Bellay exprime sa mélancolie dans ses sonnets.
  - Andrée Chedid cherche à lutter contre le temps qui passe.
- D'autres poètes prêtent aux mots un véritable **pouvoir créateur** : Guillevic ou Bernard Friot soulignent dans de très courts poèmes la force de l'imaginaire.

## L'art poétique

- Un **art poétique** est un texte proposant des **règles** pour écrire de beaux poèmes. Nicolas Boileau conseille aux poètes de faire preuve de rigueur. Verlaine, lui, prône la musicalité des vers.
- Au XXe siècle, Tristan Tzara, Raymond Queneau ou Jacques Prévert parodient les arts poétiques en mettant l'accent sur le **jeu**, la **liberté** du poète ou le rôle du **hasard**.

## Vocabulaire de la poésie

- Les vers :
  - **alexandrins** (12 syllabes)
  - **décasyllabes** (10 syllabes)
  - **octosyllabes** (8 syllabes)
  - **vers libres** (sans régularité ni rimes)
- Les rimes :
  - AABB : **rimes suivies ou plates**
  - ABAB : **rimes croisées ou alternées**
  - ABBA : **rimes embrassées**
- Les sonorités :
  - **allitération** : répétition de mêmes consonnes
  - **assonance** : répétition de mêmes voyelles
  - **anaphore** : répétition de mêmes mots en début de vers

← **V. van Gogh**, *Champ de blé vert avec cyprès*, 1889, huile sur toile, National Gallery, Prague.

ATELIER 1 Oral

# Apprendre et mettre en voix un poème

- Dans cet atelier, vous allez apprendre et mettre en voix le poème « Le jardin et la maison » d'Anna de Noailles en cherchant à transmettre à votre auditoire l'émotion de la poétesse.
- Lisez la Méthode puis, selon vos besoins, aidez-vous de ces exercices de langue.

## Vocabulaire

### Manipuler le vocabulaire de la poésie

**1** Indiquez où se trouvent la strophe, le vers et les rimes.

1
Le jet d'eau du jardin, qui monte et redescend,
Fait dans le bassin clair son bruit rafraîchissant ; 3
2

### Savoir prononcer des vers

**Voici la règle de prononciation des « e » muets en poésie.**
- Les « e » sont prononcés s'ils sont suivis d'une consonne.
- Les « e » ne sont pas prononcés s'ils sont suivis d'une voyelle, ni en fin de vers.

**2** Copiez ces vers et entourez les « e » que vous prononcerez.

Ex. : Les baies du lierre obscur où l'ombre se recueille

Sentant venir le soir se couchent dans leurs feuilles
Voici l'heure où le pré, les arbres et les fleurs
Dans l'air dolent et doux soupirent leurs odeurs.

**3** **a.** Combien ces vers ont-ils de syllabes prononcées ?

La paisible maison respire au jour qui baisse,
Les petits orangers fleurissant dans leurs caisses.

**b.** Comment appelle-t-on ce type de vers ?

**4** **a.** Lisez ce texte à haute voix puis réécrivez-le pour en faire un quatrain. Aidez-vous des rimes.

La forêt, les étangs et les plaines fécondes ont plus touché mes yeux que les regards humains, je me suis appuyée à la beauté du monde et j'ai tenu l'odeur des saisons dans mes mains.

**Anna de Noailles**, « L'Offrande à la nature », *Le Cœur innombrable*, 1901.

**b.** Lisez votre strophe à haute voix. Qu'est-ce qui a changé dans votre façon de lire ? Pourquoi ?

### Étudier le vocabulaire du poème pour en saisir le sens

**5** Classez ces mots selon leur champ lexical.

pré • arbre • doux • lierre • feuille • paisible • orangers • feuillage • étang • s'apaiser • se détendre • paix.

La douceur

La nature

**6** Quels sont les termes qui personnifient la nature, c'est-à-dire qui cherchent à la rendre humaine ?

Le vent mouillé du soir attriste le jardin ;
L'eau frissonne et s'écaille aux vagues du bassin
Et les choses ont l'air d'être toutes peureuses ; [...]

**Anna de Noailles**, « Soir d'été », *Le Cœur innombrable*, 1901.

## Grammaire - Orthographe

### Identifier la syntaxe pour comprendre les vers

► Langue, p. 304-309

**7** **a.** Trouvez le sujet de chaque verbe en gras.

Voici l'heure où le pré, les arbres et les fleurs
Dans l'air dolent et doux **soupirent** leurs odeurs.

Les baies du lierre obscur où l'ombre se recueille
Sentant venir le soir **se couchent** dans leurs feuilles.

Le jet d'eau du jardin, qui monte et redescend,
**Fait** dans le bassin clair son bruit rafraîchissant.

Le feuillage qui boit les vapeurs de l'étang
Lassé des feux du jour **s'apaise** et **se détend**.

**b.** Lisez ces vers à haute voix, faites entendre leur sens.

### S'appuyer sur la ponctuation pour oraliser le poème

**8** **a.** Comptez les syllabes entre les virgules.

Et comme elle, penché sur l'horizon, mon cœur
(4 syllabes / ... syllabes / ... syllabes)

S'emplit d'ombre, de paix, de rêve et de fraicheur...
(... syllabes / 2 syllabes / ... syllabes)

**b.** Lisez ces vers en respectant la ponctuation.

**9** Lisez ces vers avec une pause légère pour les virgules et une pause plus forte pour les points.

Il fera longtemps clair ce soir, les jours allongent.
La rumeur du jour vif se disperse et s'enfuit,
Et les arbres surpris de ne pas voir la nuit
Demeurent éveillés dans le soir blanc, et songent...

**Anna de Noailles**, «Il fera longtemps clair... », *Le Cœur innombrable*, 1901.

### Visualiser les noms dans un poème pour le mémoriser

**10** **a.** Copiez les noms communs de cette strophe :

Et la maison, avec sa toiture d'ardoises,
Laissant sa porte sombre et ses volets ouverts,
Respirera l'odeur des coings et des framboises
Éparse lourdement autour des buissons verts [...].

**Anna de Noailles**, « Le Verger », *Le Cœur innombrable*, 1901.

**b.** Apprenez la strophe par cœur. Récitez-la en cachant les vers mais en regardant les images.

# Le jardin et la maison

Voici l'heure où le pré, les arbres et les fleurs
Dans l'air dolent[1] et doux soupirent leurs odeurs.

Les baies[2] du lierre obscur où l'ombre se recueille
Sentant venir le soir se couchent dans leurs feuilles,

Le jet d'eau du jardin, qui monte et redescend,
Fait dans le bassin clair son bruit rafraîchissant ;

La paisible maison respire au jour qui baisse
Les petits orangers fleurissant dans leurs caisses.

Le feuillage qui boit les vapeurs de l'étang
Lassé des feux du jour s'apaise et se détend.

– Peu à peu la maison entr'ouvre ses fenêtres
Où tout le soir vivant et parfumé pénètre,

Et comme elle, penché sur l'horizon, mon cœur
S'emplit d'ombre, de paix, de rêve et de fraîcheur...

**Anna de Noailles**, *Le Cœur innombrable*, 1901.

1. souffrant. 2. petit fruit charnu.

La comtesse Anna de Noailles (1876-1933) est une poétesse et romancière française. Elle reçoit une éducation tournée vers les arts, particulièrement **la musique** et **la poésie**. Ses poèmes célèbrent l'amour mais aussi l'harmonie avec la nature.

↑ **Ernest Rouart**, *Le Jardin de la Queue-en-Brie*, XIXe siècle.

## Méthode

### Étape 1 Comprendre et s'approprier le poème

- Découvrez le poème : ▸ voir exercice 1

Qui en est l'auteur ?

En quelle année a-t-il été publié ?

Combien a-t-il de strophes ? de vers par strophe ?

Comment appelle-t-on ce type de vers ?

- Copiez ou téléchargez le poème. Surlignez en jaune les mots appartenant au champ lexical de la nature et en rose ceux de la douceur. Qu'est-ce qui donne l'impression que la nature est animée, personnifiée ? ▸ voir exercices 5 et 6

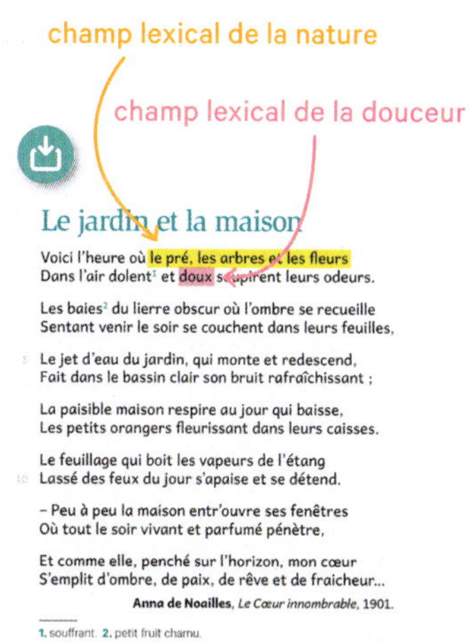

Le jardin et la maison
Voici l'heure où le pré, les arbres et les fleurs
Dans l'air dolent[1] et doux soupirent leurs odeurs.
Les baies[2] du lierre obscur où l'ombre se recueille
Sentant venir le soir se couchent dans leurs feuilles,
Le jet d'eau du jardin, qui monte et redescend,
Fait dans le bassin clair son bruit rafraîchissant ;
La paisible maison respire au jour qui baisse,
Les petits orangers fleurissant dans leurs caisses.
Le feuillage qui boit les vapeurs de l'étang
Lassé des feux du jour s'apaise et se détend.
– Peu à peu la maison entr'ouvre ses fenêtres
Où tout le soir vivant et parfumé pénètre,
Et comme elle, penché sur l'horizon, mon cœur
S'emplit d'ombre, de paix, de rêve et de fraîcheur...
Anna de Noailles, Le Cœur innombrable, 1901.
1. souffrant. 2. petit fruit charnu.

### Étape 2 Préparer la lecture

- Entourez en vert les « e » muets que vous devrez prononcer. ▸ voir exercices 2 et 3
- Repérez les pauses à effectuer à l'aide de la ponctuation : entourez en bleu virgules et points virgules, en rouge points, points de suspension et tirets. ▸ voir exercices 8 et 9
- Repérez les quatre phrases du poème, faites une accolade pour indiquer les strophes qui s'enchainent.

### Étape 3 S'exercer à mémoriser le poème et à le dire à voix haute

- Vous pouvez l'apprendre seul·e ou à plusieurs. Vous veillerez à vous répartir les strophes en repérant la structure des phrases. ▸ voir exercices 4 et 7

PÉDAGOGIE DIFFÉRENCIÉE

**1re strophe** | **strophes 2, 3 et 4** | **strophe 5** | **strophes 6 et 7**

- Mémorisez le poème en imaginant les éléments qui y sont décrits : dessinez au fil de votre apprentissage, strophe par strophe, les éléments du décor. ▸ voir exercice 10
- N'allez pas trop vite en récitant votre poème et n'hésitez pas à faire de longues pauses. Parlez haut et clair.

**À vous de nous faire entendre la douceur d'un soir d'été...**

| Auto-évaluation | Oui | Non |
|---|---|---|
| J'ai bien mémorisé mon poème. | | |
| J'ai cherché à respecter la longueur du vers et la ponctuation. | | |
| J'ai récité mon poème de façon expressive. | | |

ATELIER 2 Écrit

# Constituer un recueil de haïkus

- Dans cet atelier, vous allez découvrir un poème traditionnel japonais, le haïku. Vous en écrirez chacun un et constituerez tous ensemble un recueil.
- Lisez la Méthode pour bien comprendre comment créer votre haïku et faites les exercices selon vos besoins.

## Vocabulaire

### Utiliser des synonymes sur l'immensité et la fragilité

▸ Langue, p. 338

**1** ★★★ **a.** Relevez les synonymes de l'adjectif « immense ».
petit • illimité • infini • chétive • fluet • démesuré • insignifiant • gigantesque • vaste • minuscule • étriqué • grand • colossal • fin • imperceptible • minime • lilliputien

**b.** Que signifient les adjectifs non retenus ?

**2** ★★★ **a.** Relevez les synonymes de l'adjectif « fragile ».
faible • fort • résistant • délicat • robuste • fluet • frêle • chétif • invincible • solide • éphémère • indestructible

**b.** Que signifient les adjectifs non retenus ?

**3** ★★★ Replacez les adjectifs qualificatifs.

immense | éphémère | infini | minuscule | chétif

1. Cette montagne est ....
2. Le petit oiseau semble ... dans ce grand paysage.
3. Ce vieil arbre ... semble malade.
4. La plante mourra en hiver : elle est ....
5. Je me sens tout petit face au ciel ... !

### Décrire des éléments de la nature

**4** ★★★ **a.** Observez cette estampe. Quels éléments naturels identifiez-vous ?

une rivière | la mer | la montagne | des vagues | la brume | le brouillard | la forêt | les rives | la plaine | le ciel | une île | un champ | des marais | le volcan

**b.** Choisissez trois éléments naturels et ajoutez deux adjectifs pour les qualifier.

**c.** À votre avis, que peuvent ressentir les personnages au milieu de la nature ?

↑ **Hokusai**, *La rivière Tama dans la province de Musashi*, vers 1829-1833, BnF.

## Grammaire - Orthographe

### Manipuler les compléments de lieu ▸ Langue, p. 300

**5** ★★★ Relevez deux compléments de lieu dans ce haïku.

> Sur les dessins d'enfants
> un soleil tout rouge
> dehors la neige en bourrasque.

**6** ★★★ Observez la structure de ce complément de lieu.

sous la lune du soir
(sous : Préposition ; lune : Nom noyau ; du soir : Complément du nom « lune »)

**a.** Complétez chaque complément de lieu.
1. à l'ombre de ...  2. entre les vagues de ...

**b.** Créez cinq compléments de lieu. Vous pouvez utiliser des noms de la liste ou de votre choix.
Prépositions : dans, derrière, devant, sous, sur.
Nom : clarté, champ, écume, immensité, forêt, océan, plage, soleil, ville, voûte...

### Réviser la conjugaison du présent de l'indicatif

▸ Langue, p. 314

**7** ★★★ Conjuguez les verbes au présent de l'indicatif.
1. Je (contempler). Je (s'endormir). J' (apercevoir).
2. L'herbe (fléchir). Le vent (rugir). La lune (pâlir).
3. L'oiseau (s'envoler). Ce chat (se blottir).
4. Nous (admirer). Nous (ressentir). Nous (voir)
5. Les nuages (courir). Ces feuilles (virevolter).
6. Ces arbres (frissonner). Les abeilles (bourdonner).

### Maitriser phrase non verbale et phrase simple

▸ Langue, p. 304

**8** ★★★ **a.** Quel haïku est formé d'une phrase non verbale ? d'une phrase simple (un verbe conjugué) ?

> Sur un seul arbre
> dans la plaine immense
> les cigales s'attroupent.

> Sur la pointe d'une herbe
> devant l'infini du ciel
> une fourmi.

**b.** Quelle construction préférez-vous ? Pourquoi ?

**9** ★★★ Créez un haïku composé d'une phrase non verbale selon cette structure.
Sur ... *(complément de lieu 1)*
dans ... *(complément de lieu 2)*
un oiseau minuscule.

**10** ★★★ Créez un haïku composé d'une phrase simple selon cette structure.
Sur ... *(complément de lieu 1)*
devant la mer déchainée
... *(sujet)* ... *(verbe conjugué au présent de l'indicatif).*

# Haïkus « immensité et petitesse »

**1** Cueillant des champignons
je lève la tête –
la lune est sur la cime

**Yosa Buson** (1716-1783).

**2** Les montagnes au loin –
reflet dans les prunelles
d'une libellule

**Yosa Buson** (1763-1828).

**3** Sous la lune du soir
l'escargot
torse nu

**Kobayashi Issa** (1763-1827).

**4** Sur un seul arbre
dans la plaine immense
les cigales s'attroupent

**Masaoka Shiki** (1867-1902).

**5** Sur la pointe d'une herbe
devant l'infini du ciel
une fourmi

**Ozaki Hôsai** (1885-1926).

**6** Sur les dessins d'enfants
un soleil tout rouge
dehors la neige en bourrasque

**Kaneko Tôta** (né en 1919).

**7**

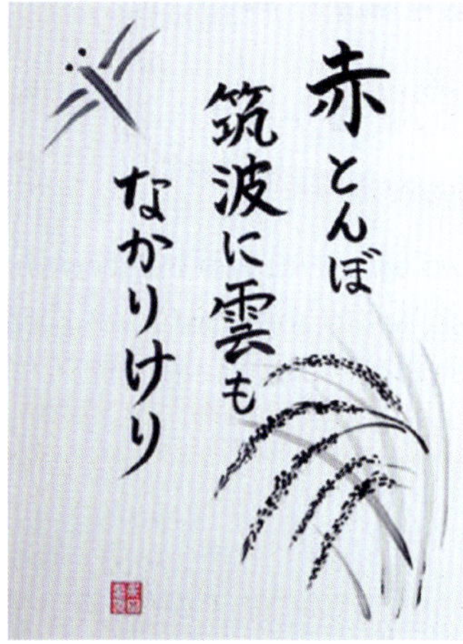


Une libellule rouge,
aucun nuage sur
le mont Tsukuba

**Mitsuru Nagata**, « Haïku de Masaoka Shiki », trad. Kazuko Nakayama, 2014.

*Anthologie du poème court japonais*, trad. Corinne Atlan et Zéno Bianu, Éditions Gallimard, 2002.

## Méthode

### Étape 1 Observer la structure des haïkus

- Observez les haïkus, que remarquez-vous ?
- Lisez-les : tous montrent un contraste entre l'immensité et la petitesse. Repérez ce contraste dans chaque poème et notez-le dans un tableau.
- Lesquels sont composés d'une phrase non verbale ? À quel temps le verbe est-il conjugué dans les autres haïkus ? ▸ voir exercices 8 et 9
- Relevez dans les haïkus 3, 4, 5 et 7 les compléments de lieu. Où se situent-ils ? ▸ voir exercices 5 et 6
- Observez les haïkus 1, 4 et 5 : à quel vers se situe l'élément le plus important ?

| Haïkus | Élément immense | Élément plus petit |
|---|---|---|
| 1 | « la lune » | « je » |
| 2 | | |
| 3 | | |
| 4 | | |
| 5 | | |
| 6 | | |
| 7 | | |

### Étape 2 Composer un haïku

- Respectez bien la disposition en trois vers courts.
- Écrivez un haïku marquant un contraste entre petitesse et immensité. ▸ voir exercices 1 à 3
- Inspirez-vous d'un paysage naturel. Enrichissez les GN grâce à des adjectifs ou des compléments de nom. ▸ voir exercices 1 à 4, 6
- Choisissez la structure de phrase que vous voulez (phrase non verbale ou phrase simple au présent de l'indicatif). ▸ voir exercices 7 à 10

Complément de lieu 1
+
Complément de lieu 2
+
Sujet + Verbe ou Verbe + Sujet

Complément de lieu
+
Verbe au présent
+
Sujet

Complément de lieu 1
+
Complément de lieu 2
+
Groupe nominal

### Étape 3 Classer les haïkus

- Lisez tous les haïkus rédigés dans la classe. Débattez ensemble sur la manière dont vous pouvez les classer.

Par saisons ? Par lieux évoqués ? Par atmosphère ?

- Donnez un nom aux parties que vous aurez choisies, puis cherchez un titre pour votre recueil.
- Réalisez votre recueil et déposez-en un exemplaire au CDI.

**Partagez votre maitrise de cet art japonais !**

| Auto-évaluation | Oui | Non |
|---|---|---|
| J'ai respecté la forme du haïku. | | |
| Immensité et petitesse contrastent dans mon poème. | | |
| J'ai réfléchi au titre et à la structure du recueil. | | |

# ATELIER 3 Écrit

# Créer un poème en prose et le saisir par traitement de texte

- Vous allez découvrir un poème en prose de Francis Ponge puis en inventer un sur le même modèle.
- Lisez la Méthode. Selon vos besoins, aidez-vous des exercices pour créer votre poème !

## Vocabulaire

### Entendre des allitérations

**1** ★★★ Repérez les allitérations (répétition sonore d'une même consonne) dans ces citations de F. Ponge.

1. à la fois fière et farouche
2. une poudre assez précieuse s'y dépose
3. une formule perle au coin nasal de l'oeil
4. C'est un creux entouré d'une terre fragile : rugueuse et fêlable à merci.

### Reconnaitre la structure d'un texte

**2** ★★★ Reliez ces mots avec leur définition.

| | |
|---|---|
| Paragraphe • | • Ensemble de plusieurs vers |
| Prose • | • Espace blanc en début de paragraphe |
| Strophe • | • Ligne suivie d'espace blanc en poésie |
| Alinéa • | • Partie d'un texte commençant par un alinéa |
| Vers • | • Texte dont les lignes vont jusqu'au bord de la page |

### Maitriser le vocabulaire d'un clavier

**3** ★★★ **a.** Associez la touche de clavier à sa définition.

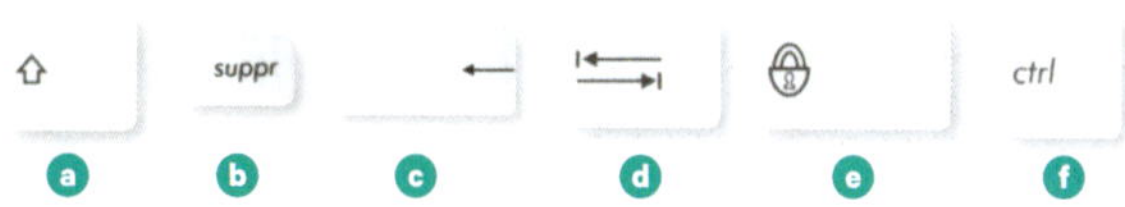


1. Contrôle : permet de faire des raccourcis.
2. Effacer : efface ce qu'il y a avant le curseur.
3. Tabulation : permet de faire des alinéas réguliers.
4. Suppression : efface ce qu'il y a après le curseur.
5. Verrouillage majuscule : permet d'écrire tout en majuscule.
6. Majuscule : sert à écrire en majuscule ou en caractères spéciaux.

**b.** Retrouvez où se situent ces touches sur le clavier.

a b c
d e f

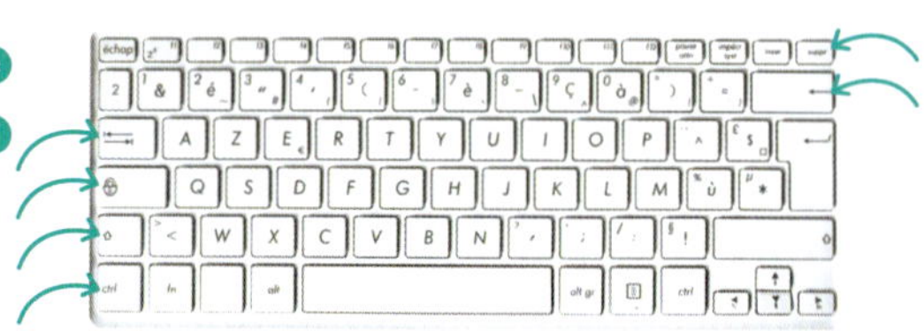

**4** ★★★ À quoi servent ces raccourcis clavier ?

ctrl + s ctrl + c ctrl + v ctrl + x ctrl + z

1. Enregistrer le document (*save* en anglais)
2. Couper l'élément sélectionné
3. Copier l'élément sélectionné (*copy* en anglais)
4. Annuler la dernière action
5. Coller l'élément sélectionné

## Grammaire - Orthographe

### Savoir donner des définitions ▸ Langue, p. 262 à 286

**5** ★★★ Pour donner la définition d'un mot, on utilise un mot de la même nature que lui.

Ex. : Qu'est-ce qu'une cruche ? → C'est un pichet en terre.
Nom (cruche) — Nom (pichet)

Trouvez la bonne définition de chaque nom.

**a.** Qu'est-ce qu'un cerf-volant ?
1. C'est quand on fait voler un objet dans le ciel.
2. C'est un objet qui vole dans le ciel.

**b.** Qu'est-ce qu'un aquarium ?
1. C'est un récipient dans lequel on met des poissons.
2. C'est pour mettre les poissons et les regarder nager.

**c.** Qu'est-ce qu'une hache ?
1. C'est tranchant et ça permet de couper du bois.
2. C'est un outil qui permet de couper du bois.

### Construire des comparaisons ▸ Langue, p. 342

**6** ★★★ **a.** Quelles comparaisons vous semblent possibles ?

| | |
|---|---|
| Un lit • | • Une caverne d'Ali Baba |
| Un sac • | • La lune |
| Une galette • | • Un nuage |

**b.** Faites trois phrases pour comparer ces éléments en utilisant un outil de comparaison : « comme », « pareil à », « ressembler à ».

### Connaitre les normes de la ponctuation à l'ordinateur

**7** ★★★ La ponctuation à l'ordinateur suit les règles de la typographie (bonne manière de présenter un texte).

➥ Les signes de ponctuation en une partie sont collés au mot qu'ils suivent. Il n'y a qu'une espace après.

➥ Les signes de ponctuation en deux parties sont entourés d'une espace avant et après.

Remarque : en typographie, le mot « espace » est féminin.

Poursuivez le classement des signes de ponctuation dans le tableau. « . ! , : ? »

| Une seule espace après | Une espace avant et après |
|---|---|
| ... | ; |

**8** ★★★ Réperez les passages où la ponctuation ne respecte pas les normes du traitement de texte.

Le recueil poétique le plus célèbre de Francis Ponge, *Le Parti pris des choses*, a été publié en 1942 . Le poète y décrit les objets les plus ordinaires ;il cherche à leur donner une dimension poétique. Il joue ,pour cela , avec le langage. Pour Ponge, écrire, c'est «produire un objet de plaisir».

# La cruche

Pas d'autre mot qui sonne comme cruche. Grâce à cet U qui s'ouvre en son milieu, cruche est plus creux que creux et l'est à sa façon. C'est un creux entouré d'une terre fragile : rugueuse et fêlable à merci[1]. [...]

Certains, il est vrai, pour se consoler, s'attardent – et pourquoi pas ? – auprès des morceaux d'une cruche cassée : notant qu'ils sont convexes[2]... et même crochus... pétalliformes[3]..., qu'il y a parenté entre eux et les pétales des roses, les coquilles d'œufs... Que sais-je ?

Mais n'est-ce pas une dérision[4] ?

Car tout ce que je viens de dire de la cruche, ne pourrait-on le dire, aussi bien, des paroles ?

**Francis Ponge**, *Pièces*, Éditions Gallimard, 1962.

1. qui peut facilement se casser.
2. courbés vers l'extérieur.
3. en forme de pétale (néologisme).
4. une plaisanterie.

## Méthode

### Étape 1 Comprendre le poème

- Pourquoi Francis Ponge s'intéresse-t-il particulièrement au « u » de « cruche » ?
- « cruche est plus creux que creux ». Quelles allitérations reconnaissez-vous ? ▸ voir exercice 1
- À quoi les observateurs comparent-ils les débris d'une cruche ? Qu'en pense le poète ?
- Dans le dernier paragraphe, à quoi compare-t-il finalement la cruche ?

### Étape 2 Préparer son poème au brouillon

- Choisissez un objet du quotidien sur lequel vous aimeriez écrire.
- Observez les lettres qui le composent et choisissez-en une qui le représente, comme le « u » de « cruche ».

cr**u**che

- Inventez une définition de ce mot en prenant en compte la forme de cette lettre : « c'est ... ». À quoi ressemble l'objet que vous décrivez ? ▸ voir exercices 5 et 6
- Jouez avec les allitérations pour faire entendre les lettres de votre objet. ▸ voir exercice 1
- Choisissez un mot abstrait pour clore votre poème par une comparaison.
  « Car tout ce que je viens de dire de **nom de votre objet** ne pourrait-on le dire, aussi bien de **la vie** **l'amour** **la joie** **la poésie** **l'espoir** **la mélancolie** **la colère** **le silence** **les mots** **la solitude** **la folie** ... ? »

### Étape 3 Composer et taper son poème à l'ordinateur

- Écrivez un poème de trois paragraphes. ▸ voir exercice 2

**1er §** Présentation de votre objet, de la lettre qui lui ressemble et de sa définition.

*Il y a peu de mots qui ...*

**2e §** Comparaison entre cet objet et d'autres.

*Certains disent que ...*

**3e §** Comparaison finale avec un mot plus poétique.

*Mais ne pourrait-on pas, dire, plutôt, que ... ?*

- Tapez votre texte à l'ordinateur en respectant les normes typographiques. Pensez à intégrer des alinéas réguliers en début de paragraphe et à soigner la ponctuation. ▸ voir exercices 3, 4, 7 et 8

**À vos claviers !**

| Auto-évaluation | Oui | Non |
|---|---|---|
| Mon poème en prose a trois paragraphes. | | |
| J'ai suivi les étapes demandées. | | |
| J'ai respecté les normes typographiques du traitement de texte. | | |

ATELIER 4 Oral

# Créer une anthologie sonore

- Tahar Ben Jelloun est un romancier, poète et peintre franco-marocain. Dans cet atelier, vous allez créer tous ensemble une anthologie sonore en lisant et illustrant un de ses poèmes.
- Lisez la Méthode ci-contre et revenez aux exercices si besoin.

## Vocabulaire

### Mettre en valeur assonances et allitérations

**1** Classez ces extraits selon le type d'assonance (répétition sonore de voyelles) qu'ils contiennent.

**1.** Quand la solitude suinte
Sur les murs — ○ en « u » ○ en « a »

**2.** Je trace des phrases — ○ en « u » ○ en « a »

**3.** Un âne léger et une caravane
De jarres pleines d'amour — ○ en « u » ○ en « a »

**2** **a.** Repérez les allitérations (répétition sonore de consonnes) dans ces extraits.

Ex. : Pour illuminer les longues journées de mes amis

**1.** Quand la solitude suinte
Sur les murs

**2.** Les fruits tombés trop tôt

**3.** Je les relis en pensant à l'inconnu
Dans la montagne qui un jour les lira.

**b.** Faites-les entendre en lisant ces vers à haute voix.

### Reconnaitre la figure de la personnification

▸ Langue, p. 342

**3** **a.** Un élément inanimé est personnifié quand il semble vivant. Où se trouve la personnification ici ?

> [...] J'aime cette musique brute
> Qui annonce la beauté du monde
> Ce bruit de cascade est un chant
> Sans mélodie
> Une rafale de rires et de joie
> La montagne est alors une fée qui danse
> Reine ou démone
> Cela dépend de l'humeur du conteur.
>
> **Tahar Ben Jelloun**, *Poèmes peintures*, Éditions Gallimard, 2019.

**b.** Débattez : comment illustreriez-vous cette personnification ?

### Utiliser du vocabulaire d'analyse picturale ▸ Langue, p. 304

**4** Voici une toile de Tahar Ben Jelloun illustrant un de ses poèmes.

**a.** Quels mots utiliseriez-vous pour décrire ses couleurs ?
pastel • lumineuses • vives • monochromes • primaires • ternes • secondaires

**b.** Qu'est-ce qui donne de la symétrie à la toile ?

**c.** À quoi vous font penser les signes de couleur ?

**d.** Où se trouve le poème dans l'image ? Qu'est-ce qui permet de le relier à l'image ?

**T. Ben Jelloun**, acrylique sur toile, 2017. →

## Grammaire - Orthographe

### Savoir reconnaitre des noms communs pour les illustrer ▸ Langue, p. 262 à 286

**5** Un nom est souvent précédé d'un déterminant ou d'une préposition (de...). Relevez les noms.

**1.** Je trace des phrases.
**2.** Ils tombent dans un pot de couleurs.
**3.** Tes rides sont des étoiles.
**4.** Les fruits sont tombés trop tôt.
**5.** Les moineaux sont déroutés par le vent.
**6.** Je ne connais pas leur ordre.

**6** Observez cette liste. Copiez les noms communs.
mots • vie • agité • pluie • temps • léger • joie • offrant • branche • libre • illuminer • musique • heureux • lire

### Repérer des phrases dans un poème sans ponctuation

**7** Chaque phrase ou chaque proposition contient en général un verbe conjugué.

**a.** Copiez ces extraits, entourez les verbes conjugués.

**1.** Certains mots
Sont doués de vie
Ils tombent
Dans un pot de couleurs

**2.** J'écris
Pour être heureux
Chaque poème est un miracle
Je ne sais pas d'où viennent les mots

**b.** Ajoutez des signes de ponctuation.

### Justifier son choix avec des compléments de cause

**8** Parmi ces compléments circonstanciels, quels sont ceux qui expriment la cause ?

J'ai aimé ce poème...
- à cause de la joie qu'il exprime.
- parce que ses derniers vers sont très beaux.
- dès que je l'ai lu.
- alors que c'est la première fois que je le lis.
- parce que j'imagine tout de suite beaucoup d'images.

# Poèmes peintures

Certains mots
Sont doués de vie
Ils tombent
Dans un pot de couleurs
Vives et agitées
Ils sortent habillés
Quand la solitude suinte[1]
Sur les murs
Alors ils deviennent
Une pluie solaire.

Le rêve de l'artiste
Est d'être l'arbre
Qui rassemble et mûrit
Les fruits tombés trop tôt
Être l'arbre et son ombre
Les branches et le soleil
Le parfum et le chapeau de paille
Être libre
La mémoire en fuite
Et les moineaux déroutés[2] par le vent.

J'écris des poèmes
Pour illuminer les longues journées de mes amis
J'écris
Pour être heureux
Chaque poème est un miracle
Je ne sais pas d'où viennent les mots
Ni comment ils surgissent
Je ne connais pas leur ordre
Ni leur musique
Je soupçonne les couleurs qu'ils fabriqueront
Je trace des phrases
Je les relis en pensant à l'inconnu
Dans la montagne qui un jour les lira.

Si le temps avait ton visage
Si tes rides étaient des étoiles
Des fruits laissés sur une table
Sous un cerisier en Toscane[3]
L'été de l'enfance féroce
Si le jour naissait entre tes doigts
Il n'y aurait que joie et clarté
Un âne léger et une caravane[4]
De jarres[5] pleines d'amour
Et d'histoires qui montent dans le ciel
En offrant aux gamins
Des cerises et des cerfs-volants.

**Tahar Ben Jelloun**, *Douleur et lumière du monde*, « Poèmes peintures » (n^s 12, 18, 61 et 33), Éditions Gallimard, 2019.

1. se dit d'un liquide qui s'écoule lentement.
2. déviés de leur route, perdus.
3. région d'Italie.
4. ensemble de nomades traversant le désert.
5. vases utilisés pour conserver des aliments.

## Méthode

### Étape 1 Choisir un poème

- Lisez ces quatre poèmes, composés et illustrés par Tahar Ben Jelloun. Quel est le titre du recueil auquel ils appartiennent ? Qu'en pensez-vous ?
- Débattez par groupe : pourquoi préférez-vous un poème plutôt qu'un autre ? Mettez-vous d'accord sur un seul poème. ▸ voir exercice 8

### Étape 2 Préparer la lecture et l'illustration

- Notez sur une corolle les noms communs les plus importants du poème (ceux que vous voudriez illustrer ou mettre en valeur à l'oral). ▸ voir exercices 5 et 6

- Répartissez-vous les rôles : vous pouvez travailler sur l'illustration ou sur la lecture du poème.

PÉDAGOGIE DIFFÉRENCIÉE

Si vous illustrez le poème, repérez les éventuelles personnifications : elles pourront vous donner des idées. ▸ voir exercice 3

Copiez le poème en coloriant les vers avec des couleurs qui vous inspirent.

Si vous lisez le poème, copiez-le en indiquant le ton de la voix et les silences nécessaires.

Repérez les allitérations et assonances à faire entendre. ▸ voir exercices 1 et 2

Ajoutez de la ponctuation pour vous aider. ▸ voir exercice 7

### Étape 3 Enregistrer et illustrer le poème

- Illustrez votre poème en pensant aux mots repérés et aux couleurs choisies. Vous pouvez intégrer le poème dans l'image si vous le souhaitez. ▸ voir exercice 4
- Enregistrez votre poème. Ne lisez pas trop vite et respectez les petits silences qu'imposent les vers : il ne s'agit pas d'un texte en prose. Si vous êtes plusieurs, pensez à avoir la même intensité dans la voix.
- Transmettez illustration et enregistrement à votre professeur·e pour qu'il/elle fasse le montage et présente vos créations à la classe.

**Place aux artistes !**

| Auto-évaluation | Oui | Non |
|---|---|---|
| Nous avons réfléchi aux éléments importants du poème. | | |
| Nous avons soigné l'illustration et l'enregistrement. | | |
| L'illustration et l'enregistrement sont en cohérence. | | |

CHAPITRE

# 6

Résister au plus fort : ruses, mensonges et masques

# Renards et dindons de la fable

▸ Quelles sont les caractéristiques des fables ?

▸ Toutes les ruses sont-elles morales ?



**Willy Aractingi** (1930-2003), « Le Milan et le Rossignol », « Le Renard, le Loup et le Cheval », coll. privée. →

MISE EN CONTEXTE

# La fable, de l'Antiquité à nos jours

## VIIe-VIe siècles avant J.-C.

**Ésope** serait un fabuliste grec ayant vécu vers 600 avant J.-C. On lui attribue de nombreuses fables (entre 358 et 426) qui ont particulièrement inspiré **J. de La Fontaine**.

← Manuscrit des fables d'Ésope en grec ancien.

## IIIe siècle avant J.-C.

↑ Extrait d'une édition du *Panchatantra* en sanscrit.

Le ***Pachatantra*** est un recueil de fables attribué à un brahmane indien, **Pilpay** (ou **Bidpay**) au IIIe siècle avant J.-C. Jean de La Fontaine revendique cette inspiration.

## Ier siècle

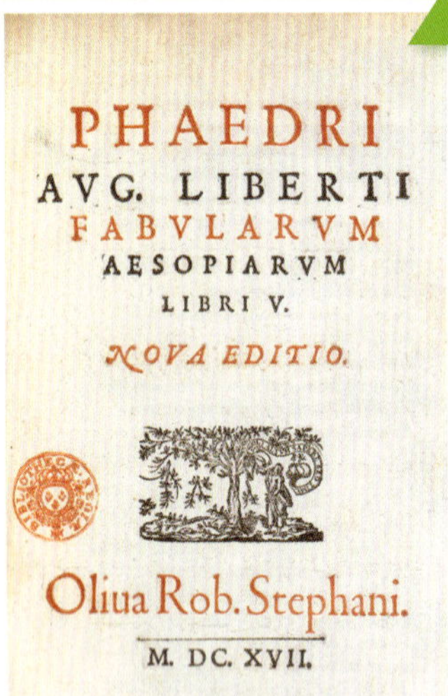
PHAEDRI
AVG. LIBERTI
FABVLARVM
AESOPIARVM
LIBRI V.
NOVA EDITIO.
Oliua Rob. Stephani.
M. DC. XVII.

**Phèdre** est un auteur latin du Ier siècle. Il s'agit sans doute d'un esclave affranchi de l'empereur Auguste. Il a écrit 135 fables, dont 47 s'inspirent d'**Ésope**.

← Page intérieure d'une édition latine des fables de Phèdre.

## XIIe siècle

↑ « Marie de France écrivant », enluminure, vers 1290.

**Marie de France** est une poétesse qui a vécu au XIIe siècle et a composé 103 fables en langue romane, c'est-à-dire en français (et non en latin, comme c'était l'usage à l'époque). Elle s'inspire d'**Ésope** pour écrire ses ***Ysopets***.

## VIIIe siècle

**Ibn al-Muqaffa'** est un haut dignitaire qui a traduit en arabe au VIIIe siècle les fables de Pilpay dans le recueil ***Kalila et Dimna***. Il croise l'inspiration orientale de Pilpay et celle d'**Ésope**. Les héros sont deux chacals qui, dans une discussion, se racontent des fables.

← Manuscrit de *Kalila et Dimna*, Égypte ou Syrie, XIIIe siècle, BnF, Paris.

## XIIe et XIIIe siècles

Le ***Roman de Renart*** n'est pas composé de fables, mais il s'agit d'un ensemble de textes versifiés en langue romane – d'où le terme de « roman ». Plusieurs auteurs en sont à l'origine, de 1170 à 1250. Ils s'inspirent parfois des fables d'Ésope.

← *Roman de Renart*, manuscrit, XIVe siècle, BnF.

## 1621-1695

**Jean de La Fontaine** publie plusieurs livres de fables. Les livres I à VI paraissent en 1668, les livres VII à XI en 1678 et le livre 12 en 1694. Ses fables inspireront de nombreux successeurs, aux XVIIe et XVIIIe siècles notamment, lorsque le genre de la fable est très à la mode.

**Hyacinthe Rigaud**. *Portrait de Jean de La Fontaine*, huile sur toile, v. 1680, musée Cannavalet, Paris. →

## XXe et XXIe siècles

Le genre de la fable a décliné aux XXe et XXIe siècles. Cependant, les fables de **Jean de La Fontaine** sont si célèbres que certains auteurs s'amusent, non plus à les réécrire, mais à les parodier ou à en inventer la suite. C'est le cas de **Raymond Queneau**, **Yack Rivais** ou **Gudule**. De nombreux **illustrateurs** ou **illustratrices** mettent leur talent au service des fables de La Fontaine.

Vocabulaire

# Qu'est-ce qu'une fable ?

Le mot « **fable** » vient du latin *fabula*, qui signifie « récit ». C'est un **mot polysémique**, c'est-à-dire qu'il a plusieurs sens. Il signifie :

- récit imaginaire, histoire inventée ;
- histoire fausse, mensonge ;
- court récit mettant souvent en scène des animaux et comportant une morale, c'est-à-dire une leçon, un enseignement.

**1 Dans la phrase suivante, quels sont les deux sens du mot « fable » ?**
Dans les fables de La Fontaine, de nombreux animaux racontent des fables pour tromper leurs ennemis.

**2 Voici trois mots de la même famille que « fable » :**
affabuler fabuleux fabuliste
Indiquez comment ils sont construits en repérant préfixe, radical et suffixe. Que signifient-ils ?

# TEXTE 1

## La faim justifie les moyens

**OBJECTIF**

Découvrir les sources d'inspiration de La Fontaine

**COMPÉTENCE**

Comparer des textes pour en percevoir les ressemblances et les différences

### Avant de lire les fables antiques

Découvrez le début des fables antiques d'Ésope et Phèdre dans leur langue originale.
À votre avis, de quelles langues s'agit-il ?

**Κόραξ καὶ ἀλώπηξ**
Κόραξ κρέας ἁρπάσας ἐπί τινος δένδρου ἐκάθισεν.
Ἀλώπηξ δὲ θεασαμένη αὐτὸν καὶ βουλομένη τοῦ κρέατος
περιγενέσθαι στᾶσα ἐπῄνει αὐτὸν ὡς εὐμεγέθη τε καὶ καλόν

**Vulpis et Corvus**
Qui se laudari gaudet verbis subdolis,
Fere dat pœnas turpi pœnitentia.

**Fatiha El Hadi**, détail « Le Coq et le Renard », coll. privée

## Du Corbeau et du Renard

Un corbeau, ayant volé un morceau de viande, s'était perché sur un arbre. Un renard l'aperçut, et, voulant se rendre maître de la viande, se posta devant lui et loua[1] ses proportions élégantes et sa beauté, ajoutant que nul[2] n'était mieux fait que lui pour être le roi des oiseaux, et qu'il le serait devenu sûrement, s'il avait de la voix. Le corbeau, voulant lui montrer que la voix non plus ne lui manquait pas, lâcha la viande et poussa de grands cris. Le renard se précipita et, saisissant le morceau, dit : « Ô corbeau, si tu avais aussi du jugement, il ne te manquerait rien pour devenir le roi des oiseaux. »
Cette fable est une leçon pour les sots.

**Ésope**, *Fables*, 165,
trad. du grec Émile Chambry, 1927.

1. vanta, flatta. 2. personne.

## Le Renard et le Corbeau

Celui qui des flatteurs écoute le langage,
Gémira, tôt ou tard, de sa crédulité[1].

Pour savourer en paix le larcin[2] d'un fromage,
Un Corbeau se percha sur un arbre écarté.
Le Renard l'aperçoit, il s'approche et s'écrie :
« Quel plumage ! ô ciel ! quel éclat !
Si la voix s'y trouvait unie,
Il n'est pas, dans ces bois, d'oiseau
qui t'égalât. »
Le sot, de son talent voulant faire étalage,
Ouvre un grand bec, et lâche le fromage.
Le flatteur aussitôt s'empare du butin,
Et laisse tristement jeûner son camarade.

L'esprit plaît, il séduit, il gagne, il persuade ;
Et souvent le plus fort est dupe du[3] plus fin.

**Phèdre**, *Fables*, XIII, trad. du latin,
éd. Louis Duprat-Duverger, 1813.

1. naïveté. 2. le vol. 3. de celui qui est.

### Oral

Le mot « corbeau » en grec vient de son cri.
À l'aide de cet alphabet, prononcez-le en grec.

| Lettres | Prononciation |
| --- | --- |
| Κ (kappa) | k |
| ο (omicron) | o fermé |
| ϱ (rho) | r |
| α (alpha) | a |
| ξ (ksi) | x |

### Histoire des mots

En latin, « renard » se dit *vulpes*.
La forme du mot a évolué avec le temps : « vulpis » est devenu « volpil », puis « goupil » au Moyen Âge. **Retrouvez**, à l'aide de ces titres de fables, le sens des autres mots latins à côté de *vulpis*, le renard.

| Titre latin | Titre français |
| --- | --- |
| Vulpis et Corvus • | • Le Renard et la Chèvre |
| Vulpis et Ciconia • | • Le Renard et l'Aigle |
| Vulpis et Aquila • | • Le Renard et le Corbeau |
| Vulpis et Caper • | • Le Renard et la Cigogne |

Aide : un élevage caprin est un élevage de chèvres.

### Oral

Les fables de La Fontaine ont donné lieu, elles aussi, à des réécritures.

**Écoutez** la réécriture de cette fable proposée par Gudule, autrice contemporaine, dans *Après vous, M de La Fontaine... Contrefables.*

• Pourquoi le Renard change-t-il de comportement vis-à-vis du Corbeau ?

• **Débattez.** Quelle version préférez-vous : celle de La Fontaine ou celle de Gudule ? À votre avis, la morale d'une fable est-elle plus efficace si elle se termine bien ?

# Le Corbeau et le Renard

Au collège, **Jean de La Fontaine** (1621-1695) a étudié le latin mais pas le grec. Il a pu lire les fables d'**Ésope**, fabuliste grec du VII$^{e}$-VI$^{e}$ siècle avant J.-C., dans une traduction latine, ainsi que celles de **Phèdre**, poète latin du I$^{er}$ siècle après J.-C. Il s'en inspire, notamment en 1668, quand il écrit le premier recueil de ses *Fables*.

Maître Corbeau, sur un arbre perché,
Tenait en son bec un fromage.
Maître Renard, par l'odeur alléché[1],
Lui tint à peu près ce langage :
« Hé ! bonjour, Monsieur du Corbeau.
Que vous êtes joli ! que vous me semblez beau !
Sans mentir, si votre ramage[2]
Se rapporte à[3] votre plumage,
Vous êtes le phénix[4] des hôtes[5] de ces bois. »
À ces mots le Corbeau ne se sent pas de joie[6] ;
Et pour montrer sa belle voix,
Il ouvre un large bec, laisse tomber sa proie.
Le Renard s'en saisit, et dit : « Mon bon Monsieur,
Apprenez que tout flatteur
Vit aux dépens de celui qui l'écoute :
Cette leçon vaut bien un fromage, sans doute. »
Le Corbeau, honteux et confus[7],
Jura, mais un peu tard, qu'on ne l'y prendrait plus.

**Jean de La Fontaine**, *Fables*, I, 2, 1668.

**1.** attiré. **2.** chant. **3.** a un lien avec. **4.** oiseau mythologique d'une grande beauté. **5.** habitants. **6.** est très heureux. **7.** gêné, embarrassé.

## Après avoir lu les textes

PÉDAGOGIE DIFFÉRENCIÉE

Lisez les trois textes, puis répondez aux questions sur la fable de votre choix. Construisez ensuite le Bilan en commun.

**Ésope** **Phèdre** **La Fontaine**

**1** Quelle est la forme utilisée par le poète : vers ou prose ? Dans quelle langue écrit-il ?

**2** Comment repérez-vous la présence d'un dialogue ? Qui s'exprime le plus ? ► Langue, p. 306

**3** Quelle est la nourriture convoitée par le Renard ? Par quelle ruse l'obtient-il ?

**4** Quelle est la morale de cette fable ? Est-elle exprimée par le poète ?

**Bilan** Qu'est-ce que Jean de La Fontaine a emprunté à Ésope et à Phèdre ? Qu'a-t-il apporté de différent ? Quelle fable préférez-vous ? Pourquoi ?

*Créez une **carte Mémo** pour restituer les caractéristiques des fables que vous découvrez au fil du chapitre.*

↑ **Willy Aractingi**, « Le Corbeau et le Renard », coll. privée.

## Oral

Protégez un autre oiseau victime d'un prédateur sans pitié en devenant avocat de la défense ! Rendez-vous à l'**Atelier 1**, p. 214.

### Point de cours

- Les fables sont de courts textes appartenant à la tradition populaire : elles sont réécrites et modifiées à chaque époque. Jean de La Fontaine réécrit les fables de Phèdre, elles-mêmes inspirées par Ésope. Des auteurs contemporains, telle Gudule, jouent avec cette tradition pour proposer des réécritures, des parodies ou des suites.

TEXTE 2

# Le Renard, le Loup et le Cheval

**OBJECTIF**
Mettre en scène une fable

**COMPÉTENCE**
Réfléchir aux caractéristiques des personnages d'une fable

Cette fable s'inspire de celle de **Mathurin Régnier** (1573-1613) avec des personnages différents : un Loup, une Lionne et un Mulet. La Fontaine remplace le Loup de Régnier par le personnage du Renard, sans doute parce qu'il incarne mieux la **ruse** selon lui.

Un Renard jeune encor, quoique des plus madrés[1],
Vit le premier Cheval qu'il eût vu de sa vie.
Il dit à certain Loup, franc novice[2] : « Accourez,
Un animal paît[3] dans nos prés,
Beau, grand ; j'en ai ma vue encor toute ravie.
– Est-il plus fort que nous ? dit le Loup en riant.
Fais-moi son portrait, je te prie.
– Si j'étais quelque peintre ou quelque étudiant,
Repartit le Renard, j'avancerais la joie
Que vous aurez en le voyant.
Mais venez. Que sait-on ? peut-être est-ce une proie
Que la Fortune nous envoie. »
Ils vont ; et le Cheval, qu'à l'herbe on avait mis,
Assez peu curieux de semblables amis,
Fut presque sur le point d'enfiler la venelle[4].
« Seigneur, dit le Renard, vos humbles serviteurs
Apprendraient volontiers comment on vous appelle. »
Le Cheval, qui n'était dépourvu de cervelle,
Leur dit : « Lisez mon nom, vous le pouvez, Messieurs ;
Mon cordonnier l'a mis autour de ma semelle. »
Le Renard s'excusa sur son peu de savoir.
« Mes parents, reprit-il, ne m'ont point fait instruire ;
Ils sont pauvres et n'ont qu'un trou pour tout avoir[5] ;
Ceux du Loup, gros Messieurs, l'ont fait apprendre à lire. »
Le Loup, par ce discours flatté,
S'approcha ; mais sa vanité
Lui coûta quatre dents : le Cheval lui desserre
Un coup ; et haut le pied[6]. Voilà mon Loup par terre,
Mal en point, sanglant et gâté[7].
« Frère, dit le Renard, ceci nous justifie
Ce que m'ont dit des gens d'esprit :
Cet animal vous a sur la mâchoire écrit
Que de tout inconnu le sage se méfie. »

**Jean de La Fontaine**, *Fables*, XII, 17, 1693.

1. rusés. 2. vrai naïf.
3. broute, mange de l'herbe.
4. prendre un chemin, s'enfuir.
5. Ils ne possèdent qu'un terrier.
6. Il lui donne un coup en levant les sabots. 7. blessé.

## Après avoir lu le texte

PÉDAGOGIE DIFFÉRENCIÉE

Pour préparer une mise en voix de cette fable, choisissez un personnage et répondez aux questions qui le concernent.

### Le Renard

1 Pourquoi le Renard s'exprime-t-il avec beaucoup de politesse ?

2 Comment le Renard réagit-il lorsque le Loup est blessé ? Qu'en pensez-vous ?

### Le Loup

1 Que ressent le Loup au début de la fable ? Justifiez votre réponse.

2 Quel est le plus gros défaut du Loup ? Citez le texte.

### Le Cheval

1 Montrez que le poète juge le Cheval intelligent. Citez le texte.

2 Quelle est la ruse du Cheval pour échapper à ses agresseurs ?

**Bilan** Montrez que vous avez bien compris cette fable en la **mettant en voix** par groupe de 4. Un·e élève prendra en charge la voix narrative, les autres incarneront les personnages. Pensez à bien respecter leur caractère et leurs intentions.

↑ « Le Renard, le Loup et le Cheval » illustrée par 1 **Gustave Doré** (éd. Hachette, 1868), 2 **Grandville** (éd. Henri Fournier, v. 1838), 3 **Auguste Vimar** (Alfred Mame et fils, 1897, BnF), 4 Anonyme, gravure colorisée (imagerie d'Épinal, vers 1880).

## Histoire des arts

Au XIXe siècle, les *Fables* de Jean de La Fontaine connaissent un succès croissant et sont publiées dans des recueils illustrés, notamment par Grandville et par Gustave Doré. Leurs illustrations sont reproduites grâce au procédé de **la gravure**. On grave une planche de bois sur laquelle on applique de l'encre. On la presse ensuite sur une feuille blanche. On peut ainsi reproduire une image plusieurs fois à l'identique.

1. Observez : comment les graveurs créent-ils des surfaces foncées et des espaces plus clairs ?

2. Quelles gravures donnent un aspect plus humain aux animaux ? Pourquoi ?

3. Quel animal retrouve-t-on, le plus souvent, à l'arrière-plan ? Pourquoi à votre avis ?

4. Quel passage de la fable chaque gravure illustre-t-elle ? Mettez-les dans l'ordre de l'histoire.

## Oral

Vous avez aimé analyser les attitudes des personnages de cette fable ? Rendez-vous à l'**Atelier 2** pour mettre en voix une nouvelle fable, « Le Loup, la Chèvre et le Chevreau », p. 216.

### Point de cours

• Les personnages de la fable sont très souvent des animaux qui ont un comportement humain et sont doués de parole, d'où la présence de dialogues récurrents. En général, le Renard est rusé et cruel, tandis que le Loup, prédateur lui aussi, ne se signale pas par son intelligence.

# TEXTE 3

**OBJECTIF**
Repérer la structure d'une fable

**COMPÉTENCE**
Réfléchir à la morale d'un texte

## Avant de lire le texte

Vocabulaire

**1** **a.** Observez ces mots. Qu'ont-ils en commun ? Comment se composent-ils ?
la morale | immoral | moralement | le moral | moral

**b.** Trouvez dans la liste deux adjectifs qualificatifs, deux noms et un adverbe.

**2** Complétez les phrases avec les mots que vous venez d'étudier :
**a.** Quand quelqu'un agit bien, on dit que son comportement est ... ; quand au contraire il agit mal, on dit qu'il est .... **b.** La ... est la leçon que l'on tire d'une fable ou d'un conte. **c.** Il va très bien ..., mais il est fatigué physiquement. **d.** J'ai eu beaucoup de problèmes, mais je garde le ....

Si Jean de La Fontaine s'inspire encore une fois d'Ésope pour « Le Loup et l'Agneau », il se fonde sur le poème « Il Lupo e le Pecore » de Verdizotti (publié en 1520) pour composer « Le Loup devenu berger ». Les deux fables, pourtant issues de **sources différentes**, se **font écho**.

# Le Loup et l'Agneau

La raison du plus fort est toujours la meilleure :
Nous l'allons montrer tout à l'heure.

Un Agneau se désaltérait
Dans le courant d'une onde[1] pure.
Un Loup survient à jeun, qui cherchait aventure,
Et que la faim en ces lieux attirait.
« Qui te rend si hardi[2] de troubler mon breuvage ?
Dit cet animal plein de rage :
Tu seras châtié de ta témérité.
– Sire, répond l'Agneau, que Votre Majesté
Ne se mette pas en colère ;
Mais plutôt qu'elle considère
Que je me vas[3] désaltérant
Dans le courant,
Plus de vingt pas au-dessous d'Elle ;
Et que par conséquent, en aucune façon,
Je ne puis troubler sa boisson.
– Tu la troubles, reprit cette bête cruelle ;
Et je sais que de moi tu médis l'an passé.
– Comment l'aurais-je fait si[4] je n'étais pas né ?
Reprit l'Agneau ; je tette encor ma mère.
– Si ce n'est toi, c'est donc ton frère.
– Je n'en ai point. – C'est donc quelqu'un des tiens ;
Car vous ne m'épargnez guère,
Vous, vos bergers et vos chiens.
On me l'a dit : il faut que je me venge. »
Là-dessus, au fond des forêts
Le loup l'emporte, et puis le mange,
Sans autre forme de procès.

**Jean de La Fontaine**, *Fables*, I, 10, 1668.

1. eau.
2. assez audacieux pour.
3. Que je me promène.
4. puisque.

↑ **Félix Lorioux** (ill.), *Fables de La Fontaine*, éd. Hachette, 1929.

## Histoire des mots

Le mot « part » est utilisé dans de nombreuses expressions en français. En voici quelques-unes. Associez chaque expression à sa définition.

a. Tirer parti de quelque chose
b. Avoir part à quelque chose
c. Faire la part belle à quelqu'un
d. Faire part de quelque chose

1. Participer, être mêlé par intérêt
2. Informer
3. Exploiter, utiliser
4. Avantager quelqu'un

Laquelle retrouve-t-on dans la fable, p. 199 ?

# Le Loup devenu berger

Un Loup, qui commençait d'avoir petite part[1]
Aux Brebis de son voisinage,
Crut qu'il fallait s'aider de la peau du renard,
Et faire un nouveau personnage.
Il s'habille en berger, endosse un hoqueton[2],
Fait sa houlette d'un bâton[3] ;
Sans oublier la cornemuse.
Pour pousser jusqu'au bout la ruse,
Il aurait volontiers écrit sur son chapeau :
« C'est moi qui suis Guillot, berger de ce troupeau. »
Sa personne étant ainsi faite,
Et ses pieds de devant posés sur sa houlette,
Guillot le sycophante[4] approche doucement.
Guillot, le vrai Guillot, étendu sur l'herbette,
Dormait alors profondément ;
Son chien dormait aussi, comme aussi sa musette[5] :
La plupart des brebis dormaient pareillement.
L'hypocrite les laissa faire ;
Et pour pouvoir mener vers son fort[6] les brebis,
Il voulut ajouter la parole aux habits,
Chose qu'il croyait nécessaire.
Mais cela gâta son affaire :
Il ne put du pasteur[7] contrefaire la voix.
Le ton dont il parla fit retentir les bois,
Et découvrit tout le mystère.
Chacun se réveille à ce son,
Les brebis, le chien, le garçon.
Le pauvre Loup, dans cet esclandre[8],
Empêché par son hoqueton,
Ne put ni fuir ni se défendre.

Toujours par quelque endroit fourbes se laissent prendre.
Quiconque est loup agisse en loup :[9]
C'est le plus certain de beaucoup.

**Jean de La Fontaine**, *Fables*, III, 3, 1668.

**1.** s'intéresser. **2.** veste de paysan. **3.** utilise un bâton pour imiter celui du berger. **4.** trompeur, hypocrite. **5.** sa cornemuse. **6.** chez lui. **7.** le Berger. **8.** agitation. **9.** un loup doit agir comme un loup.

Image d'Épinal pour la fable « Le Loup devenu berger ».

## Après avoir lu les textes — PÉDAGOGIE DIFFÉRENCIÉE

Répondez aux questions sur une fable

**« Le Loup et l'Agneau »** **« Le Loup devenu berger »**

puis réfléchissez à la structure de ces fables.

**1** Qui sont les personnages présents dans la fable que vous avez choisie ? Complétez cette liste. ▸ Langue, p. 294

| Nom des personnages | Reprises nominales qui les désignent (s'il y en a) |
|---|---|
| Le Loup | « ... » (v. ...) |

**2** Le Loup utilise-t-il la force ou la ruse pour attraper ses proies ? Citez le texte.

**3** Le Loup réussit-il à obtenir ce qu'il souhaite ? Pourquoi ? Par quelle ruse l'obtient-il ?

**4** Recopiez la morale de votre fable. Où se situe-t-elle ? Quel temps reconnaissez-vous ? ▸ Langue, p. 314

**Bilan** Débattez : selon vous, une morale est-elle plus efficace au début ou à la fin de la fable ? Appuyez-vous sur les fables étudiées pour donner votre opinion.

*Complétez votre **carte Mémo**.*

## Oral

Que pensez-vous de la **morale de ces fables** : trouvez-vous qu'elle est morale, c'est-à-dire juste et honnête ? Pourquoi ? Quelles autres morales pourriez-vous proposer pour prendre plus nettement le parti des plus faibles ?

## Point de cours

- Une fable se compose en général de deux parties : un récit et une morale, qui peut se situer au début ou à la fin. La morale énonce une vérité générale et utilise, la plupart du temps, le présent de l'indicatif. Mettant souvent en garde contre la méchanceté des puissants, elle fait parfois semblant de prendre le parti des plus forts pour frapper le lecteur.

TEXTE 4

**OBJECTIF**

Percevoir les enjeux de la réécriture d'une morale

**COMPÉTENCE**

Comprendre le contexte historique d'une fable

*Kalila et Dimna* d'**Ibn al-Muqaffa'** (VIIIe siècle) est un recueil de fables en arabe dont la structure est particulière : les **fables sont enchâssées** dans un récit mené par les chacals Kalila et Dimna. Jean de La Fontaine s'est inspiré de cette fable pour écrire « Les Poissons et le Cormoran ».

# Le Canard sauvage et le Crabe

*Un chacal raconte cette fable à un corbeau pour lui conseiller de ne pas se mettre en danger en se croyant le plus fort.*

On raconte qu'un canard sauvage nichait près d'une mare bordée d'arbustes et remplie de poissons. Il allait régulièrement y chercher des poissons qu'il mangeait. Le temps passa et le canard se fit vieux si bien qu'il devint incapable de pêcher et fut en proie à la faim et à la fatigue. Il était là à réfléchir tristement au moyen de sortir de cette situation quand un crabe passa et le vit ainsi plongé dans l'affliction et la tristesse. Il s'approcha de lui et lui dit : « Pourquoi je te vois si triste, ô oiseau ? » Le canard répondit : « Comment ne serais-je pas triste ! Je vivais de ma pêche dans cet endroit et voilà que j'ai vu aujourd'hui deux pêcheurs qui passaient par là [...]. J'ai compris qu'[ils] reviendront dans ce coin et pêcheront tout ce qui s'y trouve. Si cela doit se passer ainsi, c'est ma ruine et je n'ai plus qu'à mourir ».

Le crabe alla trouver les poissons pour les informer de ce que lui avait dit le canard. Ils vinrent consulter ce dernier en lui disant : « nous sommes venus te demander conseil car celui qui est sensé ne se prive pas des avis de son ennemi et ta survie est liée à la nôtre ». Le canard répondit : « Quant à affronter les deux pêcheurs, c'est au-dessus de mes possibilités. Je ne connais donc d'autre expédient[1] que celui d'aller dans un étang tout proche d'ici où l'eau, les poissons et les roseaux se trouvent en abondance. Si vous pouvez vous y transporter, vous y trouverez le bien-être ».

Les poissons s'exclamèrent : « Il n'y a que toi qui puisses nous accorder ce bienfait[2] ». Le canard se mit donc à porter chaque jour deux poissons jusqu'à ce qu'il arrive à une colline où il les dévorait. Un certain jour où il venait prendre les poissons, le crabe se présenta en lui disant : « À moi aussi, cet endroit me cause des craintes et des appréhensions. Emmène-moi à cet étang (dont tu as parlé) ». « Bien volontiers », lui répondit l'autre qui le prit et s'envola avec lui. Quand il s'approcha de la colline où il avait l'habitude de dévorer les poissons, le crabe regarda et aperçut les arêtes de poissons qui y étaient entassées. Il comprit que c'était l'œuvre du canard et qu'il avait l'intention d'en faire de même avec lui. [...] Il ne cessa donc pas de chercher un moyen de venir à bout du canard jusqu'au moment où il put s'emparer de son cou, il y abattit alors ses pinces et le serra tant et si bien que le canard mourut. Le crabe alla rejoindre les poissons et leur raconta ce qui s'était passé.

Je ne t'ai raconté cette histoire que pour que tu saches que la ruse se retourne parfois contre celui qui l'a employée.

**Ibn al-Muqaffa'**, *Kalila et Dimna*,
trad. Geneviève Rossignol et Yasser Omar,
Éditions Albouraq, 2011.

1. moyen, solution.
2. nous aider.

← *Kalila et Dimna*, manuscrit syrien, XIVe siècle, BnF, Paris.

# Les Poissons et le Cormoran

[...] Sur le bord d'un étang
Cormoran[1] vit une Écrevisse.
« Ma commère, dit-il, allez tout à l'instant
Porter un avis important
À ce peuple[2] : il faut qu'il périsse[3] ;
Le maître de ce lieu dans huit jours pêchera. »
L'Écrevisse en hâte s'en va
Conter le cas. Grande est l'émute[4] ;
On court, on s'assemble, on députe[5]
À l'Oiseau : « Seigneur Cormoran,
D'où vous vient cet avis ? Quel est votre garant ?
Êtes-vous sûr de cette affaire ?
N'y savez-vous remède ? Et qu'est-il bon de faire ?
– Changer de lieu, dit-il. – Comment le ferons-nous ?
– N'en soyez point en soin[6] : je vous porterai tous,
L'un après l'autre, en ma retraite.
Nul que Dieu seul et moi n'en connaît les chemins :
Il n'est demeure plus secrète.
Un vivier que Nature y creusa de ses mains,
Inconnu des traîtres humains,
Sauvera votre république. »
On le crut. Le peuple aquatique
L'un après l'autre fut porté
Sous ce rocher peu fréquenté.
Là, notre Cormoran, le bon apôtre,
Les ayant mis en un endroit
Transparent, peu creux, fort étroit,
Vous les prenait sans peine, un jour l'un, un jour l'autre ;
Il leur apprit à leurs dépens
Que l'on ne doit jamais avoir de confiance
En ceux qui sont mangeurs de gens.
Ils y perdirent peu, puisque l'humaine engeance[7]
En aurait aussi bien croqué sa bonne part.

Qu'importe qui vous mange ? Homme ou loup, toute panse
Me paraît une[8] à cet égard ;
Un jour plus tôt, un jour plus tard,
Ce n'est pas grande différence.

**Jean de La Fontaine**, *Fables*, X, 3, 1678.

---

**1.** oiseau pêcheur. **2.** prévenir le peuple des poissons. **3.** il doit mourir. **4.** émeute, agitation. **5.** on envoie des messagers. **6.** ne vous inquiétez de rien. **7.** les humains. **8.** tous les ventres sont semblables.

↑ **W. Aractingi**, « Les Poissons et le Cormoran », coll. privée.

## Après avoir lu les textes

PÉDAGOGIE DIFFÉRENCIÉE

Répondez aux questions sur la fable d'Ibn al-Muqaffa' ou sur celle de J. de La Fontaine. Comparez ensuite vos réponses pour faire ensemble le Bilan.

**Le Canard sauvage et le Crabe** — **Les Poissons et le Cormoran**

**1** Qui sont les personnages principaux ?

**2** Quelle est la ruse inventée par l'oiseau pour se nourrir ?

**3** L'oiseau est-il puni de sa méchanceté ? Justifiez votre réponse.

**4** Trouvez, au milieu de votre fable, une phrase qui ressemble à une morale. Qu'est-ce qui vous a permis de la repérer ?

**5** Recopiez la morale finale de votre fable. Sait-on qui la prononce ? À qui s'adresse-t-elle ?

**Bilan** D'après vous, Jean de La Fontaine est-il ici plus optimiste ou plus pessimiste que son prédécesseur ? Justifiez votre réponse. Quelle fable préférez-vous ?

*Complétez votre carte Mémo.*

## Oral

▶ Vidéo littéraire

Pour comprendre pourquoi Jean de La Fontaine n'accorde pas toujours sa confiance aux puissants, **regardez** cette présentation vidéo puis répondez aux questions.

- Qui était Nicolas Fouquet ? Pourquoi était-il important pour Jean de La Fontaine ?
- Que fait J. de La Fontaine quand N. Fouquet est arrêté ?
- Comment J. de La Fontaine s'y prend-il pour critiquer l'injustice des puissants sans être arrêté ?

### Point de cours

- Il arrive que La Fontaine s'appuie sur le canevas d'une fable mais qu'il en transforme la morale : il adapte les textes dont il s'inspire pour dire quelque chose de la société dans laquelle il vit et dénoncer indirectement les excès des puissants.

# TEXTE 5

**OBJECTIF**
Comprendre comment le trompeur devient le trompé

**COMPÉTENCE**
Saisir les sous-entendus d'un discours

# Le Coq et le Renard

Sur la branche d'un arbre était en sentinelle
Un vieux Coq adroit et matois[1].
« Frère, dit un Renard, adoucissant sa voix,
Nous ne sommes plus en querelle.
Paix générale cette fois.
Je viens te l'annoncer ; descends que je t'embrasse.
Ne me retarde point, de grâce ;
Je dois faire aujourd'hui vingt postes[2] sans manquer.
Les tiens et toi pouvez vaquer,
Sans nulle crainte, à vos affaires ;
Nous vous y servirons en frères.
Faites-en les feux[3] dès ce soir,
Et cependant viens recevoir
Le baiser d'amour fraternelle[4].
– Ami, reprit le coq, je ne pouvais jamais
Apprendre une plus douce et meilleure nouvelle
Que celle
De cette paix ;
Et ce m'est une double joie
De la tenir de toi. Je vois deux Lévriers,
Qui, je m'assure, sont courriers[5]
Que pour ce sujet on envoie :
Ils vont vite, et seront dans un moment à nous.
Je descends ; nous pourrons nous entre-baiser[6] tous.
– Adieu, dit le Renard, ma traite[7] est longue à faire :
Nous nous réjouirons du succès de l'affaire
Une autre fois. » Le galand aussitôt
Tire ses grègues, gagne au haut[8],
Mal content de son stratagème.
Et notre vieux Coq en soi-même
Se mit à rire de sa peur ;
Car c'est double plaisir de tromper le trompeur.

**Jean de La Fontaine**, *Fables*, II, 15, 1668.

1. rusé.
2. distance entre deux relais.
3. fêtez.
4. Le mot « amour » est féminin au XVIIe siècle.
5. messagers.
6. embrasser.
7. chemin.
8. Relève son pantalon, s'enfuit.

## Après avoir lu le texte

PÉDAGOGIE DIFFÉRENCIÉE

Choisissez votre groupe (**A** ou **B**). Répondez aux questions, puis partagez vos réponses afin de construire à chaque fois un bilan collectif à l'oral.

### Groupe A Travail de relevés précis

**1** Citez les mots qui donnent l'impression que le Renard apprécie le Coq (v. 3 à 14) ?

**2** Citez les mots qui donnent l'impression que le Coq, aussi, apprécie le Renard (v. 15 à 24).

**3** Qu'annonce finalement le Coq au Renard (v. 20 à 24) ?

### Groupe B Travail d'amorce sur l'implicite

**1** Relevez les verbes à l'impératif (v. 3 à 14). Que demande le Renard au Coq ?

**2** Pourquoi le Coq évoque-t-il une « double joie » (v. 19) ?

**3** Selon vous, pourquoi le Coq annonce-t-il que deux Lévriers arrivent en courant ?

### Bilans à l'oral Compréhension de l'implicite

**Bilan 1** Le Renard est-il sincère lorsqu'il jure son amitié au Coq ? Que ferait-il si le Coq descendait ?

**Bilan 2** Quel ton de voix le Coq utilise-t-il pour parler au Renard ? Est-ce vraiment amical ?

**Bilan 3** Observez l'image. Pourquoi voit-on deux Lévriers habillés en gendarmes ? Existent-ils vraiment selon vous ?

↑ Couverture d'un cahier de français (fin XIXe siècle) illustrant la fable « Le Coq et le Renard ».

# Le Renard et le Pigeon TEXTE ÉCHO

« Pourquoi te tiens-tu ainsi à l'écart, disoit[1] un renard à certain pigeon qu'il voyoit perché sur un toit. Descends, viens près de moi sans défiance[2]. Eh quoi ! ne sais-tu donc pas l'ordonnance[3] qui vient d'être publiée ? La paix est faite entre les quadrupèdes et les oiseaux ; les deux monarques l'ont signée mutuellement, et, sous les peines les plus graves, ils ont défendu toute hostilité entre leurs sujets[4]. J'ai lu moi-même l'édit[5] : pigeons et renards peuvent désormais jouer ensemble en toute sûreté. Viens donc, ne te fais pas attendre.
– J'y vais, répondit la colombe ; mais dis-moi auparavant ce que nous veulent ces deux chasseurs que je vois là-bas avec leurs chiens ?
– Sont-ils bien éloignés ?
– Non, ils accourent vers nous au galop, et bientôt ils nous auront joints.
– Adieu, nous nous reverrons une autre fois, je crains que les hommes n'aient publié, de leur côté, une ordonnance contraire à la nôtre. »

**Marie de France**, *Fables*, XIIe siècle, trad. de l'ancien français P. Legrand d'Aussi, 1829.

1. ancienne orthographe pour « disait ». 2. méfiance. 3. décision du roi. 4. habitants. 5. loi.

**Marie de France** est la première autrice française, connue pour ses œuvres poétiques. Ses fables sont une adaptation de celles d'Ésope.

## Écrit

**Écrivez le pacte de paix** entre le roi des quadrupèdes et le roi des oiseaux. Vous pouvez reprendre les mots de la fable de Marie de France (ordonnance, édit, monarque, paix, hostilité, sujets) et commencer ainsi : « Moi, monarque des quadrupèdes déclare la paix entre… ».

## Écrit

Pour réfléchir sur le personnage du Renard, qui de trompeur devient parfois trompé, rendez-vous à l'**Atelier 3** p. 218 et élaborez le compte rendu de ses ruses.

## Après avoir lu le texte écho

**4** Quels sont les points communs entre les discours du Renard dans les deux fables ?

**5** Des deux discours du Renard, lequel vous parait le plus convaincant ?

**Bilan** Au sens figuré, qu'est-ce qu'un « pigeon » ? L'animal de la fable correspond-il à cette image ?

Complétez votre **carte Mémo**.

## Point de cours

- Chez La Fontaine, les rôles habituels sont parfois renversés : les prédateurs deviennent les plus faibles et les trompeurs sont finalement trompés à leur tour.

TEXTE 6

**OBJECTIF**
Réflechir au rôle du moraliste

**COMPÉTENCE**
Comprendre qu'une même ruse peut aboutir à un succès ou à un échec

« Voici un second recueil de fables que je présente au public. J'ai jugé à propos de donner à la plupart de celles-ci un air et un tour un peu différent de celui que j'ai donné aux premières », écrit La Fontaine en 1678 au début de son deuxième recueil de fables. Certaines de ses **nouvelles fables font écho** à celles qu'il avait publiées en 1668.
« Le Loup et le Chien maigre » répond ainsi à la fable « Le petit Poisson et le Pêcheur ».

## Avant de lire le texte

- À qui généralement un prêcheur s'adresse-t-il et pourquoi ?
- Associez les mots « prêcheur » et « pêcheur ». Que pouvez-vous en dire ?

# Le petit Poisson et le Pêcheur

Petit poisson deviendra grand,
Pourvu que Dieu lui prête vie ;
Mais le lâcher en attendant[1],
Je tiens pour moi que c'est folie :
Car de le rattraper il n'est pas trop certain.

Un Carpeau, qui n'était encore que fretin[2],
Fut pris par un Pêcheur au bord d'une rivière.
« Tout fait nombre, dit l'homme en voyant son butin :
Voilà commencement de chère[3] et de festin :
Mettons-le en notre gibecière.[4] »
Le pauvre Carpillon lui dit en sa manière :
« Que ferez-vous de moi ? je ne saurais fournir
Au plus qu'une demi-bouchée.
Laissez-moi carpe devenir :
Je serai par vous repêchée ;
Quelque gros partisan[5] m'achètera bien cher,
Au lieu qu'il vous en faut chercher
Peut-être encor cent de ma taille
Pour faire un plat : quel plat ? Croyez-moi ; rien qui vaille.
– Rien qui vaille ? Eh bien ! soit, repartit le Pêcheur :
Poisson, mon bel ami, qui faites le prêcheur[6],
Vous irez dans la poêle ; et vous avez beau dire,
Dès ce soir on vous fera frire. »

Un Tiens vaut, ce dit-on, mieux[7] que deux Tu l'auras :
L'un est sûr, l'autre ne l'est pas.

**Jean de La Fontaine**, *Fables*, V, 3, 1668.

**1.** en attendant d'avoir mieux. **2.** un petit poisson sans importance. **3.** repas. **4.** sac. **5.** marchand. **6.** celui qui fait des discours. **7.** On dit qu'il vaut mieux en tenir un.

↓ **Félix Lorioux** (1803-1847), « Le petit Poisson et le Pêcheur », coll. privée.

## Après avoir lu les deux textes

PÉDAGOGIE DIFFÉRENCIÉE

Choisissez une fable et répondez aux questions avant de réfléchir ensemble au Bilan.

★★★ **« Le petit Poisson et le Pêcheur »** ★★★ **« Le Loup et le Chien maigre »**

1. Qui s'exprime au début de votre fable ? Aidez-vous des pronoms personnels. ▸ Langue, p. 280
2. À quel vers le récit commence-t-il vraiment ?
3. Qui est obligé de ruser dans votre fable ? Pourquoi ?
4. La ruse de ce personnage réussit-elle ? Expliquez.
5. Quelle est la morale de votre fable ? Citez le texte.
6. Pour qui Jean de La Fontaine semble-t-il prendre parti ? Qu'en pensez-vous ?

**Bilan** Comparez les ruses et les morales des deux fables. Que constatez-vous ? Qu'en pensez-vous ?

# Le Loup et le Chien maigre

Autrefois Carpillon fretin
Eut beau prêcher, il eut beau dire ;
On le mit dans la poêle à frire.
Je fis voir que lâcher ce qu'on a dans la main,
Sous espoir de grosse aventure[1],
Est imprudence toute pure.
Le Pêcheur eut raison ; Carpillon n'eut pas tort.
Chacun dit ce qu'il peut pour défendre sa vie.
Maintenant il faut que j'appuie
Ce que j'avançai lors de quelque trait encor.

Certain Loup, aussi sot que le pêcheur fut sage,
Trouvant un Chien hors du village,
S'en allait l'emporter. Le Chien représenta[2]
Sa maigreur : « Jà[3] ne plaise à Votre Seigneurie
De me prendre en cet état-là ;
Attendez, mon maître marie
Sa fille unique. Et vous jugez
Qu'étant de noce, il faut malgré moi que j'engraisse[4]. »
Le Loup le croit, le Loup le laisse.
Le Loup, quelques jours écoulés,
Revient voir si son Chien n'est point meilleur à prendre.

Mais le drôle était au logis.
Il dit au Loup par un treillis[5] :
« Ami, je vais sortir. Et, si tu veux attendre,
Le portier du logis et moi
Nous serons tout à l'heure à toi. »
Ce portier du logis était un chien énorme,
Expédiant les loups en forme[6].
Celui-ci s'en douta. « Serviteur[7] au portier »,
Dit-il ; et de courir. Il était fort agile ;
Mais il n'était pas fort habile :
Ce loup ne savait pas encor bien son métier.

**Jean de La Fontaine**, *Fables*, IX, 9, 1678.

**1.** profit. **2.** fit voir.
**3.** que votre Seigneurie ne me prenne pas déjà.
**4.** je suis obligé de grossir. **5.** grillage.
**6.** tuant les loups dans les règles de l'art.
**7.** salutations.

## Oral

PÉDAGOGIE DIFFÉRENCIÉE

**D'après vous**, faut-il profiter de ce que l'on a déjà ou risquer de le perdre pour avoir plus ? Réfléchissez et choisissez l'idée que vous voudrez défendre.

Les élèves du **groupe A** utiliseront au moins trois mots de **Ma réserve de mots**.

Les élèves du **groupe B** utiliseront au moins six mots de **Ma réserve de mots**.

Choisissez votre groupe. Lorsque vous êtes prêts, échangez oralement en classe.

### Ma réserve de mots

**Verbes :** avoir • posséder • détenir • jouir de • garder • conserver • bénéficier • préserver • se contenter • perdre • voir disparaitre • être privé de • ôter.
**Noms :** le bien • la possession • le gain • la prudence.

← **Gustave Doré**, « Le Loup et le Chien maigre », gravure, 1876.

### Point de cours

• D'une fable à l'autre, dans une situation semblable, la ruse d'un personnage peut aboutir à un succès ou à un échec. Chaque fable à elle seule fait réfléchir à une morale, mais la comparaison de plusieurs fables permet aussi de questionner le lecteur. Dans « Le Loup et le Chien maigre », La Fontaine réhabilite le Carpillon : sa ruse a échoué, mais il a eu raison de la tenter.

TEXTE 7

**OBJECTIF**
Percevoir la critique du comportement humain

**COMPÉTENCE**
Interpréter le sens symbolique d'une fable

# Le Geai paré des plumes du Paon

Un Paon muait ; un Geai[1] prit son plumage ;
Puis après se l'accommoda ;
Puis parmi d'autres Paons tout fier se panada[2],
Croyant être un beau personnage.
Quelqu'un le reconnut : il se vit bafoué[3],
Berné[4], sifflé, moqué, joué,
Et par Messieurs les Paons plumé d'étrange sorte ;
Même vers ses pareils s'étant réfugié,
Il fut par eux mis à la porte.

Il est assez de geais à deux pieds comme lui,
Qui se parent souvent des dépouilles[5] d'autrui,
Et que l'on nomme plagiaires[6].
Je m'en tais ; et ne veux leur causer nul ennui :
Ce ne sont pas là mes affaires.

**Jean de La Fontaine**, *Fables*, IV, 9, 1668.

**1.** oiseau aux plumes brunes. **2.** se promena pour se faire admirer. **3.** moqué. **4.** ridiculisé. **5.** restes. **6.** personne qui recopie les textes d'un autre, copieur.

## Après avoir lu le texte

PÉDAGOGIE DIFFÉRENCIÉE

Lisez la fable et choisissez de travailler sur le récit ou sur sa morale, puis réfléchissez ensemble au Bilan.

### Le récit (v. 1 à 9)

**1** Pourquoi le Geai récupère-t-il les plumes d'un Paon ?

**2** Relevez tous les participes passés du vers 5 au vers 7. Pourquoi La Fontaine en utilise-t-il autant ?
▸ Langue, p. 330

**3** Comment les autres geais réagissent-ils lorsque le Geai les retrouve ? Pourquoi, d'après vous ?

### La morale (v. 10 à 14)

**1** Qui sont les « geais à deux pieds » (v. 10) d'après vous ?

**2** Qui s'exprime dans la morale ? Aidez-vous des pronoms personnels. ▸ Langue, p. 280

**3** Pensez-vous que La Fontaine est sincère lorsqu'il écrit au vers 14 : « Ce ne sont pas là mes affaires » ?

**Bilan** Dans la morale de sa fable, Jean de La Fontaine décide de se taire.
À vous de reformuler la morale de cette histoire pour donner une vraie leçon aux hommes.

## Écrit

Observez la publicité qui s'inspire de la fable de La Fontaine. Ses deux premiers vers reprennent des vers du fabuliste, les quatre autres ont été modifiés.

Mettez-vous par groupe pour **créer une nouvelle publicité**.

Vous pouvez reproduire les vers 1, 2, 3 et 5. À vous d'inventer les vers 4 et 6.

Carte postale publicitaire. →

## Oral

Vous avez parcouru dans ce chapitre un grand nombre de fables. Rendez-vous à l'**Atelier 4** p. 220 pour les mettre en valeur dans un **récital de fables** !

# Réflexion sur les fables DÉBAT

## Avant de lire le texte

**1** Complétez ces cartes mentales à l'aide du titre des fables étudiées. Certaines fables peuvent apparaitre plusieurs fois dans la même corolle.

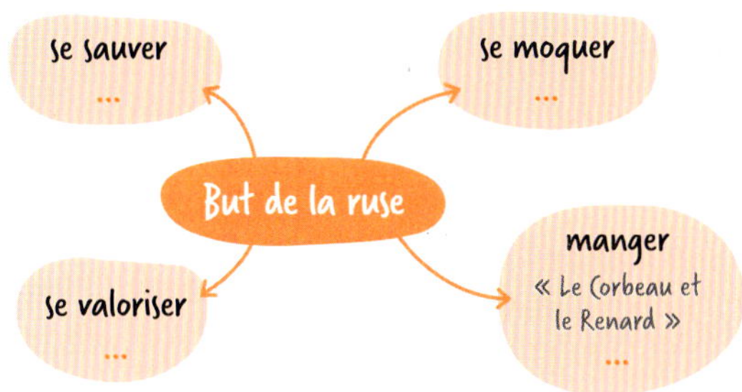


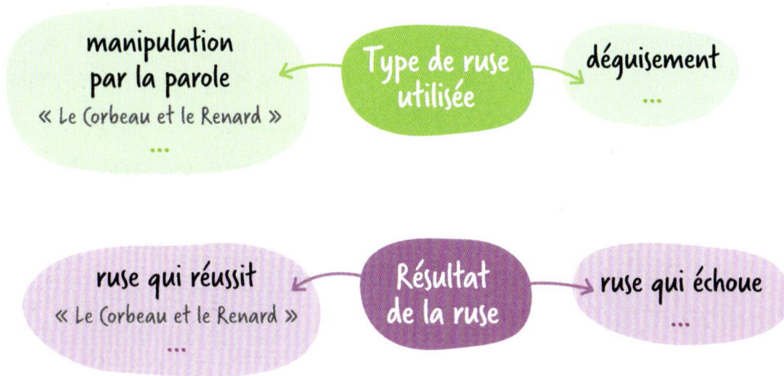


**2** Observez les cartes une fois complétées. Les ruses sont-elles toujours employées pour des causes justes ? Réussissent-elles toutes ? Peut-on en tirer une leçon unique ?

## Éduquer avec les fables ?

*Un siècle après La Fontaine, Jean-Jacques Rousseau publie un recueil d'éducation dans lequel il évoque les* Fables.

On fait apprendre les fables de La Fontaine à tous les enfants, et il n'y en a pas un seul qui les entende[1]. Quand ils les entendraient, ce serait encore pis ; car la morale en est tellement mêlée et si disproportionnée à leur âge, qu'elle les porterait plus au vice[2] qu'à la vertu. [...]

Je demande si c'est à des enfants de dix ans qu'il faut apprendre qu'il y a des hommes qui flattent et mentent pour leur profit ? [...]

Suivez les enfants apprenant leurs fables, et vous verrez que [...] ils penchent à aimer le vice avec lequel on tire parti des défauts des autres. Dans [« Le Corbeau et le Renard »], les enfants se moquent du corbeau, mais ils s'affectionnent tous au renard. [...] ils prendront toujours le beau rôle ; c'est le choix de l'amour-propre, c'est un choix très naturel. Or, quelle horrible leçon pour l'enfance !

**Jean-Jacques Rousseau**, *Émile ou De l'éducation*, 1762.

---

**1.** comprenne. **2.** mal, défaut.

↑ **Willy Aractingi**, « Le Loup et l'Agneau en représentation », coll. privée.

## Après avoir lu le texte écho

**3** D'après J.-J. Rousseau, les fables de J. de La Fontaine sont-elles faciles à lire pour les enfants ?

**4** Pourquoi, d'après l'auteur, la fable « Le Corbeau et le Renard » est-elle dangereuse ?

**Bilan** Que reproche J.-J. Rousseau aux fables ?

*Complétez votre carte Mémo.*

## Oral

Participez au **débat « Ruser, est-ce moral ? »**

Préparez votre intervention en réfléchissant à ces questions :

- Vous associez-vous plus avec les animaux prédateurs ou avec leurs victimes ?
- Pensez-vous que les fables soient immorales et qu'elles constituent « une horrible leçon pour l'enfance » ?
- Quelle leçon générale pourriez-vous tirer de la variété des fables et de leurs morales ?

TEXTE 8

# Isengrin et la pêche à la queue

**OBJECTIF**

Réagir à l'immoralité d'une ruse

**COMPÉTENCE**

S'appuyer sur une BD pour bien comprendre un texte

***Le Roman de Renart*** est un recueil de textes anonymes écrits entre 1170 et 1250 en langue romane, l'ancêtre du français. Il raconte l'histoire de Renart, un animal espiègle et sans foi ni loi qui joue des tours aux autres animaux.

*Renart et le loup Isengrin vont pêcher sur un lac gelé où des paysans ont laissé un seau pour donner à boire à leurs animaux.*

C'est là que Renart arriva ventre à terre ; il regarda son compère[1] :

« Seigneur, dit-il, venez par ici ! Voilà des poissons, et l'instrument[2] avec lequel nous pêchons anguilles, barbeaux, et autres beaux et bons poissons.

— Frère Renart, dit Isengrin, prenez-le donc par un bout et attachez-le-moi bien à la queue ! »

Renart prend le seau et le lui attache à la queue de son mieux.

« Frère, dit-il, il vous faut rester maintenant bien tranquille pour faire venir les poissons. »

Il file alors près d'un buisson, et se couche, le museau entre les pattes, de manière à voir ce que fait le loup.

Isengrin est sur la glace. Le seau dans l'eau, rempli de glaçons jusqu'aux bords. L'eau commence à geler, à immobiliser le seau attaché à la queue. La queue est gelée dans l'eau et scellée à la glace.

Le loup veut alors se relever et tirer le seau à lui. Il s'y essaie à plusieurs reprises, ne sait plus que faire, s'inquiète et se décide à appeler Renart. Car il ne peut plus se cacher : l'aube point déjà. Renart lève la tête, ouvre les yeux, regarde autour de lui :

« Frère, dit-il, laissez-là ce travail ! Allons-nous-en, mon cher ami ! Nous avons pris beaucoup de poissons ! »

Isengrin lui répond alors en criant :

« Renart, il y en a trop ! J'en ai pris plus que je ne saurai dire. »

Renart éclate de rire et lui dit carrément : « Qui tout convoite[3], perd tout. »

La nuit s'achève ; l'aube point. C'est le matin, le soleil se lève. Les chemins sont blancs de neige. Et monseigneur Constant des Granges, un vavasseur[4], assez riche, qui habite près de l'étang, se lève, en même temps que sa maisonnée, de fort bonne et joyeuse humeur. Il prend un cor, il appelle ses chiens, ordonne de seller son cheval au milieu des cris et des encouragements de toute sa maison.

Quand Renart l'entend, il s'enfuit, et court se cacher dans sa tanière. Mais Isengrin reste dans une triste situation, bien qu'il fasse mille efforts, tire et tire encore. Il manque même de s'arracher la peau. S'il veut se sortir d'affaire, il va lui falloir renoncer à sa queue !

*Le Roman de Renart*, trad. Elisabeth Charbonnier, Le Livre de Poche, 1987.

---

**1.** parrain ou plus simplement, ami. **2.** le seau. **3.** désire, veut posséder. **4.** un petit seigneur qui possède un domaine sous le contrôle du roi.

← **Benjamin Rabier** (ill.), *Le Roman du Renard*, éd. Tallandier, 1909.

## Histoire des mots

Au Moyen Âge, le mot « goupil » désignait un renard. Le succès du *Roman de Renart* et de son héros est tel que « renart » (dont le « t » se transforme en « d » au fil du temps) devient le nom commun employé pour nommer cet animal considéré comme rusé, fourbe, capable de toutes les traîtrises et sans aucun scrupule.

**Cherchez** le sens du verbe « renarder ».

Bruno Heitz est illustrateur et auteur de bandes dessinées. Depuis les années 1990, il compose des illustrations pour des livres pour enfants. Il a notamment adapté le *Roman de Renart* en BD.

↑ **Bruno Heitz**, *Le Roman de Renart*, vol. 1, © Éditions Gallimard, 2007.

## Vocabulaire de l'image

- **Plan d'ensemble :** le décor et les personnages.
- **Plan moyen :** le personnage en entier, de la tête aux pieds.
- **Plan américain :** le personnage de la tête aux genoux.
- **Plan rapproché :** le buste ou la poitrine du personnage.
- **Gros plan :** le visage ou un détail.

## Vocabulaire de la BD

- **Planche :** une page de BD.
- **Vignette :** une image, un cadre, synonyme de case.
- **Bulle :** les paroles ou pensées des personnages, synonyme de phylactère.

## Après avoir lu le texte et la bande dessinée

PÉDAGOGIE DIFFÉRENCIÉE

Répondez aux questions de votre choix avant de faire le Bilan tous ensemble.

### L'extrait du *Roman de Renart*

**1** Pourquoi Isengrin est-il rapidement convaincu de pêcher ? A-t-il raison de faire confiance à Renart ? Justifiez en citant le texte.

**2** Relevez la morale que Renart donne au loup. Quel ton utilise-t-il pour la prononcer ?

**3** D'après vous, que va-t-il arriver à Isengrin par la suite ? Aidez-vous des indices du texte.

### L'extrait et la bande dessinée

**1** Décrivez les vignettes 1 à 4 en précisant les plans employés puis relevez les phrases du texte qui s'y rapportent.

**2** V. 5 et 7. Isengrin comprend-il à quoi les tiraillements sont dus ? Pourquoi ?

**3** V. 8 et 9. Quelle réplique du texte Isengrin pourrait-il également prononcer à ce moment-là ?

**Bilan** D'après vous, dans quel but Renart tend-il ce piège au loup Isengrin ? Que pensez-vous de Renart ?

Complétez votre **carte Mémo**.

## Écrit

**Composez** la suite de cette planche de BD en imaginant les vignettes et le texte de Renart. Révélez ce qu'il pense, ses émotions, son caractère. Aidez-vous du texte.

## Point de cours

- Dans le *Roman de Renart*, le goupil n'a aucune morale et ne respecte aucune valeur. Il fait preuve de cruauté envers les autres animaux. Ses ruses sont un moyen de se venger, d'obtenir de la nourriture ou, simplement, de jouer de mauvais tours.

TEXTE 9

# Renart et Tiécelin le corbeau

**OBJECTIF**
Transformer un récit en scène de théâtre

**COMPÉTENCE**
Saisir l'intention des personnages

Le ***Roman de Renart*** suit une longue tradition de récits animaliers : ici, le texte s'inspire d'une célèbre fable d'**Ésope**.
Renart, qui utilise la ruse pour duper ses congénères, faibles ou forts, nobles, religieux ou pauvres, est parfois trompé par des animaux qui se méfient de lui et parviennent à échapper à ses tours

Tiécelin s'envole et arrive directement à l'endroit où se trouvait Renart. Il était dit qu'ils devaient se rencontrer ce jour-là, Renart en bas, l'autre en haut. Seule différence : l'un mange et l'autre bâille de faim. Tiécelin donne de grands coups de bec dans le fromage bien moelleux et l'entame. Il en mange et du plus jaune et du plus tendre [...]. Il y va de bon cœur et ne se rend pas compte qu'un petit morceau tombe à terre, aux pieds de Renart qui l'a vu. Celui-ci reconnaît un corbeau, hoche la tête et se lève pour mieux voir. Il aperçoit alors son vieux compère[1] Tiécelin, perché dans l'arbre, le bon fromage entre les pattes. Il l'interpelle familièrement :

« Par les saints du Paradis, qui vois-je là ? Est-ce vous, mon compère ? Paix à l'âme de votre père, sire Rohart qui savait si bien chanter ! Souvent je l'ai entendu proclamé meilleur chanteur de France. Vous-même, dans votre enfance, aviez l'habitude de vous exercer courageusement. Savez-vous toujours chanter ? Chantez-moi donc une ritournelle ! »

À cet éloge[2], Tiécelin ouvre le bec et pousse un cri.

« C'est bien, dit Renart, vous avez fait des progrès, mais si vous le vouliez, vous pourriez encore monter d'un ton. »

Et le corbeau qui se pique de bien chanter recommence aussitôt ses cris.

« Dieu, dit Renart, comme votre voix s'éclaire et devient pure ! Chantez donc encore une troisième fois ! »

L'oiseau s'égosille de tout son souffle, et dans son effort, il ne s'aperçoit pas qu'il desserre sa patte droite. Le fromage tombe à terre, juste aux pieds de Renart. Celui-ci, bien que dévoré de gourmandise, se garde d'y toucher, car il voudrait bien, s'il le peut, s'emparer de Tiécelin. Il se lève donc, tant bien que mal, et de la patte dont il boite [...] fait mine de faire un pas. Il veut surtout que Tiécelin le voie.

« Mon Dieu, comme vous m'avez donné peu de bonheur en cette vie ! Que faire, Sainte Marie ? Ce fromage sent si fort et pue tant qu'il va m'achever. Le plus grave est que le fromage est déconseillé pour les blessures. Je n'en ai aucune envie, mon médecin me le défend. Tiécelin, descendez donc ! Débarrassez-moi de cette puanteur ! Soyez sûr que je ne vous le demanderai pas, si je n'avais pas eu la malchance, l'autre jour, de me casser la jambe dans un piège ! Je dois maintenant me reposer, et me mettre des emplâtres[3] jusqu'à ce que je sois guéri. »

Ses larmes et ses prières ont convaincu Tiécelin de sa sincérité. Le corbeau descend de l'arbre, manœuvre dangereuse, si Renart peut l'attraper. Mais il n'ose pas s'approcher. Renart remarque ses hésitations, et essaie de le rassurer.

« Par Dieu, dit-il, venez donc ici ! Quel mal peut bien vous faire un estropié[4] ? »

Renart se tourne de son côté et cet imbécile de corbeau trop confiant, ne comprend rien à rien, quand le goupil bondit. Celui-ci croit bien l'attraper, mais il rate son coup et seules quatre plumes lui restent entre les dents.

Tiécelin fait un bond, épouvanté de voir sa gentillesse si mal récompensée. Il s'examine sous tous les angles :

↑ *Roman de Renart*, enluminure, XIVe siècle, British Library.

1. ami.
2. compliment, flatterie.
3. de la crème épaisse.
4. blessé.

« Mon Dieu ! Je n'ai guère pris soin de moi aujourd'hui ! Je ne croyais pas que ce traitre de rouquin, ce sale boiteux suivrait ses instincts. Il m'a arraché quatre plumes de l'aile droite et de la queue. Qu'il aille au diable ! J'ai eu l'occasion d'apprécier son hypocrisie et sa traîtrise. »

Tiécelin était fou furieux. Renart veut se justifier, mais le corbeau l'interrompt, en oiseau peu soucieux de discuter : « Gardez le fromage ! J'ai été fou de vous croire parce que je vous voyais boiter. »

*Le Roman de Renart*, trad. Elisabeth Charbonnier, Le Livre de Poche, 1987.

## Après avoir lu le texte

PÉDAGOGIE DIFFÉRENCIÉE

Choisissez de répondre aux questions sur le récit ou sur les dialogues : elles vous aideront à réfléchir à la mise en scène de cet extrait lors du Bilan.

### Le récit

**1** L. 1 à 10, montrez que la situation de Renart est très différente de celle de Tiécelin le corbeau. Citez le texte.

**2** Pourquoi, contrairement à ce qui arrive dans la fable de La Fontaine que vous connaissez, Renart ne s'empare-t-il pas du fromage tombé au sol ?

**3** L. 38 à 48, quels mouvements successifs les personnages effectuent-ils ?

### Les dialogues

**1** L. 11 à 16, quel type de phrase Renart emploie-t-il quand il interpelle Tiécelin ?

▸ Langue, p. 310

**2** Quels tons successifs Renart pourrait-il utiliser dans ces deux répliques (l. 21-22 et l. 29-36) ? Pourquoi ?

**3** Quel est le niveau de langue employé par Tiécelin lorsqu'il comprend qu'il a été trompé ? Quelle émotion ressent-il ?

**Bilan** Discutez de la manière dont vous pourriez **mettre en scène cet extrait** : le récit vous aidera à comprendre l'attitude des personnages et les dialogues deviendront des répliques de théâtre. Vous pouvez vous inspirer de la posture des personnages représentés sur les enluminures. À vous de jouer !

Complétez votre **carte Mémo**.

→ *Roman de Renart*, enluminure, v. 1310-1315, Bnf.

## Histoire des Arts

Au Moyen Âge, l'imprimerie n'existait pas : les livres étaient copiés à la main, souvent par des moines. Ils étaient parfois ornés d'**enluminures**, c'est-à-dire de décors peints.

Pour en apprendre davantage sur l'enluminure, regardez cette présentation.

▶ **Vidéo littéraire**

- Quelle est la différence entre un scribe et un enlumineur ?
- Comment cette enluminure s'intègre-t-elle dans le manuscrit ?
- Comment l'enlumineur a-t-il accentué l'aspect comique de la scène ? Observez l'attitude de Renart.

## Écrit

Inventez un nouvel épisode du *Roman de Renart* : cette fois-ci, ce sera lui qui sera trompé par un autre personnage. Rendez-vous à l'**Atelier 5**, p. 222.

## Point de cours

- Dans *Le Roman de Renart*, le goupil utilise toutes les ressources de la parole pour obtenir ce qu'il désire. Il n'hésite donc pas à mentir et à jouer la comédie, parvenant le plus souvent à duper ceux qui l'écoutent.

**DÉFI Cinéma**

# Découvrir le personnage de Renard au cinéma

Pour remporter le défi, vous devrez regarder attentivement les affiches et les films : plus vous marquerez de points et plus vous aurez de chances de gagner !

1

**Zootopie** (États-Unis), réalisé par Byron Howard, Rich Moore, Jared Bush, sorti au cinéma en 2016.

2

**Robin des Bois** (États-Unis), réalisé par Wolfgang Reitherman, sorti au cinéma en 1973.

3

**Fantastic Mr. Fox** (États-Unis) réalisé par Wes Anderson, sorti au cinéma en 2010.

# Participez au défi !

## Choix du film et rédaction des fiches

- La classe est divisée en **six équipes** (4 à 6 élèves). Chaque équipe choisit un film. On veille à avoir deux équipes différentes pour chaque film.
- Chaque équipe rédige une fiche avec cinq questions au recto et leurs réponses au verso. Les questions s'appuient sur l'affiche et le film choisis :
  1. Les **personnages** représentés, leur identité, et le ou les « héros » du film.
  2. Le **lieu** représenté, à décrire précisément.
  3. La **scène du film** à laquelle l'affiche fait référence.
  4. L'**intrigue** : les motivations qui poussent les personnages à agir. Effectuez un lien avec la morale d'une fable de votre choix.
  5. La **fin du film** : quelles différences avec la situation présentée sur l'affiche ?

  N'oubliez pas de bien justifier vos réponses car elles permettront de compter les points et de régler les éventuels désaccords !

## Mise en œuvre du défi

- Chaque équipe remet à l'enseignant sa fiche avec les cinq questions et leurs réponses. L'enseignant valide les **six fiches** puis photocopie le recto avec les questions. Chaque équipe pioche deux fiches : 1 pour chaque film qu'elle n'a pas visionné. Vous avez **une semaine** pour observer les 2 affiches, visionner les 2 films, rédiger les 10 réponses.

## Déroulement du défi

En classe, on procède à la lecture des réponses.
Pour chaque réponse correcte et complète, on attribue **2 points**.
Pour chaque réponse partielle, on attribue **1 point**.
**L'équipe gagnante sera celle qui aura le plus de points !**

# BILAN

# Renards et dindons de la fable

**ANTIQUITÉ** — *Fables*, **Ésope** ; *Fables*, **Phèdre**

**MOYEN ÂGE** — *Roman de Renart*

…

**XVII^e^ SIÈCLE** — *Fables*, **Jean de La Fontaine**

…

**XXI^e^ SIÈCLE** — *Après vous, M. de La Fontaine*, **Gudule**

## Mon carnet de 6^e

Complète une dernière fois **ta carte Mémo** et colle-la dans ton carnet.

Dans la page des **« Auteurs du XVII^e^ siècle »**, rédige une courte biographie de J. de La Fontaine.

Consacre une page à ton épisode préféré dans **« Mes coups de cœur ! »**.

Dans tes pages **« Histoire des Arts »**, crée une mini-fiche sur la bande dessinée.

Indique dans **« Mes prestations orales »** la date et le sujet de ton oral.

## Les Fables

- Jean de La Fontaine s'inspire de nombreux **prédécesseurs** (Ésope, Pilpay, Phèdre, Ibn al-Muqaffa', Marie de France…).
- Ses fables donnent lieu à des **réécritures contemporaines**.
- Jean de La Fontaine cherche à **« instruire les hommes »** et à donner des leçons de vie.
- La **morale** n'est pas toujours exprimée dans les fables : c'est souvent au lecteur de se faire sa propre opinion.

## La faim justifie les moyens

- De nombreuses fables mettent en scène des **prédateurs** qui cherchent à se nourrir (« Le Corbeau et le Renard », « Le Loup devenu berger », « Le Renard, le Loup et le Cheval » ; « Les Poissons et le Cormoran »…).
- Les prédateurs utilisent souvent la parole pour tromper leurs proies : les **dialogues** sont alors essentiels.
- Ce type de fables permet à Jean de La Fontaine de dénoncer implicitement la **violence des puissants** dans la société humaine.

## La résistance face aux plus forts

- Jean de La Fontaine joue parfois avec des **retournements de situation** : alors que le lecteur s'attend à ce que le prédateur l'emporte, la ruse de la victime renverse le récit et crée la **surprise** (« Le Coq et le Renard »).
- Une même ruse peut **réussir ou échouer**. Les morales des fables sont donc complexes, et parfois contradictoires.
- Jean de La Fontaine se moque des ruses utilisées par les petits pour ressembler aux puissants (« Le Geai paré des plumes du Paon ») : l'**orgueil humain** est ainsi dénoncé.

## Le *Roman de Renart* : succès et défaites d'un rusé goupil

- Le *Roman de Renart* est un ensemble de **textes en vers** composés aux XII^e^ et XIII^e^ siècles et écrits en **langue romane**.
- Certains de ses épisodes s'inspirent des fables d'Ésope (« Renart et Tiécelin le corbeau »).
- Comme les paysans du Moyen Âge la principale préoccupation de Renart est de **se nourrir**. Il utilise mensonges et ruses pour y parvenir.
- Les ruses de Renart lui permettent aussi de se moquer de ses proches, souvent avec **cruauté**. Le *Roman de Renart* met ainsi en garde ses lecteurs contre l'excès de **naïveté**.

↑ **J.-M. Mathis**, **T. Martin** (ill.), *Le Roman de Renart*, t. 1, Delcourt-jeunesse, 2007.

ATELIER 1 Oral

# Jouer l'avocat de la défense

- Vous allez prononcer un discours pour défendre la victime de la fable « Le Milan et le Rossignol ». C'est ce qu'on appelle un plaidoyer.
- Lisez la Méthode et aidez-vous des exercices ci-dessous pour devenir des avocats convaincants.

## Vocabulaire

### Employer des mots de liaison pour structurer son plaidoyer ▸ Langue, p. 286

**1** ★★★ Classez ces mots de liaison ou expressions selon qu'ils correspondent au 1er ou au 2e paragraphe d'un plaidoyer.

d'abord • ensuite • en premier lieu • pour commencer • avant toute chose • par ailleurs • de plus

| | |
|---|---|
| 1er paragraphe | |
| 2e paragraphe | |

**2** ★★★ Parmi ces mots de liaison ou expressions, relevez ceux que l'on peut utiliser pour commencer un paragraphe de conclusion.

ainsi • c'est pourquoi • par comparaison • donc • en conclusion • pour débuter • par conséquent

### Employer des figures de style pour renforcer l'écoute ▸ Langue, p. 342

**3** ★★★ Retrouvez pour chaque expression la figure de style qui lui correspond.

**Figures de style** comparaison périphrase métaphore

1. Le Milan, le Phénix de ces lieux, fait crier les enfants.
2. Le héraut du printemps annonce les beaux jours.
3. L'oiseau l'attrape avec ses serres, comme des mains.

**4** ★★★ À votre tour, inventez des figures de style pour valoriser et flatter le Milan. Vous pouvez vous aider de ces images.

1. Comparaison
   « Nous nous adressons à vous car vous êtes comme ... ».
   « Vos ailes si grandes ressemblent à ... ».
   « Quand vous nous regardez, pareil à ..., nous frissonnons ».
2. Périphrase
   « Nous sommes très impressionnés en nous adressant à ... ».
   « Le ... doit savoir faire preuve de pitié ».
3. Métaphore
   « Nous avons confiance en vous car vous êtes ... ».
   « Un Milan comme vous est ... ».

## Grammaire - Orthographe

### Construire des phrases interrogatives pour faire réfléchir ▸ Langue, p. 310

**5** ★★★ Complétez les phrases avec ces mots interrogatifs : comment, où, pourquoi, quel, quelle.

1. ... défense pourrez-vous adopter ?
2. ... le dévorer alors qu'il peut vous être utile ?
3. ... irez-vous ensuite ? Nous vous poursuivrons !
4. ... plaisir y a-t-il à tuer un si bel oiseau ?
5. ... pourrez-vous dormir si vous le tuez ?

### Utiliser l'impératif et le futur pour convaincre ▸ Langue, p. 320, 324

**6** ★★★ Formulez un conseil en mettant ces phrases au présent de l'impératif (2e pers. plur.).

1. Réfléchir à la cruauté d'un tel assassinat.
2. Être sensible à ces nobles arguments.
3. Ne pas abuser de sa force.
4. Penser aux enfants de ce Rossignol.
5. Avoir à l'esprit la grandeur des princes.

**7** ★★★ Soyez convaincant en utilisant le futur de l'indicatif (2e pers. plur.).

1. Savoir prendre la bonne décision.
2. Ne pas le regretter.
3. Raconter partout cette bonne action.
4. Sauver un être innocent.
5. Profiter de son chant.

### Employer le conditionnel pour faire une demande ▸ Langue, p. 322

**8** ★★★ Associez les bonnes étiquettes pour mettre le verbe « vouloir » au conditionnel présent.

je voudr • vous voudr • elles voudr

a • aient • ez • ais • ont • iez

**9** ★★★ Mettez les formes verbales entre parenthèses au présent du conditionnel.

1. J'(aimer) vous dire à quel point nous (être) soulagés si vous relâchiez ce rossignol.
2. Nous (vouloir) pouvoir l'entendre chanter encore pendant des années.
3. (Pouvoir)-vous changer d'avis et ne pas manger ce pauvre oiseau ? Il vous en (être) éternellement reconnaissant. N'(avoir)-vous pas envie de faire preuve de générosité ? Vous (aimer) sûrement être reconnu comme le plus charitable de tous les rapaces.

# Le Milan et le Rossignol

Après que le Milan[1], manifeste voleur[2],
Eut répandu l'alarme en tout le voisinage[3],
Et fait crier sur lui les enfants du village,
Un Rossignol tomba dans ses mains par malheur.
Le héraut du Printemps[4] lui demande la vie.
« Aussi bien, que manger en qui n'a que le son[5] ?
Écoutez plutôt ma chanson :
Je vous raconterai Térée[4] et son envie.
– Qui, Térée ? est-ce un mets propre pour les milans[6] ?
– Non pas ; c'était un roi dont les feux violents
Me firent ressentir leur ardeur criminelle.
Je m'en vais vous en dire une chanson si belle
Qu'elle vous ravira : mon chant plaît à chacun. »
Le Milan alors lui réplique :
« Vraiment, nous voici bien, lorsque je suis à jeun,
Tu me viens parler de musique.
– J'en parle bien aux rois. – Quand un roi te prendra,
Tu peux lui conter ces merveilles.
Pour un milan, il s'en rira :
Ventre affamé n'a point d'oreilles. »

**Jean de La Fontaine**, *Fables*, IX, 18, 1678

↑ **Fatiha El Hadi**, « Le Milan et le Rossignol », coll. privée.

**1.** oiseau de proie. **2.** voleur qui ne se cache pas. **3.** a semé l'agitation dans tout le voisinage. **4.** le messager du printemps, le Rossignol. **5.** qu'y a-t-il à manger chez celui qui n'a qu'une voix ? **6.** repas intéressant pour les milans.

## Méthode

### Étape 1 Préparer vos arguments

PÉDAGOGIE DIFFÉRENCIÉE

- Que risque-t-il de se passer à la suite de cette fable ? Justifiez votre réponse.
- Mettez-vous par groupes. Vous écrirez un plaidoyer pour défendre cette idée : « il ne faut pas tuer le Rossignol ».
  Vous développerez deux arguments (= deux raisons) pour convaincre le Milan. Vous illustrerez chaque argument par un exemple précis.
- Choisissez avec quels arguments vous allez défendre le Rossignol.

**Arguments de la fable** (★★)
- Le rossignol est trop maigre, le milan n'aura rien à manger.
- Le rossignol, vivant, peut divertir le milan.

**Nouveaux arguments** (★★★)
- ...
- ...

### Étape 2 Rédiger au brouillon et travailler le style du plaidoyer

- Votre discours se composera de trois paragraphes (§) :

**1er § : votre argument le moins convaincant avec un exemple.** Dans ce paragraphe, apitoyez le Milan en lui adressant une prière avec des verbes à l'impératif. ▸ voir exercice 6

**2e § : votre argument le plus convaincant avec un exemple.** Dans ce paragraphe, utilisez le conditionnel pour faire une demande polie au Milan, puis posez-lui des questions pour le faire réfléchir. ▸ voir exercices 5, 8 et 9

**3e § : votre conclusion en une phrase pour présenter l'idée défendue.** Dans votre conclusion, flattez le Milan en utilisant des figures de style (comparaison, périphrase ou métaphore). Employez le futur pour parler de l'avenir. ▸ voir exercices 3, 4 et 7

- Chaque paragraphe commence par un mot de liaison. ▸ voir exercices 1 et 2

### Étape 3 Jouer le rôle des avocats de la défense

- Repartissez-vous les paragraphes.
- Choisissez un·e camarade qui jouera le rôle du Milan et adressez-vous à lui ou à elle.
- Vous devez porter votre texte, ne vous contentez pas de lire votre plaidoyer : parlez fort, clairement, posément, en mettant le ton et en faisant des gestes.

**À vous d'être convaincant·e !**

| Auto-évaluation | Oui | Non |
|---|---|---|
| J'ai choisi un groupe et respecté la consigne pour les arguments. | | |
| J'ai utilisé les formulations demandées pour convaincre. | | |
| J'ai su porter mon texte à l'oral. | | |

ATELIER 2
Oral

# Mettre en voix une fable

- Dans cet atelier, vous allez mettre en voix la fable de Jean de La Fontaine, « Le Loup, la Chèvre et le Chevreau ».
- Lisez la Méthode. Selon vos besoins, aidez-vous des exercices préparatoires.

## Vocabulaire

### Désigner les caractéristiques des personnages avec synonymes et antonymes ► Langue, p. 338

**1** Reliez ces sentiments avec leurs synonymes.

| | |
|---|---|
| La méfiance • | • La convoitise |
| L'inquiétude • | • L'appréhension |
| L'envie • | • Le soupçon |
| L'assurance • | • La conviction |

**2** **a.** Associez une qualité de la liste 1 à un synonyme de la liste 2.

**Liste 1 :** rusé • attentionné • doux • prudent • patient • calme

**Liste 2 :** prévenant • posé • tendre • prévoyant • malin • persévérant

**b.** Trouvez parmi ces défauts les antonymes des qualités précédentes : agité • niais • indélicat • imprudent • impatient • féroce.

### Comprendre la langue du XVIIe siècle

**3** Reliez ces expressions du XVIIe siècle à leur traduction en français moderne.

| | |
|---|---|
| Paître • | • Se retenir de |
| Se garder de • | • Croire |
| Contrefaire • | • Brouter |
| S'en retourner • | • Imiter |
| Ajouter foi à • | • Repartir |

**4** Lisez ces phrases en français moderne avec expressivité, puis essayez de lire avec la même intensité les mots de La Fontaine.

« Surtout, je t'en supplie, n'ouvre pas, sauf si on te dit le mot de passe : "À bas le loup et sa race" ! »

« Gardez-vous, sur votre vie,
D'ouvrir que l'on ne vous die,
Pour enseigne et mot du guet :
"Foin du Loup et de sa race" ! »

« La chèvre, vous vous en doutez,
N'avait pas vu le gourmand. »

« La Bique, comme on peut croire,
N'avait pas vu le glouton. »

### Savoir prononcer les mots dans un vers

**5** Dans un vers, le « e » final des mots est prononcé s'il est suivi d'une consonne. Recopiez ces vers et entourez les « e » à prononcer.

Ex. : L**e** Loup d**e** fortun**e** passe.

1. La Bique allant remplir sa traînante mamelle,
Et paître l'herbe nouvelle,
Ferma sa porte au loquet.
2. Et d'une voix papelarde,
Il demande qu'on ouvre en disant : « Foin du Loup ! »
3. Le biquet soupçonneux par la fente regarde.

## Grammaire - Orthographe

### Maitriser les reprises nominales et pronominales

► Langue, p. 294

**6** Relevez des vers 1 à 14 tous les noms et les pronoms qui désignent les personnages de la fable « Le Loup, la Chèvre et le Chevreau » (p. 217).

| Personnages | Le Loup | La Chèvre | Le Chevreau |
|---|---|---|---|
| Noms et pronoms qui les désignent | | | |

### Distinguer récit et dialogue dans la fable

**7** **a.** Qui parle dans cet extrait ? Que dit-il ? Comment avez-vous repéré ses paroles ?

Le Biquet soupçonneux par la fente regarde :
« Montrez-moi patte blanche, ou je n'ouvrirai point »,
S'écria-t-il d'abord.

**b.** Quel ton de voix le personnage doit-il employer ? Aidez-vous du verbe de parole.

### Comprendre les valeurs du présent de l'indicatif

► Langue, p. 314

**8** **a.** Relevez les verbes conjugués au présent.

- Comme elle disait ces mots,
  Le Loup de fortune passe ;
  Il les recueille à propos,
  Et les garde en sa mémoire.
- Deux sûretés valent mieux qu'une.

**b.** Classez-les dans ce tableau.

| Présent de narration (utilisé dans un texte au passé pour insister sur l'action) | Présent de vérité générale (souvent utilisé dans la morale d'une fable) |
|---|---|
| | |

**c.** À votre avis, quel ton peut-on utiliser pour dire du présent de narration ? Et du présent de vérité générale ?

### Trouver les auxiliaires pour faire des liaisons

**9** **a.** Repérez les auxiliaires « *être* » et « *avoir* » du vers 21 (« Patte blanche est un point… ») au vers 27 de la fable p. 217.

**b.** S'ils sont suivis d'une voyelle, vous devrez faire une liaison. Entrainez-vous à lire à haute voix.

**c.** Quelle autre liaison feriez-vous dans cet extrait ?

# Le Loup, la Chèvre et le Chevreau

La Bique, allant remplir sa traînante mamelle,
Et paître l'herbe nouvelle,
Ferma sa porte au loquet,
Non sans dire à son Biquet :
« Gardez-vous, sur votre vie,
D'ouvrir que l'on ne vous die[1],
Pour enseigne et mot du guet[2] :
« Foin du Loup[3] et de sa race ! »
Comme elle disait ces mots,
Le Loup de fortune[4] passe ;
Il les recueille à propos,
Et les garde en sa mémoire.
La Bique, comme on peut croire,
N'avait pas vu le glouton.
Dès qu'il la voit partie, il contrefait son ton[5],
Et d'une voix papelarde[6]
Il demande qu'on ouvre en disant : « Foin du Loup ! »
Et croyant entrer tout d'un coup.
Le Biquet soupçonneux par la fente regarde :
« Montrez-moi patte blanche, ou je n'ouvrirai point »,
S'écria-t-il d'abord. Patte blanche est un point
Chez les loups, comme on sait, rarement en usage.
Celui-ci, fort surpris d'entendre ce langage,
Comme il était venu s'en retourna chez soi.
Où serait le Biquet, s'il eût ajouté foi
Au mot du guet que de fortune
Notre Loup avait entendu ?

Deux sûretés valent mieux qu'une,
Et le trop en cela ne fut jamais perdu.

**Jean de La Fontaine**, *Fables*, IV, 15, 1668.

1. sauf si l'on vous dit. 2. en guise de mot de passe. 3. à bas le loup ! 4. par hasard. 5. il l'imite. 6. fausse, hypocrite.

## Méthode

### Étape 1 Lire et comprendre la fable

- Pour vous assurer que vous avez bien identifié les différents personnages de la fable, complétez ce tableau.

| Personnages | Le Loup | La Chèvre | Le Chevreau |
|---|---|---|---|
| Groupes nominaux qui les désignent | | | |
| Émotions successives | | | |
| Qualités ou défauts | | | |

▸ voir exercices 1, 2 et 6

- Relisez la fable en repérant tous les passages un peu difficiles et cherchez leur signification.
▸ voir exercices 3 et 4
- Distinguez bien les différentes parties de la fable. ▸ voir exercices 7 et 8

**Récit** lignes ... à ...

**Dialogues** lignes ... à ...

**Commentaire du poète et morale** lignes ... à ...

### Étape 2 Travailler l'expressivité

- Vous pouvez choisir de lire cette fable seul·e ou en groupe. Quelle que soit votre décision, vous devrez faire attention à **mettre en valeur chaque passage**.

PÉDAGOGIE DIFFÉRENCIÉE

**La voix de chaque personnage**
N'oubliez pas leurs caractéristiques.

**Émotions**
Amusez-vous à montrer toute la haine de la Chèvre à l'égard des Loups dans la réplique « Foin du Loup et de sa race ! ».

**La voix du poète**
Repérez les présents de narration pour souligner les actions inattendues. Ménagez du suspense.

Adressez-vous à votre public pour faire **le commentaire final** et indiquer la morale de la fable.

### Étape 3 Soigner la diction

- Sur la photocopie de la fable, repérez tous les mots pour lesquels vous devez faire une liaison. N'oubliez pas de prononcer les « e » habituellement muets s'ils sont devant une consonne. ▸ voir exercices 5 et 9
- Ne lisez pas trop vite, prenez votre temps. N'hésitez pas à faire des pauses, notamment entre le récit et la morale.
- Pensez que vous vous adressez à un public : parlez fort et distinctement.

**À vous de captiver vos camarades !**

| Auto-évaluation | Oui | Non |
|---|---|---|
| J'ai montré que j'ai compris ce que je lisais. | | |
| J'ai proposé une lecture expressive. | | |
| J'ai respecté la prononciation des vers en articulant. | | |

ATELIER 3
Écrit

# Rédiger un compte rendu sur Renard et ses ruses

- Dans cet atelier, vous allez rédiger un compte rendu sur le personnage du Renard rusé.
- Lisez la Méthode et faites les exercices de langue dont vous avez besoin.

## Vocabulaire

### Utiliser le niveau de langue approprié ▸ Langue, p. 340

**1** ★★★ **a.** Indiquez le niveau de langue de chaque phrase.
**1.** « Le Coq et le Renard » est une fable de La Fontaine. **2.** Le Renard utilise des arguments fallacieux pour tromper l'infortuné Corbeau. **3.** Le Renard lui dit : « Tu chantes trop bien ! » **4.** Le Loup ne se montre guère clairvoyant. **5.** Il a pas compris la ruse du Renard. **6.** Tu peux me résumer cette fable ? **7.** Peux-tu me la réciter ?

**b.** Notez les éléments qui vous ont permis de répondre.

| niveau | caractéristiques |
|---|---|
| familier | |
| courant | |
| soutenu | |

### Structurer un texte à l'aide de paragraphes et de connecteurs

**2** ★★★ Voici une biographie de J. de La Fontaine. Copiez-la et formez trois paragraphes.
1. Sa jeunesse et sa formation. 2. Les difficultés qu'il connait. 3. Ses *Fables* et leur succès.

Jean de La Fontaine nait le 8 juillet 1621 à Château-Thierry. Il envisage d'abord une carrière religieuse. Il obtient son diplôme d'avocat au parlement de Paris. En 1652, il achète une charge de maitre des Eaux et Forêts. Malheureusement, sa situation financière est de plus en plus inconfortable. Il entre au service de Nicolas Fouquet. En 1661, lorsque N. Fouquet tombe en disgrâce, il doit chercher une nouvelle protection financière. Il devient l'ami de la duchesse de Bouillon. Les Fables sont publiées en 1668. Le succès est immense. La Fontaine est élu à l'Académie française. Il devient alors incontournable.

**3** ★★★ Voici un résumé de la fable « Le Corbeau et le Renard ». Organisez-le plus correctement en insérant des connecteurs indiquant la progression de l'histoire :
immédiatement • aussitôt • au début • finalement • c'est alors

..., le Corbeau est dans un arbre et tient dans son bec un fromage. ... que le Renard survient. Le rusé animal se met ... à vanter la voix du Corbeau. ..., l'oiseau se sent flatté. Il se met ... à chanter et laisse tomber son fromage.

**4** ★★★ Rédigez des phrases en utilisant un élément de la liste 1 que vous ferez correspondre à un exemple de la liste 3 à l'aide d'un connecteur de la liste 2.

**Liste 1 :** Le Corbeau est très naïf • Le Renard est très rusé • Le coq est perspicace.

**Liste 2 :** effectivement • en effet • par exemple

**Liste 3 :** il sait que le Renard veut le manger • il trouve souvent le point faible de son adversaire • il croit aux flatteries du Renard.

## Grammaire - Orthographe

### Repérer les personnes pour bien conjuguer

**5** ★★★ **a.** Complétez le tableau avec les formes verbales de « ruser » :
rusez • avons rusé • rusent • avait rusé • rusas • rusons • rusais • ruserez • rusait • ruse • rusèrent • aviez rusé • ruseront • a rusé.

| Personne | Ruser |
|---|---|
| 1re pers. sing. | |
| 2e pers. sing. | |
| 3e pers. sing. | |
| 1re pers. pl. | |
| 2e pers. pl. | |
| 3e pers. pl. | |

**b.** Pour chaque ligne, soulignez la ou les lettres que l'on retrouve fréquemment à la fin du verbe.

### Employer le passé composé pour raconter ▸ Langue, p. 328

**6** ★★★ Conjuguez les verbes entre parenthèses au passé composé. Attention aux accords du participe passé avec *« être »*.
Le Renard (inviter) ... la Cigogne à dîner et (préparer) ... une soupe. Farceur, il lui (présenter) ... le repas dans une assiette. Avec son long bec, la Cigogne (ne pas pouvoir) ... manger. Elle (rentrer) ... chez elle furieuse. Le Renard (s'amuser) ... de cette situation.

### Distinguer l'infinitif et le participe passé des verbes du 1er groupe ▸ Langue, p. 333

**7** ★★★ Complétez ces verbes par la terminaison de l'infinitif *« -er »* ou par celle du participe passé *« -é »*.
*Aide* Si vous hésitez, remplacez le verbe du 1er groupe par un verbe d'un autre groupe.
1. La Cigogne a invit... le Renard.
2. Elle lui sert le repas dans un vase emmanch... d'un long cou.
3. Le Renard ne peut pas mang...
4. Il se met à cri... et jure de ne plus se laiss... attrap....

### Manipuler les homophones pour éviter les confusions ▸ Langue, p. 334

**8** ★★★ Complétez avec la forme qui convient : *la / là, ou / où*.
*Aide* La : déterminant, peut être remplacé par « une ». – Là : adverbe, peut être remplacé par « ici ». – Ou : conj. de coordination, peut être remplacé par « ou bien ». – Où : renvoie à un lieu, phrase interrogative.

... Cigogne invite le Renard pour se venger. En effet ... viande qu'elle a préparée est dans un vase très fin. « ... est le souper ? » demande le rusé, méfiant. « Il est ... », répond la Cigogne. Voulant manger ... nourriture, le Renard y plonge le museau mais ne peut l'atteindre. Il ne sait pas s'il doit rire ... pleurer.

# Une parodie de fable en BD

**Lisez** la fable de La Fontaine qui a inspiré cette BD : « Le Renard et la Cigogne ».

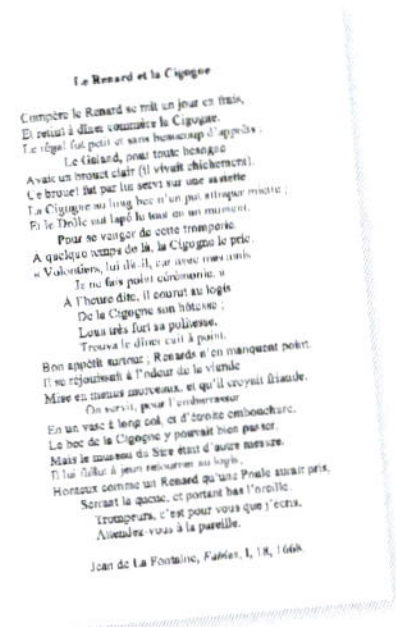

R. Goscinny et M. Gotlib, *Les Dingodossiers*, t. 2, Dargaud, 1972.

## Méthode

- Vous pouvez rédiger votre compte rendu ★★★ seul ou ★★★ à deux. PÉDAGOGIE DIFFÉRENCIÉE

### Étape 1 Découvrir une parodie de fable

- Que doit faire l'élève Chaprot dans cette bande dessinée ?
- Observez le texte de l'élève : quelles erreurs commet-il ? Pour chaque type d'erreur, quel(s) conseil(s) pourriez-vous lui donner ? ▸ voir exercices 5 à 8

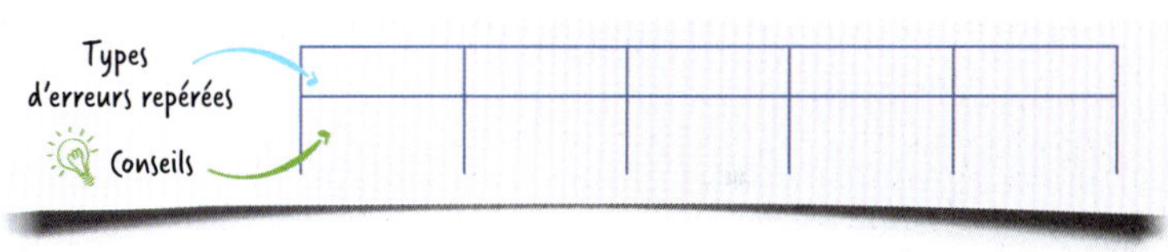


- Pour son exposé, l'élève a choisi une fable de Jean de La Fontaine. À votre avis, quel élément a-t-il inventé ? Relisez la fable de J. de La Fontaine.

### Étape 2 Préparer son travail au brouillon

- Repérez les fables dans lesquels le personnage de Renard apparait. Pour avoir des exemples intéressants, choisissez :

une fable où la ruse de Renard réussit — une fable où la ruse échoue

### Étape 3 Rédiger le compte rendu

- Organisez votre compte rendu en trois paragraphes (§). ▸ voir exercice 2

Rédigez au passé composé dans un niveau de langue courant ou soutenu. ▸ voir exercices 1, 5, 6 et 7

alinéa

1er § avec un exemple de ruse qui échoue

2e § avec un exemple de ruse qui réussit

3e § avec votre conclusion personnelle sur le personnage de Renard

Utilisez des mots de liaison. ▸ voir exercice 3

Introduisez vos exemples correctement. ▸ voir exercice 4

| Auto-évaluation | Oui | Non |
| --- | --- | --- |
| J'ai respecté le sujet en évoquant Renard et ses ruses. | | |
| J'ai soigné ma rédaction en faisant attention aux erreurs. | | |
| J'ai construit mon travail en trois paragraphes. | | |

**Vous êtes maintenant prêts pour aider l'élève Chaprot !**

ATELIER 4
Oral

# Créer un récital de fables

- Vous allez parcourir toutes les fables que vous avez étudiées dans ce chapitre et créer avec votre classe un véritable spectacle !
- Lisez la Méthode et servez-vous des exercices pour trouver des idées de présentation.

## Vocabulaire

### Maitriser le champ lexical de la ruse ▸ Langue, p. 338, 340

**1** ★★★ Classez les synonymes dans ce tableau.
l'artifice • retors • habile • feinter • manipuler • la fourberie • la manœuvre • rouler • astucieux • la rouerie • manœuvrer

| La ruse | Rusé | Ruser |
| --- | --- | --- |
| | | |

**2** ★★★ Complétez les phrases avec ces mots.
fourbe | stratagème | tromperie | duper | manœuvrer

1. Tous les personnages cherchent à ... leurs victimes.
2. Le Loup use d'un ... : il se déguise en berger.
3. ..., le Renard trompe la plupart de ses proies.
4. Il cherche à ... habilement pour entrer chez la Chèvre.
5. Tous ces animaux sont passés maitres dans l'art de la ....

### Manipuler des formules pour capter l'attention du public

**3** ★★★ Complétez ces expressions avec des parties du corps humain.

### Utiliser des tournures du XVII^e^ siècle

**4** ★★★ **a.** Reliez ces adverbes courants au XVII^e^ siècle avec leur traduction moderne.

| | |
| --- | --- |
| ne ... point • | • beaucoup de |
| ne ... guère • | • très |
| fort • | • ne ... pas |
| moult • | • ne ... pas beaucoup de |

**b.** À vous de les utiliser dans ces phrases.
1. Je suis ravi de voir qu'il y a ... public dans la salle.
2. Les renards sont des animaux ... rusés.
3. Nous ... voulons ... vous faire attendre !
4. Le poisson ... a ... d'espoir d'attendrir le pêcheur.

## Grammaire - Orthographe

### Alterner entre futur simple et futur proche ▸ Langue, p. 320

**5** ★★★ Mettez ces phrases au futur proche (avec le verbe « aller » au présent de l'indicatif).
1. Vous apprécierez ce spectacle !
2. Je vous présenterai quelques fables.
3. Nous passerons un bon moment ensemble.
4. Vous vous étonnerez des ruses de ces animaux.
5. J'évoquerai des fables où la ruse est essentielle.

**6** ★★★ Mettez ces phrases au futur simple.
1. Vous (être) émerveillés !
2. Nous (commencer) par une fable très connue.
3. Vous (découvrir) une fable un peu moins célèbre.
4. Je vous (conter) une anecdote sur La Fontaine.
5. Ils (jouer) devant vous une histoire bien cruelle...

### Donner des conseils au public à l'impératif ▸ Langue, p. 324

**7** ★★★ Conjuguez ces verbes à la 2^e^ personne du pluriel de l'impératif présent.
1. Se méfier des gens qui font trop de compliments.
2. Ne pas chercher à ressembler à quelqu'un d'autre.
3. Ne pas tromper les autres.
4. Éviter de discuter avec des manipulateurs.

**8** ★★★ Quels animaux des fables étudiées reconnaissez-vous ? Inventez trois phrases pour donner des conseils sur ce modèle : « Ne faites pas comme ... : ne + *impératif* ... »
Ex. : Ne faites pas comme le Corbeau : ne vous fiez pas à n'importe qui.

### Utiliser le passé composé pour présenter le contexte
▸ Langue, p. 328

**9** ★★★ Conjuguez ces verbes au passé composé.
1. La Fontaine (publier) cette fable en 1668.
2. Ses fables (rencontrer) un grand succès.
3. Il (s'inspirer) des fabulistes Ésope et Phèdre.
4. Il (décider) d'écrire en vers.
5. Il (choisir) de ne pas toujours exprimer la morale.

# Florilège de fables

★
Le Corbeau et le Renard
Le Geai paré des plumes du Paon
Le Loup, la Chèvre et le Chevreau

★★
Le Loup et l'Agneau
Le Coq et le Renard
Le petit Poisson et le Pêcheur
Le Milan et le Rossignol
Le Renard et la Cigogne

★★★
Le Renard, le Loup et le Cheval
Le Loup devenu berger
Les Poissons et le Cormoran
Le Loup et le Chien maigre

↑ *Fables de La Fontaine*, mise en scène **Robert Wilson**, Comédie Française, 2004.

## Méthode

### Étape 1 Réfléchir collectivement à l'organisation du récital

- Relisez les titres des fables que vous avez étudiées. PÉDAGOGIE DIFFÉRENCIÉE
- Choisissez en classe entière les deux parties qui pourraient réunir les fables dans votre spectacle. Puis, classez vos fables dans chaque partie : ce sera le fil conducteur du récital.

Fables dans lesquelles
1. La ruse réussit
2. La ruse échoue

FABLES DANS LESQUELLES
1. Les prédateurs sont rusés
2. Les victimes sont rusées

FABLES DANS LESQUELLES
1. On ruse par la parole
2. On ruse en se déguisant

- Constituez des groupes et choisissez une fable à apprendre, différente de celle des autres. Écrivez un court texte pour présenter votre fable au public avant de la jouer. Pour intéresser les spectateurs, vous pouvez :

Parler de la ruse des personnages ▸ **ex. 1 et 2**

Donner des conseils à l'impératif ▸ **ex. 7 et 8**

Évoquer la vie de La Fontaine au passé composé ▸ **ex. 9**

Provoquer la curiosité grâce à des formules d'accroche ▸ **ex. 3**

Utiliser des tournures du XVII<sup>e</sup> siècle ▸ **ex. 4**

Annoncer la suite du spectacle en utilisant futur simple et futur proche ▸ **ex. 5 et 6**

### Étape 2 Préparer la mise en scène

- Répartissez-vous les rôles dans la fable que vous avez choisie. Apprenez votre texte. Vous pouvez suivre la méthode de l'Atelier 2 p. 217.
- Travaillez la mise en scène : pensez aux déplacements des personnages et à leur position. Discutez des costumes ou des accessoires dont vous aurez besoin. Entrainez-vous.

### Étape 3 Jouer devant le public

- Présentez votre récital à une autre classe de 6e, aux élèves de CM2 venus visiter le collège ou à vos parents lors de portes ouvertes.
- Les présentateurs commencent le spectacle et présentent chaque fable. Les groupes passent les uns après les autres.
- N'oubliez pas d'articuler et de porter votre voix : vous devez être entendus par toute la salle.

**À vous de monter sur les planches !**

| Auto-évaluation | Oui | Non |
|---|---|---|
| J'ai su présenter ma fable. | | |
| Je maitrise ma fable ou mon texte de présentation. | | |
| J'articule et je porte ma voix. | | |

ATELIER 5
Oral

# Tromper le goupil Renart

- Dans cet atelier, vous allez imaginer un épisode dans lequel un personnage de votre choix parviendra à tendre un piège à Renart.
- Prenez connaissance de la Méthode et, selon vos besoins, faites les exercices de langue.

## Vocabulaire

### Jouer avec des expressions

**1** Faites les bonnes associations pour retrouver des expressions connues.

Ex. : Être malin → comme un singe

| | |
|---|---|
| Être muet • | • comme un pou |
| Être gai • | • comme une mule |
| Être fier • | • comme un pinson |
| Être têtu • | • comme une carpe |

### Exprimer défauts et qualités à l'aide d'antonymes

▸ Langue, p. 338

**2** Remplacez les adjectifs entre parenthèses par leurs antonymes en utilisant ces préfixes.

ir- dé- mal- in- im-

Ce goupil (respectueux) et (bienveillant) ne recule devant aucune ruse pour obtenir ce qu'il désire. Il piège tous les animaux par son esprit (loyal). Ceux qui sont plus faibles que lui ne sont pourtant pas les plus (habiles), mais ils sont souvent (capables) de vaincre Renart. (Honnête), il parvient toujours à tromper ces proies (prudentes).

### Travailler le champ lexical de la tromperie

**3** Identifiez le champ lexical de ces corolles et proposez deux autres adjectifs pour les compléter.

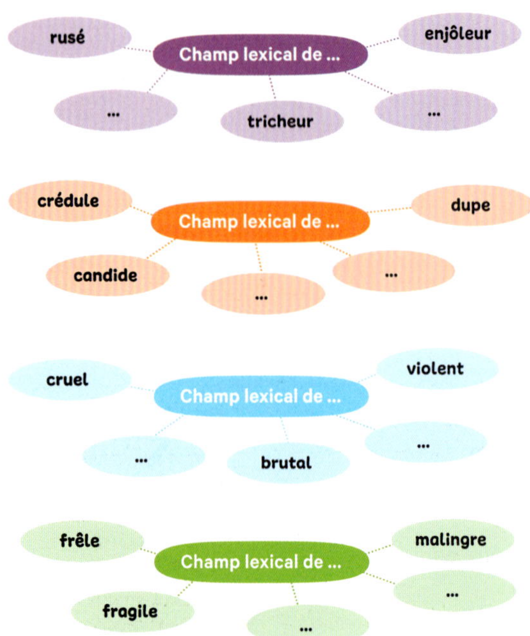


## Grammaire - Orthographe

### Décrire les animaux à l'aide d'expansions du nom

▸ Langue, p. 288-291

**4** Formez les adjectifs correspondants à chaque nom puis employez-les dans un groupe nominal en veillant à l'accord, comme dans l'exemple.

| Nom commun | Adjectif (masc. sing.) | Adjectif (fém. sing.) |
|---|---|---|
| Ruse | Un renard rusé | Une renarde rusée |
| Faim | Un loup ... | Une louve ... |
| Malice | Un oiseau ... | Une mésange ... |
| Adresse | Un mouton ... | Une brebis ... |
| Cruauté | Un bouc ... | Une chèvre ... |

**5** Imaginez des compléments du nom pour décrire ces personnages.

Ex. : La mésange aux multiples couleurs

Espineux le hérisson

Belin le mouton

Couart le lièvre

Baudoin l'âne

Tibert le chat

Jacquet l'écureuil

### Décrire les animaux à l'aide de comparaisons

▸ Langue, p. 342

**6** Comparez ces personnages grâce aux formules « plus... que... », « aussi... que... » ou « moins ... que... ».

Ex. : Renart • rusé • Tibert le chat → Renart est aussi rusé que Tibert le chat.

1. Le loup • naïf • le goupil.
2. Renart • fort • les chasseurs.
3. La mésange • petit • l'oiseau.

### Soigner la ponctuation du dialogue ▸ Langue, p. 306

**7** Complétez le texte en utilisant les signes de ponctuation du dialogue. – « » ,

... Quel plaisir de vous croiser ici, compère !
... Renart... répondit Couart le lièvre... quant à moi, je ne suis pas ravi !
... Et pourquoi donc ? J'ai toujours eu beaucoup d'affection pour vous.
... Je n'en suis pas si sûr. ...
Couart le lièvre essaya de passer son chemin.

# Renart et la mésange : le baiser de la paix

*Renart est fâché de ne pas avoir réussi à dévorer le coq Chanteclerc.*

Cet échec ne faisait pas l'affaire de goupil, toujours aussi affamé. Or, tandis qu'il se lamentait, voici que survient une mésange. Mais l'oiseau restait hors de portée, perché sur la branche d'un chêne. Comment l'attraper ?

« Bonjour, ma commère ! Descendez donc m'embrasser !

– Renart, répond la mésange, je ne suis pas née de la dernière pluie[1], je sais très bien qu'on ne peut pas vous faire confiance.

– Pourquoi ? Le Roi Noble a fait proclamer la paix, partout dans le royaume et entre toutes les bêtes, petites et grandes. Vous n'avez rien à craindre de moi.

– C'est ce que vous dites ! Passez votre chemin. Je ne vous accorderai pas ce baiser. »

Renart réaffirme sa bonne foi, il promet même de fermer les yeux ! La mésange saisit alors quelques brins de mousse, une ou deux feuilles, et lui en frotte les moustaches. Ruse qui réussit : Renart ouvre la gueule, pour ne retenir qu'une feuille accrochée à sa moustache.

« Hé ! Renart, la belle paix que voilà ! Un peu plus et vous me dévoriez !

– Quelle idée ! Je voulais plaisanter. Recommençons ! Je vais fermer les yeux une autre fois. »

Vous vous doutez bien que la mésange ne se méfiait que davantage. Cette fois, c'est d'un coup d'aile qu'elle effleure Renart, qui ne happe[2] que le vide. Néanmoins, il essayait encore de la convaincre quand retentit dans le lointain le son bien connu du cor[3]. Il n'en faut pas plus pour que Renart décampe sous les quolibets de l'oiseau.

Une poursuite s'engage alors : devant, le goupil, qui s'enfuit par des chemins de traverse, derrière les chasseurs.

*Le Roman de Renart,* trad. Elisabeth Charbonnier, Le Livre de Poche, 1987.

↑ **Xavier Kozminski** (ill.), *Le Roman de Renart*, 1932.

1. je ne suis pas naïve.
2. qui n'attrape.
3. cor de chasse, instrument des chasseurs.
4. les insultes et moqueries.

## Méthode

### Étape 1 Comprendre et repérer la structure d'un épisode

- Lisez le texte et répondez aux questions.

| | |
|---|---|
| **Début du texte** | Dans quelle situation les deux personnages se trouvent-ils ? |
| **1re ruse** | Quel mensonge Renart imagine-t-il pour tenter de dévorer la mésange ? |
| **2e ruse** | Quelle est la ruse inventée par la mésange pour tromper Renart ? |
| **Conclusion** | D'après vous, qui est le plus fort dans cet extrait ? |

### Étape 2 Imaginer l'épisode

- Avec les camarades de votre groupe, choisissez :
  - le personnage qui rencontrera Renart.
  - la ruse que Renart va utiliser et son but.
  - la ruse que votre personnage met en place pour se défendre.
- Puisez dans cette boite à malices pour trouver vos ruses :

le mensonge
la flatterie
la prudence
le déguisement
l'intimidation
la simulation de faiblesse

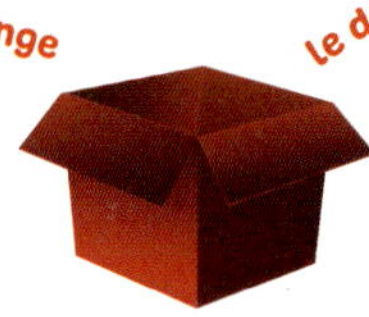

### Étape 3 Rédigez votre épisode

- Rédigez votre épisode en respectant la structure du texte que vous avez lu (introduction, ruse de Renart, ruse de son adversaire, conclusion).
- Décrivez les deux personnages au moyen d'expansions du nom. ▸ voir exercices 4 et 5
- Comparez leurs qualités et leurs défauts pour montrer que Renart n'est pas le plus rusé. ▸ voir exercices 1, 2, 3 et 6
- Prévoyez un passage de dialogue en utilisant les tirets à chaque fois qu'un personnage prend la parole. ▸ voir exercice 7

**Soyez plus rusés que le goupil !**

| Auto-évaluation | Oui | Non |
|---|---|---|
| Nous avons personnifié les animaux. | | |
| Nous avons été attentifs à l'accord des adjectifs qualificatifs. | | |
| Nous avons exprimé la morale de cet épisode. | | |

CHAPITRE 7

Résister au plus fort : ruses, mensonges et masques

# Des personnages rusés sur scène

▸ Quels sont les ressorts de la ruse au théâtre ?
▸ Comment analyser des mises en scène ?



*Le Médecin malgré lui*, opéra comique de C. Gounod, mise en scène **L. Pelly**, avec Boris Grappe (Sganarelle), Ahlima Mhamdi (Martine), Grand Théâtre de Genève, 2016. →

MISE EN CONTEXTE

# Et si nous allions voir des comédies ?

## Antiquité

Théâtre romain de Bosra (Syrie), IIe siècle.

Si vous étiez nés à l'époque de Plaute (-254 – -184), vous auriez vu des comédies latines dans des **théâtres** provisoires bâtis **en bois**. Plus tard on construit des **théâtres en pierre**, sur le modèle grec. Les gradins sont disposés en arc de cercle face à un mur de scène richement décoré. Un grand voile (*velum*) tendu au-dessus du public protège du soleil.

## Moyen Âge

**Pieter Brueghel le Jeune**, *La kermesse villageoise avec un théâtre et une procession* (détail), 1632, musée de l'Hermitage, Saint-Pétersbourg.

Au Moyen Âge, vous auriez vu des « farces » : ces petites pièces de théâtre s'inspirant souvent des fabliaux et mettant en scène des intrigues comiques tirées du quotidien du peuple. Elles sont jouées **dans les foires, sur des tréteaux**, entre deux pièces religieuses (« mystères »).

## XVIe siècle

**Jan Miel**, *Une troupe de la* commedia dell'arte (détail), 1640.

Si vous étiez nés en Italie, vous auriez vu des spectacles de la ***commedia dell'arte***. En plein air, sur des tréteaux, ou chez de riches particuliers, les comédiens et les comédiennes improvisent en faisant participer le public.

## XVII^e^ siècle

À l'époque de Molière, vous auriez vu des pièces de théâtre sur **les places publiques, dans les foires,** mais aussi dans **les salles de jeu de paume** (l'ancêtre du tennis). Plusieurs **théâtres** sont finalement ouverts au public : les plus riches s'installent aux balcons ou parfois dans des fauteuils sur la scène, tandis que les moins aisés, debout, se bousculent au **parterre**. On mange, on discute et on sursaute quand la cire brûlante des bougies tombe depuis le plafond. Il n'est pas toujours facile de se concentrer sur le spectacle !

← Théâtre Molière, scène des *Fourberies de Scapin*. Reproduction d'une illustration de demi-teinte.

Au XVIII^e siècle, vous auriez vu évoluer **les salles « à l'italienne »**, organisées en arc de cercle autour de la scène. Peu à peu, le système d'éclairage s'améliore ; on place des fauteuils au parterre, désormais appelé l'orchestre. Les femmes, qui gardent leur chapeau au théâtre, s'installent plutôt dans les loges. Les moins fortunés sont relégués tout en haut, dans le **« paradis »**, appelé aussi **« poulailler »**, souvent très bruyant.

## XVIII^e et XIX^e siècles

↑ La salle Richelieu de la Comédie-Française à Paris, créée en 1790 (après rénovation en 2013).

## XX^e siècle à aujourd'hui

↑ Salle de *La Coursive*, Scène nationale, La Rochelle, 2019.

Vous pouvez aujourd'hui aller très facilement au théâtre. Après la Seconde Guerre mondiale, des **Centres Dramatiques Nationaux** ont été créés sur tout le territoire. Ces nouvelles salles permettent à tous de voir et d'entendre le spectacle sans difficulté. Alors que seuls les théâtres d'ombre ou les spectacles de marionnettes s'adressaient aux enfants, les théâtres prévoient aujourd'hui une programmation pour le **jeune public**.

Vocabulaire

# Autour de la comédie

1. **Que signifie l'expression « faire la comédie » ?**
2. **Quels mots sont de la même famille que le mot « comédie » ?**
   comique | comptine | comédien | commode | communiquer
3. **Voici trois définitions du mot « farce ». Laquelle est liée au théâtre ?**
   **a)** Garniture placée dans une viande pour la rendre plus tendre.
   **b)** Petite pièce comique du Moyen Âge placée entre deux pièces religieuses pour les rendre plus légères.
   **c)** Plaisanterie, action menée pour se moquer de quelqu'un.

# TEXTE 1

# La Comédie de la marmite

## Acte IV, scène 1 Strobile.

**OBJECTIF**
Étudier une comédie latine

**COMPÉTENCE**
Comprendre les sous-entendus d'un discours

**Plaute** (-254 à -284 avant J.-C.) est un auteur latin de comédies. Son nom est sans doute un surnom : « Plautus » signifie « pied plat » en latin. Les interprètes de **comédies** portaient des sandales plates pour jouer, contrairement aux comédiens des tragédies qui chaussaient des « cothurnes », sandales surélevées.

*Strobile est l'esclave d'un jeune homme, Lyconide, qui souhaite épouser la fille d'un vieil avare, Euclion. Ce dernier possède un trésor caché dans une marmite.*

STROBILE. – C'est agir en esclave honnête et vaillant que de faire ce que je fais, de ne pas mettre de retard ni de mauvais vouloir[1] à exécuter les ordres de son maître. L'esclave qui cherche à servir son maître comme celui-ci le désire doit penser d'abord à son maître, et plus tard seulement à lui-même. S'il dort, qu'il dorme en se disant qu'il est esclave. Et celui qui est esclave d'un homme amoureux, comme c'est mon cas, s'il voit son maître vaincu par l'amour, son devoir d'esclave est, je pense, d'essayer de sauver son maître, et non de le pousser dans la direction où il penche déjà. […] Qu'il sache ce que lui commande le maître, que ses yeux sachent lire ses volontés sur son front. Qu'un ordre, une fois reçu, soit exécuté plus vite que ne va un quadrige[2] au galop ! L'esclave qui se conduira de la sorte s'épargnera la sanction des lanières[3] et ne fera jamais briller le fer des entraves[4]. Mon maître est amoureux de la fille d'Euclion, le miséreux qui habite ici ; et l'on vient lui annoncer qu'elle a été donnée en mariage à Mégadore. Il m'a envoyé ici comme observateur, pour savoir lui aussi ce qui se passe. Et maintenant, sans éveiller les soupçons de personne, je vais m'asseoir près de cet autel consacré[5]. De là, je pourrai voir également ce que l'on fera d'un côté comme de l'autre.

*Strobile observe alors Euclion qui cache sa marmite pleine d'or dans le temple.*

*À suivre…*

**1.** mauvaise volonté. **2.** char à quatre chevaux. **3.** sanction du fouet. **4.** ne se fera jamais enchaîner. **5.** table sacrée dans un temple.

Scène de comédie, Pompéi, Ier siècle.

### Histoire des arts

À l'époque de Plaute, les comédiens étaient tous des hommes. Ils se maquillaient en blanc pour incarner les femmes, en rouge pour les esclaves et en brun pour les hommes libres. Les esclaves étaient vêtus de tuniques courtes, les hommes libres portaient un « pallium », tissu posé sur l'épaule gauche et passant sous le bras droit.

## Après avoir lu le texte

PÉDAGOGIE DIFFÉRENCIÉE

Répondez à un groupe de questions puis construisez un Bilan collectif.

**Groupe A** Questions de relevé

1. L. 1 à 3, relevez deux adjectifs montrant les qualités d'un esclave selon Strobile.
   ▸ Langue, p. 272
2. L. 3 à 9, quel est le devoir d'un esclave selon Strobile ?
3. L. 13 à 19 : citez la phrase qui explique la mission de Strobile.

**Groupe B** Questions d'interprétation

1. L. 1 à 5, pourquoi Strobile emploie-t-il le présent de vérité générale ?
   ▸ Langue, p. 322
2. Qu'est-ce qui motive un esclave à obéir à son maître ? Justifiez.
3. L. 13 à 19, trouvez un indice qui montre que Strobile n'est pas si honnête que cela.

**Bilan** Débattez : à votre avis, Strobile aime-t-il sa condition d'esclave ?

*Réalisez une **carte Mémo** sur les caractéristiques du théâtre que vous compléterez au fur et à mesure du chapitre.*

### Vocabulaire du théâtre

- Un **monologue** est le discours d'un personnage seul sur scène.

# Acte V, scène 1 Strobile, Lyconide.

*Strobile a réussi à récupérer l'or que cachait Euclion. Il court le révéler à son maître, Lyconide.*

STROBILE. – J'ai trouvé, aujourd'hui, d'immenses richesses.
LYCONIDE. – Où cela ?
STROBILE. – Une marmite, te dis-je, pleine de quatre livres d'or.
LYCONIDE. – Qu'est-ce que tu me racontes, qu'as-tu fait là ?
STROBILE. – Je l'ai dérobée au vieil Euclion.
LYCONIDE. – Où est cet or ?
STROBILE. – Dans un coffre, chez moi. Maintenant, je souhaite que tu m'affranchisses[1].
LYCONIDE. – Moi, que je t'affranchisse, toi, le plus parfait des scélérats[2] ? [...] Tes balivernes[3] ne prennent pas. Allons, rends l'or.
STROBILE. – Que je rende l'or ?
LYCONIDE. – Rends-le moi, te dis-je, que je le lui rende à lui.
STROBILE. – De quel or s'agit-il ?
LYCONIDE. – De celui que tu m'as dit tout à l'heure être dans ton coffre.
STROBILE. – Il m'arrive de parler pour ne rien dire...
LYCONIDE. – Sais-tu bien que...
STROBILE. – Tue-moi, par Hercule, si tu le veux. Tu ne tireras rien de moi.

*[La fin de la pièce manque]*

**Plaute**, *La Comédie de la marmite*, traduit du latin par P. Grimal, Éditions Gallimard, 1980.

**Jacques Touchet**, illustration *La Farce de la marmite*, éd. Émile Chamontin, 1946.

1. que tu fasses de moi un homme libre.
2. brigand, fripon, misérable.
3. tes bêtises.

## Après avoir lu le texte

PÉDAGOGIE DIFFÉRENCIÉE

### Questions sur Lyconide

**1** L. 2 à 6, quel type de phrase (déclaratif, impératif, interrogatif) Lyconide emploie-t-il ? D'après vous, quel sentiment éprouve-t-il : jalousie surprise curiosité ?

▸ Langue, p. 334

**2** L. 9, Lyconide éprouve-t-il le même sentiment ? Quel pourrait être le ton de sa voix alors ?

**3** Quels pourraient être les gestes de Lyconide quand il comprend que Strobile ne veut pas lui donner l'or ? Justifiez votre réponse.

**4** Comment définiriez-vous le caractère de Lyconide : agressif • bienveillant • compréhensif • colérique • condescendant • calme ?

### Questions sur Strobile

**1** L. 1 à 5, à votre avis, quel ton de voix Strobile utilise-t-il ? Quel sentiment veut-il susciter chez Lyconide : jalousie surprise curiosité ?

**2** L. 7, quel adverbe souligne un changement de situation pour Strobile ? Utilise-t-il le même ton ?

▸ Langue, p. 286

**3** L. 11 à 15, quelle ruse Strobile invente-t-il pour échapper à l'insistance de son maître ? Cela va-t-il calmer Lyconide ou l'agacer plus encore ?

**4** Vous attendiez-vous à ce que Strobile se comporte ainsi avec son maître d'après le premier extrait étudié ? Pourquoi ?

**Bilan** Jouez cet extrait en insistant sur les changements d'humeur des personnages.

*Complétez votre **carte Mémo**.*

## Écrit

La fin de la pièce de Plaute n'a jamais été retrouvée.

• **Inventez** un court dialogue pour achever la conversation entre Lyconide et Strobile.

• Pour l'illustrer, lisez l'**Histoire des arts** (p. 228) et **dessinez** le personnage de Strobile et celui de Lyconide.

## Point de cours

• Les comédies de Plaute se fondent sur des catégories de personnages accentuées par les costumes et le maquillage : l'esclave rusé, le mauvais vieillard, etc. Les représentations avaient lieu dans de grands théâtres en plein air : ces signes distinctifs permettaient aux spectateurs éloignés de suivre l'intrigue.

TEXTE 2

**OBJECTIF**
Découvrir un vilain rusé dans un fabliau du Moyen Âge

**COMPÉTENCE**
Percevoir les caractéristiques d'un fabliau

*Le Vilain médecin*, souvent appelé *Le Vilain mire*, est un **fabliau** anonyme du XIII^e siècle. *Le Vilain médecin* a inspiré Molière pour composer, au XVII^e siècle, *Le Médecin malgré lui*.

## Avant de lire le texte

Le nom « vilain » est issu de *villanus*, habitant de la campagne. En latin, *villa* signifie « ferme ». Par la suite, l'adjectif « vilain » est devenu péjoratif, sans doute par proximité avec « vil », qui signifie « méprisable ».

Que veut dire le titre *Le Vilain médecin* : un médecin qui vit à la campagne ou un paysan qui est médecin ? Lisez le texte pour vérifier votre choix.

# Le Vilain médecin

*La femme d'un vilain, maltraitée par son mari, rencontre deux hommes envoyés par le roi pour trouver un médecin car sa fille a une arête coincée dans la gorge et risque de mourir.*

« Seigneurs, écoutez-moi. Vous n'irez pas si loin que vous croyez : mon mari, je vous le jure, est un bon médecin ; il est plus fort en médecine que ne le fut jamais Hippocrate[1].

– Le dites-vous, dame, par plaisanterie ?

– Non, je me garde bien de plaisanter. Mais il est d'un naturel si bizarre qu'il refuse de rien faire, à moins d'être battu.

– On verra bien. Où pourrions-nous le trouver ? Ce n'est pas les coups qui manqueront.

– Vous le trouverez facilement, en sortant de cette cour, le long d'un ruisseau, près de cette rue déserte : la première charrue, c'est la nôtre [...]. »

Ils éperonnent[2] leurs chevaux et trouvent le vilain ; ils le saluent au nom du roi et le prient de venir sans délai parler à leur maître.

« Pour quoi faire ? dit le vilain.

– À cause de la science dont vous êtes tout plein. Il n'est meilleur médecin au monde ; nous sommes venus de loin pour vous chercher. »

Quand le vilain s'entend appeler médecin, il baisse un peu la tête et répond qu'il ne sait rien de rien.

« Qu'attendons-nous ? se disent-ils, nous savons qu'il faut d'abord le battre, avant qu'il dise ou fasse du bien. »

L'un le frappe sur l'oreille, l'autre sur l'échine[3] avec un grand et gros bâton. Ils le rossent[4] si bien qu'ils le jettent à terre. En sentant les coups sur ses épaules et sur son dos, le vilain voit bien qu'il n'a pas l'avantage.

« Oui, dit-il, je suis un bon médecin, mais par pitié laissez-moi tranquille.

– Alors, en selle, et tout de suite chez le roi. »

Et sans chercher d'autre monture, ils le juchent[5] sur une jument.

Arrivés à la cour, le roi court à leur rencontre, soucieux de la santé de son enfant, et les interroge sur ce qu'ils ont trouvé.

« Nous vous amenons, répond l'un des messagers, un bon médecin, mais il n'est pas facile de caractère ! [...] »

Le roi appelle le vilain.

« Maître, dit-il, asseyez-vous ici, je vais faire venir ma fille qui a grand besoin d'être guérie. [...] »

La jeune fille était dans la salle, toute blême et pâle, le gosier enflé par l'arête du poisson. Le vilain se demande comment la guérir, car il voit qu'il faut la guérir ou mourir. « Je suis sûr, se dit-il, que si elle riait, l'arête sortirait du gosier grâce aux efforts qu'elle ferait, car elle n'a pas pénétré dans le corps, il faut faire ou dire quelque chose qui la fasse rire. »

*À suivre...*

1. médecin grec du V^e siècle avant J.-C.
2. font avancer les chevaux.
3. le dos.
4. ils le frappent.
5. ils le font monter.

Visionnez la scène.

*Le Vilain mire*, mise en scène **Patrick Mélior**, Théâtre Alcyon, Besançon, 2019. P. I, p. 231, www.theatre-alcyon.com, images : Aurélien Mélior. →

## Après avoir visionné l'adaptation théâtrale et lu le texte

**1** Comment la femme du vilain est-elle mise en valeur sur scène ?

**2** Qui est la jeune fille sur la balançoire ? Que pensez-vous de sa présence sur scène ?

**3** L. 1 à 10, quelle est la ruse de la femme du vilain pour se venger de son mari ?

**4** Les deux hommes hésitent-ils à frapper le vilain ? Que pensez-vous de leur attitude ?

**5** Quel temps est utilisé dans le récit ? Quel effet cela produit-il ? ▸ Langue, p. 314

**6** Repérez les mots qui montrent que le roi a du respect pour le vilain.

**7** Quelle est l'idée du vilain pour soigner la jeune fille ?

**Bilan** À votre avis, le vilain va-t-il rester la victime de la ruse de sa femme dans la suite du texte ?

Complétez votre **carte Mémo**.

## Écrit ou Oral

PÉDAGOGIE DIFFÉRENCIÉE Par groupe, **imaginez** la ruse inventée par le vilain pour faire rire la fille du roi. Vous pouvez **présenter** votre travail à l'écrit ou à l'oral sous la forme d'**une petite scène de théâtre**.

**Écoutez** la ruse très surprenante du vilain. Qu'en pensez-vous ? Auriez-vous ri comme la fille du roi ?

### Point de cours

- Les fabliaux du Moyen Âge mettent souvent en scène des personnages populaires en conflit avec des personnages plus puissants. La ruse est un moyen pour les plus faibles de se tirer de mauvais pas.

TEXTE 3

**OBJECTIF**
Comprendre un retournement de situation

**COMPÉTENCE**
Être sensible à l'évolution de la langue et à la culture médiévale

Comme tous les fabliaux, *Le Vilain médecin* a été composé en vers et en **ancien français**. On retrouve cette langue dans les textes écrits du XIIIe au XIVe siècle dans le Nord de la France. Elle conserve des liens étroits avec le latin.

## Avant de lire le texte

Voici un extrait du fabliau du *Vilain médecin* dans la langue du XIIIe siècle.

*Le roi, très heureux de voir sa fille guérie, demande au vilain de rester, mais ce dernier refuse. Le roi appelle alors deux garçons pour le frapper à nouveau.*

Quant li vilains senti les cops
Es braz, es jambes et ou dos,
Merci lor commence à crier :
« Je demorrai, lessiez me ester. »

**Crier merci :** demander grâce.
**Demorer :** demeurer, rester.
**Lessier ester :** laisser tranquille.

- Quels mots reconnaissez-vous ? Lesquels ont une orthographe différente aujourd'hui ?
- Qu'en concluez-vous sur l'évolution de la langue française ?
- Proposez une traduction de ces quatre vers, puis lisez la suite du fabliau.

# Le Vilain médecin (suite)

[Le vilain] reste donc à la cour ; on lui coupe les cheveux, on le rase. Il croit échapper au piège. Les malades du pays, plus de quatre-vingts à ce qu'on dit, viennent tous chez le roi et chacun décrit son état au vilain.

« Maître, dit, le roi, prenez soin de ces gens. Vite, guérissez-les-moi.

– Grâce, fait le vilain, il y en a trop, je vous l'assure. »

Le roi appelle deux valets, chacun prend un bâton, sachant bien pourquoi le roi les appelle. Quand le vilain les voit venir, il est terrorisé.

« Grâce, crie-t-il, je les guérirai ! »

Il demande des bûches, on lui en apporte une quantité, il allume un grand feu dans la salle et s'affaire lui-même à le préparer. Puis il fait rassembler là les malades.

« Je vous prie, dit-il au roi, de quitter la salle avec ceux qui n'ont aucun mal. »

Le roi l'accorde et sort avec ses gens.

« Holà, dit le vilain aux malades, il n'est pas facile de vous guérir. Je ne vois qu'un moyen pour obtenir un résultat : choisissez le plus malade d'entre vous et je le brûlerai dans ce brasier[1] ; vous les autres n'aurez qu'à y gagner, vous boirez ses cendres et vous serez aussitôt guéris. »

Ils se regardent les uns les autres, et il n'y a ni perclus[2], ni enflé[3] qui pour un royaume avouerait qu'il souffre de la plus grave maladie.

« Tu me sembles bien faible, dit le vilain au premier qu'il voit, tu es le plus malade de tous.

– Maître, répond l'autre, je suis en parfaite santé.

– Va-t'en donc. Qu'es-tu venu chercher ici ? »

Le malade ne fait qu'un saut et prend la porte.

« Es-tu guéri ? lui demande le roi.

– Oui, sire, par la grâce de Dieu ; je suis plus sain qu'une pomme. Ce médecin n'est pas le premier venu. »

Que vous dirais-je de plus ? Il n'y aurait eu petit ni grand qui pour rien au monde aurait consenti à ce que le médecin le pousse dans le feu et tous s'en allèrent, comme s'ils avaient tous été guéris. Quand le roi les vit, il en fut transporté de joie.

« Je me demande avec émerveillement, dit-il au vilain, comment vous avez pu si vite les guérir.

↑ Illustrations de **H. Grand'aigle** (Henri Laurens, 1937) et d'**A. Pecq** (Flammarion, 1948), p. 230-233.

1. ce feu, cette fournaise.
2. malade handicapé par la douleur.
3. malade souffrant de gonflements.
4. de l'argent.
5. des chevaux de parade.
6. de bons chevaux de bataille.

– Sire, j'ai eu recours à un sortilège ; j'en connais un qui vaut mieux que gingembre et cannelle.

– Eh bien, retournez chez vous, quand vous voudrez. Vous aurez vêtements, deniers[4], palefrois[5] et bons destriers[6]. Mais ne vous faites plus battre, car c'est une honte de vous maltraiter.

– Merci, sire, dit le vilain. Je suis votre homme pour toujours. »

Il sort aussitôt de la salle et rentre chez lui.

Il vécut richement dans son pays et ne retourna plus jamais à sa charrue. Il ne battit jamais plus sa femme mais il l'aima et la chérit.

**Anonyme**, « Le Vilain médecin », *Fabliaux du Moyen Âge*, trad. A. Micha, Flammarion, 2016.

## Après avoir lu le texte

**1** Pourquoi le vilain accepte-t-il de soigner tous les malades (l. 1 à 8) ?

**2** À quoi le lecteur s'attend-il lorsque le vilain demande qu'on fasse un feu (l. 9 à 11) ?

**3** L. 15 à 18, pour parler avec autorité aux malades, le vilain emploie-t-il l'indicatif présent, l'impératif présent ou l'indicatif futur ? > Partie Langue, p. 314, 320, 324

**4** L. 27, pourquoi le malade dit-il qu'il est guéri ? L'est-il vraiment d'après vous ?

**5** L. 29, à qui le narrateur s'adresse-t-il ? Quel effet cela produit-il ?

**6** Quelle est la réaction du roi face à toutes les guérisons ?

**Bilan** Quelle pourrait être la morale de cette histoire ?

*Complétez votre **carte Mémo**.*

## Oral

PÉDAGOGIE DIFFÉRENCIÉE

Par groupes, **mettez en scène** le passage du fabliau (l. 9 à 43) qui montre la guérison des malades.

Répartissez les rôles au sein de votre groupe :

**★★★ Rôles avec répliques**
le vilain, deux malades, le roi

**Compétences**
- Comprendre les intentions des personnages (le vilain est sûr de lui et autoritaire, les malades sont effrayés en découvrant le remède, etc.).
- Mémoriser les répliques du personnage.

**★★★ Figurants**
les valets, les autres malades

**Compétences**
- Être capable de rester dans le jeu même lorsque l'on ne parle pas.
- Être expressif pour traduire l'étonnement, la maladie, la peur, le désir de paraitre en bonne santé…

## Écrit

Prolongez la découverte des textes du Moyen Âge dans l'**Atelier 1**, p. 250. Vous écrirez une scène de farce dans laquelle Pathelin, un personnage très manipulateur, sera non plus le trompeur mais le trompé !

### Point de cours

- Les fabliaux ont une forte dimension orale : on y trouve souvent les marques du discours d'un conteur qui fait mine de s'adresser à un auditoire et les dialogues sont très présents. Un fabliau cherche à faire rire tout en présentant une morale pour le lecteur.

Histoire des arts

# La commedia dell'arte, l'art d'improviser

**OBJECTIF**
Découvrir les caractéristiques de la *commedia dell'arte*

**COMPÉTENCE**
Analyser des œuvres picturales

## Les origines

La *commedia dell'arte* naît au XVIe siècle en Italie. Elle se diffuse en France au XVIIe siècle et séduit le public, mais aussi des auteurs célèbres, tels Molière.

## Les personnages

Les personnages de la *commedia dell'arte* correspondent à des **rôles-types** que les spectateurs reconnaissent très bien : à chaque personnage est associé un nom, un costume, un masque et des traits de caractère qui suscitent souvent le rire.

## Les caractéristiques

La *commedia dell'arte* est plus l'art de **jouer la comédie** que celui de dire un beau texte. Les comédiens **improvisent** sur scène à partir d'un **canevas**.

> « *Les comédiens italiens n'apprennent rien par cœur, il leur suffit pour jouer une comédie d'en avoir vu le sujet un moment avant de monter sur scène* »
>
> **E. Gherardi**, comédien et auteur du XVIIe siècle.

Ainsi, même si ces canevas étaient utilisés plusieurs fois, ce n'était jamais la même pièce qui était **représentée**.
Le canevas tient parfois en quelques idées simples : un mariage impossible, un objet perdu, un amour contrarié…

### Colombine

Parfois servante rusée, parfois amoureuse d'Arlequin, Colombine a été adoptée par Pantalon. Son costume évolue : elle n'a d'abord pas de masque et est vêtue en servante, puis elle porte, masquée, une robe à losanges.

### Arlequin

Valet insolent qui ne respecte pas son maître, il est malin et agile. Il ruse et ment pour obtenir le cœur de celle qu'il aime. Il porte souvent un masque avec une verrue et un costume à losanges très coloré.

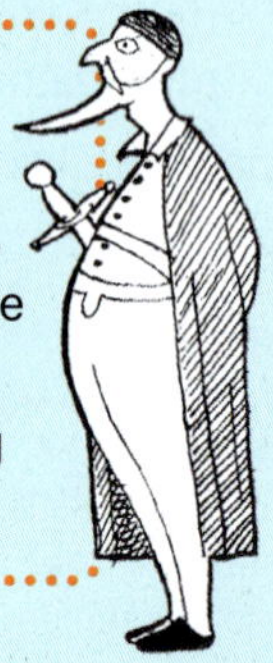

### Pantalon

Avare et colérique, c'est un vieux commerçant souvent dupé par les ruses d'Arlequin, de sa fille Colombine ou même de sa femme. Il porte un masque, une barbe et un long manteau noir.

### Le docteur

Qu'il soit avocat, médecin ou professeur, il est ridicule à cause de son très grand orgueil et de son air prétentieux. Il cherche à prouver son savoir et n'hésite pas à citer des phrases en latin. Il porte un masque très foncé sur le nez et le front.

### Histoire des mots

Le nom commun « pantalon », qui désigne un vêtement, vient du personnage de la *commedia dell'arte* Pantalon et des longs caleçons rouges qu'il porte toujours.

De nombreux peintres ont été fascinés par les personnages de la *commedia dell'arte*. Rendez-vous dans les **ressources HdA** pour analyser votre tableau préféré et le présenter à vos camarades.

↑ Huile sur toile d'**Antoine Watteau**, 1718-1719, musée du Louvre.

## Pierrot

Valet au visage couvert de farine, il porte un costume blanc avec un chapeau et un pantalon bouffant. Il est ingénu et triste car celle qu'il aime ne l'aime pas. C'est un personnage tantôt attachant tantôt ridicule.

## Isabelle

Jeune fille riche, amoureuse ou mariée, elle est souvent étourdie, maladroite mais attachante. Elle ne porte pas de masque.

## Cynthio

Jeune homme riche, amoureux éperdu d'une jeune fille, un peu naïf et souvent ridicule mais qui inspire la sympathie. Il ne porte pas de masque.

Toutes les illustrations sont d'**André Degaine**, *Histoire du Théâtre dessinée*, Nizet, 1992.

## Après avoir observé le tableau

**1** Quels personnages de la *commedia dell'arte* reconnaissez-vous ? Quels indices vous ont permis de les identifier ?

**2** Décrivez le tableau en insistant sur la position des personnages, leurs expressions, le premier plan et l'arrière-plan, et les couleurs.

**3** Selon vous, quelle atmosphère se dégage de cette toile de Watteau : comique mystérieuse poétique sérieuse chaleureuse amoureuse mélancolique

**Bilan** Choisissez deux personnages et imaginez ce qu'ils pensent ou ce qu'ils disent.

Complétez votre **carte Mémo**.

TEXTE 4

Une pièce aux multiples ruses

# Le Médecin malgré lui

**Molière**, dont le vrai nom est **Jean-Baptiste Poquelin**, s'est inspiré du fabliau *Le Vilain médecin* pour écrire *Le Médecin malgré lui*. Très célèbre, cette pièce donne toujours lieu à de nombreuses mises en scène. Elle a été adaptée pour l'opéra par Charles Gounod.

**OBJECTIF**
Comprendre les raisons qui poussent à employer la ruse

**COMPÉTENCE**
Saisir l'intention d'un personnage derrière ses paroles

## Acte I, scène 1
Sganarelle, Martine.

**Visionnez** la scène d'exposition de la pièce.

**1** Qu'est-ce qui la rend très vivante ?

**2** Que reproche Martine à son mari, le bûcheron Sganarelle ?

**3** Pourquoi, à votre avis, va-t-elle chercher à se venger ?

## Acte I, scène 4 Valère, Lucas, Martine.

*Martine rencontre Valère et Lucas, qui cherchent un médecin pour la fille de leur maître, devenue muette.*

MARTINE. – *(Elle dit ces premières lignes bas.)* Ah ! que le Ciel m'inspire une admirable invention pour me venger de mon pendard[1] ! *(Haut.)* Vous ne pouviez jamais vous mieux adresser pour rencontrer ce que vous cherchez ; et nous avons ici un homme, le plus merveilleux homme du monde, pour les maladies désespérées.

VALÈRE. – Et de grâce, où pouvons-nous le rencontrer ?

MARTINE. – Vous le trouverez maintenant vers ce petit lieu que voilà, qui s'amuse à couper du bois.

LUCAS. – Un médecin qui coupe du bois !

VALÈRE. – Qui s'amuse à cueillir des simples[2], voulez-vous dire ?

MARTINE. – Non : c'est un homme extraordinaire qui se plaît à cela, fantasque, bizarre, quinteux[3], et que vous ne prendriez jamais pour ce qu'il est. Il va vêtu d'une façon extravagante, affecte quelquefois de paraître ignorant, tient sa science renfermée, et ne fuit rien tant tous les jours que d'exercer les merveilleux talents qu'il a eus du Ciel pour la médecine.

VALÈRE. – C'est une chose admirable, que tous les grands hommes ont toujours du caprice, quelque petit grain de folie mêlé à leur science.

MARTINE. – La folie de celui-ci est plus grande qu'on ne peut croire, car elle va parfois jusqu'à vouloir être battu pour demeurer d'accord de sa capacité[4] ; et je vous donne avis que vous n'en viendrez point à bout, qu'il n'avouera jamais qu'il est médecin, s'il se le met en fantaisie, que vous ne preniez chacun un bâton, et ne le réduisiez, à force de coups, à vous confesser à la fin ce qu'il vous cachera d'abord. C'est ainsi que nous en usons quand nous avons besoin de lui.

*À suivre...*

**1.** homme digne d'être pendu (familier). **2.** plantes médicinales. **3.** colérique. **4.** admettre son statut de médecin.

### Après avoir lu le texte

**4** L. 1 à 7, comment Martine qualifie-t-elle son mari quand elle se parle à elle-même ? Et quand elle s'adresse à Valère et Lucas ?

**5** Quelle est la ruse de Martine pour se venger de Sganarelle ?

**6** Valère et Lucas croient-ils tout de suite Martine ? Justifiez.

**Bilan** Quel lien faites-vous entre la ruse de Martine et le titre de la pièce ? Que va-t-il se passer par la suite à votre avis ?

### Oral

• **Faites trois lectures** de la réplique de Martine L. 26 à 35.

ton de la confidence | ton très enthousiaste | ton exprimant la rage

• Écoutez trois extraits de l'ouverture du *Médecin malgré lui* de C. Gounod et **débattez** sur celui qui accompagne le mieux chaque lecture.

Extrait 1 | Extrait 2 | Extrait 3

TEXTE 5

# Acte I, scène 5 Sganarelle, Valère, Lucas.

**OBJECTIF**
Comparer deux mises en scène

**COMPÉTENCE**
Percevoir le comique d'une situation

## Avant de visionner les mises en scène

Observez les deux photographies de mise en scène.

**1** Décrivez les costumes des personnages. Lesquels s'inscrivent dans la tradition de la *commedia dell'arte* ?

**2** À votre avis, qui est Sganarelle ? Où sont Valère et Lucas ? Justifiez votre réponse.

**Visionnez** maintenant les deux mises en scène.

1 Mise en scène de **Daniel Deprez**, Théâtre de l'Écho du Robec, 2019, p. II, p. 236, p. 237, p. 240, p. 251, p. 255.

2 Mise en scène de **Mehdi Benabdelouhab**, compagnie Les Têtes de bois, 2018, p. I, p. 237.

## Après avoir regardé les mises en scène

PÉDAGOGIE DIFFÉRENCIÉE

Choisissez une des deux mises en scène, répondez aux questions puis débattez pour faire le Bilan.

**Mise en scène 1** **Mise en scène 2**

**3** Pourquoi Valère et Lucas sont-ils ennuyés quand Sganarelle leur dit qu'il n'est pas médecin ?

**4** Donnent-ils l'impression d'avoir envie de frapper Sganarelle ? Justifiez votre réponse.

**5** Comment le metteur en scène a-t-il mis en valeur le moment où Valère et Lucas doivent donner des coups de bâton à Sganarelle ?

**6** Quels sont les éléments comiques que vous avez repérés dans cette mise en scène ?

**Bilan** Quelle mise en scène préférez-vous ? Pourquoi ?

Complétez votre **carte Mémo.**

### Vocabulaire du théâtre

- On appelle **réplique** la prise de parole d'un personnage dans un dialogue. Quand un personnage se parle à lui-même sans être entendu par les autres, il fait un **aparté.**
- Le **comique de gestes** se fonde sur les gestes, l'attitude et les déplacements des personnages et le **comique de mots** sur les jeux de mots et la déformation du langage.
Le **comique de répétition** joue sur le retour d'un même élément. Dans le **comique de situation**, c'est le contexte lui-même qui fait rire.

### Point de cours

- Les comédies de Molière s'inspirent parfois des farces populaires du Moyen Âge. On y trouve le même goût pour le comique de gestes, notamment pour les coups de bâton et les situations grotesques.

TEXTE 6

**OBJECTIF**

Saisir la manipulation par la parole

**COMPÉTENCE**

Percevoir des jeux scéniques

**Molière se moque** souvent **des médecins**, dont il met en doute l'efficacité. Quatre de ses pièces font référence à la médecine, balbutiante au XVIIe siècle : *Le Médecin volant*, *L'Amour médecin*, *Le Médecin malgré lui* et *Le Malade imaginaire*, pièce que Molière a jouée juste avant de mourir.

# Acte II, scène 4

## Lucinde, Valère, Géronte, Lucas, Sganarelle, Jacqueline.

*Lucas et Valère amènent Sganarelle chez leur maître, Géronte, afin qu'il soigne sa fille, Lucinde. Celle-ci est devenue muette lorsque son père a cherché à lui faire épouser un homme qu'elle n'aime pas.*

SGANARELLE. - [...] Pour revenir donc à notre raisonnement, je tiens que cet empêchement de l'action de sa langue est causé par de certaines humeurs[1], qu'entre nous autres savants nous appelons humeurs peccantes ; peccantes, c'est-à-dire... humeurs peccantes ; d'autant que les vapeurs formées par les exhalaisons[2] des influences qui s'élèvent dans la région des maladies, venant... pour ainsi dire... à... Entendez-vous le latin ?

GÉRONTE. - En aucune façon.

SGANARELLE, *se tenant avec étonnement.* - Vous n'entendez point le latin !

GÉRONTE. - Non.

SGANARELLE, *en faisant diverses plaisantes postures. - Cabricias arci thuram, catalamus, singulariter, nominativo haec Musa,* « la Muse », *bonus, bona, bonum, Deus sanctus, estne oratio latinas ? Etiam,* « oui ». Quare ? « pourquoi ? » *Quia substantivo et adjectivum concordat in generi, numerum, et casus*[3].

GÉRONTE. - Ah ! Que n'ai-je étudié ! [...]

SGANARELLE. - Or ces vapeurs dont je vous parle venant à passer, du côté gauche, où est le foie, au côté droit, où est le cœur, il se trouve que le poumon [...] rencontre en son chemin lesdites vapeurs, qui remplissent les ventricules de l'omoplate ; et parce que lesdites vapeurs... comprenez bien ce raisonnement, je vous prie ; et parce que lesdites vapeurs ont une certaine malignité... Écoutez bien ceci, je vous conjure.

GÉRONTE. - Oui.

SGANARELLE. - Ont une certaine malignité, qui est causée... Soyez attentif, s'il vous plaît.

GÉRONTE. - Je le suis.

SGANARELLE. - Qui est causée par l'âcreté des humeurs engendrées dans la concavité du diaphragme, il arrive que ces vapeurs... *Ossabandus, nequeys, nequer, potarinum, quipsa milus.* Voilà ce qui fait que votre fille est muette. [...]

GÉRONTE. - On ne peut pas mieux raisonner, sans doute. Il n'y a qu'une seule chose qui m'a choqué : c'est l'endroit du foie et du cœur. Il me semble que vous les placez autrement qu'ils ne sont ; que le cœur est du côté gauche, et le foie du côté droit.

SGANARELLE. - Oui, cela était autrefois ainsi ; mais nous avons changé tout cela, et nous faisons maintenant la médecine d'une méthode toute nouvelle.

GÉRONTE. - C'est ce que je ne savais pas, et je vous demande pardon de mon ignorance.

SGANARELLE. - Il n'y a point de mal, et vous n'êtes pas obligé d'être aussi habile que nous.

*À suivre...*

1. liquides produits par des corps.
2. odeurs, gaz.
3. suite de mots latins sans aucun sens.

*Le Médecin malgré lui*, mise en scène **L. Pelly**, avec Doris Lamprecht (Jacqueline), Nicolas Carré (Valère), José Pazos (Lucas), Franck Leguérinel (Géronte), Clémence Tilquin (Lucinde) et Boris Grappe (Sganarelle), Grand Théâtre de Genève, 2016 (p. II, p. 238 et 239).

## Après avoir lu le texte

PÉDAGOGIE DIFFÉRENCIÉE

Choisissez de répondre à un groupe de questions puis construisez le Bilan collectivement.

### Analyse du texte

**1** L. 1 à 7, relevez les mots employés par Sganarelle pour faire croire qu'il est un grand médecin.

**2** L. 11 à 15, les mots latins appartiennent-ils au champ lexical de la médecine à votre avis ?

**3** L. 17 à 22, repérez les verbes à l'impératif. Pourquoi Sganarelle utilise-t-il ce mode ici ? ▸ Langue, p. 324

**4** L. 31 à la fin, montrez que Géronte maitrise mieux le corps humain que Sganarelle.

**5** Photographie p. 238 : à quel passage du texte l'associez-vous ?

### Réflexion sur le jeu des comédiens

**1** L. 1 à 7, que peut faire le comédien quand il y a des points de suspension ?

**2** L. 11 à 15, quelles pourraient être les « plaisantes postures » de Sganarelle quand il parle latin ?

**3** L. 17 à 22, quels différents tons de voix Sganarelle peut-il adopter dans son discours ? Justifiez.

**4** L. 31 à la fin, quelle attitude Géronte a-t-il à l'égard de Sganarelle d'après vous ? Pourquoi est-ce comique ?

**5** Photographie p. 239 : qui sont les personnages ? Décrivez leurs attitudes.

**Bilan** Le spectateur pense-t-il que Sganarelle est un grand médecin ? Et que pense-t-il de Géronte ?

Complétez votre **carte Mémo**.

## Oral

**Regardez** un extrait de la mise en scène de l'opéra de C. Gounod par Laurent Pelly.

• Comment Sganarelle est-il mis en valeur ? Qu'est-ce qui montre que les personnages qui l'écoutent sont subjugués ?

• Qu'apporte la musique de C. Gounod au texte de Molière ?

• En scène : **prononcez** le texte latin de Sganarelle en l'accompagnant de « plaisantes postures ». Vous **voterez** pour le médecin le plus crédible.

## Écrit

Et si vous inventiez votre scène de comédie dans laquelle un médecin imaginerait des remèdes fantaisistes ? Rendez-vous à l'**Atelier 3**, p. 254.

### Vocabulaire du théâtre

• Les **didascalies**, en italique, renseignent sur les jeux de scène.

### Point de cours

• Sganarelle est un personnage comique et manipulateur : il sait se tirer de situations délicates grâce à ses paroles et à son attitude. Le spectateur, qui n'est pas dupe de ses ruses, s'amuse de voir à quel point les autres personnages sont naïfs et crédules.

**TEXTE 7**

**OBJECTIF**
Découvrir des ruses muettes

**COMPÉTENCE**
Percevoir des jeux scéniques

# Acte II, scène 5
## Sganarelle, Léandre.

Les pièces de Molière, comme celles de la *commedia dell'arte*, mettent souvent en scène des pères souhaitant que leur fille épouse un homme qu'elle n'a pas choisi. Au XVIIe siècle, en France, les jeunes filles devaient obtenir le consentement de leur père pour pouvoir se marier. Les mariages étaient souvent arrangés.

### Avant de regarder la mise en scène

Au début de la scène, Sganarelle ne veut pas aider Léandre, amoureux de Lucinde, puis il accepte. À votre avis, dans quel ordre peut-on classer ces photographies ?

1

2

3

**Regardez** la scène pour comprendre comment Léandre convainc le faux médecin.

### Après avoir regardé la mise en scène

1 Comment Sganarelle se comporte-t-il d'abord avec Léandre ?

2 Comment Léandre s'y prend-il pour que Sganarelle accepte de l'aider ? Qu'en pensez-vous ?

3 Quelle ruse Lucinde a-t-elle imaginée pour éviter le mariage qu'on lui impose ?

4 Qu'est-ce qui rend la mise en scène particulièrement vivante ?

**Bilan** À votre avis, lequel de ces trois personnages est le plus rusé : Lucinde, Léandre ou Sganarelle ? Débattez avec vos camarades.

*Complétez votre **carte Mémo**.*

## Oral

Téléchargez le texte de cette scène.
Repérez-y trois étapes et réfléchissez, par groupe, à l'**attitude** et à la **position** que peuvent adopter les personnages. Entrainez-vous et **présentez** à la classe ces trois étapes sous forme d'**images arrêtées** (« freeze »).

## Oral

Donnez vie aux personnages en leur créant un costume qui reflétera leur caractère. Retrouvez conseils et méthode dans l'**Atelier 2** p. 252.

→ Costume de Léandre par **Jérôme Bourdin**, mise en scène Alain Terrat, opéra de Saint-Étienne, 2015.

# TEXTE 8

## Acte III, scène 6
### Jacqueline, Lucinde, Géronte, Léandre, Sganarelle.

**OBJECTIF**
Percevoir une ruse par déguisement

**COMPÉTENCE**
Saisir les particularités de chaque personnage

*Sganarelle déguise Léandre en apothicaire pour qu'il approche Lucinde sans être reconnu par Géronte.*

SGANARELLE. – Allez-vous en, Monsieur l'Apothicaire[1], tâter un peu son pouls, afin que je raisonne tantôt avec vous de sa maladie. *(En cet endroit, il tire Géronte à un bout du théâtre, et, lui passant un bras sur les épaules, lui rabat la main sous le menton, avec laquelle il le fait retourner vers lui, lorsqu'il veut regarder ce que sa fille et l'apothicaire font ensemble, lui tenant cependant le discours suivant pour l'amuser.)* Monsieur, c'est une grande et subtile question entre les doctes[2], de savoir si les femmes sont plus faciles à guérir que les hommes. Je vous prie d'écouter ceci, s'il vous plaît. Les uns disent que non, les autres disent que non ; et moi je dis que oui et non [...].

LUCINDE. – Non, je ne suis point du tout capable de changer de sentiments.

GÉRONTE. – Voilà ma fille qui parle ! Ô grande vertu du remède ! Ô admirable médecin ! Que je vous suis obligé[3], Monsieur, de cette guérison merveilleuse ! et que puis-je faire pour vous après un tel service ?

SGANARELLE, *se promenant sur le théâtre, et s'essuyant le front.* – Voilà une maladie qui m'a bien donné de la peine !

LUCINDE. – Oui, mon père, j'ai recouvré[4] la parole ; mais je l'ai recouvrée pour vous dire que je n'aurai jamais d'autre époux que Léandre, et que c'est inutilement que vous voulez me donner Horace.

GÉRONTE. – Mais...

LUCINDE. – Rien n'est capable d'ébranler la résolution que j'ai prise.

GÉRONTE. – Quoi... ?

LUCINDE. – Vous m'opposerez en vain de belles raisons.

GÉRONTE. – Si...

LUCINDE. – Tous vos discours ne serviront de rien.

GÉRONTE. – Je...

LUCINDE. – C'est une chose où je suis déterminée.

GÉRONTE. – Mais...

LUCINDE. – Il n'est puissance paternelle qui me puisse obliger à me marier malgré moi.

**Molière,** *Le Médecin malgré lui*, 1666.

**1.** pharmacien. **2.** les savants. **3.** reconnaissant. **4.** j'ai retrouvé.

## Après avoir lu le texte

PÉDAGOGIE DIFFÉRENCIÉE

Choisissez un des questionnaires puis mettez en commun vos réponses.

### ★★★ Questions sur Lucinde

**1** L. 16, pourquoi Lucinde se met-elle soudain à parler ?

**2** Comment définiriez-vous son caractère : déterminée / timide / énergique / courageuse / fragile ?

### ★★★ Questions sur Géronte

**1** L. 18 à 22, comment Géronte réagit-il lorsque Lucinde parle ?

**2** Face à la détermination de sa fille, quelle conjonction de coordination Géronte répète-t-il ? Pourquoi ?

▸ Langue, p. 285

### ★★★ Questions sur Sganarelle

**1** Que fait Sganarelle pour attirer l'attention de Géronte ?

**2** Qu'est-ce qui montre que Sganarelle se prend pour un vrai médecin ? Qu'en pensez-vous ?

**Bilan** À votre avis, que va demander Géronte à Sganarelle lorsqu'il comprend qu'il ne peut pas tenir tête à sa fille ?

**Visionnez** la suite de la scène.

Complétez votre carte Mémo.

## Oral

- Associez aux personnages : Sganarelle / Léandre / Martine / Lucinde
  – les raisons de leurs ruses : Manipuler / Se venger / Approcher l'être aimé / Échapper à un mariage
  – les méthodes employées : Langage / Silence / Déguisement
- Quelle ruse avez-vous préférée ? Pourquoi ?

### Point de cours

- Sganarelle n'est pas le seul manipulateur de la pièce : tous les personnages victimes d'injustices cherchent des ruses pour améliorer leur situation. C'est le cas de Léandre et Lucinde.

TEXTE 9

# Ah la la ! Quelle histoire

**OBJECTIF**
Découvrir une pièce de théâtre prenant appui sur plusieurs contes

**COMPÉTENCE**
Repérer les caractéristiques de deux genres littéraires

Cette pièce de théâtre en trois épisodes a été créée et mise en scène par l'autrice le 2 mai 1994. **Catherine Anne** s'inspire de contes de fées célèbres dont elle emprunte et renouvelle des motifs.

## Avant de lire le texte

**Écoutez** le début de la pièce : à quels personnages de contes de fées Pouce-Pouce et Petite Peau vous font-ils penser ?

©Albin Michel

## B. La bonne Vieille

*Pouce-Pouce et Petite Peau, titubant et balbutiant de fatigue, tentent encore de marcher en chantant.*

ENSEMBLE *(sur l'air de « Cadet Rousselle »...).*

Chantons gaiement dans la forêt
Pour faire fuir les Ombres-Rôdeuses
Chantons pour les effaroucher[1]
Toutes les sombres maraudeuses[2]
Elles veulent nous saisir le cœur
Et nous broyer de l'intérieur
Ah ah ah oui vraiment
Chantons haut et chantons gaiement

*Apparaît une vieille femme.*

LA VIEILLE. – Mêêê, vous êtes perdus dans la Forêt Défendue, et vous n'en pouvez plus... Vous devez avoir faim.

LES DEUX. – Oh ! oui.

LA VIEILLE. – Et sommeil.

LES DEUX. – Oh ! oui.

LA VIEILLE. – Voici du lait, dans de la porcelaine. Buvez votre content. Mêêê oui !

PETITE PEAU. – Il a un bon goût sucré.

LA VIEILLE. – Oui, Petite Peau, tu as la bouche fine. Dans ce lait, je mêêê une herbe délicieuse. Pouce-Pouce, une autre tasse ?

POUCE-POUCE. – Oh ! oui.

LA VIEILLE. – Et toi, ma Petite Peau ?

PETITE PEAU. – Oui, volontiers, madame.

LA VIEILLE. – Je vous ai préparé deux gros coussins moelleux. Dormez votre content[3]. Demain est un autre jour. Dodo, mimi, dodo.

*Pouce-Pouce et Petite Peau dorment.*

**Oral**

La chanson populaire « Cadet Rousselle » est née au XVIIIe siècle à Auxerre pour se moquer des bizarreries d'un homme important de la ville, surnommé Cadet Roussel (ou Rousselle).

## C. La Vieille au grand jour

*Pouce-Pouce et Petite Peau dorment.*

LA VIEILLE. – Debout ! Paresseux ! Crasseux ! Teignes ! Mêêê oui... Il va falloir gagner votre lait, désormêêê ! Ce bon lait, dans lequel je mets l'herbe d'obéissance.

LES DEUX. – L'herbe d'obéissance ?

LA VIEILLE. – Mêêê oui... Une herbe magique, qui vous fera obéir, obéir, toujours. Compris ? Répondez : « Oui maîtresse. »

LES DEUX *(obéissant)*. – Oui maîtresse.

LA VIEILLE. – Que c'est bon ! Que c'est bon ! Debout et que ça saute !

LES DEUX *(obéissant)*. – Oui maîtresse.

LA VIEILLE. – Assis en tailleur !

LES DEUX *(obéissant)*. – Oui maîtresse.

LA VIEILLE. – Debout sur un pied et une main !

LES DEUX *(obéissant)*. – Oui maîtresse.

LA VIEILLE. – Déjà, je m'enquiquine[4]. Que le plaisir est court ! Pouce-Pouce ! Tire sur tes cheveux ! Fais-toi mal !

POUCE-POUCE *(obéissant)*. – Oui maîtresse.

LA VIEILLE. – Petite Peau ! Tords-toi le nez ! Fais-toi mal !

PETITE PEAU *(obéissant)*. – Oui maîtresse.

LA VIEILLE. – Mêêê ils pleurent, les douillets[5]. Ne gaspillez pas vos larmes, vous en aurez l'usage. Au travail ! Nettoyez, grain à grain, de vos petits doigts fins, la poussière rouge, qui ternit[6] mon tapis. Vous collecterez les grains dans ce pot. Compris ?

LES DEUX. – Oui maîtresse.

LA VIEILLE. – Exécution !

LES DEUX *(obéissant)*. – Oui maîtresse.

LA VIEILLE. – Je retourne dans mon antre, mêêê ! [...] Si l'un de vous fainéante, je prendrai l'autre, pour le battre comme plâtre[7].

*La Vieille disparaît.*

*À suivre...*

↑ *Ah la la ! Quelle histoire*, mise en scène **Bruno Masquelein** avec Catherine Colle (La Vieille), Aire-sur-la-Lys, 2009.

**1.** les effrayer. **2.** terme vieilli : canailles, voleuses. **3.** dormez le temps nécessaire. **4.** m'ennuie. **5.** trop délicats. **6.** ôte l'éclat de mon tapis. **7.** le frapper avec violence.

### Après avoir lu le texte

PÉDAGOGIE DIFFÉRENCIÉE

Choisissez un des questionnaires puis mettez en commun vos réponses.

**La bonne Vieille (l. 1 à 26)**

**1** Pourquoi les enfants ont-ils besoin de chanter ?

**2** Comment la Vieille attire-t-elle les enfants : avec un sort / grâce à sa gentillesse / au moyen d'un lait sucré / en les menaçant ?

**3** Quel est le tic de langage de la Vieille ? Qu'en pensez-vous ?

**La Vieille au grand jour (l. 27 à 54)**

**1** L. 34 à 53, quels type ou forme de phrase la Vieille emploie-t-elle majoritairement ? interrogatif / exclamatif / déclaratif / impératif

Pourquoi ? ▸ Langue, p. 310, p. 312

**2** Que pensez-vous des ordres que la Vieille donne aux enfants ?

**3** Qu'est-ce qui montre que les enfants sont ensorcelés ?

**Bilan** À quel type de personnage des contes la Vieille vous fait-elle penser ? Pourquoi ?

Complétez votre **carte** Mémo.

**Point de cours**

- Comme dans *Hansel et Gretel* de Grimm, la sorcière exploite ici la faiblesse des enfants affamés en déguisant ses intentions. Le spectateur, lui, les devine immédiatement : il connait en effet les contes dont Catherine Anne s'inspire. Il peut ainsi anticiper la suite des aventures des deux héros, tout en appréciant leur transposition en pièce de théâtre.

**OBJECTIF**
Savoir déchiffrer des choix scéniques

**COMPÉTENCE**
Comparer un texte et sa mise en scène

## Après avoir observé les photographies de mise en scène

PÉDAGOGIE DIFFÉRENCIÉE

**Visionnez** l'extrait de *Ah la la ! Quelle histoire* que vous venez d'étudier (p. 242).

Choisissez une photographie et répondez aux questions en utilisant l'aide proposée ou la consigne précise.

| | Photographie 1 | Photographie 2 | Photographie 3 |
|---|---|---|---|
| **1** Quel passage les acteurs sont-ils en train de jouer ? | Indiquez les lignes du texte correspondantes. | Indiquez les lignes du texte correspondantes. | Indiquez les lignes du texte correspondantes et résumez le passage. |
| **2** Donnez un titre à la photographie. | Choisissez<br>- Des enfants égarés<br>- Une agréable randonnée<br>- La forêt enchantée | Aidez-vous de cette citation : « La Vieille. – Voici du lait, dans de la porcelaine. Buvez votre content. Mêêê oui ! » | Aidez-vous de cette citation : « La Vieille.<br>– Debout sur un pied et une main ! » |
| **3** Quelle est la posture des personnages ? Décrivez-les. | Observez le visage de Pouce-Pouce et la façon dont Petite Peau est assise. | Observez qui est debout et au centre de l'image. Réfléchissez à la façon dont les enfants sont placés. | Expliquez quels gestes font les comédiens et comment ils se tiennent les uns par rapport aux autres. |
| **4** Quelles émotions les comédiens jouent-ils ? | Utilisez des adjectifs de **Ma réserve de mots**. | Soyez attentifs à leurs gestes et à leur visage. | Justifiez en citant une réplique décrivant leurs réactions. |
| **5** Comment l'atmosphère de la Forêt Défendue est-elle créée sur scène ? | Observez la porte à l'arrière-plan. Décrivez ses couleurs. Semble-t-elle accueillante ou effrayante ? Qui se cache derrière d'après vous ? | Observez le personnage et la couleur qui dominent le centre de l'image. Réfléchissez à la forme géométrique représentée sur scène. Quel est son rôle ? | Observez les couleurs et le décor. Soyez attentifs-ves à tous les détails. |

**Bilan** D'après vous, quel passage de la mise en scène est le plus inquiétant ? Pourquoi ?

*Complétez votre **carte Mémo**.*

### Ma réserve de mots

**la joie :** joyeux • heureux • ravis • comblés
**le désespoir :** désespérés • affligés • navrés
**la peur :** effrayés • apeurés • terrifiés • terrorisés
**la fatigue :** exténués • harassés • éreintés • affamés

### Oral

Par groupe, jouez l'un des extraits de ce texte représenté sur les photographies 1, 2 ou 3. **Modifiez votre voix** pour montrer le caractère et les émotions des personnages. **Positionnez-vous** comme les comédiens. Accessoires et costumes pourront être apportés.

### Oral

Et si à votre tour, vous donniez vie à des personnages manipulateurs ? Ils cherchent à tromper le petit Pinocchio dans une scène comique… Rendez-vous à l'**Atelier 4** p. 256 !

*Ah la la ! Quelle histoire*, mise en scène **Bruno Masquelein**, 2009, Aire-sur-la-Lys, avec François Cocq (Pouce-Pouce), Nathalie Charpentier (Petite Peau) et Catherine Colle (la Vieille), p. 245-246.

## Point de cours

- La mise en scène d'une pièce de théâtre est la façon dont elle est représentée et incarnée sur scène. Ici, grâce au décor, aux éclairages et au jeu des comédiens, elle révèle le rapport de force entre les personnages et leur véritable caractère.

TEXTE 10

# Ah la la ! Quelle histoire (suite)

**OBJECTIF**
Comprendre l'inversion des rapports de force

**COMPÉTENCE**
Être sensible au comique d'une scène de théâtre

Visionnez l'extrait.

*Pouce-Pouce a involontairement renversé le bol contenant le lait empoisonné. Après une nuit agitée, les deux enfants se réveillent désenvoutés.*

POUCE-POUCE. – Je n'ai plus du tout envie d'obéir à cette vieille sorcière, moi.
PETITE PEAU. – Moi non plus.
POUCE-POUCE. – Petite Peau !
PETITE PEAU. – Pouce-Pouce ?
POUCE-POUCE. – Nous sommes désenchantés ?
PETITE PEAU. – Oui !
POUCE-POUCE. – Dans le lait d'hier...
PETITE PEAU. – Le lait parti par terre...
POUCE-POUCE. – Il y avait...
PETITE PEAU. – ... l'herbe d'obéissance !
POUCE-POUCE. – Nous sommes sauvés !
PETITE PEAU *(hilare[1])*. – J'ai faim !
POUCE-POUCE. – Nous allons bouffer la sorcière !
*(Ils rigolent.)*
PETITE PEAU. – Elle arrive !
POUCE-POUCE. – Faisons semblant d'être obéissants. [...]
PETITE PEAU. – T'es sûr.
POUCE-POUCE. – Oui oui ! Malin-malin, je suis, moi...
PETITE PEAU. – Pouce-Pouce !
*(Apparaît la Vieille.)*
LA VIEILLE. – Mêêê... ça conspire[2] ici !
POUCE-POUCE. – Non maîtresse.
LA VIEILLE. – Mêêê ! Tu mens ! Effrontément ! Je vois ton nez tourner ! Et bien ! Tant mieux ! J'embarque Petite Peau dans mon antre, pour la battre comme plâtre.
*Elle se saisit de Petite Peau. Pouce-Pouce lui fait un croc-en-jambe[3]. Elle tombe sur son tapis.*
PETITE PEAU. – Roulons-la dans son tapis !
POUCE-POUCE. – Comme une endive dans du jambon !
LA VIEILLE *(criant et gesticulant)*. – Arrêtez !
LES DEUX *(rigolant et la roulant dans le tapis)*. – Oui maîtresse.
LA VIEILLE *(criant et gesticulant)*. – À genoux !
LES DEUX *(rigolant et la roulant dans le tapis)*. – Oui maîtresse.
LA VIEILLE *(criant et gesticulant)*. – Obéissez !
LES DEUX *(rigolant et la roulant dans le tapis)*. – Mêêê oui mêêê-tresse.
*(La Vieille est prisonnière. Pouce-Pouce et Petite Peau s'asseyent sur elle, roulée dans son tapis.)*
LA VIEILLE *(criant et gesticulant)*. – Canailles ! Libérez-moi ! Du respect !
LES DEUX *(rigolant)*. – Mêêê ! Mêêê !
LA VIEILLE *(criant et gesticulant)*. – De par mon hibou rouge ! L'herbe d'obéissance n'agit plus sur ces gosses[4]...
PETITE PEAU. – Qu'est-ce qu'on va en faire, de la sorcière prisonnière ?
POUCE-POUCE. – Réfléchissons.
LA VIEILLE. – Mêêê mimi, soyez bons. Libérez votre vieille amie. Je ne vous ferai plus trimer, vous serez bichonnés, je vous confierai mes trucs de sorcière. Promis, Promis !

1. joyeux, radieux.
2. complote, prépare un stratagème.
3. un croche-pied.
4. enfant, terme familier.

Pouce-Pouce. – Laisse-nous réfléchir !

La Vieille. – Mêêê ne gigotez pas, vous me brisez les os. Soyez mimi, je vous ferai un bon gâteau.

Pouce-Pouce. – À l'herbe d'obéissance... ?

La Vieille. – Mêêê non ! Un gâteau au chocolat.

Pouce-Pouce. – D'accord !

Petite Peau. – D'accord ?

Pouce-Pouce. – Confiance !

Petite Peau. – Mêêê, avant le gâteau, sorcière, dis-nous où sont planquées nos bottes géantes ! Prouve-nous ta bonne volonté !

La Vieille. – Mêêê bien sûr.

Pouce-Pouce. – Fais gaffe à pas mentir, sorcière, car on vérifiera, et si tu nous roulais, tu resterais roulée.

La Vieille. – Tout au fond de mon antre, il y a un rocher aux reflets violets. Donnez dessus dix petits coups rapides, puis lentement trois coups, alors la pierre se lèvera, et vous verrez ma pièce aux trésors.

Pouce-Pouce. – Maintenant, sorcière, avale grain à grain ta satanée poussière.

La Vieille. – Traître !

Pouce-Pouce. – Sorcière mal embouchée, sitôt libre, tu nous aurais jeté un mauvais sort cruel, oui, mais moi, Pouce-Pouce, malin-malin, j'ai été averti, par mon amie, la grenouille magique.

**Catherine Anne,** « 2e épisode : la méchante maîtresse », *Ah la la ! Quelle histoire*, Actes Sud, 1995.

## Écrit

Si vous avez aimé cette pièce, rendez-vous à l'**Atelier 5** (p. 258) pour adapter, vous aussi, un conte en pièce de théâtre !

## Après avoir lu le texte

PÉDAGOGIE DIFFÉRENCIÉE

Répondez aux questions sur les enfants ou la Vieille, puis mettez en commun vos réponses pour construire le Bilan collectivement.

### ★★★ Les enfants

**1** Les mots utilisés par Pouce-Pouce et Petite-Peau sont-ils familiers, courants ou soutenus ? Relevez deux exemples. ▸ Langue, p. 340

**2** Quelles sont les deux ruses employées par les enfants pour tromper la Vieille ?

**3** Expliquez le jeu de mots de cette phrase : « Si tu nous roulais, tu resterais roulée » (l. 58-59).

### ★★★ La Vieille

**1** L. 1 à 14, comment les enfants nomment-ils désormais la Vieille ?

**2** Par quels homonymes pourriez-vous remplacer les « mêêê » de la Vieille dans ces répliques : « Mêêê mimi, soyez bons » (l. 44) ou « Mêêê bien sûr » (l. 57) ? ▸ Langue, p. 338

**3** La Vieille utilise-t-elle la force ou la ruse pour tenter de se libérer ? Justifiez.

**Bilan** Qu'est-ce qui rend cette scène comique ?

*Complétez votre **carte Mémo**.*

## Oral

Dramaturge, metteuse en scène et comédienne, **Catherine Anne** a écrit une trentaine de pièces.

**Lisez** cet entretien de C. Anne.

- À votre avis, que veut dire C. Anne quand elle définit le théâtre comme « un îlot de résistance, de rêves et de parole sincère » ?
- Les adultes peuvent-ils apprécier *Ah la la ! Quelle histoire* ? Pourquoi ?
- Et vous, avez-vous apprécié cette pièce ?

### Point de cours

- Dans ce conte mis en scène, les enfants perdent leur naïveté initiale : la confrontation avec la sorcière leur a permis de grandir et d'apprendre à échapper au danger. Ce sont eux qui, comme dans les contes initiatiques, dupent la sorcière à la fin de la pièce, sous le regard complice et amusé du public.

DÉFI Théâtre

# Match d'improvisation à la manière de la *commedia dell'arte*

Vous allez vous inspirer de la ***commedia dell'arte*** pour réaliser en classe un match d'improvisation en trois manches. Que la meilleure équipe gagne !

## Participez au défi !

### Préparation du match

Une semaine avant le match, la classe prépare les **canevas** par groupes de 3 ou 4 élèves. Chaque groupe choisit une catégorie et rédige 3 courtes fiches, relues par l'enseignant·e.

| Catégorie 1<br>**Fiche Thèmes** | Catégorie 2<br>**Fiche Personnages** | Catégorie 3<br>**Fiche Répliques** | Catégorie 4<br>**Fiche Gestes** |
|---|---|---|---|
| Écrivez un titre et un court résumé pour guider les joueurs.<br>Ex. : Un retour inattendu !<br>Parti en voyage, un père rentre plus tôt que prévu. | Notez le nom et le caractère d'un personnage de la *commedia dell'arte*, puis son lien avec un autre.<br>Ex. : Arlequin, malin et paresseux, se moque de Pantalon. | Indiquez une émotion et une phrase à prononcer tirée des textes étudiés.<br>Ex. : La peur.<br>« Voilà sa folie qui le tient ! » | Notez les gestes ou les déplacements d'un personnage. Expliquez pourquoi.<br>Ex. : Une gifle car quelqu'un a ri. |

### Mise en place des rôles

Le jour du match d'impro, 4 élèves choisissent d'assurer le bon déroulement du match.

**Un maître de cérémonie**
– Veille au bon déroulement des matchs. S'occupe du chronomètre

**Un arbitre principal**
– Siffle si une faute est commise ou que l'improvisation ne fonctionne plus

**Deux arbitres-assistants**
– Surveillent la préparation des équipes
– Veillent au respect du silence pendant le jeu

Les autres élèves se répartissent en 3 équipes d'improvisateurs et se donnent un nom.

### Déroulement du match

Chacune des trois manches se déroule ainsi :

1. **La découverte du canevas** : l'arbitre pioche le nom de **2 équipes**, tire **4 fiches** (Thème, Personnages…) et les lit à haute voix.
2. **Concertation** (10 min) : les 2 équipes préparent à partir des éléments imposés par les 4 fiches le **déroulement de la scène** et **quelques répliques**. Le reste sera improvisé.
3. **Jeu (4 min max.)** : les 2 équipes passent l'une après l'autre. Les joueurs peuvent entrer au fur et à mesure sur scène et intégrer bruitages et musique. Ils doivent trouver une fin avant le coup de **sifflet final**.
   **Quelques règles :**
   - **Pendant l'improvisation**, **l'arbitre** peut siffler et indiquer les **fautes** commises pour **aider les joueurs à s'améliorer**.
   - Si l'équipe qui attend discute, l'arbitre-assistant jette un foulard sur scène pour signaler la tricherie mais il ne parle pas pour ne pas interrompre le jeu.
4. **Vote** : l'équipe qui n'a pas joué évalue les deux équipes qui se sont affrontées avec la fiche **Compétences**.

Le match se termine à la fin de la 3e manche. Le maître de cérémonie compte les points et annonce quelle équipe a gagné !

**Fautes sanctionnées par l'arbitre**
a. les 4 éléments obligatoires ont été oubliés
b. un joueur oublie le personnage qu'il joue ou quitte son personnage
c. un joueur empêche les autres joueurs de jouer ou leur coupe la parole
d. le vocabulaire utilisé n'est pas correct
e. la scène n'avance plus, ne fonctionne plus
f. un spectateur n'est pas respectueux

| Compétences de chaque équipe | Note …/6 | | |
|---|---|---|---|
| Volume de la voix | 0 | 0,5 | 1 |
| Débit, articulation | 0 | 0,5 | 1 |
| Sérieux et participation au jeu | 0 | 0,5 | 1 |
| Langage correct et clair | 0 | 0,5 | 1 |
| Personnages cohérents | 0 | 0,5 | 1 |
| Scène dynamique et fin trouvée | 0 | 0,5 | 1 |
| - 0,5 pour toute faute ou discussion pendant le match. | | | |

BILAN

# Des personnages rusés sur scène

ANTIQUITÉ → MOYEN ÂGE → ... → XVIe SIÈCLE → XVIIe SIÈCLE → ... → XXe SIÈCLE → XXIe SIÈCLE

- ANTIQUITÉ : *La Comédie de la marmite*, **Plaute**
- MOYEN ÂGE : *Le Vilain médecin* (XIIIe s.)
- XVIe SIÈCLE : Apparition de la *commedia dell'arte*
- XVIIe SIÈCLE : *Le Médecin malgré lui*, **Molière**
- XXIe SIÈCLE : *Ah la la ! Quelle histoire*, **C. Anne**

Mon carnet de 6e

Indique dans **« Mes prestations orales »** la date et le sujet de ton oral.

Dans tes pages **« Histoire des Arts »**, dessine des personnages de la *commedia dell'arte*.

Dans la page des **« Auteurs du XVIIe siècle »**, rédige une petite biographie sur Molière.

Complète une dernière fois **ta carte Mémo** et colle-la dans ton carnet.

Consacre une page à ta pièce de théâtre préférée dans **« Mes coups de cœur ! »**.

## Aux sources de la comédie

- Dans la tradition populaire, la ruse permet aux plus faibles de **se tirer d'affaire** ou de se moquer des plus puissants.
  - Dès l'**Antiquité**, l'esclave Strobile manipule son maître pour devenir un homme libre.
- Au **Moyen Âge**, on retrouve le même procédé comique dans :
  - les **farces**, courtes pièces comiques jouées entre deux représentations religieuses.
  - les **fabliaux**, petites histoires divertissantes et morales. Dans le fabliau ***Le Vilain médecin***, un simple bûcheron devient, grâce à ses ruses, un grand médecin respecté par le roi.
- Les comédiens de la ***commedia dell'arte***, née au XVIe siècle en Italie, improvisent autour d'un canevas qui **renverse les rôles** : Arlequin est un valet insolent tandis que le Docteur est toujours ridiculisé.

## *Le Médecin malgré lui*, une pièce aux multiples ruses

- Au XVIIe siècle, **Molière** s'appuie sur cette **tradition populaire** : il s'inspire ainsi du *Vilain médecin* pour composer en 1666 *Le Médecin malgré lui*.
- La pièce reprend au fabliau le **comique de situation** (un bûcheron passe pour un médecin), le **comique de répétition** (les coups de bâton sont récurrents) et le **comique de caractère** (Sganarelle est cupide) et les complète par le **comique de gestes** (on met en scène les coups de bâton) et le **comique de mots** (l'accent de Lucas fait rire).
- Molière insiste davantage sur les **ruses** des personnages en situation de faiblesse : Martine et Sganarelle manipulent leurs interlocuteurs par la **parole** ; Lucinde et Léandre rusent en **silence** ou par le **déguisement**.

## Des enfants rusés face à une sorcière

- Comme d'autres dramaturges des XXe et XXIe siècles, **Catherine Anne** s'inspire de **contes** de fées pour écrire des pièces de théâtre.
- Dans *Ah la la ! Quelle histoire*, deux enfants échappent à une sorcière grâce à la ruse. Ils font **rire** par leur langue parfois familière, et se moquent de la sorcière, que ses tics de langage rendent ridicule ou inquiétante.
- La **mise en scène** étudiée révèle le rapport de force entre les personnages grâce au jeu des comédiens, au décor et aux éclairages.

## Vocabulaire du théâtre

- **Didascalie :** formules en italique renseignant sur le jeu des comédiens.
- **Réplique :** prise de parole dans un dialogue.
- **Monologue :** réplique d'un personnage seul sur scène.
- **Aparté :** paroles prononcées par un personnage sans être entendu par les autres.

# ATELIER 1 Écrit

# Écrire une farce pour tromper un trompeur

- Dans cet atelier, vous imaginerez une scène de farce dans laquelle l'avocat Pathelin sera dupé par son client, le berger.
- Lisez la Méthode puis, à l'aide des outils de langue, créez votre ruse !

## Vocabulaire

### Manipuler les onomatopées

**1** ★★★ L'emploi d'onomatopées peut créer un effet comique au théâtre. Associez chaque onomatopée à un verbe et à un nom.

bêêê
zzz
kof kof
éternuer
hoqueter
grogner
pleurer
souffrir

| Onomatopées | Verbes | Noms |
|---|---|---|
| ho ho ! | se moquer | une moquerie |
| atchoum | … | … |
| … | ronfler | … |
| aïe | … | … |
| … | bêler | … |
| grrr | … | … |
| pfff | soupirer | … |
| … | tousser | … |
| hic ! | … | … |
| snif… | … | … |

### Utiliser le champ lexical de la flatterie ▸ Langue, p. 334

**2** ★★★ **a.** Lisez l'extrait. Que signifient les mots en gras ? Relevez deux expressions qui appartiennent au même champ lexical.

GUILLEMETTE. – Comment le drapier a-t-il pu accepter de vous le donner sans paiement, lui qui ne le fait jamais ?
PATHELIN. – Ma foi, je l'ai si bien **flatté** et **complimenté**, qu'il me l'a presque donné immédiatement !
GUILLEMETTE. – [...] De son drap, vous avez fait, et par un beau langage, ce que Renard a fait avec le corbeau et le fromage : vous l'avez attrapé grâce à vos belles paroles.

D'après *La Farce de maître Pathelin*.

**b.** À l'aide de ces adjectifs, inventez les paroles que Pathelin a utilisées pour flatter le drapier.

magnifique — splendide — sublime — rare

### Jouer avec le langage ▸ Langue, p. 340

**3** ★★★ **a.** Dans cet extrait, comment Jean Tardieu a-t-il créé le comique ?

MADAME, *fermant le piano et allant au-devant de son amie.* – Chère, très chère peluche ! Depuis combien de trous, depuis combien de galets n'avais-je pas eu le mitron de vous sucrer !
MADAME DE PERLEMINOUZE, *très affectée.* – Hélas ! chère ! j'étais moi-même très, très vitreuse ! Mes trois plus jeunes tourteaux ont eu la citronnade, l'un après l'autre. [...] Bref, je n'ai pas eu une minette à moi.

**Jean Tardieu**, *Un mot pour un autre*, Éditions Gallimard, 1951.

**b.** À votre tour, réécrivez cet extrait de farce en remplaçant les mots en gras pour créer un effet comique.

LE JUGE. – Le **défendeur** est-il là ? Allons, qu'on **réponde**.
LE DRAPIER. – Le voilà, **monseigneur**, en **personne**.

D'après *La Farce de maître Pathelin*.

## Grammaire - Orthographe

### Maitriser la ponctuation d'un dialogue théâtral

▸ Langue, p. 306

**4** ★★★ Lequel de ces extraits est un dialogue de théâtre ? Pourquoi ?

**1**
LA FEMME. – Hélas ! Aidez-moi !
LA MERE. – Méchant, infâme, la laisserez-vous mourir là ?

D'après *La Farce du Cuvier*.

**2**
Tandis que la femme du vilain se désole, voici venir deux hommes, chacun sur un blanc palefroi.
« D'où êtes-vous ? Que cherchez-vous ? Voulez-vous me le dire ?
– Dame, répond l'un, nous sommes des messagers du roi. »

D'après *Le Vilain médecin*.

**5** ★★★ Remettez ce dialogue de théâtre en forme.

Pathelin Je suis certain qu'il exigera d'avoir son argent rapidement. Pour qu'il parte et ne soit pas payé, je vais feindre le malade et me coucher. Guillemette Je ferai de mon mieux, mais ne craignez-vous pas d'avoir des ennuis avec la justice ? Pathelin Je sais ce que je fais, non ? Obéissez sans me faire répéter.

D'après *La Farce de maître Pathelin*.

### Respecter les temps d'un dialogue ▸ Langue, p. 314, p. 324

**6** ★★★ Conjuguez ces verbes selon les indications.

| Présent de l'indicatif | Présent de l'impératif |
|---|---|
| (supplier) 1re pers. sing. | (répondre) 2e pers. plur. |
| (devoir) 2e pers. sing. | (croire) 1re pers. plur. |
| (réclamer) 2e pers. plur. | (payer) 2e pers. sing. |

**7** ★★★ Employez l'impératif ou l'indicatif.

1. M'avez-vous entendu ? (Faire)-le maintenant !
2. Je vous en (supplier), Berger...
3. (Cesser), Monsieur l'avocat, je ne le veux pas.
4. (Pouvoir)-je espérer être rémunéré demain ?

**8** ★★★ Conjuguez les verbes au présent de l'indicatif.

Mon seigneur, dit le prêtre, on (pouvoir) dire n'importe quoi, mais je (demander) un jour de réflexion, car il (être) juste que je (consulter) sur cette affaire, si vous le (permettre).

D'après **Rutebeuf**, *Le Testament de l'âne*.

### Manipuler les types et forme de phrase pour exprimer des émotions ▸ Langue, p. 310, p. 312

**9** ★★★ **a.** Reliez chaque réplique à sa catégorie.

1. Comment ? Êtes-vous malade ?
2. Ah, infâme ! Ah, scélérat !
3. Je ne sais plus... je suis perdu...
4. Écoutez-moi enfin, cher compère.

déclaratif — interrogatif — impératif — exclamatif

**b.** Notez l'émotion exprimée par chaque réplique.

impatience — colère — doute — surprise

# La Farce de maître Pathelin, scène 4

*Un drapier demande à un juge d'obliger son berger à lui payer les bêtes qu'il lui a volées. L'avocat du berger, Pathelin, qui a aussi volé le drapier, conseille à son client de bêler.*

**Pathelin**
[...] Entends et réponds.

**Le berger**
Bée !

**Pathelin**
Comment ? Bée, as-tu dit ? Oui-da ! Quel bée ? Qu'est-ce là ? Es-tu fou ? Dis-moi ton affaire.

**Le berger**
Bée !

**Pathelin**
Entends-tu tes brebis braire ? C'est pour ton profit, non le mien.

**Le berger**
Bée !

**Pathelin**
Un mot ! Dis « oui, non » *(Bas.)* C'est bien, va.

**Le berger**
Bée !

**Pathelin**, *de même*
Un peu plus haut. *(Haut.)* N'oublie qu'il t'en cuirait[1].

**Le berger**
Bée !

**Pathelin**
Ah ! qu'il est fou celui qui met un tel fou en procès ! Sire, qu'on le renvoie à ses brebis ! Il est fou de nature.

**Le drapier**
Fou ! Il est plus sage, j'en jure, que vous.

**Pathelin**
Faites-le retourner à ses bêtes, sans l'ajourner[2] plus. Ah ! Je l'ai dit : Dieu maudisse qui met de tels fous en justice !

**Le drapier**
Il s'en retournerait là-bas sans qu'on m'entende !

**Pathelin**
Pourquoi pas ? Puisqu'il est fou.

**Le drapier**
Au moins, messire, auparavant laissez-moi dire, et faire ma conclusion. Ce n'est point baliverne[3].

**Le juge**
Mais c'est un fâcheux tribouillage ! Plaider contre un fol n'est pas sage. Si vous n'avez à mettre au jour rien de plus, je dis : Hors de cour[4] !

Anonyme, *La Farce de maître Pathelin*, XVe siècle, d'après trad. É. Fournier, 1872.

Illustration de *La Farce de maître Pathelin*, Le Magasin pittoresque, 1841.

1. que tu auras des problèmes.
2. sans attendre un jour de plus.
3. c'est important.
4. quittez le tribunal.

## Méthode

### Étape 1 Comprendre le comique de cette scène

- Quelle onomatopée provoque le rire du public dans cette scène ? ▸ voir exercice 1
- Pourquoi le juge innocente-t-il le berger ? Citez l'adjectif qui justifie votre réponse.

PÉDAGOGIE DIFFÉRENCIÉE

### Étape 2 Imaginer une ruse qui servira de leçon à maître Pathelin

- Imaginez une scène dans laquelle Pathelin réclame à son client, le berger, son salaire d'avocat. Choisissez la ruse imaginée par le berger pour ne pas payer Pathelin :
  - ★ Ne parler que par onomatopées
  - ★★ Flatter Pathelin
  - ★★★ Utiliser un mot pour un autre

  ▸ voir exercices 1 à 3
- Qu'éprouve maître Pathelin ? Imaginez les répliques comiques qu'il pourrait prononcer.

### Étape 3 Préparer la rédaction au brouillon puis rédiger

- Pensez à construire votre texte comme un dialogue de théâtre. ▸ voir exercices 4 et 5
  - Variez les types et forme de phrase pour exprimer plusieurs émotions. ▸ voir exercice 9
  - Soignez la conjugaison du présent de l'indicatif et de l'impératif. ▸ voir exercices 6 à 8
  - Rédigez votre dialogue en faisant attention à la construction de votre scène et au comique que vous souhaitez créer.
- Relisez-vous avec un dictionnaire et en veillant aux accords.

**Lisez à haute voix votre farce !**

| Auto-évaluation | Oui | Non |
|---|---|---|
| J'ai respecté la situation et les personnages. | | |
| J'ai imaginé une ruse comique dans une suite cohérente. | | |
| J'ai présenté correctement mon dialogue. | | |

ATELIER 2
Oral

# Concevoir un costume qui reflète le personnage

- Dans cet atelier, vous allez devenir costumiers et imaginer l'habit d'un personnage du *Médecin malgré lui*.
- Prenez connaissance de la Méthode puis aidez-vous des exercices si besoin.

## Vocabulaire

### S'initier au vocabulaire vestimentaire du XVII^e^ siècle

**1** Lisez la définition de chaque vêtement de paysans du XVIIe siècle, puis retrouvez sur le dessin à quel numéro cela correspond.

- **a. Un gilet :** vêt. masculin fermé par des boutons
- **b. Des braies larges :** sorte de pantalon court
- **c. Un tablier :** pièce de tissu attaché à la taille
- **d. Une coiffe :** tissu couvrant la tête, souvent blanc
- **e. Un fichu :** petit foulard porté sur les épaules
- **f. Une robe de serge rouge :** robe en laine et chanvre
- **g. Un feutre :** chapeau de laine

**2** Lisez la définition de chaque vêtement de nobles à l'époque de Louis XIV, puis retrouvez sur le dessin à quel numéro cela correspond.

- a. **Des bas de soie :** tissu fin couvrant le pied et la jambe
- b. **Une perruque :** accessoire masculin à la mode
- c. **Un corsage :** haut d'une robe, souvent très serré.
- d. **Un justaucorps :** longue veste d'homme.
- e. **Une traîne :** arrière de la jupe ; sa longueur montre le rang social
- f. **Des souliers à talon :** chaussures masculines ou féminines
- g. **Des jupes :** trois vêtements portés les uns sur les autres
- h. **Un jabot :** dentelle sortant du col d'un homme

### Manipuler des synonymes pour éviter les répétitions

▸ Langue, p. 338

**3** Utilisez ces verbes en les conjuguant au présent de l'indicatif. Attention aux accords.

être chaussé de | être vêtu de | être affublé de | porter | être habillé avec | être paré de

1. Il ... un pourpoint bleu.
2. Elle ... petits souliers.
3. Ridicule, il ... un pantalon trop petit.
4. Elle ... un corsage serré à la taille.
5. Il ... un jabot en dentelle.
6. Elle ... ses plus beaux bijoux.

## Grammaire - Orthographe

### Réviser le passé composé

▸ Langue, p. 328

**4** Conjuguez ces verbes au passé composé.

1. Je (choisir) d'insister sur son métier de bûcheron.
2. Nous (décider) de le mettre pieds nus.
3. Nous (vouloir) souligner son mauvais caractère.
4. Le groupe (travailler) sur le costume du médecin.
5. Nous (ne pas oublier) de justifier nos choix.

### Employer des adverbes pour organiser son propos

▸ Langue, p. 286

**5** Complétez le texte avec ces adverbes de temps.

Enfin | longtemps | d'abord | ensuite | finalement

Pour faire le costume de Léandre, nous avons réfléchi .... Pour rappeler que c'est un jeune homme, nous l'avons ... chaussé de baskets et habillé d'un sweat à capuche. Nous avons pensé ... qu'il porterait une blouse blanche pour indiquer qu'il est déguisé en pharmacien. ..., nous l'avons affublé d'une perruque comme au XVIIe siècle pour qu'il ne soit pas reconnu par Géronte.
Nous voulions dessiner tous les deux ; ..., Lucie a fait le croquis et j'ai ajouté les couleurs.

### Justifier ses choix avec la conjonction de coordination « car »

▸ Langue, p. 285, p. 308

**6** Associez chaque début de phrase à une fin pour expliquer un choix.

**Débuts de phrase**

- **a.** Il est chaussé de souliers à talon
- **b.** Ses vêtements sont trop grands
- **c.** Elle portera des lunettes de soleil
- **d.** Ses habits seront usés
- **e.** Nous avons choisi des couleurs vives
- **f.** Nous avons modernisé les costumes

**Fins de phrase**

1. car elle est toujours de bonne humeur.
2. car on sait qu'il n'a pas beaucoup d'argent.
3. car nous voulons toucher les spectateurs.
4. car ce personnage doit paraitre maladroit.
5. car c'était à la mode au XVIIe siècle.
6. car elle semble toujours distante et méprisante.

# Témoignage de la costumière Pascale Bordet

*Pascale Bordet raconte la création du costume pour le comédien Michel Bouquet, qui incarnait Harpagon dans* L'Avare *de Molière : un personnage grincheux et pingre.*

« Je me souviens d'un samedi matin où j'ai emmené Michel Bouquet dans un grenier de banlieue. Au milieu d'un fatras de nippes[1], on a essayé douze redingotes[2] et, sans se lasser, autant de pantalons. Moi, tournant autour de lui, les épingles à la main, on a fini par trouver l'habit de l'Avare. Ce n'était qu'une ébauche mais le costume se dessinait, sombre, pointu, acéré, lui donnant l'allure d'un insecte. Qu'entendait-on par insecte ? C'est en chinant[3] que j'ai trouvé une redingote à queues effilées et longues. Je l'ai ensuite armée de cordes à piano pour lui donner cette bizarre horizontalité mouvante. Nous étions d'accord sur le noir.

À l'essayage, Michel s'est découvert transformé, avec de multiples possibilités de jeu, ce qui l'enthousiasmait. Détail non des moindres, restait à trouver l'élément qui illustrait son avarice[4]. J'attachais donc à sa ceinture, breloques[5] métalliques et clés en tous genres pour rappeler, à chacun de ses mouvements, le bruit de la monnaie, véritable obsession du personnage. J'avais déniché un pantalon en drap rayé noir et marron [...]. Je n'ai pas eu à le retoucher, il allait parfaitement à Michel-Harpagon, je l'ai simplement coupé juste en dessous des genoux. »

**Pascale Bordet**, *Habiller l'acteur*, Actes Sud, 2014.

1. un tas de vieux vêtements.
2. longues vestes d'homme.
3. en cherchant dans une brocante.
4. attachement à l'argent.
5. petits bijoux, de peu de valeur.

## Méthode

### Étape 1 Réfléchir aux caractéristiques du personnage

- Choisissez avec votre groupe le personnage dont vous voulez créer le costume : Martine, Sganarelle, Géronte ou Lucinde. Comme Pascale Bordet, réfléchissez à ses caractéristiques.
- Recopiez les adjectifs qui vous semblent convenir à votre personnage :
  - ➥ **Martine** est énergique, épuisée, inventive, passive, rusée, pauvre, riche.
  - ➥ **Sganarelle** est menteur, honnête, manipulateur, comique, cruel, bienveillant, riche, pauvre.
  - ➥ **Géronte** est jeune, vieux, riche, avare, pauvre, désespéré, heureux, éduqué, malpoli, autoritaire.
  - ➥ **Lucinde** est triste, joyeuse, obéissante, rebelle, jeune, vieille, déterminée, rusée, passive.

↑ M. Bouquet en Harpagon, mise en scène de G. Wesler et maquette du costume de P. Bordet.

### Étape 2 Créer un costume en motivant ses choix

- Réfléchissez ensemble à votre choix de costume. Vous pouvez décider de garder des costumes du XVIIe siècle, de les moderniser ou de faire un mélange entre des éléments anciens et contemporains.
- Répartissez-vous les rôles : ceux qui aiment dessiner font le croquis du costume, tandis que les autres préparent la présentation orale au brouillon. PÉDAGOGIE DIFFÉRENCIÉE

| ★★★ Dessin | ★★★ Présentation orale |
|---|---|
| • Pensez aux couleurs, aux motifs des tissus, aux chaussures... ▸ **voir exercices 1 et 2** | • Exposez votre réflexion sur votre costume en utilisant le passé composé. ▸ **voir exercice 4** |
| • Ajoutez des accessoires tels que chapeau, perruque, masque... ▸ **voir exercices 1 et 2** | • Utilisez des adverbes pour organiser votre propos et justifiez vos choix. ▸ **voir exercices 5 et 6** |
| • Inspirez-vous de toutes les iconographies du chapitre. | • Évitez les répétitions. ▸ **voir exercice 3** |

### Étape 3 Passer à l'oral

- Photographiez votre croquis pour pouvoir le projeter au tableau. Pendant qu'une partie du groupe le présente à l'oral, les autres montrent les éléments de costumes.
- Pensez à projeter votre voix, à ne pas parler trop vite ou trop lentement, à vous détacher de vos notes et à regarder votre public.

**Donnez vie à votre personnage !**

| Auto-évaluation | Oui | Non |
|---|---|---|
| Notre croquis est original et inventif. | | |
| Nous avons justifié tous nos choix. | | |
| Nous avons évité les répétitions et parlé distinctement. | | |

ATELIER 3
# Écrit et Oral

# Inventer une consultation fantaisiste

- Dans cet atelier, vous allez vous inspirer du *Médecin malgré lui* pour écrire par groupes une scène de théâtre.
- Après avoir lu la Méthode, vous pouvez vous aider des exercices de langue pour inventer des répliques comiques et faire rire votre auditoire !

## Vocabulaire

### S'initier à l'étymologie des termes médicaux

▸ Langue, p. 334, p. 336

**1** ★★★ **a.** Complétez les phrases avec le mot qui convient.

psychologue | pneumologue | stomatologue | neurologue | dermatologue

1. J'ai des problèmes de peau, je consulte une ....
2. Je me sens triste et veux en parler, je vais voir un ....
3. J'ai du mal à respirer. J'ai rendez-vous chez une ....
4. Pour le système nerveux, il faut aller voir un ....
5. Pour faire enlever ta dent de sagesse, va voir ma ...!

**b.** À votre avis, que signifie le suffixe « -logue » ?

**c.** Reliez les radicaux grecs à leur définition en français.

| | |
|---|---|
| stomato- • | • peau |
| psycho- • | • nerf |
| pneumo- • | • poumon |
| neuro- • | • âme |
| dermato- • | • bouche |

**2** ★★★ Aidez-vous du vocabulaire proposé pour définir ces termes médicaux.

appendicite | cardiopathie | hypoglycémie | laryngite | rétinopathie | méningite

| Noms et adjectifs | Définition |
|---|---|
| La glycémie | Taux de sucre dans le sang. |
| Le larynx | Gorge. |
| La rétine | Partie de l'oeil. |
| L'appendice | Organe lié aux intestins. |
| Les méninges | Membranes entourant le cerveau. |
| Cardiaque | Qui concerne le cœur. |
| **Préfixe et suffixes grecs** | **Définition** |
| hypo- | Manque de ... |
| - pathie | Maladie de ... |
| - ite | Inflammation de ... |

### Découvrir des synonymes de termes médicaux

▸ Langue, p. 338

**3** ★★★ Complétez les mots croisés à partir de ces définitions.

**Horizontalement**
1. substance donnée pour soigner un malade.
2. qui a de la fièvre.
3. qui souffre.

**Verticalement**
4. ancien nom donné à une substance qui guérit.
5. qui n'est pas en bonne santé.
6. breuvage préparé par des sorcières.

## Grammaire - Orthographe

### Utiliser des phrases interrogatives ▸ Langue, p. 310

**4** ★★★ Posez six questions à un malade en utilisant tous les verbes et les noms proposés. Pensez à l'inversion du sujet et au point d'interrogation.

Ex. : Avoir mal – tête → Avez-vous mal à la tête ?

| Verbes | Noms |
|---|---|
| ~~Avoir mal~~ | ~~Tête~~ |
| Souffrir | Lactose |
| Sentir | Sieste |
| Tolérer | Sifflement |
| Entendre | Repas |
| Digérer | Ventre |
| Faire | Main |

**5** ★★★ Imaginez une question qu'un patient pourrait poser à un médecin avec chaque mot interrogatif.

Pourquoi ? | Comment ? | Quand ? | Où ? | Qui ?

### Revoir la conjugaison du futur simple

▸ Langue, p. 320

**6** ★★★ Conjuguez ces verbes au futur simple.

1. Vous (prendre) deux gélules le matin.
2. Tu (ne pas porter) une attelle.
3. Vous (se mettre) des gouttes dans les yeux.
4. Il (surveiller) régulièrement sa tension.
5. Elle (avaler) son comprimé avec de l'eau.
6. Nous (revenir) demain au cabinet médical.

### Maitriser les compléments circonstanciels de temps

▸ Langue, p. 300

**7** ★★★ Complétez ces phrases avec des compléments circonstanciels de temps introduits par « **quand** ».

1. Ne prenez jamais votre sirop ...
2. Mettez un pansement ...
3. Désinfectez toujours votre plaie ...
4. Appuyez sur la compresse ...
5. Ne touchez pas à votre plâtre ...
6. Serrez bien le bandage ...

# Le Médecin malgré lui - Acte III, scène 2

## Thibaut, Perrin, Sganarelle.

SGANARELLE. – [...] Vous dites que votre mère est malade d'hydropisie[1], qu'elle est enflée par tout le corps, qu'elle a la fièvre, avec des douleurs dans les jambes, et qu'il lui prend parfois des syncopes et des convulsions, c'est-à-dire des évanouissements ?

PERRIN. – Eh ! oui, Monsieu, c'est justement ça.

SGANARELLE. – J'ai compris d'abord vos paroles. [...] Maintenant vous me demandez un remède ?

PERRIN. – Oui, Monsieu.

SGANARELLE. – Un remède pour la guérir ?

PERRIN. – C'est comme je l'entendons.

SGANARELLE. – Tenez, voilà un morceau de formage[2] qu'il faut que vous lui fassiez prendre.

PERRIN. – Du fromage, Monsieur ?

SGANARELLE. – Oui, c'est un formage préparé, où il entre de l'or, du corail, et des perles, et quantités d'autres choses précieuses.

PERRIN. – Monsieu, je vous sommes bien obligés[3]; et j'allons li faire prendre ça tout à l'heure.

SGANARELLE. – Allez. Si elle meurt, ne manquez pas de la faire enterrer du mieux que vous pourrez.

**Molière**, *Le Médecin malgré lui*, III, 2, 1666.

1. gonflement.
2. fromage.
3. je vous suis bien reconnaissant.

## Méthode

### Étape 1 Anticiper le travail avant l'écriture proprement dite

- Avant de commencer à écrire, vous devez :
  - Imaginer vos personnages. L'un sera un médecin imposteur qui cherche à paraitre savant, l'autre viendra le trouver pour lui demander de l'aide, accompagné éventuellement d'un troisième personnage.
  - Savoir ce que le deuxième personnage – ou le troisième – va demander au médecin.
  - Avoir l'idée du remède surprenant que le médecin va lui proposer.

### Étape 2 Se répartir les rôles puis se lancer dans l'écriture

- Répartissez-vous les rôles : chacun d'entre vous rédigera en priorité les phrases du personnage qu'il aura choisi.

PÉDAGOGIE DIFFÉRENCIÉE

| ★★★ Le médecin devra : | ★★★ Les patients devront : |
|---|---|
| – utiliser du vocabulaire médical... ▸ voir exercices 1 et 2<br>– employer le futur simple... ▸ voir exercice 6<br>– utiliser des compléments circonstanciels de temps. ▸ voir exercice 7 | – décrire leurs symptômes. ▸ voir exercices 2 et 3<br>– poser des questions au médecin. ▸ voir exercices 4 et 5<br>– faire preuve d'une grande politesse. |

- Commencez à rédiger votre scène de théâtre. Elle doit se dérouler en trois temps :
  - ➥ **A/** Le patient demande de l'aide et répond aux questions surprenantes et faussement savantes du médecin.
  - ➥ **B/** Le médecin finit par donner un remède très inattendu d'un ton très savant.
  - ➥ **C/** Le patient remercie le médecin, plein de reconnaissance.
- Relisez à voix basse votre scène en prenant en charge vos rôles respectifs. Vérifiez que votre texte est cohérent. N'hésitez pas à ajouter des didascalies pour le rendre plus vivant encore.

### Étape 3 Présenter son travail

- Quand vous êtes prêts, lisez votre scène à voix haute et **faites rire votre auditoire !**

| Auto-évaluation | Oui | Non |
|---|---|---|
| Nous avons respecté les trois étapes. | | |
| Nous avons employé le futur simple. | | |
| Nous avons utilisé du vocabulaire médical et imaginé un remède surprenant et original. | | |

ATELIER 4 Oral

# Jouer une scène de comédie

- Vous allez interpréter une scène tirée de la pièce *Pinocchio* de Joël Pommerat, adaptée du roman de Carlo Collodi.
- Lisez la Méthode et, selon vos besoins, faites les exercices de langue.

## Vocabulaire

### Manipuler le vocabulaire du théâtre

**1** Complétez le texte par ces mots.

réplique | acte | monologue | didascalie | scène | aparté | tirade

Les pièces sont composées de grandes parties, les ... ; ces derniers sont divisés en plusieurs .... Lorsque deux comédiens se répondent, on dit qu'ils se donnent la ... Quand l'une d'entre elles est très longue, il s'agit d'une .... Un personnage seul sur scène prononce un .... Lorsqu'un comédien est entendu par le public mais pas par les autres personnages, il s'agit d'un ... : il parle à part. Pour savoir comment jouer, les comédiens s'aident des ....

**2** Observez ce court extrait. Nommez chaque élément : 1. ... 2. ... 3. ...

1 → PREMIER ESCROC. – Tu peux pas rentrer alors y a des gens qui travaillent à l'intérieur, mon vieux. [...] } 2

LE PANTIN. – Et si je vous donne ça ?
3 → *(Il montre le livre.)*
Il est neuf.

### Être sensible au niveau de langue ▸ Langue, p. 340

**3** **a.** Quel niveau de langue est utilisé ?

1. Tu veux entrer ?
2. Je sais pas si je peux.
3. Dans la vie faut pas se lancer dans n'importe quoi sans réfléchir.
4. Il savait pas.
5. C'est pas gratuit.
6. Y a des gens qui travaillent à l'intérieur.

**b.** Quelle(s) particularité(s) avez-vous repérées ?

| Particularités | Phrases concernées |
|---|---|
| Oubli de la négation « ne » | |
| Oubli de l'inversion sujet/verbe | |
| Oubli du pronom « il » | |

**c.** Que pourraient faire les comédiens pour accentuer l'impression donnée par ce niveau de langue ?

### Maitriser le vocabulaire des émotions

**4** Selon l'émotion qu'il veut susciter, comment un comédien prononcera-t-il sa réplique ?

| | |
|---|---|
| L'hésitation • | • en souriant |
| La surprise • | • en s'exclamant |
| La détermination • | • en détachant les syllabes |
| La complicité • | • en bégayant |

## Grammaire - Orthographe

### Relier l'intonation aux types ou à une forme de phrase

▸ Langue, p. 310, p. 312

**5** **a.** Classez ces répliques selon qu'il s'agit d'une phrase déclarative | interrogative | impérative | exclamative.

1. Tu veux entrer ?
2. Hé ! Il va à l'école !
3. Entre.
4. Je vais à l'école.
5. Demande-lui si tu veux.
6. T'as pas d'argent ?
7. On a dû l'opérer !
8. Et si je vous donne ça ?
9. L'école, on peut en mourir.

**b.** Lisez à voix haute les phrases de même type ou forme. À la fin de quels types de phrase devez-vous monter la voix ?

### Se servir de la ponctuation pour dire un texte

▸ Langue, p. 306

**6** La ponctuation n'est pas toujours présente dans le texte de J. Pommerat : c'est au comédien de la deviner. Ajoutez la ponctuation utile pour interpréter chaque réplique. , ; : ! ? .

1. J'ai quelque chose à faire aujourd'hui je vais à l'école je commence des études ce matin
2. Tu vas à l'école c'est vrai ?
3. Demande-lui si tu veux ça aurait pu être plus grave.
4. C'est une bonne idée tu as l'argent

**7** **a.** D'après vous, pourquoi l'auteur a-t-il choisi de doubler certains signes de ponctuation ?

1. Personne t'a jamais dit que ça pouvait être dangereux l'école ?! 2. Ah bon !! 3. Comment ça ?!

**b.** À votre avis, comment le comédien doit-il prononcer ces phrases par rapport aux autres ?

### Utiliser des prépositions pour réfléchir à la mise en scène ▸ Langue, p. 284

**8** **a.** Insérez ces prépositions dans le texte pour trouver des idées de mise en scène.

derrière | entre | par | autour de | au-dessus de | loin de

Au début, le comédien qui joue Pinocchio est ... ses partenaires, puis il s'approche. Il doit paraître tout petit ... les deux escrocs : ils peuvent même être ... lui pour donner l'impression qu'ils le dominent. Puis, les deux comédiens mettent leurs bras ... ses épaules ou le tirent ... la main pour l'attirer loin de l'école. Ils pourraient aussi se trouver ... lui comme des ombres menaçantes.

**b.** Faites un dessin de votre mise en scène pour montrer la domination des escrocs.

# Pinocchio

*Sur le chemin de l'école, devant une baraque de foire. On entend de la musique. Le pantin regarde en direction de la baraque. Il a l'air très intrigué.*

PREMIER ESCROC. – Tu veux entrer ?

LE PANTIN. – Peut-être,
qu'est-ce qui se passe là-dedans ?

PREMIER ESCROC. – Entre tu verras.

LE PANTIN. – Je sais pas si je peux.

PREMIER ESCROC. – Pourquoi ?

LE PANTIN. – J'ai quelque chose à faire aujourd'hui
je vais à l'école
je commence des études ce matin.

PREMIER ESCROC. – Tu vas à l'école c'est vrai ?

LE PANTIN. – Oui pourquoi ?

PREMIER ESCROC. – Hé ! il va à l'école !

SECOND ESCROC. – Oh là là !

LE PANTIN. – Qu'est-ce qu'il y a ?

PREMIER ESCROC. – Personne t'a jamais dit que ça pouvait être dangereux l'école ?!

LE PANTIN. – Ah bon ?

PREMIER ESCROC. – Mon copain qui est là-bas, il est allé à l'école
il était comme toi il savait pas : il est tombé malade !
On a dû l'opérer !
Ils lui ont coupé la jambe, finalement. Ils lui en ont mis une fausse maintenant mais ça lui fait mal.

LE PANTIN. – Ah bon !!

PREMIER ESCROC. – Demande-lui si tu veux
ça aurait pu être encore plus grave. En général dans la vie faut pas se lancer dans n'importe quoi sans réfléchir,
l'école, on peut en mourir, c'est grave.

LE PANTIN. – On ne m'avait pas dit.

PREMIER ESCROC. – Je sais,
ça ne se dit pas et pourtant c'est vrai malheureusement.

LE PANTIN. – C'est pas très drôle ce que vous me dites
je ne sais pas ce que je peux faire.

PREMIER ESCROC. – Tu veux entrer ?

LE PANTIN. – Je veux bien
ça va peut-être me permettre de réfléchir un peu.

PREMIER ESCROC. – Oui voilà c'est ça, exactement, c'est une bonne idée
tu as l'argent ?

LE PANTIN. – Comment ça ?!

PREMIER ESCROC. – Pour rentrer là tu as de l'argent ?
C'est pas gratuit, tu penses bien.

LE PANTIN. – Ah bon ?

PREMIER ESCROC. – T'as pas d'argent ?

LE PANTIN. – Non.

PREMIER ESCROC. – Tu peux pas rentrer alors
y a des gens qui travaillent à l'intérieur, mon vieux. [...]

LE PANTIN. – Et si je vous donne ça ? *(Il montre le livre.)*
Il est neuf
Mon père l'a échangé contre un manteau.

PREMIER ESCROC *(prenant le livre, le soupesant, en regardant son collègue).* – Bon, pour te faire plaisir je veux bien
mais c'est vraiment pour te faire plaisir.

**Joël Pommerat,** *Pinocchio*, Actes Sud-Papiers, 2008.

## Méthode

↑ *Pinocchio* par Libico Maraja, ed. Fabbri, 1955. Original artwork



### Étape 1 Se répartir les rôles et apprendre son texte

PÉDAGOGIE DIFFÉRENCIÉE

- Lisez l'extrait de cette pièce de théâtre avant de réfléchir à votre mise en scène et répartissez-vous les répliques.

**Groupe de 2 élèves** : Pinocchio + un escroc assure toutes les répliques des escrocs

**Groupe de 3 élèves** : Pinocchio + deux escrocs se répartissent les répliques

- Pour mémoriser votre rôle, vous pouvez le recopier, bouger en le prononçant, utiliser l'application pour écouter la scène, vous enregistrer. ▸ voir exercices 1 et 2

### Étape 2 Commencer les répétitions

- Répétez avec vos camarades et réfléchissez aux intentions des personnages, cela vous aidera à adopter le bon ton. ▸ voir exercices 3, 4, 5 à 7 Selon les répliques, **Pinocchio** est-il **très surpris** **inquiet** **pensif** **hésitant** **soulagé** ? Les escrocs sont-ils **faussement bienveillants** **angoissants** **ironiques** ?
- Définissez l'espace de jeu : décidez où sera la baraque de foire, par où chaque personnage arrivera.
- Choisissez des éléments de costume pour distinguer les personnages. Cherchez à rendre visuellement la manipulation des escrocs. ▸ voir exercice 8

### Étape 3 Jouer devant un public

- Articulez et parlez suffisamment fort. Restez concentrés dans le jeu, même pendant les répliques des autres.

**Amusez-vous à surprendre les spectateurs !**

| Auto-évaluation | Oui | Non |
|---|---|---|
| Nous avons bien mémorisé le texte. | | |
| Nous avons mis en valeur le caractère des personnages. | | |

ATELIER 5 Écrit

# Adapter un conte au théâtre

- Dans cet atelier, vous réécrirez le conte des frères Grimm, *Le Renard et le Chat*, en une courte pièce de théâtre.
- Lisez la Méthode puis à l'aide des outils de langue, imaginez les didascalies qui rendront votre pièce vivante !

## Vocabulaire

### Repérer les caractéristiques d'un texte de théâtre

▸ Langue, p. 306

**1** ★★★ Associez chaque élément à son numéro.

une didascalie | une réplique | un personnage

LE CHAT, *découvrant le renard.* – Seigneur Renard !
(1 : LE CHAT ; 2 : *découvrant le renard.* ; 3 : – Seigneur Renard !)

**2** ★★★ **a.** Dans cette scène de théâtre, combien y a-t-il de personnages ? **b.** Les didascalies sont-elles entre parenthèses ou entre guillemets ?

LA VIEILLE. – Alors, c'est ce monsieur, si je comprends bien, qui doit...
PERRAULT *(se calmant).* – Oui, c'est lui... Bon, puisque vous êtes là, maintenant, asseyez-vous. Je vous présente. Le loup, la mère-grand, le petit chaperon rouge !
LE LOUP. – La jolie petite fille ! Je l'aime déjà tout plein !
*(Il s'assied près de la Petite et lui parle à l'oreille.)*
LA PETITE. – Oh mamie ! Le toutou ! Il me chatouille !

**Pierre Gripari**, « Pour l'annonce », *Huit farces pour collégiens*, Grasset-Jeunesse, 2013.

### Exprimer des émotions à l'aide de didascalies

**3** ★★★ Classez ces didascalies selon l'émotion exprimée.

Mépris | Peur

dans une attitude hautaine • avec dédain • terrifié • ne pouvant plus parler • en le toisant • sans le regarder • en s'enfuyant • pétrifié sur place

**4** ★★★ Reliez chaque début de didascalies à un geste correspondant.

| | |
|---|---|
| Le renard, *ironique* • | • *et montrant les crocs.* |
| Le félin, *hautain* • | • *et le regardant avec mépris.* |
| Le rusé, *humilié...* • | • *et baissant la tête.* |
| Le chien, *agressif* • | • *avec un sourire narquois.* |

### Varier les verbes de parole

**5** ★★★ Ajoutez des verbes de parole à ces didascalies : en murmurant • en maugréant • en s'époumonant • en s'esclaffant

1. LE CHIEN (*... à son ami*). – Avançons discrètement...
2. LE RENARD (...). – Pauvre de moi ! Au secours !
3. LE CHAT (...). – Je trouve cette scène très drôle !
4. LE CHASSEUR (...). – Encore ce Renard !

### Employer des interjections

**6** ★★★ Complétez ces répliques pour exprimer une émotion. Au secours ! | Hélas ! | Vite ! | Comment !

1. ... Cachons-nous.
2. ... Sauvez-moi !
3. ... Ce chat se rit de moi.
4. ... Je suis attrapé !

## Grammaire - Orthographe

### Manipuler les verbes des didascalies ▸ Langue, p. 314

**7** ★★★ **a.** Les didascalies renseignent sur ce qui se passe au moment présent. Quelle phrase n'est pas une didascalie ? À quel temps son verbe est-il conjugué ?

1. Le chat se précipite dans un arbre.
2. Soudain, il essaya de s'enfuir.
3. Le félin crie d'un air moqueur.

**b.** Mettez cette phrase au présent de l'indicatif pour en faire une didascalie.

**8** ★★★ Copiez les didascalies et surlignez leur verbe. Quelle est leur terminaison ? Quel mot les précède ?

LE CHIEN (*en murmurant*). – N'ayez pas peur...
LE RENARD (*en sursautant*). – Qui est là ?

**9** ★★★ **a.** Créez des didascalies en mettant ces verbes à la forme « *en* radical + *-ant* ».

bondir hors de son panier | hurler avec autorité | montrer la forêt | se précipiter vers leur maître

**b.** Ajoutez-les ensuite dans ce dialogue.

UN CHIEN. – Le maître ! Debout !
LE CHASSEUR. – Au pied, mes chiens !
LES CHIENS. – Tout de suite, maître.
LE CHASSEUR. – J'ai aperçu deux proies dans les bois...
LES CHIENS. – Comment ! Allons-nous le chercher ?
LE CHASSEUR. – Oui et ramenez-le-moi vivant.

### Repérer le dialogue dans un récit ▸ Langue, p. 306

**10** ★★★ **a.** Qui parle dans cet extrait ?

Le renard interrogea le chat sur ses ruses.
« Je n'en ai qu'une seule, répondit modestement le chat.
– Ah oui ? Et quoi ? fit le renard.
– Quand les chiens se mettent à mes trousses, dit le chat, je peux grimper à un arbre et me sauver.
– Et c'est tout ? laissa tomber le renard avec dédain. »

D'après **J.** et **W. Grimm**, « Le Renard et le Chat ».

**b.** Quels verbes indiquent les prises de parole ?
**c.** Transformez chaque prise de parole en réplique de théâtre. Appuyez-vous sur l'exercice **1**.

### Revoir les compléments circonstanciels

▸ Langue, p. 300

**11** ★★★ Quelle information apporte chaque didascalie ?

lieu | temps

1. LE CHAT, *recroquevillé sur la plus haute branche.* – Que vois-je ?
2. LES PAYSANS, *travaillant dans les champs.* – Oh ! Le Renard est attrapé !
3. LE CHASSEUR, *du haut de son cheval.* – Bons chiens.
4. LE CHAT, *une fois son compère attaché.* – Voilà une bonne leçon !

# Le Renard et le Chat

TEXTE INTÉGRAL

Le hasard fit un jour que le chat, dans un bois, rencontra le seigneur renard. « Il est habile et plein d'expérience, pensa le chat en le voyant, c'est un grand personnage dans le monde, respecté à cause de sa sagesse. » Aussi l'aborda-t-il avec beaucoup d'amabilité.

– Bonjour, cher Monsieur Renard, comment allez-vous ? La santé est bonne, j'espère. Et par ces temps de vie chère, comment vous débrouillez-vous ?

Le renard, tout gonflé d'une morgue hautaine[1], considéra le chat des pieds à la tête et de la tête aux pieds, se demandant pendant un bon moment s'il allait ou non donner une réponse à cet insolent animal.

– Dis donc, toi, misérable Lèche-Moustaches, espèce de drôle, espèce d'Arlequin grotesquement taché, espèce de crève-la-faim de chasseur de souris, qu'est-ce qu'il te prend ? Et d'où te permets-tu de venir me demander aussi familièrement de mes nouvelles ? Qui te crois-tu donc, malheureux ? Que sais-tu ? Combien d'arts[2] connais-tu ? Quelles sont tes ressources ?

– Je n'en ai qu'une seule, répondit modestement le chat.

– Ah oui ? Et quoi ? fit le renard.

– Quand les chiens se mettent à mes trousses, dit le chat, je peux grimper à un arbre et me sauver.

– Et c'est tout ? laissa tomber le renard avec dédain. Sache que moi, je suis le maître des ruses par centaines et que j'ai, par-dessus, tout un sac à malices[3] ! Tu me fais pitié, tiens ! Viens avec moi et je te montrerai comment on se défait des chiens.

Au beau milieu de ce discours arriva un chasseur qui avait quatre chiens avec lui. Le chat bondit vivement sur un arbre et se réfugia tout au sommet, dans les dernières branches, où il se tint caché dans le feuillage.

– Ouvre ton sac, seigneur renard ! Ouvre ton sac, c'est le moment ! cria le chat du haut de son arbre.

Mais les chiens l'avaient pris déjà et le tenaient ferme.

– Holà, seigneur renard ! cria encore le chat, vous vous êtes empêtré dans vos centaines de ruses ; mais si vous n'aviez su que grimper comme moi, votre vie vous serait restée !

**J.** et **W. Grimm,** « Le Renard et le Chat »,
*Contes*, trad. A. Guerne, GF, 1967.

1. supériorité méprisante. 2. combien de ruses. 3. astuces, petites ruses.

## Méthode

### Étape 1 Comprendre le caractère des personnages

- L. 13 à 15, expliquez les GN désignant le chat. Qu'apprend-on du caractère du renard ?
- L. 20-21, citez l'adverbe utilisé. Quelle information nous donne-t-il sur le caractère du chat ?
- L. 34, de quel sac parle le chat ? Que révèle cette réplique sur ses sentiments ?

### Étape 2 Transformer les passages de récit en didascalies

PÉDAGOGIE DIFFÉRENCIÉE

- Choisissez le niveau de difficulté que vous souhaitez respecter :

★☆☆ **2 personnages** : le chat, le renard

★★☆ **3 personnages** : le chat, le renard, le chasseur

★★★ **4 personnages** : le chat, le renard, le 1er chien, le 2e chien

- Recopiez ou téléchargez ce tableau. Complétez-le à l'aide des informations du texte et transformez les passages de récit en courtes didascalies au présent. ▸ voir exercice 7

| | | Qui ? | Où ? | Quand ? | Didascalies au présent de l'indicatif |
|---|---|---|---|---|---|
| Scène 1 | Ex. : L. 1 à 5 | Le chat et le renard | Dans la forêt | Un jour indéterminé | *Le Chat et le Renard se croisent un jour dans un bois.* |
| | L. 9 à 12 | | X | X | |
| Scène 2 | L. 30 à 33 | | | | |
| | L. 36 à 37 | | X | X | |

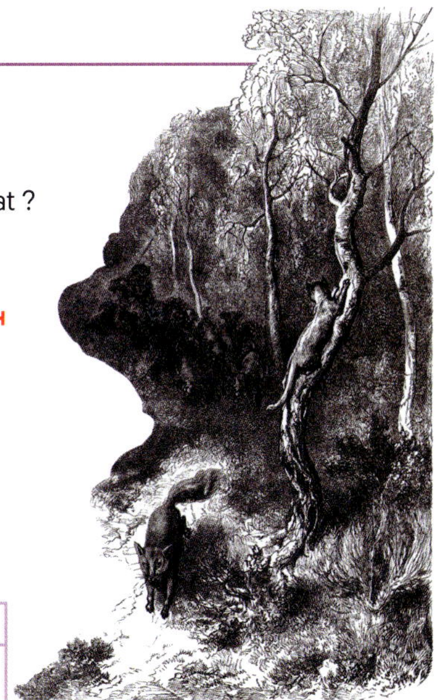

↑ Gravure **G. Doré**.

### Étape 3 Écrire une pièce

- Pensez à changer de scène quand de nouveaux personnages arrivent.
- Transformez les paroles des personnages en dialogues théâtraux.
  ▸ voir exercices 1, 2 et 10
- Intégrez des didascalies renseignant sur leur voix et leurs gestes. ▸ voir exercices 3 et 4
- Employez des verbes de parole variés sous la forme « radical + *-ant* ».
  ▸ voir exercices 5, 8, 9 et 11
- Utilisez des interjections et l'impératif pour rendre votre texte vivant. ▸ voir exercice 6

**À vous de devenir dramaturges !**

| Auto-évaluation | Oui | Non |
|---|---|---|
| J'ai respecté la présentation d'un texte de théâtre. | | |
| J'ai rédigé des didascalies précises. | | |
| Ma pièce de théâtre suit la progression du conte des frères Grimm. | | |

# Étude de la langue

## Les classes grammaticales



## Les fonctions grammaticales



## Phrases et propositions



## La conjugaison



## Le lexique





**Edmond Dulac**, « L'oiseau de feu », 1916. →

Leçon 1

Le verbe

# L'infinitif

## Je cherche

**Les enfants, il faut prendre votre gouter, finir vos devoirs, ranger la vaisselle et sortir le chien.**

Réécrivez la phrase en remplaçant « il faut » par « il fallait ». La forme des verbes en gras change-t-elle ?

## J'apprends

- L'**infinitif** est la forme du verbe quand il n'est **pas conjugué**. Ex. : Tu veux **manger** quelque chose.
- **Trois groupes de verbes** se distinguent :
  **1er groupe :** infinitif en ***-er*** (sauf *aller*, 3e groupe) Ex. : aimer, lier, essuyer...
  **2e groupe :** infinitif en ***-ir*** (1re pers. du pluriel en ***-issons***) Ex. : finir, choisir, remplir...
  **3e groupe :** tous les autres verbes Ex. : courir, voir, prendre...
- *Être* et *avoir* sont des auxiliaires. Ex. : Il **est arrivé** en retard. Elle **a plongé**.
- Un verbe conjugué se compose d'un **radical** et d'une **terminaison** qui varie en personne, temps, mode. Ex. : **Jouer** : tu jou/**es**, nous jou/**ons**. **Venir** : vous ven/ez, ils vienn/ent, je viendr/ai.
- Ne pas confondre le verbe et le nom. Un déterminant précède le nom.
  Ex. : Il faut **savoir** cette leçon par cœur. À onze ans, elle a **le savoir** d'un grand maître !

**Apprendre autrement**
Écoutez le podcast de la leçon

## Je m'exerce

### Identifier les verbes

**1** ★★★ **Relevez les verbes à l'infinitif.**
1. À la récréation, motivés, nous voulons jouer au ballon.
2. Chacun doit choisir soigneusement ses coéquipiers.
3. Nous amuser, voilà notre but !

**2** ★★★ **Classez les verbes soulignés.**

| Verbe conjugué | Infinitif |
|---|---|

Ils allèrent dans une forêt fort épaisse [...]
Le Bûcheron se mit à couper du bois et ses enfants à ramasser les broutilles[1] pour faire des fagots.
Le père et la mère, les voyant occupés à travailler s'éloignèrent d'eux.

1. Petites branches.

**Charles Perrault**, « Le Petit Poucet », *Contes*, 1697.

**3** ★★★ **Cherchez dans le dictionnaire la définition de ces verbes.** ajourner dédaigner évincer rebuter récuser

### Connaitre les groupes de verbes

**4** ★★★ **Classez ces verbes au présent de l'indicatif.**

| 1er groupe | 2e groupe | 3e groupe |
|---|---|---|

nous nettoyons, j'agis, je grandis, nous lançons, nous venons, je trace, nous réussissons, nous passons, je pars

**5** ★★★ **Classez ces verbes en « -*ir* ».** 2 gr. 3 gr.

agir se réjouir mentir venir choisir grandir partir

**6** ★★★ **Relevez les verbes conjugués, séparez leur radical de la terminaison, puis donnez leur infinitif.**

Sophie ne pleurait plus ; elle attendait avec impatience ce qui allait arriver. La maman revint, prit ses ciseaux, détacha le corps cousu à la poitrine.

**La Comtesse de Ségur**, *Les Malheurs de Sophie*, 1858.

**7** **Dictée dialoguée**
**Aidez votre camarade à corriger sa dictée.**

*5/10 Vérifiez les verbes conjugués et ceux à l'infinitif.*
« Eh ! cordonnier, ne te presse pas tant, lui cria le soldat, sans moi rien ne se fera. Mais si tu veux courire jusqu'à l'auberge où j'ai demeurer, et chercher mon briquet, je te donnerai quatre sous. Seulement ne laisse pas traînées tes jambes ! »
Le garçon cordonnier, qui voulait bien gagné quatre sous, vola comme un trait chercher le briquet, le remit au soldat, et – maintenant vous aller entendre !

D'après **H. C. Andersen**, « Le Briquet », *Contes*, 1856.

**8** **Dictée**
**Écrivez la dictée lue par un·e enseignant·e.**

**9** **Défi** **Avec vos camarades, écrivez des conseils sur l'écologie en utilisant des infinitifs.**
« Recycler, c'est gagner ! »

**10** **À l'oral** **Par groupe de deux, créez ces étiquettes et posez-les face cachée. Retournez-en une et faites une phrase en utilisant ce mot comme verbe à infinitif. Votre camarade l'utilisera comme nom commun.**
Ex. : Il faut **sourire** (verbe) au photographe.
Un **sourire** (nom) illumine une journée.

pouvoir devoir aller être rire

**11** **Écriture** **Un match de football démarre dans la cour entre filles et garçons. Racontez la scène avec des verbes conjugués et des verbes à l'infinitif.**

Leçon 2

Le verbe

# Distinguer verbes transitifs et verbes d'état

**Je cherche**

Léa **prend** son cahier, elle **semble** prête.

Quel verbe exprime un état ? Quel verbe exprime une action ?

**J'apprends**

- Un verbe d'**état** est suivi d'un attribut du sujet. Ex. : Elle **est** brune.
- Un verbe d'**action** peut être suivi d'un complément (**verbe transitif**). Ex. : Elle **lit** un livre.
- Les verbes **transitifs directs**, construits sans préposition, sont suivis d'un **complément d'objet direct** (COD). Ex. : Le cycliste **dévale** la pente.
- Les verbes **transitifs indirects**, généralement construits avec les prépositions **à** ou **de**, sont suivis d'un **complément d'objet indirect** (COI). Ex. : Il **se confie** à son ami. Il **parle** de ses passions.
- Les **verbes d'état**, appelés aussi verbes attributifs (*être, sembler, demeurer, devenir, avoir l'air, passer pour*...), relient le sujet à un **attribut du sujet**.

Ex. : Picasso **est** un grand peintre. Ses peintures **demeurent** impressionnantes.

sujet — verbe d'état — attribut du sujet — sujet — verbe d'état — att. du sujet : adjectif, accord avec sujet

**Apprendre autrement**
Écoutez le podcast de la leçon

**Je m'exerce**

## Distinguer les verbes transitifs directs et indirects

**1** ★★★ **Ces verbes sont-ils transitifs directs ou indirects ?**

1. La gare accueille les voyageurs.
2. Avez-vous réfléchi à ma proposition ?
3. Les enfants ne se souviennent pas de vous.
4. Le chat a avalé plusieurs souris.

**2** ★★★ **Replacez chaque verbe et notez s'il est transitif direct ou indirect.**

sema • plait • avait • retrouva • approchent

1. Un bûcheron ... sept fils.
2. Les enfants ... de la maison de l'ogre.
3. Poucet ... des miettes de pain et ... son chemin.
4. Cette histoire ne ... pas à mon frère.

## Reconnaitre les verbes d'état

**3** ★★★ **Relevez les verbes d'état.**

était • cessa • semblais • suis • avait • serions • devint • faisions • furent • irait • seras • vint • sois • demeure

**4** ★★★ **Mettez le groupe sujet au pluriel, faites les accords.**

1. Ce magicien est un artiste connu.
2. L'enfant reste interloqué par cette magie.
3. Elle demeure silencieuse pendant le tour..

**5** ★★★ **Relevez les verbes d'état dans le texte.**

La vie d'Ovide reste mal connue. Il nait en 43 avant J.-C., en Italie. Le jeune Ovide doit devenir avocat mais il parait plus intéressé par la poésie que par les discours. Il sera homme de lettres ! Avec les *Métamorphoses*, il demeure l'un des poètes romains les plus étudiés.

## Distinguer verbes transitifs et verbes d'état

**6** ★★★ **Classez les verbes soulignés selon qu'ils sont transitifs directs, transitifs indirects ou verbes d'état.**

Narcisse atteignit l'âge de seize ans. Tous ceux qui le voyaient l'aimaient. Mais son orgueil était grand et il demeurait insensible.

**F. Rachmuhl**, *16 métamorphoses d'Ovide*, Flammarion, 2019.

**7** **Copiez la carte Mémo et complétez-la.**

| Les verbes | | |
|---|---|---|
| transitifs | | d'état + attribut du sujet |
| directs + COD | indirects + COI | Mon exemple : ........ |
| Mon exemple : ........ | Mon exemple : ........ | |

**8** **Travail en binôme**

5/10 Il faut entourer les verbes d'état et souligner les verbes transitifs, cinq erreurs à corriger.

C'étaient trois sœurs, sans doute échappées des enfers [...]. Elles étaient d'autant plus redoutables que, lorsqu'elles déployaient leurs ailes d'or, on en restait ébloui. [...] elles avaient une arme plus terrible encore. Nul n'ignorait en effet qu'il suffisait de les regarder, fût-ce une seconde, pour être pétrifié ; oui, littéralement changé en une statue de pierre.

**N. Hawthorne**, *Le Livre des Merveilles*, Hachette jeunesse, 2011.

**9** **Dictée**

**Écrivez la dictée lue par un·e enseignant·e.**

**10** **À l'oral** **Parlez de votre roman préféré à l'aide de verbe transitifs et d'état.**

**11** **Écriture** **Inventez une histoire. Vous utiliserez des verbes transitifs directs et indirects pour préciser la situation et des verbes d'état pour décrire l'attitude et la réaction des animaux.**

Leçon 3

Le nom

# Repérer le genre des noms

## Je cherche

Ma voisine est une actrice.

Faites les gestes du grammairien : écrivez cette phrase en mettant les noms au masculin. Quelles modifications constatez-vous ? Qu'en déduisez-vous sur la formation d'un nom au féminin ?

## J'apprends

- Les **noms** permettent de désigner des êtres, des objets, des idées, des actions. On distingue :
  - les noms propres Ex. : Thomas, Marie — les noms communs Ex. : une table, cette casserole
  - les noms concrets Ex. : un sèche-cheveux — les noms abstraits Ex. : l'espoir, l'égalité
- Un **nom** se caractérise par son **genre** (masculin ou féminin), indiqué dans le dictionnaire. Dans un groupe nominal, le nom le transmet, par l'accord, au déterminant : un **nom masculin** est **précédé** d'un **déterminant masculin** ; un **nom féminin** est **précédé** d'un **déterminant féminin**.
  Ex. : **ce** vélo, **son** souhait, **une** Indienne, **sa** valise

  **Attention** Les déterminants possessifs « ma, ta, sa » devant la voyelle d'un nom féminin deviennent « mon, ton, son ». Ex. : mon **a**ssiette, ton **é**tagère, son **é**picerie
- Pour former le féminin d'un nom, en règle générale, on ajoute un **-e** au nom masculin.
  Ex. : un ami → une ami**e**, le marchand → la marchand**e**, un mendiant → une mendiant**e**

  **Parfois, on double la consonne** finale avant le **-e**. Ex. : le chat → la chat**te**, un lion → une lion**ne**

  ou on **transforme le suffixe** du nom masculin ou de la fin du nom.
  Ex. : un lecteur → une lec**trice**, le vendeur → la vend**euse**, ce loup → cette lou**ve**
- Les mots en ***-oir*** sont masculins. Ex. : un loir, le bavoir, ce trottoir
  Ceux en ***-oire*** sont féminins. Ex. : la gloire, une armoire
  Mais il y a des **exceptions**. Ex. : le laboratoire, un pourboire
- Le genre des noms est parfois arbitraire ou dû à leur étymologie. Les noms peuvent alors avoir **deux radicaux différents** au masculin et au féminin. Ex. : un oncle → une tante, un bouc → une chèvre
- Certains noms peuvent s'orthographier de la même manière au **masculin** et **féminin**. C'est le déterminant qui aide à comprendre le sens.
  Ex. : un/une enfant, un/une artiste, un/une livre, un/une poste
- Ne pas confondre classe grammaticale et fonction grammaticale.
  Le nom peut avoir différentes fonctions dans la phrase.
  Ex. : Ce **livre** leur plait beaucoup. / Ils lisent ce **livre**.
  (livre : fonction sujet ; livre : fonction COD)

**Apprendre autrement**
Écoutez le podcast de la leçon

## Je m'exerce

### Identifier le nom et son genre

**1** ★ **Identifiez le genre de ces noms et classez-les.**
son arrosoir, une bouchée, cette pâtisserie, une poire, la mairie, ce coiffeur, la roseraie, un hérisson, le chat

Masculin | Féminin

**2** ★ **a. Identifiez le genre des noms en gras.**
1. Quel beau **bateau** volant !
2. Soudain, la **sorcière** approcha.
3. Est-il dans sa **maisonnette** ?
4. Cette **ruelle** m'effrayait.

**b. Quel mot de la phrase vous a aidé ?**

**3** ★★ **Faites deux phrases avec chaque mot en l'employant au féminin, puis au masculin.**
manche • tour • vase • moule • mousse • page

**4** ★★ **Chassez l'intrus, masculin ou féminin.**
1. squelette, cordelette, pincette, boulette
2. paternité, pâtée, jetée, fraternité, été
3. trottoir, balançoire, parloir, réservoir
4. vitrail, travail, médaille, corail

**5** ★ **Quel est le genre de ces noms d'animaux ?**
dindon • âne • belette • biche • chouette • crocodile

**6** ★★★ **a. Indiquez le genre de chaque nom en gras.**
**b. Précisez s'il s'agit d'un nom concret ou abstrait.**

Un **loup** demanda à un **héron**, moyennant salaire de lui ôter l'**os** coincé dans sa **gorge**. Alors le héron descendit sa **tête** dans le **gosier** du loup, retira l'os, puis réclama le **salaire** convenu. « Hé ! l'**ami**, dit le loup, ne te suffit-il pas d'avoir retiré ta **tête** saine et sauve de la **gueule** du loup ? »

Cette **fable** montre que le plus grand **service** qu'on puisse attendre de la **reconnaissance** des méchants, c'est qu'à l'**ingratitude** ils n'ajoutent pas l'**injustice**.

D'après **Ésope**, « Le Loup et le Héron », *Fables*.

## Écrire des noms au masculin ou au féminin

**7** ★★★ **Écrivez ces noms au féminin :** ce chanteur, le malade, son chien, le maitre, l'ogre, mon fils, le banquier, ce fou, ton cadet, le prince, notre facteur, un pharmacien

**8** ★★★ **Écrivez ces noms au masculin :** une déesse, la soirée, cette patineuse, une bergère, la traitresse, cette magicienne, la sorcière, une lectrice, votre cliente

**9** ★★★ **Complétez les tableaux.**

| Masculin | Féminin |
|---|---|
| paysan | |
| | danseuse |

| Masculin | Féminin |
|---|---|
| cuisinier | |
| | veuve |

**10** ★★★ **Donnez le masculin ou le féminin de ces noms.**
1. tigresse, ourse, pigeonne, lapine
2. coq, cheval, taureau, cochon, mouton

## Accorder au genre qui convient

**11** ★★★ **Accordez le déterminant avec chaque nom.**
1. Un... boulangère fait un... tarte.
2. Ce... épicerie n'est pas m... boutique préférée.
3. M... servante aura rangé m... habit neuf.
4. L... général a-t-il inspecté s... unité ?

**12** ★★★ **Trouvez le nom féminin correspondant et accordez le déterminant.**
1. Un gros **rat** s'amuse avec un... petite rat... .
2. Le **chameau** vit-il dans le désert avec l... cham... ?
3. Ce **héros** est perdu sans s... héro... .
4. C... éléphant... est suivie par son **éléphanteau**.

**13** ★★★ **a. À l'aide des accords, complétez par un nom qui convient. b. Précisez la fonction des noms ajoutés.**
1. Son ... a-t-il été découvert ?
2. Cette ... n'a pas tout lu.
3. Vos ... sont-ils rusés ?
4. Ces ..., Ulysse les avait redoutées.

**14** **Copiez la carte Mémo et complétez-la.**

Le genre des noms
- masculin
  - déterminant masculin + nom masculin
  - Mon exemple : ....................
- féminin
  - déterminant féminin + nom féminin
  - Mon exemple : ....................

PÉDAGOGIE DIFFÉRENCIÉE — Dans le manuel numérique, faites les exercices interactifs demandés par votre professeur.

**15** **Travail en binôme**
**Aidez votre camarade à obtenir une meilleure note.**

*5/10 Vous n'avez pas souligné tous les noms féminins.*

Le Lièvre de Mars prit la montre, puis la plongea dans sa tasse de thé et la regarda de nouveau ; mais il ne put trouver rien de mieux que de répéter sa remarque initiale : « C'était la meilleure qualité de beurre. » Alice, qui avait regardé par-dessus son épaule avec curiosité, s'exclama : « Quelle drôle de montre ! Elle indique le jour du mois et elle n'indique pas l'heure ! » – Pourquoi indiquerait-elle l'heure ? Est-ce que ta montre à toi t'indique l'année où l'on est ?

**Lewis Carrol**, *Alice au pays des merveilles*, 1865.

**16** **Dictée**
**Écrivez la dictée lue par un·e enseignant·e.**
**Aide fournie :** eût su voir.

**17** **Écriture Composez un poème de six vers intitulé « La Renarde et la Louve ». Vous ferez des rimes en utilisant les terminaisons :** *-ette, -té, -ée, -eur, -eure...* **et en veillant au genre.**

**18** **Défi Dans cette grille de mots mêlés, retrouvez dix mots en *-ée* et indiquez leur genre.**

| | | | | | | | | | | |
|---|---|---|---|---|---|---|---|---|---|---|
| A | R | Z | D | M | O | N | T | É | E | T |
| V | S | P | I | G | M | É | E | F | M | R |
| A | V | S | C | A | R | A | B | É | E | O |
| L | B | E | T | I | P | N | A | E | M | P |
| L | Y | C | É | E | G | N | B | U | O | H |
| É | J | M | E | N | A | É | S | D | J | É |
| E | L | M | U | S | É | E | W | A | N | E |

**19** **À l'oral Faites des phrases avec ces noms. Attention au genre des déterminants !**
haltère • tentacule • autoroute • apothéose

**20** **Écriture Décrivez l'image en montrant les couples d'animaux avant qu'ils ne montent dans l'arche de Noé.**

**Jan Brueghel de Velours**, *L'entrée des animaux dans l'Arche de Noé*, 1650.

Leçon 4

Le nom

# Orthographier les noms au pluriel

## Je cherche

**Les spectateurs applaudissent les danseuses.**

Faites les gestes du grammairien : écrivez cette phrase en mettant les noms au singulier. Quelles modifications constatez-vous ? Qu'en déduisez-vous sur la formation d'un nom au pluriel ?

## J'apprends

- Un nom commun peut être **singulier** ou **pluriel**. Le nom transmet son **nombre** au déterminant : un nom au singulier est précédé d'un déterminant singulier, un nom au pluriel d'un déterminant pluriel.
  Ex. : le chemin, cette route (singulier) ; les chemins, ces routes (pluriel)

- En règle générale, pour orthographier le nom au pluriel, on ajoute un **-s** au nom singulier.
  Ex. : une géante → des géante**s**, un clou → des clou**s**

  **Règles particulières**

  - Les noms en ***-(e)au*** et ***-eu*** prennent un ***-x*** au pluriel.
    Ex. : un château → des château**x**, notre feu → nos feu**x**
    Mais quelques noms prennent un **-s** au pluriel.
    Ex. : ce landau → ces landau**s**, un pneu → des pneu**s**
  - Les noms en ***-al*** font leur pluriel en ***-aux***. Ex. : l'anim**al** → les anim**aux**, un can**al** → des can**aux**
    Mais quelques noms en ***-al*** prennent un **-s** au pluriel. Ex. : ces festival**s**, ces bal**s**, des carnaval**s**...
  - Les noms en ***-ail*** prennent un **-s** au pluriel. Ex. : un détail → des détail**s**
    Mais quelques noms en ***-ail*** ont un pluriel en ***-aux***.
    Ex. : un travail → des travaux, cet émail → ces émaux...
  - Sept noms en ***-ou*** ont un pluriel en ***-oux*** : bijoux, choux, genoux, cailloux, joujoux, hiboux, poux.
    Les autres suivent la règle générale : **-s** au pluriel. Ex. : un sou → des sous, un trou → des trous
  - Les noms qui se terminent en ***-s***, ***-x*** et ***-z*** au singulier ne prennent pas la marque du pluriel.
    Ex. : ce bois → ces bois, une croix → des croix, du gaz → des gaz
  - Certains noms n'existent qu'au pluriel ou qu'au singulier. Ex. : un bétail, les alentours...

- En général, les noms propres ne se mettent pas au pluriel en français, sauf s'ils sont employés comme noms communs. Ex. : Les **Picasso** sont sublimes ! Des **daphnés** poussent dans le jardin.

**Apprendre autrement**
Écoutez le podcast de la leçon

## Je m'exerce

### Identifier le nom et son nombre

**1** ★★★ **a. Identifiez le nombre des noms soulignés.**
**b. Justifiez à l'aide des indices : déterminant et marques du pluriel.**

1. Les châteaux forts
2. Quel beau bateau !
3. D'immenses champs
4. Une voix enchanteresse

**2** ★★★ **a. Identifiez les noms et leur nombre.**
**b. Notez les indices qui vous ont permis de répondre.**

1. Ce nez est incroyablement long !
2. Elle avançait d'un pas lent.
3. As-tu vu ces vitraux ?
4. Nous adorons les roses rouge brique.

**3** ★★★ **Classez les noms de la liste.** paris, pays, camps, fois, temps, balais, bras, souris, soucis

| Mots qui prennent un -s au pluriel | Mots qui ne changent pas au pluriel |
| --- | --- |

**4** ★★★ **Trouvez le pluriel de ces mots et chassez l'intrus.**

1. cheveu, bleu, vœu, adieu
2. chouchou, gnou, trou, pou
3. madame, gendarme, âme, canne
4. pagaille, écaille, vitrail, portail

**5** ★★★ **a. Identifiez les noms et leur nombre.**
**b. Notez les indices qui vous ont permis de répondre.**

À l'aube, la troupe de lions est active. Il fait frais. Mais rapidement la chaleur monte. Les lions se cherchent une place à l'ombre des buissons ou d'un arbre et se couchent. Ils vont dormir presque toute la journée. En fin d'après-midi, les lionceaux se réveillent et viennent faire des câlins aux lionnes. La sieste est finie ! La troupe reprend ses activités et va chasser. Sur 24 heures, les lions dorment au moins 16 heures. Quels gros dormeurs !

**Denis-Huot**, *Les Lions*, La Martinière Jeunesse, 2009.

**6** ★★★ **Ces noms ont-ils un singulier et un pluriel ? Vérifiez à l'aide du dictionnaire.**

1. ce rail, ce bétail, cet attirail
2. les funérailles, les pailles, les mailles
3. des nombres, des ombres, des décombres

## Accorder au nombre qui convient

**7** ★★★ **Écrivez ces noms au pluriel.**

le gouvernail, un chevalier, ton bateau, le carnaval, ce cheveu, un pou, son bocal, le soupirail, un abri

**8** ★★★ **Complétez les tableaux.**

| Singulier | Pluriel |
|---|---|
| un détail | des ... |
| le ... | les journaux |
| ce sceau | ces ... |

| Singulier | Pluriel |
|---|---|
| un ... | des veaux |
| le bal | les ... |
| le ... | les chandails |

**9** ★★★ **Accordez les noms à l'aide du déterminant.**

1. Josy mange des (gâteau).
2. Ses (œil) fixaient les miens.
3. J'adore les (carnaval).
4. Mes (pneu) doivent être changés.

**10** ★★★ **Réécrivez les phrases en mettant les mots en gras au singulier. Faites toutes les modifications.**

1. J'adore ces **festivals** musicaux en plein air !
2. Observez les magnifiques **coraux**.
3. Te rendras-tu aux **feux** d'artifice ?
4. Oh ! Regarde ! Des **souris** blanches !

**11** ★★★ **Complétez à l'aide d'un nom qui convient**

1. Les héros combattirent des ....
2. Cette ... brillante.
3. Ces ... pourront être semés.
4. La déesse aux magnifiques ....

**12** ★★★ **Réécrivez ces textes en changeant le nombre des noms en gras. Faites toutes les modifications.**

a. Le **prince** la prit donc pour femme, sûr maintenant d'avoir une vraie **princesse** et le petit **pois** fut exposé dans le cabinet des **trésors** d'art. (Andersen, *La Princesse au petit pois*)

b. Les **cloches** se mirent à sonner dans le grand **édifice** blanc et des jeunes **filles** traversèrent le **jardin**. Alors la petite **sirène** s'éloigna à la nage et se cacha derrière quelque haut **récif** émergeant de l'**eau**. (Andersen, *La Petite Sirène*)

**13** ★★★ **Accordez si besoin les noms propres.**

1. Avez-vous croisé les Dupont... ?
2. Les Goncourt... sont deux écrivains du XIXe siècle.
3. Tous les Italien... aiment-ils la pizza ?
4. Nous partons randonner dans les Pyrénée....

**14** **Copiez la carte Mémo et complétez-la.**

Le pluriel des noms

- en règle générale : ajout d'un -s — Mon exemple : ..................
- pas de changement — Mon exemple : ..................
- ajout d'un -x — Mon exemple : ..................
- -al → -aux — Mon exemple : ..................

PÉDAGOGIE DIFFÉRENCIÉE — Dans le manuel numérique, faites les exercices interactifs demandés par votre professeur.

**15** **Travail en binôme**

**Aidez votre camarade à obtenir une meilleure note.**

*5/10 Vous n'avez pas repéré tous les noms au pluriel.*

Sur ses cheveux qui tombaient en longues mèches sur ses épaules, était posé un haut chapeau de feutre gris orné de plumes vertes et rouges. [...] De grandes guêtres en laine lui montaient jusqu'aux genoux, et elles étaient serrées par des rubans rouges qui s'entrecroisaient plusieurs fois autour des jambes. [...] Auprès de lui trois chiens tassés sous sa chaise se chauffaient sans remuer.

**Hector Malot**, *Sans famille*, 1878.

**16** **Dictée**

**Écrivez la dictée lue par un·e enseignant·e.**

**17** **Écriture En poursuivant les rimes, ajoutez à ce poème deux vers contenant trois noms chacun.**

Ce sont les mères des hiboux
Qui désiraient chercher les poux
De leurs enfants, leurs petits choux,
En les tenant sur les genoux.
Leurs yeux d'or valent des bijoux,
Leur bec est dur comme cailloux
[...]

**R. Desnos**, « Les hiboux », *Chantefables et Chantefleurs*, Gründ.

**18** **À l'oral Par groupe de deux, créez ou reproduisez ces étiquettes que vous poserez face cachée. Retournez-en une, votre camarade dira le plus rapidement possible s'il s'agit d'un nom au singulier, au pluriel ou les deux.**

vœu | palais | bateaux | dos | parcours | fourmis | corps | clé

**19** **À l'oral Poursuivez ce poème en employant à chaque vers un nom au pluriel.**

De toutes les belles choses
Qui nous manquent en hiver,
Qu'aimez-vous mieux ? – Moi, les roses ;
– Moi, l'aspect d'un beau pré vert ;
– Moi, la moisson blondissante,
Chevelure des sillons ;
– Moi, le rossignol qui chante ;
– Et moi, les beaux papillons !

**Gérard de Nerval**, « Les Papillons », *Odelettes*, 1853.

**20** **Écriture Décrivez les trésors de ce coffre découvert par un explorateur sur une ile déserte. Utilisez le pluriel.**

*Dans ce coffre, il y avait...*

Leçon 5

Les déterminants

# Les articles

## Je cherche

**Le poêle dégage trop de chaleur dans la petite pièce.**

Le mot « poêle » est-il masculin ou féminin ? Pourquoi est-il important de le savoir ? Faites les gestes du grammairien : remplacez « le » par « un » et remplacez « la » par « une ». Qu'est-ce que cela change ?

## J'apprends

- Les **articles** permettent de connaitre le **genre** (masculin ou féminin) et/ou le **nombre** (singulier ou pluriel) **du nom** qu'ils introduisent.
  Ex. : Nous marchons dans **la** vase. (féminin singulier) **Le** vase est cassé. (masculin singulier) Nous avons acheté **des** vases. (pluriel)

- Les **articles définis « le », « la », « l' », « les »** sont utilisés **devant le nom d'une personne ou de quelque chose que l'on connait**. On utilise « l' » devant les voyelles ou un « h » muet, mais pas devant un « h » aspiré. Ex. : L'histoire (« h » muet) que tu m'as racontée est très intéressante. J'adore **le** héros (« h » aspiré) !

  Les articles définis deviennent **contractés** quand ils se trouvent **après les prépositions *« à »* ou *« de »*.**
  - à + le = au Ex. : Fais attention **au** poème.
  - à + les = aux Ex. : Je pense **aux** romans que tu m'as lus.
  - de + le = du Ex. : Souviens-toi **du** poème qu'on a lu.
  - de + les = des Ex. : Parle-moi **des** romans que tu lis.

- Les **articles indéfinis « un », « une », « des »** sont utilisés devant le nom d'une personne ou de quelque chose que l'**on ne connait pas**.
  Ex. : Choisissez **un** poème ou **une** chanson au hasard ! Avez-vous lu **des** romans d'aventures ?

  L'article indéfini pluriel **« des »** devient **« de »** :
  - quand il est **suivi d'un adjectif**. Ex. : Je lis **des** romans. Je lis **de** bons romans.
  - dans une **phrase négative**. Ex. : Je lis **des** romans. Je ne lis pas **de** romans.

- Les **articles partitifs « du », « de l' » et « de la »** sont utilisés :
  - pour désigner **une chose indénombrable ou dont on ne veut qu'une partie**. On peut les remplacer par **« un peu de »**. Ex. : Je voudrais **de la** farine. / Je voudrais **du** pain.
  - pour exprimer **des émotions, des sentiments ou des notions abstraites** que l'on ne peut pas dénombrer. Ex. : Il te faudra **du** courage et **de la** force.

**Apprendre autrement**
Écoutez le podcast de la leçon

## Je m'exerce

### Manipuler les articles définis

**1** ★★★ **Mettez ces GN au singulier.**
les renards • les éléphants • les tortues • les hippocampes • les oiseaux • les loups • les rats • les cigognes • les fourmis • les iguanes • les méduses

**2** ★★★ **Donnez un article défini singulier à ces noms.**
haricot | homme | hache | hibou | histoire | horizon | honte | hamac | héros | handicap | haut-parleur | huitre

**3** ★★★ **Donnez un article défini à chaque nom et rattachez-le à la bonne définition.**
- ... mode • • plat à gâteau.
- ... mode • • courte période de sommeil
- ... moule • • manière de s'habiller très tendance
- ... moule • • argent
- ... somme • • fruit de mer
- ... somme • • catégorie grammaticale

**4** ★★★ **Ajoutez un article défini ou défini contracté.**
1. Tom Sawyer devait repeindre ... clôture.
2. Il a demandé ... voisins de l'aider.
3. ... tante de Tom était étonnée de sa rapidité.
4. Elle a donné une pomme ... garçon.

**5** ★★★ **Relevez les articles définis et définis contractés.**
« Demeure-t-elle bien loin ? lui dit le Loup.
– Oh ! oui, dit le Petit Chaperon rouge, c'est par-delà le moulin que vous voyez tout là-bas, là-bas, à la première maison du Village. »
D'après **C. Perrault**, *Le Petit Chaperon rouge*, 1697.

**6** ★★★ **Dites si l'article en gras est contracté ou partitif.**
1. Ulysse a **du** mérite : il l'a emporté sur le cyclope !
2. Circé lui a apporté des plats avec **du** miel.
3. Pénélope se souvient **du** temps où Ulysse était là.
4. Le bateau s'approche **du** rivage.

## Manipuler les articles indéfinis

**7** ★★★ **Ajoutez des articles indéfinis.**

1. Il était … fois … petit garçon appelé « petit Poucet ».
2. … nuit, il entendit ses parents échanger … secret.
3. Ils avaient … idée : perdre leurs enfants dans … forêt.
4. Le petit Poucet se leva pour aller chercher … cailloux.

**8** ★★★ **Répondez aux questions avec une forme négative.**

Ex. : As-tu des enfants ? → Non, je n'ai pas d'enfants.

1. As-tu des chevaux ?
2. Feras-tu des bêtises ?
3. Entends-tu des voix ?
4. As-tu des devoirs à faire ?

**9** ★★★ **Ajoutez à ces phrases l'adjectif demandé.**

Ex. : Je vois des iles. (beau) → Je vois **de** belles iles.

1. Je voudrais des vêtements. (nouveau)
2. J'écoute des chanteurs. (célèbre)
3. J'ai des amies ! (merveilleux)

**10** ★★★ **Relevez chaque article indéfini.**

S'il s'agit d'une brindille de radis ou de rosier, on peut la laisser pousser […]. Mais s'il s'agit d'une mauvaise plante, il faut arracher la plante aussitôt, dès qu'on a su la reconnaître. Or il y avait des graines terribles sur la planète du petit prince…

**A. de Saint-Exupéry**, *Le Petit Prince*, © Éd. Gallimard, 1943.

## Maitriser l'emploi des articles

**11** ★★★ **Complétez avec les articles qui conviennent.**

LE TÉMOIN : J'ai vu … homme sortir de la librairie.
L'ENQUÊTEUR : Avait-il … manteau bleu ?
LE TÉMOIN : Oui, et … chaussures marron.
L'ENQUÊTEUR : Avait-il … ruban sur … bord de son chapeau ?
LE TÉMOIN : Oui : … couleur du ruban était rouge.
L'ENQUÊTEUR : C'est … personne que je recherche !

**12** ★★★ **Indiquez si l'article en gras est défini ou partitif. Que constatez-vous ?**

1. J'ai vu **la** poule blanche dans la cour.
2. Je voudrais **du** poulet.
3. Veux-tu **du** bœuf ou du tofu avec le riz ?
4. Jadis, on attelait **les** bœufs à des charrues.

**13** ★★★ **Relevez tous les articles avec le nom qu'ils introduisent. Précisez de quel type d'article il s'agit.**

La rivière longeait la lisière de forêts superbes ; puis, le pays laissait les jungles s'étendre jusqu'aux limites de l'horizon. Les animaux foisonnaient. C'étaient des zèbres qui jouaient sur les rives.

D'après **J. Verne**, *Un Capitaine de quinze ans*, 1878.

**14** **Copiez la carte Mémo et complétez-la.**

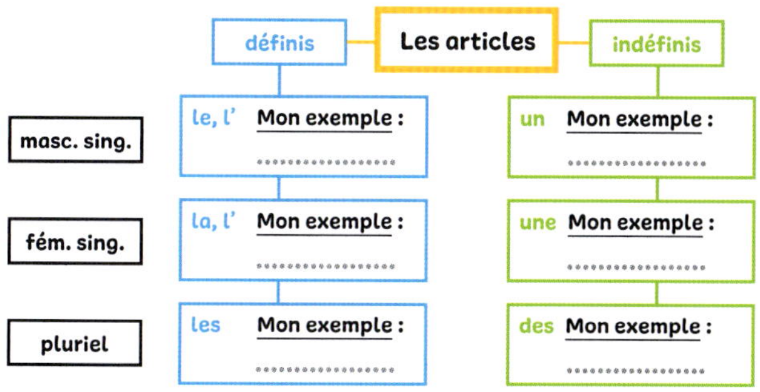


PÉDAGOGIE DIFFÉRENCIÉE Dans le manuel numérique, faites les exercices interactifs demandés par votre professeur.

**15** **Travail en binôme**

**Aidez votre camarade à obtenir une meilleure note.**

6/10 Bien, mais vous avez oublié de souligner trois articles et un mot souligné n'est pas un article.

« La Belle, voulez-vous m'épouser ? » Elle fut quelque temps sans répondre ; elle avait peur d'exciter la colère du monstre en le refusant. Elle lui dit pourtant en tremblant : « Non, la Bête ». Le pauvre monstre voulut soupirer, il fit un sifflement si épouvantable, que tout le palais en retentit. Mais la Belle fut bientôt rassurée ; car la Bête sortit en se retournant.

D'après **J.-M. Leprince de Beaumont**, *La Belle et la Bête*, 1757.

**16** **Dictée**

**Écrivez la dictée lue par un·e enseignant·e.**

**Aide fournie :** New York, Johann August Suter.

**17** **Écriture Dans ce poème, Jean Tardieu met en valeur certains noms commençant par un « s » et rejette ceux qu'il n'aime pas. Inventez un poème qui s'appellerait « MOTS EN H » et faites de même.**

SONS EN S

La Saveur
la Sévérité
le Souffle

Le Séjour
le Secret
la Suie

Je rejette le Soleil le
Supplice le Serpent le
Sarcophage Socrate Samson
Sisyphe et cætera en
tas dans un coin de
la page.

**J. Tardieu**, *L'Accent grave et l'accent aigu*, © Éd.Gallimard, 1986.

**18** **À l'oral Inspirez-vous de l'exercice 11 pour improviser un dialogue entre un enquêteur et un témoin. Vous utiliserez des articles définis et indéfinis.**

**19** **Top chrono ! Chaque élève note une liste de dix GN introduits par des articles définis, indéfinis et partitifs. Par groupes de 3 : un élève lit les GN qu'il a notés. Les deux autres disent le plus rapidement possible par quel type d'article ils sont introduits. Celui qui a le plus de bonnes réponses en premier a gagné. On inverse alors les rôles.**

**20** **Écriture Décrivez cette planète en imaginant les personnages qui l'habitent. Utilisez des articles définis et indéfinis selon le contexte.**

Leçon 6

Les déterminants

# Les déterminants possessifs et démonstratifs

## Je cherche

**Elle est venue avec ses propres cahiers ; ces cahiers-là sont à moi.**

Faites les gestes du grammairien : remplacez le mot « cahiers » au pluriel par « pochette » au singulier. Que deviennent les mots « ses » et « ces » ? À quoi servent-ils ?

## J'apprends

- Les **déterminants** sont de petits mots qui se situent devant un nom commun et **renseignent sur son genre et son nombre**. Ex. : As-tu vu **ce** tableau ? C'est **ma** chambre.
- Les **déterminants possessifs** renseignent aussi sur la personne qui possède le nom commun.
Ex. : C'est **mon** ballon ! (Le possesseur est « moi ».) Avez-vous visité **sa** maison ? (Le possesseur est « il » ou « elle ».)

| Possesseurs \ Objets possédés | | Singulier – Masculin | Singulier – Féminin | Pluriel – Masculin et féminin |
|---|---|---|---|---|
| Singulier | je | mon | ma | mes |
| | tu | ton | ta | tes |
| | il / elle | son | sa | ses |
| Pluriel | nous | notre | | nos |
| | vous | votre | | vos |
| | ils / elles | leur | | leurs |

Les **noms féminins commençant par une voyelle** ou **par un « h » muet** sont introduits par les déterminants possessifs **« mon »**, **« ton »** et **« son »**.
Ex. : Raconte-moi **ton** histoire ! Viens dans **mon** école !

- Les **déterminants démonstratifs** permettent de montrer quelque chose ou d'évoquer quelque chose dont on a déjà parlé. Ex. : Regarde **cet** avion et **ces** hélicoptères !
Ex. : Il avait une grande maison. **Cette** maison avait au moins cent ans.

| Singulier – Masculin commençant par une consonne | Singulier – Masculin commençant par une voyelle ou un « h » muet | Singulier – Féminin | Pluriel – Masculin et féminin |
|---|---|---|---|
| ce | cet | cette | ces |

**Apprendre autrement**
Écoutez le podcast de la leçon

## Je m'exerce

### Manipuler les déterminants possessifs

**1** ★★★ **Mettez ces GN au singulier.**
leurs aventures • mes héroïnes • tes romans • ses combats • nos alliés • vos ruses • mes amis • leurs armes • tes indices • ses idées • vos trésors

**2** ★★★ **a. Donnez le genre et le nombre de chaque nom b. Ajoutez un déterminant possessif à la 3e personne.**
Ex. : chevaux → masculin pluriel → **ses** chevaux
citrouille | crapauds | formules | histoire | prince | épée

**3** ★★★ **Relevez les déterminants possessifs avec le nom qu'ils introduisent.**
Il fit sécher près du feu ses chaussettes et ses chaussures mouillées. [...] Ses pieds, mis à nu, saignaient. Sa cheville était enflée ; il l'examina. Elle avait la taille de son genou. Il déchira une bande de tissu dans sa couverture et la banda bien serré.
**J. London**, *L'Homme et le loup*, Le Livre de poche Jeunesse, 2010.

**4** ★★★ **Ajoutez des déterminants possessifs.**
1. As-tu pris ... affaires de piscine ?
2. J'ai oublié ... bonnet de bain.
3. Tous les enfants ont averti ... parents.
4. Chacun a pris ... serviette et ... savon.

### Manipuler les déterminants démonstratifs

**5** ★★★ **Mettez ces GN au singulier.**
ces histoires, ces enfants, ces lecteurs, ces romancières, ces récits, ces héros, ces hommes, ces guerrières

**6** ★★★ **Ajoutez** *ce, cet, cette, ces* **à ces noms.**
jardins • fleur • ciel • nuages • parfums • buisson • arbre • soleil • promenades • vagues • sable

**7** ★★★ **Ajoutez des déterminants démonstratifs. Soulignez le nom qu'ils introduisent.**
1. ... endroit était précieux !
2. Je crois que ... femme vit ici.
3. As-tu déjà vu ... homme ?
4. ... livres sont-ils à John ?

**8** ★★★ **Relevez les déterminants démonstratifs avec le nom qu'ils introduisent.**

Pendant que j'observais cet être phénoménal, deux jets de vapeur et d'eau s'élancèrent [...]. J'en conclus définitivement que cet animal appartenait à l'embranchement des vertébrés [...]. L'ordre des cétacés comprend trois familles [...]. Chacune de ces familles se divise en plusieurs genres.

**Jules Verne**, *Vingt mille lieues sous les mers*, 1870.

## Distinguer possessifs et démonstratifs

**9** ★★★ **Ajoutez** *sa, son, ses, cet* **ou** *cette*.

1. Pour le cross du collège, Leïla s'entraine avec ... père.
2. Regarde ... fille ! Elle est arrivée première !
3. Tom est venu avec ... frères pour regarder.
4. ... élève de sixième a couru plus vite que les autres !
5. Pour courir, Théo a fait attention à ... respiration.

**10** ★★★ **Relevez les déterminants et notez leur nature.**

1. As-tu vu son air malin ?
2. Ils ont leur ordonnance.
3. Prends ces remèdes !
4. Ce médecin est déguisé !

**11** ★★★ **Complétez les phrases avec** *ces* **ou** *ses*.

1. Paul a fait ... devoirs et a appris ... leçons par cœur.
2. Excusez-moi, combien coutent ... deux pulls ?
3. Marie a-t-elle présenté ... excuses pour ... bêtises ?
4. Je voudrais ... deux brioches, s'il vous plait.

**12** ★★★ **Ajoutez des déterminants démonstratifs** (dém.) **ou possessifs** (poss.).

Les enfants de M. Roy l'ont aidé dans le jardin (dém.) week-end. (poss.) père décide de répartir 90 € entre eux. (poss.) fille ainée a travaillé le samedi entier : elle recevra un tiers de (dém.) argent. (poss.) autre fille n'a travaillé que deux heures : elle en recevra un sixième. Enfin, (poss.) fils a travaillé tout le week-end : il obtiendra le reste. Quelle somme M. Roy donnera-t-il à chacun de (poss.) enfants ?

**13** ★★★ **Relevez les déterminants avec le nom qu'ils introduisent. Précisez leur classe grammaticale.**

Ce prince, qui se nommait Charmant, n'avait pas un mauvais cœur ; mais il avait été élevé en prince, c'est-à-dire à faire sa volonté ; et cette mauvaise habitude l'aurait sans doute rendu méchant par la suite. [...] Il négligeait ses affaires pour se divertir.

**J.-M. Leprince de Beaumont**, *Le Prince Charmant*, 1757.

**14** **Copiez la carte Mémo et complétez-la.**

**Les déterminants**

| | possessifs | démonstratifs |
|---|---|---|
| masculin | mon, ton, son, notre, votre, leur<br>Mon exemple : ................... | ce, cet<br>Mon exemple : ................... |
| féminin | ma, ta, sa, notre, votre, leur<br>Mon exemple : ................... | cette<br>Mon exemple : ................... |
| pluriel | mes, tes, ses, nos, vos, leurs<br>Mon exemple : ................... | ces<br>Mon exemple : ................... |

PÉDAGOGIE DIFFÉRENCIÉE — Dans le manuel numérique, faites les exercices interactifs demandés par votre professeur.

**15** **Dictée dialoguée**

**Aidez votre camarade à corriger sa dictée.**

*8/10 Très bien ! Attention aux possessifs et démonstratifs : vous avez fait deux erreurs.*

*Elle fit alors ces adieux à son père, monta à cheval avec ses onze compagnes, et toutes ensemble elles chevauchèrent jusqu'au château du fiancé qu'elle aimait d'un si grand amour. Arrivée à sa cour, elle lui demanda s'il n'avait pas besoin de chasseurs à son service. Le roi ne l'avait pas reconnue, bien qu'il l'ait examinée ainsi que ces compagnons ; et comme ces gens lui plaisaient, il les prit volontiers à son service.*

D'après **Grimm**, *Les Douze Chasseurs*, 1812.

**16** **Dictée**

**Écrivez la dictée lue par un·e enseignant·e.**

**17** **Écriture** **Écrivez un poème qui suit le même schéma que celui de Paul Eluard.**

Dans Paris il y a une rue ;
dans cette rue il y a une maison ;
dans cette maison il y a un escalier ;
dans cet escalier il y a une chambre ;
dans cette chambre il y a une table ;
sur cette table il y a un tapis ;
sur ce tapis il y a une cage ; [...]

**P. Eluard**, *Poésie intentionnelle et poésie involontaire* (posthume).

**18** **À l'oral** **Savez-vous ce qu'est un virelangue ? C'est une phrase difficile à prononcer. Copiez ces virelangues en y ajoutant les déterminants demandés puis dites-les à voix haute.**

1. Un chasseur sachant chasser doit savoir chasser sans (poss.) chien.
2. Combien sont (dém.) six saucissons-ci ? (dém.) saucissons-ci sont six sous.
3. Suis-je chez (dém.) cher Serge, qui se sert en cierges chez (poss.) sergent-chef ?

**19** **Défi** **Chaque élève note une phrase avec un déterminant démonstratif ou possessif.**

Ex. : « Il vient avec **ses** enfants » → « Ses » est possessif.

Un élève dit une phrase et interroge un autre élève, qui doit dire quel type de déterminant il a utilisé.

Si sa réponse est juste, il peut interroger quelqu'un d'autre. Si elle est fausse, le premier élève dit une phrase à un autre.

Le jeu finit quand tout le monde a eu bon. La classe gagne le défi si l'oral se fait en moins de 5 minutes.

**20** **Écriture** **Décrivez cette image en utilisant le plus de déterminants possessifs et démonstratifs possible. Commencez votre texte par** *« Regarde... »*.

Leçon 7

L'adjectif qualificatif

# Reconnaitre et former l'adjectif qualificatif

## Je cherche

**Dessinez une voiture. Dessinez une grande voiture puissante, noire, décapotable et luxueuse.**

Quelle consigne vous donne le plus de liberté ? Quelle consigne vous permet de mieux comprendre le dessin attendu ? Qu'apporte un adjectif ?

## J'apprends

- L'**adjectif qualificatif** est une classe grammaticale. Ce mot exprime une **particularité (forme, taille, couleur, état…)** sur un nom ou un pronom, il le « qualifie ». On peut souvent le supprimer.
  Ex. : La Bête a une apparence **affreuse**.
- L'adjectif qualificatif peut être **placé** :
  – avant le nom Ex. : Il a perdu sa **petite** mallette.
  – après le nom Ex. : Cette chanteuse **française** donne un concert samedi.
  – loin du nom Ex. : Très **braves**, même si elles avaient peur, ces filles ont défendu Léo.
- On peut **former** certains adjectifs en ajoutant un suffixe au radical d'un nom ou d'un verbe.
  – suffixe en « -able » ou « -ible » Ex. : faisable, croyable, visible, audible
  – suffixe en « -al » ou « -el » Ex. : hivernal, médiéval, accidentel
  – suffixe en « -aire » ou « -ique » Ex. : triangulaire, cyclique
  – suffixe en « -ais », « -ois » ou « -ien » Ex. : français, gallois, aérien
  – suffixe en « -âtre » ou « -aud » Ex. : jaunâtre, verdâtre, lourdaud
- L'**adjectif qualificatif**, qu'il soit épithète (à l'intérieur du groupe nominal) ou attribut du sujet (il suit un verbe d'état), **s'accorde** toujours **en genre** (masculin ou féminin, voir leçon 8) et **en nombre** (singulier ou pluriel, voir leçon 9) avec le nom ou pronom auquel il se rapporte.
  Un **participe passé** employé comme adjectif respecte les mêmes accords.
  Ex. : Ces deux créatures **malignes** (Adj. qual.) et **rusées** (Part. passé) ont joué un tour au héros.

**Apprendre autrement**
Écoutez le podcast de la leçon

## Je m'exerce

### Reconnaitre l'adjectif qualificatif

**1** ★★★ **a. Relevez les adjectifs qualificatifs.**
respectueux • conte • racontable • couette • fluette • vendre • rare • nouveaux • rideaux • splendide • longue • incroyable • hongroise • rond • cloche • luxueuse • couper • calmement • lent • verte • pure • amère • gracieux • cristalline • fraise • fraisier • nippon • vite • énorme • malin • agréable • miroir • molle

**b. Donnez la classe grammaticale des autres mots.**

**2** ★★★ **Repérez l'adjectif qualifiant chaque nom en gras.**
1. Attention, **chien** méchant !
2. As-tu fini les **exercices** faciles du chapitre ?
3. Le grand **hall** sera utilisé pour le fameux **bal**.
4. Les **manuels** scolaires sont à couvrir.
5. Ne choisis pas ce petit **papier** bleu.

**3** ★★★ **Relevez le nom qualifié par chaque adjectif en gras.**
En courant après le lapin aux yeux **roses**, Alice a découvert un **étrange** terrier. Elle y entra et fit une très **longue** chute, puis découvrit de **nombreuses** portes et une **petite** table avec une clef **dorée**.

D'après **Lewis Carroll**, *Alice au pays des merveilles*, 1869.

**4** ★★★ **Relevez les adjectifs et classez-les.**

| Adjectif qualificatif | Participe passé employé comme adjectif |
|---|---|

Jean visite le château immense et vide. Il trouve […] à l'écurie, un vieux cheval et dans la bibliothèque, parmi d'innombrables grimoires poussiéreux, un grand livre posé sur un lutrin. Il l'ouvre, et lit, sur la première page : comment ouvrir les portes les mieux fermées […].

**Henri Gougaud**, *L'Arbre à soleils, Légendes*, Le Seuil, 1979.

**5** ★★★ **a. Relevez les adjectifs qualificatifs. b. Indiquez leur genre et leur nombre et le nom qu'ils qualifient.**
Timoklès, fils d'Oloros, est un jeune Athénien qui se préoccupe de ses prouesses sportives. Sa sœur Chrysilla est enfermée chez elle. Kallias, le meilleur ami de Timoklès, ne peut pas avoir le statut de citoyen du fait de ses origines étrangères. Leur vie est paisible mais Oloros est riche et attire la convoitise.

D'après **Odile Weulersse**, *Le Messager d'Athènes*, Hachette Jeunesse, 2007.

## Manipuler des adjectifs qualificatifs

**6** ★★★ **Associez chaque nom à un adjectif pour créer un GN enrichi.**
Noms : mon thé, tes cheveux, le taxi, des danseurs, cette orchidée, le ciel, nos valises
Adjectifs : climatisé, gracieux, bouclés, délicieux, dégagé, prêtes, fanée

**7** ★★★ **Proposez un adjectif qualificatif antonyme.**

| Adjectif | Antonyme | Adjectif | Antonyme |
|---|---|---|---|
| gentille | | hideux | |
| douce | | repoussant | |
| prudente | | craintif | |
| généreuse | | peureux | |

**8** ★★★ **a. Changez la place de l'adjectif dans ces GN.**
**1.** cette dame grande
**2.** un enfant curieux
**3.** ma voiture propre
**4.** l'histoire sacrée
**5.** une route sale
**6.** un chien seul

**b. Le changement de place change-t-il le sens ?**

**9** ★★★ **Placez les adjectifs proposés au bon endroit.**
**1.** *roux / petit* → J'ai adopté un chat.
**2.** *épais / noirs* → Des rideaux couvrent la fenêtre.
**3.** *citronnée / délicieuse* → Elle déguste une tarte.
**4.** *élégants / colorés* → Admirez ces costumes.

## Former des adjectifs qualificatifs

**10** ★★★ **À partir de quel verbe chaque adjectif est-il formé ?**
faisable • croyable • traduisible • pliable • considérable • lisible • prévisible • enviable • admissible • perceptible

**11** ★★★ **Copiez et complétez le tableau.**

| Suffixe | Cinq adjectifs qualificatifs |
|---|---|
| -ique | |
| -aire | |
| -oise | |
| -ive | |

**12** ★★★ **Formez des adjectifs à partir de ces noms.**
Ex. : respect → respectable, respectueux, respectueuse
crainte • crime • Afrique • vertu • Mars • rectangle • poussière • délice • été • effroi • artifice • attention • drame • ministère • pyramide • habitude • passage

**13** ★★★ **Recopiez le texte. Soulignez les adjectifs et entourez leur suffixe.**
J'ai acheté une étagère chinoise assez exceptionnelle. J'espère qu'elle est transportable car ses dimensions spectaculaires me font penser à un poids inimaginable ! Ses couleurs originales montrent que c'est l'œuvre d'un artisan talentueux.

**14** **Copiez la carte Mémo et complétez-la.**

**L'adjectif qualificatif**

- apporte des précisions sur un nom ou un pronom
  Mon exemple : ..................
- s'accorde en genre et en nombre avec le nom qu'il précise
  Mon exemple : ..................

PÉDAGOGIE DIFFÉRENCIÉE Dans le manuel numérique, faites les exercices interactifs demandés par votre professeur.

**15** **Travail en binôme**
**Aidez votre camarade à obtenir une meilleure note.**

*5/10 Vous n'avez pas souligné tous les adjectifs.*
La terrible Belle-mère fit éclater sa mauvaise humeur ; elle ne put souffrir les bonnes qualités de cette jeune enfant, qui rendaient ses filles encore plus haïssables. Elle la chargea des plus viles occupations : elle couchait sur une méchante paillasse, pendant que ses sœurs cruelles étaient dans des chambres parquetées et agréables.

D'après **Charles Perrault**, *Cendrillon*, 1697.

**16** **Dictée**
**Écrivez la dictée lue par un·e enseignant·e.**

**17** **À l'oral Complétez deux fois chaque phrase pour créer un univers différent.** Ex. : Cette **artiste** admirable maitrise des **numéros** originaux. → Cette jeune **artiste** débutante maitrise des **numéros** aériens.
**1.** L'**oiseau** chante une **mélodie**.
**2.** L'**enfant** scrutait à travers les **fenêtres**.
**3.** La **créature** arriva dans son **repaire**.

**18** **Écriture À la fin du conte *Le Petit Poucet*, Poucet devient coursier grâce à ses bottes de sept lieues. Racontez une de ses journées en décrivant précisément Poucet et ses activités à l'aide de nombreux adjectifs que vous soulignerez.**

**19** **Top chrono ! Retrouvez le plus vite possible à partir de quel nom est formé chaque adjectif.**
atomique • orchestral • volcanique • hospitalière • littéraire • cardiaque • angélique • manuscrite • estival • culinaire • titanesque • terrestre • livresque • sphérique • spacieuse

**20** **À l'oral Formez les adjectifs à partir du nom du pays.**
Voici les athlètes (Mali), (Guinée), (Sénégal) et (Cameroun). Ils sont suivis des équipes (Corée), (Inde), (Japon) et (Chine). Puis arrivent les sportifs (Allemagne), (Belgique), (Pologne) et (Hongrie). Pour finir, ce sont les délégations (Canada), (Amérique), (Chili) et (Brésil).

**21** **À l'oral Décrivez le personnage de l'image en utilisant au moins six adjectifs qualificatifs.**

**22** **Écriture Inventez une histoire à partir de cette image en introduisant au moins dix adjectifs qualificatifs.**

« L'Oiseau de feu », conte russe illustré par Edmond Dulac, 1916. →

Leçon
8

L'adjectif qualificatif

# Accorder l'adjectif qualificatif en genre

## Je cherche

**Le joli cheval noir est heureux.**

Faites les gestes du grammairien : réécrivez la phrase en remplaçant « cheval » par « jument ». Qu'implique le passage du masculin au féminin du nom noyau ? Quels changements notez-vous ?

## J'apprends

- L'**adjectif qualificatif**, qu'il soit épithète (à l'intérieur du groupe nominal) ou attribut du sujet (il suit un verbe d'état), **s'accorde** toujours **en genre** (masculin ou féminin) et **en nombre** (singulier ou pluriel, voir leçon 9) avec le nom ou pronom auquel il se rapporte.
Un **participe passé** employé comme adjectif respecte les mêmes accords.
Ex. : un discours **construit** cette maison **hantée** La musique est **joyeuse**.

- Accorder l'adjectif qualificatif n'est pas toujours facile car l'accord ne s'entend pas forcément à l'oral. On peut distinguer trois cas :

1. **Les adjectifs dont la variation en genre se remarque à l'écrit et à l'oral** ; on écrit et on entend le passage du masculin au féminin :
   - en **ajoutant un -e**, ce qui entraine parfois un doublement de la consonne ou un accent grave.
   Ex. : son **petit** frère → ta **petite** sœur / un **bon** thé → une **bonne** tarte / le sac **léger** → la valise **légère**
   - en **changeant la consonne finale**, le ***-f*** devient ***-ve*** et le ***-c*** devient ***-che***. Ex. : vif → vive / sec → sèche
   - en **transformant la fin**. Ex. : beau → belle / fou → folle / vieux → vieille
   - en **transformant le suffixe**. Ex. : songeur → songeuse / vengeur → vengeresse / révélateur → révélatrice

2. **Les adjectifs dont la variation en genre ne se remarque qu'à l'écrit** ; on n'entend pas le passage au féminin, mais on l'écrit :
   - en **ajoutant un -e** aux adjectifs qui se terminent par une voyelle prononcée.
   Ex. : son **joli** sourire → sa **jolie** maison / un glaive **pointu** → une épée **pointue**
   - en **ajoutant un -e et un tréma** sur le ***-u*** des adjectifs en ***-gu***. Ex. : aigu → aigüe
   - en **ajoutant un -e** aux adjectifs terminés par ***-c***, ***-l***, ***-r***, ***-s*** et ***-t*** prononcés. Attention aux modifications orthographiques. Ex. : public → publique / loyal → loyale

3. **Les adjectifs dont la variation en genre ne se remarque pas** : le passage au féminin n'entraine aucun changement, ni à l'écrit, ni à l'oral. C'est le cas des **adjectifs qui se terminent par un -e au masculin**. Ex. : ce **brave** garçon → cette **brave** fille / un **terrible** secret → une **terrible** nouvelle

**Apprendre autrement**
Écoutez le podcast de la leçon

## Je m'exerce

### La variation en genre se remarque à l'écrit et à l'oral

**1** ★★★ **Indiquez le féminin de ces adjectifs.** captif brillant coquet farceur jaloux heureux blanc fluet brésilien sot évocateur mou frais public sec gentil neuf bas

**2** ★★★ **Écrivez ces groupes nominaux au masculin.**
1. l'enseignante douce, mais exigeante
2. une femme nerveuse et inquiète
3. cette mignonne chatte rousse

**3** ★★★ **Accordez les adjectifs au féminin.**
1. Je préfère de l'eau (frais). 2. Donne-moi la pochette (blanc) ! 3. Veux-tu une crêpe (complet) ? 4. Est-ce ta robe (long) ?

**4** ★★★ **Transformez comme dans l'exemple.**
Ex. : un site canadien → une ville canadienne
1. ce verre plein 2. un faux numéro 3. un yaourt onctueux 4. un bon repas 5. ce lion agressif 6. son bras vengeur

**5** ★★★ **Accordez les adjectifs entre parenthèses.**
Au-dessus de nous couvait une (grand) tempête, avec un ciel plus (gris) que je n'en avais jamais vu sur cette (beau) et (vieux) ville. La météo était (capricieux). On avait eu une (violent) tempête de neige et une inondation (monstrueux).

D'après **Rick Riordan**, *Percy Jackson*, Albin Michel, 2013.

**6** ★★★ **Réécrivez en remplaçant** *« le chat »* **par** *« la bête »*.
Alice se dirigea vers le chat moqueur. Il semblait d'abord enchanteur mais Alice comprit qu'il était trompeur. Ce chat était le maître des lieux, et même s'il paraissait fou Alice devait l'écouter. Il semblait mou mais malgré son embonpoint, il était vif. Ce chat parut assez beau à Alice, qui décida de lui parler.

D'après **Lewis Carroll**, *Alice au Pays des merveilles*, 1869.

## La variation en genre ne se remarque qu'à l'écrit

**7** ★★★ **Accordez les adjectifs qualificatifs.**

Jack se prépara un thé, il mit la dose correct... d'eau dans la bouilloire. L'entendant siffler, pareil... à une flute émettant une sonorité aigu..., il versa l'eau ébouillanté... dans la théière ébréché.... Attiré..., sa mère gouta l'infusion parfumé..., mais elle était trop amer... !

**8** ★★★ **Associez un nom à chaque adjectif dans une phrase de votre invention. N'oubliez pas l'accord.**

Noms : la sorcière, une surface, une pièce, une ile

Adjectifs : cruel, exigu, dur, grec

**9** ★★★ **Remplacez le mot en gras par celui en bleu.**

1. Cet **arbre** (plante) exceptionnel est tout fleuri.
2. Ce **territoire** (cité) turc, isolé, fut annexé puis libéré.
3. Mon **bilan** (appréciation) général est exact.

**10** ★★★ **Remplacez** « *ce chien* » **par** « *cette chienne* ».

Ce chien, également amical, quoique plus réservé, était un joli chien noir, moitié limier, moitié braque. Il était fier, souvent meilleur que les autres, et n'était jamais cruel. Des trappeurs, c'était le préféré.

D'après **Jack London**, *L'Appel de la forêt*, 1906.

## La variation en genre ne se remarque pas

**11** ★★★ **Donnez le genre de chaque adjectif. Que constatez-vous ?**

riche • malin • rusée • moderne • possible • bleu • classique • verte • incroyable • sereine • vertigineux

**12** ★★★ **Proposez un nouvel adjectif pour faire entendre la variation de genre.**

1. C'est une femme **brave** et avenante.
2. Aimez-vous cette petite veste **multicolore** ?
3. Il n'avait pas vu cette **remarquable** statue **sculptée**.

**13** ★★★ **Classez les adjectifs dans ce tableau.**

Le divin Ulysse embrasse son épouse fidèle et chérie. Telle au milieu d'un naufrage, la terre paraît agréable aux Marins dont Neptune a brisé le solide navire dans l'Océan, et qui, couverts d'écume, échappent en nageant à la mer blanchissante et atteignent bientôt le rivage tant désiré : tel, et plus agréable encore, paraît Ulysse à Pénélope, qui entoure de ses bras blancs le cou de son époux.

**Homère**, *Odyssée*, trad. Leconte de Lisle, (1867).

| Variation en genre... | Adjectifs qualificatifs relevés |
|---|---|
| se remarque à l'écrit et à l'oral | |
| se remarque seulement à l'écrit | |
| ne se remarque pas | |

**14** **Copiez la carte Mémo et complétez-la.**

- **nom masculin** → adjectif au masculin — **Mon exemple :** ..................
- **nom féminin** → adjectif au féminin
  - variable à l'écrit et à l'oral — **Mon exemple :** ......
  - variable seulement à l'écrit — **Mon exemple :** ......
  - non variable — **Mon exemple :** ..................

PÉDAGOGIE DIFFÉRENCIÉE — Dans le manuel numérique, faites les exercices interactifs demandés par votre professeur.

**15** **Dictée dialoguée**

**Aidez votre camarade à corriger sa dictée.**

*4/10 Vérifiez les accords en genre.*

J'arrivais dans la joli ville de Brest, avec sa mer bleu ciel et son ambiance particulière. Que cette ville était grande et bel ! Je dégustai en arrivant une galette salé et bus un verre de jus de pomme très amère au cabaret du Bon Chien Jaune. Cette auberge semblait peu sûr, avec sa patronne agressive et sa clientèle très bigarré.

D'après **Pierre Mac Orlan**, *Les Clients du Bon Chien Jaune*, 1926.

**16** **Dictée**

**Écrivez la dictée lue par un·e enseignant·e.**

**17** **Écriture** **Décrivez le personnage d'Alice du conte *Alice au pays des merveilles*. Vous veillerez à varier les adjectifs et à décrire son physique ainsi que sa personnalité.**

**18** ⏳ **Top chrono !** **À partir de ces noms, trouvez le plus vite possible l'adjectif correspondant au masculin puis au féminin.**

| Nom | Adjectif masculin | Adjectif féminin |
|---|---|---|
| la gentillesse | | |
| la vivacité | | |
| la bravoure | | |
| le talent | | |
| la cruauté | | |

**19** **À l'oral** **Décrivez ces deux femmes en rédigeant au moins cinq phrases et en utilisant un maximum d'adjectifs pour obtenir une description précise.**

**20** **Écriture** **Où se dirigent ces femmes ? Imaginez une petite histoire où vous décrirez leur trajet à l'aide de nombreux adjectifs.**

Leçon 9

L'adjectif qualificatif

# Accorder l'adjectif qualificatif en nombre

**Je cherche**

**Attentive, la jeune fille visite ce château médiéval.**

Faites les gestes du grammairien : réécrivez cette phrase au pluriel. Qu'en déduisez-vous sur la marque du nombre des adjectifs qualificatifs ?

**J'apprends**

- L'**adjectif qualificatif**, qu'il soit épithète (à l'intérieur du groupe nominal) ou attribut du sujet (il suit un verbe d'état), **s'accorde** toujours **en genre** (masculin ou féminin, voir leçon 8) et **en nombre** (singulier ou pluriel) avec le nom ou pronom auquel il se rapporte.
  Un **participe passé** employé comme adjectif respecte les mêmes accords.
  Ex. : Ces créatures sont-elles **dangereuses** ? Les élèves restent **fascinés** !
- Pour former le pluriel, **les adjectifs qualificatifs suivent la même règle que les noms**. À l'écrit, on forme généralement le pluriel **en ajoutant un *-s*** à la forme du masculin ou du féminin singulier.
  Ex. : mon dessert **préféré** → mes desserts **préférés** / cette **jolie** robe → ces **jolies** robes
- **Cas particuliers :**
  – les adjectifs masculins en ***-eau*** qui marquent le pluriel avec un ***-x***
  Ex. : un frère **jumeau** → des frères **jumeaux**
  – les adjectifs masculins en ***-al*** qui marquent le pluriel en ***-aux***
  Ex. : un sujet **loyal** → des sujets **loyaux**
  **Exceptions :** certains adjectifs en *-al* (à connaitre pas cœur) donnent *-als* au masculin pluriel : fatals, finals, glacials, idéals, natals, navals, banals, bancals.
  – les adjectifs en ***-x*** ou ***-s*** au singulier ne varient pas au pluriel.
  Ex. : cet homme **jaloux** → ces hommes **jaloux** / un coup **bas** → des coups **bas**
- Si l'adjectif qualifie **plusieurs noms ou pronoms du même genre**, il porte la marque du **pluriel** et celle du **genre des noms**. Ex. : Nana et Wendy sont **attentives**. (féminin pluriel)
  Si l'adjectif qualifie **plusieurs noms ou pronoms de genres différents**, il porte la marque du **masculin pluriel**. Ex. : Wendy et Peter sont **attentifs**. (masculin pluriel)

**Apprendre autrement**
Écoutez le podcast de la leçon

**Je m'exerce**

## Accorder l'adjectif en nombre : règle générale

**1** ★★★ **Écrivez ces GN au pluriel.**
un œuf dur, la porte close, ta nouvelle voisine, ce fidèle compagnon, une biche craintive, une eau limpide, un exercice compliqué, cet État américain

**2** ★★★ **Complétez les phrases à l'aide des adjectifs.**
maudits | étroits | cruelles | nombreuses
1. Ces chemins ... mènent aux bois ....
2. On raconte qu'y vivent de ... sorcières ....

**3** ★★★ **Accordez les adjectifs avec le nom qu'ils qualifient.**
En Da montait Cheval-noir. [...] Les cheveux long... jusqu'aux épaules, tenu... par un large bandeau, les bras ceint... d'un cordon rouge que seul... les vrai... guerriers ont le droit de porter, il était beau. Son unique regret était d'avoir les yeux bleu..., cela seul le distinguait de ses amis apache....
C. **Mouchard**, *L'Apache aux yeux bleus*, Flammarion, 2015.

**4** ★★★ **Expliquez l'accord de chaque adjectif souligné.**
Laura, Jack, Kate et Wendy, passionnés d'astronomie, attendent les nuits étoilées. Armés de leur télescope, ils cherchent les endroits les plus paisibles pour admirer les étoiles. Très expérimentées, puisqu'elles ont débuté en premier, Kate et Wendy sont attentives et patientes tandis que Jack et Laura sont plus empressés.

## Accorder l'adjectif en nombre : cas particuliers

**5** ★★★ **Écrivez ces GN au pluriel.**
un tabouret bancal • ce chat gris • ton nouveau joujou • un chemin tortueux • le journal municipal • son discours confus • cet habit banal • votre cheval roux

**6** ★★★ **Réécrivez les GN en remplaçant les noms en gras par ceux en bleu. Accordez comme il convient.**
1. des **bêtes** (ours) brutales et dangereuses
2. ces **maisons** (logements) spacieuses et silencieuses
3. tes nombreuses **études** (travaux) expérimentales
4. nos précieux **trésors** (photographies) familiaux

**7** ★★★ **Accordez les adjectifs en bleu.**

1. En ces temps (automnal), la météo annonce-t-elle des jours (glacial) ?
2. J'espère que ces produits (médicinal) ne me seront pas (fatal) !
3. Les chantiers (naval) sont des lieux (idéal) pour ceux qui aiment les (beau) bateaux.
4. Ces indices (digital) ont apporté les preuves pour les procès (pénal).

## Accorder l'adjectif en genre et en nombre

**8** ★★★ **Formez des GN avec ces noms et adjectifs.**

Noms : des œufs, une démarche, ce temple, des avancées, un musée, une vitre, des mains

Adjectifs : sacré, spectaculaires, ridées, frais, régional, brisée, assurée

**9** ★★★ **Accordez les adjectifs entre parenthèses.**

Ses pieds étaient (chaussé) de bottillons, peu (élégant) mais (confortable), et ses jambes (recouvert) de bas de laine. C'étaient de (vieil) vêtements, (semblable) à ceux dont elle avait l'habitude.

**Agnès Laroche**, *Le Fantôme de Sarah Fisher*, Rageot, 2011.

**10** ★★★ **À l'aide du sens et des accords, placez les adjectifs.**

clairs | nombreux | divin | courageuses | mortelles | réconfortantes | majestueuses

Le ... Achille demanda à ses ... soldats de ne pas lancer de flèches ... contre Hector. Alors qu'ils approchent des ... fontaines du Scamandre, Athéna aux yeux ... s'approcha et eut des paroles ... pour galvaniser les troupes ....

D'après **Homère**, *L'Iliade*, VIIIe s. av. J.C.

**11** ★★★ **Complétez les phrases avec des adjectifs de votre choix en respectant les accords.**

1. ..., les randonneurs trouvent refuge dans une clairière ....
2. Avec des crayons mal ..., tes lettres deviennent ....
3. Sur la photo, la maison parait ... mais elle est plutôt ....

**12** ★★★ **Réécrivez ces phrases en remplaçant les mots en gras par ceux en bleu. Soulignez les adjectifs.**

1. Ces vieux **murs** (statues) lézardés restent beaux.
2. Tes **affaires** (effets) personnelles te seront rendues.
3. Ce **triangle** (triangles) isocèle semble mal tracé.

**13** ★★★ **Remplacez** *La grue* **par** *Les grues* **et faites toutes les modifications nécessaires.**

La grue japonaise fascine les Japonais depuis des siècles. Associé à la vie éternelle, elle est gracieuse. Sa tête est rouge sur le haut du crâne. La grue reste l'animal le plus représenté sur les kimonos.

**14** **Copiez la carte Mémo et complétez-la.**

Le pluriel des adjectifs qualificatifs

- en règle générale : ajout d'un -s — Mon exemple : ..................
- pas de changement pour les adjectifs en -s ou -x au singulier — Mon exemple : ..................
- ajout d'un -x — Mon exemple : ..................
- -al → -aux — Mon exemple : ..................

PÉDAGOGIE DIFFÉRENCIÉE — Dans le manuel numérique, faites les exercices interactifs demandés par votre professeur.

**15** **Dictée dialoguée**

**Aidez votre camarade à corriger sa dictée.**

5/10 Attention aux accords en genre et en nombre !

La musique est dans tout. Un hymne sort du monde.
Rumeur de la galère aux flancs lavé par l'onde,
Bruits des villes, pitié de la sœur pour la sœur,
Passion des amants jeunes et beau, douceur,
Des vieux époux usé ensemble par la vie,
Fanfare de la plaine émaillée et ravie,
Mots échangé le soir sur les seuils fraternels,
Sombres tressaillements des chênes éternel,
Vous êtes l'harmonie et la musique même !

D'après **Victor Hugo**, *Les Contemplations*, 1856.

**16** **Dictée**

**Écrivez la dictée lue par un·e enseignant·e.**

**17** **Écriture** **Sur le modèle du poème de Paul Eluard, composez un texte ou un poème avec des éléments qui se répètent. Vous enrichirez votre texte avec de nombreux adjectifs.**

J'ai regardé devant moi
Dans la foule je t'ai vue
Parmi les blés je t'ai vue
Sous un arbre je t'ai vue
[...]
L'été l'hiver je t'ai vue
Dans ma maison je t'ai vue
Entre mes bras je t'ai vue
Dans mes rêves je t'ai vue
Je ne te quitterai plus.

**Paul Eluard**, « Air vif », *Le Phénix*, 1951.

**18** **Top chrono !** **Trouvez le plus rapidement possible le masculin pluriel de ces adjectifs afin de les classer dans le tableau.**

savoureux | muet | vert | bas | curieux | savant | ahuri | doux

| Modification | Pas de modification |
|---|---|

**19** **À l'oral** **Décrivez cette image de manière précise, en variant les adjectifs qualificatifs pour évoquer les personnes et le lieu.**

**20** **Écriture**

**Vous êtes à bord du manège. Racontez précisément ce que vous ressentez en variant les adjectifs qualificatifs.**

Leçon **10**

Le groupe nominal

# Repérer le nom noyau et accorder

**Je cherche**

**Il va dans sa grande maison de campagne.**

Dans cette phrase, repérez les noms. Faites les gestes du grammairien : lequel peut-on supprimer ? Qu'en déduisez-vous ?

**J'apprends**

- Le **groupe nominal** (GN) est une nature grammaticale.
- Un GN est construit autour d'un nom, le **nom noyau** qui ne peut être supprimé.
  Ex. : Charles Perrault a écrit **de nombreux contes**.
  (contes : nom noyau du GN)
- Un **GN minimal** est formé d'un nom ou d'un nom et de son déterminant.
  Ex. : Paul attend samedi avec impatience car ce samedi c'est son anniversaire !
  (samedi : GN minimal ; ce samedi : GN minimal)
- Un GN peut être enrichi avec des expansions du nom, il s'agit alors d'un **GN étendu.**
  Les expansions étudiées en 6e correspondent aux classes grammaticales suivantes :
  - **adjectif qualificatif**, éventuellement précédé d'un adverbe.
    Ex. : le très **jeune** élève
  - **nom**, le plus souvent précédé d'une préposition.
    Ex. : un café **crème**, une glace à la **fraise**
- Le déterminant et l'adjectif qualificatif prennent le **genre** et le **nombre** du **nom noyau**.
  Ex. : **Ce** courag**eux** héros (héros, nom masculin singulier)
  **Cette** courag**euse** héroïne (héroïne, nom féminin singulier)
  **Ces** conte**s** surprenan**ts** (contes, nom masculin pluriel)
  **Ces** histoire**s** surprenan**tes** (histoires, nom féminin pluriel)
- Ne pas confondre Nature grammaticale et Fonction grammaticale.
  Ex. : Le très jeune élève attendait ses camarades de classe.

| | Le très jeune élève | attendait | ses camarades de classe |
|---|---|---|---|
| **Nature :** | GN étendu | Verbe | GN étendu |
| **Fonction :** | Sujet du verbe | Verbe conjugué | COD du verbe |

**Apprendre autrement**
Écoutez le podcast de la leçon

**Je m'exerce**

## Identifier le nom noyau

**1** ★★★ **Repérez le nom noyau dans chaque GN.**
1. Des histoires d'animaux ou de végétaux
2. De nombreux dialogues expressifs
3. Un rythme lent, paresseux et mélodieux

**2** ★★★ **Réduisez ces GN en GN minimal.**
1. Ses douces paroles mielleuses et envoutantes
2. Cette nouvelle et audacieuse ruse
3. Le plus brave de tous les hommes

**3** ★★★ **Relevez le nom noyau de chaque GN.**
1. Quelle émouvante et touchante interprétation !
2. Quelle aventure de ce héros rusé as-tu préférée ?
3. Il a une incroyable imagination très fertile.

**4** ★★★ **Recopiez les GN et soulignez chaque nom noyau.**
Une anémone de mer se trouve à 20 m sous le niveau de l'océan. Un poisson clown se trouve à 5 m au-dessus d'elle. À quelle profondeur est le petit poisson orange et blanc ?

**5** ★★★ **Relevez le nom noyau de chaque GN en gras. Précisez son nombre et son genre.**
Alice se demanda si le plaisir de tresser **une guirlande de pâquerettes** valait la peine de se lever. C'est alors qu'**un lapin blanc aux yeux roses** passa devant elle. Elle poursuivit l'animal jusqu'à **l'entrée d'un large terrier**. Le terrier présentait **une pente si brusque et si raide** qu'Alice tomba dans **un profond et sombre puits**.

D'après **L. Carroll**, *Alice au pays des merveilles*, 1869.

**6** ★★★ **Pour chaque GN, indiquez le nom noyau, son genre et son nombre.**
Je m'accroche au gouvernail pour garder le cap, le regard fixé sur l'horizon éblouissant. [...] J'ai refusé que mes compagnons me relaient à ce poste. Ils admirent ma ténacité et disent qu'à la ruse, il faut ajouter l'endurance : Ulysse l'endurant !

**Homère**, *Ulysse et l'Odyssée*, adapté par M. Laffon, © Livre de Poche Jeunesse, 2014.

## Maitriser les accords au sein du GN

**7** ★★★ **Faites les accords nécessaires.**

1. Un... affreu... histoire avec de terrible... corsaires
2. Voici un... bon... embarcation, bien résistant....
3. M... dernièr... musiques téléchargé... gratuitement

**8** ★★★ **Mettez les GN au pluriel.**

1. Encore un loup maigre, affamé et cruel !
2. C'est un petit goupil voleur et hâbleur.
3. Cette pauvre tortue trop lente va perdre.

**9** ★★★ **Mettez les GN au singulier.**

1. Voici les nouveaux employés municipaux.
2. Quels chiens tout fous et tout doux !
3. Voilà de vraies amies, toujours accueillantes !

**10** ★★★ **Modifiez le GN selon l'indication.**

Ex. : Une très petite chèvre noire et frisée (bouc) → Un très petit bouc noir et frisé

1. Ce chétif canard peureux et plaintif (cane)
2. Un lion royal, majestueux et fier (lionne)
3. Une fine grue cendrée et très attentive (héron)
4. La vieille poule blanche et rousse (coq)

**11** ★★★ **Formez l'adjectif correspondant au nom de la liste 1. Écrivez un GN où l'adjectif est au masculin singulier et un GN où il est au féminin pluriel.**

| Liste 1 | Adj. masc. sing. | Adj. fém. pl. |
|---|---|---|
| Ex. : la gloire | un loup glorieux | des poules glorieuses |
| la vaillance | | |
| la fougue | | |
| la bravoure | | |
| la hardiesse | | |

## Connaitre les classes grammaticales

**12** ★★★ **Enrichissez le GN minimal selon l'indication.**

1. sa chanson (un adjectif qualificatif)
2. le livre (un nom précédé d'une préposition)
3. nos poèmes (deux adjectifs qualificatifs)

**13** ★★★ **Notez la classe grammaticale des mots de chaque groupe nominal.** Ex. : Un très petit écureuil de la forêt
→ article indéfini, adverbe, adjectif, nom, préposition, article défini, nom

1. Ces comédiens talentueux
2. La longue et épuisante répétition
3. Le merveilleux objet de mes rêves
4. Une trop curieuse danseuse sans voix

**14** Copiez la **carte Mémo** et complétez-la.

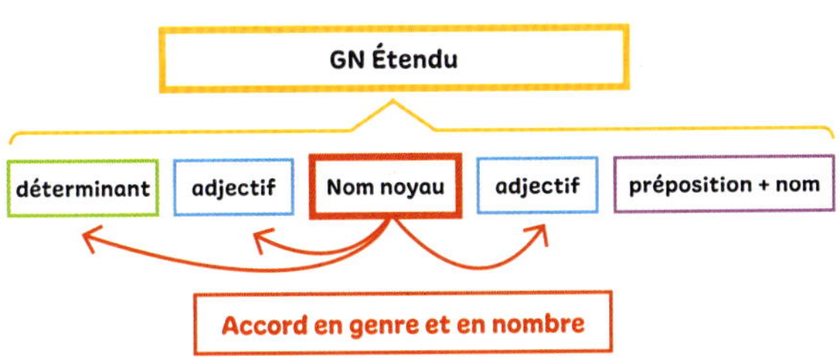


Mon exemple : ..................................................

PÉDAGOGIE DIFFÉRENCIÉE — Dans le manuel numérique, faites les exercices interactifs demandés par votre professeur.

**15** **Dictée dialoguée**

**Aidez votre camarade à corriger sa dictée.**

*5/10 Vérifiez les accords dans les GN soulignés.*

*Les arbre de ce jardin étaient tous chargés de fruits extraordinaire. Chaque arbre en portait de différente couleurs. Il y en avait de blancs, de luisants et transparents comme le cristal. Aladdin s'imagina que tous ces fruit n'étaient que du verre colorée.*

D'après *Les Mille et une nuits*, trad. A. Galland, 1704.

**16** **Dictée**

**Écrivez la dictée lue par un·e enseignant·e.**

**17** ⌛ **Top chrono !** **En deux minutes, créez un maximum de groupes nominaux étendus pour chaque nom noyau. L'élève qui en trouve le plus l'emporte.**

cheveux | dents | yeux | mâchoires | regard | visage

**18** **Écriture** **En vous inspirant du poème de Victor Hugo, créez la description d'une sorcière à l'aide de groupes nominaux étendus.**

**La sorcière**

Elle est petite, elle est bossue ;
Sur sa chaudière son front sue
Et ruisselle, et sa main ossue
Y plonge un doigt sale et crochu.
Une verrue énorme et grise
Pend de sa moustache qui frise
Sur sa lèvre que cicatrise
Le stigmate d'un pied fourchu.

**Victor Hugo**, manuscrit non publié, 1827.

**19** **À l'oral** **Décrivez ce coq en utilisant des GN enrichis pour son plumage, son chant et son regard.**

**20** **Écriture** **Inventez une histoire dans laquelle ce coq sera le personnage principal en introduisant au moins six GN enrichis dans votre récit.**

↑ **Willy Aractingi**, *Le Coq et le rêve rouge*, coll. privée.

Leçon 11

Le pronom

# Les pronoms personnels

## Je cherche

**Estéban est heureux car il a gagné une coupe.**

Dans cette phrase, de qui parle-t-on ? Faites les gestes du grammairien : quel mot peut remplacer le mot en rouge ? Qu'en déduisez-vous ?

## J'apprends

- Un **pronom** est un mot qui remplace un nom ou un groupe nominal (GN) déjà présents dans la phrase ou le texte. Ex. : Mes frères sont vraiment bruyants ; je **les** entends depuis ma chambre !
  Le pronom personnel « les » remplace le GN « mes frères ».
- Parmi les **pronoms personnels**, on distingue :
  – les pronoms de la 1re **personne** (*je, me, nous, moi*) qui désignent la personne qui parle
  Ex. : Où allons-**nous** ?
  – les pronoms de la 2e **personne** (*tu, te, vous, toi*) qui désignent la personne à qui l'on s'adresse.
  Ex. : Je **vous** écoute.
  – les pronoms de la 3e **personne** (*il, elles, leur, les…*) qui remplacent la personne ou la chose dont on parle. Ex. : Les championnes entrent sur le court central. **Elles** saluent la foule en délire.
- Les pronoms personnels **varient** en **personne**, en **genre** (féminin ou masculin), et **nombre** (singulier ou pluriel) et selon leur **fonction** (sujet ou complément).

| | Sujet | Complément |
|---|---|---|
| 1re personne | je, j' / nous | me, m', moi / nous |
| 2e personne | tu / vous | te, t', toi / vous |
| 3e personne | il, elle, on / ils, elles | le, la, l', lui, elle / les, eux, leur, elles |

**Apprendre autrement**
Écoutez le podcast de la leçon

- « **Vous** » peut être aussi employé à la place de « **tu** », c'est le « **vous** » **de politesse**.
  Ex. : « **Suivez**-moi ; **vous** aurez un bien meilleur destin. » (La Fontaine)

## Je m'exerce

### Comprendre le rôle du pronom personnel

**1** **a. Quel texte vous parait le mieux rédigé ? Expliquez votre choix.**
1. Ma mère était au salon avec mon père. Ma mère tenait la théière et mon père prit une tasse. Ma mère versa à mon père une tasse de thé brûlant.
2. Ma mère était au salon avec mon père. **Elle** tenait la théière et **il** prit une tasse. Elle **lui** versa une tasse de thé brûlant.

D'après **Léon Tolstoï**, *Enfance*, 1852.

**b. Quel GN chaque pronom personnel remplace-t-il ?**

**2** **Relevez le GN remplacé par le pronom en gras.**
1. Les ours dorment en hiver : **ils** hibernent.
2. Le nouvel élève, on ne **l'**a pas vu.
3. Ta mère et toi, **vous** êtes toute ma vie.
4. Kevin est rentré ; dis-**lui** de venir me voir.
5. À nos amis, Léo et Marc **leur** ont-ils dit au revoir ?

**3** **Relevez chaque pronom personnel et précisez quel GN il remplace.**
1. Nous avons adoré ce jeu et nous vous le conseillons.
2. Quand ma sœur a tort, elle ne le reconnait jamais.
3. Prends la tablette, range-la avant qu'elle ne tombe.
4. Eliot a vu les voleurs arriver. Mais eux l'ont-ils vu ?

### Utiliser le pronom personnel sujet

**4** **Remplacez le GN par un pronom personnel sujet.**
1. (Léa et toi) rêvez. 2. (Luc et moi) dormons.
3. (Agnès) dessine. 4. (Ces chaussettes) sont sales.
5. (Un troupeau de moutons) traverse la route.

**5** **Corrigez ces phrases.**
1. Ma sœur est fatiguée : il n'a pas bien dormi.
2. Léo et toi nous ne sommes pas difficiles.
3. Les danseurs ont beaucoup répété, elles sont prêtes.
4. Léo et moi aimons le théâtre, tous les ans ils vont au festival d'Avignon.

**6** **Complétez avec un pronom personnel sujet.**
vous ils elles tu je
1. Les joueurs entrent sur le court, … saluent le public.
2. … me manques tellement. Chaque jour, … pense à toi !
3. Mes meilleures amies arrivent et … me sautent au cou.
4. Ton frère et toi … devez aller vous coucher maintenant !

## Utiliser le pronom personnel complément

**7** ★★★ **Remplacez le GN en gras par un pronom personnel complément.**

1. Le témoin a vu **cet homme**.
2. Camille n'aime pas **les poires**.
3. Avez-vous vu **ce film** ?
4. Tu ne connais pas **ta nouvelle classe**.

**8** ★★★ **Remplacez chaque pronom souligné par un GN.**

1. Il ne la connait toujours pas !
2. Après les avoir corrigées, l'enseignant les leur rend.
3. M. Loyam les observait-il attentivement ?
4. On leur donne une coupe pour les récompenser.

**9** ★★★ **Remplacez chaque GN par un pronom personnel.**

1. Tu parles à tes camarades.
2. Agnès a une invitation à donner à Nina.
3. Nous avons annoncé cette excellente nouvelle à nos enfants.
4. As-tu emprunté ce stylo à Malo ?

## Reconnaitre et utiliser le pronom personnel

**10** ★★★ **Classez chaque pronom souligné.**

sujet | complément

1. Elle vous a dit de revenir plus tard !
2. Tu peux lui demander quand elle arrivera ?
3. Nous allons en Italie pour te rendre visite.
4. As-tu pensé à moi quand tu l'as revu ?

**11** ★★★ **Réécrivez le texte en remplaçant les mots soulignés par un pronom personnel.**

Quatre garçons tailleurs entrent, dont deux arrachent à M. Jourdain le haut-de-chausses de ses exercices, et deux autres la camisole, puis les quatre garçons tailleurs mettent à M. Jourdain son habit neuf. M. Jourdain se promène entre les quatre garçons tailleurs, et montre aux quatre garçons tailleurs son habit, pour voir s'il est bien.

D'après **Molière**, *Le Bourgeois gentilhomme*, II, V, 1670.

**12** ★★★ **Ajoutez les pronoms personnels absents.**

1. ... est attachant mais je ... trouve trop insolent.
2. ... étaient inquiètes car ... avaient peur que ... n'alliez pas au cinéma avec .... Mais ... ... avons tout expliqué et ... ont été rassurées.
3. À qui ... font- ... penser ? ... suis presque sûr de ... avoir déjà vus quelque part. Leurs visages ... sont familiers.
4. ... ... feras, s'il te plait, le meilleur accueil possible car ... est très réservée. ... comptons sur ....

**13** **Copiez la carte Mémo et complétez-la.**

**Le pronom personnel**

↓

**peut remplacer un nom ou un groupe nominal**

↙ ↘

**sujet** — Mon exemple : ..................

**complément** — Mon exemple : ..................

PÉDAGOGIE DIFFÉRENCIÉE — Dans le manuel numérique, faites les exercices interactifs demandés par votre professeur.

**14** **Travail en binôme**

**Aidez votre camarade à obtenir une meilleure note.**

6/12 Vous avez souligné des pronoms personnels compléments mais il en manque.

Je rencontrai une dame assez bien faite, mais fort pauvrement habillée. Elle m'aborda, me baisa la main, et me pria de la prendre pour femme. Je fis difficulté à lui accorder ce qu'elle demandait, mais elle me dit tant de choses pour me persuader que je me laissai vaincre. Je lui fis faire des habits propres, et après l'avoir épousée, je l'embarquai avec moi, et nous mîmes les voiles.

D'après *Les Mille et Une Nuits*, trad. A. Galland, 1710.

**15** **Dictée**

**Écrivez la dictée lue par un·e enseignant·e.**

**Aide fournie :** Cyrus Smith.

**16** **Écriture** **Imitez ce poème en remplaçant le nom** « poésie » **par un nom masculin, puis par un nom au pluriel.**

La poésie du lundi
Mardi je la lis
Mercredi je l'oublie
Jeudi je la dis
Vendredi aussi
Samedi je la crie
Dimanche j'en change

**Joël Sadeler**, « Poésie hebdomadaire », *Jouer avec les poètes*, Le Livre de Poche Jeunesse, 2016.

**17** **À l'oral** **Un·e élève propose une phrase. Un·e camarade la répète en remplaçant le plus possible de GN par un pronom personnel.**

Ex. : Le chien poursuit le voleur. → Il le poursuit.

**18** **Défi** **Répondez le plus vite possible par** *« oui »* **ou** *« non »* **en employant des pronoms personnels.**

Avez-vous parlé au chef ? | Vois-tu la mer ? | Aimez-vous ce jeu ? | As-tu rendu son livre à Tom ?

**19** **Écriture** **Rédigez un dialogue dans lequel deux amis commentent ce match de tennis féminin en utilisant des pronoms personnels variés des trois personnes.**

Leçon 12

Le pronom

# Distinguer déterminant et pronom

## Je cherche

**Jim et Thomas n'ont pas respecté les règles. Leurs parents rappellent les règles à Jim et Thomas.**

Évitez les répétitions dans la 2e phrase en utilisant des pronoms personnels. Qu'observez-vous ? Seul Jim n'a pas respecté les règles, réécrivez la 2e phrase. Que constatez-vous ?

## J'apprends

Il ne faut pas confondre certains **déterminants** avec certains **pronoms**.

- **Distinguer pronom personnel complément et article défini**

Les pronoms personnels « le », « la », « l' » et « les » se situent devant un verbe. Les articles définis « le », « la », « l' » et « les » sont placés devant un nom.

Ex. : Nous **les** observons. **Les** mésanges sont revenues.
(les : pronom personnel COD ; Les : article défini)

- **Distinguer le pronom personnel « leur » et le déterminant possessif « leur »**

Le pronom personnel « leur » se rapporte à un verbe ; il est invariable. Le déterminant possessif « leur » est suivi d'un nom avec lequel il s'accorde.

Ex. : Je **leur** lis une histoire dans **leur** chambre. Les enfants ont brossé **leurs** dents.
(leur : pronom personnel COI ; leur : dét. possessif ; leurs : dét. possessif)

Gestes du grammairien : Si l'on peut remplacer « leur » par « son » ou « sa », c'est un déterminant possessif. Si l'on peut remplacer « leur » par « lui », c'est un pronom personnel complément.

Ex. : L'enfant a brossé **ses** dents. Je **lui** lis une histoire dans **sa** chambre.

- **Distinguer le pronom démonstratif « ça » et le déterminant possessif « sa »**

Le pronom démonstratif « ça » peut être remplacé par « cela ». Le déterminant possessif « sa » est suivi d'un nom féminin. Il peut être remplacé par « ma » ou « ta ».

Ex. : **Ça** m'étonnerait. C'est **sa** décision. Gestes du grammairien : **Cela** m'étonnerait. C'est **ma** décision.
(Ça : pronom démonstratif ; sa : dét. possessif)

**Apprendre autrement**
Écoutez le podcast de la leçon

## Je m'exerce

### Distinguer pronom personnel et déterminant défini

**1** ★★★ **Donnez la classe grammaticale de chaque mot en gras : article défini ou pronom personnel.**

1. **L'**oiseau chante.
2. Je tends **les** bras.
3. Nous ne **l'**aimions pas.
4. Amina **la** regarde.
5. Elles **les** suivent.
6. **La** fée arrive.

**2** ★★★ **Relevez les pronoms personnels et les articles.**

article défini | pronom personnel

1. Julie ramène Léo ; elle l'a déposé devant l'école.
2. Le chevalier est arrivé et le roi veut le voir.
3. La terrible Baba Yaga veut-elle la dévorer ?
4. Je ne les ai pas vus ! Les oiseaux se sont envolés.

**3** ★★★ **a. Copiez le texte. Entourez les articles définis.**
**b. Soulignez en bleu les pronoms désignant Tobie et en rouge ceux désignant le chasseur.**

Et si c'était un piège ?
C'était ça. L'homme avait senti l'enfant sous sa main, et l'attendait dans le noir, à quelques mètres. Tobie en était sûr. Ce chasseur avait bien dit qu'il le voulait pour lui tout seul, qu'il l'écraserait comme un termite ! Il devait être dans l'ombre à le surveiller.

**Timothée de Fombelle**, *Tobie Lolness*, © Éd. Gallimard, 2006.

### Distinguer pronom personnel et déterminant possessif

**4** ★★★ **Précisez la classe grammaticale de** « *leur* ».

déterminant possessif | pronom personnel

1. Tu sais, ce n'est pas **leur** problème.
2. Va **leur** demander le chemin !
3. **Leur** chien est noir et blanc.
4. Parle-**leur** avant la réunion.
5. Avez-vous **leur** adresse ?

**5** ★★★ **Ajoutez** « *leur* » **ou** « *leurs* »**. Citez la classe grammaticale.**

1. Ils ont rangé ... affaires.
2. Nous ... dirons la vérité.
3. ... oncle ... a ouvert la porte.
4. ... amis ... ont écrit.

**6** ★★★ **Copiez le texte. Soulignez les pronoms personnels et entourez le déterminant possessif.**

Est-ce que vous avez peur des requins, brave Ned ? Il ne s'agit pas, dis-je, de les pêcher avec un émerillon, de les hisser sur le pont d'un navire, de couper leur queue à coups de hache, de leur ouvrir le ventre, de leur arracher le cœur et de les jeter à la mer !

D'après **Jules Verne**, *Vingt mille lieues sous les mers*, 1869.

## Distinguer « ça » et « sa »

**7** ★★★ **Indiquez la classe grammaticale du mot en gras.**

1. Il a cassé **sa** montre.
2. **Ça** fait une heure que j'attends **sa** venue !
3. La grammaire ? **Ça** me passionne !
4. **Sa** passion me surprend.

**8** ★★★ **Identifiez la forme correcte.**

1. Tu entends (sa/ça) ? (Sa/Ça) m'exaspère !
2. Claire a taché (sa/ça) veste et (sa/ça) chemise.
3. (Sa/Ça) ne s'arrange pas avec (sa/ça) cousine.
4. Non, non, tout mais pas (sa/ça) !

**9** ★★★ **Complétez avec** « *sa* » **ou** « *ça* ».

1. Agnès a repeint ... chambre.
2. ... fait deux ans que je ne l'ai pas vu.
3. Leïla a très bien appris ... leçon.
4. Vous ne pouvez pas dire ... !

**10** ★★★ **Complétez le texte avec** « *ça* » **ou** « *sa* ».

La petite Fadette trembla un peu ; puis, reprenant ... bonne humeur :
– C'est bien assez d'avoir fait danser la laide, ... serait trop de vertu que de vouloir l'embrasser.
– Tiens ! ne dis pas ..., s'exclama Landry en prenant ... main ; je crois que ... ne peut être une punition de t'embrasser…

D'après **George Sand**, *La Petite Fadette*, 1851.

## Distinguer pronom et déterminant

**11** ★★★ **Citez la classe grammaticale des mots en gras.**

1. Une biche passe ; **la** princesse **la** regarde.
2. **Leur** professeur **leur** a rendu **leur** dictée.
3. **Le** cyclope **le** prend dans **sa** main.
4. « **Ça** fait dix fois que je **le** dis ! » dit **sa** mère.

**12** ★★★ **Placez ces mots dans le texte.**

la · la · l' · le · les · les · les · les · leur · leur · sa

Une autre que Cendrillon aurait coiffées ses sœurs de travers ; mais elle était bonne, et elle ... coiffa parfaitement bien. On rompit plus de douze lacets à force de ... serrer pour ... rendre ... taille plus menue, et elles étaient toujours devant ... miroir.

Enfin ... heureux jour arriva ; on partit, et Cendrillon ... suivit des yeux ... plus longtemps qu'elle put. Lorsqu'elle ne ... vit plus, elle se mit à pleurer. ... marraine, qui ... vit toute en pleurs, lui demanda ce qu'elle avait.

D'après **Charles Perrault**, « Cendrillon », 1697.

**13** **Copiez les cartes Mémo et complétez-les.**

**le, la, les, l', leur**
- situé devant le verbe → pronom — Mon exemple : ...............
- situé devant le nom → déterminant — Mon exemple : ...............

**ça, sa**
- remplacé par *cela* → pronom — Mon exemple : ...............
- remplacé par *ma* ou *ta* → déterminant — Mon exemple : ...............

PÉDAGOGIE DIFFÉRENCIÉE — Dans le manuel numérique, faites les exercices interactifs demandés par votre professeur.

**14** **Travail en binôme**

**Aidez votre camarade à obtenir une meilleure note.**

*7/12 Vous avez souligné des déterminants et entouré un pronom complément mais vous en avez oublié.*

À peine la jeune fille avait-elle disparu que le comte descendit de l'arbre et se mit à la poursuivre. Il n'avait fait que quelques pas, lorsqu'il vit dans le crépuscule deux personnes qui marchaient à travers la prairie. C'étaient le roi et la reine […]. Le comte leur raconta quelles merveilles il avait vues près de la fontaine, et ils ne doutèrent point que celle dont il parlait ne fût leur fille perdue.

**J. et W. Grimm**, « La Gardeuse d'oies près de la fontaine », 1812.

**15** **Dictée**

**Écrivez la dictée lue par un·e enseignant·e.**

**16** **Écriture** **Donnez une suite à ce texte. Soulignez les déterminants et les pronoms personnels que vous avez utilisés.**

En sortant de l'école, j'ai suivi un petit chien. Il avait l'air perdu, le petit chien, il était tout seul et ça m'a fait beaucoup de peine. J'ai pensé que le petit chien serait content de trouver un ami et je ...

**Sempé-Goscinny**, *Le Petit Nicolas*, Denoël, 1960.

**17** **À l'oral** **Un nouvel élève arrive en classe. Par groupe de deux, commentez la scène en utilisant le plus possible de** « *le, la, les, l'* » **déterminants ou pronoms personnels compléments.**

**18** **Défi** **Par groupe de deux, questionnez-vous en suivant l'exemple donné. Celui qui répond doit utiliser** « *ça* » **et** « *sa* ». Ex. : Cela te plait son blouson jaune ? → Non, ça ne me plait pas. Je préfère sa veste grise.

**19** **Écriture** **Racontez cette scène du** ***Petit Poucet*** **quand Poucet enlève les bottes de sept lieues de l'ogre pendant son sommeil. Vous emploierez les différents pronoms et déterminants vus dans la leçon.**

Chromolithographie anonyme (XIXe siècle).

Leçon 13

Les mots invariables

# Les prépositions

**Je cherche**

Mon livre est sur la table.

Réécrivez cette phrase au pluriel. Quel mot ne change pas ? Peut-on le supprimer ?

**J'apprends**

- Les **prépositions** sont des **mots invariables** : elles s'écrivent toujours de la même manière. Il faut donc apprendre par cœur les principales prépositions.
  - prépositions simples
    Ex. : à, dans, sur, chez, par, pour, en, vers, avec, de, sans, sous...
  - locutions prépositives (plusieurs mots)
    Ex. : à côté de, à cause de, au milieu de, grâce à...
- Les prépositions introduisent un mot ou un groupe de mots et ne peuvent pas être supprimées.
  Ex. : Veux-tu venir **chez** moi ? Pierre est content **de** lui.
- Les articles définis « le » et « les » prennent la forme contractée avec les prépositions **à** et **de**.
  Ex. : Vas-tu **au** cinéma ou **à** la piscine ? J'aime la tarte **aux** fraises avec **du** chocolat et **de** la vanille.

**Apprendre autrement**
Écoutez le podcast de la leçon

**Je m'exerce**

## Reconnaitre les prépositions

**1** ★★★ **Retrouvez les prépositions dans la liste.**

avec · très · de · enfin · vers · à · sous · devant · pour · et

**2** ★★★ **Relevez les groupes nominaux introduits par une préposition.**

1. Lise joue-t-elle dans la salle à manger ?
2. Clara ne voulait pas aller chez son cousin.
3. Nous les avons attendus devant le cinéma.
4. Virginie ne pense qu'à jouer au football.
5. Vers quelle heure rentreras-tu ?
6. Grâce à ton aide, je réussirai !

**3** ★★★ **a. Relevez les prépositions. b. Réécrivez les GN soulignés en utilisant un nom féminin, puis en les mettant au pluriel : que remarquez-vous ?**

1. Agnès rend visite à son frère.
2. Elle lui parle de son cousin.
3. Son frère est assis sur son fauteuil préféré.

## Employer les prépositions

**4** ★★★ **Complétez avec ces prépositions.**

pour • sur • chez • en • à • avec • de

1. Rose est partie ... sa grand-mère ... sa sœur.
2. La machine ... écrire ... mon père est cassée.
3. ... marchant ... la glace, je suis tombé.
4. Il achète des fleurs ... son père.

**5** ★★★ **Trouvez la bonne préposition.**

1. J'ai rendez-vous (chez le / au) coiffeur.
2. Les recettes (de / à) mon père sont mes préférées.
3. Tu iras (en / à) vélo à l'école.
4. Merci (de / pour) votre aide.

**6** **Travail en binôme**
**Aidez votre camarade à obtenir une meilleure note.**

*6/10 Vous avez souligné des prépositions et locutions prépositives mais il en manque quatre.*

*Les deux champions entrent sur le champ de bataille. Le soleil brillait haut dans le ciel. Les deux adversaires commencèrent par se défier. Hector lance son javelot sur le bouclier d'Ajax. La pointe pénètre à travers le fond du bouclier. Ajax, à son tour, lance son javelot qui traverse le bouclier d'Hector. Chez les Troyens, l'angoisse est terrible.*

D'après **Homère**, *L'Iliade*.

**7** **Dictée**
**Écrivez la dictée lue par un·e enseignant·e.**

**8** **Écriture** **Rédigez un paragraphe dans lequel un enfant expliquera à ses parents pourquoi il est rentré tard de l'école. Vous emploierez au moins sept prépositions différentes.**

**9** **À l'oral** **Précisez le sens de ces mots à l'aide des prépositions à et de. Puis un·e camarade vous proposera d'autres mots à compléter.**

une brosse → ... / ... / ... / ... / ...

un film → ... / ... / ... / ... / ...

Leçon 14

Les mots invariables

# Les conjonctions de coordination

## Je cherche

**Ma sœur est contente car elle a terminé son exercice.**

Réécrivez cette phrase au pluriel : quel mot ne change pas ? Posez-vous la question : pourquoi la jeune fille est-elle contente ? Quel mot introduit le groupe qui permet de répondre ?

## J'apprends

- Les **conjonctions de coordination** sont des **mots invariables** : elles s'écrivent toujours de la même manière. Il faut donc les apprendre par cœur : mais, ou, et, donc, or, ni, car.
- Une conjonction de coordination relie deux mots ou groupes de mots de même nature.
Ex. : Ali **et** Zoé se disputent. (2 noms) Je n'y vais pas aujourd'hui **mais** demain. (2 adverbes)
Elle porte des pulls noirs **ou** gris. (2 adjectifs) Elle pleure **car** elle s'est perdue. (2 propositions)
- Une conjonction de coordination exprime un **lien logique** entre ces deux mots ou groupes de mots.
Il peut s'agir de : – la cause Ex. : Je suis triste **car** ils sont partis.
– l'opposition Ex. : Elle lui a parlé **mais** il ne l'a pas écoutée.
– l'addition Ex. : Nous avons fait les courses **et** les avons rangées.

**Apprendre autrement**
Écoutez le podcast de la leçon

## Je m'exerce

### Reconnaitre les conjonctions de coordination

**1** ★★★ **Identifiez les conjonctions de coordination.**
1. Il pleut donc tu dois prendre ton parapluie.
2. M. Martin parle mais personne ne l'écoute !
3. Demain, nous irons au cinéma ou au restaurant.
4. Ces voleurs n'ont ni courage ni honnêteté.

**2** ★★★ **Relevez les conjonctions de coordination.**
Walt Master n'a jamais vu un train ni un ascenseur et, à vrai dire, il n'a jamais vu un champ de blé, une charrue, une vache, ni même une poule. Il n'a jamais porté de souliers, il n'a jamais été à un pique-nique ou une fête, ni parlé à une fille mais il a vu le soleil de minuit.

**Jack London**, *Le Roi de Mazy May*, 1902, Robert Laffont.

### Employer les conjonctions de coordination

**3** ★★★ **Placez la conjonction de coordination qui convient.**
1. Ce professeur est très sévère ... très strict.
2. Rick n'entendait ... la voix de Jean ... celle de Max.
3. Le soleil brille ... il ne fait pas chaud.
4. Le coureur a chuté, il a ... dû abandonner.

**4** ★★★ **Faites une seule phrase grâce à une conjonction de coordination.** Ex. : (choix) Je me reposerai. Je sortirai. → Je me reposerai **ou** je sortirai.
1. (opposition) Il cueille les poires. Elles ne sont pas mûres.
2. (cause) J'éternue. Je ne me suis pas assez habillé.
3. (addition) Mon père a passé le balai. Il a fait la vaisselle.

**5** ★★★ **Ajoutez une proposition introduite par une conjonction de coordination et précisez le rapport logique.** Ex. : J'adore la tarte aux pommes. → J'adore la tarte aux pommes **mais** je déteste le flan. (opposition)
1. Ulysse entre dans la grotte.
2. Ulysse se venge du monstre.
3. Le cyclope a bu du vin.
4. Circé prépare le nectar.

**6** **Travail en binôme**
**Aidez votre camarade à obtenir une meilleure note.**

*4/10 Vous avez souligné deux conjonctions de coordination mais il en manque trois.*

Les marchands courent après lui, mais il va trop vite. Ils ne peuvent donc pas le rattraper. Renart file à vive allure vers Maupertuis car Hermeline, sa bonne et sage épouse, l'attend. Ses deux fils viennent à sa rencontre et le reçoivent avec tout le respect qui lui est dû. Quand on voit ce qu'il rapporte, c'est une joie et des embrassements sans fin.

*Le Roman de Renart.*

**7** **Dictée**
**Écrivez la dictée lue par un·e enseignant·e.**
**Aide fournie :** Sarlande.

**8** **Écriture** **Racontez une journée passée au collège. Vous emploierez au moins cinq conjonctions de coordination que vous soulignerez.**

**9** **Top chrono !** **Un·e camarade dit une phrase simple. Vous la compléterez le plus rapidement possible en utilisant une conjonction de coordination.**

**10** **Écriture** **Inventez un petit dialogue dans lequel l'enseignante interroge un·e élève sur la leçon de mathématiques. Vous utiliserez au moins six conjonctions de coordination.**

Leçon 15

Les mots invariables

# Les adverbes

## Je cherche

Il mange vite.

Faites les gestes du grammairien en mettant cette phrase au pluriel.
Quel mot ne change pas ? Quelle information ce mot apporte-t-il ?

## J'apprends

- L'**adverbe** (adv.) est une **classe grammaticale**.
- Les adverbes et locutions adverbiales sont des **mots invariables** : ils s'écrivent toujours de la même manière. Il faut donc les **apprendre par cœur**.
  Ex. : longtemps, toujours, beaucoup, quelquefois, si, là
- Les adverbes **modifient le sens** d'un mot ou d'une phrase. Le plus souvent, ils peuvent préciser :
  – un **adjectif qualificatif** Ex. : Voici l'animal le **plus** petit, il est **trop** doux !
  – un **verbe** Ex. : Il court **vite** mais **ne** grimpe **pas** aux arbres.
  – un autre **adverbe** Ex. : Il mange **très** lentement puis dort **très** longtemps.
  – une **phrase** Ex. : **Demain**, il quitte le refuge. **Hier**, une famille l'a adopté.
- Un adverbe peut apporter des informations sur :
  – le **lieu** Ex. : Viens **ici** ! **Ailleurs**, c'est l'inconnu. Veux-tu aller **là-bas** quelques jours ?
  – le **temps** Ex. : **Autrefois**, on lisait des contes près du feu car **jadis** il n'y avait pas de radiateurs !
  – la **manière** Ex. : Il lui a parlé **doucement** et **gentiment**.
  – la **quantité** Ex. : C'est **assez** rempli, n'en mets pas **plus** ! En veux-tu **encore** ?
  – l'**intensité** Ex. : Cette fleur est **aussi** belle que celle-ci. Elle parfume **autant** que l'autre.

**Apprendre autrement**
Écoutez le podcast de la leçon

## Je m'exerce

### Apprendre par cœur

**1** ★★★ **a. Apprenez par cœur l'orthographe de ces adverbes :** assez beaucoup très mieux trop déjà
**b. Écrivez une phrase pour chaque adverbe.**

**2** ★★★ **a. Dans quel type de textes pouvez-vous lire ces adverbes :** autrefois, naguère, jadis **?**
**b. Apprenez par cœur leur orthographe.**
**c. Écrivez une phrase pour chaque adverbe.**

**3** ★★★ **a. Dans quel type de textes pouvez-vous lire ces adverbes :** soudain, aussitôt, brusquement **?**
**b. Apprenez par cœur leur orthographe.**
**c. Écrivez une phrase pour chaque adverbe.**

### Reconnaitre des adverbes

**4** ★★★ **a. Relevez dans cette liste les adverbes.**
main • maintenant • aussi • auto • jardin • moins • plus • pluie • provisoirement
**b. À quelle classe grammaticale appartiennent les autres mots ?**

**5** ★★★ **a. Relevez dans cette liste les adverbes.**
ainsi • joli • petit • guère • ensuite • doux • doucement • poliment • rugueux
**b. À quelle classe grammaticale appartiennent les autres mots ?**

**6** ★★★ **a. Relevez dans cette liste les adverbes.**
mais • ou • jamais • décidément • et • donc • toujours • partout • or • ni • parfois • car • hardiment
**b. À quelle classe grammaticale appartiennent les autres mots ?**

**7** ★★★ **Relevez dans cette liste les adverbes.**
actuellement • à • avec • drôlement • enfin • chez • sans • facilement • vite • froidement • vers • ici

### Identifier des adverbes

**8** ★★★ **Repérez dans chaque phrase un adverbe.**
1. C'est encore un loup maigre et affamé !
2. Trouves-tu cette histoire magnifiquement racontée ?
3. Cette pauvre tortue trop lente va perdre.

**9** ★★★ **Repérez dans cet extrait les quatre adverbes.**
Déjà les soldats arrivent. Ainsi, les armées forment une véritable barrière infranchissable. Aussitôt, le vaillant héros surgit et s'adresse fougueusement à ses hommes.

**10** ★★★ **a. Repérez dans chaque phrase un adverbe.**
1. J'ai toujours eu confiance en toi !
2. J'ai encore besoin de toi.
3. Ai-je plein d'amis ?
**b. Rédigez des phrases contraires en utilisant les adverbes :** jamais, plus, peu.

## Comprendre la signification des adverbes

**11** ★★★ **Ces adverbes sont classés par ordre alphabétique. Remettez-les dans l'ordre chronologique.**

après-demain | avant-hier | aujourd'hui | demain | hier | jadis

**12** ★★★ **Recopiez le tableau. Classez-y les adverbes de lieu et de temps :** alors • autour • aussitôt • demain • là • loin • hier • enfin • ici • souvent • tard • partout.

| | |
|---|---|
| **Lieu** | |
| **Temps** | |

**13** ★★★ **Classez les adverbes de temps et de manière dans un tableau :** aujourd'hui • comment • rarement • secrètement • bientôt • rondement • mieux • jadis • longtemps • tristement • puis • vite • volontairement.

| | |
|---|---|
| **Temps** | |
| **Manière** | |

**14** ★★★ **Quels adverbes emploierez-vous pour compléter le verbe** dire **si vous souhaitez** crier **ou** murmurer **?**
faiblement • fortement • fougueusement • légèrement • mollement • vigoureusement • puissamment • doucement • fébrilement • férocement

| Crier | Murmurer |
|---|---|
| | |

**15** ★★★ **Parmi ces adverbes, lesquels permettent de relier des actions ou de nuancer des actions ?**
vite • tantôt • triomphalement • sixièmement • soudain • subtilement • simultanément • patiemment • parallèlement • puis • mielleusement • finalement • facilement • ensuite • d'abord • drôlement • alors

| Relier des actions | Nuancer des actions |
|---|---|
| | |

**16** ★★★ **Les adverbes de ce texte ont disparu. Replacez-les à l'aide de la liste. Plusieurs solutions possibles.**

alors | point | rapidement | rageusement | solidement | soudain | aussitôt | immédiatement | vaillamment

..., Hector arrive près de la porte ... fermée. ..., il saisit son glaive, mais pour ne ... porter un coup inutile, il ramasse une pierre ..., il la lance ... contre les gonds de la porte qui cèdent .... ..., Hector se précipite ... au milieu des Grecs.

D'après **Homère**, *Iliade*.

**17** **Copiez la carte Mémo et complétez-la.**

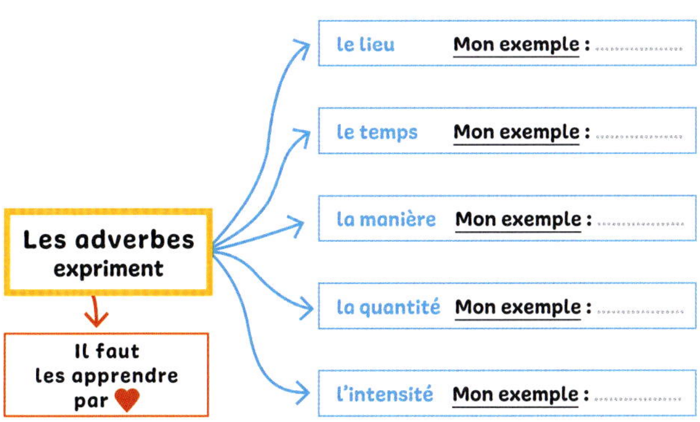


PÉDAGOGIE DIFFÉRENCIÉE Dans le manuel numérique, faites les exercices interactifs demandés par votre professeur.

**18** **Travail en binôme**
**Aidez votre camarade à obtenir une meilleure note à son exercice.**

*3/7 Vous n'avez pas repéré tous les adverbes.*
Autrefois, le ciel était si près de la terre qu'il suffisait de lever la main pour le toucher. [...] Parfois, des hommes gourmands en coupaient de si grands morceaux qu'ils ne parvenaient jamais à les finir. Alors, un matin, le ciel en a eu assez d'être mal traité. Il est remonté très haut, là où il est à présent.

**Jean-Jacques Fdida**, *La Naissance de la nuit et autres contes*, © Didier Jeunesse, 2006.

**19** **Dictée**
**Écrivez la dictée lue par un·e enseignant·e.**

**20** **À l'oral** **Racontez les actions que vous avez réalisées ce matin. Vous emploierez cinq adverbes de temps.**

**21** **Écriture** **Inventez un court épisode de l'*Odyssée* dans lequel Ulysse affronte un monstre. Vous emploierez cinq adverbes pour structurer votre récit et cinq adverbes pour nuancer des actions.**

**22** ⌛ **Top chrono !** **Pour ce défi, il faut trois élèves :**
– Un·e élève surveille le chronomètre.
– Un·e élève pose une question.
– Un·e élève répond sans prononcer ni « oui », ni « non ».

**Les questions s'enchainent et le jeu s'arrête dès que ces mots sont prononcés. Puis les élèves changent de rôle.**
**Pour vous préparer, faites la liste des adverbes que vous pourrez prononcer.**

**23** **À l'oral** **Décrivez ce surfeur en utilisant des adverbes pour sa position, la vitesse, les vagues.**

**24** **Écriture** **Inventez une histoire dans laquelle ce surfeur sera le personnage principal en introduisant au moins dix adverbes dans votre récit.**

Leçon **16**

**Les fonctions au sein du groupe nominal**

# Repérer l'épithète dans le groupe nominal

**Je cherche**

**L'oiseau multicolore se pose sur l'arbre feuillu.**

Repérez les deux noms. Faites les gestes du grammairien : réécrivez la phrase en supprimant les deux mots qui apportent des précisons sur ces noms. Qu'en déduisez-vous ?

**J'apprends**

- L'**épithète** est une **fonction** de l'adjectif qualificatif ou du participe passé employé comme adjectif. Elle apporte des précisions sur le nom noyau.
  Ex. : Les romans **fantastiques** me passionnent.
- L'**adjectif épithète** fait partie du **groupe nominal**.
  – Il peut être supprimé. Ex. : Un **petit** âne **chargé** arrivait. → Un âne arrivait.
  – Il se place avant ou après le nom. Selon sa place, il peut changer le sens de la phrase.
  Ex. : un **curieux** personnage (étrange) un enfant **curieux** (indiscret)
  – Il s'accorde en genre et en nombre avec le (ou les) nom(s) précisé(s). Au pluriel, l'accord se fait au masculin, même si l'un des noms est féminin. Ex. : Voici de **belles** cerises. (accord fém. pluriel)
  Ces kiwis et ces cerises **sucrés** font envie. (accord masc. pluriel)
- Plusieurs adjectifs épithètes peuvent enrichir le même nom. Ils sont alors reliés par une **virgule** ou une **conjonction de coordination** (*et*, *ou*, *ni*).
  Ex. : Un roman **drôle**, **passionnant** et **enrichissant**.

**Apprendre autrement**
Écoutez le podcast de la leçon

**Je m'exerce**

## Repérer l'épithète dans un groupe nominal

**1** **Soulignez le nom noyau et entourez les épithètes.**
un animal féroce et majestueux • le lumineux soleil couchant • un jeu ludique, instructif et amusant • ces deux amis inséparables • cet adorable chat endormi • du pain frais ou des croissants chauds et croustillants

**2** **Soulignez le nom noyau et entourez son épithète.**
1. Les feuilles jaunies annoncent l'automne.
2. Quelle chaleur insupportable !
3. Est-ce que vous avez trouvé mon petit chien ?
4. Vendredi regarda le magnifique papillon blanc se poser.
5. Nous voyons une immense étendue d'eau bleu turquoise.

**3** **a. Relevez les épithètes des noms soulignés.**
**b. Précisez la classe : adjectif ou participe passé.**
C'était une bibliothèque. De hauts meubles en palissandre noir, incrustés de cuivres, supportaient sur leurs larges rayons un grand nombre de livres uniformément reliés. [...] Au centre se dressait une vaste table, couverte de brochures, entre lesquelles apparaissaient quelques journaux déjà vieux. La lumière électrique inondait tout cet harmonieux ensemble, et tombait de quatre globes dépolis à demi engagés dans les volutes du plafond.

**Jules Verne**, *Vingt mille lieues sous les mers*, 1869.

**4** **Soulignez les épithètes et reliez-les au nom qu'ils précisent.**
*Le Médecin malgré lui* est une pièce de théâtre comique de Molière. Cette célèbre pièce représentée en 1666 au Palais-Royal connut un très grand succès. Elle comporte trois actes écrits en prose. L'intrigue plaisante et rythmée est simple. Martine veut se venger de son terrible mari. Sganarelle devra jouer le rôle d'un faux médecin. La pièce tirée de la farce italienne ne manque pas de dénoncer les pratiques médicales de l'époque.

## Enrichir le GN avec une épithète

**5** **Reliez chaque épithète à son nom noyau. Aidez-vous des accords.**

| | |
|---|---|
| la grotte • | • réussi |
| ces bâtiments • | • démolis |
| un spectacle • | • sucrées |
| des fraises • | • déserte |

**6** **Complétez chaque nom avec une épithète.**
1. La route suit-elle le fleuve ?
2. Un livre vaut un film.
3. Un sourire enchante une journée.
4. Les animaux n'ont pas envahi cette zone.

**7** **Déplacez l'épithète devant ou derrière le nom et donnez le nouveau sens obtenu.** un homme grand un sacré endroit un ancien objet des mariés jeunes

**8** ★★★ **Formez le participe passé de chaque verbe. Faites les accords nécessaires.**

1. C'est une actrice (connaitre).
2. Les enfants prennent des vacances (mériter).
3. La table (mettre), on peut s'installer.
4. Les gâteaux (faire) maison sont meilleurs.

**9** ★★★ **Remplacez le groupe souligné par une épithète.**
Ex. : les fleurs du printemps → les fleurs *printanières*
cette décision du département • le réchauffement du climat • des affaires d'école • une solidarité de la famille • la croute de la terre • ma robe d'été

**10** ★★★ **Réécrivez le texte en modifiant les épithètes afin de rendre le portrait différent.**
Un chien de taille médiocre au pelage rêche et sale s'approcha de moi. Ses yeux tristes et sombres me fixaient. De minuscules oreilles aux bords inégaux se dressaient sur sa tête. Sa gueule entrouverte laissait voir des crocs noirs. Sa frêle musculature et son allure gauche m'étonnaient.

## Accorder l'épithète dans le GN

**11** ★★★ **Recopiez le nom et choisissez l'épithète avec le bon accord.**
le travail (fini, finie, finis) • des objets (perdu, perdue, perdus) • une nourriture (varié, variée, variées) • des véhicules (ancien, ancienne, anciens) • ce document (remise, remis, remises) • des partitions (manuscrite, manuscrits, manuscrites)

**12** ★★★ **Accordez les épithètes dans la critique du film.**
*Le Roi lion*, cette œuvre connu... des petits et des grands, et apprécié... par tous est de retour sur les écrans. Une animation réalisé... grâce à des visuels créé... en CGI (imagerie généré... par ordinateur). Les héros attachant... du royaume de la Terre des Lions nous enchantent encore. Les couleurs férique... de la savane, ses animaux fascinant... concourent à rendre cette version exceptionnel... .

**13** ★★★ **Complétez chaque nom en gras avec la bonne épithète, aidez-vous de l'accord.**

petit | dessiné | long | développés | grand | crochu
brun | longue | jeune | orné | saillante | intelligent

**Visage** ... et ... ; la **pommette** des joues ... ; les **muscles** maxillaires énormément ..., notre ... **homme** portait un **béret** ... d'une espèce de plume ; l'**œil** ... ; le **nez** ..., mais finement ... ; trop ... pour un adolescent, trop ... pour un homme fait, et qu'un œil peu exercé eût pris pour un fils de fermier en voyage, sans sa ... **épée**.

D'après **A. Dumas**, *Les Trois Mousquetaires*, 1844.

**14** **Copiez la carte Mémo et complétez-la.**

**Le groupe nominal**

déterminant + épithète + nom noyau + épithète

Mon exemple : ..........

PÉDAGOGIE DIFFÉRENCIÉE — Dans le manuel numérique, faites les exercices interactifs demandés par votre professeur.

**15** **Dictée dialoguée**
**Aidez votre camarade à corriger ses erreurs.**

5/10 Parmi les épithètes soulignées, corrigez celles qui sont mal accordées.
Ma fille a donc été enregistrée sous le jolie nom de Verte, autrement plus seyant pour une futur sorcière que celui de Rose. [...] Mais quand elle a atteint ses dix ans, elle était toujours d'une normalité déprimant. Jolie fille, bon élève, brave camarade, rigolote, soigneuse et gentil.

D'après **Marie Desplechin**, *Verte*, L'École des loisirs, 1996.

**16** **Dictée**
**Écrivez la dictée lue par un·e enseignant·e.**
**Aide fournie :** ptérodactyles.

**17** **Écriture Sur ce modèle, rédigez une petite annonce pour une maison étrange et fantaisiste. Vous utiliserez des GN enrichis d'épithètes que vous soulignerez.**
Ex. : Idéalement situé en centre-ville, petit appartement douillet, donnant sur un parc arboré. Pièces vastes et éclairées. Cuisine équipée, chauffage intégré au sol. Place de parking réservée pour deux voitures. Prix modéré et charges comprises.

**18** **Top chrono ! Mettez-vous par deux, vous avez 2 minutes pour trouver le meilleur slogan publicitaire pour un produit (téléphone, savon, chips, chaussures...) à l'aide de GN enrichis d'épithètes.**
Ex. : Le shampoing Larnier : un shampoing **magique** pour des cheveux **fériques** !
**Rapide, silencieuse, ergonomique**, Lissan, la voiture de demain !

**19** **À l'oral Avec un·e camarade, cherchez cinq GN avec un nom noyau et une épithète que tout le monde peut trouver puis faites deviner l'épithète à un·e autre camarade en ne donnant que le nom.**
Ex. : une éclipse (solaire), une visite (médicale), un bulletin (trimestriel), etc.

**20** **Écriture Faites une description précise de cet animal à l'aide de GN enrichis d'épithètes.**

Leçon 17

Les fonctions au sein du groupe nominal

# Employer des compléments du nom

**Je cherche**

J'ai choisi **une pizza aux champignons.**

Observez le groupe nominal. Combien de noms comporte-t-il ? Lequel peut être supprimé sans changer le sens de la phrase ? Par quel mot est-il introduit ?

**J'apprends**

- Le **complément du nom (CDN)** appartient au groupe nominal. Il apporte des **précisions** sur le nom noyau, il l'**enrichit** (possession, matière, fonction…). Il peut être supprimé mais non déplacé.
  Ex. : le bureau **de ma sœur**, cette table **en bois**, un métier **à tisser**.
  On ne dit pas à sonnette un serpent
- Le CDN est placé **après le nom** qu'il complète. Il est généralement introduit par une **préposition** (*à, de, en, avec, sans…*). Il peut appartenir à différentes **classes grammaticales** :
  – un nom ou un GN — Ex. : une porte **sans poignée**, mon portable **avec ses écouteurs**
  – un pronom — Ex. : la décision **de chacun**, une force **contre lui**
  – un infinitif ou un groupe infinitif — Ex. : un poste **à pourvoir**, cette table **à monter soi-même**
  – un adverbe — Ex. : ces pratiques **d'autrefois**, les copains **de toujours**
- Le CDN fait partie du groupe nominal. Il ne faut pas le confondre avec un COI (qui complète un verbe) ou un complément circonstanciel introduit pas une préposition (qui complète une phrase).
  Ex. : J'écris **à ma sœur.** (COI du verbe *écrire*) — J'ai pris le train **à Marseille.** (CC de lieu, déplaçable)

**Apprendre autrement**
Écoutez le podcast de la leçon

**Je m'exerce**

## Repérer le complément du nom

**1** **Entourez le nom noyau et soulignez le complément du nom.** Ex. : la (facture) de la cantine
1. votre porte en verre
2. cette manifestation contre la pollution
3. un long échange entre eux
4. le sage Ulysse aux fertiles pensées

**2** **Distinguez le nom noyau du CDN.**
Ex. : ces rues de la ville
1. son cadeau pour moi
2. le journal d'hier
3. une table à langer
4. Achille aux pieds rapides

| rues | de la ville |
|---|---|
| | |
| | |
| | |
| | |

**3** **Formez un groupe nominal avec CDN. Soulignez le nom noyau.**
1. rentrée / la / jour / le / de / classes / des
2. promenade / à / en / une / moteur / vélo
3. d' / coupe / des / Afrique / nations / de / football / la

**4** **Relevez le CDN de chaque nom souligné.**

Sous le soleil jaune aux rayons jaunes qui réchauffaient la peau, […] les pieds dans des babouches en cuir qui décollaient sans cesse de ses talons, la chemise en grosse toile à manches longues sous un gilet de drap noir qui pendait […] : c'est ainsi que l'ancêtre arpentait […] les souks du Caire, pour vendre ses bouchons de liège.

**Andrée Chédid**, *L'Ancêtre sur son âne et autres nouvelles*, Didier, 2015.

**5** **Précisez si les groupes de mots soulignés sont un CDN, un COI ou un complément circonstanciel (CC).**

CDN — COI — CC

1. Aimes-tu ma recette du cake au citron ?
2. Pars-tu directement au stade ?
3. Apprends-tu à faire du roller ?
4. Je ne dois pas parler de cette histoire.
5. Je n'aime pas les poèmes en prose.
6. Je n'apprends pas ma leçon en cinq minutes.

## Construire des compléments du nom

**6** **a. Réduisez chaque GN en éliminant les CDN.**
1. Les fleurs des champs aux couleurs roses et rouges égayaient le paysage sans relief.
2. Les branches de l'arbre aux larges feuilles plongeaient dans la rivière en contrebas.
3. Les voyageurs avec d'encombrantes valises envahissaient le quai de la gare.

**b. Reprenez les courtes phrases obtenues et ajoutez d'autres CDN de votre choix.**

**7** **Complétez avec la préposition qui convient.**
1. une robe … été … soldes
2. une course … solitaire … assistance
3. un livre … enfants … des images
4. une corde … linge … étendre les habits

**8** ★★★ **Imaginez un groupe nominal avec CDN.**
Ex. : Télémaque → Le noble fils du grand Ulysse
Pénélope • Ulysse • Ariane • Hector • Athéna

**9** ★★★ **Créez trois animaux fabuleux en utilisant des compléments du nom. Notez les prépositions employées.**
Ex. : Un canard sans bec, aux plumes argentées, avec trois pieds palmés (sans, à, avec)

## Employer des compléments du nom

**10** ★★★ **Remplacez l'épithète par un CDN de même sens.**
1. La mairie a voté le budget annuel.
2. Nous devons connaitre les lois républicaines.
3. Je suis passionné par les animaux préhistoriques.
4. Julien est un personnage romanesque.

**11** ★★★ **Complétez avec les CDN proposés.**
de pierre • d'eau (x 2) • du sorcier • de la cave • de la pente raide • pour préparer les élixirs • de la pièce

De l'autre côté ..., c'était le laboratoire ... avec son four cosmique et sa distillerie ... . [...] Au milieu ..., il y avait une énorme cuve ... . Il fallait la remplir chaque jour et, pour cela, transporter de lourds seaux ... depuis le Rhin jusqu'en haut ... qu'escaladaient des marches ... .

**Tomi Ungerer**, *Guillaume l'apprenti sorcier*, L'École des Loisirs, 1971.

**12** ★★★ **Réécrivez la phrase selon l'exemple.**
Ex. : La météo s'améliorera demain. → Amélioration de la météo demain.
1. Les pirates se sont révoltés à bord de leur bateau.
2. Les résultats ont été rappelés hier.
3. L'équipe de Hockey a gagné à la dernière minute.
4. Le collège prépare sa fête de fin d'année.

## Identifier la classe grammaticale d'un CDN

**13** ★★★ **Repérez le CDN et donnez sa classe grammaticale.**

GN • Pronom • Infinitif • Adverbe

1. Il y a des règles à respecter.
2. Le nettoyage de celle-ci est facultatif.
3. Vous avez accès au linge propre.
4. Vous le trouverez dans le meuble du dessus.

**14** ★★★ **Complétez avec un CDN de la classe grammaticale proposée.**
1. J'ai confectionné une boite ... (GN).
2. Ils vendent des produits ... (infinitif).
3. Je suis épuisé par la journée ... (adverbe).
4. J'ai reçu une lettre ... (pronom).

**15** **Copiez la carte Mémo et complétez-la.**

**Le groupe nominal**

déterminant + nom noyau + complément du nom = préposition + nom/GN, pronom ou infinitif

Mon exemple : ........................................

PÉDAGOGIE DIFFÉRENCIÉE — Dans le manuel numérique, faites les exercices interactifs demandés par votre professeur.

**16** **Travail en binôme**
**Aidez votre camarade à obtenir une meilleure note.**

5/10 Vous avez souligné des CDN mais il en manque.
L'intrépide Tartarin habitait alors, à l'entrée de la ville, la troisième maison à gauche. Jolie petite villa tarasconnaise avec jardin devant, balcon derrière, des murs très blancs, des persiennes vertes, et sur le pas de la porte une nichée de petits Savoyards jouant à la marelle ou dormant au bon soleil, la tête sur leurs boîtes à cirage. Jamais on ne se serait cru devant la demeure d'un héros.

D'après **A. Daudet**, *Tartarin de Tarascon*, 1872.

**17** **Dictée**
**Écrivez la dictée lue par un·e enseignant·e.**

**18** **Écriture** **Rédigez un article pour le journal du collège et donnez-lui un titre contenant un CDN. Puis relisez votre article en soulignant tous les CDN.**
Ex. : Nouvelles du voyage au ski de la classe de 6e F.

**19** **À l'oral** **Complétez l'équipement scolaire idéal ou fantaisiste en ajoutant le plus possible de CDN. Variez les prépositions.**
Ex. : un cartable en tissu léger avec des poches pour le gouter

1. une trousse de ...
2. une règle en ...
3. des stylos contre ...
4. un agenda sans ...
5. une ... pour ...
6. des ... avec ...

**20** **Top chrono !** **Cherchez le plus rapidement possible cinq titres (livre ou film) contenant un complément du nom.**
Ex. : *La Révolte des Titans - Alice au pays des merveilles*

**21** **À l'oral** **Citez des définitions contenant des compléments du nom (maths, SVT, histoire...).**
Ex. : Une épopée est le récit des aventures d'un héros.
Un carré est un quadrilatère à quatre côtés égaux.

**22** **Écriture** **À partir de la photographie, écrivez un paragraphe descriptif qui pourrait figurer dans un roman. Apportez des détails en enrichissant les groupes nominaux avec des compléments du nom.**

Leçon 18

La fonction Sujet

# Accorder le verbe avec son sujet

**Je cherche**

**L'enfant** joue.

Faites les gestes du grammairien : remplacez « l'enfant » par « les enfants ». Que devient « joue » ?

**J'apprends**

- Le **sujet** apporte une information essentielle dans une phrase : **on ne peut donc pas le supprimer.**
  Ex. : **Le public** riait dans la salle.
  Sujet essentiel Verbe
- Le sujet contient des informations de **personne** et de **nombre** qui permettent de conjuguer le verbe. Ex. : **Je** vais à la piscine. (1re pers. singulier) **Ils** font de la danse. (3e pers. pluriel)
  Attention : les pronoms « on », « chacun », « quelqu'un » et « tout » se conjuguent à la 3e personne du singulier. Ex. : **On** part tous ensemble à la campagne. **Chacun** fait ce qu'il veut. **Tout** passe.
- Pour bien conjuguer le verbe, il est important de savoir repérer le sujet. Pour cela, il faut trouver le verbe, puis poser les questions **« qui est-ce qui ? »** ou **« qu'est-ce qui ? »**.
  Ex. : **Tom** va au collège. Question : Qui est-ce qui va au collège ? Réponse : « Tom ». « Tom » est donc sujet du verbe « aller ».
- Le sujet se situe souvent **juste avant le verbe**, mais il y a parfois des exceptions.
  – Le sujet peut être **inversé** et se situer après le verbe :
    - dans une phrase interrogative — Ex. : Voulez-**vous** des bonbons ? / **Antoine** peut-**il** sortir ?
    - après certains adverbes — Ex. : Ainsi va **la** vie...
    - après des phrases au discours direct — Ex. : « Je ne suis pas d'accord », cria-t-**elle**.
    - dans des formulations littéraires — Ex. : Dans les arbres croassaient **des corbeaux**.

  – Le sujet peut être **séparé du verbe par d'autres mots**, parfois **par un autre verbe**.
  Ex. : **Leïla**, affamée, mangeait ses gâteaux. **Leïla** les mangeait. **Leïla** mangeait, buvait et chaque matin se régalait.
- Le sujet peut appartenir à **différentes classes grammaticales** : nom, groupe nominal (GN), pronom et infinitif. Ex. : **Tom** s'est endormi. **Les élèves de 6e** arrivent. **Vous** n'êtes pas en avance. **Voyager** est toujours intéressant !

**Apprendre autrement**
Écoutez le podcast de la leçon

**Je m'exerce**

### Repérer le sujet d'un verbe

**1** ★★★ **Trouvez le sujet dans ces phrases.**

| Phrase | Question | Sujet |
|---|---|---|
| Ex. : Elle **écrit**. | Qui est-ce qui **écrit** ? | Elle |
| 1. Salomé **veut** partir. | | |
| 2. Ramer **demande** de la force. | | |
| 3. Alex les **connait** bien. | | |
| 4. As-tu **fait** tes devoirs ? | | |

**2** ★★★ **Repérez le sujet de chaque verbe en gras.**
1. Le père de Cendrillon **se remaria**.
2. Sa nouvelle femme, très revêche, n'**aimait** pas sa fille.
3. Elle lui **donnait** des tâches ingrates.
4. Et Cendrillon ? Comment **allait**-elle supporter cela ?
5. Et si vous **inventiez** la suite ?

**3** ★★★ **Repérez le sujet dans ces phrases.**
1. Au départ, Dick n'était qu'un simple mousse.
2. Beaucoup de passagers, après la tempête, sont morts.
3. Les survivants ont demandé à Dick de les aider.
4. Heureusement, il a su diriger le bateau.

**4** ★★★ **Relevez chaque sujet avec son verbe dans ce texte.**

Un meunier ne laissa pour tous biens à trois enfants qu'il avait, que son Moulin, son Âne, et son Chat. Les partages furent bientôt faits [...]. L'aîné eut le Moulin, le second eut l'Âne, et le plus jeune n'eut que le Chat. Ce dernier ne pouvait se consoler d'avoir un si pauvre lot : « Mes frères, disait-il, pourront gagner leur vie honnêtement en se mettant ensemble ; pour moi, lorsque j'aurai mangé mon chat [...], il faudra que je meure de faim. »

**Charles Perrault**, *Le Chat Botté*, 1697.

### Conjuguer le verbe en fonction du sujet

**5** ★★★ **Mettez le sujet au pluriel et conjuguez le verbe.**
1. **Le chat** miaule.
2. **La grenouille** coasse.
3. **Le mouton** bêle.
4. **La poule** caquette.

**6** ★★★ **Mettez les verbes au présent de l'indicatif à la 3e personne du singulier ou du pluriel.**

1. Tous les enfants (se réjouir) de la tombola.
2. Chacun (croiser) les doigts en regardant son ticket.
3. On (regarder) tous la roue tourner.
4. Quelqu'un (avoir) le bon numéro.

**7** ★★★ **Indiquez la personne et le nombre de chaque sujet en gras puis mettez le verbe au présent de l'indicatif.**

EMMA : Hé ! (savoir)-**tu** si on a un contrôle demain ?
FAYAD : Oui : **on** (avoir) un contrôle d'histoire !
EMMA : Oh non, **je** n'(avoir) pas le temps de réviser.
FAYAD : **Ce** n'(être) pas très long !
EMMA : Oui, mais **mon père et moi** (aller) au théâtre.
FAYAD : **Ton père et toi** (avoir) de la chance !

**8** ★★★ **Inventez un sujet de la classe grammaticale demandée. Observez bien la terminaison du verbe.**

1. (GN) déménagent demain.
2. (pr. personnel) vont habiter en Bretagne.
3. (infinitif) demande beaucoup d'organisation.
4. (nom propre) déménagera aussi l'année prochaine.

**9** ★★★ **Recopiez cette leçon de SVT en mettant les verbes au présent de l'indicatif.**

Les organes de dispersion (permettre) d'installer des végétaux dans un milieu donné. Les plantes à fleurs (fabriquer) des fruits qui (contenir) des graines. Une fleur de pissenlit, par exemple, (produire) des centaines de fruits : chacun de ces fruits (posséder) une graine et une aigrette plumeuse. Les fruits secs, lorsqu'il y a beaucoup de vent, (se détacher) et (s'envoler).

## Maitriser les sujets séparés ou inversés

**10** ★★★ **Ajoutez à chaque phrase deux verbes de votre choix. Attention à la conjugaison.**

Ex. : Les enfant crient, jouent et rient.

1. Le professeur parle, … et ….
2. Les sportifs courent, … et ….
3. Le dimanche, nous dormons, … et ….

**11** ★★★ **Mettez ces verbes au présent de l'indicatif.**

1. Dans le grand arbre (chanter) les cigales.
2. Dans mes rêves (chanter) un oiseau merveilleux.
3. Sur la mer (voguer) les bateaux.
4. Près d'ici (habiter) un ogre monstrueux.

**12** ★★★ **Reconstituez ces phrases en les commençant par** « *peut-être* » **et en conjuguant le verbe au futur.**

Ex. : Peut-être – *venir* / les invités / à l'heure / ils
→ Peut-être les invités viendront-ils à l'heure.

1. Peut-être – *gagner* / Tom / il / la course.
2. Peut-être – l'année prochaine / *être* / tu / en 5e.
3. Peut-être – maintenant / des efforts / *faire* / vous.

**13** **Copiez la carte Mémo et complétez-la.**

**Le sujet**

- répond à la question « qui est-ce qui ? » ou « qu'est-ce qui ? »
  Mon exemple : ……………………
- permet de conjuguer le verbe à la bonne personne
  Mon exemple : ……………………

PÉDAGOGIE DIFFÉRENCIÉE — Dans le manuel numérique, faites les exercices interactifs demandés par votre professeur.

**14** **Dictée dialoguée**

**Aidez votre camarade à corriger ses erreurs.**

6/10 Repérez bien les sujets pour conjuguer les verbes.

Les chevaux, repoussés par les rafales, se cabraient et leur conducteur ne pouvait parvenir à les calmer. Aux interpellations amicales avait succédé dans sa bouche les qualifications les plus insultantes. Rien n'y faisait. Les malheureuses bêtes, […] épouvantées par les éclats incessants de la foudre, menaçait de briser leurs traits et de s'enfuir.

D'après **Jules Verne**, *Michel Strogoff*, 1876.

**15** **Dictée**

**Écrivez la dictée lue par un·e enseignant·e.**

**16** **Écriture Ce vers de Guillaume Apollinaire est très célèbre :**

« Sous le pont Mirabeau (Compl. de lieu) coule (Verbe) la Seine (Sujet inversé) ».

**Inventez huit phrases suivant le même modèle pour constituer un court poème.**

Lieu que vous connaissez + Verbe de mouvement + Sujet inversé

**17** **Défi Mettez-vous par groupes de deux. Pensez à un animal sans le dire. Votre camarade doit vous interroger en inversant le sujet et le verbe.**

Ex. : « Ton animal a-t-il de longs poils ? »

Il remporte la manche s'il pense toujours à faire l'inversion du sujet et s'il ne pose que cinq questions pour trouver l'animal.

**18** **À l'oral Préparez des étiquettes où vous noterez des phrases comportant un sujet, un verbe et un complément de lieu. Lisez une phrase. Votre camarade doit déplacer le sujet en l'inversant avec le verbe, puis en le séparant du verbe.**

Ex. : Une sorcière vivait dans ces bois.
→ Dans ces bois vivait une sorcière.
→ Une sorcière, selon la légende, vivait dans ces bois.

**19** **Écriture Faites au moins six phrases pour décrire les personnages de cette foule. Variez les sujets que vous emploierez : trois seront au singulier et trois au pluriel.**

Leçon 19

La fonction Sujet

# Alterner reprises nominales et pronominales

## Je cherche

**J'ai vu un spectacle : le spectacle était magnifique.**

Qu'est-ce qui fait que cette phrase n'est pas très élégante ? Faites les gestes du grammairien : remplacez le deuxième « spectacle » par un mot de votre choix.

## J'apprends

- En français, on évite de répéter le même nom dans un texte. On utilise alors des **reprises**, c'est-à-dire des mots différents qui renvoient au même nom.
  Ex. : Nous avons un chien. Ce ~~chien~~ fait des bêtises. → Cet **animal** fait des bêtises. **Il** fait des bêtises.
  (chien : Nom ; ~~chien~~ : Nom répété ; animal : Reprise du nom « chien » ; Il : Reprise du nom « chien »)
- Les **reprises nominales** remplacent le nom répété par un autre **nom ou GN**. Elles peuvent être :
  – des **synonymes** (des noms qui ont le même sens) ;
  Ex. : Je vois un bateau : ce ~~bateau~~ est immense ! → **ce navire** est immense !
  – des **périphrases** (des définitions, des expressions plus longues) ;
  Ex. : Ulysse entre. ~~Ulysse~~ tend son arc. → **L'incroyable héros** tend son arc.
  – des **noms génériques** (des noms moins précis qui désignent une catégorie).
  Ex. : Il tend l'arc. Cet ~~arc~~ effraie l'assistance. → **Cette arme** effraie l'assistance.
- Les **reprises pronominales** remplacent le nom répété par un **pronom**. Elles peuvent être :
  – des **pronoms personnels** (*je, tu, il, elle, on, nous, vous, ils, elles...*) ;
  Ex. : Je verrai ma tante demain. ~~Ma tante~~ sera très contente ! → **Elle** sera très contente !
  – des **pronoms démonstratifs** (*celui-ci, celle-ci, ceux-ci, celles-ci...*) ;
  Ex. : Veux-tu un autre pull ? ~~Ce pull~~ est très beau. → **Celui-ci** est très beau.
  – des **pronoms possessifs** (*le mien, la mienne..., le / la nôtre..., les leurs*) ;
  Ex. : Pourquoi achètes-tu du pain ? ~~Son pain~~ suffit. → **Le tien** suffit.
  – des **pronoms relatifs** (*qui...*).
  Ex. : Il y a des gens dans la rue. ~~Ces gens~~ dansent. → Il y a des gens **qui** dansent dans la rue.
- En général, **les reprises pronominales sont proches** des noms qu'elles remplacent, alors que **les reprises nominales peuvent être plus éloignées** pour rappeler de qui on parle en cas de doute.
  Ex. : Lucie sortit de chez elle. **Elle** était de bonne humeur. **La petite fille** sourit.

**Apprendre autrement**
Écoutez le podcast de la leçon

## Je m'exerce

### Manipuler les reprises nominales sujet

**1** **Reliez le GN à la périphrase qui le définit.**

| | |
|---|---|
| Le petit Poucet • | • Le carnivore impitoyable |
| L'ogre • | • Le rusé petit garçon |
| La marâtre • | • La fée maléfique |
| La sorcière • | • La mauvaise belle-mère |

**2** **Complétez le texte avec ces reprises :**
l'enfant • l'aviateur • cet endroit inaccessible • le petit garçon • l'homme.

Le narrateur a eu un accident d'avion dans le désert. ... n'était habité par personne. Pourtant, le petit Prince s'est présenté à lui. ... lui a demandé de dessiner un mouton. ..., occupé à réparer son moteur, était très surpris. ... a beaucoup insisté. Finalement, ... a dessiné une boite percée de trous.

**3** **Remplacez chaque répétition par un synonyme.**
1. Je me promène dans le bois. Le bois m'apaise.
2. Revois le début du récit. Le début est important.
3. Vas-tu chez le docteur ? Ton docteur est sérieux.
4. Sa mère circule en vélo. Le vélo est écologique.

**4** **Remplacez chaque répétition par un nom générique.**
1. J'ai acheté une robe. Cette robe me va bien.
2. Quand pars-tu à Lyon ? Lyon me plait beaucoup.
3. Tom peint sa chambre. La chambre sera parfaite !
4. Les frites sont prêtes. Les frites plaisent à tous.

**5** **Repérez la reprise nominale et notez sa nature.**
synonyme | mot générique | périphrase
1. Je vis dans un village. Ce hameau est charmant.
2. Voici le professeur. Cet enseignant aura des 6e.
3. Tom a fait des éclairs : ces pâtisseries sont excellentes.
4. M. Dupont est très bruyant : ce voisin pénible m'agace.

**6** ★★★ **Remplacez chaque répétition par une périphrase.**
1. Ces gens ont tout pollué. Ces gens doivent nettoyer.
2. Regarde les oiseaux ! Les oiseaux sont magnifiques !
3. Dans ce zoo, les bêtes sont tristes. Le zoo doit fermer.

**7** ★★★ **Repérez trois reprises nominales dans ce cours.**
Les littoraux concentrent la moitié de la population. Ces zones souvent urbanisées ont plusieurs facteurs d'attractivité. L'un de ces attraits est le tourisme. Cette activité offre de l'emploi à la population locale.

### Manipuler les reprises pronominales sujet

**8** ★★★ **Copiez chaque phrase, soulignez la reprise pronominale et entourez les mots repris.**
1. Sam et moi prenons le bus. Nous allons en ville.
2. Il y a des gens qui ne me comprennent pas.
3. Notre maillot est rouge. Le vôtre est bleu.

**9** ★★★ **Ajoutez une reprise pronominale (pronom personnel, possessif ou démonstratif).**
1. Léa et moi prenons le bus. (p. pers.) allons à Nice.
2. J'ai acheté des pêches mais (p. dém.) ont pourri.
3. Je n'aime pas ton stylo. (p. poss.) écrit mieux.

**10** ★★★ **Relevez chaque reprise pronominale sujet et citez le nom qu'elle remplace.**
Martine veut se venger de son mari, Sganarelle. Elle rencontre deux valets, Valère et Lucas. Ils cherchent un médecin. Elle leur fait croire que Sganarelle est médecin mais qu'ils doivent le battre pour qu'il l'avoue.

### Éviter les répétitions

**11** ★★★ **Complétez avec ces reprises nominales ou pronominales.** ce rapace | les miennes | elle
1. Je ne veux pas de pâtes en plus : ... me suffisent.
2. Avez-vous croisé Véra ? ... a beaucoup changé !
3. L'aigle attrape des proies : ... a des serres puissantes.

**12** ★★★ **Ajoutez les reprises demandées.**
Gepetto a créé un pantin. (p. dém) s'appelle Pinnochio. Un jour, (p. pers.) se met à parler. (périphrase), très étonné, lui donne un cartable pour qu'il aille à l'école. (nom générique) se met en route mais rencontre deux escrocs (p. relatif) cherchent à le manipuler. (périphrase) les croit : (p. pers.) sèche l'école et suit les escrocs.

**13** ★★★ **Ajoutez des reprises nominales et pronominales. On ne doit pas confondre les deux personnages.**
Aujourd'hui, Akim est allé chercher son frère Sabri à l'école. ... pleurait car ... avait perdu son doudou. ... a essayé de le consoler. ... l'a emmené à la boulangerie car ... sait que ... adore les croissants. Mais ... pleurait toujours. ... l'a emmené au parc. Puis, ... sont rentrés et ... a retrouvé son doudou dans son lit !

**14** **Copiez la carte Mémo et complétez-la.**

Pour éviter une répétition, on utilise :
- une reprise nominale
  - nom générique — Mon exemple : ..................
  - synonyme — Mon exemple : ..................
  - périphrase — Mon exemple : ..................
- une reprise pronominale
  - pronom personnel, démonstratif... — Mon exemple : ..................

PÉDAGOGIE DIFFÉRENCIÉE — Dans le manuel numérique, faites les exercices interactifs demandés par votre professeur.

**15** **Travail en binôme**
**Aidez votre camarade à corriger sa rédaction.**

*6/10 De bonnes idées mais il y a trop de répétitions et on confond parfois les personnages.*

Lorsque Lisa comprit qu'elles étaient poursuivies, elle prit la main de Chloé. Lisa et Chloé partirent en courant. La nuit commençait à tomber. Lisa et Chloé trouvèrent une porte ouverte et s'y engouffrèrent. Lisa dit à Chloé : « Je n'en peux plus, j'ai trop peur ! » Elle lui répondit qu'il fallait être courageuse. Elle se rassura un peu. Il faisait nuit noire maintenant.

**16** **Dictée**
**Écrivez la dictée lue par un·e enseignant·e.**

**17** **Écriture** **Écrivez un court texte dans lequel deux personnages de même sexe font la course. Utilisez des reprises pour éviter les répétitions et bien distinguer les deux athlètes.**

**18** **À l'oral** *« Il était une fois un roi et une reine qui vivaient dans un pays lointain. »* **Continuez cette histoire à tour de rôle. Vous n'avez pas le droit d'utiliser les mêmes noms que ceux qui vous ont précédé : vous ne pouvez donc plus employer** *« roi »* **et** *« reine »*. **Quand quelqu'un fait une erreur, il faut recommencer au début.**

**19** **Débat** **Lisez le poème de Maurice Carême et remplacez les répétitions du nom** *« chat »* **par des reprises. Quelle version préférez-vous ? D'après vous, faut-il toujours éviter les répétitions ?**

Le chat et le soleil

Le chat ouvrit les yeux,
Le soleil y entra.
Le chat ferma les yeux.
Le soleil y resta.

Voilà pourquoi, le soir,
Quand le chat se réveille,
J'aperçois dans le noir
Deux morceaux de soleil.

**Maurice Carême**, *L'Arlequin*, © Fondation Maurice Carême, tous droits réservés, 1970.

**20** **Défi** **Trouvez le plus possible de reprises nominales pour remplacer le nom** *« Ulysse »* **dans un texte. L'élève qui a trouvé le plus de reprises doit ensuite raconter l'histoire d'Ulysse en les utilisant toutes.**

**21** **Écriture** **Décrivez ce que fait le personnage sur cette photographie. Pour éviter les répétitions, vous emploierez des reprises nominales et pronominales variées.**

Leçon **20**

La fonction Complément du verbe

# Repérer l'attribut du sujet

## Je cherche

**Les fleurs sont blanches. Elles semblent fanées.**

Réécrivez les phrases en supprimant les adjectifs. Sont-elles correctes ? Qu'en déduisez-vous ?

## J'apprends

- L'**attribut du sujet** complète un **verbe d'état** (ou verbe attributif) comme *être, paraitre, sembler, devenir, avoir l'air, passer pour, demeurer, rester*. Ces verbes décrivent l'état ou la manière d'être du sujet. Ex. : Mon livre est **passionnant**. Cet outil parait **dangereux**.
- L'attribut du sujet ne peut être **ni supprimé ni déplacé**. Il peut appartenir à ces classes grammaticales :
  - **adjectif qualificatif** ou **participe passé** employé comme adjectif. Il faut alors l'**accorder** avec le sujet en genre et en nombre. Ex. : Céline semble **heureuse**. Ses nouvelles demeurent **rares** !
  - **nom** ou **groupe nominal**. Ex. : Deviendra-t-il **un bon romancier** ?
  - **pronom**. Ex. : Cette maison reste **la nôtre**.
  - **groupe prépositionnel**. Ex. : Le vase est **en verre**.
  - **infinitif** (ou **groupe infinitif**). Ex. : Le mieux est **de se taire**.
- Ne pas confondre Attribut du sujet et Complément d'objet direct (COD). Les deux suivent un verbe et répondent à la question « Quoi ? ». Mais l'attribut est lié au sujet, il le décrit. Ce n'est pas le cas du COD qui ne décrit pas le sujet.

  Ex. : Chloé semble **triste**. Chloé = triste → attribut du sujet

  Chloé a dévoré **le gâteau**. Chloé ≠ le gâteau → COD

**Apprendre autrement**
Écoutez le podcast de la leçon

## Je m'exerce

### Identifier l'attribut du sujet

**1** ★★★ **Repérez chaque attribut du sujet et indiquez quel sujet il précise.**

1. Les élèves **ne semblent pas** en forme.
2. Que cette enfant **est** gentille !
3. **Restera**-t-il le seul candidat ?
4. Elles **passeraient pour** studieuses.

**2** ★★★ **Repérez chaque attribut du sujet et indiquez quel sujet il précise.**

1. Je l'affirme : Lyon est une ville surprenante !
2. Peux-tu me dire si Joe avait l'air malade ce matin ?
3. Après ce sinistre, les pompiers restent prudents.

**3** ★★★ **Le verbe est-il suivi d'un attribut du sujet ?** oui non

1. Circé parut devant sa grotte !
2. Le chant des Sirènes passe pour dangereux.
3. Ithaque demeurera-t-elle la même ?
4. Ulysse serait-il enfin arrivé chez lui ?
5. Pénélope reconnut son mari.

### Reconnaitre la classe grammaticale

**4** ★★★ **Classez les attributs selon leur nature.**

1. N'est-il pas ton seul ami ?
2. La sorcière avait l'air cruelle.
3. Ce voyage semble périlleux...
4. Je resterai sa fille chérie.

Adjectif qualificatif — GN

**5** ★★★ **Donnez la classe grammaticale de l'attribut du sujet :** adjectif GN pronom groupe infinitif.

1. Pour lui, le pire était de rater une ruse.
2. Aussi, il devint l'esclave de la sorcière.
3. Cette vilaine femme demeura insensible.
4. La fée maléfique est celle-ci.

### Connaitre les verbes attributifs

**6** ★★★ **Remplacez chaque verbe** « être » **par un autre verbe attributif.**

1. Cette histoire est incroyable !
2. Sommes-nous indécis ?
3. Le monstre était sans cesse affamé...
4. Ces soldats du Roi furent braves.
5. Notre combat est-il risqué ?

**7** ★★★ **a. Copiez le texte. Soulignez les attributs du sujet.**

Alors l'oiseau lui jeta une robe qui était si somptueuse et si brillante qu'elle n'en avait jamais encore eu de pareille, et les pantoufles étaient tout en or. Quand elle arriva à la fête, dans cette toilette, tous furent interdits d'admiration. Le fils du roi ne dansa qu'avec elle, et quand quelqu'un d'autre l'invitait, il disait : « c'est ma cavalière. »

D'après **les frères Grimm**, *Cendrillon*, 1812.

**b. Remplacez le verbe** « être » **par d'autres verbes attributifs. Faites les accords nécessaires.**

## Employer des attributs du sujet

**8** ★★★ **À l'aide de l'accord, replacez l'attribut du sujet.**

a. Toutes les fleurs sont ... 
b. Le Renard semble ... 
c. Elle passe pour ... 
d. Nous restions ... 
e. Ils sont demeurés ... 

1. astucieuse.
2. muettes d'étonnement.
3. attentifs pendant le cours.
4. content de sa ruse.
5. coupées !

**9** ★★★ **Remplacez l'adjectif par un GN attribut.**
Ex. : Mozart est célèbre. = Mozart est un musicien célèbre.
1. Ce garçon semble intrépide.
2. Ces cuisiniers sont réputés.
3. Notre voyage se révèle surprenant...
4. Émilie deviendra célèbre en danse classique !

**10** ★★★ **Complétez à l'aide d'un attribut de votre choix.**
1. Les héros eurent l'air ....
2. Ces déserts furent ....
3. Son avis passait pour ....
4. Manon et toi deveniez ....

## Accorder l'attribut du sujet

**11** ★★★ **Retrouvez le sujet du verbe attributif à l'aide de l'accord de l'adjectif.**

Leurs histoires •
Les enfants et toi •
Marie et moi •
Cette catastrophe •

• sembliez ravis.
• parait imminente.
• sont passionnantes.
• devenions nerveuses.

**12** ★★★ **Accordez l'attribut avec son sujet.**
1. De quel pays seraient-ils (originaire) ?
2. La princesse semblait (égaré).
3. Demeurerez-vous (tranquille) les garçons ?
4. Restons (calme) et (silencieux) mesdemoiselles !

**13** ★★★ **a. Copiez le texte, accordez tous les adjectifs.**
**b. Soulignez ceux qui sont attributs du sujet.**

Tante Éponge était (petit) et (rond), (rond) comme un ballon. Elle avait de (petit) yeux de cochon, une bouche en trou de serrure et une de ces (gros) figures (blanc) et (flasque) qui ont l'air d'être (bouilli). [...] Tante Piquette, au contraire, était (long), (maigre) et (ossu), elle portait des lunettes à monture d'acier (fixé) au bout de son nez avec une pince à linge. Sa voix était (strident) et ses lèvres (mince) et (mouillé).

D'après **Roald Dahl**, *James et la grosse pêche*, trad. M. Orange, © Éditions Gallimard, 1978.

**14** ★★★ **Rédigez une phrase avec ces éléments en conjuguant le verbe à l'imparfait.**
1. Ces héroïnes / avoir l'air / astucieux
2. Sofia et Axel / demeurer / loyal
3. Akim et Julie / rester / passionné
4. Les remarques / devenir / vif

**15** **Copiez la carte Mémo et complétez-la.**

sujet + verbe attributif + attribut du sujet

Mon exemple : ..........................................................................

PÉDAGOGIE DIFFÉRENCIÉE — Dans le manuel numérique, faites les exercices interactifs demandés par votre professeur.

**16** **Dictée dialoguée**
**Aidez votre camarade à corriger sa dictée.**

*6/10 Vérifiez les accords dans les passages soulignés.*
Même s'il était meurtris, las et à jeun, Mowgli ne put, malgré tout, s'empêcher de rire quand les Bandar-log se mirent, par vingt fois, à lui remontrer combien ils étaient grands, sages, fort et doux, et que c'était une folie de vouloir les quitter.
– Nous sommes grands. Nous sommes libre. Nous sommes étonnant. Nous sommes le peuple le plus étonnant de toute la jungle !

D'après **Rudyard Kipling**, *Le Livre de la jungle*, 1894, trad. L. Fabulet et R. d'Humières.

**17** **Dictée**
**Écrivez la dictée lue par un·e enseignant·e.**
**Aide fournie :** Huck, appontement.

**18** **Écriture** **Rédigez le portrait d'un personnage de votre choix au moyen de six verbes attributifs. Montrez son apparence physique mais aussi son caractère et ses pouvoirs s'il en a. Puis lisez votre texte à la classe qui devra deviner de qui il s'agit.**

**19** **À l'oral** **Inventez des phrases avec les mots proposés. Variez les verbes attributifs.**
Ex. : pompier, courageux → Ce pompier a l'air courageux !
1. la mère de ma voisine, directrice d'école
2. le paradis, d'être en vacances toute l'année
3. ces exercices, ludiques et instructifs
4. mon chien, un compagnon fidèle

**20** **Top chrono !** **Le plus rapidement possible, identifiez les verbes attributifs. Gare aux pièges !**
1. Nous passerions pour de grands artistes !
2. Il passa étourdi devant le tableau.
3. L'homme sur ce tableau a un drôle d'air...
4. N'as-tu pas trouvé qu'il avait l'air innocent ?
5. Il reste une trace sur le mur.
6. Il reste attentif malgré le bruit.

**21** **Écriture** **Décrivez les objets ensorcelés qui peuvent se cacher dans cette grotte magique dont vous venez de franchir le seuil. Indiquez la classe grammaticale de vos attributs du sujet.** adjectifs groupes nominaux groupes prépositionnels

Leçon 21

La fonction Complément du verbe

# Distinguer COD et COI

## Je cherche

**L'élève présentait son exposé. Il parlait de ses contes préférés.**

Dans chaque phrase, repérez le verbe et le complément qui l'accompagne.
Quel complément est introduit par une préposition ? Est-ce un complément d'objet direct ou indirect ?

## J'apprends

- Le **complément d'objet complète le verbe.**
- Le **complément d'objet direct (COD)** complète le verbe **directement**, sans préposition.
  Pour le repérer, on pose la question *qui ?* ou *quoi ?* après le verbe.
  Ex. : Ils veulent une récompense ! Ils veulent **quoi** ? une récompense → COD
  Lorsque le COD est placé avant le verbe composé de l'auxiliaire *avoir*, on accorde le participe passé avec le COD. Ex. : Je **les** [ai rencontr**ées**] par hasard. (COD placé avant le verbe) = J'[ai rencontr**é**] **mes amies** par hasard. (COD placé après le verbe)
- Le **complément d'objet indirect (COI)** est relié au verbe **indirectement**, à l'aide d'une préposition (*à, de*). Pour le repérer, on pose la question *à qui, de qui, à quoi* ou *de quoi* ? après le verbe.
  Ex. : Tu penses **à tes amis**. Tu penses **à qui** ? à tes amis → COI
  Si le COI est un pronom, on peut le trouver avant le verbe sans préposition.
  Ex. : Je **lui** parle. Je parle à qui ? à lui → COI
- Le **COD** ou le **COI** peuvent être de différentes natures grammaticales :
  – des groupes nominaux (GN)
  Ex. : As-tu vu [**ce jeu hilarant**] ? (COD) As-tu demandé [**à tes bons amis**] ? (COI)
  – des pronoms Ex. : Je ne [**le**] vois pas. (COD) Le trésor ne [**vous**] appartenait pas. (COI)
  – des propositions subordonnées
  Ex. : Avoue [**que** tu **l'aimes**] ! (COD) Il tient [**à ce que tu sois présente**]. (COI)
  – des verbes à l'infinitif Ex. : J'aime [**chanter**]. (COD) Je rêverais [**de partir**]. (COI)

**Ne pas confondre**

- COD et attribut du sujet ▸ voir leçon 20
- COD et complément circonstanciel ▸ voir leçons 22 et 23

**Apprendre autrement**
Écoutez le podcast de la leçon

## Je m'exerce

### Repérer les COD

**1** ★★★ **Soulignez le COD qui complète chaque verbe.**
1. Les enfants n'écoutaient pas l'oiseau.
2. Le prince a-t-il ensorcelé la sorcière ?
3. Les souris ont surpris le petit chat !
4. La joie submergea les rescapés.

**2** ★★★ **Le verbe est-il complété par un COD ?** oui non
1. Elle vit apparaitre une jolie fée.
2. Ce tout petit chien n'aboyait jamais.
3. Trouverez-vous la bonne solution ?
4. Nous marchions très lentement.

**3** ★★★ **Repérez le COD, notez sa nature :** GN pronom infinitif
1. Ta cousine sait-elle nager ?
2. Prends cette épée magique.
3. Les enfants les ont dévorées !
4. Ils ont réussi à le faire.
5. L'avait-il apprise ?
6. Fatou demande la parole.

**4** ★★★ **Indiquez si le mot souligné est sujet ou COD.**
1. Résoudrons-nous cette énigme ? 2. Croyez-moi !
3. L'a-t-elle lu, ce livre ? 4. Avait-il aperçu la côte ?

**5** ★★★ **Distinguez COD et attribut du sujet.**
1. Ma grand-mère passait pour un bon détective !
2. Vous prendrez bien un peu de gâteau ?
3. Petit poisson deviendra grand.
4. As-tu reçu tes cadeaux ?
5. Cela me parait impossible.

COD | Attribut du sujet

**6** ★★★ **Repérez les verbes, soulignez leur COD.**
Souvent j'apportais un livre et je lisais des passages. Pendant ce temps, Mlle Pierrotte brodait, près de nous, des pantoufles ou nous jouait ses éternelles *Rêveries de Rosellen* ; mais nous la laissions bien tranquille. Quelquefois cependant, elle faisait à haute voix une réflexion saugrenue, comme « Il faut que je fasse venir l'accordeur. » ou bien encore « J'ai deux points de trop à ma pantoufle ! »

D'après **Alphonse Daudet**, *Le Petit Chose*, 1866.

## Repérer les COI

**7** ★★★ **Soulignez le COI qui complète chaque verbe.**

1. Les princesses pensaient à leur sauveur.
2. Ce trésor appartient à Safi !
3. Avez-vous réfléchi au projet ?
4. Nous ne jouons plus à la console.
5. Elle parle de victoires et de succès !

**8** ★★★ **Associez le COI à son verbe.**

de vous | à Clara | à cette conférence | à toutes les questions

1. Nous téléphonons ....
2. As-tu répondu ... ?
3. Max ne parle plus ....
4. Ils ont assisté ....

## Distinguer COD et COI

**9** ★★★ **À quelle question, chaque complément d'objet souligné répond-il ?** Qui ? | Quoi ? | À qui ? | De quoi ?

1. Le chevalier offrit sa bague.
2. La reine l'annonce au royaume.
3. Elle nous dévoila son secret.
4. Salim nous conduit chez lui.
5. Il manque de courage.

**10** ★★★ **Entourez les COD et soulignez les COI.**

1. Le sorcier ne lui vola pas ses pouvoirs.
2. Demande-leur notre chemin.
3. Révélerez-vous ce secret à vos amis ?
4. Nous lui avons expliqué la vérité.

**11** ★★★ **Complétez chaque verbe avec un complément de votre choix. Indiquez s'il s'agit d'un COD ou d'un COI.**

1. Participerons-nous ... ?
2. Ils lisent ... !
3. La fée avait ....
4. Les soldats obéissent ....

**12** ★★★ **Remplacez le pronom complément par un GN. Aidez-vous des accords.**

1. L'ogre **les** aura vus.
2. Le génie **les** a perdues !
3. L'aviez-vous goutée ?
4. Il **le lui** avait accordé.

**13** ★★★ **Repérez les verbes, classez leurs compléments.**

COD | COI

Phileas Fogg assistait à ce spectacle d'une mer furieuse [...] avec son habituelle impassibilité. Son front ne s'assombrit pas un instant, et, cependant, un retard de vingt heures pouvait compromettre son voyage en lui faisant manquer le départ du paquebot de Yokohama. Mais cet homme sans nerfs ne ressentait ni impatience ni ennui. [...] Mrs. Aouda, qui s'entretint avec son compagnon de ce contretemps, le trouva aussi calme que par le passé.

**Jules Verne**, *Le Tour du monde en 80 jours*, 1873.

**14** **Copiez la carte Mémo et complétez-la.**

**Distinguer COD et COI**

- question *qui* ? ou *quoi* ? après le verbe → **COD** — Mon exemple : ..................
- question *à qui*, *de qui*, *à quoi* ou *de quoi* ? après le verbe → **COI** — Mon exemple : ..................

PÉDAGOGIE DIFFÉRENCIÉE — Dans le manuel numérique, faites les exercices interactifs demandés par votre professeur.

**15** **Travail en binôme**

**Aidez votre camarade à corriger son exercice.**

*5/10 Il faut souligner les COD et entourer les COI, corrigez les erreurs et les oublis.*

*Dès le début de notre rencontre, ils prirent soin de moi comme d'un enfant. Je me souviens de nos premiers vrais échanges lors d'interminables veillées nocturnes [...]. J'entrepris une sorte de dictionnaire bilingue et assignai à chaque constellation la phrase musicale lui correspondant.*

**François Place**, *Les Derniers Géants*, Casterman, 2008.

**16** **Dictée**

**Écrivez la dictée lue par un·e enseignant·e.**

**Aide fournie :** Mrs. Aouda, gentleman, Passepartout, Phileas Fogg.

**17** **Écriture** **Poursuivez ce poème au moyen de COD de votre choix.**

Mon cartable a mille odeurs,
mon cartable sent la pomme,
le livre, l'encre, la gomme
et les crayons de couleurs.
Mon cartable sent l'orange,
**[...]**

**Pierre Gamarra**, « Mon cartable », 2006.

**18** **Défi** **Complétez chaque verbe avec un complément. Prononcez la 1re phrase, l'élève qui repère en premier le COD et/ou COI marque un point. Poursuivez à tour de rôle.**

surmonter • vendre • accorder • mentir • savoir • offrir

**19** **À l'oral** **Préparez une phrase simple avec les mots dans le désordre. Un·e élève doit la prononcer dans le bon ordre et préciser le sujet, le verbe et le COD ou COI. Poursuivez à tour de rôle.**

Ex. : craignent la petite fille les sorcières
→ Les sorcières craignent la petite fille.

**20** ⌛ **Top chrono !** **Le plus rapidement possible, seul ou en groupe, retrouvez dans chaque phrase les fonctions** sujet | verbe | COD | COI .

1. Elle donna sa parole à la fée.
2. L'avez-vous rencontrée hier ?
3. Il boit son café à huit heures.
4. Ils nous avoueront leurs fautes.
5. Dans ce bois, vivait un lutin farceur.

**21** **Écriture** **Rédigez un texte dans lequel vous décrirez le quotidien d'un super-héros. Vous emploierez des COD et des COI.**

Leçon 22

Les fonctions dans la phrase

# Exprimer le temps et le lieu

## Je cherche

**En novembre, je vais en Bretagne depuis la gare Montparnasse.**

Dans cette phrase, repérez les groupes de mots qui apportent des précisions sur le temps et le lieu. Lesquels pouvez-vous déplacer ? Lequel ne pouvez-vous pas déplacer ? Pourquoi ?

## J'apprends

- Le **complément circonstanciel (CC)** est une fonction grammaticale. Il ne dépend pas du verbe, il est donc **déplaçable** dans la phrase, et même **supprimable**.
  Ex. : **Tous les ans**, ils sont en finale. Ils sont en finale **tous les ans**. Ils sont en finale.
- Il ne faut pas le confondre avec les **compléments de verbe**, qui eux ne sont **ni déplaçables ni supprimables**. Ex. : Il revient **de la plage**. Elle va **à l'école**.
- Grâce aux compléments circonstanciels, on peut exprimer l'idée de **temps** ou de **lieu**.
  - **CC de temps :** il indique **quand** se déroule le fait exprimé dans la phrase.
    Ex. : Elle s'entraine **tous les jours**. Elle s'entraine **quand** ? → *tous les jours*
  - **CC de lieu :** il indique **où** se déroule le fait exprimé dans la phrase.
    Ex. : **En haut de la colline**, il aperçoit la statue. Il aperçoit la statue **où** ? → *en haut de la colline*
- Dans la phrase, les **CC de temps et de lieu** se trouvent sous la forme de :
  - groupe nominal ou nom — Ex. : Elle va au cinéma **le lundi soir**.
  - groupe prépositionnel — Ex. : **À côté du château**, on trouve un beau jardin.
  - adverbe — Ex. : Elle aperçut **soudain** une étoile filante.
  - gérondif (participe présent) — Ex. : **En sortant**, elle aperçut un chat.
  - groupe infinitif — Ex. : Ils sont tristes **au moment de se dire au revoir**.
  - proposition subordonnée — Ex. : **Quand il fait froid**, elle prend un bain chaud.

**Apprendre autrement**
Écoutez le podcast de la leçon

## Je m'exerce

### Identifier les CC de lieu et de temps

**1** ★★★ **Relevez les CC de lieu.**
1. Dans cette librairie, on trouve beaucoup de BD.
2. Les deux oiseaux volaient près du bateau.
3. As-tu vu les chevaux à côté du phare ?
4. Elles ne se retrouvent plus l'été sur la plage.

**2** ★★★ **Relevez les CC de temps.**
1. Elle entendit tout à coup un bruit étrange.
2. Au moment de partir, il comprit tout.
3. Tu lis tout le temps des romans !
4. Il ne se souvenait de rien à son réveil.

**3** ★★★ **Dites si les CC soulignés précisent le lieu ou le temps.**
1. Peux-tu voyager aujourd'hui ?
2. Elle vit une pièce sous les décombres.
3. Dans cette contrée il ne supportait pas l'été.
4. Entre chaque cours, je lis !

**4** ★★★ **Relevez les CC et précisez leur fonction.**

CC de Temps — CC de Lieu

1. En arrivant, pose ton sac dans l'entrée !
2. Elle rentra aussitôt puis s'endormit sur le canapé.
3. Elles jouent au football le samedi au stade et dansent à l'école le mercredi.
4. Autrefois, ce dragon était craint dans le monde entier.

**5** ★★★ **Relevez les CC de temps et de lieu. Défi : repérez un complément de verbe exprimant le lieu.**

Poséidon et Héra n'étaient pas de grands amis. Mais, cette fois, ils décidèrent de s'associer et de tout faire pour se venger d'Hermès. Après avoir réfléchi ensemble, ils se séparèrent. Poséidon regagna les océans, et Héra grimpa sur son char et partit faire une promenade sur le mont Olympe. Hermès ne se doutait de rien. [...] Alors qu'il passait au-dessus de l'océan, son œil fut attiré par quelque chose de brillant sur un rocher.

**M. Szac**, *Le Feuilleton d'Hermès*, Bayard Jeunesse, 2006.

### Reconnaitre la classe grammaticale des CC de temps et de lieu

**6** ★★★ **Donnez la classe grammaticale et la fonction (CC de temps ou de lieu) des groupes soulignés.**

Au début du roman un garçon et sa mère se promènent près de Central Park. Tout à coup, la mère propose à son fils d'aller au musée. En se rendant au musée, ils s'achètent un sandwich.

**7** ★★★ **Donnez la classe grammaticale de chaque CC.**
1. Ici, l'épreuve débutera en fin d'après-midi.
2. Le navire arrivera-t-il bientôt au port ?
3. En arrivant chez lui, il rangea les courses.

**8** ★★★ **Relevez les CC de lieu et de temps et donnez leur classe grammaticale.**

Les filles du roi poursuivirent leur descente, et au bas des marches, arrivèrent enfin. Devant elles, se trouvait une merveilleuse allée. Elles avancèrent ensuite dans une deuxième allée, bordée d'arbres aux feuilles d'or. Dans chacune de ces allées, le soldat cueillit un rameau provoquant à chaque fois une détonation.

D'après **J. et W. Grimm**, « Les Souliers usés au bal », *Contes*, 1812.

**9** ★★★ **Transformez le groupe prépositionnel en gérondif.**

Ex. : À son réveil, il comprit tout. → En se réveillant, il comprit tout.

1. À l'ouverture du panier, elle vit le chat.
2. À la lecture de cette lettre, il fut heureux.
3. Avant ton départ, éteins bien les lumières.

## Employer les CC de lieu et de temps

**10** ★★★ **Complétez la biographie de Lewis Carroll avec ces CC de temps et de lieu.**

En Angleterre • dans la ville de Daresbury • Après ses études • à Oxford • Dès 1854 • en 1865

Lewis Carroll est né en 1832. Il devient professeur de mathématiques. Il se consacre à l'écriture. Il publie *Les Aventures d'Alice au pays des merveilles*, son chef-d'œuvre.

**11** ★★★ **Réécrivez le texte en ajoutant les CC indiqués. Variez les classes grammaticales.**

Mon père exerçait la profession de pêcheur (lieu). Ce village (temps) s'appelait Kerninon. Il changea de nom (temps) pour des raisons politiques. À l'époque où commence ce récit, (temps), j'avais quatorze ans. J'étais plutôt trapu et rouquin. Je pris la décision de partir (lieu).

D'après **P. Mac Orlan**, *Les Clients du Bon Chien Jaune*, 1926.

**12** ★★★ **Complétez ce résumé avec des CC de temps et de lieu variés.**

Le père de Belle arrache une rose. La Bête exige qu'il demande à sa fille de se sacrifier. La Bête convie Belle à diner. Elle refuse de l'épouser. Mais découvrant son grand cœur, elle accepte.

**13** ★★★ **Inventez des phrases selon le schéma proposé.**

1. GN sujet + groupe verbal + CC de temps.
2. CC de lieu + GN sujet + groupe verbal.
3. CC de temps + GN sujet + groupe verbal.
4. CC de temps + GN sujet + groupe verbal + CC de lieu.

**14** **Copiez les cartes Mémo et complétez-les.**

**Pour repérer un CC de temps**
↓
je pose la question : *quand ?*
**Mon exemple :**
........................

**Pour repérer un CC de lieu**
↓
je pose la question : *où ?*
**Mon exemple :**
........................

PÉDAGOGIE DIFFÉRENCIÉE — Dans le manuel numérique, faites les exercices interactifs demandés par votre professeur.

**15** **Travail en binôme**

**Aidez votre camarade à obtenir une meilleure note.**

*3/10 Vous n'avez pas repéré tous les CC de temps et de lieu.*

*Autrefois, la hyène et le lièvre étaient amis. Ils allaient tous les jours pêcher sur les rives d'un fleuve riche en poissons. Quand le lièvre avait une prise, la hyène piquait le poisson. En découvrant cela, le lièvre fut fâché. Il chassa son amie. Désormais, elle scrutait depuis l'autre rive les poissons du lièvre. Mais, soudain elle changea de rive. Le lièvre caché derrière le baobab la prit la main dans le sac !*

**16** **Dictée**

**Écrivez la dictée lue par un·e enseignant·e.**

**17** **Écriture** **Vous êtes une sorcière. Vous demandez à votre apprenti·e d'aller chercher les ingrédients pour concocter votre potion, dans des lieux étranges que vous lui indiquez grâce à des CC de lieu.**

**18** **À l'oral** **Imaginez les quatre derniers vers de ce poème pour décrire la fin de cette journée en utilisant des CC de temps et de lieu.**

Le matin, si grand je bâille
Qu'on me voit jusqu'aux entrailles.
Le haricot du midi
Pour la sieste m'assoupit.
Après quoi, hé ! je somnole
Jusqu'à la fin de l'école.
Puis [...]

**Robert Vigneau**, « Journée du paresseux », *Jouer avec les poètes*, Le Livre de Poche Jeunesse, 2002.

**19** **À l'oral** **Mettez-vous par deux. Choisissez une période historique et un personnage de cette période. Vous donnez un indice de départ, puis votre camarade vous pose des questions :** *où ? quand ?* **Inversez les rôles.** Ex. : C'est un grand général, puis un empereur. **Où ?** À Rome. **Quand ?** Avant J.-C.

**20** **Écriture** **Vous partez à la chasse au trésor dans un vieux château près de chez vous avec des amis. Racontez vos aventures en utilisant des CC de lieu et de temps qui permettront à votre lecteur de revivre votre périple.**

Leçon **23**

Les fonctions dans la phrase

# Exprimer le moyen et la manière

## Je cherche

**Régulièrement, Cédric se déplace en trottinette.**

Dans cette phrase, repérez le sujet et le verbe. Faites les gestes du grammairien : supprimez les autres mots. Cela change-t-il le sens de la phrase ? Quelles précisions apportaient les mots supprimés ?

## J'apprends

- Le **complément circonstanciel (CC)** est une fonction grammaticale. Il ne dépend pas du verbe, il est donc **déplaçable** dans la phrase, et même **supprimable**.
  Ex. : Il entra dans la pièce **sans frapper**. **Sans frapper**, il entra dans la pièce. Il entra dans la pièce.
- Grâce aux compléments circonstanciels, on peut exprimer l'idée de moyen ou de manière.
  - **CC de moyen :** il indique **à l'aide de quoi**, **par quel moyen** s'accomplit le fait. C'est souvent un élément concret (*sans les mains, avec une pelle*).
    Ex. : Elle a creusé ce trou **avec ses pattes**. Elle a creusé ce trou **à l'aide de quoi** ? → *de ses pattes*
  - **CC de manière :** il indique **comment**, **de quelle manière** se déroule le fait. C'est souvent un nom abstrait (*avec grâce, par gentillesse*) ou un adverbe en *-ment*.
    Ex. : Il parle à Malou **gentiment**. Il parle à Malou **comment/de quelle manière** ? → *gentiment*

| Le CC de moyen peut être : | Le CC de manière peut être : |
|---|---|
| un nom ou un GN introduit par une préposition<br>Ex. : Mon frère vient <u>en</u> **train**. | – un nom ou un GN introduit par une préposition<br>Ex. : Le navire entre dans le port <u>à</u> **vive allure**.<br>– un gérondif Ex. : Tu es sortie **en te dépêchant**.<br>– un adverbe Ex. : **Gracieusement**, le papillon s'envole. |

**Apprendre autrement**
Écoutez le podcast de la leçon

## Je m'exerce

### Identifier les compléments circonstanciels de moyen et de manière

**1** ★★★ **Quelles expressions sont des CC de manière ?**
en direction du phare • habilement • à la nage • de temps en temps • sans force • doucement • sur le port • avec lenteur • vers la maison • à la vapeur

**2** ★★★ **a. Relevez ce qui indique avec quoi on fait l'action.**
1. Tous les gens les montrent du doigt.
2. Il ne sème pas ses fraises à la main.
3. Ces poissons se pêchent avec des filets.
4. S'il pleut je viendrai en bus, s'il fait beau je viendrai en trottinette.
5. À l'aide d'un pinceau, j'applique la peinture.

**b. Comment appelle-t-on ces CC ?**

**3** ★★★ **Identifiez les CC de manière.**
1. Paisiblement, l'ours regagne sa tanière.
2. Nous marchions derrière la maison à pas de loup.
3. As-tu coupé les tomates en morceaux ?
4. Elle se frotte les mains énergiquement.
5. Hocine s'exprime avec éloquence.
6. En choisissant les plus belles, Malik compose un bouquet de roses.

**4** ★★★ **a. Distinguez noms concrets et noms abstraits.**

à la cuillère • par imprudence • à pied • avec un stylo • sans conviction • avec grâce • avec une masse • sans soin • au crayon • par ignorance

| Noms concrets | Noms abstraits |
|---|---|
| | |

**b. À quel type de CC correspond chaque colonne ?**

**5** ★★★ **Distinguez CC de moyen et CC de manière. Quel type de question vous posez-vous pour faire cette distinction ?**

CC de moyen • CC de manière

1. Planter un clou <u>avec un marteau</u>.
2. Tailler son crayon <u>avec soin</u>.
3. Chanter <u>avec un micro</u>.
4. Se conduire <u>avec élégance</u>.

**6** ★★★ **Complétez avec la préposition qui convient puis précisez le CC.**
1. ... respect, l'élève parle au professeur.
2. L'enfant tenait sa mère ... la main.
3. Elle se déplaçait ... reculons.
4. Ces chevaux vivent ... liberté.
5. ... la hâte, j'ai fait tous les préparatifs.

**7** ★★★ **Relevez les CC de moyen et de manière.**

Il prit rapidement un morceau de lard dans un grand pot de grès et le mit à frire dans une poêle avec de la graisse. Il me coupa une large tranche de pain noir à l'aide de son couteau.

D'après **P. Mac Orlan**, *Les Clients du Bon Chien Jaune*, 1926.

## Reconnaitre les classes grammaticales des CC de manière

**8** ★★★ **Donnez la classe grammaticale du CC de manière**

1. S'entend-elle à merveille avec lui ?
2. J'ai quitté la salle en courant !
3. Nous nous dirigions vers la porte bruyamment.
4. Le chevalier frappa son adversaire sans pitié.

**9** ★★★ **Réécrivez les phrases en changeant la classe grammaticale du CC de manière.**

1. Les gymnastes évoluent sur le tatami avec grâce.
2. Il ne retint pas la corde avec assez de fermeté.
3. Ce cerisier donne-t-il des fruits en abondance ?
4. Avec aisance, ma sœur écrit des romans.

**10** ★★★ **Ajoutez des CC de manière selon les indications.**

1. La danseuse remercia le public (gérondif).
2. Le beau temps est (adverbe) revenu.
3. L'aubergiste lui répondit (préposition + GN).

## Employer les CC de moyen et de manière

**11** ★★★ **a. Rédigez des phrases contenant ces CC.**

à l'aide de lunettes | avec attention | sans hésitation | par le train

**b. Dites s'il s'agit de CC de moyen ou de manière.**

**12** ★★★ **Complétez les phrases avec le CC indiqué.**

1. manière → Martin roule avec son scooter ....
2. moyen → Tu dessineras ce croquis ....
3. manière → Nous marchions ....
4. moyen → Kate a accroché ce tableau ....

**13** ★★★ **Complétez le texte et précisez s'il s'agit de CC de moyen ou de manière.**

aisément • doucement • en retenant sa respiration • avec sa main • avec soin • rapidement • avec un bâton

Pencroff prit le morceau de papier ..., et il s'accroupit devant le foyer. Là, quelques poignées d'herbes furent placées sous les fagots et disposées de manière que l'air pût circuler ... et enflammer ... le bois mort. Alors, Pencroff plia le morceau de papier, puis il l'introduisit ... entre les mousses. Prenant ensuite un galet, il l'essuya ..., et il frotta ... l'allumette, ... .

D'après **Jules Verne**, *L'Ile mystérieuse*, 1874.

**14** **Copiez les cartes Mémo et complétez-les.**

**Pour repérer un CC de moyen** → je pose la question : *avec quoi ?* **Mon exemple :** ..................

**Pour repérer un CC de manière** → je pose la question : *comment ?* **Mon exemple :** ..................

PÉDAGOGIE DIFFÉRENCIÉE — Dans le manuel numérique, faites les exercices interactifs demandés par votre professeur.

**15** **Travail en binôme**

**Aidez votre camarade à obtenir une meilleure note.**

3/5 Vous n'avez pas repéré tous les CC de moyen et de manière.

Sœur-des-Pauvres couchait silencieusement dans le grenier, dans une sorte de soupente. Les jours de lune, grâce à une étroite lucarne, elle voyait clair pour se mettre au lit. Les autres jours, elle gagnait sa couche à tâtons, se déplaçant avec difficulté sur le plancher. Elle dormait sur une pauvre couche faite avec quatre planches mal jointes et une paillasse dont les toiles se touchaient par endroits, au fond de ce bâtiment lugubre.

D'après **Émile Zola**, *Contes à Ninon*, 1864.

**16** **Dictée**

**Écrivez la dictée lue par un·e enseignant·e.**

**17** **À l'oral** **Mettez vous par deux. Expliquez précisément les règles d'un jeu ou d'un sport à l'aide de CC de manière et de moyen à votre camarade. Il / Elle doit deviner de quoi il s'agit.**

Ex. : Ce sport d'équipe se joue avec un ballon ovale. Les joueurs s'affrontent parfois avec violence. → le rugby

**18** **Écriture** **Dans un récit d'aventures, un cuisinier vous explique comment il prépare le plat préféré des aventuriers. Rapportez ses paroles en utilisant de nombreux CC de moyen et de manière.**

**19** **Top chrono !** **Enrichissez ces phrases en utilisant le plus possible de CC de manière et de moyen, en moins de 2 minutes.**

1. Persée s'approcha de Méduse.
2. Ulysse a échappé au cyclope.
3. Hercule tua le lion de Némée.
4. Thésée réussit à sortir du labyrinthe.

**20** **À l'oral** **Jouez à deux camarades (l'un incarne l'enfant, l'autre l'adulte) le dialogue entre les deux personnages en utilisant de nombreux CC de manière et de moyen.**

**21** **Écriture** **Imaginez la notice pour construire un perchoir à oiseaux. Vous utiliserez de nombreux CC de manière et de moyen.**

Leçon 24

La phrase

# Définir une phrase simple

## Je cherche

**Ils courent.**

Faites les gestes du grammairien : essayez de supprimer un des deux mots de la phrase. Est-ce possible ? Quelle est la fonction grammaticale de chaque mot ?

## J'apprends

- Une phrase commence par une **majuscule** et finit par un **signe de ponctuation**. C'est une suite de mots qui a un sens et respecte les règles de grammaire.
  Ex. : **C**omment t'appelles-tu **?** / **J**e m'appelle Samia**.** / **C**'est un joli nom **!** / **E**ffectivement**...**
- Une phrase qui contient un **seul verbe conjugué** est une **phrase simple**. Lorsqu'on écrit, il est important de penser à l'utiliser : courte, elle peut être comprise facilement.
  Ex. : J'**ai** onze ans depuis hier.
  (ai : Verbe conjugué)
- Une phrase qui contient **plusieurs verbes conjugués** est une **phrase complexe**.
  Ex. : C'**est** son anniversaire : il **a** douze ans aujourd'hui !
  (est : Verbe conjugué 1 ; a : Verbe conjugué 2)
- Il arrive qu'une phrase n'ait **pas de verbe conjugué**. Dans ce cas, on dit qu'elle est **non verbale** (ou **averbale**). Ex. : Tom ! / Ne pas fumer. / Madame ! / Oui.
  (Nom ; Infinitif ; Interjection ; Adverbe)

**Apprendre autrement**
Écoutez le podcast de la leçon

## Je m'exerce

### Reconnaitre une phrase simple

**1** ★★★ **Complétez le tableau avec ces phrases.**
Oui ! • Je vais à la piscine. • Pourquoi ? • Un oiseau ! • Quand viens-tu ? • Dansons ! • Veux-tu un café ?

| Phrase non verbale | Phrase simple |
|---|---|
| | |

**2** ★★★ **Recopiez les phrases verbales simples en soulignant leur verbe.**
1. Quelle belle maison !
2. Je voudrais un croissant.
3. Quel âge as-tu ?
4. Non, pas question !
5. Pourquoi fais-tu la tête ?
6. Allons tous au spectacle.

**3** ★★★ **Recopiez ce cours d'éducation musicale, soulignez les verbes conjugués et surlignez les phrases simples.**
On peut utiliser de nombreux termes pour décrire un morceau de musique. On parle de la hauteur des sons quand on entend des notes graves ou aiguës. Le tempo correspond à la vitesse de la musique : il peut ainsi être lent ou rapide. L'intensité renvoie au volume sonore du morceau. La durée des notes jouées constitue le rythme.

**4** ★★★ **Recopiez les phrases simples.**
Et il se remit en route avant la nuit. Tout à coup, il crut voir un œuf sur la neige. Oui, un œuf déposé là, tout blanc comme le reste du monde. Il se pencha, c'était un œuf en effet. D'où venait-il ? Quelle poule avait pu sortir du poulailler et venir pondre en cet endroit ? Le forgeron s'étonna, ne comprit pas ; mais il ramassa l'œuf et le porta à sa femme.

D'après **Guy de Maupassant**, *Conte de Noël*, 1882.

### Manipuler la phrase simple

**5** ★★★ **Mettez les mots de ces phrases simples dans l'ordre, soulignez le verbe et placez la ponctuation.**
1. en vacances • partons • la semaine prochaine • nous
2. des épinards • refuse • il • de manger
3. vas • chez le docteur • tu • quand
4. nous • très prudemment • sur la route • conduisons

**6** ★★★ **Complétez chaque phrase avec un verbe conjugué.**
1. Ce chien ... toujours.
2. Nous ... danser !
3. Pourquoi ...- tu ?
4. Il ... tous les jours.
5. ...-tu la nuit ?
6. Elles ... un nouveau jeu vidéo.

**7** ★★★ **Créez une phrase simple avec chaque verbe.**
rêver | parcourir | partir | regretter | pouvoir | tenir

**8** ★★★ **Créez une phrase simple avec chaque verbe.**
sembler | paraitre | devenir | naitre | vivre | rester

**9** ★★★ **Développez chaque phrase simple sans la rendre complexe.** Ex. : Je **vais** à l'école. → Depuis mes trois ans, tous les matins, je **vais** à l'école avec ma sœur.
1. Voulez-vous rester ?
2. Nous partons à la piscine.
3. C'est une histoire incroyable.
4. Partez !
5. Ils finissent à quinze heures.
6. Que pensez-vous de ce débat ?

## Distinguer phrase simple et phrase complexe

**10** ★★★ **Repérez les verbes et classez les phrases.**

**Phrase simple** **Phrase complexe**

1. Je vais bien, tout va bien.
2. Il y a quelqu'un dehors.
3. Je l'ai vu et je lui ai parlé.
4. Elle part tôt et revient tard.
5. C'est incroyable !

**11** ★★★ **Indiquez si ces phrases sont non verbales, simples ou complexes.**

1. J'adore le poulet au curry !
2. Monsieur !
3. Nous sommes partis à huit heures et sommes revenus à dix.
4. Je t'aime beaucoup mais parfois je ne te comprends pas.
5. Chacun doit marquer un but.
6. Interdit d'entrer.

**12** ★★★ **Transformez les phrases complexes en phrases simples.** Ex. : Je reste dans mon lit car je suis malade…
→ Je reste dans mon lit. Je suis malade…

1. Il a de l'humour mais il a aussi mauvais caractère.
2. Je suis contente : j'ai marqué un but !
3. Il aime danser ; cela le met de bonne humeur.

**13** ★★★ **Transformez les phrases simples en phrases complexes.**
Ex. : J'adore les glaces ! Je préfère celles au chocolat.
→ J'adore les glaces mais je préfère celles au chocolat.

1. Veux-tu aller à la piscine ? Préfères-tu rester ici ?
2. Je ne sais pas quel âge il a. Il parait jeune.
3. J'aime aller au collège. J'y retrouve mes amis.

**14** ★★★ **Faites deux phrases simples et deux complexes à partir de ces mots. Pensez à la ponctuation.**
nous • tu • quand • vous souriez • veux • toujours • il • habitons • votre visage • fête • avoir raison • dans le même immeuble • même quand • ses dix ans • tu • aujourd'hui • as • s'illumine • tort

**15** ★★★ **Répondez par des phrases verbales simples.**

1. Qu'est-ce qu'une phrase simple ?
2. Qu'est-ce qu'une phrase complexe ?
3. Y a-t-il un verbe conjugué dans la phrase averbale ?
4. Comment reconnait-on une phrase ?

**16** **Copiez la carte Mémo et complétez-la.**

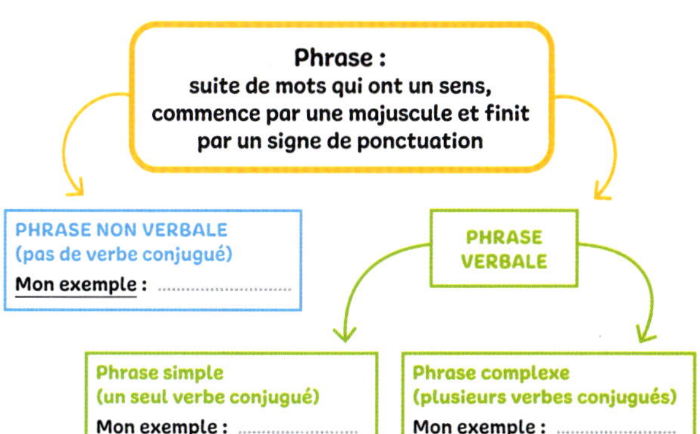


PÉDAGOGIE DIFFÉRENCIÉE Dans le manuel numérique, faites les exercices interactifs demandés par votre professeur.

**17** **Travail en binôme**
**Aidez votre camarade à améliorer sa rédaction.**

*8/10 De bonnes idées, mais privilégiez les phrases simples.*

*La princesse recula d'un pas, le monstre, poussé par la faim et la rage, arrivait, elle prit le flacon, il était vert et dégageait de la fumée, elle le but quand même sans hésiter. Aussitôt, elle se transforma en un dragon effrayant, le monstre sursauta et passa de la colère à la peur, il se mit à claquer des dents, la princesse rugit en crachant des flammes, le monstre prit aussitôt la fuite, elle était sauvée !*

**18** **Écriture** **Inventez la suite de ce texte en ne vous servant que de phrases simples.**

Le port.
Le port de New York.
1834.
C'est là que débarquent tous les naufragés du vieux monde. Les naufragés, les malheureux, les mécontents. Les hommes libres, les insoumis. […]
Johann August Suter débarque le 7 juillet, un mardi. Il a fait un vœu.

**Blaise Cendrars**, *L'Or*, 1925.

**19** **Défi** **Regardez autour de vous et écrivez le plus grand nombre possible de phrases simples pour décrire ce que font vos camarades. Le gagnant est celui qui en a écrit le plus en une minute !**

**20** **À l'oral** **Préparez chacun six questions pour faire un « portrait chinois ».**
Ex. : Si tu étais un animal, que serais-tu ?
**Quelqu'un commence à poser une question à un·e élève, qui doit répondre en faisant une phrase simple.**
Ex. : Je serais un chat.
**S'il y parvient en cinq secondes, il pose une de ses questions à un·e autre élève. S'il échoue, l'élève qui l'interrogeait pose une nouvelle question à quelqu'un d'autre.**
**Le jeu s'arrête quand tous les élèves ont répondu à au moins une question.**

**21** **Écriture** **Faites au moins six phrases simples pour décrire ces musiciens. Variez les verbes.**

Leçon 25

La phrase

# Utiliser la ponctuation

**Je cherche**

**Les enfants sont contents : ils vont à la kermesse.**

Quels signes de ponctuation reconnaissez-vous ? Faites les gestes du grammairien et essayez de les remplacer l'un par l'autre. Est-ce possible ? Qu'en concluez-vous ?

**J'apprends**

- La ponctuation est **indispensable** dans un texte car elle facilite **la compréhension** et renseigne sur **l'intention** de l'auteur. À l'oral, elle guide **l'intonation** et aide à poser **la respiration** du lecteur.
- La **ponctuation « forte » termine** les phrases. C'est le cas du **point**, du **point d'exclamation**, du **point d'interrogation** ou des **points de suspension**, qui permettent aussi parfois d'interrompre un propos. Ex. : Je mange du caramel. J'adore les pêches ! Aimes-tu les cookies ? Je donnerais tout pour un bonbon...
- **La ponctuation « faible »** offre des **respirations au milieu** d'une phrase.
  - La **virgule** permet de faire une **énumération** (c'est-à-dire une liste) ou de séparer **deux propositions**. Ex. : Il donne des bonbons, des chocolats, des caramels et des gâteaux. Quand j'ai faim, j'en mange.
  - Les **deux points** ont souvent une **valeur explicative**. Ex. : J'ai mal au ventre : j'ai mangé trop de bonbons.
  - Le **point-virgule** permet de relier **deux propositions équivalentes**. Ex. : Léa a jeté tous les papiers de bonbon ; Nicolas a nettoyé les tables.
  - Les **parenthèses** donnent une **information supplémentaire**. Parfois, virgules et tirets ont le même rôle. Ex. : Tom (qui est gourmand) mange. Tom, qui est gourmand, mange. Tom – qui est gourmand – mange.
- **Attention :** on ne sépare jamais un sujet de son verbe par une virgule – ou alors, il en faut deux. Une virgule ne sépare pas non plus un verbe de son complément. Ex. : ~~Fatou, offre une part de gâteau.~~ → Fatou, dont c'est l'anniversaire, offre une part de gâteau.
- Certains signes de ponctuation sont liés aux **dialogues**. Les propos d'un personnage dans un récit sont introduits par **deux points** et des **guillemets**. Ex. : Saïd entra et dit : « J'ai acheté des bonbons ! » Au théâtre, on indique les noms des personnages en majuscules et on les fait souvent suivre par deux points ou un point et un tiret. Ex. : MARTINE : Est-ce là votre affaire ? / M. ROBERT. – Vous avez raison.

**Apprendre autrement**
Écoutez le podcast de la leçon

**Je m'exerce**

## Maitriser la ponctuation « forte »

**1** **Ajoutez un signe fort de ponctuation.**

1. Nous sommes tellement contents d'être là...
2. Hector vient-il aussi...
3. Hélas, je crois qu'il est malade...
4. Léa sera-t-elle là...
5. Bien-sûr... Elle est là à chaque réunion de famille...

**2** **Inventez une phrase avec le verbe et le signe de ponctuation demandés.**

Ex. : débattre / point d'exclamation
→ Je ne débats pas de ce sujet avec toi !

1. dormir / point d'interrogation
2. sourire / point
3. demander / points de suspension
4. parler / point d'exclamation

**3** **Replacez la ponctuation.** ? ! . ?

Mon maître avait vu tant de choses ... Qu'était donc mon maître, au temps de sa jeunesse ... Et comment était-il devenu ce que je le voyais au temps de sa vieillesse ... Il y avait là de quoi faire travailler une imagination enfantine, éveillée, alerte et curieuse de merveilleux ...

D'après **Hector Malot**, *Sans famille*, 1878.

**4** **Ajoutez points et majuscules à ce cours d'Histoire.**

il y a 2,4 millions d'années apparait le premier homme en Afrique on l'appelle Homo habilis car il est capable de fabriquer des outils en taillant la pierre l'Homo erectus lui succède on l'appelle ainsi car il se tient droit il migre en Europe et en Asie il est capable de parler et de maitriser le feu

**5** ★★★ **Qu'exprime la ponctuation forte de ces phrases ?**

1. Regarde avant de traverser : il y a une voiture !
2. Pourquoi n'es-tu pas venu ?
3. Euh… Je ne sais pas…
4. Je suis fière de toi.

## Maitriser la ponctuation « faible »

**6** ★★★ **Ajoutez un signe de ponctuation faible.**

1. Il fait très beau … allons nous promener !
2. Le soleil brille … les oiseaux chantent.
3. Écoliers … collégiens et lycéens sont au parc.
4. Le soir tombe vite … déjà … il faut rentrer.

**7** ★★★ **Quelles phrases sont mal ponctuées ? Pourquoi ?**

1. Sam, se couche tôt.
2. J'ai une idée : allons-y !
3. Pourquoi : faut-il partir ?
4. J'aime, les fruits.

**8** ★★★ **Replacez la ponctuation.** ; : , , , ,

Pendant que je relis … une petite boule de papier … lancée avec une adresse extrême … tombe sur ma feuille … je la déroule dans ma main. Seconde boulette de papier … plus grosse. Je regarde autour de moi … elle vient de Luce.

D'après **Colette**, *Claudine à l'école*, 1925.

**9** ★★★ **Supprimez la virgule. Que remarquez-vous ?**

1. Veux-tu manger, Tom ?
2. Je déguste ma crème, au café.
3. Elle le regarde plonger, de sa fenêtre.

## Savoir ponctuer des dialogues

**10** ★★★ **Ajoutez la ponctuation d'un texte de théâtre.**

MARTINE Qu'avez-vous à voir là-dessus ?
M. ROBERT Rien.
MARTINE Est-ce à vous d'y mettre le nez ?
M. ROBERT Non.

**Molière**, *Le Médecin malgré lui*, 1666.

**11** ★★★ **Ajoutez la ponctuation du dialogue.**

1. Je leur dis Ne partez pas !
2. Ils me répondirent Nous le devons…
3. Je leur demandai Pourquoi donc ?
4. Ils me rétorquèrent Cela ne te regarde pas !

**12** ★★★ **Écrivez une réponse dialoguée pour chaque question.** Ex. : Abdou demanda : « Quel âge as-tu ? » (Théo) → Théo répondit : « J'ai onze ans. »

1. Irina supplia : « Viendras-tu à ma fête ? » (Samia)
2. Paul s'exclama : « Pourquoi es-tu fâché ? » (Tom)
3. Tony murmura : « As-tu vu ma trousse ? » (Sophia)

**13** **Copiez la carte Mémo et complétez-la.**

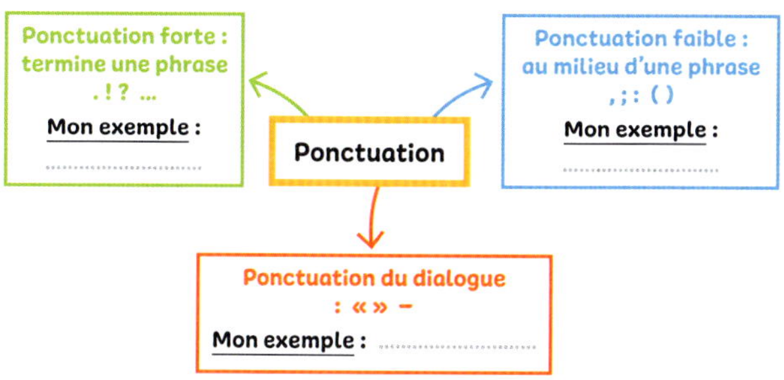


PÉDAGOGIE DIFFÉRENCIÉE Dans le manuel numérique, faites les exercices interactifs demandés par votre professeur.

**14** **Travail en binôme**

**Aidez votre camarade à améliorer sa rédaction.**

7/10 De bonnes idées mais il faut revoir la ponctuation.

Je n'aurais jamais cru, qu'il m'arriverait un jour de telles aventures je vivais une vie normale presque monotone, même. Ce jour-là comme tous les jours je partis au collège un peu en avance. Gabriel arriva en courant vers moi très animé comme s'il se passait quelque chose d'extraordinaire. Je haussai les épaules j'avais l'habitude qu'il s'enthousiasme pour rien. Il me cria J'ai trouvé quelque chose d'incroyable !

**15** **Dictée**

**Écrivez la dictée lue par un·e enseignant·e.**
**Aide fournie :** Lefèvre.

**16** **Écriture** **Inventez la suite de ce texte en utilisant tous les signes de ponctuation de la leçon.**

Le commandant Farragut, Ned Land et moi, nous étions alors sur la dunette, jetant d'avides regards à travers les profondes ténèbres.

« Ned Land, demanda le commandant, vous avez souvent entendu rugir des baleines ? »

**Jules Verne**, *Vingt mille lieues sous les mers*, 1870.

**17** **À l'oral** **Lisez ce texte silencieusement en faisant attention à la ponctuation, puis lisez-le par deux à voix haute en étant les plus expressifs possible.**

ARGAN. – On dira ce que l'on voudra, mais je vous dis que je veux que [ma fille] exécute la parole que j'ai donnée.
TOINETTE. – Non, je suis sûre qu'elle ne le fera pas. […]
ARGAN. – Elle le fera, ou je la mettrai dans un couvent.
TOINETTE. – Vous ?
ARGAN. – Moi.
TOINETTE. – Bon !
ARGAN. – Comment, bon ?
TOINETTE. – Vous ne la mettrez point dans un couvent.
ARGAN. – Je ne la mettrai point dans un couvent ?
TOINETTE. – Non.
ARGAN. – Non ?
TOINETTE. – Non.

**Molière**, *Le Malade imaginaire*, I, 5, 1673.

**18** **Écriture**

**Imaginez un dialogue de théâtre entre ces deux personnes qui se racontent des souvenirs communs.**

Leçon 26

La phrase

# Distinguer juxtaposition, coordination et subordination

## Je cherche

**Je suis contente car ma tante vient bientôt.**

Combien y a-t-il de verbes conjugués ? À quoi sert le mot « car » ? Faites les gestes du grammairien : remplacez « car » par un point. Combien y a-t-il de phrases alors ?

## J'apprends

- On appelle **phrase complexe** une phrase qui comporte **plusieurs verbes conjugués**. Elle a donc **plusieurs propositions**, c'est-à-dire des **parties de phrases s'articulant autour d'un verbe**.

  Ex. : Je **joue** avec mes cousins ; on **fabrique** une cabane.

  Proposition 1 (autour du verbe « jouer ») — Proposition 2 (autour du verbe « fabriquer »)

- Les **propositions juxtaposées** sont reliées par un **signe de ponctuation « faible »** : une virgule, un point-virgule ou deux points.

  Ex. : Mon oncle est venu hier **:** il nous a apporté des champignons.

  Proposition 1 — Deux points — Proposition 2

- Les **propositions coordonnées** sont reliées par une **conjonction de coordination** : *mais, ou, et, donc, or, ni, car.*

  Ex. : Ma grand-mère m'a téléphoné **car** elle voulait me souhaiter mon anniversaire.

  Proposition 1 — Conjonction de coordination — Proposition 2

  Il arrive que le sujet de la première proposition ne soit pas repris dans la proposition suivante.

  Ex. : **Mes grands-parents** ont pris l'avion et sont arrivés hier soir.

  Proposition 1 — Proposition 2

  Sujet des verbes des propositions 1 et 2

- La **proposition subordonnée** est introduite par une **conjonction de subordination** (*que, quand, lorsque, parce que, puisque, comme, si…*) ou un **pronom relatif** (*qui, que, quoi, dont, où…*).

  Ex. : **Quand** mes grands-parents arrivent, je cours à leur rencontre.

  Proposition subordonnée — Prop. principale

  Il arrive qu'une proposition subordonnée soit au milieu d'une proposition principale.

  Ex. : Mon oncle, **qui** vient demain, prend le train.

  Prop. subordonnée

**Apprendre autrement**
Écoutez le podcast de la leçon

## Je m'exerce

### Repérer les propositions dans une phrase

**1** ★★★ **Reliez les propositions entre elles. Quel signe de ponctuation peut-on employer ?**

| | |
|---|---|
| **1.** Je vais à la piscine • | • je l'ai garé à côté. |
| **2.** J'ai oublié mon bonnet • | • j'adore nager. |
| **3.** Je reprends mon vélo • | • je ne peux pas entrer. |
| **4.** Je n'ai pas de chance • | • le pneu est crevé. |

**2** ★★★ **Relevez les verbes conjugués. Combien y a-t-il de propositions ?**

**1.** Paul fait le marché, boit un café et rentre chez lui.
**2.** La foule envahit la place : tout le monde est sorti.
**3.** As-tu retrouvé ton sac ou le cherches-tu encore ?
**4.** Je me lève, je me lave, je déjeune et je pars à l'école.

**3** ★★★ **Dans les phrases complexes, repérez les propositions et citez les verbes conjugués.**

Certains espaces présentent des contraintes importantes pour l'installation humaine. On les appelle « espaces à forte contraintes » parce que le climat, le relief ou l'accès à l'eau les rendent hostiles. Il y a quatre types d'espaces à fortes contraintes : les déserts froids, les déserts chauds, les petites iles isolées et les hautes montagnes. L'homme a souvent cherché à s'adapter à ces contraintes, mais de vastes territoires sont malgré tout inoccupés.

### Maitriser la juxtaposition et la coordination

**4** ★★★ **Classez les phrases.**

**1.** Viens : je t'attends !
**2.** Il part ou il reste ?
**3.** Tu t'en vas car tu t'ennuies.
**4.** Elle s'appelle Léa ; elle a dix ans.

Juxtaposition — Coordination

**5** ★★★ **Écrivez des propositions coordonnées.**

Ex. : Je suis fâché : Tom ne m'a pas invité !
→ Je suis fâché car Tom ne m'a pas invité !

**1.** Je suis de bonne humeur : le soleil brille !
**2.** Il n'est pas sûr de venir : il ne se sent pas bien.
**3.** J'aime la boxe ; j'aime aussi la natation.
**4.** Je suis fatiguée ; ça ira mieux demain.

**6** ★★★ **Écrivez des propositions juxtaposées.** Ex. : Les parents de Julia sont sortis mais sa voisine la garde.
→ Les parents de Julia sont sortis ; sa voisine la garde.

**1.** La route est bloquée car il y a un accident.
**2.** Lou dort là et sa sœur dort ici.
**3.** Il joue de la guitare mais je ne l'ai jamais entendu.
**4.** Cette maison est à vendre et j'aimerais l'acheter.

**7** ★★★ **Avec ces éléments, créez une phrase avec deux prop. juxtaposées et une autre avec deux prop. coordonnées.**
j' • il • ai vu • il • était • mais • se relève • un cerf • dans la forêt • : • ! • tombe • devant moi • toujours • il • .

**8** ★★★ **Créez une phrase complexe en ajoutant une proposition.**
**1.** J'ai un contrôle demain (juxtaposées).
**2.** Ce nouveau musée est à Rennes (coordonnées).
**3.** Nous partirons à cinq heures du matin (juxtaposées).
**4.** Vas-tu à la fête de Sarah samedi (coordonnées) ?

## Manipuler la subordination

**9** ★★★ **Reliez ces propositions entre elles.**

| | |
|---|---|
| **1.** Je dois y aller • | • quand il se couche tard. |
| **2.** Il est fatigué • | • parce que je suis en retard. |
| **3.** Tu crois • | • qui miaule tout le temps. |
| **4.** J'ai un chat • | • que je peux gagner ? |

**10** ★★★ **Complétez avec ces conjonctions de subordination.** quand | parce que | si
**1.** Je vais me fâcher ... tu continues comme ça !
**2.** Tom ne viendra pas ... il a beaucoup de travail.
**3.** ... je serai grande, je serai médecin !

**11** ★★★ **Entourez les verbes conjugués et surlignez la conjonction de subordination.**
**1.** Quand il pleut, tout le monde est grognon.
**2.** Si tu es généreux, on ira au cinéma.
**3.** Je me couvre parce qu'il fait froid.
**4.** As-tu vu que je me suis fait couper les cheveux ?

**12** ★★★ **Relevez trois propositions subordonnées.**
Cependant tout le palais s'était réveillé avec la Princesse ; chacun songeait à faire sa charge, et comme ils n'étaient pas tous amoureux, ils mouraient de faim ; la Dame d'honneur [...] s'impatienta, et dit tout haut à la princesse que la viande était servie. Le Prince aida la Princesse à se lever ; elle était tout habillée et fort magnifiquement ; mais il se garda bien de lui dire qu'elle était habillée comme mère-grand.

**Charles Perrault**, *La Belle au bois dormant*, 1697.

**13** **Copiez la carte Mémo et complétez-la.**

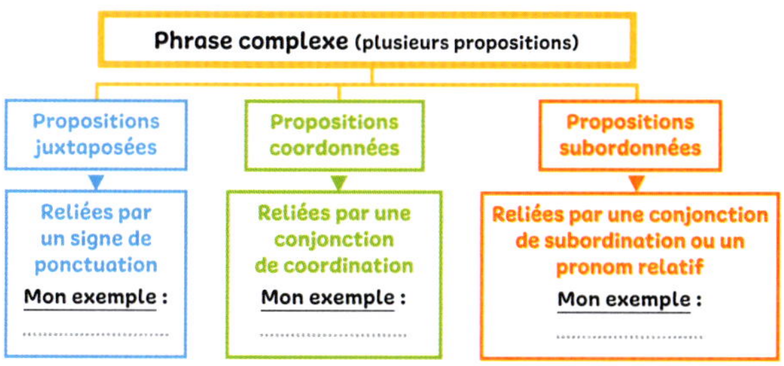


PÉDAGOGIE DIFFÉRENCIÉE — Dans le manuel numérique, faites les exercices interactifs demandés par votre professeur.

**14** **Travail en binôme**
**Aidez votre camarade à corriger son exercice.**

1/5 Vous confondez les propositions. N'oubliez pas de justifier vos choix.
1. Je pars : j'en ai assez ! > juxtaposition. Les propositions sont reliées par un signe de ponctuation.
2. Discutons puisque tu es là ! > coordination
3. Dort-il ou fait-il semblant ? > subordination
4. Je pense qu'elle a gagné. > juxtaposition
5. Je chante mais j'ai la voix cassée. > subordination

**15** **Dictée**
**Écrivez la dictée lue par un·e enseignant·e.**

**16** **Écriture** **Racontez la suite de ce récit en quelques lignes. Vous devrez utiliser au moins une phrase complexe par juxtaposition, une par coordination et une par subordination. Soulignez-les.**
Il faisait froid, il faisait sombre ; la pluie tombait fine et serrée ; deux enfants dormaient au bord d'une grande route sous un vieux chêne touffu [...]. Les pauvres enfants dormaient encore quand, au lever du jour, un homme passa sur la route, accompagné d'un beau chien.

**La Comtesse de Ségur**, *L'Auberge de l'Ange-Gardien*, 1863.

**17** **À l'oral** **Essayez de répondre à ces questions philosophiques en utilisant des phrases complexes dont les propositions seront reliées par** *« : », « car »* **ou** *« parce que »*. **Reprenez les termes de la question pour répondre.**
**1.** Pensez-vous qu'il vaut mieux une tête bien faite que bien pleine ? Pourquoi ?
**2.** Pensez-vous qu'il vaut mieux sauver un coupable que condamner un innocent ? Pourquoi ?
**3.** Pensez-vous qu'il vaut mieux donner que recevoir ? Pourquoi ?

**18** ⌛ **Top chrono !** **Mettez-vous par petits groupes. Notez chacun cinq phrases simples en les cachant. À tour de rôle, dites vos phrases : les autres doivent aussitôt les compléter par une proposition pour en faire des phrases complexes.**
Ex : Il fait beau – mais on voit des nuages au loin.
Le premier qui réussit à compléter cinq phrases a gagné.

**19** **Écriture** **Faites quatre phrases complexes pour expliquer l'humeur de ces personnages.**

Leçon **27**

Les types et formes de phrase

# Distinguer les types de phrase

**Je cherche**

**1. Tu lis des romans le soir. 2. Lis-tu des romans le soir ? 3. Lis des romans le soir.**

Lisez ces trois phrases. Quelles différences observez-vous entre elles ?

**J'apprends**

On distingue trois types de phrase :

- La phrase de **type déclaratif** : elle apporte une **information** et se termine par un **point**. L'intonation est montante puis descendante.
  Ex. : Elle danse le tango trois fois par semaine.
- La phrase de **type interrogatif** : elle pose une **question**, se termine par un **point d'interrogation**. L'intonation est montante. Elle peut commencer par un mot interrogatif (*combien, pourquoi, quel, quand, où*...). Elle se construit à partir d'une inversion sujet/verbe ou à l'aide de la tournure « *est-ce que* ». Ex. : **Où** vont (Verbe) ces oiseaux migrateurs (Sujet) **?** **Est-ce qu'**ils (Sujet) vont (Verbe) revenir **?**
- La phrase de **type impératif** : elle donne un **ordre** ou un **conseil**, se termine par un **point** ou un **point d'exclamation**. L'intonation est descendante. Le verbe est conjugué à l'impératif (mode personnel, sans pronom personnel).
  Ex. : **Parle** moins fort. N'**oubliez** pas votre parapluie !

**Apprendre autrement**
Écoutez le podcast de la leçon

**Je m'exerce**

## Employer la phrase de type déclaratif

**1** ★★★ **Quelles phrases sont de type déclaratif ?**
**1.** Cet animal herbivore mange des feuilles.
**2.** Croyez-vous qu'il soit trop tard ?
**3.** Tu n'as jamais vu ce film.
**4.** Ne fais pas semblant.

**2** ★★★ **Répondez par une phrase déclarative.**
**1.** Quel âge as-tu ? **2.** As-tu un frère ou une sœur ?
**3.** Comment viens-tu au collège ? **4.** Où habites-tu ?

**3** ★★★ **Repérez les phrases de type déclaratif.**
La porte du 221 s'ouvrit et nous entrâmes ensemble chez Holmes.
– Vous êtes M. Henry Baker, dit-il avec naturel et gaieté. Prenez cette chaise, là près du feu, monsieur Baker. Il fait froid et je remarque que vous n'êtes pas vêtu très chaudement. Est-ce bien votre chapeau, monsieur Baker ?
– Oui, monsieur, c'est certainement mon chapeau.

D'après **A. C. Doyle**, *Les Aventures de Sherlock Holmes*, 1892.

## Employer la phrase de type interrogatif

**4** ★★★ **Relevez les mots qui introduisent une question.**
Pourquoi la terre tourne-t-elle autour du soleil ? Est-ce que tu pourrais me l'expliquer ? Qui est-ce qui a trouvé l'explication ? Comment fait-on pour devenir astrophysicien ? Combien y a-t-il de planètes ? Où se trouve la plus grande planète ? Quel est son nom ?

**5** ★★★ **À partir de l'élément souligné, trouvez la question dont chaque phrase est la réponse.**
**1.** J'ai regardé un film policier. **3.** Ses cheveux sont blonds.
**2.** Ta sœur arrivera ce soir. **4.** Il a passé l'été en Bretagne.

**6** ★★★ **a. Formulez ces phrases orales avec** « *Est-ce que* ».
**b. Réécrivez-les en inversant le sujet et le verbe.**
**1.** Tu veux une part de tarte ? **3.** Vous partez en vacances ?
**2.** Tu sais ce qui lui arrive ? **4.** Il avait son sac ?

**7** ★★★ **Complétez le dialogue avec :**
de qui | comment | qui | que | qu'est-ce que

LA FLECHE. — La peste soit de l'avarice, et des avaricieux.
HARPAGON. — ... ? ... dis-tu ?
LA FLECHE. — Ce que je dis ?
HARPAGON. — Oui. ... tu dis d'avarice, et d'avaricieux ?
LA FLECHE. — Je dis que la peste soit de l'avarice, et des avaricieux.
HARPAGON. — ... veux-tu parler ?
LA FLECHE. — Des avaricieux.
HARPAGON. — Et ... sont-ils ces avaricieux ?

D'après **Molière**, *L'Avare*, 1668.

## Employer la phrase de type impératif

**8** ★★★ **Relevez les phrases de type impératif.**
**1.** Rappelez-vous les conseils de votre médecin.
**2.** Il faut toujours consulter la notice.
**3.** Soyez attentives lors de la visite.

**9** ★★★ **Mettez ces phrases au type impératif.**

1. Vous sortez le chien tous les soirs.
2. Vous m'écoutez s'il vous plait.
3. Tu te tiens bien et tu chuchotes !
4. Nous n'ouvrons pas les volets.
5. Vous pouvez prendre des notes.

**10** ★★★ **Copiez ces vers, soulignez les phrases impératives.**

Cueillons, cueillons la rose au matin de la vie ;
Des rapides printemps respire au moins les fleurs.
Aux chastes voluptés abandonnons nos cœurs,
Aimons-nous sans mesure, à mon unique amie !

**Lamartine**, « Élégie », 1860.

## Distinguer les types de phrase

**11** ★★★ **Notez le type de la phrase. Réécrivez-la dans les deux autres types.**

Ex. : Je viens à la plage. (déclaratif) → Viens-tu à la plage ? (interrogatif) Viens à la plage. (impératif)

1. Viendras-tu à l'inauguration ?
2. Choisissez le film que vous voulez.
3. Nous n'allons pas nous promener.
4. Révise attentivement cette leçon.

**12** ★★★ **Transformez les phrases selon le type demandé.**

1. En arrivant, vous ouvrez votre cahier. (impératif)
2. Mélissa a gagné le match. (interrogatif)
3. David a-t-il lu ce roman ? (déclaratif)
4. Aladin découvrit une lampe magique. (interrogatif)
5. Nous devons nous dépêcher. (impératif)

**13** ★★★ **Copiez le texte. Soulignez en bleu les phrases déclaratives, en vert les impératives et en rouge les interrogatives.**

MADAME DE RÉAN — Approchez, Sophie.
*Sophie avança d'un pas lent. Ses jambes tremblaient sous elle.*
MADAME DE RÉAN — Où avez-vous mis les choses qui étaient dans ma boite ?
SOPHIE, *tremblante* — Je n'ai rien pris, maman.
MADAME DE RÉAN — Pourquoi mentez-vous, mademoiselle ? Rapportez tout à la minute.
SOPHIE, *pleurant* — Mais, maman, je vous assure que je n'ai rien pris.
MADAME DE RÉAN — Suivez-moi, mademoiselle.

D'après **La Comtesse de Ségur**, *Les Malheurs de Sophie*, 1864.

**14** **Copiez la carte Mémo et complétez-la.**

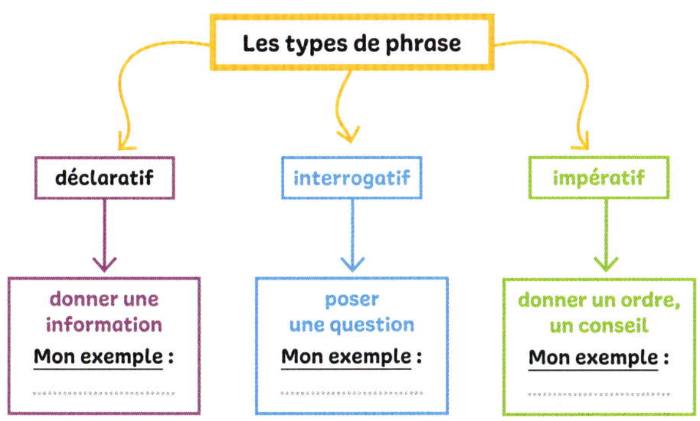


PÉDAGOGIE DIFFÉRENCIÉE Dans le manuel numérique, faites les exercices interactifs demandés par votre professeur.

**15** **Travail en binôme**

**Aidez votre camarade à corriger son exercice.**

5/10 Vous avez trouvé le bon nombre pour les phrases déclaratives mais pas pour les autres.

« Que faisais-tu là-dedans ?
— Rien.
— Rien ? Regarde-moi tes mains. Regarde-moi ta bouche. Que signifie tout ce barbouillage ?
— Je ne sais pas, ma tante.
— Eh bien, moi je sais. C'est de la confiture. Je t'ai répété sur tous les tons que si tu ne laissais pas ces confitures tranquilles, tu recevrais une belle correction. »

**M. Twain**, *Les Aventures de Tom Sawyer*, 1876.

| Phrases déclaratives | Phrases interrogatives | Phrases impératives |
|---|---|---|
| 5 | 4 | 1 |

**16** **Dictée**

**Écrivez la dictée lue par un·e enseignant·e.**
**Aide fournie :** Barberin.

**17** **Écriture** **Imaginez le dialogue entre Pierre et l'oiseau. Vous emploierez des phrases déclaratives, interrogatives et impératives.**

Un beau matin Pierre ouvrit la porte du jardin et s'en alla dans les prés verts. Sur la plus haute branche d'un grand arbre, était perché un petit oiseau, ami de Pierre.

**Sergueï Prokofiev**, *Pierre et le loup*, 1936.

**18** **Défi** **Employez une intonation montante ou descendante pour faire deviner à votre voisin·e le type de phrase que vous utilisez.**

1. Tu pars tout de suite à la plage
2. Tu apporteras ton casque demain
3. Ce roman sortira à la rentrée
4. Nous allons au cinéma

**19** **Écriture** Alice est perdue au pays des merveilles, elle rencontre la Chenille et lui demande son chemin. **Imaginez ce dialogue, Alice emploiera des phrases interrogatives et la Chenille des phrases déclaratives et impératives.**

**20** **À l'oral** **Par groupes de deux, jouez la scène de rencontre entre Alice et la Chenille en utilisant des phrases déclaratives, interrogatives et impératives.**

↑ **Xavier Kozminski**, *Alice au pays des merveilles* de Lewis Carroll, 1939.

Leçon **28**

Les types et formes de phrase

# La forme exclamative

## Je cherche

Je me sens bien ici. Comme je me sens bien ici !

Lisez ces phrases. Quelle nuance percevez-vous ? Comment les prononcerez-vous ?

## J'apprends

- La **phrase exclamative** exprime un **sentiment fort** ou une **émotion intense** (*surprise, joie, soulagement, déception*...). Elle se termine par un **point d'exclamation**, et commence le plus souvent par un **adverbe** (*comme, que*), une **interjection** (*oh, hélas*...) ou un **déterminant exclamatif** (*quel, quels, quelle, quelles*). Son intonation est **montante** et **expressive**.
Ex. : **Comme** c'est beau **! Oh**, je me réjouis d'être ici **! Quelles** merveilles **!**
- Tous les **types** de phrase peuvent être **mis à la forme exclamative**. La forme exclamative peut se combiner avec la **forme négative**.

**Apprendre autrement**
Écoutez le podcast de la leçon

| Type déclaratif | Type interrogatif | Type impératif | Forme négative |
|---|---|---|---|
| Ex. : Tu y crois vraiment ! | Ex. : Y crois-tu vraiment ?! | Ex. : Crois-y vraiment ! | Ex. : Hélas, tu n'y crois pas ! |

## Je m'exerce

### Employer la phrase exclamative

**1** ★★★ **Ces phrases sont-elles à la forme exclamative ?**
1. Sans elle, nous sommes perdus !
2. Ne faites sortir personne.
3. Iras-tu ?
4. C'était le bon temps !

**2** ★★★ **Quel sentiment (ou quelle émotion) s'exprime à travers ces phrases exclamatives ?**
1. Elle est enfin là !
2. Ce vacarme est insupportable !
3. Ce pauvre petit canard !
4. Quelle chance !

**3** ★★★ **Repérez les phrases exclamatives. Qu'expriment-elles ?**
Le dragon se retourna sur le dos. « Regarde ! s'écria-t-il. Qu'est-ce que tu dis de ça ? »
« Tout simplement époustouflant ! Impeccable ! Parfait ! Stupéfiant ! s'exclama Bilbo, tandis qu'au même moment, il se disait à lui-même "Vieux fou ! Il ne se doute pas qu'il a un énorme trou sous l'aisselle gauche !" »
**J.R.R. Tolkien**, *Le Hobbit*, Christian Bourgois éditeur, 2012.

**4** ★★★ **Mettez ces phrases à la forme exclamative.**
Ex. : Ce jeu est très prenant. (Que)
→ **Que** ce jeu est prenant **!**
1. Ce tableau est vraiment beau. (Comme)
2. La boutique est fermée. (Hélas)
3. La poêle est très chaude. (Oh)
4. Cette fleur est splendide. (Quelle)
5. Viendras-tu ? (Alors)

**5** ★★★ **Mettez ces phrases exclamatives à la forme négative.**
1. Vous êtes attendus par le professeur !
2. Crois-tu que cela puisse être vrai ?!
3. Il est certain que les résultats sont exacts !
4. Est-il possible que Léa revienne ?!

### Distinguer les types de phrase

**6** ★★★ **Ces phrases sont à la forme exclamative. Précisez leur type.** Type déclaratif | Type interrogatif | Type impératif
1. Vous devez travailler en silence !
2. Écoutez-le plus attentivement !
3. Pourquoi ne pars-tu pas ?!
4. N'essaie pas de grimper si haut !

**7** **Travail en binôme**

*2/8 Soulignez les phrases interrogatives et entourez les phrases exclamatives.*
— Qu'est-ce qu'il y a ? Qu'est-ce que vous avez ? fit le capitaine Barbassou.
— Ah ! vous voilà, capitaine !... vite, vite, armez vos hommes.
— Hé ! pourquoi faire ?
— Mais vous ne voyez donc pas ?!...
— Quoi donc ?...
— Là... devant vous... les pirates...
— Mais restez donc tranquille ! Ce ne sont pas des pirates...
D'après **A. Daudet**, *Tartarin de Tarascon*, 1872.

**8** **Dictée**
**Écrivez la dictée lue par un·e enseignant·e.**
**Aide fournie :** Dinah.

**9** **À l'oral** **Mettez-vous par deux. Notez ces émotions sur des étiquettes. Tirez-en une. Votre camarade trouve une phrase exclamative en lien avec l'émotion dévoilée.** surprise | joie | soulagement | colère | déception

**10** **Écriture** **Deux ami·e·s d'enfance se retrouvent. Imaginez leur dialogue avec de nombreuses phrases exclamatives de types variés.**

Leçon **29**

Les types et formes de phrase

# La forme négative

## Je cherche

**Je m'oppose à ce projet. Je ne suis pas favorable à ce projet.**

Ces phrases expriment la même idée. Laquelle est à la forme négative ? À quoi le repérez-vous ?

## J'apprends

- La phrase est à la **forme négative** quand elle contient une **négation**, c'est-à-dire qu'elle nie un fait ou une idée. On construit la phrase négative le plus souvent grâce à deux éléments qui encadrent le verbe : **« ne » + adverbe** (*pas, plus, jamais*...) ou **déterminant** (*aucun, nul*...) ou **pronom** (*rien, personne*...).
  Ex. : Elle **ne** viendra **plus**. Il **ne** connait **aucun** poème de Victor Hugo. Vous **n'**avez **rien** compris.
  À l'oral, le « ne » est souvent non prononcé ; à l'écrit, c'est incorrect. Ex. : Je sais pas. (familier)
  « ni » remplace « ou » et « et ». Ex. : J'aime le café **et** le thé. → Je **n'**aime **ni** le café **ni** le thé.

**Apprendre autrement**
Écoutez le podcast de la leçon

- Tous les types de phrase peuvent être mis à la forme négative.

| Type déclaratif | Type interrogatif | Type impératif |
|---|---|---|
| Ex. : Tu **n'**as **pas** peur. | Ex. : **N'**as-tu **pas** peur ? | Ex. : **N'**aies **pas** peur. |

## Je m'exerce

### Repérer la forme négative

**1** ★★★ **Classez les phrases.** Forme négative | Forme affirmative
1. Je déteste les romans d'aventures.
2. Ne l'as-tu jamais revue ?
3. Il ignore le mobile du crime.
4. Ne vous inquiétez plus !

**2** ★★★ **Repérez les mots de négation.**

M. Seguin n'avait jamais eu de bonheur avec ses chèvres. Ni les caresses de leur maître, ni la peur du loup, rien ne les retenait. Le brave M. Seguin, qui ne comprenait rien au caractère de ses bêtes, était consterné. Il disait : « C'est fini. Je n'en garderai pas une ! »

D'après **A. Daudet**, « La Chèvre de M. Seguin », 1866.

### Manipuler la phrase négative

**3** ★★★ **Réécrivez ces phrases à la forme négative.**
1. Vous avez encore du thé.
2. Elle a déjà lu ce roman.
3. Je me lève toujours tôt le samedi.
4. Il va tout nous dire, il a tout entendu.
5. Ce garçon est petit et chétif.

**4** ★★★ **Ajoutez les mots de négation qui conviennent.**
1. Elle prétendait qu'elle ... avait ... fait.
2. Il assure qu'il ... a vu ... sortir de la maison.
3. Je cherche ce roman mais je ... ai ... pu le trouver.

**5** ★★★ **Mettez chaque phrase à la forme négative.**
1. A-t-il déjà acheté ses livres ?
2. Est-il possible d'échanger son billet ?
3. Croyez-vous qu'elle viendra ?

**6** ★★★ **Réécrivez les phrases à la forme négative.**
1. Soyez attentifs à cette proposition.
2. Demande de l'aide à ton camarade.
3. Prenons cette direction !

**7** **Travail en binôme**

**Aidez votre camarade à corriger ses erreurs.**

2/5 Il faut revoir les phrases à la forme négative.
Persée est un héros. Il a pour mission de combattre Méduse. Pour cela, il doit pas utiliser seulement la force. En effet il ne peut pas la regarder directement. On n'a retrouvé plusieurs versions du mythe mais on imagine pas qu'il ait pu réussir sans sa ruse.

**8** **Dictée**

**Écrivez la dictée lue par un·e enseignant·e.**

**9** **À l'oral** **Avec votre voisin·e, vous cherchez comment réussir votre année de 6e. Vous proposez des choses à faire (forme affirmative) et des choses à ne pas faire (forme négative).**

**10** **Écriture** **Qu'est-ce qui n'est pas autorisé en classe ? Imaginez les réponses des élèves en utilisant des phrases à la forme négative.**

Leçon 30

Les temps simples

# Le présent de l'indicatif

## Je cherche

**Cette année, je vais en Safari, je prends des photos car je fais un reportage sur les éléphants.**

Dans cette phrase, repérez les verbes. Désignent-ils une action au passé ou au présent ? De quel temps s'agit-il ?

## J'apprends

- Le **présent de l'indicatif** est un temps simple de l'indicatif. Il se rapporte au **moment où l'on parle**.
- **Conjugaison des verbes au présent de l'indicatif.**

| 1er groupe | | 2e groupe | | 3e groupe | | | |
|---|---|---|---|---|---|---|---|
| parler | | réussir | | sortir | | rendre | |
| je | parl**e** | je | réuss**is** | je | so**rs** | je | ren**ds** |
| tu | parl**es** | tu | réuss**is** | tu | so**rs** | tu | ren**ds** |
| il, elle | parl**e** | il, elle | réuss**it** | il, elle | sor**t** | il, elle | rend |
| nous | parl**ons** | nous | réuss**issons** | nous | sort**ons** | nous | rend**ons** |
| vous | parl**ez** | vous | réuss**issez** | vous | sort**ez** | vous | rend**ez** |
| ils, elles | parl**ent** | ils, elles | réuss**issent** | ils, elles | sort**ent** | ils, elles | rend**ent** |

- **Certains verbes du 1er groupe** changent d'orthographe.

| -ayer | -oyer /-uyer | -cer | -ger |
|---|---|---|---|
| j' essa**ie** / essa**ye** | j' envo**ie** | je lanc**e** | je rang**e** |
| nous essa**yons** | nous envo**yons** | nous lan**çons** | nous rang**eons** |

- **Conjugaison des verbes irréguliers du 3e groupe**

| faire | aller | dire | venir | pouvoir | voir | vouloir |
|---|---|---|---|---|---|---|
| je fais | je **vais** | je dis | je **vi**ens | je **peux** | je vois | je **veux** |
| nous **fai**sons | nous allons | nous dis**ons** | nous venons | nous pouvons | nous vo**y**ons | nous voulons |

- Les verbes du 3e groupe ***offrir, cueillir, couvrir, ouvrir, assaillir, tressaillir, défaillir*** se conjuguent avec **-e**, **-es**, **-e** aux trois personnes du singulier.
Ex. : j'offre, je cueille, je couvre, j'ouvre, j'assaille, je tresaille, je défaille
Pour les verbes du 2e groupe, la forme du **présent** et du **passé simple** sont **homophones**.
Ex. : je finis, tu finis, il finit (présent) je finis, tu finis, il finit (passé simple)

**Apprendre autrement**
Écoutez le podcast de la leçon

## Je m'exerce

### Identifier le présent de l'indicatif

**1** **Relevez les verbes au présent.**
nous viendrons • je fuis • tu fis • vous liez • je sais • nous courons • vous jouiez • tu connais • il sait • ils suivent • ils prirent • je veux • il sue • nous lancions • nous plions • elles écrivent • je vis • tu ressens • vous vous méfiiez • il crée

**2** **Recopiez le tableau et complétez-le.**
ils crient • il surgit • nous rions • tu avances • nous longeons • tu remercies • il rugit • j'obéis • vous saisissez • tu réfléchis • elle remplit • ils doivent • je tends • elles atterrissent • je conclus • tu nettoies • vous sentez • je couvre

| | Infinitif | Groupe | Personne |
|---|---|---|---|
| Ex. | crier | 1er | 3e pers. pluriel |

**3** **Donnez l'infinitif des verbes et classez-les selon le groupe.** 1er gr. 2e gr. 3e gr.
1. Ne le veux-tu pas ?
2. Le client remercie le vendeur.
3. Est-ce que tu le fais ?
4. C'est moi qui réunis l'équipe.
5. Composez-vous de la musique ?
6. Ils finissent à temps.

**4** **Relevez les verbes au présent et donnez leur infinitif.**
Les délégués de classe doivent être les porte-paroles d'une classe. Ils servent de relais avec les autres élèves. Les délégués participent aux réunions, ils vont notamment aux conseils de classe, ils peuvent interroger les professeurs sur le fonctionnement de la classe, par exemple. Ils transmettent à leurs camarades toutes les informations.
D'après les conseils de l'ONISEP.

## Maitriser la conjugaison du présent de l'indicatif

**5** ★★★ **Complétez avec une des terminaisons du présent** *-e, -es, -s, -x*.

1. je veu... 3. je di... 5. tu peu...
2. tu associ... 4. tu va... 6. je décor...

**6** ★★★ **Conjuguez ces verbes au présent à la 1re personne du singulier et du pluriel.**

1. balayer 3. appuyer 5. déranger
2. broyer 4. commencer 6. prononcer

**7** ★★★ **Vérifiez le groupe du verbe, puis complétez avec la terminaison** *-e* **ou** *-s*.

1. je cour... 3. j'accour... 5. je parcour...
2. je couvr... 4. j'offr... 6. je savour...

**8** ★★★ **Conjuguez ces verbes à la 1re personne du pluriel.**

1. applaudir 3. arrondir 5. accueillir
2. tenir 4. choisir 6. appartenir

**9** ★★★ **Mettez ces verbes à la personne du pluriel correspondante.**

1. j'inscris 3. elle écrit 5. tu souscris
2. tu suis 4. je revis 6. il poursuit

**10** ★★★ **Conjuguez ces verbes à la personne du singulier correspondante.**

1. nous déduisons 3. elles lisent 5. elles font
2. vous cuisez 4. nous prenons 6. ils élisent

## Employer le présent de l'indicatif

**11** ★★★ **Réécrivez ces phrases au présent de l'indicatif.**

1. Ulysse et ses marins débarquèrent sur l'ile.
2. Le géant prit deux hommes d'équipage.
3. Tous ont saisi l'épieu.
4. Les compagnons d'Ulysse voudront vite s'échapper.
5. Le cyclope ne verra plus rien.

**12** ★★★ **Mettez les verbes au présent de l'indicatif.**

D'après les scientifiques, le berceau de l'humanité (se situer) en Afrique. L'homme moderne (appartenir) à la famille des Homo sapiens, dont l'évolution (remonter) à plus de 100 000 ans. On (pouvoir) suivre cette évolution grâce aux traces laissées par les hommes de la Préhistoire. L'Homo habilis (être) notre plus vieil ancêtre, l'Homo erectus (se déplacer) de l'Afrique vers l'Asie, puis vers l'Europe. L'Homo sapiens n'(apparaitre) en Europe que vers - 40 000 ans.

**13** **Copiez la carte Mémo et complétez-la.**

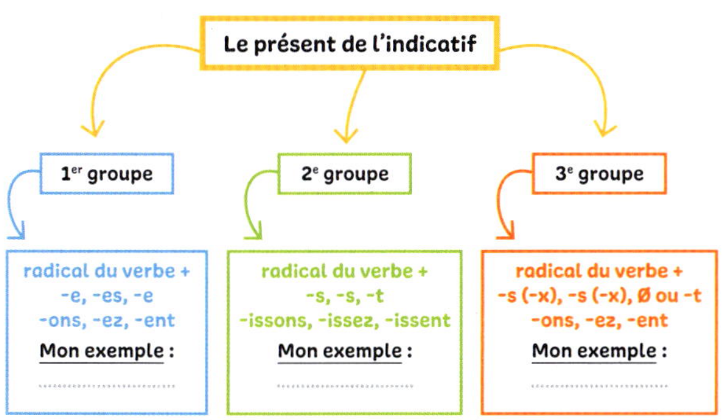


PÉDAGOGIE DIFFÉRENCIÉE Dans le manuel numérique, faites les exercices interactifs demandés par votre professeur.

**14** **Dictée dialoguée**

**Aidez votre camarade à corriger sa dictée.**

5/10 Attention aux terminaisons des verbes des 2e et 3e groupes.

L'océan sonore
Palpite sous l'œil
De la lune en deuil
Et palpite encore,

Tandis qu'un éclair
Brutal et sinistre
Fent le ciel de bistre
D'un long zigzag clair,

Et que chaque lame,
En bonds convulsifs,
Le long des récifs
Vas, viens, luie et clame,

Et qu'au firmament,
où l'ouragan erre,
Rugis le tonnerre
Formidablement.

D'après **P. Verlaine**, « Marine », *Poèmes saturniens*, 1902.

**15** **Dictée**

**Écrivez la dictée lue par un·e enseignant·e.**

**16** **Écriture** **Rédigez un discours de candidature pour être délégué·e. Aidez-vous des verbes proposés et de l'exercice 4.**

se présenter comme délégué·e • vouloir rendre service • connaitre le travail de délégué • prendre du temps pour les autres • faire déjà partie du CMJ de la ville • dire les choses avec patience • pouvoir régler des conflits • être motivé·e et disponible • avoir du temps pour faire les réunions • savoir parler en public

**17** **À l'oral** **Cherchez au moins trois proverbes contenant un verbe ou plus au présent et demandez à vos camarades l'infinitif de ces verbes.**

Ex. : « Qui **va** (aller) à la chasse **perd** (perdre) sa place. » « Les grands maux **font** (faire) les grands remèdes. »

**18** **Top chrono !** **En une minute maximum, énoncez oralement à un·e camarade la règle d'un jeu de société en utilisant le plus de verbes possible au présent.**

Ex. : Chaque participant doit d'abord lancer le dé. Celui qui obtient le plus grand chiffre démarre...

**19** **Écriture** **Faites des recherches sur un dieu grec et écrivez un paragraphe de présentation au présent.**

Leçon 31

Les temps simples

# L'imparfait de l'indicatif

## Je cherche

**Je rentre de l'école, je saisis mon gouter et prends mon vélo pour faire un tour.**

Réécrivez cette phrase, en commençant pas « Quand j'étais petit·e... ». Quel changement de temps avez-vous effectué ?

## J'apprends

- L'**imparfait** est un temps simple de l'indicatif. Il est utilisé pour la **description**, les **répétitions**, les **actions inachevées**.
- Pour former l'imparfait, on prend le radical de la 1re personne du pluriel du présent de l'indicatif auquel on ajoute les terminaisons : ***-ais***, ***-ais***, ***-ait***, ***-ions***, ***-iez***, ***-aient***.

| 1er groupe | | 2e groupe | | 3e groupe | |
|---|---|---|---|---|---|
| chanter | | réussir | | prendre | |
| je | chant**ais** | je | réuss**issais** | je | pren**ais** |
| tu | chant**ais** | tu | réuss**issais** | tu | pren**ais** |
| il, elle | chant**ait** | il, elle | réuss**issait** | il, elle | pren**ait** |
| nous | chant**ions** | nous | réuss**issions** | nous | pren**ions** |
| vous | chant**iez** | vous | réuss**issiez** | vous | pren**iez** |
| ils, elles | chant**aient** | ils, elles | réuss**issaient** | ils, elles | pren**aient** |

- **Les particularités orthographiques**

**Verbes du 1er groupe**

| -ier | -yer | -iller | -gner | -ger | -cer | -guer |
|---|---|---|---|---|---|---|
| nous cri**ions** | nous netto**yions** | nous br**illions** | nous accompa**gnions** | je mang**eais** | je lan**çais** | je conjug**uais** |

**Verbes du 3e groupe**

| croire | rire | faire | peindre | écrire |
|---|---|---|---|---|
| nous cro**yions** | nous r**iions** | nous f**aisions** | nous pei**gnions** | nous écri**vions** |

**Apprendre autrement**
Écoutez le podcast de la leçon

- Ne pas confondre la terminaison ***-ais*** de l'imparfait et ***-ai*** du passé simple à la 1re personne du singulier. ▸ Leçon 32 Astuce : remplacez « *je* » par « *il* ».
Ex. : Tous les jours, je chant**ais** (il chantait). Ce jour-là, je chant**ai** (il chanta).

## Je m'exerce

### Identifier l'imparfait

**1** ★★★ **Relevez les verbes à l'imparfait.**
nous ennuyions • nous scions • vous criez • j'étudiais • vous triiez • nous rions • vous habilliez • nous croyions • nous conseillions • nous créions • je naissais • nous lions

**2** ★★★ **Donnez l'infinitif des verbes et classez-les selon leur groupe.** 1er gr. 2e gr. 3e gr.
je rêvais • nous finissions • tu prenais • vous tendiez • je m'approchais • nous rougissions • je disais • ils vieillissaient • tu surveillais • vous faisiez • j'écrivais • nous comprenions • vous remerciiez • il terrifiait

**3** ★★★ **Distinguez l'imparfait du passé simple et classez les verbes en deux colonnes.** Imparfait Passé simple
1. Depuis toujours je rêvais d'avoir un animal.
2. Un jour, je décidai d'en parler à mes parents.
3. Tous les jours, j'essayais de les convaincre.
4. Je me réveillai un matin avec une surprise.

**4** ★★★ **Relevez les verbes conjugués à l'imparfait.**
Dans une ville de Perse, vivaient deux frères, Cassim et Ali Baba, qui s'étaient partagé également le maigre héritage laissé par leur père. Mais alors que Cassim, après un riche mariage, était devenu un des principaux marchands de la ville, Ali Baba avait épousé une femme aussi pauvre que lui. Pour gagner sa vie [...], il allait couper du bois dans une forêt voisine puis venait le vendre à la ville, sur trois ânes qui constituaient toutes ses possessions.

**Michel Laporte**, « Ali Baba et les quarante voleurs », Castor poche Flammarion, 2000.

### Maitriser la conjugaison de l'imparfait

**5** ★★★ **Mettez les verbes à l'imparfait de l'indicatif.**
1. Avec ma famille, nous (avoir) l'habitude de randonner.
2. Le soleil (chauffer) la terre.
3. Tous les jours, je (trouver) des pierres magnifiques.
4. Ces paysages (offrir) un spectacle remarquable.

**6** ★★★ **Conjuguez ces verbes à la 1re personne du pluriel.**
**1.** trier **2.** plier **3.** scier **4.** skier

**7** ★★★ **Conjuguez ces verbes à la 2e personne du pluriel.**
**1.** nettoyer **2.** payer **3.** essuyer **4.** employer

**8** ★★★ **Conjuguez ces verbes à la 1re personne du pluriel.**
**1.** briller **2.** scintiller **3.** conseiller **4.** bailler

**9** ★★★ **Conjuguez ces verbes à la 1re personne du singulier.**
**1.** ranger **2.** commencer **3.** distinguer **4.** percer

**10** ★★★ **Conjuguez ces verbes à la 3e personne du singulier.**
**1.** regagner **2.** craindre **3.** éteindre **4.** peindre

## Employer l'imparfait dans un texte

**11** ★★★ **Mettez les verbes entre parenthèses à l'imparfait.**

Laideronette (se mettre) toujours à côté des personnes en qui elle (remarquer) de l'esprit et de la raison, elle leur (faire) des questions, et (retenir) toutes les bonnes choses qu'elle leur (entendre) dire ; elle prit même l'habitude de les écrire, pour s'en mieux souvenir, et à dix-sept ans, elle (parler) et (écrire) si bien, que toutes les personnes de mérite (se faire) un plaisir de la connaître.

**Mme Leprince de Beaumont**, « Bellotte et Laideronette », *Contes de fées*, 1806.

**12** ★★★ **Réécrivez ce texte à l'imparfait.**

Avec mes parents, nous allons en Bretagne. Je viens tous les jours sur la plage et ramasse des coquillages. Je fais également la collection des pierres ; je peux en ramasser des centaines par semaine. Mes parents sourient de mon obsession. Les étoiles de mer m'attirent aussi mais je sais que l'espèce est protégée.

**13** ★★★ **Complétez le texte en conjuguant les verbes à l'imparfait.**

tomber • nommer • avoir (x2) • être (x3) • pouvoir • aller

Il y ... une fois la fille d'un roi qui ... si belle qu'il n'y ... rien de si beau au monde ; et à cause qu'elle ... si belle on la ... la Belle aux cheveux d'or car ses cheveux ... plus fins que de l'or, et blonds par merveille, tout frisés, qui lui ... jusque sur les pieds. Elle ... toujours couverte de ses cheveux bouclés, avec une couronne de fleurs sur la tête et des habits brodés de diamants et de perles : tant qu'on ne ... la voir sans l'aimer.

**Mme D'Aulnoy**, « La Belle aux cheveux d'or », 1696.

**14** ★★★ **Complétez la description avec des verbes à l'imparfait de votre choix.**

Le soleil ... derrière les nuages. Le ciel ... doucement une teinte rosée. Une nuée d'oiseaux ... régulièrement. La neige ... les montagnes. Le vent ... fort et le sol ... à se couvrir de glace. Le silence ... dans toute la plaine.

**15** Copiez la carte **Mémo** et complétez-la.

**L'imparfait de l'indicatif**

**radical du verbe** + **-ais, -ais, -ait, -ions, -iez, -aient**

**Mon exemple :** ..............................

PÉDAGOGIE DIFFÉRENCIÉE — Dans le manuel numérique, faites les exercices interactifs demandés par votre professeur.

**16** **Dictée dialoguée**

**Aidez votre camarade à corriger sa dictée.**

5/10 Vous avez fait plusieurs erreurs en écrivant les verbes à l'imparfait.

C'était elle qui nettoiait la vaisselle, qui frottait la chambre de madame et de mesdemoiselles ses filles ; elle couchais tout au haut de la maison, dans un grenier, pendant que ses sœurs étais dans des chambres parquetées, où elles avaient des lits les plus à la mode, des miroirs où elles se voiaient depuis les pieds jusqu'à la tête. La pauvre fille souffrait tout avec patience, et n'osait s'en plaindre à son père, parce que sa femme le gouvernai entièrement.

D'après **C. Perrault**, *Cendrillon*, 1697.

**17** **Dictée**

**Écrivez la dictée lue par un·e enseignant·e.**

**18** **Écriture** **Imaginez la suite de ce poème en utilisant des verbes à l'imparfait.**

Si...
Si la sardine avait des ailes,
Si Gaston s'appelait Gisèle,
Si l'on pleurait lorsque l'on rit,
Si le pape habitait Paris,
Si l'on mourait avant de naître,
Si la porte était la fenêtre,
Si l'agneau dévorait le loup [...]

**Jean-Luc Moreau**, *L'Arbre perché*, Les Éditions Ouvrières, 1980.

**19** **À l'oral** **Partagez avec vos camarades une croyance d'enfance. Vous débuterez ainsi :** *« Dans mon enfance, je croyais que... ».*

**20** **À l'oral** **Par groupe de trois, racontez une légende de la mythologie (Persée et Méduse, Thésée et le Minotaure...). Chacun prononce une phrase en utilisant des verbes à l'imparfait.**

**21** **Écriture**

**Rédigez un début de conte à l'imparfait en vous inspirant de cette image.** *« Il était une fois... »*

**Boris Zworykine**, « Le tzar Saltan », conte russe *in Le Coq d'Or et autres contes*, 1925.

Leçon 32

Les temps simples

# Le passé simple de l'indicatif

## Je cherche

**Tout doucement, il approcha mais les oiseaux s'envolèrent.**

Relevez les indices de temps des verbes. Donnez leur infinitif. Connaissez-vous ce temps ?

## J'apprends

- Le **passé simple** est un temps simple de l'indicatif. C'est un **temps du récit écrit**.
- Il se forme sur le radical du verbe auquel on ajoute une terminaison composée des lettres **a** (1er gr.), **i** (2e et 3e gr.), **u** (3e gr.) et **in** (*venir, tenir* et leurs dérivés). Il ne faut pas oublier l'accent circonflexe.

| 1er groupe | | 2e groupe | | 3e groupe | | | | | |
|---|---|---|---|---|---|---|---|---|---|
| aimer (en -a) | | finir (en -i) | | mettre (en -i) | | vouloir (en -u) | | tenir (en -in) | |
| j' | aimai | je | finis | je | mis | je | voulus | je | tins |
| tu | aimas | tu | finis | tu | mis | tu | voulus | tu | tins |
| il, elle | aima | il, elle | finit | il, elle | mit | il, elle | voulut | il, elle | tint |
| nous | aimâmes | nous | finîmes | nous | mîmes | nous | voulûmes | nous | tînmes |
| vous | aimâtes | vous | finîtes | vous | mîtes | vous | voulûtes | vous | tîntes |
| ils, elles | aimèrent | ils, elles | finirent | ils, elles | mirent | ils, elles | voulurent | ils, elles | tinrent |

- **Les verbes *être* et *avoir***

| être | | avoir | |
|---|---|---|---|
| je | fus | j' | eus |
| tu | fus | tu | eus |
| il, elle | fut | il, elle | eut |
| nous | fûmes | nous | eûmes |
| vous | fûtes | vous | eûtes |
| ils, elles | furent | ils, elles | eurent |

**Verbes irréguliers du 3e groupe**

| faire | | aller | | voir | | prendre | | pouvoir | |
|---|---|---|---|---|---|---|---|---|---|
| je | fis | j' | allai | je | vis | je | pris | je | pus |
| tu | fis | tu | allas | tu | vis | tu | pris | tu | pus |
| il, elle | fit | il, elle | alla | il, elle | vit | il, elle | prit | il, elle | put |
| nous | fîmes | nous | allâmes | nous | vîmes | nous | prîmes | nous | pûmes |
| vous | fîtes | vous | allâtes | vous | vîtes | vous | prîtes | vous | pûtes |
| ils, elles | firent | ils, elles | allèrent | ils, elles | virent | ils, elles | prirent | ils, elles | purent |

- Pour certains verbes du 3e groupe, il faut ajouter la terminaison au radical de la 3e personne du singulier à l'imparfait.

Ex. : écrire : écrivait → écrivit ; conduire : conduisait → conduisit ; peindre : peignait → peignit

À la 1re personne du singulier, la terminaison des verbes du 1er groupe est ***-ai***. Ne pas confondre avec la terminaison ***-ais*** de l'imparfait ▸ Leçon 31.

Ex. : je m'arrêtai ; je rangeai ; je commençai ; je m'appuyai ; je criai

**Apprendre autrement**
Écoutez le podcast de la leçon

## Je m'exerce

### Identifier les verbes au passé simple

**1** ★★★ **Relevez les verbes au passé simple.**

elle a • il fit • il retient • ils ont • elle mit • il fait • il vient • elle put • elles mettent • il connait • il doit • elles durent • elle eut • ils furent • elle peut • il vint • elle crut • il retint

**2** ★★★ **Classez les verbes.**

il tomba • elle vit • il forma • ils surgirent • elle tint • il parut • elle courut • il vint • elles remplirent • elle alla • elle ouvrit • il vécut • elle lit • elle se promena • elles crurent • elle revint • il trouva • elle rit

| 1er gr. en -a | 2e et 3e gr. en -i | 3e gr. en -u | 3e gr. en -in |
|---|---|---|---|

**3** ★★★ **Parmi les verbes en gras, relevez ceux au passé simple.**

Il **vint** aux oreilles d'un chat qu'en certain poulailler les poules **étaient** malades. Il **se donna** l'allure d'un médecin et, prenant avec lui les instruments de l'art, **se rendit** chez les poules. **Parvenu** à la porte du poulailler, il leur **demanda** : « Comment vous **sentez**-vous ? – Fort bien, **répondirent**-elles, pourvu que tu décampes. » Ils **ont** beau jouer aux plus dévoués des hommes, les méchants n'**abusent** pas l'homme sensé.

**Ésope**, « Le chat et les poules », *Fables*, trad. C. Terreaux, éd. Arléa, 2004.

**4** ★★★ **Relevez les verbes au passé simple.**

C'est une vérité, je fus la mauvaise étoile de mes parents. Du jour de ma naissance, d'incroyables malheurs les assaillirent par vingt endroits. D'abord nous eûmes donc le client de Marseille, puis deux fois le feu dans la même année, [...] puis un procès très coûteux avec nos marchands de couleurs, puis, enfin, la Révolution de 18..., qui nous donna le coup de grâce.
À partir de ce moment, la fabrique ne battit plus que d'une aile ; petit à petit, les ateliers se vidèrent.

**Alphonse Daudet**, *Le Petit Chose*, 1868.

## Conjuguer au passé simple

**5** ★★★ **Mettez ces verbes au passé simple.**

1. elle a
2. il est
3. elle fait
4. ils ont
5. elles sont
6. ils font

**6** ★★★ **Complétez les terminaisons (1er gr.) au passé simple.**

1. elle cri…
2. elle secou…
3. ils provoqu…
4. il brill…
5. elle envoy…
6. ils commenc…

**7** ★★★ **Complétez les terminaisons (2e gr.) au passé simple.**

1. elle fin…
2. ils réuss…
3. elles rempl…
4. il grand…
5. elles ag…
6. elle réfléch…

**8** ★★★ **Complétez les terminaisons (3e gr.) au passé simple.**

1. il cour…
2. elles voul…
3. ils p…
4. elle dorm…
5. il v…
6. ils d…

**9** ★★★ **Mettez ces verbes au passé simple.**

1. elle (venir)
2. il (tenir)
3. elles (devenir)
4. ils (détenir)
5. il (prévenir)
6. elle (retenir)

## Employer le passé simple

**10** ★★★ **Répondez par une phrase complète à ce questionnaire en conjuguant les verbes au passé simple. Faites des recherches si vous hésitez.**

1. Où fut inventée l'écriture ?
2. Avec quel animal Hannibal traversa les Alpes ?
3. Quels grands poèmes écrivit Homère ?
4. Comment les Grecs gagnèrent-ils la guerre de Troie ?

**11** ★★★ **Mettez les verbes au passé simple.**

Leiôdès, fils d'Oinops, (se lever) le premier et (saisir) l'arc. Et, debout sur le seuil, il (essayer) l'arc mais il ne (pouvoir) le tendre et (se fatiguer) vainement les bras. Il (déposer) l'arc et (mettre) la flèche aiguë auprès de l'arc au bout recourbé. Puis, il (retourner) s'asseoir sur le trône.

D'après **Homère**, *L'Odyssée*, trad. Leconte de Lisle, 1877.

**12** ★★★ **Réécrivez le texte en remplaçant** *Lebrac* **par** *Lebrac et ses amis*.

Lebrac choisit une grande pierre plate qu'il posa horizontalement, non loin de la paroi du rocher ; avec quatre autres plus épaisses, il édifia quatre petits murs, mit au centre le trésor de guerre, recouvrit le tout d'une nouvelle pierre plate et disposa alentour et irrégulièrement des cailloux.

**Louis Pergaud**, *La Guerre des boutons*, 1915.

**13** ★★★ **Réécrivez le texte au passé simple.**

Devant le collège, j'ai vu mon ami. Je l'ai appelé et lui ai demandé s'il pouvait garder un secret. J'ai sorti de ma poche, un objet. Il m'a demandé ce que c'était. Je lui ai dit de garder le silence. Il m'a souri et m'a promis de se taire.

**14** **Copiez la carte Mémo et complétez-la.**

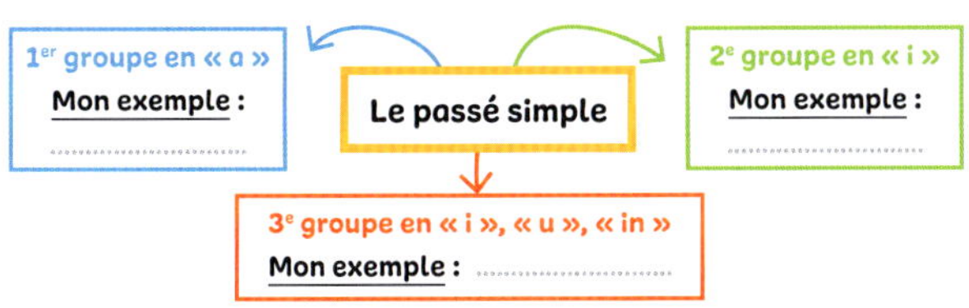


**PÉDAGOGIE DIFFÉRENCIÉE** Dans le manuel numérique, faites les exercices interactifs demandés par votre professeur.

**15** **Dictée dialoguée**

**Aidez votre camarade à corriger sa dictée.**

*6/10 Vérifiez les terminaisons des verbes au passé simple.*

Enfin l'hélice se tue ; et le navire demeurat immobile ; mais aussitôt une agitation fébrile s'empara de tous les passagers. François accoupla vivement les chiens et les fient monter sur le pont. On se bousculait pour franchir la passerelle ; et tout à coup Buck se sentis enfoncer dans une substance molle et blanche semblable à de la poussière froide et mouillée. Il recula en grondant.

D'après **Jack London**, *L'Appel de la forêt*, 1906.

**16** **Dictée**

**Écrivez la dictée lue par un·e enseignant·e.**

**17** **Écriture** **Imaginez la suite de ce texte en utilisant des verbes au passé simple.**

Parti pour la pêche un beau matin, en tirant ses filets, Urashimataro aperçut parmi les poissons une petite tortue rouge. Il la prit et la jeta dans une petite caisse. C'est alors…

**P. Soupault**, « La tortue rouge », *Histoires merveilleuses des cinq continents*, Seghers, 1990.

**18** **À l'oral** **En utilisant ces éléments, préparez un court exposé sur François Ier. Vous utiliserez des verbes au passé simple.**

| | |
|---|---|
| **Fonction** | roi |
| **Naissance** | 12 septembre en 1494 à Cognac |
| **Règne** | du 1er janvier 1515 au 31 mars 1547 |
| **Mariages** | Claude de France, Anne de Bretagne, Éléonore de Habsbourg |
| **Enfants** | 7 enfants |
| **Victoire** | bataille de Marignan en 1515 |
| **Successeur** | Henri II (son fils) |
| **Arts** | protecteur des artistes dont Léonard de Vinci |
| **Patrimoine** | construction du château de Fontainebleau, Chambord |

**19** **Top chrono !** **Par groupe de deux, trouvez en 30 secondes quatre verbes au passé simple à la 3e personne du singulier avec les terminaisons *-a*, *-it*, *-ut* et *-int*. À chaque tour, ne répétez pas les mêmes verbes. L'équipe obtenant le plus de verbes a gagné !**

**20** **Écriture** **Décrivez cette scène en utilisant des verbes au passé simple.**

Leçon **33**

Les temps simples

# Le futur simple de l'indicatif

## Je cherche

Nous partirons bientôt en voyage.

Repérez le verbe : à quel temps est-il conjugué ? Quel est son sujet ? Quelle est la terminaison ? Quel autre indice dans la phrase vous permet de savoir quand l'action se déroule ?

## J'apprends

- Le **futur simple de l'indicatif** exprime une **action à venir** par rapport au présent : cette action n'a pas encore eu lieu au moment où on parle. Ex. : Dans quelques jours, nous **assisterons** au match.
- Les **terminaisons** du futur simple sont les mêmes pour tous les verbes : **r** + ***-ai***, ***-as***, ***-a***, ***-ons***, ***-ez***, ***-ont***. Généralement, le futur simple pour les verbes des 1er et 2e groupes, et certains verbes du 3e groupe, se construit à partir de l'infinitif du verbe.

| 1er groupe | | 2e groupe | | 3e groupe | |
|---|---|---|---|---|---|
| **chanter** | | **réussir** | | **prendre** | |
| je | chante**rai** | je | réussi**rai** | je | prend**rai** |
| tu | chante**ras** | tu | réussi**ras** | tu | prend**ras** |
| il, elle | chante**ra** | il, elle | réussi**ra** | il, elle | prend**ra** |
| nous | chante**rons** | nous | réussi**rons** | nous | prend**rons** |
| vous | chante**rez** | vous | réussi**rez** | vous | prend**rez** |
| ils, elles | chante**ront** | ils, elles | réussi**ront** | ils, elles | prend**ront** |

- Beaucoup de verbes du **3[e] groupe** ont un **radical irrégulier.**

| aller | faire | venir | pouvoir | voir | vouloir |
|---|---|---|---|---|---|
| tu iras | je ferai | elle viendra | tu pourras | je verrai | elle voudra |
| vous irez | nous ferons | ils viendront | vous pourrez | nous verrons | ils voudront |

Attention, au futur simple, quelques verbes du 1[er] groupe peuvent aussi voir leur radical changer.

– les verbes en ***-eler*** et ***-eter*** doublent le « l » ou le « t ».

Ex. : appeler → tu appe**ll**eras    jeter → je je**tt**erai

– les verbes en ***-yer*** changent le « y » en « i ». Ex. : balayer → nous bala**i**erons

**Apprendre autrement**
Écoutez le podcast de la leçon

## Je m'exerce

### Identifier le futur simple

**1** ★★★ **Relevez les verbes au futur simple.**
elle retournera • il va • je sifflerais • nous construirons • tu deviendras • elle chanterait • vous disparaissez • vous mettiez • tu ouvres • elles courront • je partirai • ils naviguèrent • elle pleura

**2** ★★★ **Identifiez les verbes au futur simple et donnez leur infinitif.**
1. Comment retrouvera-t-il son chemin ?
2. Il est tard, il ira dormir bientôt.
3. Je te demande si j'y parviendrai.
4. Sortirez-vous enfin ? Répondez !

**3** ★★★ **Chassez l'intrus.**
1. je fixai • vous mourrez • tu voudras
2. il conjuguera • je prenais • elles accosteront
3. vous jouerez • nous finirions • ils parleront
4. tu pèserais • nous aimerons • vous arriverez

**4** ★★★ **a. Recopiez les verbes au futur simple.**
**b. Indiquez leur sujet et leur infinitif.**
Un jour, dans la forêt, un chasseur aperçut un aigle. « Je reviendrai demain et j'espère que je pourrai l'attraper ! » se dit-il. Mais l'aigle ne se laissait pas si facilement piéger. « Il faudra qu'il soit bien malin pour me capturer ! S'il pense qu'il m'enfermera dans son filet... Je resterai caché, et je m'envolerai très haut, là où il ne me verra pas » se dit le bel oiseau qui avait compris ses intentions.

### Maitriser la conjugaison du futur simple

**5** ★★★ **Classez ces verbes selon leur groupe et conjuguez-les au futur simple.** 1er gr. 2e gr. 3e gr.
agir • voir • bouger • finir • rendre • donner • boire

**6** ★★★ **Conjuguez ces verbes au futur simple à la 1re personne du singulier et du pluriel.**
1. voyager
2. peindre
3. jeter
4. vouloir
5. employer
6. savoir

**7** ★★★ **Trouvez le bon radical pour conjuguer au futur puis ajoutez la terminaison qui convient.**

1. aboutir : j'aboutiss... / j'aboutir...
2. appuyer : vous appuyer... / vous appuier...
3. interdire : tu interdirer... / tu interdir...

**8** ★★★ **Mettez les verbes au futur simple.**

1. J'(attendre) ta venue !
2. À quelle heure (décoller)-t-elle ?
3. Ils ne (grandir) donc jamais...
4. Demain, le (savoir)-vous ?

**9** ★★★ **Mettez ces verbes au futur simple.**

On (avoir) beau pencher la tête vers moi, je (se contenter) de lever les yeux et de répondre : « Dites-moi d'abord qui je suis : si cela me plaît d'être cette personne-là, alors je (remonter) ; sinon, je (rester) ici. » [...] « Mais quand vous (devenir) chrysalide, car c'est ce qui vous (arriver), vous vous (sentir) un peu drôle ? »

D'après **Lewis Carroll**, *Alice au pays des merveilles*, 1865.

## Employer le futur simple

**10** ★★★ **Trouvez le pronom personnel qui convient.**

1. Elles • • réchaufferai une pizza ce soir.
2. Vous • • ne saurez jamais la vérité.
3. Je • • iront au cinéma sans vous.
4. Il • • soulignera les verbes en vert.

**11** ★★★ **Quelles expressions désignent un moment à venir ? Employez-les dans une phrase au futur.**

le week-end prochain • hier • plus tard • dans cinq minutes • il y a deux minutes • tout à l'heure • à l'avenir

**12** ★★★ **Mettez ces verbes au futur simple ou au présent.**

1. Je (aller) le voir demain si tu le souhaites.
2. En ce moment, ils (profiter) du beau temps.
3. (Répondre)-tu correctement la prochaine fois ?
4. Fuyons ! L'orage (arriver) très vite !

**13** ★★★ **Replacez ces verbes conjugués au futur.**

dire • avoir • arriver • interroger • être • devoir

Les gardes du roi ..., armés et équipés. L'ennemi, lui, ... surpris et n'... aucune arme. Pour l'honneur de Henri III, ils ... le conduire chez sa majesté. Là, on l'... avec ses complices. « Si vous avouez, je vous épargnerai », ... le Roi.

**14** ★★★ **Réécrivez le texte en mettant les verbes au futur.**

Pallas ne **peut** trouver aucun défaut dans l'ouvrage de sa rivale. Irritée d'un tel succès, elle **déchire** l'étoffe colorée et **frappe** trois ou quatre fois le front d'Arachné. La malheureuse ne **peut** supporter cette offense et, poussée par la honte, elle **se noue** un lacet autour de la gorge. En la voyant pendue, Pallas **prend** pitié d'elle : « Vis, lui **dit**-elle, mais reste suspendue, misérable ! » ; puis elle **répand** sur elle un poison.

**Ovide**, *Métamorphoses*, VI, vers 12-1456.

**15** **Copiez la carte Mémo et complétez-la.**

**Le futur simple**

radical du verbe + r + -ai, -as, -a, -ons, -ez, -ont

Mon exemple : ..........

PÉDAGOGIE DIFFÉRENCIÉE — Dans le manuel numérique, faites les exercices interactifs demandés par votre professeur.

**16** **Dictée dialoguée**

**Aidez votre camarade à corriger sa dictée.**

3/7 Vous avez fait quatre erreurs en écrivant les verbes au futur.

Le roi dit à sa fille pour la consoler : « La nuit prochaine, tu laissera ta chambre ouverte ; mes serviteurs se tiendront à la porte, et, quand ton mari seras endormi, ils entreront, et le porterons chargé de chaînes sur un navire qui l'emmènera bien loin. » La jeune femme était charmée ; mais l'écuyer du roi, qui avait tout entendu et qui aimait le nouveau prince, alla lui découvrir le complot. « J'y mettrais bon ordre ! », lui dit le tailleur.

D'après **les frères Grimm**, « Le vaillant petit tailleur », *Contes*, 1812.

**17** **Dictée**

**Écrivez la dictée lue par un·e enseignant·e.**

**18** **Écriture** **Ajoutez une strophe de quatre vers à cet extrait de poème en imitant la forme et le temps des verbes.**

Ceux qui sont amoureux, leurs amours chanteront,
Ceux qui aiment l'honneur, chanteront de la gloire,
Ceux qui sont près du Roi, publieront sa victoire,
Ceux qui sont courtisans, leurs faveurs vanteront ;
[...]

**Joachim du Bellay**, *Les Regrets*, V, 1522.

**19** **Top chrono !** **Défiez vos camarades !**

1. Par groupe de deux, sur une feuille, recopiez les verbes à l'infinitif dans une phrase. Posez ces feuilles face cachée sur votre table. Utilisez ces verbes :

briller · bondir · courir · étudier · remercier

2. Interrogez un autre binôme qui devra conjuguer à l'oral puis à l'écrit les verbes au futur avec le sujet.

**Le groupe le plus rapide et qui a fait le moins d'erreurs gagne.**

**20** **À l'oral** **Avec un·e camarade, formulez cinq phrases au futur pour raconter votre prochain week-end.**

**21** **Écriture** **À l'aide de ces verbes, racontez au futur l'expédition en chien de traineau que vous ferez en Alaska en décrivant le décor qui vous environnera.**

glisser · courir · grimper · dévaler · descendre · siffler

Leçon 34

Les temps simples

# Le conditionnel présent

## Je cherche

**Si nous étions avec vous, nous serions heureux.**

Dans cette phrase, repérez les verbes : donnez l'infinitif de chacun. Quelles sont les terminaisons ? Quels sont les radicaux ? Que remarquez-vous ? Quel est le verbe au conditionnel présent ?

## J'apprends

- Les **emplois du conditionnel**
  - Le conditionnel est le mode de l'**irréel**, de l'**imaginaire** et de l'**hypothèse**. Il permet d'exprimer les actions qui ne sont pas certaines. Ex. : On **dirait** qu'il est venu. / Je **voudrais** bien le rencontrer...
  - On l'emploie après « si » + imparfait pour exprimer des **faits dont la réalisation est soumise à condition**. Ex. : **Si** la fée l'aidait, il **serait** sauvé !
  - Il sert aussi à exprimer le **futur** dans un **récit au passé**.
    Ex. : Il décida qu'il **attraperait** l'ogre lui-même. (récit au passé, verbe au conditionnel)
    Il décide qu'il **attrapera** l'ogre lui-même. (récit au présent, verbe au futur)
- Pour former le **conditionnel présent**, il faut ajouter au radical du **verbe conjugué** au futur les terminaisons de l'imparfait : ***-ais***, ***-ais***, ***-ait***, ***-ions***, ***-iez***, ***-aient***.

| 1er groupe | | 2e groupe | | 3e groupe | |
|---|---|---|---|---|---|
| chanter | | réussir | | prendre | |
| je | chanter**ais** | je | réussir**ais** | je | prendr**ais** |
| tu | chanter**ais** | tu | réussir**ais** | tu | prendr**ais** |
| il, elle | chanter**ait** | il, elle | réussir**ait** | il, elle | prendr**ait** |
| nous | chanter**ions** | nous | réussir**ions** | nous | prendr**ions** |
| vous | chanter**iez** | vous | réussir**iez** | vous | prendr**iez** |
| ils, elles | chanter**aient** | ils, elles | réussir**aient** | ils, elles | prendr**aient** |

**Apprendre autrement**
Écoutez le podcast de la leçon

## Je m'exerce

### Identifier le conditionnel présent

**1** **Relevez les verbes au conditionnel présent.**
tu apprendras • il jouerait • je cherchais • je porterais • elle sera • vous auriez • ils ouvraient • nous partirions • elle venait • ils apporteraient • tu vivais • je vieillirai • ils deviendraient • nous serions

**2** **Repérez le verbe au conditionnel présent et donnez son infinitif.**
1. Si elle le pouvait, elle le prendrait.
2. Sauriez-vous le retrouver ?
3. Il ferait un beau voyage en avion...
4. Dans ce cas, nous partirions !

**3** **Chassez l'intrus.**
1. ils devineraient • elle obtiendra • nous arriverions
2. il finira • vous liriez • tu pourrais
3. je fabriquerai • on irait • nous déjeunerions
4. elle dévoilerait • vous confierez • tu monterais

**4** **a. Recopiez chaque verbe au conditionnel présent.**
**b. Indiquez son sujet et son infinitif**
Si je pouvais voler, je partirais très loin. Je saurais à quoi ressemblent les vastes océans, je verrais des baleines gigantesques, je comprendrais l'immensité de la forêt amazonienne, je pourrais disparaitre dans les nuages, et je grimperais en haut de la tour Eiffel.

### Maitriser la conjugaison du conditionnel présent

**5** **Complétez le tableau.**

| Infinitif | Futur simple | Conditionnel présent |
|---|---|---|
| manger | vous mangerez | ... |
| atterrir | ... | tu atterrirais |
| boire | il boira | ... |
| ouvrir | ... | nous ouvririons |
| rouler | je roulerai | ... |
| extraire | elles extrairont | ... |

**6** **Conjuguez ces verbes au conditionnel présent à la 1re personne du singulier et du pluriel.**
1. construire
2. peindre
3. approfondir
4. changer
5. mentir
6. acheter

**7** **Choisissez le bon radical pour conjuguer au conditionnel présent, puis ajoutez la terminaison.**
1. essuyer : vous essuyer... / vous essuier...
2. prédire : tu prédirer... / tu prédir...
3. appeler : nous appeler... / nous appeller...

**8** **Mettez les verbes au conditionnel présent.**
1. Vous (sortir) s'il faisait beau...
2. Attention ! Un ours (se balader) dans les bois !
3. (Venir)-vous me voir demain ?
4. Il (réfléchir) à une solution.

**9** Mettez les verbes au conditionnel présent.

L'homme dont je rêve, je ne l'ai pas rencontré.
– Comment le voyez-vous ?
– Il (pouvoir) vous ressembler sur bien des points. Mais je crois que mon idéal ne (parler) pas ainsi. Par-dessus tout, ce (être) un homme d'action ; il (chercher) le risque et la prouesse ; il (savoir) regarder la mort en face. J'(aimer) en lui non pas lui-même, mais sa gloire, pour ce qui en (rejaillir) sur moi.

D'après **A. Conan Doyle**, *Le Monde perdu*, 1931.

## Employer le conditionnel présent

**10** Relevez les verbes au conditionnel et précisez leur emploi. fait imaginaire / fait soumis à condition / futur dans le passé

1. Je pensais que ce projet aboutirait.
2. Si elle allait mieux, elle viendrait.
3. Les voitures décolleraient comme des avions.

**11** Réécrivez les phrases comme dans l'exemple.

Ex. : Quand le feu passera au vert, tu traverseras.
→ Si le feu passait au vert, tu traverserais.

1. Quand nous le retrouverons, nous te le prêterons.
2. Au moment où je la verrai, je serai soulagée.
3. Dès que vous le saurez, vous nous préviendrez.

**12** Conjuguez ces verbes au futur simple ou au conditionnel présent.

1. Vous (écrire) mieux si vous vous teniez plus droit.
2. La prochaine fois, elle (essayer) d'arriver à l'heure.
3. La (voir)-tu demain ?
4. Tu espérais qu'il ne (pleuvoir) plus.
5. Si j'étais toi, je (faire) plus d'efforts.

**13** Réécrivez ce poème en mettant les GN soulignés au singulier. Faites les modifications nécessaires.

Avec des si

Si les poissons savaient marcher
ils aimeraient bien aller le jeudi au marché.

Si les canards savaient parler
ils aimeraient bien aller le dimanche au café.

Et si les escargots savaient téléphoner
ils resteraient toujours au chaud dans leur coquille.

**Claude Roy**, *Enfantasques*, © Éd. Gallimard, 1974.

**14** **a.** Réécrivez le texte en remplaçant *elle* par *vous*.
**b.** Qu'expriment les verbes au conditionnel ?

Alice était certaine que, dans les années à venir, elle garderait son cœur d'enfant, si aimant et si simple ; elle rassemblerait autour d'elle d'autres petits enfants [...]. Elle partagerait tous leurs simples chagrins et prendrait plaisir à toutes leurs simples joies, en se rappelant sa propre enfance et les heureuses journées d'été.

**Lewis Carroll**, *Alice au pays des merveilles*, 1865.

**15** Copiez la carte Mémo et complétez-la.

Le présent du conditionnel
radical du futur + -ais, -ais, -ait, -ions, -iez, -aient
Mon exemple : ..........

PÉDAGOGIE DIFFÉRENCIÉE — Dans le manuel numérique, faites les exercices interactifs demandés par votre professeur.

**16** Travail en binôme

**Aidez votre camarade à corriger son exercice.**

2/3 Vous n'avez pas repéré tous les verbes au conditionnel présent et vous avez fait une erreur.

Cet homme nous glaçait littéralement le sang dans les veines. Mon père répétait du matin au soir que sa présence finirait par ruiner l'auberge, et que nos plus fidèles clients finiraient par se lasser d'être ainsi brutalisés ; sans compter qu'ils rentraient habituellement chez eux les cheveux hérissés de terreur. Mais je croirais volontiers, au contraire, que ces étranges veillées nous attiraient du monde.

**R.-L. Stevenson**, *L'Ile au trésor*, 1883.

**17** Dictée

**Écrivez la dictée lue par un·e enseignant·e.**

**18** Écriture **Ajoutez deux strophes au poème de Claude Roy (exercice 13) en respectant la construction, le pluriel et le temps des verbes.**

**19** À l'oral **Lisez ce texte. Par deux, reproduisez le jeu de devinette auquel se livrent Robinson et Vendredi.**

Si c'était un arbre, ce serait un palmier à cause des poils fauves qui en couvrent le tronc. Si c'était un oiseau, ce serait le corbeau du Pacifique à cause de son cri rauque et aboyant. Si c'était une partie de mon corps, ce serait ma main gauche à cause de la fidélité avec laquelle elle aide ma main droite. [...] Si c'était un fruit, ce serait deux noisettes, à cause de ses petits yeux bruns. Qu'est-ce que c'est ?
– C'est Tenn, notre bon chien, répondit Robinson.

**Michel Tournier**, *Vendredi ou la Vie sauvage*, © Gallimard, 1971.

**20** Top chrono ! **Copiez ce tableau. Par groupe, cherchez six verbes et conjuguez-les aux trois temps indiqués. Vos camarades vérifient vos réponses. Inversez les rôles. Le plus rapide et qui a commis le moins d'erreurs gagne !**

| | Imparfait | Futur simple | Conditionnel présent |
|---|---|---|---|
| Je | | | |
| Tu | | | |
| Il | | | |
| Nous | | | |
| Vous | | | |
| Elles | | | |

**21** Écriture **Imaginez que vous puissiez visiter ce lieu. Commencez par :** *« Si je pouvais visiter ce lieu, je... »*. **Employez les verbes :** explorer, cueillir, se baigner, sentir, observer.

Leçon 35

Les temps simples

# L'impératif présent

## Je cherche

**Attrapez-le et vous gagnerez le match !**

Dans cette phrase, repérez les verbes : donnez leur infinitif. Quelles sont leurs terminaisons ? Les sujets de ces verbes sont-ils exprimés ? Quel est le message transmis dans cette phrase ?

## J'apprends

- L'**impératif** est le mode qui permet d'exprimer un **ordre**, un **conseil** ou une **demande**.
Ex. : **Ferme** la porte ! / **Regardons** bien avant de traverser. / **Veuillez** ranger cette pièce.
- L'impératif se conjugue sans pronom personnel. Ce mode n'existe qu'à **trois personnes : 2e du singulier** (tu), **1re du pluriel** (nous) et **2e du pluriel** (vous). Les terminaisons sont celles du présent de l'indicatif, sauf pour la 2e pers. sing. des verbes du 1er groupe qui ne prend pas de **-s**.

| 1er groupe | 2e groupe | 3e groupe |
|---|---|---|
| **chanter** | **réussir** | **prendre** |
| chante<br>chantons<br>chantez | réussis<br>réussissons<br>réussissez | prends<br>prenons<br>prenez |

- Certains verbes sont irréguliers.

| être | avoir | aller | savoir | vouloir |
|---|---|---|---|---|
| sois<br>soyons<br>soyez | aie<br>ayons<br>ayez | va<br>allons<br>allez | sache<br>sachons<br>sachez | veuille<br>veuillons<br>veuillez |

**Apprendre autrement**
Écoutez le podcast de la leçon

- Quand le verbe est suivi par un pronom personnel complément, il faut ajouter un **trait d'union** entre le verbe et le pronom. Ex. : crois-moi, déguisons-le, allez-y

Lorsque le verbe est suivi par les pronoms adverbiaux « en » et « y », pour faciliter la prononciation, on ajoute un **-s** aux verbes du 1er groupe et à *aller*. Ex. : manges-en, vas-y

## Je m'exerce

### Identifier l'impératif présent

**1** ★★★ **Identifiez les verbes à l'impératif.**
1. Apprenons cette leçon pour le contrôle.
2. En cas d'incendie, sortez dans le calme.
3. Quand la cloche retentit, faites silence.
4. Pourrez-vous nous accompagner ?

**2** ★★★ **Chassez l'intrus.**
1. payes • ris • viens • mange
2. soyez • approcher • questionnez • prenez
3. fabriquons • deviendront • poussons • lisons
4. paraissiez • allumez • construisez • venez

**3** ★★★ **Identifiez les verbes à l'impératif et classez-les selon leur groupe.** 1er gr. 2e gr. 3e gr.
Une fois arrivé sur l'ile, fais preuve de courage. Un monstre effrayant mi-homme mi-dragon t'y attendra. Ne faiblis pas et réponds sans crainte. Il te proposera une énigme. Trouve la solution et pars à la recherche du trésor !

### Maitriser la conjugaison de l'impératif présent

**4** ★★★ **Conjuguez ces verbes à l'impératif présent à toutes les personnes.**
1. se méfier
2. prendre
3. conclure
4. changer
5. revenir
6. plier

**5** ★★★ **Copiez et complétez le tableau.**

| Infinitif | 2e pers. sing | 1re pers. pl. | 2e pers. pl. |
|---|---|---|---|
| finir | finis | | |
| fêter | | | fêtez |
| mettre | | mettons | |
| dormir | dors | | |
| cuisiner | | cuisinons | |
| boire | | | buvez |

**6** ★★★ **Choisissez le bon radical puis ajoutez la terminaison qui convient.**
1. appeler : (2e pers. sing.) appel... / appell...
2. manger : (1re pers. pl.) mange... / mang...
3. jeter : (2e pers. pl.) jett... / jet...
4. lancer : (1re pers. pl.) lanc... / lanç...
5. céder : (2e pers. sing.) cèd... / céd...

**7** ★★★ **Conjuguez les verbes à l'impératif présent.**
1. (Penser)-y quand vous serez arrivés.
2. (Choisir) celui que tu veux.
3. C'est à nous ! (Courir) !
4. (Venir) tôt, nous vous attendons.
5. (Attendre)-moi, Paul.

**8** ★★★ **Mettez les verbes à l'impératif présent à la 2e personne du singulier.**

SCAPIN. – (Laisser)-moi faire, la machine est trouvée. Je cherche seulement dans ma tête un homme qui nous soit affidé[1], pour jouer un personnage dont j'ai besoin. (Attendre). (Tenir)-toi un peu. (Enfoncer) ton bonnet en méchant garçon. (Camper)-toi sur un pied. (Mettre) la main au côté. (Faire) les yeux furibonds. (Marcher) un peu en roi de théâtre. Voilà qui est bien. (Suivre)-moi. J'ai des secrets pour déguiser ton visage et ta voix.

1. dévoué. **Molière**, *Les Fourberies de Scapin*, I, 5, 1671.

## Employer l'impératif présent

**9** ★★★ **Précisez l'emploi des verbes à l'impératif présent.**

ordre | conseil | demande

1. Conduisez prudemment.
2. Sois à l'heure demain !
3. Croyez en moi.

**10** ★★★ **Réécrivez ces phrases en utilisant l'impératif.**

Ex. : Pourrais-tu fermer la porte ? → Ferme la porte.

1. Tu devrais relire ta leçon.
2. Il faudrait que nous le préparions.
3. Pourriez-vous faire attention ?
4. Vous devez dire la vérité.

**11** ★★★ **Réécrivez les phrases en remplaçant le groupe de mots souligné par les pronoms *en*, *le/la* et *y*.**

Ex. : Écris cette lettre → Écris-la.

1. Va au collège.
2. Décorez votre chambre.
3. Mange des haricots.
4. Offre-lui ton cadeau.

**12** ★★★ **Réécrivez ce texte en mettant les verbes en bleu à l'impératif présent.**

Quand tu seras prêt, tu présenteras ton exposé à la classe. Tu parleras assez fort pour que tous tes camarades t'entendent. Tu afficheras le plan que tu suivras. Tu inscriras les mots importants au tableau. Tu n'oublieras pas d'introduire et de conclure ta présentation. Tu fourniras des réponses aux questions éventuelles.

**13** ★★★ **Complétez ces phrases avec un verbe de votre choix conjugué à l'impératif présent et à la personne demandée.**

1. ... le calme des lieux. (2e pers. sing.)
2. ... la main pour participer. (2e pers. pl.)
3. ... les conseils. (1re pers. pl.)
4. ... des idées à la classe. (2e pers. sing.)
5. ... à lire à voix haute. (2e pers. pl.)

**14** **Copiez la carte Mémo et complétez-la.**

**L'impératif**

1er groupe
-e
-ons
-ez
Mon exemple :
.............................

2e et 3e groupes
-s
-ons
-ez
Mon exemple :
.............................

PÉDAGOGIE DIFFÉRENCIÉE — Dans le manuel numérique, faites les exercices interactifs demandés par votre professeur.

**15** **Dictée dialoguée**

**Aidez votre camarade à corriger sa dictée.**

3/7 Attention aux terminaisons des verbes à l'impératif.

LUCILE. – Hé bien, puisque vous ne voulez pas m'écouter, demeurez dans votre pensée, et faite ce qu'il vous plaira.
NICOLE. – Puisque tu fais comme cela, prend-le tout comme tu voudras.
CLÉONTE. – Sachons donc le sujet d'un si bel accueil.
LUCILE. – Il ne me plaît plus de le dire.
COVIELLE. – Apprend-nous un peu cette histoire.
NICOLE. – Je ne veux plus, moi, te l'apprendre.
CLÉONTE. – Dites-moi...
LUCILE. – Non, je ne veux rien dire.
COVIELLE. – Contes-moi...
NICOLE. – Non, je ne conte rien.

**Molière**, *Le Bourgeois gentilhomme*, III, 10.

**16** **Dictée**

**Écrivez la dictée lue par un·e enseignant·e.**

**17** **Écriture** **Choisissez un jeu (de cartes, de plateau, un sport...) que vous aimez et, en utilisant l'impératif, rédigez une notice pour en expliquer les règles.**

**18** **Top chrono !** **Retrouvez dans la grille de mots mêlés ces verbes à l'impératif présent :**

| | | | | | | |
|---|---|---|---|---|---|---|
| D | E | T | E | S | T | E |
| E | P | E | L | E | Z | P |
| P | A | R | A | P | F | A |
| A | R | R | N | L | A | R |
| S | L | E | C | I | I | G |
| S | E | Z | E | E | S | N |
| E | L | O | I | G | N | E |

dépasse · plie · déteste · éloigne · fais · parle · épelez · épargne · errez · lance

**19** **À l'oral** **Par groupe, donnez des indications à vos camarades pour qu'ils réalisent le dessin que vous avez préalablement imaginé et tracé.**

**20** **Écriture** **Un de vos amis est coincé dans le labyrinthe. Aidez-le à en sortir en lui donnant des indications à l'impératif. Utilisez ces verbes :**

- marcher
- tourner
- bifurquer
- avancer
- contourner
- rester calme

Leçon 36

Les temps composés de l'indicatif

# La correspondance des temps

## Je cherche

**1.** Le cheval part au galop. **2.** Le cheval est parti au galop.

Relevez le verbe conjugué dans chaque phrase et donnez son infinitif. Que remarquez-vous ? Combien de mots composent le verbe dans la phrase 1 ? dans la phrase 2 ?

## J'apprends

- Un verbe peut être conjugué à un **temps simple** ou à un **temps composé**.
  - un **temps simple** (présent, imparfait, passé simple ou futur simple) est formé d'**un seul mot**
    Ex. : elle **finit** (présent), vous **partiez** (imparfait)
  - un **temps composé** est formé de **deux mots** : auxiliaire *être* ou *avoir* + participe passé du verbe
    Ex. : **elle a fini** (passé composé), **vous étiez partis** (plus-que-parfait)
- À chaque **temps simple** correspond un **temps composé**. Le **temps de l'auxiliaire** est celui du temps simple correspondant, il est donc important de savoir conjuguer ***être*** et ***avoir*** à chaque temps simple !

| | | | | |
|---|---|---|---|---|
| présent | → passé composé | Ex. : je joue, je reste | → | j'**ai** joué, je **suis** resté |
| imparfait | → plus-que-parfait | Ex. : je jouais, je restais | → | j'**avais** joué, j'**étais** resté |
| futur simple | → futur antérieur | Ex. : je jouerai, je resterai | → | j'**aurai** joué, je **serai** resté |
| passé simple | → passé antérieur | Ex. : je jouai, je restai | → | j'**eus** joué, je **fus** resté |

**Apprendre autrement**
Écoutez le podcast de la leçon

## Je m'exerce

### Identifier les temps composés

**1** **Relevez les verbes conjugués à un temps composé.**

1. Léa arrivera cet après-midi.
2. La pluie est tombée toute la journée !
3. Aviez-vous fini de manger ?
4. Le vent soufflait-il fort ?
5. Ils n'ont pas gardé la clé.

**2** **Classez les verbes conjugués.** Temps simple | Temps composé

Hier, tous les enfants s'amusaient dans la neige qui était tombée toute la nuit. Ils firent de fantastiques parties de boules de neige dès qu'ils eurent obtenu l'autorisation d'aller dehors. Maintenant que la neige a fondu et le gigantesque bonhomme avec, ils guettent l'arrivée des prochains flocons. Dans un mois, nous en profiterons à nouveau puisque nous serons arrivés aux Orres.

**3** **Recopiez les verbes conjugués à un temps composé. Vous entourerez l'auxiliaire et soulignerez le participe passé.**

C'était un vieux Chinois qui savait hocher la tête et était lui aussi en porcelaine ; il prétendait être le grand-père de la petite bergère, mais il n'avait jamais pu le prouver. Il soutenait qu'il avait tout pouvoir sur elle, et c'est pourquoi il avait répondu par un aimable hochement de tête au Grand-général-commandant-en-chef-Jambe-de-Bouc qui avait demandé la main de la petite bergère.

D'après **H. C. Andersen**, « La bergère et le ramoneur », 1845.

**4** **Donnez l'infinitif et le temps des formes verbales.**

1. vous êtes sorties
2. elle aura marché
3. ils auront appris
4. tu étais tombée
5. tu as fait
6. je suis venu
7. j'ai vu
8. j'ai vaincu

**5** **Reliez le temps composé au temps simple correspondant.**

| | |
|---|---|
| ils sont arrivés • | • ils arriveront |
| ils seront arrivés • | • ils arrivèrent |
| ils étaient arrivés • | • ils arrivent |
| ils furent arrivés • | • ils arrivaient |

### Savoir conjuguer aux temps composés

**6** **a. Conjuguez l'auxiliaire *avoir* à ces temps.**
**b. Conjuguez l'auxiliaire *être* à ces temps.**

| | Présent | | Imparfait | | Futur | |
|---|---|---|---|---|---|---|
| | avoir | être | avoir | être | avoir | être |
| je | | | | | | |
| tu | | | | | | |
| il/elle | | | | | | |
| nous | | | | | | |
| vous | | | | | | |
| ils/elles | | | | | | |

**7** **Conjuguez ces verbes au plus-que-parfait.**

1. je faisais
2. tu mettais
3. elle partait
4. nous agissions
5. vous pouviez
6. ils allaient

**8** ★★☆ **Conjuguez les verbes au futur antérieur.**
1. je ferai
2. tu mettras
3. elle partira
4. nous agirons
5. vous pourrez
6. ils iront

**9** ★★☆ **Conjuguez les verbes au passé composé.**
1. je fais
2. tu mets
3. elle va
4. nous n'agissons pas
5. vous ne partez pas
6. ils ne peuvent pas

**10** ★★★ **Conjuguez ces verbes au temps simple correspondant.**
1. j'avais travaillé
2. tu seras parti
3. elle a attendu
4. nous avions couru
5. vous avez chanté
6. ils furent allés

**11** ★★★ **Conjuguez ces verbes au temps composé correspondant.**
1. je continuais
2. vous dessiniez
3. tu faisais
4. nous fermerons
5. elle apprit
6. ils couraient
7. elle crut
8. elles rougissent
9. nous prenions
10. ils partirent

**12** ★★★ **Réécrivez ce texte au temps composé correspondant.**
Je prenais mon vélo et je descendais la rue. Je tournais à droite puis j'allais tout droit jusqu'au collège. Je m'arrêtais et j'attachais mon vélo à la grille. J'enlevais mon casque et je me dirigeais vers l'entrée.

**13** ★★★ **Conjuguez le 1er verbe au temps simple indiqué et le 2e verbe au temps composé correspondant.**
1. Nous (parler - imparfait) des vacances que nous (passer) en Sicile.
2. Rose n' (être - présent) pas là ; elle (partir) au cinéma.
3. Il (prendre - passé simple) son gouter dès qu'il (finir) son travail.
4. La partie (commencer - futur simple) quand la pluie (cesser).

**14** Copiez la **carte Mémo** et complétez-la.

**La correspondance des temps**

| temps simple = verbe formé d'un seul mot | temps composé = verbe formé de deux mots (auxiliaire conjugué au temps simple + participe passé) |
|---|---|
| Mon exemple : ................ | Mon exemple : ................ |

PÉDAGOGIE DIFFÉRENCIÉE — Dans le manuel numérique, faites les exercices interactifs demandés par votre professeur.

**15** **Travail en binôme**
**Aidez votre camarade à corriger son exercice.**

*4/8 Vous n'avez pas relevé tous les verbes conjugués à un temps composé.*

Je n'ai pas ri pourtant, l'autre jour ! On avait dîné à la maison avec ma tante de Vourzac et mes oncles de Farreyrol ; on était en train de manger la tourte, quand tout à coup il a fait noir. On avait eu chaud tout le temps, on étouffait, et l'on avait ôté ses habits. Tout d'un coup le tonnerre a grondé. La pluie est tombée à torrents [...] dans la rue, le ruisseau bouillait comme une lessive, puis les vitres se sont mises à grincer : il tombait de la grêle.

**Jules Vallès**, *L'Enfant*, 1878.

**16** **Dictée**
**Écrivez la dictée lue par un·e enseignant·e.**

**17** **Écriture** **Lisez cet extrait de conte. Imaginez la suite en utilisant des temps composés.**
Il était une fois un géant mi-homme, mi-bête qui vivait sur une île. [...] Il avait décimé une grosse partie de la population, tuant et dévorant hommes, femmes et enfants. Quelques jeunes gens courageux avaient fini par s'armer pour l'affronter.

**Jean Muzi**, « L'Ile au monstre », *54 contes des sagesses du monde*, Flammarion, 2015.

**18** **Top chrono !** **Mettez-vous par deux. À tour de rôle, donnez un verbe conjugué à un temps simple, votre camarade devra conjuguer ce même verbe au temps composé correspondant le plus rapidement possible.**

**19** **À l'oral** **Conjuguez ces verbes aux temps demandés à la 3e personne du singulier et du pluriel.**
accueillir (présent / passé composé)
boire (imparfait / plus-que-parfait)
vaincre (futur / futur antérieur)
jeter (passé simple / passé antérieur)

**20** **Écriture** **Racontez une promenade en forêt un jour d'automne en utilisant des verbes de la liste conjugués aux temps composés.**

voir
apercevoir
entendre
admirer
regarder
contempler
sentir
se promener
marcher
arrêter

Leçon **37**

Les temps composés de l'indicatif

# Le passé composé

**Je cherche**

**Lucie a terminé son travail, puis elle est allée au cinéma.**

Donnez l'infinitif des deux verbes conjugués. Ces verbes sont-ils conjugués à un temps simple ou à un temps composé ? À quel temps est conjugué le 1er mot qui compose ces formes verbales ?

**J'apprends**

- Le **passé composé** est **un temps composé**. Il est formé de l'**auxiliaire *être*** ou ***avoir*** conjugué **au présent de l'indicatif** et du **participe passé du verbe**.

  Ex. : écrire → nous **avons écrit** (avons : auxiliaire ; écrit : p. passé) partir → elle **est partie** (est : auxiliaire ; partie : p. passé)

  Le groupe du verbe définit la **terminaison du participe passé** :
  - ***-é*** pour les verbes du **1er groupe** Ex. : tu as lanc**é**, elles ont attrap**é**
  - ***-i*** pour les verbes du **2e groupe** Ex. : j'ai réuss**i**, nous avons ag**i**
  - ***-i, -u, -s, -t*** pour les verbes du **3e groupe** Ex. : il a sent**i**, j'ai cour**u**, vous avez pri**s**, ils ont fai**t**

- **Le choix de l'auxiliaire**
  - Le passé composé de la grande majorité des verbes se forme avec l'auxiliaire ***avoir***. Avec ***avoir***, le participe passé **ne s'accorde pas** avec le sujet. Ex. : elle a jou**é**, elles ont chois**i**
  - Les principaux verbes dont le passé composé se forme avec l'auxiliaire ***être*** sont : *aller, arriver, devenir, mourir, naitre, partir, rester, sortir, tomber, venir, recevoir.* Avec ***être***, le participe passé **s'accorde en genre et en nombre** avec le **sujet** du **verbe**. Ex. : elle est reç**ue**, ils sont arriv**és**
  - Le passé composé de quelques verbes peut se former avec les deux auxiliaires. Le choix de l'auxiliaire exprime alors une différence de sens du verbe. Ex. : Il est descendu. (verbe intransitif) Il a descendu la poubelle. (verbe transitif direct)

**Apprendre autrement**
Écoutez le podcast de la leçon

**Je m'exerce**

## Identifier le passé composé

**1** ★★★ **a. Relevez les verbes au passé composé.**
tu es arrivée • il mange • vous faisiez • elle a décidé • nous sommes perdus • je monterai • ils ont terminé • vous mettez • elle est partie • j'opterai • tu as relevé
**b. Indiquez ce qui vous a permis de répondre.**

**2** ★★★ **a. Relevez les verbes au passé composé.**
vous avez fini • ils avaient construit • j'ai aimé • tu auras bu • ils ont été • elle eut travaillé • nous sommes tombés • vous aviez ouvert • elles auront écrit
**b. Indiquez ce qui vous a permis de répondre.**

**3** ★★★ **a. Relevez les verbes au passé composé.**
**b. Donnez leur infinitif et indiquez leur groupe.**
MONSIEUR JOURDAIN. – Ah vous voilà. Je m'allais mettre en colère contre vous.
MAITRE TAILLEUR. – Je n'ai pas pu venir plus tôt, et j'ai mis vingt garçons après votre habit.
MONSIEUR JOURDAIN. – Vous m'avez envoyé des bas de soie si étroits, que j'ai eu toutes les peines du monde à les mettre.
MAITRE TAILLEUR. – Ils ne s'élargiront que trop.
MONSIEUR JOURDAIN. – […] Vous m'avez aussi fait faire des souliers qui me blessent furieusement.

**Molière**, *Le Bourgeois gentilhomme*, I, 5, 1670.

## Conjuguer au passé composé

**4** ★★★ **Quel auxiliaire faut-il utiliser pour conjuguer ces verbes au passé composé ?**
être • ranger • partir • faire • aller • devenir • monter

**5** ★★★ **Complétez avec l'auxiliaire qui convient.**
1. Léa … revenue hier.
2. …-tu rangé ta chambre ?
3. Nous ne … pas allés au cinéma.
4. Ils n'… rien vu.
5. Je … vite descendu !
6. Est-ce que vous … entendu ce bruit ?

**6** ★★★ **Donnez le participe passé de ces verbes. Classez-les selon leur terminaison.**
-é -i -u -s -t
boire • prendre • mettre • voir • payer • être • finir • vouloir • faire • avoir • essayer • offrir • dire

**7** ★★★ **Mettez ces verbes au passé composé à la personne demandée.**
1. marcher (tu)
2. finir (nous)
3. savoir (ils)
4. être (il)
5. prendre (vous)
6. ouvrir (tu)
7. aller (elle)
8. dire (je)
9. bondir (tu)
10. convaincre (elles)

**8** ⭑⭑⭑ **Complétez avec le bon auxiliaire et la terminaison du participe passé qui convient.**

1. Il ... vite descend... par l'escalier.
2. Il ... vite descend... sa valise.
3. Nous ... prudemment mont... au refuge.
4. Nous ... rapidement mont... ce meuble.
5. Elle ... sort... sa trousse.
6. Elle ... sort... sans son bonnet.
7. Tu ... retourn... toute la maison.
8. Tu ... retourn... chercher tes affaires.

## Employer le passé composé

**9** ⭑⭑⭑ **Mettez ces verbes au passé composé.**

je bois • vous faites • il peut • nous voyons • tu arrives • elles écrivent • vous êtes • je comprends

**10** ⭑⭑⭑ **Réécrivez ces phrases au passé composé.**

1. Ma tante viendra nous rendre visite.
2. Aimez-vous les épinards ?
3. Nos voisins repeignaient leur clôture.
4. Elles ne finirent pas à temps de ranger.
5. Ne penseras-tu pas à nous ?
6. Passez le message à vos amis.

**11** ⭑⭑⭑ **Mettez les verbes en bleu au passé composé.**

J' (quitter) le commerce pour essayer d'être plus tranquille, et j' (acheter) une charge chez le roi. D'abord, j' (avoir) le bonheur de plaire au prince, je (devenir) son favori, et j' (croire) que j'allais être content ; mais j' (être) plus esclave du prince que son favori.

D'après **Mme Leprince de Beaumont**, « Le pêcheur et le voyageur », 1765.

**12** ⭑⭑⭑ **Mettez au passé composé cette courte biographie.**

Molière nait à Paris en 1622 et meurt en 1673. Il intègre à 21 ans une troupe de comédiens. Puis il commence à écrire des comédies qui remportent un grand succès. De 1665 à 1672, Molière crée environ deux comédies par an.

**13** ⭑⭑⭑ **Réécrivez ce texte en remplaçant** *Un homme grand* **par** *Des femmes*. **Faites toutes les modifications nécessaires.**

– Un homme grand est venu. Il s'est arrêté au bord du fleuve et les a regardés. Et puis il leur a fait signe de le suivre. Alors les hommes ont laissé là leurs outils et sont partis derrière lui [...].
– Qu'est-ce que cet homme leur a dit ? s'étonna Khay.
– Rien ! s'exclama le garçon avec véhémence. Il ne leur a rien dit. Il a juste fait signe du regard.

**É. Brisou-Pellen**, *La Vengeance de la momie*, Le Livre de Poche Jeunesse, 2001.

**14** **Copiez la carte Mémo et complétez-la.**

**Le passé composé**

auxiliaire *être* ou *avoir* au présent de l'indicatif + participe passé du verbe

**Mon exemple :** ..........

PÉDAGOGIE DIFFÉRENCIÉE — Dans le manuel numérique, faites les exercices interactifs demandés par votre professeur.

**15** **Travail en binôme**

**Aidez votre camarade à corriger son exercice.**

5/9 Vous n'avez pas relevé tous les verbes au passé composé.

Voilà pourquoi j'ai si longtemps tardé à t'amener là-bas. J'étais jaloux de toi par avance. Un jour, enfin, j'ai voulu tenter l'épreuve, et je t'ai laissé venir. Ce jour-là, j'ai compris que c'était fini. Elle t'a regardé comme jamais elle n'a regardé personne. Tu l'as vu, toi aussi. La preuve, c'est que tu es resté plus d'un mois sans retourner là-bas ; mais, cela ne m'a guère servi...

D'après **Alphonse Daudet**, *Le Petit Chose*, 1868.

**16** **Dictée**

**Écrivez la dictée lue par un·e enseignant·e.**

**17** **Écriture Écrivez la biographie de Jean de La Fontaine en transformant les noms soulignés en verbes que vous conjuguerez au passé composé.**

Ex. : naissance → naitre → est né

- Naissance de Jean de La Fontaine en 1621 à Château-Thierry.
- Abandon carrière religieuse, choix de devenir avocat au parlement de Paris.
- Fréquentation d'un groupe de jeunes poètes.
- En 1652, nomination en tant que maitre des Eaux et Forêts du duché de Château-Thierry.
- En 1658, entrée au service du Surintendant Fouquet.
- En 1668, publication de son premier recueil de Fables qui connait un grand succès.
- Mort en 1695 à Neuilly-sur-Seine.

**18** **Top chrono ! Retrouvez le plus vite possible les participes passés de ces verbes.**

attendre • apprendre • servir • pleuvoir • vivre • lire • rire • marcher • perdre • découvrir • comprendre • craindre • connaitre • offrir • croire • traduire

**19** **À l'oral Mettez-vous par deux. Donnez un verbe conjugué au présent de l'indicatif. Votre camarade devra conjuguer ce même verbe au passé composé.**

**20** **Écriture Racontez la journée de cet homme en utilisant des verbes conjugués au passé composé.**

Leçon 38

Les temps composés de l'indicatif

# Accorder le participe passé

## Je cherche

**Ils ont mangé au restaurant. Ils sont rentrés tard.**

À quel temps sont conjugués les deux verbes ? Indiquez le genre et le nombre de chaque sujet, puis entourez la terminaison des participes passés. Que remarquez-vous ?

## J'apprends

- Un participe passé peut être employé **sans auxiliaire**. Il fonctionne alors comme un **adjectif qualificatif** et s'accorde en **genre** et en **nombre** avec le mot auquel il se rapporte.
  Ex. : un pantalon **troué** / une chemise **déchirée**
- Employé avec l'auxiliaire ***être***, le participe passé s'accorde en **genre** et en **nombre** avec le **sujet** du **verbe**.
  Ex. : Ils sont **allés** au cinéma. / Elles sont **parties** hier.
- Employé avec l'auxiliaire ***avoir***, le participe passé **ne s'accorde jamais** avec le **sujet** du **verbe**.
  Ex. : Elle a **mangé** des crêpes. / Ils ont **couru** 10 kilomètres.
- Avec l'auxiliaire ***avoir***, le participe passé peut s'accorder en **genre** et en **nombre** avec le **COD** du verbe si celui-ci est placé **avant** le verbe.
  Ex. : Tu as **accroché** les guirlandes. (COD placé après le verbe → pas d'accord)
  Combien de guirlandes as-tu **accrochées** ? (COD placé avant le verbe → accord)
  Placé avant le verbe, le COD peut être un pronom personnel ou un pronom relatif.
  Ex. : Ces livres, il les a **empruntés**. (COD : « les », pronom personnel mis pour « ces livres »)
  Ce sont les livres qu'il a **empruntés**. (COD : « qu' », pronom relatif mis pour « les livres »)

**Apprendre autrement**
Écoutez le podcast de la leçon

## Je m'exerce

### Accorder le participe passé sans auxiliaire

**1** **Donnez le participe passé de ces verbes.**
rêver – faire – prendre – mettre – venir – dire – devoir – savoir – pouvoir – rougir – aller – avoir – être – offrir

**2** **Écrivez les participes passés de l'exercice 1 au féminin singulier, puis au masculin pluriel.**
Ex. : finir → finie → finis

**3** **Accordez les participes passés.**
1. Effrayé..., les enfants hurlaient.
2. Les manuels couvert... s'abiment moins.
3. Je jette les fleurs fané....
4. Une leçon bien appris... est facile à réciter.
5. Les sentiers balisé... sont plus bas.

**4** **Donnez le participe passé du verbe et accordez-le.**
Passepartout, (réveiller), regardait, et ne pouvait croire qu'il traversait le pays des Indous. La locomotive, (diriger) par le bras d'un mécanicien anglais et (chauffer) de houille, lançait sa fumée sur les plantations. D'immenses étendues de terrain se dessinaient à perte de vue, des forêts (fendre) par le tracé de la voie et encore (hanter) d'éléphants qui regardaient passer le convoi (écheveler).

D'après **J. Verne**, *Le Tour du monde en 80 jours*, 1873.

### Accorder le participe passé employé avec *être*

**5** **Accordez les participes passés.**
1. Tes amies sont-elles bien parti... ?
2. Luc et Nabil ne sont pas rentré....
3. Les récoltes étaient saccagé... !
4. Lucie et sa sœur sont né... à Aix.

**6** **Réécrivez ces phrases au passé composé.**
1. Cette lettre arrivera aujourd'hui.
2. Un écureuil monte dans cet arbre !
3. Vont-elles au collège en trottinette ?
4. L'infirmière entra dans la chambre.

### Accorder le participe passé employé avec *avoir*

**7** **Réécrivez ces phrases au passé composé.**
1. Nous finissons notre repas.
2. Claire prend-elle le bus ?
3. Vous criez fort !
4. Tu ranges tes affaires.

**8** **Repérez le COD et accordez si besoin le participe passé.**
1. Mes amis ont aimé... les gâteaux que nous avons fait....
2. As-tu vu... cette personne et l'as-tu reconnu... ?
3. Elle a si bien chanté... ! Elle vous a émerveillé....
4. Alex n'a pas reçu... les cadeaux qu'il avait choisi....
5. Combien de peintures avez-vous réalisé... ?

**9** ★★★ **Répondez à ces questions comme dans l'exemple.**

Ex. : Avez-vous suivi ces consignes ? (non)
→ Non, nous ne les avons pas suivies.

1. As-tu acheté tes fournitures ? (oui)
2. A-t-il croisé les pompiers ? (non)
3. Avez-vous compris ces leçons ? (oui)
4. A-t-elle eu l'autorisation de sortir ? (non)

**10** ★★★ **Réécrivez ce texte au passé composé.**

Pour faire la pâte à tarte, Marine verse la farine et le beurre dans un plat. Elle casse les œufs et les mélange à la farine. Elle travaille la pâte. Elle l'étale avec un rouleau, puis elle la place dans un plat à tarte. Elle dispose dessus des tranches de pommes et met le tout au four.

## Accorder le participe passé avec *être* ou *avoir*

**11** ★★★ **Accordez si besoin les participes passés.**

1. Les livres seront (rangé) sur le bureau.
2. Le secret sera-t-il (gardé) ? La vérité sera-t-elle (connu) ?
3. Chères amies, êtes-vous (dérangé) par le bruit ?

**12** ★★★ **Réécrivez les phrases en mettant le sujet au pluriel et, si besoin, accordez le participe passé.**

1. Un voisin est passé me voir.
2. Le chat a-t-il dormi sur ton lit ?
3. Tu n'es jamais venue au rendez-vous.
4. Cette élève a été mise en retenue.

**13** ★★★ **Accordez les participes passés.**

VALERE. – Sabine, quel conseil me donneras-tu ?
SABINE. – [...] Mon oncle veut résolument que ma cousine épouse Villebrequin, et les affaires sont tellement avancé... que je crois qu'ils eussent été marié... dès aujourd'hui, si vous n'étiez aimé... ; mais comme ma cousine m'a confié... le secret de l'amour qu'elle vous porte, et que nous nous sommes vu... [...], nous nous sommes avisé... d'une bonne invention pour différer le mariage.

**Molière**, *Le Médecin volant*, 1, 1659.

**14** ★★★ **Accordez si besoin les participes passés.**

« Le malheur dont je voulais douter n'est que trop certain, cruel oiseau bleu ! dit-elle. Tu m'as oublié... ! Les bracelets que j'ai reçu... de ta déloyale main n'ont pu me rappeler à ton souvenir, tant j'en suis éloigné... ! »
Les valets de chambre l'avaient entendu... toute la nuit gémir et soupirer : ils le dirent à Truitonne, qui lui demanda quel tintamarre elle avait fait....

**Mme d'Aulnoy**, « L'Oiseau bleu », 1697.

**15** **Copiez la carte Mémo et complétez-la.**

**Le participe passé**

- **sans auxiliaire** : s'accorde avec le mot auquel il se rapporte
  Mon exemple : ..............................
- **avec être** : s'accorde avec le sujet du verbe
  Mon exemple : ..............................
- **avec avoir** :
  • ne s'accorde pas avec le sujet du verbe — Mon exemple : ....................
  • s'accorde avec le COD placé avant le verbe — Mon exemple : ....................

**PÉDAGOGIE DIFFÉRENCIÉE** Dans le manuel numérique, faites les exercices interactifs demandés par votre professeur.

**16** **Dictée dialoguée**

**Aidez votre camarade à corriger sa dictée.**

2/5 Il faut revoir l'accord du participe passé employé avec « avoir ».

Landry s'adresse à la Petite Fadette qu'il surnomme aussi Grelet.
– Comment, Grelet, c'est toi qui pleurais comme ça ? Quelqu'un t'a-t-il frappée ou pourchassée encore, que tu te plains et que tu te caches ?
– Non, Landry, personne ne m'a molesté depuis que tu m'as si bravement défendu, et d'ailleurs je ne crains personne. [...]
– Mais pourquoi as-tu une si grosse peine ? Est-ce à cause des méchancetés qu'on t'a fait aujourd'hui ?

**G. Sand**, *La Petite Fadette*, 1849.

**17** **Dictée**

**Écrivez la dictée lue par un·e enseignant·e.**
**Aide fournie :** Ascagne.

**18** **Écriture** **Imaginez la suite de ce poème en suivant le même schéma et en utilisant des verbes au passé composé.**

En sortant de l'école
nous avons rencontré
un grand chemin de fer
qui nous a emmenés
tout autour de la terre
dans un wagon doré
[...]

**J. Prévert**, « En sortant de l'école »,
*Histoires et d'autres histoires*, © Éd. Gallimard, 1946.

**19** **Défi** **Donnez le participe passé de ces verbes puis employez-le dans trois phrases (1. sans auxiliaire ; 2. avec *avoir* sans accord ; 3. avec *avoir* avec accord).**

Ex. : briser **1.** Il y a une vitre brisée. **2.** Tu as brisé cette vitre. **3.** La vitre que tu as brisée doit être changée.

sélectionner | apercevoir | attendre | choisir | offrir

**20** **À l'oral** **Construisez des phrases contenant les participes passés des verbes *faire*, *prendre*, *mettre*, *dire* et *découvrir* employés avec *avoir* dans lesquelles les COD seront des noms féminins qui seront placés parfois avant et parfois après le verbe.**

**21** **Écriture**

**Racontez la journée de répétition d'une danseuse en utilisant le passé composé.**

Leçon **39**

Les temps composés de l'indicatif

# Les participes passés en [i]

## Je cherche

**Le courrier, écrit à la main et transmis ce matin, est parti hier.**

Remplacez le mot « courrier » par « lettres » et faites toutes les modifications nécessaires. Que remarquez-vous ?

## J'apprends

- Au masculin singulier, **le participe passé en [i]** peut s'écrire :
  - ***-i*** (verbes du 2e groupe) — Ex. : Le cours **fini**, on a **applaudi**. / J'ai **réussi** le test.
  - ***-i***, ***-is*** ou ***-it*** (verbes du 3e groupe) — Ex. : Il a **fui** / j'ai **pris** / des médicaments **prescrits**
- En mettant le participe passé au **féminin**, on peut entendre la **lettre finale**.
  - participe passé en ***-i*** → ***-ie*** au féminin — Ex. : un enfant endormi → une enfant endormie
  - participe passé en ***-is*** → ***-ise*** au féminin — Ex. : le couvert mis → la table mise
  - participe passé en ***-it*** → ***-ite*** au féminin — Ex. : ce mot écrit → cette lettre écrite

**Apprendre autrement**
Écoutez le podcast de la leçon

## Je m'exerce

### Distinguer les participes passés en *-i*, *-is*, *-it*

**1** **Indiquez le féminin des participes passés :** dit • mis • construit • appris • bâti • compris • réussi • réuni

**2** **Donnez le participe passé et classez-le.** -i | -is | -it
décrire • nourrir • interdire • remettre • fléchir • entreprendre • choisir • promettre • dire • bondir

**3** **Réécrivez les phrases avec le mot en bleu et accordez le participe passé.**
1. Je sors le container rempli de papier. (poubelles)
2. Voici un touriste surpris par l'orage. (promeneuses)
3. S'agit-il du concerto transcrit pour piano ? (partitions)
4. Tu es gêné par le reflet réfléchi dans le miroir. (images)

### Savoir orthographier les participes passés en [i]

**4** **Choisissez la bonne forme (*-i*, *-is*, *-it*) et accordez si nécessaire.**
1. La ceinture a amort... le choc.
2. J'en ai dédu... que tu partais.
3. Le ministre a accueill... le président étranger.
4. As-tu pr... ta carte de bus ?
5. Nous avons décr... le paysage.

**5** **Mettez ces phrases au passé composé.**
1. Je ne dis rien.
2. Réfléchit-elle à une stratégie ?
3. Le joueur reprend l'avantage !
4. Tu ne remets pas la clé à sa place.
5. Le garde interdit les feux en forêt.

**6** **Copiez chaque phrase en faisant le bon choix.**
1. Vous avez (réuni / réunit) le groupe.
2. Est-ce que tu as (pris / prit) la clef ?
3. Le castor a (bâtit / bâti) son refuge.
4. Le film n'a pas (séduis / séduit) le public.

**7** **Complétez le texte avec les participes passé.**
J'ai (embellir) ma chambre. Les albums, (réunir) dans un coin, je les ai (mettre) en valeur. J'ai accroché mes aquarelles très (réussir). Mes sœurs, (surprendre) par ce changement, ont (sourire). J'ai (promettre) de continuer. Une bonne habitude (acquérir) ne doit pas se perdre !

**8** **Dictée dialoguée**

*2/4 Deux participes passés en [i] sont mal orthographiés.*

L'ambassadeur déploya le portrait du prince Guerrier ; celui-ci qui n'était instrui que pour parler à la princesse dit : – Belle Désirée, vous ne pouvez imaginer avec quelle ardeur je vous attends. Le roi et la reine demeurèrent si surpris qu'ils prièrent Becafigue de le leur donner pour le porter à la princesse. Il en fut ravit, et le remit entre leurs mains. La reine avait défendu aux dames qui étaient auprès de sa fille de parler de l'ambassadeur : elles ne lui avaient pas obéi.

D'après **Mme d'Aulnoy**, « La Biche au bois », 1697.

**9** **Dictée**
**Écrivez la dictée lue par un·e enseignant·e.**

**10** **À l'oral** **Un·e camarade vous demande** *« Qu'as-tu fait aujourd'hui ? »* **Faites trois réponses commençant par** *« Aujourd'hui, j'ai... »* **et utilisant des participes passés variés en *-i*, *-is* ou *-it* dans un temps composé ou comme adjectif.**

**11** **Écriture** *« Alors, qu'avez-vous vu ? »* **demande un policier à un témoin. Imaginez le dialogue. Vous utiliserez des participes passés en -i, -is ou -it dans un temps composé ou comme adjectif.**

Leçon **40**

Les temps composés de l'indicatif

# Distinguer participe passé en [e] et infinitif

**Je cherche**

**Je rêve de voyager. J'ai voyagé.**

Remplacez les mots en gras par le verbe *prendre*. Que constatez-vous ?

**J'apprends**

- Pour les verbes du 1er groupe, l'infinitif en ***-er*** et le participe passé en ***-é*** se confondent à l'oral, il faut donc **les distinguer à l'écrit**. Ex. : Il va **jouer** au basket. Il a **joué** au basket.
  Pour éviter les erreurs, on peut utiliser un verbe du 3e groupe.
  Ex. : Il va **emprunter** (prendre) ce livre. / Il a **emprunté** (pris) ce livre.
- L'**infinitif** des verbes du 1er groupe en ***-er*** se trouve **après une préposition** (*à, de, pour...*) ou **après un verbe conjugué**. Ex. : Il apprend **à parler**. / Il **faut recopier** le texte.
  Le participe passé en ***-é*** se trouve après un nom, utilisé comme **adjectif qualificatif**, ou après *être* et *avoir* dans un **temps composé**.
  Ex. : L'animal **effrayé** s'enfuit. / Il est **effrayé**. / La mère a **protégé** ses petits.

**Apprendre autrement**
Écoutez le podcast de la leçon

**Je m'exerce**

## Distinguer infinitif en *-er* et participe passé en *-é*

**1** ★★★ **Classez les formes soulignées.**

Infinitif | Participe passé

1. Les touristes sont entrés dans le musée.
2. Il est interdit de toucher les œuvres.
3. Le catalogue imprimé est disponible.
4. Je ne peux pas regarder tranquillement.

**2** ★★★ **Choisissez la forme correcte en indiquant la classe grammaticale du mot qui la précède.**

1. Je dois (aller / allé) au stade.
2. Il est (tomber / tombé) dans l'escalier.
3. Il est préférable de (rentrer / rentré).
4. La mer a (commencer / commencé) à (monter / monté).

**3** ★★★ **Réécrivez les phrases selon l'exemple.**

Ex. : Il reste à la maison. Forme avec *aller* / passé composé
→ Il va rester à la maison. / Il est resté à la maison.

1. Je travaille vite.
2. Elles aident les autres.
3. Il va au stade.
4. Nous mangeons au café.

**4** ★★★ **Relevez les infinitifs et les participes passés.**

Nous sommes allés en randonnée pour étudier la flore de la région. Nous avons préparé nos sacs sans oublier d'emmener la trousse à pharmacie. Nous avons commencé à grimper et, au bout de deux heures, essoufflés mais heureux, nous avons profité du beau temps pour manger sur l'herbe, fatigués mais satisfaits.

## Choisir la bonne terminaison

**5** ★★★ **Complétez avec *-é* ou *-er*.**

1. Avant de tourn…, la voiture a klaxonn….
2. L'oiseau effray… va s'envol….
3. Pour ne pas tomb…, le grimpeur s'est attach….
4. Le joueur a tir… pour marqu….

**6** ★★★ **Placez *-é* ou *-er*. Faites les accords nécessaires.**

Quand ils furent rassasi… de regard…, ils entrèrent pour se lav… dans des baignoires argent…. Après que les servantes les eurent lav…, parfum… d'huile, et habill… de tuniques, ils allèrent se plac… sur des trônes auprès de l'Atréide Ménélaos.

**Homère**, L'*Odyssée*, d'après trad. Leconte de Lisle.

**7** **Dictée dialoguée**

*6/10 Il faut revoir la distinction entre participe passé et infinitif en [e].*

Il n'avait plus que trente milles pour arriver à sa maison, mais comme il fallait passé un grand bois, avant de trouver sa maison, il se perdit. La nuit était tomber, il pensa qu'il serait mangé par des loups affamés, qu'il entendait hurlés. Tout à coup, il vit une lumière qui sortait d'un grand palais tout illuminé. Le marchand se hâta d'arrivé mais il fut bien surpris de ne trouver personne.

D'après **Mme Leprince de Beaumont**, « La Belle et la Bête », 1740.

**8** **Dictée**

**Écrivez la dictée lue par un·e enseignant·e.**

**9** **À l'oral** **Vous posez une question contenant un verbe à l'infinitif. Un·e camarade formule la réponse avec au moins un participe passé.** Ex. : Est-ce que tu sais préparer un plat ? J'ai déjà **cuisiné** des crêpes **sucrées**.

**10** **Écriture** **Que se passe-t-il dans cette scène ? Répondez en utilisant des formes à l'infinitif et au participe passé.**

Leçon 41

L'origine des mots

# Les familles de mots

## Je cherche

C'est une <u>lectrice</u> assidue : elle aime <u>lire</u> et <u>relire</u> certains romans et note <u>lisiblement</u> leur titre dans son carnet de <u>lectures</u>.

Observez les mots soulignés, quel est leur point commun ? Quelle différence remarquez-vous ?

## J'apprends

- Une **famille de mots** regroupe l'ensemble des mots formés à partir d'un **même radical** et qui ont un **rapport de sens**.
  Ex. : terre, terrain, terrestre, atterrir, territoire... = mots de la famille de « terre »
  À l'intérieur d'une même famille, les mots peuvent appartenir à des **classes grammaticales différentes**.
  Ex. : peur (nom), apeurer (verbe), peureux (adjectif), peureusement (adverbe)
- Le **radical** peut présenter des **formes différentes** à l'intérieur d'une même famille.
  Ex. : voir, visible, voyant, vidéo...
  Une famille de mots élargie emprunte des radicaux à des langues différentes :
  Ex. : pour le mot « cheval » : équitation, équidé, équin (du latin « equus », « cheval »)
  Attention, certains mots peuvent avoir une partie commune et ne pas appartenir à une même famille.
  Ex. : doux - douter / sale - saler

**Apprendre autrement**
Écoutez le podcast de la leçon

## Je m'exerce

### Reconnaitre des mots de la même famille

**1** ★★★ **À quelle famille appartiennent ces mots ?**
1. rêveur, rêverie, rêvasser, rêver
2. pleuvoir, pluvieuse, pluviomètre, pluvial
3. libertaire, libérer, libération, librement
4. noirâtre, noircir, noirceur, noirci

**2** ★★★ **Trouvez l'intrus dans chacune de ces familles de mots. Attention aux radicaux différents !**
1. livre • librairie • livresque • liberté • libraire
2. crier • criard • criminel • cri • criante
3. terre • terrestre • terrible • terreux • déterrer
4. bois • boisson • boiserie • déboisé • reboisement

**3** ★★★ **Classez ces mots mélangés en deux familles. Dictionnaire autorisé !**
mer • maternelle • marée • mareyeur • maternité • marine • materner • amarrer • maternant • ultramarin • mère • amerrissage • marâtre

**4** ★★★ **Classez ces mots mélangés en deux familles.**
horrible • horodateur • horaire • horrifier • heure • horreur • horloge • horrifiante • demi-heure

**5** ★★★ **Classez ces mots mélangés en quatre familles.**
dessert • empoisonnée • poissonnier • poison • déserté • desservir • désertification • poissonneux • desserte • empoisonner • poissonnerie • servante • désert • contrepoison • poisson • désertant

### Construire des familles de mots

**6** ★★★ **Qui dit famille dit arbre généalogique. Selon l'exemple, construisez un arbre pour** *dent*, *main*, *nom*, *douceur* **et trouvez le maximum de mots.**

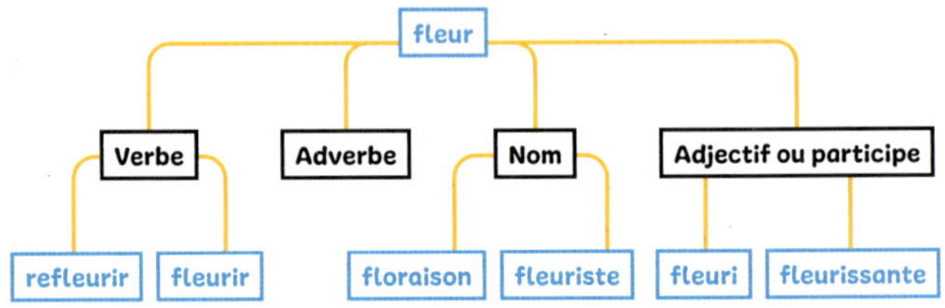


**7** ★★★ **Recopiez et complétez le tableau avec des mots de la même famille que ceux proposés.**

| Nom | Verbe | Adjectif |
|---|---|---|
| peintre | | |
| | allonger | |
| | | rouge |
| | perturber | |
| | | sage |
| tristesse | | |

**8** ★★★ **Construisez des familles à partir des mots suivants. Variez les classes grammaticales.**

sang • couverture • roi • table • art • agir • flamme • marcher

**9** ★★★ **Complétez les phrases avec des mots de la famille de *pied*.**

1. En vélo, il faut … pour avancer.
2. Cette randonnée … n'est pas autorisée aux voitures.
3. Veuillez emprunter le passage … pour traverser.
4. Il a mal aux pieds, il prend rendez-vous chez le ….

**10** ★★★ **À partir de ces radicaux grecs et latins, trouvez le maximum de mots de la famille élargie indiquée entre parenthèses.**

aqua (eau) • radio (rayon) • psycho (âme) • théo (dieu) • pyro (feu) • géo (terre)

## Utiliser les familles de mots pour lire et écrire

**11** ★★★ **Voici des mots dont la consonne finale est muette. Trouvez un maximum de mots de la même famille où l'on entend cette consonne.**

marchand • front • lait • adroit • bond • lit • vert • bord • serpent • violent • blanc • sec

**12** ★★★ **Indiquez à quelle famille appartiennent les mots soulignés.**

Dans la plaine, on dirait une <u>marée</u> <u>humaine</u>. Le ciel est bleu à l'<u>infini</u>, des oiseaux passent au loin, le vent chaud fait <u>tourbillonner</u> la poussière âcre <u>soulevée</u> par le <u>piétinement</u> des hommes et des chevaux…

**Homère** (adapté par M. Laffon), *Les Héros de l'Iliade*, Le Livre de Poche, 2009.

**13** ★★★ **Complétez chaque phrase avec un mot de la famille indiquée.**

1. La marche rapide lui donne des douleurs …. (muscle)
2. Pour la Chandeleur, il prépare des crêpes …. (flamme)
3. Il a acheté du … pour rempoter ses plantes. (terre)
4. As-tu fait tous les bons … ? (brancher)

**14** ★★★ **Trouvez dans le texte trois mots de la même famille. Pour chaque nom souligné, donnez l'adjectif.**

La baie ressemblait plutôt à un estuaire de petit <u>fleuve</u>, et en fait ce n'était pas autre chose. En face de nous, se dressait la carcasse d'un navire naufragé, – un grand trois-mâts drapé d'algues marines.

– Nous voici échoués sur la rive droite, n'est-ce pas ?… Eh bien, à marée basse, on porte une amarre sur la rive gauche, en suivant la <u>côte</u>, si l'on n'a pas de chaloupe.

**R. L. Stevenson**, *L'Ile au trésor*, 1882.

**15** **Copiez la carte Mémo et complétez-la.**

**Une famille de mots**

- mots formés à partir du même radical
  **Mon exemple :** ……………………
- radical différent d'un mot à l'autre
  **Mon exemple :** ……………………

**PÉDAGOGIE DIFFÉRENCIÉE** Dans le manuel numérique, faites les exercices interactifs demandés par votre professeur.

**16** **Travail en binôme**

**Aidez votre camarade à obtenir une meilleure note.**

2/5 Relevez l'ensemble des mots de la famille de « cœur ».

Ce héros fait preuve de courage face à ce monstre écœurant. Son ami lui tenait rancœur de son manque de <u>cordialité</u>. Il a pourtant agi <u>cordialement</u> !

**17** **Dictée**

**Écrivez la dictée lue par un·e enseignant·e.**

**Aide fournie :** passiflores, bégonia.

**18** **Écriture Utilisez ces mots dans un court texte de votre invention.**

magie • magicienne • disparaitre • disparu • réapparaitre • surprise • surprenant

**19** **Défi Répondez aux devinettes suivantes.**

1. Je suis un mot de la famille de « flamme » et désigne une réaction du corps à une agression extérieure, je suis une ….
2. Je suis un mot de la famille de « main » et désigne un document écrit à la main, je suis un ….
3. Je suis un mot de la famille de « froid » et désigne l'appareil permettant de garder les aliments au frais, je suis un ….

**20** **Top chrono ! Vous avez deux minutes pour trouver le maximum de mots appartenant à ces familles. L'élève qui en trouve le plus l'emporte.**

vent • soleil • œil • feuille • son • air • nuage • mener • verser • ranger • écrire • or • sol

**21** **À l'oral Un·e élève propose un mot et son/sa voisin·e doit donner un mot de la même famille et ainsi de suite pour former une chaine de mots. Pensez à varier les classes grammaticales et aux familles de mots élargies !**

**22** **Écriture a. Que fait ce personnage ? Trouvez un maximum de mots la même famille.**

**b. Rédigez un court texte où vous réutiliserez ces mots pour raconter le quotidien de ce personnage.**

Leçon 42

L'origine des mots

# L'emploi de préfixes et de suffixes

**Je cherche**

**Cet animal lent veut gagner. Si la tortue ne ralentit pas, elle l'emporte ! Cette lenteur est son atout.**

Observez les mots soulignés, quel est leur point commun ? Quelle différence remarquez-vous ?

**J'apprends**

- Le **radical** est la partie la plus importante du mot, celle qui porte son sens principal.
  - Certains mots ne sont constitués que d'un radical, ce sont des **mots simples**.
    Ex. : front, part, lent
  - Un radical peut varier. Ex. : jeu, jouet
  - On peut ajouter au radical un **préfixe**, un **suffixe**, ou les deux. Les mots de la même famille obtenus sont construits par **dérivation**. Ex. : rejouer, jouable, déjouant
- Les **préfixes** se placent **devant** le radical. Ils ont la plupart du temps un **sens précis**.
  Ex. : *ab-* (éloignement), *trans-* (au-delà), *pré-* (avant), *per-* (à travers), *re-* (à nouveau)
  En fonction du radical qu'ils précèdent, certains préfixes changent de forme.
  Ex. : préfixe ***-in*** → incohérent, impossible, illogique, irrespectueux
- Les **suffixes** se placent **après** le radical. Certains suffixes déterminent la **classe grammaticale** du mot. Les suffixes *-able, -âtre, -ible, -ique, -eux, -euse* forment un adjectif ; *-ment* forme un adverbe ; *-eur, -isme, -iste, -té, -ion* forment un nom ; *-eler, -eter, -iser, -fier* forment un verbe.
  Ex. : visible (adjectif) ; visiblement (adverbe) ; visibilité (nom)
  Les suffixes ont souvent un **sens précis** :
  *-able, -ible* marquent la possibilité ; Ex. : envisageable, reproductible
  *-et, -ette* forment des diminutifs ; Ex. : longuet, longuette
  *-âtre, -aud* apportent à un mot une nuance négative. Ex. : vert → verdâtre, lourd → lourdaud

**Apprendre autrement**
Écoutez le podcast de la leçon

**Je m'exerce**

## Comprendre la formation des mots

**1** ★★★ **Ces mots sont-ils simples ou construits par dérivation ?**
peur • lentement • libre • bonté • vraiment • plat • intérioriser • découvrir • voir • main • papillon • illisible • repeindre • coiffure • envisageable • cassable • chimique

**2** ★★★ **Recopiez les mots en séparant le radical, le préfixe et/ou le suffixe.**
impossible • découvrir • recommencer • transport • écriture • infaisable • coiffeuse • hypersensible

**3** ★★★ **Ajoutez un préfixe ou un suffixe au radical pour construire un mot par dérivation.**

| Radical | Verbe | Nom | Adjectif |
|---|---|---|---|
| port | | | |
| long | | | |
| lent | | | |

**4** ★★★ **Recopiez ces mots en séparant le radical, le préfixe et/ou le suffixe. Notez les variations du radical.**
1. lecteur • lisible • relecture
2. jeter • projeter • projection
3. chanteuse • enchanteur • cantatrice

**5** ★★★ **Recopiez ces verbes en séparant le radical, le préfixe et la terminaison.**
elle recommencera • nous débouchons • tu relis • je transperçais • vous remarquiez

**6** ★★★ **Recopiez les mots soulignés en séparant le radical, le préfixe et/ou le suffixe.**
Non seulement les couleurs étaient extraordinairement belles, mais les vêtements devenaient invisibles pour toute personne qui ne savait pas bien exercer son emploi. « Ce sont des habits impayables, pensa le Grand-Duc ; grâce à eux, je pourrai connaître les hommes incapables de mon gouvernement. »

D'après **H. C. Andersen**, « Les habits neufs du Grand-Duc », 1876.

## Comprendre et utiliser les préfixes

**7** ★★★ **À l'aide de préfixes variés, construisez un maximum de verbe dérivés de *venir*.**

**8** ★★★ **Formez des mots de sens contraire (antonymes) à l'aide du préfixe *in-*. Attention au changement de forme en *il-*, *im-*, *ir-*.** Ex : lisible → illisible
légal • exact • possible • crédule • réel • espéré • croyable • licite • pensable • visible

9 ★★★ **Formez des antonymes à l'aide des préfixes *dé-*, *a-*, *mé-*, *mal-* ou *dis-*.**
content • habile • coudre • proportionné • normal • social • tâcher • dire • heureux

10 ★★★ **Donnez un antonyme en utilisant un préfixe que vous soulignerez.**
paraitre • poli • connu • faire • aisé • attendu • certain • monter • patience • achevé • réparable

11 ★★★ **Classez ces mots selon le sens du préfixe *in-*.**

dans | sens négatif

impossible • immerger • indirect • immigrer • indiscret • importer • ingérer • indocile

12 ★★★ **Construisez des verbes à partir des préfixes *ad-*, *a-*, *ac-*, *al-*, *ap-*, *ag-*.**
courir • longer • paraitre • grandir • mener • mettre • céder • porter • graver • faiblir • tirer • joindre

## Comprendre et utiliser les suffixes

13 ★★★ **Construisez un mot de la même famille en ajoutant un de ces suffixes : *-ment*, *-ation*, *-ir*, *-er*.**
bleu • douce • fin • plant • garant • ferme • règlement • grand • collaborer • agacer

14 ★★★ **Faites entendre la lettre muette dans un mot dérivé.** canot • gourmand • dos • mont • galop • riz • mépris • début • tapis • suspect • bavard

15 ★★★ **Donnez des noms de métier avec *-er/-ère*, *-iste*, *-ien/-ienne*, *-eur/-euse*.** Ex : bouch**er** → bouch**ère**

16 ★★★ **Repérez le suffixe, notez la classe grammaticale du mot.** donner • calmement • admiration • finir • doucement • tentation • production • rajeunir • joyeux

17 ★★★ **Formez un adjectif péjoratif : *-âtre*, *-ard*, *-aud*.**
jaune • faible • lourd • rouge • court • vert

18 ★★★ **Donnez le mot exprimant la diminution.**
Ex : camion → camion**nette**
garçon • mule • jupe • buche • table • fille • maison • poule • coffre • cloche • statue

19 ★★★ **Formez un verbe en ajoutant un suffixe *-iser*, *-fier* ou *-ifier*.**
égal • divers • rare • verbal • intense • humide • électrique • simple • civile

20 ★★★ **Donnez le nom formé sur chaque adjectif.**
1. Son ami fait-il preuve de (discret) et de (sensible) ?
2. Admire la (beau) et la (pure) de ses traits !
3. La (difficile) de cet examen pour les (admis) fait la (célèbre) de cette école.

21 **Copiez la carte Mémo et complétez-la.**

préfixe + radical
Mon exemple :
..............................

radical + suffixe
Mon exemple :
..............................

Formation d'un nouveau mot

PÉDAGOGIE DIFFÉRENCIÉE — Dans le manuel numérique, faites les exercices interactifs demandés par votre professeur.

22 **Travail en binôme**
**Aidez votre camarade à obtenir une meilleure note.**

5/10 Vous n'avez pas repéré tous les mots formés par dérivation.

Il était une fois une malicieuse magicienne dont les trois fils courageux s'aimaient fraternellement ; mais elle n'avait pas confiance en eux. Au château du soleil d'or, tout lumineux et étincelant, il y avait une princesse enchantée qui attendait toujours sa délivrance.

D'après **J. et W. Grimm**, *Contes de l'enfance et du foyer*, 1812.

23 **Dictée**
**Écrivez la dictée lue par un·e enseignant·e.**

24 **Écriture** **Rédigez un texte de sens contraire en ajoutant des préfixes aux mots soulignés.**
Il est possible de passer de l'autre côté du rivage : cela est faisable à pied. L'inscription lisible sur ce panneau montre le chemin aux voyageurs prudents. Les habitants savent que le pont en bois est réparable et pour eux il est compréhensible que certains essaient de l'emprunter.

25 **Défi** **En deux minutes, créez un maximum de mots en ajoutant préfixe et/ou suffixe. L'élève qui en trouve le plus l'emporte.**

port • dent • règle • mont • vieil • jeune • teinte

26 **À l'oral** **Un·e élève propose un mot en ajoutant un suffixe ou un préfixe, son/sa voisin·e fait de même pour former la chaine la plus longue !**
Ex. : construire → construction, déconstruction, reconstruction, reconstructible…

faire • chance • porter • forme • tourner • partir • chanter

27 **Écriture** **Rédigez un paragraphe afin de comparer ces deux animaux en utilisant des mots formés à partir des adjectifs *lent* et *rapide*.**

Leçon 43

Les relations entre les mots

# Synonymes, antonymes, homonymes

## Je cherche

**Ce prénom est très court.**

Remplacez l'adjectif « court » par un adjectif de même sens, puis par un adjectif de sens opposé. Trouvez deux noms qui se prononcent de la même manière que « court ». S'agit-il aussi d'adjectifs ?

## J'apprends

- Les mots **synonyme**, **antonyme** et **homonyme** ont la **même racine** : le terme grec « *onoma* » qui signifie « nom, mot ». Leurs préfixes changent : « *sun* » veut dire « avec », « *anti* » signifie « contraire » et « *homo* » « même ».
- Les **synonymes** ont le **même sens**. En réalité, les synonymes exacts n'existent pas : il y a toujours une petite nuance de sens ou de niveau de langue qui différencie deux mots.
  Ex. : Il est beau. / Il est magnifique. « beau » et « magnifique » sont synonymes, mais « magnifique » a un sens un peu plus fort.
- Les **antonymes** ont un sens opposé. Ex. : Il est beau / Il est laid.
- Les **synonymes** ou les **antonymes** d'un mot ont toujours la **même classe grammaticale** que lui.
  Ex. : beau = magnifique ≠ laid → adjectifs enfant = bambin ≠ vieillard → noms
  manger = dévorer ≠ jeûner → verbes gentiment = aimablement ≠ méchamment → adverbes
- Les **homonymes** ont la **même prononciation**. Ils ne s'écrivent pas nécessairement de la même façon et n'ont pas forcément la même classe grammaticale.
  Ex : « lait » (nom) est l'homonyme de « laid » (adjectif).
  Pour distinguer l'orthographe d'homonymes, on peut parfois s'aider des **mots de la même famille**.
  Ex. : lait → laitage → « t » à la fin laid → laideur → « d » à la fin

**Apprendre autrement**
Écoutez le podcast de la leçon

## Je m'exerce

### Repérer la classe grammaticale de synonymes et d'antonymes

**1** **Reliez les synonymes de même classe grammaticale.**

| | |
|---|---|
| aimer • | • tendrement |
| amour • | • adorer |
| amoureux • | • épris |
| amoureusement • | • passion |

**2** **Reliez les antonymes de même classe grammaticale.**

| | |
|---|---|
| tarder • | • avance |
| retard • | • précoce |
| tardif • | • se dépêcher |
| tardivement • | • immédiatement |

**3** **Trouvez les paires de synonymes et classez-les.**

Adjectifs | Noms | Verbes | Adverbes

ramper • le magicien • le brigand • joyeusement • brillant • brûler • magnifique • le prestidigitateur • sublime • doucement • se trainer • lentement • incendier • lumineux • gaiement • le bandit

**4** **Trouvez les paires d'antonymes et classez-les.**

Adjectifs | Noms | Verbes | Adverbes

célèbre • avancer • le jour • sérieusement • reculer • horriblement • chuchoter • isolé • inconnu • le désert • fréquenté • la nuit • la jungle • hurler • joliment • légèrement

**5** **Relevez les synonymes des mots en bleu.**

1. frapper : coup, cogner, violent, agressif, taper
2. la pluie : pleuvoir, l'ondée, l'averse, pluvieux
3. murmurer : le murmure, chuchoter, susurrer
4. agréable : confortable, accueillant, aimer

**6** **Relevez les antonymes des mots en bleu.**

1. joyeux : triste, pleurer, tristement, mélancolique
2. la nuit : le jour, s'éclaircir, lumineux, la clarté
3. le chef : l'employé, obéir, le subordonné, seconder
4. détruire : réparer, reconstruit, bâtir, construire

### Manipuler synonymes et antonymes

**7** **Les mots en gras sont-ils antonymes ou synonymes ?**

1. Tom Sawyer est **dissipé** ; son frère Sid est **attentif**.
2. Le petit prince les **questionne** et les **interroge** tous.
3. Elle est **écrivaine** ; c'est une **romancière** célèbre.
4. Ce récit est **palpitant** ; celui-ci est très **ennuyeux**.
5. Le lapin blanc **se dépêche** ; Alice **se hâte** derrière lui.

**8** **Proposez un synonyme pour chaque mot bleu.**

Nous étions endimanchés et (magnifiques) avec nos (jolis) habits. Il y avait des gens qui se retournaient pour nous (regarder) passer. Le temps s'écoula si (rapidement) que je n'en eus pas conscience.

D'après **H. Malot**, *Sans famille*, 1878.

**9** ★★★ **Remplacez chaque mot bleu par son antonyme.**

Tout de suite (la lumière) et (le bruit) me furent (agréables). Je (descendis) jusqu'à ma chambre, à tâtons, le plus (lentement) possible [...]. Puis (j'éteignis).

**M. Leblanc**, *Arsène Lupin gentleman-cambrioleur*, 1907.

**10** ★★★ **Classez les synonymes selon leur intensité.**

Ex. : beau • sublime • magnifique → beau < magnifique < sublime

1. grand • infini • immense
2. l'euphorie • le bonheur • la satisfaction
3. agressif • enragé • violent
4. l'odeur • la pestilence • l'infection
5. abasourdi • étonné • interloqué

**11** ★★★ **Relevez l'antonyme de même intensité.**

Ex. : **beau** : hideux, atroce, laid → L'antonyme de même intensité que « beau » est « laid ».

1. aimable : inhumain, hargneux, impoli
2. lumineux : ténébreux, sombre, lugubre
3. peureuse : héroïque, indomptable, courageuse
4. calme : bouillonnant, agité, effervescent
5. triste : béat, heureux, hilare

## Bien orthographier les homonymes

**12** ★★★ **Choisissez le bon mot parmi ces homonymes.**

1. Il (a/à) parlé (a/à) sa mère au téléphone.
2. J'ai (cours/court/cour) de français.
3. Irons-nous jouer dans la (cours/court/cour) ?
4. Ces chanteurs ont une (voix/voie) magnifique !
5. Il faut que vous trouviez votre (voix/voie).

**13** ★★★ **Relevez des homonymes dans ce poème.**

Nos tâches tachent
tour à tour
les tours
d'alentours.
*
Plutôt se pendre aux pins,
s'éprendre des yeux peints,
que de gagner son pain
où les fleuves vont s'épandre
*
L'an est si lent.
Abandonnons nos ancres dans l'encre,
mes amis.

**Robert Desnos**, « L'aumonyme », *Corps et biens*, © Éd. Gallimard, 1930.

**14** ★★★ **Trouvez des homonymes dans ces familles de mots.**

1. comtesse • raconter • compter 2. sanguin • centaine
3. champêtre • chanter 4. résonnance • raison

**15** **Copiez la carte Mémo et complétez-la.**

**Mots issus du grec « *onoma* »**

- **Synonymes :** mots qui ont le même sens — **Mon exemple :** ..................
- **Antonymes :** mots qui ont un sens opposé — **Mon exemple :** ..................
- **Homonymes :** mots qui ont les mêmes sonorités — **Mon exemple :** ..................

PÉDAGOGIE DIFFÉRENCIÉE — Dans le manuel numérique, faites les exercices interactifs demandés par votre professeur.

**16** **Travail en binôme**

**Aidez votre camarade à améliorer sa rédaction.**

7/10 TB. Évitez les répétitions grâce à des synonymes.
Alice réussit à sortir de la maison. Elle se sentit soudain envahie par le bonheur. Le bonheur lui fit oublier les dangers qu'elle avait traversés. Elle eut envie de crier. Elle cria : « Où es-tu, Lapin blanc ? ». Personne ne répondit. Alice partit alors au hasard. Elle partit dans la forêt.

**17** **Dictée**

**Écrivez la dictée lue par un·e enseignant·e.**
**Aide fournie :** Diomède, Dolon.

**18** **Écriture** **Décrivez un paysage en utilisant des adjectifs très positifs, puis donnez votre texte à votre voisin·e qui devra le réécrire en remplaçant les adjectifs positifs par leurs antonymes. Comparez ensuite vos versions.**

**19** **À l'oral** **Le professeur lit un mot. Les élèves qui ont trouvé le plus grand nombre d'homonymes de ce mot lèvent la main et indiquent le sens et l'orthographe.**

eau mal ver
nid mets son

**20** **Défi** **Mettez-vous par équipes de trois.**

- **L'élève A lit une phrase en remplaçant les mots en gras par des synonymes.**
- **L'élève B fait de même en utilisant d'autres synonymes.**
- **L'élève C doit réussir à trouver une dernière phrase avec d'autres synonymes.**
- **Le dernier à réussir le défi remporte un point.**

1. Tom était **gentil** et **aimait** aider les autres.
2. As-tu **regardé** ce **tableau** ?
3. Je me sens **triste** quand le soleil **se couche**.

**21** **Écriture** **Décrivez cette image sans utiliser ces mots, mais en vous servant de leurs synonymes :**

sombre rue boutique lampadaire vélo

Leçon 44

Les relations entre les mots

# Connaitre les niveaux de langue

**Je cherche**

**Le garçon, il a pas pris ses affaires.**

Observez cette phrase : la trouvez-vous élégante ? Justifiez votre réponse. Faites les gestes du grammairien pour la reformuler.

**J'apprends**

- Selon les situations et selon les personnes à qui l'on s'adresse, on ne s'exprime pas de la même manière. On distingue **trois niveaux de langue**.
- Le **langage familier** est utilisé en général **avec les proches**, dans une **situation informelle**. Il ne doit être utilisé ni à l'écrit, ni en classe, ni dans une situation où l'on doit se montrer poli. Certains mots fréquemment utilisés sont familiers, tels que les diminutifs (télé, exo, prof), les mots en verlan (C'est ouf ! pour C'est fou !) ou des mots issus d'autres langues (C'est fun !).
- Le **langage courant** s'emploie **à l'oral** ou **à l'écrit** dans toutes les situations **de la vie quotidienne**. Il faut :
  – remplacer les mots familiers par des synonymes plus corrects
  Ex. : Arrête de rigoler ! → Arrête de **rire** !
  – toujours employer l'adverbe de négation « ne » Ex. : Je veux pas ! → Je **ne** veux **pas** !
  – supprimer les pronoms personnels qui reprennent un sujet Ex. : Kim il m'a parlé. → Kim **m'a** parlé.
  – inverser le sujet et le verbe dans une phrase interrogative Ex. : Tu veux quoi ? → Que **veux-tu** ?
- Le **langage soutenu** s'emploie surtout **à l'écrit**, dans des courriers officiels, des textes journalistiques, littéraires ou dans des **situations où il faut se montrer très poli**.
  Ex. : Veuillez agréer, Madame la Directrice, l'expression de mes salutations distinguées.

**Apprendre autrement**
Écoutez le podcast de la leçon

**Je m'exerce**

## Repérer le langage familier

**1** ★★★ **a. Repérez les mots familiers dans cette liste.**
foot • truc • cool • baraque • argent • ami • vêtements • agréable • football • mec • chose • homme • fric • fringues • pote • maison

**b. Reliez-les par paire avec les autres mots de la liste.**

**2** ★★★ **Classez ces phrases.**

Cours d'histoire | Récitation familière de la leçon

1. Au IIe siècle, l'Empire romain a un territoire étendu.
2. Les Romains veulent pas que Carthage s'étende.
3. Vercingétorix il est fait prisonnier par César.
4. L'armée romaine est constituée de plusieurs légions.
5. C'est la « paix romaine » car il y a pas de guerre.

**3** ★★★ **Retrouvez les mots qui ont été transformés en verlan.**
Ex. : « chelou » vient du mot « louche ».
teubé • teuf • vénère • caillera • relou

**4** ★★★ **Expliquez pourquoi ces phrases appartiennent au registre familier.**
1. Tu peux pas partir maintenant !
2. Lucie elle m'a tout raconté.
3. Cette histoire est très zarb.
4. Pourquoi tu prends le train ?
5. Cherche le mot dans le dico.

**5** ★★★ **Qu'est-ce qui fait que ce texte est familier ? Donnez au moins trois raisons.**

*Qu'est-ce qu'elle croyait, la Parisienne ? Que j'allais y offrir le thé au salon ? Qu'on allait grignoter des petits fours ? Ça se pointe sans prévenir chez les gens, ça tortille les fesses et ça vient vous faire la leçon ! Si seulement cet abruti de Corniaud y avait arraché un bifteck au mollet, mais y faisait qu'aboyer.*

**J.-C. Mourlevat**, *L'Enfant-Océan*, Pocket Jeunesse, 1999.

## Maitriser le langage courant

**6** ★★★ **Classez les phrases.**

Langage familier | Langage courant

1. On a fauché les blés. / Il n'a plus d'argent : il est fauché.
2. Il a tout pompé sur son voisin. / Il faut pomper l'eau.
3. Le chien a-t-il vu sa gamelle ? / Il s'est pris une gamelle.
4. Il ne raconte que des salades. / Il adore la salade.
5. C'est une excuse bidon. / Auriez-vous un bidon d'essence ?

**7** ★★★ **Remplacez ces mots familiers par des mots du langage courant.**
Ex. : « cinglé » peut être remplacé par « fou ».
se grouiller • des godasses • le boulot • se balader • la trouille • pioncer

**8** ★★★ **Réécrivez ce dialogue en langage courant.**
Amir. – Salut ! Comment ça va ?
Léa. – Bof... Je suis vénère : on a chouré mon vélo.
Amir. – Tu l'avais garé où ?
Léa. – Devant le collège. J'ai vu personne pourtant.
Amir. – C'est pas cool...

**9** ★★★ **Transformez ces phrases pour qu'elles puissent figurer dans un manuel de mathématiques.**
**1.** C'est quoi une droite ? **2.** Un nombre, il est divisible par 2 s'il finit par 0, 2, 4, 6 ou 8. **3.** Si la droite elle passe par les points A et B, on la note (AB).

## Jouer avec le langage soutenu

**10** ★★★ **Classez les mots de même sens dans un tableau.**

| Langage familier | Langage courant | Langage soutenu |
|---|---|---|
| veinard | chanceux | favorisé |

timbré • frapper • la tristesse • tabasser • la peur • se goinfrer • fou • aliéné • manger • ingurgiter • l'effroi • le cafard • la morosité • rosser • la trouille

**11** ★★★ **Ces phrases sont-elles adaptées au contexte ?**
oui non
**1.** (au maire d'une ville) « Je suis trop content de vous voir ! »
**2.** (à une victime) « Souhaitez-vous porter plainte ? »
**3.** (à la fin d'une lettre officielle) « À bientôt ! »
**4.** (bulletin météo) « Demain, il tombera des cordes. »
**5.** (à une administration) « Je me permets de vous écrire pour déposer une réclamation. »

**12** ★★★ **Remplacez les mots en bleu par des mots appartenant au langage soutenu.**
Ex. : Il s'endormit. → Il sombra dans un profond sommeil.
**1.** Nous étions tous étonnés.
**2.** Ce décor est très beau !
**3.** Je suis touchée par ce spectacle.
**4.** On m'a volé.
**5.** Il a agi avec traitrise.

**13** ★★★ **a. Observez ce dialogue. Qui utilise des tournures de langage familier ? Justifiez votre réponse.**
**b. Qui s'exprime de façon soutenue ? Justifiez.**
Le Roi *(entrant, entouré de ses gardes)*. – Excusez-moi, je me suis permis d'entrer, la porte était grande ouverte.
Sœur La Grande. – C'est vous Majesté ? On est pas coiffées.
Le Roi. – Vous êtes très bien comme vous êtes.
Sœur La Petite. – Qu'est-ce qui vous amène Sire cette fois ?
Le Roi. – Mon fils a revu hier cette jeune personne de l'autre jour que je recherchais déjà en vain il y a deux semaines.

**Joël Pommerat**, *Cendrillon*, 2012.

**14** **Copiez la carte Mémo et complétez-la.**

**Les niveaux de langue**
- Niveau de langue soutenu — Mon exemple : ..........................
- Niveau de langue familier — Mon exemple : ..........................
- Niveau de langue courant — Mon exemple : ..........................

PÉDAGOGIE DIFFÉRENCIÉE Dans le manuel numérique, faites les exercices interactifs demandés par votre professeur.

**15** **Travail en binôme**
**Aidez votre camarade à améliorer sa rédaction.**

*6/10 Attention, il y a trop de formulations familières.*
Iman se baladait le long de la mer en regardant les mouettes voler dans le ciel. Elle entendit soudain un bruit très bizarre derrière elle. Elle se retourna brusquement et découvrit un étrange animal, un être qu'elle avait jamais vu. « Je me demande c'est quoi », se dit-elle. Elle voulut prendre son téléphone pour appeler sa meilleure copine, mais elle se rendit compte qu'elle l'avait pas sur elle.

**16** **Écriture**
**Une personne écrit à ses voisins car leur chien aboie à longueur de journée. Utilisez un langage soutenu.**

Nom de l'expéditeur (celui qui écrit)
Numéro et nom de la rue
Code postal et ville

Lieu, le .../.../202...

Madame, Monsieur,
..........................
..........................
..........................
Bien cordialement,
..........................

**17** **Défi** **Complétez ces mots croisés en remplaçant les mots familiers par des mots courants.**

**Horizontalement**
1. cinoche
2. thune

**Verticalement**
3. flotte
4. ringard
5. pote

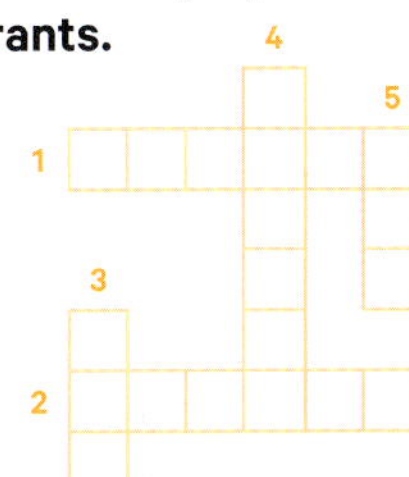


**18** **À l'oral** **Ce texte est écrit dans une langue très soutenue. Peut-être ne connaissez-vous pas le sens de tous les mots. Essayez malgré tout de le lire à haute voix sans hésitation, puis faites des hypothèses sur leur sens.**
Le principal personnage du bal, celui qui donnait cette réception, était simplement vêtu d'un uniforme d'officier. Ce n'était point affectation de sa part, mais habitude d'un homme peu sensible aux recherches de l'apparat. Sa tenue contrastait donc avec les superbes toilettes qui se mélangeaient autour de lui.

D'après **Jules Verne**, *Michel Strogoff*, 1876.

**19** **Écriture**
**Imaginez un dialogue comique, dans un langage soutenu, entre ces deux enfants qui jouent.**

Leçon 45

Les relations entre les mots

# Employer des figures de style

**Je cherche**

**Cette ville est comme un océan.**

À votre avis, que signifie cette phrase ? Faites les gestes du grammairien en supprimant le mot « comme » : la phrase signifie-t-elle toujours la même chose ? Quelle formulation préférez-vous ?

**J'apprends**

- Les **figures de style** sont des manières de s'exprimer très imagées, qui s'éloignent parfois du langage quotidien. Elles peuvent être poétiques, frappantes ou amusantes. Elles cherchent à toucher ou à impressionner le lecteur.
  Ex. : Nous étions très serrés. → Nous étions **comme des sardines en boite**.
- Les **périphrases** utilisent plusieurs mots pour en désigner un et ressemblent à des définitions.
  Ex. : Mes voisins sont adorables. → **Les gens si souriants qui habitent à côté de chez moi** sont adorables.
  Cette périphrase remplace le mot « voisin ».
- Les **hyperboles** cherchent à exagérer une réalité. Ex : Ce sac pèse **une tonne** !
- Les **comparaisons** et les **métaphores** sont des figures de style qui insistent sur la **ressemblance**. Contrairement à la métaphore, la **comparaison** utilise un **outil de comparaison** (*ressembler à, être semblable à, avoir l'air de, comme, aussi... que, tel...*) pour marquer la similitude entre un élément comparé et un comparant.
  Ex. : **Alix** est doux comme **un agneau**. (comparaison) **Alix** est **un vrai mouton**. (métaphore)
  (Alix : élément comparé ; comme : outil de comparaison ; un agneau : comparant) (Alix : élément comparé ; un vrai mouton : comparant)

**Apprendre autrement**
Écoutez le podcast de la leçon

**Je m'exerce**

## Jouer avec des périphrases

**1** ★★★ **Reliez une périphrase à un nom :**
chien • mer • lion • chambre
1. Je dois refaire **l'endroit où je dors**.
2. **Le roi des animaux** a l'air majestueux.
3. **Le meilleur ami de l'homme** est toujours fidèle.
4. Nous avons vogué sur **cette immense étendue d'eau**.

**2** ★★★ **Remplacez la périphrase en gras par le nom de votre choix.**
1. J'adore **les fruits rouges qui poussent sur des ronces**.
2. Elle sourit à **ceux qui lui ont donné la vie**.
3. **Ce prodige du ballon rond** a marqué un but.
4. **L'astre qui illumine nos jours** est caché par les nuages.

**3** ★★★ **Créez une périphrase pour chaque nom.**
arbre | banc | jardin | Terre | chat | bateau | plage | téléphone | Toulouse

**4** ★★★ **Recopiez les périphrases de ces poésies.**
1. Oh ! d'où venez-vous donc, inconnus qu'on adore ?
**Victor Hugo**, *L'Art d'être grand-père*, 1877.
2. Frêle création de la fuyante aurore,
Ouvre-toi [...] ;
**Marceline Desbordes-Valmore**, *Les Pleurs*, 1833.
3. Ceux qui sont amoureux, leurs amours chanteront
**Joachim du Bellay**, *Les Regrets*, 1558.

## Repérer les hyperboles

**5** ★★★ **Quelle phrase contient une hyperbole ?**
1. a. Cette tour est immense !
b. Cette tour pourrait percer le ciel !
2. a. Cette femme est une géante.
b. Cette femme est très grande.
3. a. Il mange énormément.
b. Il mange tellement qu'il pourrait tout engloutir.

**6** ★★★ **Recopiez les phrases qui contiennent une hyperbole.**
1. Nous nous apprécions beaucoup.
2. Je l'aime tant que je mourrais s'il partait.
3. Ces gens ont l'air contents d'être ici.
4. Je n'ai jamais vu quelqu'un d'aussi joyeux de toute ma vie !
5. Je vais mettre des mois à faire ce DM de mathématiques !

**7** ★★★ **Ajoutez une hyperbole à l'aide de la structure** *si... que....* Ex. : Ce film est ennuyeux.
→ Ce film est si ennuyeux que je ne peux en voir une seconde sans m'endormir.
1. Ce cours est passionnant !
2. Ma chambre est grande.
3. Le ciel est gris.
4. Ces animaux sont fascinants.
5. Le soleil est lumineux.

**8** ★★★ **Relevez deux hyperboles dans ce texte.**

Autour du cou de Madame Mère, à ses oreilles, ses poignets et ses doigts, scintillaient colliers, boucles, bracelets et bagues de pierres précieuses, et lorsqu'elle sortait le soir, pour aller au théâtre ou au bal, toutes les étoiles de la nuit semblaient ternes à côté d'elle. [...] Quant aux neuf voitures qui couchaient dans le garage, il fallait presque chausser des lunettes noires pour les regarder.

**M. Druon**, *Tistou les pouces verts*, 1957.

## Manipuler métaphores et comparaisons

**9** ★★★ **Analysez ces comparaisons selon l'exemple.**

Ex. : Tu ressembles vraiment à ton père !

| Élément comparé | Outil de comparaison | Comparant |
|---|---|---|
| Tu | ressembles à | ton père |

1. Ce pull est exactement semblable au tien.
2. Paris est aussi loin que Bordeaux.
3. Tel un oiseau, l'enfant sautillait dans le jardin.
4. Ils sont comme vous !

**10** ★★★ **Complétez ces comparaisons avec un comparant.**

1. Tu es plus rusée que ....
2. Tel ..., il s'est enfui.
3. Les enfants sont comme ....
4. Cet homme a l'air d'....

**11** ★★★ **Utilisez ces noms pour créer une phrase avec une comparaison. Variez les outils de comparaison.**

1. ce chien – un lion
2. les voleurs – des ombres
3. la danseuse – une elfe
4. ce lac – une peinture

**12** ★★★ **Dans « Liberté », Paul Eluard a créé des métaphores. Expliquez-les.** Ex. : « le pain blanc des journées » → « Les journées » sont comparées à du « pain blanc ».

- « La mousse des nuages »
- « Le tremplin de ma porte »
- « Les cloches des couleurs »
- « Le moulin des ombres »

**13** ★★★ **Transformez ces métaphores en comparaisons à l'aide d'outils de comparaison variés.**

1. Les gouttes de pluie sont les larmes du ciel.
2. Cette fleur est le bijou du jardin.
3. Mon oncle est un vrai lion.
4. Tu es le soleil qui illumine ma vie.

**14** ★★★ **Notez si ces vers contiennent une métaphore ou une comparaison.**

1. La nuit c'est une porte de la terre
que parfois nous ouvrons

**M. C. Bancquart**, *Dans le feuilletage de la terre*, 2019.

2. Sans lui, le cœur est un foyer sans flamme

**M. Desbordes-Valmore**, *Poésies*, 1830.

3. Chaque cité semblait comme un point vague et noir.

**A. de Vigny**, *Poèmes antiques et modernes*, 1837.

**15** **Copiez la carte Mémo et complétez-la.**

**Figures de style**

| Hyperbole | Périphrase | Comparaison | Métaphore |
|---|---|---|---|
| Mon exemple : ........ | Mon exemple : ........ | Mon exemple : ........ | Mon exemple : ........ |

PÉDAGOGIE DIFFÉRENCIÉE — Dans le manuel numérique, faites les exercices interactifs demandés par votre professeur.

**16** **Travail en binôme**

**Aidez votre camarade à corriger son exercice.**

1/4 Il reste à trouver une autre comparaison, une métaphore et une hyperbole.

Le jardinier Moustache était un vieil homme solitaire, pas toujours aimable. Une extraordinaire forêt, couleur de neige, lui poussait sous les narines. La moustache de Moustache, comment la décrire ? Une véritable merveille de la nature. C'était superbe à voir ; on aurait dit deux flammes blanches qui lui sortaient du nez et lui battaient les oreilles. Quand Madame Mère faisait visiter les serres à ses amies, le jardinier s'installait sur la porte, aimable et causant comme une pioche.

**M. Druon**, *Tistou les pouces verts*, 1957.

**17** **Écriture** **Écrivez un poème qui suit le même schéma que celui-ci. Vos comparaisons porteront sur** *la joie*.

**La lune**
comme un hublot
comme un œil de bateau
comme une perle dans les flots

La lune
comme un bol de lait
comme une bulle d'or
comme une balle de cristal [...]

**Henri Pichette**, *Les Enfances*, Granit, 1995.

**18** **À l'oral** **Écoutez la lecture de ces extraits et devinez l'animal décrit. Réécoutez et nommez les figures de style.**

1. Elles sautent de l'herbe comme de lourdes gouttes d'huile frite.
Elles se posent, presse-papiers de bronze, sur les larges feuilles du nénuphar.
2. Grognon, mais familier, comme si nous t'avions gardé ensemble, tu fourres le nez partout et tu marches autant avec lui qu'avec les pattes.
3. Ce billet doux plié en deux cherche une adresse de fleur.

**Jules Renard**, *Histoires naturelles*, 1896.

**19** **Top chrono !** **Par équipe de trois, écrivez, en 3 minutes, le plus possible de phrases contenant une figure de style. Inspirez-vous de tout ce qui vous entoure. Lisez vos phrases et nommez la figure de style. Chaque bonne réponse vous rapporte 1 point. L'équipe gagnante est celle qui a obtenu le plus de points.**

**20** **Écriture** **Décrivez les animaux de cette image en utilisant une périphrase, une hyperbole, une métaphore et une comparaison.**

Leçon **46**

Les relations entre les mots

# Les sons problématiques

## Je cherche

**Sans ces quelques soucis nous aurions vu le décollage de la fusée.**

Dans cette phrase, repérez les lettres qui sont répétées. Quels sons produisent-elles ?

## J'apprends

| Son | Lettre | Exemple |
|---|---|---|
| [g] | g devant les voyelles a, o, u<br>gu devant les voyelles e, i | garage, goéland, gustatif<br>guêpe, guider |
| [ʒ] | j<br>g devant les voyelles e, i, y | joue, jupe, jasmin, jeudi<br>geai, girafe, gymnastique |
| [k] | c ou cc* devant une consonne et les voyelles a, o et u<br>k<br>qu | climat, écran / cartable, accord, cuir<br>koala, képi, anorak<br>quête, quai, banquise |
| [s] | s ou ss entre deux voyelles<br>c devant les voyelles e, i et y<br>ç devant les voyelles a, o et u<br>t devant la voyelle i | soleil, stylo / chaussures, mousse, tresse<br>cil, cerf, cyprès<br>façade, leçon, reçu<br>démocratie, action, prétentieux |
| [z] | z généralement en début de mot<br>s entre deux voyelles | zèle, zone, gaz<br>fraise, voisin, raison |

* Un certain nombre de mots s'écrivent avec la double consonne **cc** devant les voyelles **a**, **o** et **u**, mais, devant les voyelles **e** et **i**, le son **[k]** se prononce alors **[ks]**. Ex. : accent, accident

**Apprendre autrement**
Écoutez le podcast de la leçon

## Je m'exerce

### Écrire les sons [g] et [ʒ]

**1** ★★★ **Classez ces mots.**

son [g] | son [ʒ]

un ange • des rongeurs • gouter • la guerre • la joie • le givre • un gorille • diriger • ces bijoux • la garnison • Jade • gronder • un gyrophare • ta bague • une mangeoire • juste

**2** ★★★ **Ces mots contiennent le son [ʒ], ajoutez *j* ou *g*.**

1. un ima...ier
2. exi...er
3. son ...umeau
4. le ...ymnase
5. des ...onquilles
6. ta ...alousie
7. ad...u...er
8. la ...éolo...ie
9. un ...ardin

**3** ★★★ **Complétez ces mots pour obtenir le son [g].**

1. du mu...et
2. ta ...itare
3. un tobo...an
4. la ...outtière
5. cet on...ent
6. se ré...aler

**4** ★★★ **Mettez chaque verbe au temps demandé.**

1. Nous (corriger - présent) nos exercices.
2. Tu (songer - imparfait) à partir.
3. Elles (diriger - futur) les opérations.
4. Il (plonger - passé simple) gracieusement.
5. Vous (bouger - imparfait) sans cesse.

**5** ★★★ **Complétez chaque phrase avec un mot de votre choix pour obtenir le son indiqué.**

1. [g] → Il ajoute des ... dans son verre.
2. [ʒ] → Quel froid ! Il a ... cette nuit.
3. [g] → A-t-elle amené sa voiture au ... ?
4. [ʒ] → Tous les ..., je lis ce ....

### Écrire le son [k]

**6** ★★★ **Recopiez les mots qui contiennent le son [k].**

un caprice • des cerises • l'océan • klaxonner • le trac • le docteur • des facéties • kilogramme • embusqué • façonner • factice • une location • ces policiers

**7** ★★★ **Complétez ces mots avec *c*, *cc* ou *qu*. Trouvez l'intrus.**

1. pour...oi • pres...e • cha...un
2. l'a...ident • a...ueillir • un a...ent
3. l'a...adémie • ra...ommoder • a...ueillir
4. s'a...limater • a...aparer • une a...élération
5. le cho... • ce pho...e • une clo...e

**8** ★★★ **Complétez ces mots pour obtenir le son [k].**

1. un é...ureuil
2. la bibliothè...e
3. a...user
4. ce ...angourou
5. ces le...trices
6. une ...ermesse
7. une a...almie
8. des ...alités

**9** ★★★ **Complétez ces mots pour obtenir le son [k].**

1. un ...a...i
2. le ...ios...e
3. a...robati...e
4. une ...lini...e
5. ce ...a...tus
6. des ...omi...es

**10** ★★★ **Complétez ces phrases pour obtenir le son [k].**

1. In...royable, la salle est pleine à ...ra...er.
2. Le ...anard ...an...ane, la poule ...a...ette.
3. Elle a le tra... pour son spe...ta...le.
4. Le publi... a...lame les joueurs de l'é...ipe.

## Écrire les sons [s] et [z]

**11** ★★★ **Classez ces mots.**

| son [s] | son [z] |
|---|---|

l'étincelle • un zèbre • sa façon • votre chemise • ce sire • sa sœur • le président • ce bus • cet ananas • ton cousin • un bison • la souris

**12** ★★★ **Placez les mots selon le son demandé.**

rusé • sournois • sire • cousin

1. [s] → Renart est le plus ... de tous.
2. [z] → Renart est le plus ... de tous.
3. [z] → Renart joue des tours à son ... Isengrin.
4. [s] → Renart joue des tours à ... Isengrin.

**13** ★★★ **Ajoutez** *s, ss, c, ç* **pour obtenir le son [s].**

1. ses pen...ées
2. un ma...on
3. ta fian...ée
4. la traver...ée
5. un poi...on
6. des ger...ures
7. la vai...elle
8. un ...ygne
9. une ...alopette
10. l'avan...ée

**14** ★★★ **Complétez ces mots pour obtenir le son [s].**

1. une malédic...ion
2. l'ari...tocra...ie
3. tran...per...er
4. la prin...e...e
5. une ...or...ière
6. cette prophé...ie
7. un ...au...i...on
8. des ...er...eaux
9. une ...oustrac...ion
10. la ...ivilisa...ion

## Identifier les sons [g], [ʒ], [k], [s] et [z]

**15** ★★★ **Retrouvez la lettre manquante à l'aide des sons.**

1. [s] → ...e ...erpent ...iffle ...ouvent.
2. [k] → ...elle est la ...ause de votre ...erelle ?
3. [z] → Mon cou...in a choi...i la mu...ique.
4. [g] → Ce ...âteau ...lacé a bon ...out.
5. [ʒ] → Dans le don...on, un ...énie dé...eune.

**16** ★★★ **Complétez les mots de ce texte.**

Un ...our, ...amille et Madeleine li...aient hors de la mai...on, a...i...es sur leurs petits pliants, lors...'elles virent a...ourir Mar...erite. « Camille, Madeleine, leur ...ria-t-elle, venez vite voir les héri...ons qu'on a attrapés ; il y en a ...atre, la mère et les trois petits. »

La Comtesse de Ségur, *Les Petits Filles modèles*, 1857.

**17** **Copiez la carte Mémo et complétez-la.**

**Sons problématiques**

- son [g] : g, gu — **Mon exemple :** ..........
- son [ʒ] : j, g — **Mon exemple :** ..........
- son [k] : c, cc, qu, k — **Mon exemple :** ..........
- son [s] : s, ss, c, ç, t — **Mon exemple :** ..........
- son [z] : z, s — **Mon exemple :** ..........

PÉDAGOGIE DIFFÉRENCIÉE — Dans le manuel numérique, faites les exercices interactifs demandés par votre professeur.

**18** **Dictée dialoguée**

**Aidez votre camarade à corriger sa dictée.**

*6/15 Vous connaissez le son [k] mais revoyez les autres sons de la leçon.*

La plus curieuse, c'était la plus jeune ; souvent, elle se tenait auprès de la fenêtre ouverte, cherchant à <u>perser</u> de ses <u>reguards</u> <u>l'épaiseur</u> de l'eau bleue que les poissons battaient de leurs <u>nagoires</u> et de leur queue. Elle <u>apercut</u> en effet la lune et les étoiles, mais elles lui paraissaient toutes pâles et considérablement <u>grosies</u> par l'eau. Lorsque quelque <u>nuaje</u> noir les voilait, elle savait que c'était une baleine ou un navire chargé d'hommes qui <u>nagait</u> <u>au-desus</u> d'elle.

D'après **H. C. Andersen**, « La Petite Sirène », 1837.

**19** **Dictée**

**Écrivez la dictée lue par un·e enseignant·e.**

**20** **Écriture** **Composez un poème de huit vers à l'aide de mots rimant avec les noms proposés.**

voyage | maison | lagon | douceur

**21** **À l'oral** **Lisez ce poème en séparant chaque syllabe et en insistant sur les sons étudiés dans la leçon. Respectez la ponctuation et les vers en faisant des pauses. Proposez votre lecture à la classe.**

Sans bruit, sous le miroir des lacs profonds et calmes,
Le cygne chasse l'onde avec ses larges palmes,
Et glisse. Le duvet de ses flancs est pareil
À des neiges d'avril qui croulent au soleil ;
Mais, ferme et d'un blanc mat, vibrant sous le zéphyr
Sa grande aile l'entraîne ainsi qu'un lent navire.

**R.-F. Sully Prudhomme**, « Le Cygne », *Les Solitudes*, 1869.

**22** ⌛ **Top chrono !** **En 2 minutes, écrivez trois mots dans chaque colonne.**

| [s] | [z] | [k] | [g] | [ʒ] |
|---|---|---|---|---|
| ... | ... | ... | ... | ... |

**23** **Défi** **Lisez le plus rapidement possible sans erreur de prononciation ces virelangues.**

1. Si six scies scient six cyprès,
   Six cent six scies scient six cent six cyprès !
2. Un dragon gradé dégrade un gradé dragon.
3. Le cricri de la crique crie son cri cru et critique car il craint que l'escroc ne le croque et ne le craque.

**24** **Écriture**

**Observez cette image. Composez un court poème en vous amusant avec les sons étudiés dans cette leçon.**

# Tableaux de conjugaison

## ÊTRE

### Indicatif

| | Présent | | Passé composé |
|---|---|---|---|
| je | suis | j' | ai été |
| tu | es | tu | as été |
| il, elle | est | il, elle | a été |
| nous | sommes | nous | avons été |
| vous | êtes | vous | avez été |
| ils, elles | sont | ils, elles | ont été |

| | Imparfait | | Plus-que-parfait |
|---|---|---|---|
| j' | étais | j' | avais été |
| tu | étais | tu | avais été |
| il, elle | était | il, elle | avait été |
| nous | étions | nous | avions été |
| vous | étiez | vous | aviez été |
| ils, elles | étaient | ils, elles | avaient été |

| | Passé simple | | Passé antérieur |
|---|---|---|---|
| je | fus | j' | eus été |
| tu | fus | tu | eus été |
| il, elle | fut | il, elle | eut été |
| nous | fûmes | nous | eûmes été |
| vous | fûtes | vous | eûtes été |
| ils, elles | furent | ils, elles | eurent été |

| | Futur simple | | Futur antérieur |
|---|---|---|---|
| je | serai | j' | aurai été |
| tu | seras | tu | auras été |
| il, elle | sera | il, elle | aura été |
| nous | serons | nous | aurons été |
| vous | serez | vous | aurez été |
| ils, elles | seront | ils, elles | auront été |

### Conditionnel

| | Présent |
|---|---|
| je | serais |
| tu | serais |
| il, elle | serait |
| nous | serions |
| vous | seriez |
| ils, elles | seraient |

### Impératif

| Présent |
|---|
| sois |
| soyons |
| soyez |

### Participe

| Présent | Passé |
|---|---|
| étant | été |

## AVOIR

### Indicatif

| | Présent | | Passé composé |
|---|---|---|---|
| j' | ai | j' | ai eu |
| tu | as | tu | as eu |
| il, elle | a | il, elle | a eu |
| nous | avons | nous | avons eu |
| vous | avez | vous | avez eu |
| ils, elles | ont | ils, elles | ont eu |

| | Imparfait | | Plus-que-parfait |
|---|---|---|---|
| j' | avais | j' | avais eu |
| tu | avais | tu | avais eu |
| il, elle | avait | il, elle | avait eu |
| nous | avions | nous | avions eu |
| vous | aviez | vous | aviez eu |
| ils, elles | avaient | ils, elles | avaient eu |

| | Passé simple | | Passé antérieur |
|---|---|---|---|
| j' | eus | j' | eus eu |
| tu | eus | tu | eus eu |
| il, elle | eut | il, elle | eut eu |
| nous | eûmes | nous | eûmes eu |
| vous | eûtes | vous | eûtes eu |
| ils, elles | eurent | ils, elles | eurent eu |

| | Futur simple | | Futur antérieur |
|---|---|---|---|
| j' | aurai | j' | aurai eu |
| tu | auras | tu | auras eu |
| il, elle | aura | il, elle | aura eu |
| nous | aurons | nous | aurons eu |
| vous | aurez | vous | aurez eu |
| ils, elles | auront | ils, elles | auront eu |

### Conditionnel

| | Présent |
|---|---|
| j' | aurais |
| tu | aurais |
| il, elle | aurait |
| nous | aurions |
| vous | auriez |
| ils, elles | auraient |

### Impératif

| Présent |
|---|
| aie |
| ayons |
| ayez |

### Participe

| Présent | Passé |
|---|---|
| ayant | eu |

## PARLER (1er groupe)

### Indicatif

| | Présent | | Passé composé |
|---|---|---|---|
| je | parle | j' | ai parlé |
| tu | parles | tu | as parlé |
| il, elle | parle | il, elle | a parlé |
| nous | parlons | nous | avons parlé |
| vous | parlez | vous | avez parlé |
| ils, elles | parlent | ils, elles | ont parlé |

| | Imparfait | | Plus-que-parfait |
|---|---|---|---|
| je | parlais | j' | avais parlé |
| tu | parlais | tu | avais parlé |
| il, elle | parlait | il, elle | avait parlé |
| nous | parlions | nous | avions parlé |
| vous | parliez | vous | aviez parlé |
| ils, elles | parlaient | ils, elles | avaient parlé |

| | Passé simple | | Passé antérieur |
|---|---|---|---|
| je | parlai | j' | eus parlé |
| tu | parlas | tu | eus parlé |
| il, elle | parla | il, elle | eut parlé |
| nous | parlâmes | nous | eûmes parlé |
| vous | parlâtes | vous | eûtes parlé |
| ils, elles | parlèrent | ils, elles | eurent parlé |

| | Futur simple | | Futur antérieur |
|---|---|---|---|
| je | parlerai | j' | aurai parlé |
| tu | parleras | tu | auras parlé |
| il, elle | parlera | il, elle | aura parlé |
| nous | parlerons | nous | aurons parlé |
| vous | parlerez | vous | aurez parlé |
| ils, elles | parleront | ils, elles | auront parlé |

### Conditionnel

| | Présent |
|---|---|
| je | parlerais |
| tu | parlerais |
| il, elle | parlerait |
| nous | parlerions |
| vous | parleriez |
| ils, elles | parleraient |

### Impératif

| Présent |
|---|
| parle |
| parlons |
| parlez |

### Participe

| Présent | Passé |
|---|---|
| parlant | parlé |

## APPUYER (1er groupe)

### Indicatif

| | Présent | | Passé composé |
|---|---|---|---|
| j' | appuie | j' | ai appuyé |
| tu | appuies | tu | as appuyé |
| il, elle | appuie | il, elle | a appuyé |
| nous | appuyons | nous | avons appuyé |
| vous | appuyez | vous | avez appuyé |
| ils, elles | appuient | ils, elles | ont appuyé |

| | Imparfait | | Plus-que-parfait |
|---|---|---|---|
| j' | appuyais | j' | avais appuyé |
| tu | appuyais | tu | avais appuyé |
| il, elle | appuyait | il, elle | avait appuyé |
| nous | appuyions | nous | avions appuyé |
| vous | appuyiez | vous | aviez appuyé |
| ils, elles | appuyaient | ils, elles | avaient appuyé |

| | Passé simple | | Passé antérieur |
|---|---|---|---|
| j' | appuyai | j' | eus appuyé |
| tu | appuyas | tu | eus appuyé |
| il, elle | appuya | il, elle | eut appuyé |
| nous | appuyâmes | nous | eûmes appuyé |
| vous | appuyâtes | vous | eûtes appuyé |
| ils, elles | appuyèrent | ils, elles | eurent appuyé |

| | Futur simple | | Futur antérieur |
|---|---|---|---|
| j' | appuierai | j' | aurai appuyé |
| tu | appuieras | tu | auras appuyé |
| il, elle | appuiera | il, elle | aura appuyé |
| nous | appuierons | nous | aurons appuyé |
| vous | appuierez | vous | aurez appuyé |
| ils, elles | appuieront | ils, elles | auront appuyé |

### Conditionnel

| | Présent |
|---|---|
| j' | appuierais |
| tu | appuierais |
| il, elle | appuierait |
| nous | appuierions |
| vous | appuieriez |
| ils, elles | appuieraient |

### Impératif

| Présent |
|---|
| appuie |
| appuyons |
| appuyez |

### Participe

| Présent | Passé |
|---|---|
| appuyant | appuyé |

## LANCER (1er groupe)

### Indicatif

| | Présent | | Passé composé |
|---|---|---|---|
| je | lance | j' | ai lancé |
| tu | lances | tu | as lancé |
| il, elle | lance | il, elle | a lancé |
| nous | lançons | nous | avons lancé |
| vous | lancez | vous | avez lancé |
| ils, elles | lancent | ils, elles | ont lancé |

| | Imparfait | | Plus-que-parfait |
|---|---|---|---|
| je | lançais | j' | avais lancé |
| tu | lançais | tu | avais lancé |
| il, elle | lançait | il, elle | avait lancé |
| nous | lancions | nous | avions lancé |
| vous | lanciez | vous | aviez lancé |
| ils, elles | lançaient | ils, elles | avaient lancé |

| | Passé simple | | Passé antérieur |
|---|---|---|---|
| je | lançai | j' | eus lancé |
| tu | lanças | tu | eus lancé |
| il, elle | lança | il, elle | eut lancé |
| nous | lançâmes | nous | eûmes lancé |
| vous | lançâtes | vous | eûtes lancé |
| ils, elles | lancèrent | ils, elles | eurent lancé |

| | Futur simple | | Futur antérieur |
|---|---|---|---|
| je | lancerai | j' | aurai lancé |
| tu | lanceras | tu | auras lancé |
| il, elle | lancera | il, elle | aura lancé |
| nous | lancerons | nous | aurons lancé |
| vous | lancerez | vous | aurez lancé |
| ils, elles | lanceront | ils, elles | auront lancé |

### Conditionnel

| | Présent |
|---|---|
| je | lancerais |
| tu | lancerais |
| il, elle | lancerait |
| nous | lancerions |
| vous | lanceriez |
| ils, elles | lanceraient |

### Impératif

| Présent |
|---|
| lance |
| lançons |
| lancez |

### Participe

| Présent | Passé |
|---|---|
| lançant | lancé |

## JETER (1er groupe)

### Indicatif

| | Présent | | Passé composé |
|---|---|---|---|
| je | jette | j' | ai jeté |
| tu | jettes | tu | as jeté |
| il, elle | jette | il, elle | a jeté |
| nous | jetons | nous | avons jeté |
| vous | jetez | vous | avez jeté |
| ils, elles | jettent | ils, elles | ont jeté |

| | Imparfait | | Plus-que-parfait |
|---|---|---|---|
| je | jetais | j' | avais jeté |
| tu | jetais | tu | avais jeté |
| il, elle | jetait | il, elle | avait jeté |
| nous | jetions | nous | avions jeté |
| vous | jetiez | vous | aviez jeté |
| ils, elles | jetaient | ils, elles | avaient jeté |

| | Passé simple | | Passé antérieur |
|---|---|---|---|
| je | jetai | j' | eus jeté |
| tu | jetas | tu | eus jeté |
| il, elle | jeta | il, elle | eut jeté |
| nous | jetâmes | nous | eûmes jeté |
| vous | jetâtes | vous | eûtes jeté |
| ils, elles | jetèrent | ils, elles | eurent jeté |

| | Futur simple | | Futur antérieur |
|---|---|---|---|
| je | jetterai | j' | aurai jeté |
| tu | jetteras | tu | auras jeté |
| il, elle | jettera | il, elle | aura jeté |
| nous | jetterons | nous | aurons jeté |
| vous | jetterez | vous | aurez jeté |
| ils, elles | jetteront | ils, elles | auront jeté |

### Conditionnel

| | Présent |
|---|---|
| je | jetterais |
| tu | jetterais |
| il, elle | jetterait |
| nous | jetterions |
| vous | jetteriez |
| ils, elles | jetteraient |

### Impératif

| Présent |
|---|
| jette |
| jetons |
| jetez |

### Participe

| Présent | Passé |
|---|---|
| jetant | jeté |

## NAGER (1er groupe)

### Indicatif

| Présent | | Passé composé | |
|---|---|---|---|
| je | nage | j' | ai nagé |
| tu | nages | tu | as nagé |
| il, elle | nage | il, elle | a nagé |
| nous | nageons | nous | avons nagé |
| vous | nagez | vous | avez nagé |
| ils, elles | nagent | ils, elles | ont nagé |

| Imparfait | | Plus-que-parfait | |
|---|---|---|---|
| je | nageais | j' | avais nagé |
| tu | nageais | tu | avais nagé |
| il, elle | nageait | il, elle | avait nagé |
| nous | nagions | nous | avions nagé |
| vous | nagiez | vous | aviez nagé |
| ils, elles | nageaient | ils, elles | avaient nagé |

| Passé simple | | Passé antérieur | |
|---|---|---|---|
| je | nageai | j' | eus nagé |
| tu | nageas | tu | eus nagé |
| il, elle | nagea | il, elle | eut nagé |
| nous | nageâmes | nous | eûmes nagé |
| vous | nageâtes | vous | eûtes nagé |
| ils, elles | nagèrent | ils, elles | eurent nagé |

| Futur simple | | Futur antérieur | |
|---|---|---|---|
| je | nagerai | j' | aurai nagé |
| tu | nageras | tu | auras nagé |
| il, elle | nagera | il, elle | aura nagé |
| nous | nagerons | nous | aurons nagé |
| vous | nagerez | vous | aurez nagé |
| ils, elles | nageront | ils, elles | auront nagé |

### Conditionnel

| Présent | |
|---|---|
| je | nagerais |
| tu | nagerais |
| il, elle | nagerait |
| nous | nagerions |
| vous | nageriez |
| ils, elles | nageraient |

### Impératif

| Présent |
|---|
| nage |
| nageons |
| nagez |

### Participe

| Présent | Passé |
|---|---|
| nageant | nagé |

## CÉDER (1er groupe)

### Indicatif

| Présent | | Passé composé | |
|---|---|---|---|
| je | cède | j' | ai cédé |
| tu | cèdes | tu | as cédé |
| il, elle | cède | il, elle | a cédé |
| nous | cédons | nous | avons cédé |
| vous | cédez | vous | avez cédé |
| ils, elles | cèdent | ils, elles | ont cédé |

| Imparfait | | Plus-que-parfait | |
|---|---|---|---|
| je | cédais | j' | avais cédé |
| tu | cédais | tu | avais cédé |
| il, elle | cédait | il, elle | avait cédé |
| nous | cédions | nous | avions cédé |
| vous | cédiez | vous | aviez cédé |
| ils, elles | cédaient | ils, elles | avaient cédé |

| Passé simple | | Passé antérieur | |
|---|---|---|---|
| je | cédai | j' | eus cédé |
| tu | cédas | tu | eus cédé |
| il, elle | céda | il, elle | eut cédé |
| nous | cédâmes | nous | eûmes cédé |
| vous | cédâtes | vous | eûtes cédé |
| ils, elles | cédèrent | ils, elles | eurent cédé |

| Futur simple | | Futur antérieur | |
|---|---|---|---|
| je | céderai | j' | aurai cédé |
| tu | céderas | tu | auras cédé |
| il, elle | cédera | il, elle | aura cédé |
| nous | céderons | nous | aurons cédé |
| vous | céderez | vous | aurez cédé |
| ils, elles | céderont | ils, elles | auront cédé |

### Conditionnel

| Présent | |
|---|---|
| je | céderais |
| tu | céderais |
| il, elle | céderait |
| nous | céderions |
| vous | céderiez |
| ils, elles | céderaient |

### Impératif

| Présent |
|---|
| cède |
| cédons |
| cédez |

### Participe

| Présent | Passé |
|---|---|
| cédant | cédé |

## RÉUSSIR (2e groupe)

### Indicatif

| Présent | | Passé composé | |
|---|---|---|---|
| je | réussis | j' | ai réussi |
| tu | réussis | tu | as réussi |
| il, elle | réussit | il, elle | a réussi |
| nous | réussissons | nous | avons réussi |
| vous | réussissez | vous | avez réussi |
| ils, elles | réussissent | ils, elles | ont réussi |

| Imparfait | | Plus-que-parfait | |
|---|---|---|---|
| je | réussissais | j' | avais réussi |
| tu | réussissais | tu | avais réussi |
| il, elle | réussissait | il, elle | avait réussi |
| nous | réussissions | nous | avions réussi |
| vous | réussissiez | vous | aviez réussi |
| ils, elles | réussissaient | ils, elles | avaient réussi |

| Passé simple | | Passé antérieur | |
|---|---|---|---|
| je | réussis | j' | eus réussi |
| tu | réussis | tu | eus réussi |
| il, elle | réussit | il, elle | eut réussi |
| nous | réussîmes | nous | eûmes réussi |
| vous | réussîtes | vous | eûtes réussi |
| ils, elles | réussirent | ils, elles | eurent réussi |

| Futur simple | | Futur antérieur | |
|---|---|---|---|
| je | réussirai | j' | aurai réussi |
| tu | réussiras | tu | auras réussi |
| il, elle | réussira | il, elle | aura réussi |
| nous | réussirons | nous | aurons réussi |
| vous | réussirez | vous | aurez réussi |
| ils, elles | réussiront | ils, elles | auront réussi |

### Conditionnel

| Présent | |
|---|---|
| je | réussirais |
| tu | réussirais |
| il, elle | réussirait |
| nous | réussirions |
| vous | réussiriez |
| ils, elles | réussiraient |

### Impératif

| Présent |
|---|
| réussis |
| réussissons |
| réussissez |

### Participe

| Présent | Passé |
|---|---|
| réussissant | réussi |

## ALLER (3e groupe)

### Indicatif

| Présent | | Passé composé | |
|---|---|---|---|
| je | vais | je | suis allé/allée |
| tu | vas | tu | es allé/allée |
| il, elle | va | il, elle | est allé/allée |
| nous | allons | nous | sommes allés/allées |
| vous | allez | vous | êtes allés/allées |
| ils, elles | vont | ils, elles | sont allés/allées |

| Imparfait | | Plus-que-parfait | |
|---|---|---|---|
| j' | allais | j' | étais allé/allée |
| tu | allais | tu | étais allé/allée |
| il, elle | allait | il, elle | était allé/allée |
| nous | allions | nous | étions allés/allées |
| vous | alliez | vous | étiez allés/allées |
| ils, elles | allaient | ils, elles | étaient allés/allées |

| Passé simple | | Passé antérieur | |
|---|---|---|---|
| j' | allai | je | fus allé/allée |
| tu | allas | tu | fus allé/allée |
| il, elle | alla | il, elle | fut allé/allée |
| nous | allâmes | nous | fûmes allés/allées |
| vous | allâtes | vous | fûtes allés/allées |
| ils, elles | allèrent | ils, elles | furent allés/allées |

| Futur simple | | Futur antérieur | |
|---|---|---|---|
| j' | irai | je | serai allé/allée |
| tu | iras | tu | seras allé/allée |
| il, elle | ira | il, elle | sera allé/allée |
| nous | irons | nous | serons allés/allées |
| vous | irez | vous | serez allés/allées |
| ils, elles | iront | ils, elles | seront allés/allées |

### Conditionnel

| Présent | |
|---|---|
| j' | irais |
| tu | irais |
| il, elle | irait |
| nous | irions |
| vous | iriez |
| ils, elles | iraient |

### Impératif

| Présent |
|---|
| va |
| allons |
| allez |

### Participe

| Présent | Passé |
|---|---|
| allant | allé/allée |

## COURIR (3e groupe)

### Indicatif

| Présent | | Passé composé | |
|---|---|---|---|
| je | cours | j' | ai couru |
| tu | cours | tu | as couru |
| il, elle | court | il, elle | a couru |
| nous | courons | nous | avons couru |
| vous | courez | vous | avez couru |
| ils, elles | courent | ils, elles | ont couru |

| Imparfait | | Plus-que-parfait | |
|---|---|---|---|
| je | courais | j' | avais couru |
| tu | courais | tu | avais couru |
| il, elle | courait | il, elle | avait couru |
| nous | courions | nous | avions couru |
| vous | couriez | vous | aviez couru |
| ils, elles | couraient | ils, elles | avaient couru |

| Passé simple | | Passé antérieur | |
|---|---|---|---|
| je | courus | j' | eus couru |
| tu | courus | tu | eus couru |
| il, elle | courut | il, elle | eut couru |
| nous | courûmes | nous | eûmes couru |
| vous | courûtes | vous | eûtes couru |
| ils, elles | coururent | ils, elles | eurent couru |

| Futur simple | | Futur antérieur | |
|---|---|---|---|
| je | courrai | j' | aurai couru |
| tu | courras | tu | auras couru |
| il, elle | courra | il, elle | aura couru |
| nous | courrons | nous | aurons couru |
| vous | courrez | vous | aurez couru |
| ils, elles | courront | ils, elles | auront couru |

### Conditionnel

| Présent | |
|---|---|
| je | courrais |
| tu | courrais |
| il, elle | courrait |
| nous | courrions |
| vous | courriez |
| ils, elles | courraient |

### Impératif

| Présent |
|---|
| cours |
| courons |
| courez |

### Participe

| Présent | Passé |
|---|---|
| courant | couru |

## DIRE (3e groupe)

### Indicatif

| Présent | | Passé composé | |
|---|---|---|---|
| je | dis | j' | ai dit |
| tu | dis | tu | as dit |
| il, elle | dit | il, elle | a dit |
| nous | disons | nous | avons dit |
| vous | dites | vous | avez dit |
| ils, elles | disent | ils, elles | ont dit |

| Imparfait | | Plus-que-parfait | |
|---|---|---|---|
| je | disais | j' | avais dit |
| tu | disais | tu | avais dit |
| il, elle | disait | il, elle | avait dit |
| nous | disions | nous | avions dit |
| vous | disiez | vous | aviez dit |
| ils, elles | disaient | ils, elles | avaient dit |

| Passé simple | | Passé antérieur | |
|---|---|---|---|
| je | dis | j' | eus dit |
| tu | dis | tu | eus dit |
| il, elle | dit | il, elle | eut dit |
| nous | dîmes | nous | eûmes dit |
| vous | dîtes | vous | eûtes dit |
| ils, elles | dirent | ils, elles | eurent dit |

| Futur simple | | Futur antérieur | |
|---|---|---|---|
| je | dirai | j' | aurai dit |
| tu | diras | tu | auras dit |
| il, elle | dira | il, elle | aura dit |
| nous | dirons | nous | aurons dit |
| vous | direz | vous | aurez dit |
| ils, elles | diront | ils, elles | auront dit |

### Conditionnel

| Présent | |
|---|---|
| je | dirais |
| tu | dirais |
| il, elle | dirait |
| nous | dirions |
| vous | diriez |
| ils, elles | diraient |

### Impératif

| Présent |
|---|
| dis |
| disons |
| dites |

### Participe

| Présent | Passé |
|---|---|
| disant | dit |

## Tableaux de conjugaison

### FAIRE (3e groupe)

**Indicatif**

| Présent | | Passé composé | |
|---|---|---|---|
| je | fais | j' | ai fait |
| tu | fais | tu | as fait |
| il, elle | fait | il, elle | a fait |
| nous | faisons | nous | avons fait |
| vous | faites | vous | avez fait |
| ils, elles | font | ils, elles | ont fait |

| Imparfait | | Plus-que-parfait | |
|---|---|---|---|
| je | faisais | j' | avais fait |
| tu | faisais | tu | avais fait |
| il, elle | faisait | il, elle | avait fait |
| nous | faisions | nous | avions fait |
| vous | faisiez | vous | aviez fait |
| ils, elles | faisaient | ils, elles | avaient fait |

| Passé simple | | Passé antérieur | |
|---|---|---|---|
| je | fis | j' | eus fait |
| tu | fis | tu | eus fait |
| il, elle | fit | il, elle | eut fait |
| nous | fîmes | nous | eûmes fait |
| vous | fîtes | vous | eûtes fait |
| ils, elles | firent | ils, elles | eurent fait |

| Futur simple | | Futur antérieur | |
|---|---|---|---|
| je | ferai | j' | aurai fait |
| tu | feras | tu | auras fait |
| il, elle | fera | il, elle | aura fait |
| nous | ferons | nous | aurons fait |
| vous | ferez | vous | aurez fait |
| ils, elles | feront | ils, elles | auront fait |

**Conditionnel** / **Impératif**

| Conditionnel Présent | | Impératif Présent |
|---|---|---|
| je | ferais | fais |
| tu | ferais | faisons |
| il, elle | ferait | faites |
| nous | ferions | |
| vous | feriez | |
| ils, elles | feraient | |

**Participe**

| Présent | Passé |
|---|---|
| faisant | fait |

### LIRE (3e groupe)

**Indicatif**

| Présent | | Passé composé | |
|---|---|---|---|
| je | lis | j' | ai lu |
| tu | lis | tu | as lu |
| il, elle | lit | il, elle | a lu |
| nous | lisons | nous | avons lu |
| vous | lisez | vous | avez lu |
| ils, elles | lisent | ils, elles | ont lu |

| Imparfait | | Plus-que-parfait | |
|---|---|---|---|
| je | lisais | j' | avais lu |
| tu | lisais | tu | avais lu |
| il, elle | lisait | il, elle | avait lu |
| nous | lisions | nous | avions lu |
| vous | lisiez | vous | aviez lu |
| ils, elles | lisaient | ils, elles | avaient lu |

| Passé simple | | Passé antérieur | |
|---|---|---|---|
| je | lus | j' | eus lu |
| tu | lus | tu | eus lu |
| il, elle | lut | il, elle | eut lu |
| nous | lûmes | nous | eûmes lu |
| vous | lûtes | vous | eûtes lu |
| ils, elles | lurent | ils, elles | eurent lu |

| Futur simple | | Futur antérieur | |
|---|---|---|---|
| je | lirai | j' | aurai lu |
| tu | liras | tu | auras lu |
| il, elle | lira | il, elle | aura lu |
| nous | lirons | nous | aurons lu |
| vous | lirez | vous | aurez lu |
| ils, elles | liront | ils, elles | auront lu |

| Conditionnel Présent | | Impératif Présent |
|---|---|---|
| je | lirais | lis |
| tu | lirais | lisons |
| il, elle | lirait | lisez |
| nous | lirions | |
| vous | liriez | |
| ils, elles | liraient | |

**Participe**

| Présent | Passé |
|---|---|
| lisant | lu |

### METTRE (3e groupe)

**Indicatif**

| Présent | | Passé composé | |
|---|---|---|---|
| je | mets | j' | ai mis |
| tu | mets | tu | as mis |
| il, elle | met | il, elle | a mis |
| nous | mettons | nous | avons mis |
| vous | mettez | vous | avez mis |
| ils, elles | mettent | ils, elles | ont mis |

| Imparfait | | Plus-que-parfait | |
|---|---|---|---|
| je | mettais | j' | avais mis |
| tu | mettais | tu | avais mis |
| il, elle | mettait | il, elle | avait mis |
| nous | mettions | nous | avions mis |
| vous | mettiez | vous | aviez mis |
| ils, elles | mettaient | ils, elles | avaient mis |

| Passé simple | | Passé antérieur | |
|---|---|---|---|
| je | mis | j' | eus mis |
| tu | mis | tu | eus mis |
| il, elle | mit | il, elle | eut mis |
| nous | mîmes | nous | eûmes mis |
| vous | mîtes | vous | eûtes mis |
| ils, elles | mirent | ils, elles | eurent mis |

| Futur simple | | Futur antérieur | |
|---|---|---|---|
| je | mettrai | j' | aurai mis |
| tu | mettras | tu | auras mis |
| il, elle | mettra | il, elle | aura mis |
| nous | mettrons | nous | aurons mis |
| vous | mettrez | vous | aurez mis |
| ils, elles | mettront | ils, elles | auront mis |

| Conditionnel Présent | | Impératif Présent |
|---|---|---|
| je | mettrais | mets |
| tu | mettrais | mettons |
| il, elle | mettrait | mettez |
| nous | mettrions | |
| vous | mettriez | |
| ils, elles | mettraient | |

**Participe**

| Présent | Passé |
|---|---|
| mettant | mis |

### NAITRE (3e groupe)

**Indicatif**

| Présent | | Passé composé | |
|---|---|---|---|
| je | nais | je | suis né/née |
| tu | nais | tu | es né/née |
| il, elle | nait | il, elle | est né/née |
| nous | naissons | nous | sommes nés/nées |
| vous | naissez | vous | êtes nés/nées |
| ils, elles | naissent | ils, elles | sont nés/nées |

| Imparfait | | Plus-que-parfait | |
|---|---|---|---|
| je | naissais | j' | étais né/née |
| tu | naissais | tu | étais né/née |
| il, elle | naissait | il, elle | était né/née |
| nous | naissions | nous | étions nés/nées |
| vous | naissiez | vous | étiez nés/nées |
| ils, elles | naissaient | ils, elles | étaient nés/nées |

| Passé simple | | Passé antérieur | |
|---|---|---|---|
| je | naquis | je | fus né/née |
| tu | naquis | tu | fus né/née |
| il, elle | naquit | il, elle | fut né/née |
| nous | naquîmes | nous | fûmes nés/nées |
| vous | naquîtes | vous | fûtes nés/nées |
| ils, elles | naquirent | ils, elles | furent nés/nées |

| Futur simple | | Futur antérieur | |
|---|---|---|---|
| je | naitrai | je | serai né/née |
| tu | naitras | tu | seras né/née |
| il, elle | naitra | il, elle | sera né/née |
| nous | naitrons | nous | serons nés/nées |
| vous | naitrez | vous | serez nés/nées |
| ils, elles | naitront | ils, elles | seront nés/nées |

| Conditionnel Présent | | Impératif Présent |
|---|---|---|
| je | naitrais | nais |
| tu | naitrais | naissons |
| il, elle | naitrait | naissez |
| nous | naitrions | |
| vous | naitriez | |
| ils, elles | naitraient | |

**Participe**

| Présent | Passé |
|---|---|
| naissant | né/née |

### OUVRIR (3e groupe)

**Indicatif**

| Présent | | Passé composé | |
|---|---|---|---|
| j' | ouvre | j' | ai ouvert |
| tu | ouvres | tu | as ouvert |
| il, elle | ouvre | il, elle | a ouvert |
| nous | ouvrons | nous | avons ouvert |
| vous | ouvrez | vous | avez ouvert |
| ils, elles | ouvrent | ils, elles | ont ouvert |

| Imparfait | | Plus-que-parfait | |
|---|---|---|---|
| j' | ouvrais | j' | avais ouvert |
| tu | ouvrais | tu | avais ouvert |
| il, elle | ouvrait | il, elle | avait ouvert |
| nous | ouvrions | nous | avions ouvert |
| vous | ouvriez | vous | aviez ouvert |
| ils, elles | ouvraient | ils, elles | avaient ouvert |

| Passé simple | | Passé antérieur | |
|---|---|---|---|
| j' | ouvris | j' | eus ouvert |
| tu | ouvris | tu | eus ouvert |
| il, elle | ouvrit | il, elle | eut ouvert |
| nous | ouvrîmes | nous | eûmes ouvert |
| vous | ouvrîtes | vous | eûtes ouvert |
| ils, elles | ouvrirent | ils, elles | eurent ouvert |

| Futur simple | | Futur antérieur | |
|---|---|---|---|
| j' | ouvrirai | j' | aurai ouvert |
| tu | ouvriras | tu | auras ouvert |
| il, elle | ouvrira | il, elle | aura ouvert |
| nous | ouvrirons | nous | aurons ouvert |
| vous | ouvrirez | vous | aurez ouvert |
| ils, elles | ouvriront | ils, elles | auront ouvert |

| Conditionnel Présent | | Impératif Présent |
|---|---|---|
| j' | ouvrirais | ouvre |
| tu | ouvrirais | ouvrons |
| il, elle | ouvrirait | ouvrez |
| nous | ouvririons | |
| vous | ouvririez | |
| ils, elles | ouvriraient | |

**Participe**

| Présent | Passé |
|---|---|
| ouvrant | ouvert |

### PEINDRE (3e groupe)

**Indicatif**

| Présent | | Passé composé | |
|---|---|---|---|
| je | peins | j' | ai peint |
| tu | peins | tu | as peint |
| il, elle | peint | il, elle | a peint |
| nous | peignons | nous | avons peint |
| vous | peignez | vous | avez peint |
| ils, elles | peignent | ils, elles | ont peint |

| Imparfait | | Plus-que-parfait | |
|---|---|---|---|
| je | peignais | j' | avais peint |
| tu | peignais | tu | avais peint |
| il, elle | peignait | il, elle | avait peint |
| nous | peignions | nous | avions peint |
| vous | peigniez | vous | aviez peint |
| ils, elles | peignaient | ils, elles | avaient peint |

| Passé simple | | Passé antérieur | |
|---|---|---|---|
| je | peignis | j' | eus peint |
| tu | peignis | tu | eus peint |
| il, elle | peignit | il, elle | eut peint |
| nous | peignîmes | nous | eûmes peint |
| vous | peignîtes | vous | eûtes peint |
| ils, elles | peignirent | ils, elles | eurent peint |

| Futur simple | | Futur antérieur | |
|---|---|---|---|
| je | peindrai | j' | aurai peint |
| tu | peindras | tu | auras peint |
| il, elle | peindra | il, elle | aura peint |
| nous | peindrons | nous | aurons peint |
| vous | peindrez | vous | aurez peint |
| ils, elles | peindront | ils, elles | auront peint |

| Conditionnel Présent | | Impératif Présent |
|---|---|---|
| je | peindrais | peins |
| tu | peindrais | peignons |
| il, elle | peindrait | peignez |
| nous | peindrions | |
| vous | peindriez | |
| ils, elles | peindraient | |

**Participe**

| Présent | Passé |
|---|---|
| peignant | peint |

## POUVOIR (3e groupe)

### Indicatif

| Présent | | Passé composé | |
|---|---|---|---|
| je | peux | j' | ai pu |
| tu | peux | tu | as pu |
| il, elle | peut | il, elle | a pu |
| nous | pouvons | nous | avons pu |
| vous | pouvez | vous | avez pu |
| ils, elles | peuvent | ils, elles | ont pu |

| Imparfait | | Plus-que-parfait | |
|---|---|---|---|
| je | pouvais | j' | avais pu |
| tu | pouvais | tu | avais pu |
| il, elle | pouvait | il, elle | avait pu |
| nous | pouvions | nous | avions pu |
| vous | pouviez | vous | aviez pu |
| ils, elles | pouvaient | ils, elles | avaient pu |

| Passé simple | | Passé antérieur | |
|---|---|---|---|
| je | pus | j' | eus pu |
| tu | pus | tu | eus pu |
| il, elle | put | il, elle | eut pu |
| nous | pûmes | nous | eûmes pu |
| vous | pûtes | vous | eûtes pu |
| ils, elles | purent | ils, elles | eurent pu |

| Futur simple | | Futur antérieur | |
|---|---|---|---|
| je | pourrai | j' | aurai pu |
| tu | pourras | tu | auras pu |
| il, elle | pourra | il, elle | aura pu |
| nous | pourrons | nous | aurons pu |
| vous | pourrez | vous | aurez pu |
| ils, elles | pourront | ils, elles | auront pu |

| Conditionnel Présent | | Impératif Présent |
|---|---|---|
| je | pourrais | n'existe pas |
| tu | pourrais | |
| il, elle | pourrait | |
| nous | pourrions | |
| vous | pourriez | |
| ils, elles | pourraient | |

**Participe**

| Présent | Passé |
|---|---|
| pouvant | pu |

## PRENDRE (3e groupe)

### Indicatif

| Présent | | Passé composé | |
|---|---|---|---|
| je | prends | j' | ai pris |
| tu | prends | tu | as pris |
| il, elle | prend | il, elle | a pris |
| nous | prenons | nous | avons pris |
| vous | prenez | vous | avez pris |
| ils, elles | prennent | ils, elles | ont pris |

| Imparfait | | Plus-que-parfait | |
|---|---|---|---|
| je | prenais | j' | avais pris |
| tu | prenais | tu | avais pris |
| il, elle | prenait | il, elle | avait pris |
| nous | prenions | nous | avions pris |
| vous | preniez | vous | aviez pris |
| ils, elles | prenaient | ils, elles | avaient pris |

| Passé simple | | Passé antérieur | |
|---|---|---|---|
| je | pris | j' | eus pris |
| tu | pris | tu | eus pris |
| il, elle | prit | il, elle | eut pris |
| nous | prîmes | nous | eûmes pris |
| vous | prîtes | vous | eûtes pris |
| ils, elles | prirent | ils, elles | eurent pris |

| Futur simple | | Futur antérieur | |
|---|---|---|---|
| je | prendrai | j' | aurai pris |
| tu | prendras | tu | auras pris |
| il, elle | prendra | il, elle | aura pris |
| nous | prendrons | nous | aurons pris |
| vous | prendrez | vous | aurez pris |
| ils, elles | prendront | ils, elles | auront pris |

| Conditionnel Présent | | Impératif Présent |
|---|---|---|
| je | prendrais | prends |
| tu | prendrais | prenons |
| il, elle | prendrait | prenez |
| nous | prendrions | |
| vous | prendriez | |
| ils, elles | prendraient | |

**Participe**

| Présent | Passé |
|---|---|
| prenant | pris |

## TENIR (3e groupe)

### Indicatif

| Présent | | Passé composé | |
|---|---|---|---|
| je | tiens | j' | ai tenu |
| tu | tiens | tu | as tenu |
| il, elle | tient | il, elle | a tenu |
| nous | tenons | nous | avons tenu |
| vous | tenez | vous | avez tenu |
| ils, elles | tiennent | ils, elles | ont tenu |

| Imparfait | | Plus-que-parfait | |
|---|---|---|---|
| je | tenais | j' | avais tenu |
| tu | tenais | tu | avais tenu |
| il, elle | tenait | il, elle | avait tenu |
| nous | tenions | nous | avions tenu |
| vous | teniez | vous | aviez tenu |
| ils, elles | tenaient | ils, elles | avaient tenu |

| Passé simple | | Passé antérieur | |
|---|---|---|---|
| je | tins | j' | eus tenu |
| tu | tins | tu | eus tenu |
| il, elle | tint | il, elle | eut tenu |
| nous | tînmes | nous | eûmes tenu |
| vous | tîntes | vous | eûtes tenu |
| ils, elles | tinrent | ils, elles | eurent tenu |

| Futur simple | | Futur antérieur | |
|---|---|---|---|
| je | tiendrai | j' | aurai tenu |
| tu | tiendras | tu | auras tenu |
| il, elle | tiendra | il, elle | aura tenu |
| nous | tiendrons | nous | aurons tenu |
| vous | tiendrez | vous | aurez tenu |
| ils, elles | tiendront | ils, elles | auront tenu |

| Conditionnel Présent | | Impératif Présent |
|---|---|---|
| je | tiendrais | tiens |
| tu | tiendrais | tenons |
| il, elle | tiendrait | tenez |
| nous | tiendrions | |
| vous | tiendriez | |
| ils, elles | tiendraient | |

**Participe**

| Présent | Passé |
|---|---|
| tenant | tenu |

## VENIR (3e groupe)

### Indicatif

| Présent | | Passé composé | |
|---|---|---|---|
| je | viens | je | suis venu/venue |
| tu | viens | tu | es venu/venue |
| il, elle | vient | il, elle | est venu/venue |
| nous | venons | nous | sommes venus/venues |
| vous | venez | vous | êtes venus/venues |
| ils, elles | viennent | ils, elles | sont venus/venues |

| Imparfait | | Plus-que-parfait | |
|---|---|---|---|
| je | venais | j' | étais venu/venue |
| tu | venais | tu | étais venu/venue |
| il, elle | venait | il, elle | était venu/venue |
| nous | venions | nous | étions venus/venues |
| vous | veniez | vous | étiez venus/venues |
| ils, elles | venaient | ils, elles | étaient venus/venues |

| Passé simple | | Passé antérieur | |
|---|---|---|---|
| je | vins | je | fus venu/venue |
| tu | vins | tu | fus venu/venue |
| il, elle | vint | il, elle | fut venu/venue |
| nous | vînmes | nous | fûmes venus/venues |
| vous | vîntes | vous | fûtes venus/venues |
| ils, elles | vinrent | ils, elles | furent venus/venues |

| Futur simple | | Futur antérieur | |
|---|---|---|---|
| je | viendrai | je | serai venu/venue |
| tu | viendras | tu | seras venu/venue |
| il, elle | viendra | il, elle | sera venu/venue |
| nous | viendrons | nous | serons venus/venues |
| vous | viendrez | vous | serez venus/venues |
| ils, elles | viendront | ils, elles | seront venus/venues |

| Conditionnel Présent | | Impératif Présent |
|---|---|---|
| je | viendrais | viens |
| tu | viendrais | venons |
| il, elle | viendrait | venez |
| nous | viendrions | |
| vous | viendriez | |
| ils, elles | viendraient | |

**Participe**

| Présent | Passé |
|---|---|
| venant | venu/venue |

## VOIR (3e groupe)

### Indicatif

| Présent | | Passé composé | |
|---|---|---|---|
| je | vois | j' | ai vu |
| tu | vois | tu | as vu |
| il, elle | voit | il, elle | a vu |
| nous | voyons | nous | avons vu |
| vous | voyez | vous | avez vu |
| ils, elles | voient | ils, elles | ont vu |

| Imparfait | | Plus-que-parfait | |
|---|---|---|---|
| je | voyais | j' | avais vu |
| tu | voyais | tu | avais vu |
| il, elle | voyait | il, elle | avait vu |
| nous | voyions | nous | avions vu |
| vous | voyiez | vous | aviez vu |
| ils, elles | voyaient | ils, elles | avaient vu |

| Passé simple | | Passé antérieur | |
|---|---|---|---|
| je | vis | j' | eus vu |
| tu | vis | tu | eus vu |
| il, elle | vit | il, elle | eut vu |
| nous | vîmes | nous | eûmes vu |
| vous | vîtes | vous | eûtes vu |
| ils, elles | virent | ils, elles | eurent vu |

| Futur simple | | Futur antérieur | |
|---|---|---|---|
| je | verrai | j' | aurai vu |
| tu | verras | tu | auras vu |
| il, elle | verra | il, elle | aura vu |
| nous | verrons | nous | aurons vu |
| vous | verrez | vous | aurez vu |
| ils, elles | verront | ils, elles | auront vu |

| Conditionnel Présent | | Impératif Présent |
|---|---|---|
| je | verrais | vois |
| tu | verrais | voyons |
| il, elle | verrait | voyez |
| nous | verrions | |
| vous | verriez | |
| ils, elles | verraient | |

**Participe**

| Présent | Passé |
|---|---|
| voyant | vu |

## VOULOIR (3e groupe)

### Indicatif

| Présent | | Passé composé | |
|---|---|---|---|
| je | veux | j' | ai voulu |
| tu | veux | tu | as voulu |
| il, elle | veut | il, elle | a voulu |
| nous | voulons | nous | avons voulu |
| vous | voulez | vous | avez voulu |
| ils, elles | veulent | ils, elles | ont voulu |

| Imparfait | | Plus-que-parfait | |
|---|---|---|---|
| je | voulais | j' | avais voulu |
| tu | voulais | tu | avais voulu |
| il, elle | voulait | il, elle | avait voulu |
| nous | voulions | nous | avions voulu |
| vous | vouliez | vous | aviez voulu |
| ils, elles | voulaient | ils, elles | avaient voulu |

| Passé simple | | Passé antérieur | |
|---|---|---|---|
| je | voulus | j' | eus voulu |
| tu | voulus | tu | eus voulu |
| il, elle | voulut | il, elle | eut voulu |
| nous | voulûmes | nous | eûmes voulu |
| vous | voulûtes | vous | eûtes voulu |
| ils, elles | voulurent | ils, elles | eurent voulu |

| Futur simple | | Futur antérieur | |
|---|---|---|---|
| je | voudrai | j' | aurai voulu |
| tu | voudras | tu | auras voulu |
| il, elle | voudra | il, elle | aura voulu |
| nous | voudrons | nous | aurons voulu |
| vous | voudrez | vous | aurez voulu |
| ils, elles | voudront | ils, elles | auront voulu |

| Conditionnel Présent | | Impératif Présent |
|---|---|---|
| je | voudrais | veuille / veux |
| tu | voudrais | veuillons / voulons |
| il, elle | voudrait | veuillez / voulez |
| nous | voudrions | |
| vous | voudriez | |
| ils, elles | voudraient | |

**Participe**

| Présent | Passé |
|---|---|
| voulant | voulu |

# Index des auteurs et artistes du manuel

## Crédits iconographiques et mentions de copyright

**Couverture** *Bibliomaniacs* © Geco Hirasawa ; Science History Images / Alamy Stock Photo ; © 1992 Kathleen A. Wilson ; © Edmond Dulac ; Photo © GTG-Carole Parodi (Archives du Grand Théâtre de Genève) ; © G. G. Belfi, Le Square Éditeur, 2013 ; © National Museum, Janpath, New Delhi ; iStockphoto.com / melis82 ; © Museo Archeologico Nazionale di Napoli. - **Garde avant** p. I et II : Compagnie Les Têtes de Bois © Jean-Marie Collavizza, crédit graphique : Isabelle Cabourg ; © Théâtre Alcyon, image : Aurélien Mélior ; © Bruno Masquelein ; © Christophe Raynaud de Lage ; L'Écho du Robec © Gael Boulard ; © Martine Franck / Magnum Photos ; photo © GTG-Carole Parodi (Archives du Grand Théâtre de Genève). - **Garde arrière** p. 353 : © Éditions SOLEIL, 2019 - p. 354 : © Bibliothèque Nationale de France ; © musée d'Orsay ; © Apolonia Stankiewicz, pour Baïka magazine, Éditions Salmantina, 2019 ; © Christophe Raynaud de Lage ; © Solène Chevaleyre ; South Australian Government Grant 1892 - p. 355 : Ernest Rouart / © musée des Beaux-arts de Nancy, 2015.

**Partie Littérature** **Chapitre 1** p. 15 © Joann Sfar / L'école des loisirs - p. 16 : © Bibliothèque Nationale de France ; © 1992 Kathleen A. Wilson ; MeijiShowa / Alamy Stock Photo - p. 17 : KHARBINE TAPABOR ; magone / 123RF ; Collection Christophel © Mandeville films / Walt Disney Pictures - p. 18 (reprise 20-22-24-26) : iStockphoto.com / KeithBishop - p. 19 : Masashi Kishimoto-S. Bigini / © Kana 2009 - p. 20 : Cassabois / © Hachette ; © Edmond Dulac-Project Gutenberg License - p. 21 : AF archive / Alamy Stock Photo ; affiche Ghibli International / COLLECTION CHRISTOPHEL - p. 22-23 (354) : © Apolonia Stankiewicz, pour Baïka magazine, Éditions Salmantina, 2019 - p. 24 : Portrait de Patrick Chamoiseau 16 / 09 / 2016 © Hannah Assouline / Opale / Bridgeman Images - p. 25 : © G. G. Belfi, Le Square Éditeur - p. 27 (28-30 et 242-244-246) : Pushkin / Shutterstock.com - p. 28 : © Christophe Raynaud de Lage ; © Bibliothèque Nationale de France - p. 29 : COLLECTION CHRISTOPHEL © WALT DISNEY - p. 30 : © Bibliothèque Nationale de France ; © KHARBINE TAPABOR - p. 32 : iStockphoto.com / Andrii-Oliinyk - p. 33 : © Vincent Farges / Les Éditions des Braques - p. 34 (36, 38) : Frymire Archive / Alamy Stock Photo - p. 35 : © Gage Skidmore ; affiche et photogrammes Collection Christophel © Twentieth Century Fox Film Corporation - p. 37 : Ronald Grant Archive / Alamy Stock Photo - p. 39 : AF archive / Alamy Stock Photo ; affiches de La Belle et la Bête : réal. Jean Cocteau, Collection Christophel © DisCina ; réal. Christophe Gans, Collection Christophel © Eskwad / Pathe / Studio Babelsberg ; reprise de la p. 17. - p. 40 : iStockphoto.com / Ljupco ; Clarke, Gilson © DUPUIS, 2020 ; © Rageot 2017 ; Création Studio J'ai lu Bruno Mangyoku © J'ai lu ; © Rageot 2015 - p. 41 © Walter Crane - p. 43 : © Bibliothèque Nationale de France ; © Bibliothèque Nationale de France - p. 44 : © Xfigpower (CC BY-SA 3.0) ; iStockphoto.com / aniszewski ; iStockphoto.com / diane39 ; originellement publié en langue française sous le titre suivant : *Contes des Frères Grimm en bande dessinée*, Mazan, C. Chicault, Johanna et P. Philip © Éditions DELCOURT, 2015 - p. 46 : Photo © musée du quai Branly-Jacques Chirac, Dist. RMN-Grand Palais / Claude Germain - p. 47 : © Malcom Patterson ; © Myzukil Production - p. 49 : © Celine Riffart / Fleurus - p. 50 : photogrammes Mary Evans / STUDIOCANAL FILMS LTD / Alamy Stock Photo, Ronald Grant Archive / Alamy Stock Photo et Collection ChristopheL © Brooksfilms ; iStockphoto.com / nicoolay, / Aaltazar, / Yulia Shlyahova - p. 51 : photogramme Collection ChristopheL © Brooksfilms. - **Chapitre 2** p. 53 : Archivart / Alamy Stock Photo - p. 54 : Urban, corrections by © éréales Kille® (CC BY-SA 3.0) ; The Picture Art Collection / Alamy Stock Photo - p. 55 : © Kurt Wichmann (CC BY 3.0) ; *Thésée et le Minotaure*, par Clotilde Bruneau, Mauro de Luca © Éditions Glénat, 2016 - p. 56, 58-60, 62, 64, 65 : © Yvan Pommaux / l'école des loisirs ; Photo © RMN-Grand Palais (musée du Louvre) / Stéphane Maréchalle - p. 57 : iStockphoto.com / whitemay ; iStockphoto.com / duncan1890 - p. 60 : Photo © RMN-Grand Palais (musée du Louvre) / Les frères Chuzeville - p. 62 : Pictorial Press Ltd / Alamy Banque D'Images - p. 63 : South Australian Government Grant 1892 - p. 66 (68) : iStockphoto.com / StellarGraphic ; Luca Signorelli - p. 67 : *Jason et la toison d'or* T. 3, par Clotilde Bruneau, Alexandre Jubran © Éditions Glénat, 2019 - p. 68 : Ivy Close Images / Alamy Stock Photo - p. 69 : Painters / Alamy Banque d'images - p. 70 : iStockphoto.com / bubaone ; © Luynes Collection ; Photo © RMN-Grand Palais / René-Gabriel Ojéda - p. 71 : Photo © RMN-Grand Palais / Thierry Ollivier - p. 72 (74) : MatiasEnElMundo ; © Hartmann - p. 73 : © Mœbius Production. moebius.fr - p. 74 : © Esther Szac - p. 75 : © Paul Reid / Bridgeman Images - p. 76 : iStockphoto.com / kvasay, / clu, / Marisvector - p. 77 : © José Luiz Bernardes Ribeiro (CC BY-SA 4.0) - p. 78 : iStockphoto.com / insemar, / TopVectors - p. 81 : © Roger Payne - p. 82 : iStockphoto.com / OlgaDan, / Tatiana Skryzheva, / Pimpay, / blindspot - p. 83 : Photo © BPK, Berlin, Dist. RMN-Grand Palais / Johannes Laurentius ; © Bibliothèque Nationale de France ; © Bibliothèque Nationale de France © Adagp, Paris, 2020 - p. 85 : iStockphoto.com / KenWiedemann. - **Chapitre 3** p. 87 : *Histoires sans fin* © Geco Hirasawa / Ki-oon ; *Bibliomaniacs* © Geco Hirasawa - p. 88 : © RMN-Grand Palais / Agence Bulloz ; Association des amis d'Hector Malot / Hetzel - p. 89 : Martin Desbat © 2016 Sarbacane ; iStockphoto.com / Tim Macpherson ; affiches © Étonnants Voyageurs 2019 ; Saint-Malo, © Zep / « Partir en livre » 2019 ; © Catherine Meurisse / Festival de la bande dessinée d'Angoulême 2020 - p. 90 (92) : iStockphoto.com / TonyBaggett ; originellement publié en langue française sous le titre suivant : *Les Aventures de Tom Sawyer*, de Mark Twain, vol. 1, de J. D. Morvan, F. Voulyzé et S. Lefèbvre © Éditions DELCOURT, 2007 ; iStockphoto.com / Fourleaflover - p. 91 (353), 93, 116, 117 : originellement publié en langue française sous le titre suivant : *Les Aventures de Tom Sawyer*, Intégrale vol. 1 à 4, de J. L. ISTIN, M. et J. AKITA © Éditions SOLEIL, 2019 - p. 94 (96, 97) : © Pierre Mornet / PKJ ; iStockphoto.com / drmakkoy - p. 95 : iStockphoto.com / Val_Iva - p. 97 : iStockphoto.com / incomible - p. 100 (102, 104) : iStockphoto.com / CSA-Archive, / John Adinolfi - p. 101 : iStockphoto.com / raclro ; Science History Images / Alamy Stock Photo - p. 102 : iStockphoto.com / s5iztok ; DR - p. 105 : AF archive / Alamy Stock Photo - p. 106 (354) : © Solène Chevaleyre - p. 108-110 : iStockphoto.com / duncan1890 - p. 108 : © BRITISH LIBRARY / AURIMAGES - p. 109-111-124 : *Alice au pays des merveilles*, par David Chauvel, Xavier Collette © Éditions Glénat, 2010 - p. 113 : Antoine de Saint-Exupéry, *Le Petit Prince* © Éditions Gallimard - p. 114 : *ONE PIECE* © 1997 by Eiichiro Oda / SHUEISHA Inc. - p. 120 : iStockphoto.com / Drazen_ - p. 121 : iStockphoto.com / Ales-A - p. 122 : iStockphoto.com / oboltus - p. 125 : affiche COLLECTION CHRISTOPHEL © Walt Disney Pictures / Roth Films. - **Chapitre 4** p. 127 : © 2020, Atelier de la Theotokos / Elisha - p. 128 : photo © The British Museum, Londres, dist. RMN-Grand Palais / The Trustees of the British Museum ; The Codex Sinaiticus Project | Projects | The British Library, CC BY 4.0 ; British Library / KHARBINE-TAPABOR - p. 129 : iStockphoto.com / asantosg - p. 130 (132), 135 : © Reproduction Philippe Berthé / CMN - p. 130-131 : © Bibliothèque Nationale de France - p. 133 : Effel / © Société Protectrice des Animaux France - p. 134 : © Pascal Lemaître / Centre des monuments nationaux - p. 136-137 (138, 140) : © Ludmila Zeman / Éditions Grandir - p. 140 : © iStockphoto.com / tioloco - p. 141 : © Olivier Houeix ; © Yocom & Olivier Houeix ; Collection Christophel © Twentieth Century Fox Film Corporation ; Jim Dine, *Cœur dit « Après le Déluge »*, 2011, 1/6, Walla Walla Foundry (Washington), musée des beaux-arts de Montréal, achat, fonds de l'Association des bénévoles du musée des beaux-arts de Montréal et don des amis de Claire Gohier, à sa mémoire. © Photo : MBAM, Jean-François Brière / Adagp, Paris, 2020 - p. 142 (144-146) : Science History Images / Alamy Banque d'images - p. 145 : iStockphoto.com / bodrumsurf, / Poligrafistka, / bombuscreative - p. 147 : © illustration Giulia Vetri ; © Rubis Firenos - p. 148 : DR - p. 150 : © Bibliothèque Nationale de France - p. 152-153 : Gwen de Bonneval, Frantz Duchazeau © DARGAUD, 2020 - p. 153 : iStockphoto.com / Evgeniya_Mokeeva - p. 154 : iStockphoto.com / MatiasEnElMundo, / Yuriy_Kulik - p. 157 : iStockphoto.com / Elinalee. - **Chapitre 5** p. 159 : akg-images - p. 160 : © Bibliothèque Nationale de France ; © Koninklijke Bibliotheek - p. 162 (164, 166, 168) : iStockphotos.com / OLENA FEDOTOVA ; iStockphoto.com / Oksancia ; iStockphoto.com / ZU_09 ; © Bibliothèque Nationale de France - p. 164 : Constant Joseph Desbordes, *Portrait de Marcelline Desbordes-Valmore*, Douai, musée de la Chartreuse ; © Photographie Christelle Molinié (CC BY-SA 4.0) - p. 165 : © Succession H. Matisse, image : National Gallery of Art, Washington ; DR - p. 166 : Classic Image / Alamy Stock Photo - p. 167 (354) : © musée d'Orsay - p. 168 : © Popi13485 ; © Photothèque R. Magritte / Adagp Images, Paris, 2020 - p. 169 : iStockphoto.com / Daxi - p. 170 (172, 174) : iStockphoto.com / Ukususha ; A. Bronzino CC0 1.0 - p. 171 : © Andrée Chedid / DR ; iStockphoto.com / ClarkandCompany ; © Tahar Ben Jelloun / Il Cigno GG Edizioni - p. 172, 173 : © Succession Yves Klein c / o Adagp, Paris, 2020, cliché : Adagp Images - p. 174 : © Compagnie Les Dromolos - p. 175 : iStockphoto.com / fongfong2, / Karplyon, / j-wildman, / christopherhall, / Mandrixta - p. 176 (178) : © Sonia Delaunay - p. 176 : Hervé Champollion / akg-images ; © University of Edinburgh - p. 177 : Photo © RMN-Grand Palais (musée du Louvre) / Mathieu Rabeau - p. 179 : DIGITAL IMAGE © 2020, The Museum of Modern Art / Scala, Florence - p. 180 : ART Collection / Alamy Stock Photo - p. 182 : iStockphoto.com / Mimomy, / Olha_Oleskova, / MicrovOne - p. 183 (355) : Ernest Rouart / © musée des Beaux-arts de Nancy, 2015 - p. 184 : © Bibliothèque Nationale de France - p. 185 : DR - p. 186 : iStockphoto.com / Delpixart, / Plateresca - p. 187 : iStockphoto.com / annata78 – p. 188 : © Tahar Ben Jelloun / Il Cigno GG Edizioni. - **Chapitre 6** p. 191 : Le Milan et le Rossignol, Mai 1989, et Le Renard, le Loup et le Cheval, Sept 1993 © Willy Aractingi, 1930-2003, huile sur toile, © famille Aractingi - p. 192 : The Picture Art Collection / Alamy Banque d'images - p. 192-193 : © Bibliothèque Nationale de France - p. 193 (195, 201) : © Paris Musées, Musée Carnavalet - p. 194 (196, 198, 200) : Christina Li / Shutterstock.com ; © Fatiha El Hadi - p. 195 : Le Corbeau et le Renard – Juillet 1992, © Willy Aractingi, 1930-2003, huile sur toile, © famille Aractingi - p. 197 : Coll. Jonas / KHARBINE-TAPABOR - p. 198 : Coll. Jonas/Kharbine-Tapabor, Adagp, Paris, 2020 - p. 199 : Coll. Dom / KHARBINE-TAPABOR - p. 200 : © Bibliothèque Nationale de France - p. 201 : Les Poissons et le Cormoran, Aout 1990, © Willy Aractingi, 1930-2003, huile sur toile, © famille Aractingi - p. 202 (204, 206) : Collection KHARBINE-TAPABOR - p. 202 : Photo © CCI / Bridgeman Images - p. 204 : IM / KHARBINE-TAPABOR / Adagp, Paris, 2020 - p. 205 : iStockphoto.com / jcrosemann - p. 206 : DR - p. 207 : Le Loup et l'Agneau en représentation, Avril 1992, © Willy Aractingi, 1930-2003, huile sur toile, © famille Aractingi - p. 208 (210) : © Bibliothèque Nationale de France ; GROB / KHARBINE TAPABOR - p. 209 : © Bruno Heitz / Éditions Gallimard - p. 210 : © BRITISH LIBRARY / AURIMAGES - p. 211 (354) : © Bibliothèque Nationale de France - p. 212 : iStockphoto.com / -VICTOR- ; affiches *Zootopia* © Walt Disney Pictures / The Walt Disney Company France, *Robin Hood* © Walt Disney Productions 1982 / Buena Vista Pictures, *Fantastic Mr Fox* © Twentieth Century Fox France - p. 213 : originellement publié en langue française sous le titre suivant : *Le Roman de Renart*, vol. 1, J. M. Mathis et T. Martin © Éditions DELCOURT, 2007 - p. 214 : iStockphoto.com / Didierphoto, / Denja1 - p. 215 : © Fatiha El Hadi - p. 216-217 : akg-images - p. 219 : © René Goscinny et Marcel Gotlib / Éditions Dargaud - p. 220 : iStockphoto.com / alphabetMN, / Hennadii, Evgeniya_Mokeeva, / Bullet_Chained, / GooseFrol, / nadyaillyustrator, / Dar_ria - p. 220 : © Bibliothèque Nationale de France – p. 221 : © Martine Franck / Magnum Photos - p. 222 : iStockphoto.com / Hennadii, / Denis08131 - p. 223 : Coll. Jonas / KHARBINE-TAPABOR ; iStockphoto.com / Adyna. - **Chapitre 7** p. 225, 238, 239 : photo © GTG-Carole Parodi (Archives du Grand Théâtre de Genève) - p. 226 : iStockphoto.com / WitR ; PRISMA ARCHIVO / Alamy Stock Photo ; The Picture Art Collection / Alamy Stock Photo, Image by © Christie's Images / CORBIS 699 - p. 227 : North Wind Picture Archives / Alamy Banque d'images ; © Christophe Raynaud de Lage ; © Camille Lagrange / La Coursive - p. 228 : Photographie Carole Raddato from FRANKFURT, Germany (FollowingHadrian) ; derivative work : Speravir (CC BY-SA 2.0) ; © Museo Archeologico Nazionale di Napoli - p. 230-233 : akg-images / Isabelle Picarel - p. 230, 232, 233 : André Pecq, *Le Vilain Mire*, © Flammarion, 1948. Avec l'aimable autorisation de Flammarion, de l'association des Amis du Père Castor et de la médiathèque intercommunale du Père Castor. - p. 231 : © Théâtre Alcyon, image : Aurélien Mélior - p. 234-235 : André Degaine, *Histoire du Théâtre dessinée* © Klincksieck, Paris (1992) - p. 235 : Artepics / Alamy Stock Photo ; Archivart / Alamy Stock Photo ; © Photo : Waddesdon Image Library, photographe : Mike Fear - p. 236-238-240 : © plaisanter~ (CC BY-SA 2.0) - p. 236, 237, 240, 249, 255 (et p. II) : L'Écho du Robec © Gael Boulard - p. 237 : Compagnie Les Têtes de Bois © Jean-Marie Collavizza, crédit graphique : Isabelle Cabourg - p. 240 : © Jérôme Bourdin, Opéra de Saint-Étienne - p. 242 (247) : portrait de Catherine Anne © Éric Garaud ; © Bibliothèque Nationale de France ; bilwissedition Ltd. & Co. KG / Alamy Stock Photo ; © Albin Michel-Alessandra Maria - p. 243, 245, 246 : © Bruno Masquelein, François Cocq, Nathalie Charpentier, Catherine Colle, Vincent Charpentier, février 2009 - p. 248 : iStockphoto.com / AdynaNGvozdeva, / Adynaartvea, / Adynaappleuzr - p. 251 : Old Images / Alamy Banque d'images - p. 252 : DR - p. 253 : © Laurencine Lot - p. 255 : © Frédéric Deligne - p. 257 : Original artwork © Libico Maraja Association.

**Partie Langue** p. 261 : Iakov Filimonov / stock.adobe.com - p. 263 : © zsv3207 / stock.adobe.com - p 265 : © akg-images - p. 267 : Fer Gregory / stock.adobe.com - p. 269 : Rainer Zapka / stock.adobe.com - p. 271 : © Artem / stock.adobe.com - p. 273 : Collection privée KHARBINE-TAPABOR - p. 275 : Juri Pozzi / stock.adobe.com - p. 277 : Kamzoom / stock.adobe.com - p. 279 © Collection Aractingi - p. 281 : © Galina Barskaya / stock.adobe.com - p. 283 © Collection KHARBINE-TAPABOR - p. 285 : © Andrey / stock.adobe.com - p. 287 : © helivideo / stock.adobe.com - p. 289 : © 2013 by Attila Gimesi / stock.adobe.com - p. 291 : © Eva Bocek / stock.adobe.com - p. 293 : © alexbrylovhk / stock.adobe.com - p. 295 : © Lukas Gojda / stock.adobe.com - p. 297 : © Melkor3D / stock.adobe.com - p. 299 : © warpaintcobra / stock.adobe.com - p. 301 : © AlenKadr / stock.adobe.com - p. 303 : © alfa27 / stock.adobe.com - p. 305 : Dmitry Berkut / stock.adobe.com - p. 307 : Jacob Ammentorp Lund / stock.adobe.com - p. 309 : © Wayhome Studio / stock.adobe.com - p. 311 : Coll. Jonas / KHARBINE-TAPABOR - p. 313 : © Monkey Business / stock.adobe.com - p. 315: artinspiring / stock.adobe.com - p. 317 : Collection privée KHARBINE-TAPABOR - p. 319: © FotoArtist / stock.adobe.com - p.321 : © Nikokvfrmoto / stock.adobe.com - p. 323 : © Blue Planet Studio / stock.adobe.com - p. 325 : © naypong / stock.adobe.com - p. 327 : © Valiphotos-stock.adobe.com - p. 329 : stock.adobe.com - p. 331 : © Studio Romantic / stock.adobe.com - p. 333 : © toa555 / stock.adobe.com - p. 335 : Cookie Studio 2017 / stock.adobe.com - p. 337 : © ake / stock.adobe.com - p. 339 : © JC DRAPIER / stock.adobe.com - p. 341 : © Irina Schmidt / stock.adobe.com - p. 343 : © 2017 Susan Schmitz / A Dog's Life Photography / stock.adobe.com - p. 345 : © THAWISAK / stock.adobe.com.



**Conception et coordination éditoriale :** Akyz, Annick Ziani

**Édition :** Charlotte Kocalenios, Vanessa Colnot

**Recherche iconographique :** Cyrille Delemotte

**Maquette de couverture :** La papaye verte, Luis Luján

**Maquette intérieure :** endoradisseny, Luis Luján (finalisation), Nathalie Dudek (malle arrière)

**Illustrations :** Mar Guixé (pp. 56, 94-96, 98-99, 115)

➥ Pour décrire une **mise en scène**, rendez-vous p. I.
➥ Pour décrire une **œuvre d'art**, rendez-vous p. 354.

# Pour décrire une planche de bande dessinée, vous pouvez utiliser

## le lexique spécifique de la BD, le lexique des angles de vue et du cadrage de l'image, utilisé également au cinéma.

Une **bulle** ou un **phylactère** (forme qui contient les paroles du personnage)

Vue en **contre-plongée** (la scène est vue du dessous)

Une **vignette** (image, case de BD)

Une **planche** (page de BD)

Plan rapproché (cadrage sur le visage et le buste du personnage)

**Plan d'ensemble** (cadrage sur les personnages et le décor)

Un **cartouche** (cadre prenant en charge la voix du narrateur)

**Gros plan** (cadrage sur le visage ou un détail)

Une **bande** ou un **strip** (suite horizontale de plusieurs vignettes)

Lignes ou traits de mouvement

Vue **en plongée** (la scène est vue du dessus)

↑ **Jean-Luc Istin, Julien et Mathieu Akita**, *Les Aventures de Tom Sawyer*, Soleil, 2019.

## À vous d'analyser la planche de bande dessinée

Cette planche s'inspire du roman de Mark Twain, *Les Aventures de Tom Sawyer*, voir p. 91. La tante de Tom Sawyer l'a puni en l'obligeant à repeindre sa clôture. Pour retrouver le texte du roman qui a inspiré les auteurs, et comprendre comment ils l'ont adapté, écoutez l'extrait.

**1** Combien y a-t-il de cartouches sur cette page ? Pourquoi, à votre avis, ce type de bande dessinée implique-t-il beaucoup de cartouches ?

**2** L'avant-dernière vignette est-elle en plongée ou en contre-plongée ? Pourquoi le dessinateur a-t-il fait ce choix ?

# Pour décrire une œuvre d'art, vous devez analyser

## 1 Le support

Page 211

Page 167

Page 22

Page 28

Les **enluminures** figurent sur des **manuscrits médiévaux**.
La plupart des **peintures** sont faites à l'**huile sur de la toile**.
Les **illustrations**, aujourd'hui, sont souvent **colorisées** à l'ordinateur.
Les **gravures**, en noir et blanc, illustrent des **livres imprimés** jusqu'au XIXe siècle.

## 2 Les couleurs et la lumière

Page 106

Page 63

Les **couleurs** et la **lumière** créent une **atmosphère** et **mettent en valeur** certains éléments.
Les **couleurs chaudes** donnent un effet chaleureux et rassurant. Le regard est attiré par la lumière qui traverse la forêt.
Les **couleurs froides** renforcent l'aspect inquiétant du personnage. Sa peau est irradiée par une lumière dont on ne perçoit pas bien la source..